Konzepte der
Humanwissenschaften

Marianne Walters, Betty Carter,
Peggy Papp, Olga Silverstein

Unsichtbare Schlingen

Die Bedeutung der
Geschlechterrollen in
der Familientherapie.
Eine feministische
Perspektive

Aus dem Amerikanischen übersetzt
von Udo Rennert und
Stefanie Kuhn-Werner

Klett-Cotta

Klett-Cotta
Die Originalausgabe erschien unter dem Titel
»The Invisible Web. Gender Patterns in Family Relationships«
© 1988 by The Guilford Press
by arrangement with Mark Paterson,
New York, London
Für die deutsche Ausgabe
© J. G. Cotta'sche Buchhandlung Nachfolger GmbH, gegr. 1659,
Stuttgart 1991
Fotomechanische Wiedergabe nur mit Genehmigung des Verlags
Printed in Germany
Umschlag: Klett-Cotta-Design
Gesetzt aus der 10/12 Punkt Century von
Fotosatz Janß, Pfungstadt
Auf säure- und holzfreiem Werkdruckpapier
gedruckt und gebunden von
Ludwig Auer, Donauwörth
Dritte, in der Ausstattung veränderte Auflage, 1995

Die Deutsche Bibliothek – CIP-Einheitsaufnahme
Unsichtbare Schlingen:
Die Bedeutung der Geschlechterrollen
in der Familientherapie; eine feministische
Perspektive / Marianne Walters . . .
[Aus dem Amerikan. übers.
von Udo Rennert u. Stefanie Kuhn-Werner].
– 3. Aufl. – Stuttgart: Klett-Cotta, 1995
Einheitssacht.: The invisible web ⟨dt.⟩
ISBN 3-608-91789-6
NE: Walters, Marianne; EST

Über die Autorinnen:
Olga Silverstein und *Peggy Papp* lehren am Ackerman-Institut für Familientherapie in New York. *Betty Carter* leitet das renommierte Familieninstitut in Westchester, *Marianne Walters* das Zentrum für familientherapeutische Praxis in Washington. Die Autorinnen gründeten das »Women's Project in Family Therapy« und haben eine Reihe von Büchern und Artikeln veröffentlicht; alle sind sie Mütter mehrerer Kinder, zwei sind Großmütter.

Inhalt

5

Teil IV
Alleinstehende Frauen

Dank

Wie immer bei einem solchen Unternehmen gibt es viele Menschen, deren Leben, Arbeit und Worte unser eigenes Leben und unsere Arbeit berührt und damit verändert haben. Unsere ersten Entwürfe wurden kritisch durchgesehen von Evan Imber-Black, Halcy Bohen und Rich Simon, deren Ratschläge uns ermutigt haben, weiterzumachen. Dank schulden wir unserer Lektorin Sheila Friedling, die nicht nur das Manuskript mit viel Sachverstand und Sensibilität lektoriert, sondern auch Fragen gestellt hat, die uns und das Buch ein ganzes Stück weitergebracht haben.

Besonderer Dank gebührt Fred Silverstein, der während unserer endlosen Zusammenkünfte den Gastgeber gespielt, gekocht, Recherchen übernommen, kurz: rundherum für uns gesorgt hat.

Marianne, Betty, Peggy und Olga

Familie, Freunde und Kollegen – ich kann auf dem knappen Raum, der mir zur Verfügung steht, nur einige von all denen anführen, die für mich wichtig waren. Teure Freundinnen und Freunde, mit denen ich seit nunmehr fast vierzig Jahren jedes wichtige Ereignis in meinem Leben, einschließlich der Arbeit an diesem Buch, durchgesprochen habe: Zirel Sweezy, Gerry Brittain und Nonny Majchrzyk. Meine erste Supervisorin, Dorothy Hankins, der ich meine Bindung an die Werte der Sozialarbeit verdanke. Rae Wiener, der mich in die Familientherapie einführte und mir behilflich war, sie in mein bisheriges Denken zu integrieren. Meine Schwester Barbara, deren feministisches Bewußtsein das meinige geweckt hat. Meine Kolleginnen und Kollegen am *Family Therapy Practice Center*: Halcy Bohen, dessen theoretische Klarheit und dessen klinisches Urteil eine ständige Quelle der geistigen Erneuerung bedeuteten; Laurie Leitch, ein begabter und mitfühlender Therapeut, dessen Ideen mein eigenes Denken in Frage gestellt und erweitert haben; Larry Levner, dessen beständige Verpflichtung auf menschliche Grundwerte mir festen Halt gab; Phyllis Jacobsen-Kram, die in so vielen Tragödien von Klienten immer noch einen Hoffnungsschimmer sah. Ed Mumma, Kitty Montie, Rose Tompkins, Otha Wright, Rose McCabe, Fred Brewster, Roz Beroza, Jon Winter, Carol Siegel, Rich Simon, Mathew Sullivan, David Gage, Robert Atkins, Kris Halstead, Carolyn Krol und Debbie Shore – um nur einige wenige Namen aus der Fakultät zu nennen, Ausbilderinnen und Mitarbeiterinnen des Center, deren forschende Haltung und deren Freude am Lernen und Entdecken mich inspirierten, in meiner Arbeit nach neuen Wegen zu suchen. Ihnen allen gilt mein tiefempfundener Dank. Und ich danke schließlich Blanca Fuertes für die administrative Hilfe und Unterstützung, die sie mir gewährte.

Marianne Walters

Mein Dank gilt den Kolleginnen und Kollegen im *Family Institute* in Westchester, die verschiedene Kapitel durchgesehen und mir mit wertvollen Anregungen weitergeholfen haben: Monica McGoldrick, Evan Imber-Black, Ron Taffel, Judy Stern Peck und Fredda Herz. Besonders danken möchte ich Lisa Fine, die den Text immer wieder neu auf der Schreibmaschine oder dem Personal Computer tippte, ohne darüber ihre gute Laune zu verlieren. Und schließlich danke ich meinem Mann Sam für seine Bereitschaft, mit mir gemeinsam die Ideen dieses Buchs in unserer eigenen Ehe und Familie in die Praxis umzusetzen.

Betty Carter

Ich möchte allen meinen Kolleginnen im Sonderprojekt des *Ackerman Family Institute* danken, mit denen ich immer wieder stundenlang das Problem der Geschlechtsrollen in der Behandlung von Paaren und Familiengruppen erörtert habe: Valerie Clain, Arlene Genatt, Sandra Mann und Susan Shimmerlik. Ihre kritischen Anmerkungen und Fragen haben mein Denken angeregt und geformt. Besonders danken möchte ich Richard Simon für seine verständige Kritik und seine wertvollen Ratschläge zu meinem Kapitel über Paarbeziehungen. Und schließlich bedanke ich mich für die Unterstützung und Ermutigung, die ich bei meinem Lebensgefährten Starrett Kennedy während der langen Arbeitsstunden gefunden habe.

Peggy Papp

Mein besonderer Dank gilt meinen Kolleginnen und Kollegen am *Ackerman Family Institute*, die mein Manuskript gelesen und mir unschätzbare Anregungen gegeben haben: Bob Simon, Virginia Goldner, Peggy Penn und Marcia Sheinberg. Donald Bloch verschaffte mir unter seiner Anleitung den nötigen Spielraum, um mit neuen klinischen Modellen zu experimentieren, als wir versuchten, in unsere Arbeit mit Familien neue Überlegungen einzuführen. Mein Mann Fred hat unzählige Seiten auf der Maschine geschrieben und alle meine Bemühungen ebenso geduldig wie begeistert unterstützt.

Olga Silverstein

Vorwort
Unsere Erfahrung

Marianne Walters

Der Kontext

Am Anfang schien alles so klar zu sein. Es war im Frühjahr 1977. Vor fast fünfzehn Jahren war Simone de Beauvoirs Buch *Das andere Geschlecht* erstmals in englischer Sprache erschienen. Betty Friedans *Der Weiblichkeitswahn oder Die Mystifizierung der Frau* hatte den Boden bereitet für ein neues Bewußtsein im Blick auf die Probleme von Frauen innerhalb unserer geteilten Gesellschaft. Überall in den Vereinigten Staaten, in allen Winkeln des öffentlichen und privaten Lebens stellten Frauen überkommene Ansichten in Frage und versuchten, ihren Rang in der Familie, in ihrer Kirche, am Arbeitsplatz und in ihren Berufen neu zu bestimmen. Seit zehn Jahren schon war der Prozeß der Bewußtseinsweckung im Gang. Zeitschriften und Illustrierte, die sich mit Frauenfragen befaßten, wurden fast ebenso populär wie jene, die sich dem Thema »Wie angle ich mir einen Mann?« widmeten. Die Gesetzesänderung zur Gleichberechtigung der Frau wurde heftig diskutiert und zu einem allgemeinen Anliegen. Politische Frauenorganisationen meldeten wachsende Mitgliederzahlen. Die Scheidungsgesetze und die Bestimmungen über das elterliche Sorgerecht nach einer Scheidung berücksichtigten die Frauen stärker als bisher. Endlich waren Abtreibungen nicht mehr gesetzeswidrig, und die Frauen konnten selbst darüber bestimmen, ob und wann sie ein Kind wollten. Immer mehr Frauen traten ins Arbeitsleben ein und machten zunehmend Karriere in Bereichen, die ihnen bislang versperrt geblieben waren. Sie änderten die Bevölkerungsstruktur des Landes, weil sie später heirateten und Kinder zur Welt brachten als bisher, sofern sie es nicht überhaupt vorzogen, kinderlos zu bleiben. Manche Frauen entschieden sich dafür, ihre Kinder allein großzuziehen. Andere gingen in die Politik. Frauen konnten einen eigenen Kredit bei der Bank erhalten, ein eigenes Haus kaufen oder sich mit einem kleinen Geschäft selbständig machen. Zeitungsartikel, Sachbücher und Romane von Frauen über Frauen schufen neue Kulturbilder und erschlossen neue kulturelle Bereiche. Feministische Theorie war zu einer seriösen wissenschaftlichen Disziplin geworden. Und die Frauenbewegung beschäftigte inzwischen auch die Politiker. In der Psychiatrie und der klinischen Psychologie setzte sich erst allmählich und zum Teil gegen Widerstände die Erkenntnis durch, daß die Entwicklungspsychologie sich in der Hauptsache auf die Erfahrung von Männern gestützt hatte und daß Skalen zur Messung von sozialer Anpassung und von Reife auf männlichen Verhaltensmodellen beruhten. Die Erkenntnis, daß die Mehrheit der Klienten Frauen und die Mehrheit der Therapeuten Männer waren, machte einige von uns zunehmend nachdenklich. Diagnostische Kategorien und theoretische Konstruktionen wurden von weiblichen Forschungsgruppen und von Projektgruppen innerhalb der großen Berufsorganisationen von Sozialarbeitern, Psychologen und Psychiatern daraufhin untersucht, ob geschlechtsspezifische Vorurteile in sie eingegangen waren. In den Psychologieveranstaltungen der Universitäten und den Abteilungen für Frauenforschung wurde das Buch von Jean Baker Miller, *Toward a New Psychology of Women* (1976), zu einem Klassiker, und das Buch *Women and Madness* von P. Chesler hatte eine ganze Reihe ernstzunehmender Belege dafür beigebracht, daß eine psychotherapeutische Behandlung von Frauen zu iatrogenen psychischen Störungen führen konnte. Ihre Arbeit beschrieb, inwieweit der überwiegend an Männern orientierte Behandlungsprozeß auf Frauen pathologisierend wirken kann. Da die meisten Theoretiker und Dozenten der Psychologie und Psychiatrie Männer waren, regten sich bei ihren Kolleginnen die ersten schweren Zweifel, ob die Erfahrungen von Frauen, die in einer von Männern definierten Kultur aufwachsen, in der Theorie und Praxis ihrer Disziplinen angemessen berücksichtigt würden. Immer häufiger wurden auf Fachkonferenzen Frauenfragen behandelt, und feministische Psychotherapie wurde zu einer anerkannten wissenschaftlichen Disziplin.

Und so schien es für uns anfangs völlig selbstverständlich, daß sich die Familientherapie ebenfalls der Probleme von Frauen annehmen und sich über die Relevanz einer feministischen Orientierung ihrer eigenen Theorie und Praxis Gedanken machen mußte. Es schien uns so selbstverständlich, daß ich bei meinen Vorbereitungen des ersten familientherapeutischen Workshops, auf dem der Wandel der Frauenrolle in der Familie diskutiert werden sollte, gar nicht auf die Idee kam, den maßgebenden Familientherapeuten könnten diese Veränderungen entgangen sein. Es schien alles so klar zu sein, daß ich mir keinerlei Gedanken darüber machte, ob wirklich alle Familientherapeuten jene neue Sicht der Dinge begrüßen würden, die uns künftig leiten sollte! Heute, in der Rückschau, scheint es ziemlich paradox, daß in einer Disziplin, in der es um die Familie ging, den Geschlechtsrollen in der Familie, den über das Geschlecht definierten Familienaufgaben oder den für die Kultur der Ehe, der Kindererziehung und der Familie so wichtigen Sozialisationsprozessen von Frauen und Männern so wenig Aufmerksamkeit geschenkt wurde.

Die Familie als soziales System beruht auf der Trennung der beiden Geschlechter. Sie hat die Funktion, die Beziehungen zwischen Männern und Frauen zu strukturieren und deren soziale Lebenswelten zu organisieren; sie sorgt dafür, daß die Zeugung, der Schutz und das Großziehen der Nachkommenschaft in geregelter Weise vor sich gehen und daß zwischen den Generationen eine soziale Kontinuität gewahrt bleibt. Selbstverständlich erfüllt die Familie auch eine wirtschaftliche Aufgabe, die ebenfalls auf der Geschlechtertrennung beruht. Wenn es Männern auch freisteht, auf Forschungsreisen zu gehen, Entdeckungen zu machen, neue Gesellschaften zu entwickeln oder in Büros zu arbeiten, so brauchen sie doch immer jemanden, der ihnen den Haushalt führt, in dem sie mit ihren Nachkommen leben, und der sich um die Notwendigkeiten des Alltagslebens kümmert. Wie war es dann möglich, daß Familientherapeuten kein ausgeprägtes Bewußtsein von der unterschiedlichen Sozialisation der Geschlechter hatten? Wie konnte es passieren, daß den Vertretern dieser Disziplin die Stereotypisierung der Geschlechtsrollen in der Entwicklung der Familie entging?

In der Rückschau sieht es so aus, als hätte die Systemtheorie selbst – zumindest in ihrer Anwendung auf die Familientherapie – den Blick unserer Theoretiker getrübt. Die selbstgenügsamen Prinzipien der Systemtheorie boten deren Anhängern die Möglichkeit, sich samt ihren Familienangehörigen für neutral zu erklären, indem sie behaupteten, Familien seien allein den Gesetzen unterworfen, die innerhalb des Familiensystems selbst gelten. Das Verstehen von Verhalten, Motivation, Symptomatologie, von Wachstum und Entwicklung, das sich den organisierenden Prinzipien der

Systemtheorie verdankte, bedeutete zweifellos einen Durchbruch für alle, die psychotherapeutisch tätig waren. Sie schien jedoch so etwas wie ein Gefängnis geworden zu sein, freischwebend in ihrem eigenen Universum, verbarrikadiert hinter einer Mauer, die durch ihre eigene innere Logik errichtet worden war. Aber alle menschlichen Systeme bewohnen einen offenen Raum, in dem eine Vielzahl von Teilsystemen miteinander in Beziehung treten und damit einen ausgedehnten *Kontext* der Erfahrung erzeugen. Kein Kontext konnte für das Verständnis aller Familiensysteme von größerer Relevanz sein als jener der Geschlechterbeziehungen. Es gibt keinen »neutralen« Kontext, in dem menschliche Systeme existieren.

Am Anfang schien also unsere Aufgabe sonnenklar zu sein – so klar, daß keine von uns wirklich gefaßt war auf die Verwicklungen, Kämpfe und Auseinandersetzungen, die ausgelöst wurden, als wir Therapeutinnen beschlossen, den Problemen und Erfahrungen von Frauen in Familien nachzugehen und die Auswirkungen einer patriarchalischen Kultur auf die seelische Gesundheit von Frauen sowie auf unsere eigene klinische Arbeit zu durchschauen.

Wo wir waren, als wir anfingen

Nach meiner Rückkehr aus London, wo ich ein Jahr lang an der *Tavistock Clinic* Lehrveranstaltungen abgehalten hatte, ging ich zur *Philadelphia Child Guidance Clinic*, wo ich in der Familienberatung arbeitete und in verschiedenen familientherapeutischen Ausbildungsprogrammen organisatorische, beratende und Lehraufgaben übernahm. Obgleich ich froh war, nun wieder im »eigenen Betrieb« zu sein, hatte das eine Jahr in London mich sehr angeregt. Die kritischen Diskussionen und der geistige Austausch mit Fachkolleginnen und -kollegen waren thematisch ausgreifender und im allgemeinen fundierter als in Philadelphia, und ich verspürte in mir den Drang, meinen kritischen Verstand noch mehr zu schärfen. Auf der anderen Seite schien die Psychotherapie in England hoffnungslos befrachtet mit traditionellen Behandlungsmethoden und einem analytischen Instrumentarium, die ich seit langem hinter mir gelassen hatte. Der Widerspruch war verwirrend für mich. Wieder zurück in der Heimat, sahen sich außer mir auch andere Therapeutinnen dem entgegengesetzten Widerspruch konfrontiert: weit entwickelte therapeutische Methoden, die »funktionierten«, aber wenig Offenheit für eine kritische Erörterung der Theorie und ihrer Grundbegriffe. Hier kam es darauf an, zu »machen«, und nicht, zu denken; in Großbritannien war es umgekehrt. Irgendwie mußte ein Mittelweg gefunden werden.

Diese Therapeutinnen wollten einige der theoretischen Annahmen der Familientherapie einer kritischen Prüfung unterziehen, insbesondere da jene Annahmen sich auf ihre Rolle als Frauen, die mit Familien arbeiteten, auswirkten. Sie befürchteten, daß nur allzuoft in der familientherapeutischen Arbeit sexistisch gefärbte Botschaften übermittelt wurden, und wollten ihre eigene Arbeit unter einer feministischen Perspektive beurteilen. Ich wurde gebeten, eine Projektgruppe zu leiten, die sich mit Frauenfragen in der Familie und mit der Rolle von Frauen als Familientherapeutinnen beschäftigte. Das erwies sich als eine anspruchsvolle und schwierige Aufgabe. Es gab keine Präzedenzfälle, keine Unterstützung innerhalb der Institution und keine Anlaufstellen außerhalb ihrer, nachdem feministische Therapeutinnen vor einigen Jahren die Familientherapie überhaupt abgelehnt hatten. Obgleich zu dieser Zeit innerhalb der Humanwissenschaften kein ernstzunehmender theoretisch oder praktisch orientierter Bereich existierte, wo nicht darüber diskutiert worden wäre, welche Konsequenzen sich aus dem Feminismus für die jeweils eigene Theorie ergaben, wurde eine feministische Kritik an der Familientherapie als »nichtsystemisch« abgetan und löste bei den meisten Familientherapeuten offensichtlich Unbehagen aus. Unsere Projektgruppe mußte praktisch im verborgenen arbeiten. Wir spielten uns gegenseitig unsere Tonbandprotokolle vor und prüften unsere Interventionen, ob sich aus ihnen für uns selbst wie für unsere Klienten dienliche Hinweise auf die spezielle Frauenproblematik ergaben. Als einzige »Vorgesetzte« in der Gruppe mußte ich befürchten, daß wir isoliert würden, und ich beschloß deshalb, mit Familientherapeutinnen außerhalb der Klinik Kontakt aufzunehmen.

Einige Jahre zuvor hatte ich Peggy Papp kennengelernt, als sie in Philadelphia über die Methode der Familienskulptur* sprach. Wir

---

* »Familienskulptur«: eine Ende der sechziger Jahre in den USA entwickelte und besonders von Peggy Papp und Virginia Satir bekanntgemachte diagnostische und therapeutische Methode, mit deren Hilfe spezifische familiäre Beziehungsmuster sich räumlich-bildlich darstellen lassen. (Anm. d. Übers.)

kamen miteinander ins Gespräch, gingen zusammen essen, redeten weiter miteinander und sind seitdem Kolleginnen und Freundinnen. Später baten wir Peggy, einen Tag pro Woche in der Klinik zu verbringen und eine externe Gruppe als Supervisorin zu betreuen. Obgleich Peggy, die selbst nicht in Philadelphia wohnte, im Frühjahr 1977 nichts mehr mit unserer Klinik zu tun hatte, sprachen wir über die Möglichkeit, eine lockere Gruppe von Familientherapeutinnen zu gründen, die sich für Frauenfragen interessierten. Trotz unserer vollen Terminpläne nahmen wir uns die Zeit, gemeinsam einen Teil unserer persönlichen und beruflichen Kämpfe als Frauen auf einem von Männern beherrschten Gebiet durchzustehen.

Peggy arbeitete seit Mitte der sechziger Jahre im *Ackerman Institute*. Neben Virginia Satir war sie eine der ersten Frauen, die sich als Familientherapeutin einen Namen machte. Ihre Jahre davor als Schauspielerin bildeten den Hintergrund für eine Vielfalt improvisatorischer Fertigkeiten, die sie ebenso in der Therapie wie in der Entwicklung innovativer Methoden einsetzte. Peggy begann sich für Familientherapie zu interessieren, nachdem sie eines von Nathan Ackermans Videobändern in der Sozialbehörde in New York gesehen hatte; danach besuchte sie noch einmal die Universität und erwarb ihr Diplom. Später nahm sie eine Stelle im *Ackerman Institute* an und erhielt ihre weitere Ausbildung anfangs bei Ackerman persönlich. 1970 war Peggy als Praxisanleiterin der *Hunter College Graduate School of Social Work* tätig und hatte dort das Glück, zwei der besten und intelligentesten Studentinnen zu betreuen, die je in diesen heiligen Hallen ein Examen gemacht haben: Olga Silverstein und Elizabeth (Betty) Carter.

1973 gründeten Peggy Papp und Betty Carter zusammen mit Tom Fogarty und Phil Guerin das *Center for Family Learning* in New Rochelle im Staat New York, und im folgenden Jahr begannen Peggy und Olga Silverstein das *Brief Therapy Project* am *Ackerman Institute* und erstellten ein experimentelles Behandlungsprogramm, das als Modell für weitere Programme dieser Art dienen sollte. Während Peggy ihre Lehrveranstaltungen abhielt und überall auf der Welt Workshops veranstaltete, war das Projekt der Ort, an dem sie mit neuen Ideen, Methoden und Techniken experimentierte.

Betty Carter war die erste Frau in den Vereinigten Staaten, die ein familientherapeutisches Ausbildungsinstitut gründete und leitete. Das war 1977, nach einem Zerwürfnis am *Center for Family Learning*, an dessen Aufbau und Entwicklung sie beteiligt gewesen war. 1980 zog ich nach und gründete *The Family Therapy Practice Center* in Washington, D.C. Seitdem gab es noch zwei oder drei weitere Ausbildungsinstitute, die von Frauen geleitet wurden – von insgesamt fast dreihundert familientherapeutischen Ausbildungsstätten überall in den USA! Über 70 Prozent der Teilnehmenden an den Fortbildungsprogrammen dieser Institute sind Frauen. Da kann doch etwas nicht stimmen! Betty Carter und eine Gruppe von Kolleginnen gründeten das *Family Institute* in Westchester, ohne auf die Unterstützung irgendwelcher »Alter Herren« zurückgreifen zu können, und keine von uns war sich damals sicher, ob ein von einer Frau geführtes Ausbildungsinstitut sich überhaupt würde halten können. Bettys Vorgehen beim Aufbau eines Netzwerks von freundschaftlichen Unterstützungskontakten, bei der Entwicklung von Alternativen für eine effektive Leitung sowie von weiblichen Rollenmodellen setzte Maßstäbe für andere Frauen in Führungspositionen. Wir haben als Leiterinnen von Ausbildungsinstituten viele anregende Stunden miteinander verbracht und Probleme gewälzt, die von der Organisationsstruktur über das Verhältnis der Mitarbeiterinnen untereinander, die Beschaffung von Fördermitteln bis zu der Frage reichten, wie wir die Belastung miteinander teilen konnten.

Olga Silverstein und Peggy Papp haben seit Mitte der siebziger Jahre in der klinischen Arbeit, der Supervision und der Ausbildung zusammengearbeitet. In Olgas eigener Lebensgeschichte spiegeln sich jene Veränderungen, von denen das Leben von Frauen in den letzten zwanzig Jahren geprägt worden war. Als Tochter von Einwanderern heiratete Olga früh, und nach dreißig Jahren als Hausfrau und Mutter bewarb sie sich um einen Studienplatz an der *Columbia School of Social Work*. Ihr Antrag wurde mit der Begründung abgelehnt, sie sei »zu alt«, um in diesem Bereich eine Tätigkeit auszuüben. Damals war sie fünfzig. Wie sich herausstellte, bedeutete die Ablehnung für sie eine glückliche Fügung. Auf der *Hunter College Graduate School of Social Work* lernte sie nämlich Betty Carter kennen, und beide machten ihre weitere Ausbildung am *Ackerman Institute*. Olga konnte ihre Lebenserfahrung sehr schnell in klinische Beobachtung und Fachwissen umsetzen, und bald darauf war auch sie als Mitarbeiterin an diesem Institut tätig, wo sie angehende Therapeutinnen und Therapeuten unterrichtete und sie als Supervisorin und Mentorin betreute. Olga und ich haben einige gesellschaftliche und kulturelle Traditionen gemeinsam, von denen unsere Weltsicht geprägt wurde. Als Töchter jüdischer Einwanderer wuchsen wir beide in einer Atmosphäre von gesellschaftlicher Verantwortung und politischem Protest auf, die bei uns häufig zu einem aktiven Engagement geführt hat. Als die Frauenbewegung aufkam, erschien sie uns als selbstverständliche Erweiterung der verschiedenen Bewegungen für eine gesellschaftliche Veränderung, deren Zeuginnen wir im Lauf der Jahre waren. Aber uns wurde sehr bald klar, daß diese Bewegung für uns etwas anderes bedeutete. Hier war ein Bewußtsein, das unmittelbar die Art und Weise beeinflußte, in der wir unser Leben führten, Beziehungen eingingen, unsere Kinder erzogen und uns als Frauen erlebten. Dieses Bewußtsein barg das Potential, das Wesen und die Bedingungen unseres eigenen Lebens nicht nur oberflächlich, sondern tiefgreifend zu verändern. Bei Peggy war es das Erbe ihrer Vorfahren, die als Pioniere den Westen besiedelt hatten, und das ihrer Eltern, deren Lebensmaximen aus der Erfahrung von Menschen stammten, die abseits der dichtbesiedelten Gebiete sich ihr eigenes Territorium gesucht hatten. Der Feminismus war eine weitere Möglichkeit, ihr persönliches Ringen um Unabhängigkeit und ihre Suche nach neuen Wegen auszudrücken, ihrem Leben einen Mittelpunkt zu geben, ihm einen Sinn abzugewinnen. Bettys Vater hatte sein Leben auf die Überzeugung gegründet, daß die Gesellschaft ihren benachteiligten Mitgliedern Chancen einräumen mußte. Er überredete Firmeninhaber, Behinderte einzustellen, und entwickelte Ausbildungsprogramme, um auch Menschen in besonderen Notlagen die Möglichkeit einer Erwerbstätigkeit zu verschaffen. Das Verständnis für die besonderen Nöte all jener, denen die üblichen Mittel und Wege für ein erfolgreiches Leben versagt blieben, war für Betty zu einer Art zweiten Natur geworden, und der Feminismus schien von den ethischen Grundsätzen ihrer Familie gar nicht so weit entfernt zu liegen.

Als wir vier zum ersten Mal im Sommer 1977 zusammenkamen, um darüber zu diskutieren, wie sich die Probleme von Frauen und ein feministisches Bewußtsein in die etablierten familientherapeutischen Konzepte einführen ließen, fiel uns auf, wie sehr die Frauenbewegung bereits begonnen hatte, unser Leben und unser Denken zu beeinflussen. So ähnlich muß es vielen unserer Kolleginnen ergangen sein. Nachdem Betty Carter Betty Friedan gelesen hatte, entschloß sie sich, einen Großteil ihrer traditionellen Relikte aus ihrer irisch-katholischen Erziehung zu Grabe zu tragen, und Peggy Papp betrachtete einige ihrer persönlichen Lebensentscheidungen und Entwicklungen durch die Brille eines geschärften Frauenbewußtseins. Olga konnte einige Aspekte ihres Familienlebens in neuem Licht sehen, nachdem sie, zusammen mit ihrem Mann, eine feministische »Erweckung« erlebt und über die alten Geschlechtsrollen neu nachgedacht hatte. Und ich selbst war damit beschäftigt, mich der berauschenden Herausforderung zu stellen, mit drei Kindern allein zurechtzukommen, in dem dankbaren Bewußtsein, daß es die Frauenbewegung gewesen war, die mir diese Entscheidung ermöglicht hatte.

Wir alle erlebten die neue Freiheit, auf unserem Fachgebiet eine Führungsposition und eine stärker »öffentliche« Haltung einzunehmen, und zugleich hatten wir mit den persönlichen Konsequenzen solcher Schritte zu kämpfen. Seit ich unser erstes Zusammentreffen zustande gebracht hatte, war ich mir bewußt, daß ich einen Plan brauchte, wie wir auch weiterhin zusammenbleiben konnten. Hier waren vier extrem ausgelastete, hochqualifizierte Frauen, die als Therapeutinnen, Dozentinnen, Supervisorinnen, Verwalterinnen und Leiterinnen von Ausbildungsprogrammen tätig waren; die Kinder großzogen, einen Haushalt führten, Eheschließungen und Scheidungen miterlebten und sich um ihre alternden Eltern kümmern mußten; die Freundschaften pflegten, Familientreffen organisierten und mit Veränderungssituationen in der Familie fertigwerden mußten – vier Frauen unterschiedlicher Herkunft, miteinander verbunden durch denselben Beruf und jetzt auch durch eine gemeinsame Sache. Es war aufregend. Ich schlug vor, wir sollten zunächst in einem gemeinsamen Workshop die Situationen erkunden, denen Frauen als Familientherapeutinnen ausgesetzt sind, sowie unsere eigenen Tonbandprotokolle und unser klinisches Material benutzen, um einige der kritischen Probleme und Dilemmas unseres Berufs anschaulich zu machen. Die anderen stimmten zu, und so begann unsere gemeinsame Arbeit.

21

»Das Frauenprojekt in der Familientherapie«

Als Gruppe traten wir zum ersten Mal im Dezember 1978 in Erscheinung, als wir in Philadelphia einen Workshop zum Thema »Frauen als Familientherapeutinnen« veranstalteten. Vor dem Workshop trafen wir uns mehrmals, um unser Material vorzubereiten, und entwickelten informell die Grundlinien unseres Stils der Zusammenarbeit. Jede von uns übernahm die Verantwortung für einen bestimmten Themenbereich, mit dem wir uns besonders identifizierten, oder ein klinisches Problem, mit dem wir uns besonders vertraut fühlten. Bei unseren Treffen versuchten wir, in unseren Fallgeschichten und -darstellungen die Frauenprobleme herauszuarbeiten und uns zu überlegen, wie wir uns ihnen am besten nähern konnten. Anschließend bereitete jede von uns je nach ihrem eigenen Stil und methodischen Ansatz eine Falldarstellung vor.

Dieser erste Workshop gab uns einen ungeheuren Auftrieb. Die Teilnehmerinnen spendeten uns nicht nur ein begeistertes Lob, sondern äußerten auch nachdrücklich, es sei dringend notwendig, auch weiterhin in der Familientherapie auf Frauenfragen einzugehen. Die Teilnehmerinnen sprachen über ihre eigenen Sorgen – manche zum ersten Mal in ihrem Leben innerhalb einer größeren Gruppe. Die von ihnen angeschnittenen Probleme reichten von der Frage nach dem Gebrauch der Autorität von Familientherapeutinnen bis zu der nach einer Neuorganisation von therapeutischen und fürsorgerischen Einrichtungen zugunsten von Frauen. Manche der Anwesenden schilderten ihre Erfahrungen mit Sexismus in ihren zuständigen Behörden oder in ihren familientherapeutischen Ausbildungsprogrammen. Von besonderer Bedeutung war die Einmütigkeit darüber, daß in den vielen gängigen Texten der Familientherapie die so wichtige Stimme der im Bereich der Psychohygiene und in Sozialämtern tätigen Frauen, der Therapeutinnen, der Klientinnen oder der Frauen innerhalb der Familiensysteme nicht zu hören war und daß dieser Workshop einen Anfang damit gemacht hatte, dieser Stimme Gehör zu verschaffen.

Als wir auf besagtem Workshop den Problemen von Frauen als Familientherapeutinnen nachgingen, stellten wir fest, daß sich für uns wie für die Teilnehmerinnen immer neue Fragen auftaten und daß wir nur wenige Antworten hatten. Wir entdeckten, daß wir mit den neuen Theorien über die Entwicklung der Frau oder mit Forschungsarbeiten über die wirtschaftlichen und sozialen Konsequenzen der traditionellen Frauenrolle in der Familie selbst kaum vertraut waren. Es gab noch viel zu lernen und viel zu tun. Sollten wir es auf uns nehmen? Sollten wir der Beschäftigung mit diesen Themen in unserem ohnehin überlasteten Berufs- und Privatleben eine Vorrangstellung einräumen? Waren wir bereit, einige der theoretischen Annahmen und der praktischen Methoden der Familientherapie in Frage zu stellen? Wie sollten wir ein derartiges Vorhaben organisieren und strukturieren? Und welche Rolle sollten wir selbst darin spielen? Nach der Hochstimmung im Gefolge der Herausforderung, der Entdeckungen und der breiten Unterstützung, wie wir sie während dieses ersten Workshops erfahren hatten, kam nunmehr die Zeit der kollektiven Selbsterforschung und der Selbstzweifel, die »die Herzen der Frauen auf die Probe stellt«.*

Wir trafen vier wesentliche Entscheidungen: 1. Wir wollten weiter gemeinsam über die Probleme von Frauen in der Familie und als Familientherapeutinnen arbeiten. 2. Wir wollten uns den Namen »Das Frauenprojekt in der Familientherapie« geben. 3. Wir wollten einen weiteren Workshop, außerhalb unserer Arbeitsstätten, veranstalten, für den allein das Frauenprojekt verantwortlich zeichnen sollte. 4. Wir hatten Spaß an unserer gemeinsamen Arbeit und empfanden unser kollegiales Verhältnis als geistig anregend und als berufliche Bereicherung.

Für die Darstellung des Projekts nach außen und für die Durchführung unserer eigenen Zusammenkünfte wurde ich die Vorsitzende und *The Family Therapy Practice Center* in Washington der administrative Arm des Projekts. Wir machten es zur Regel, daß jede einzelne von uns, die einer Aktivität, einer Vorgehensweise, einem Programm, einer Idee, Theorie oder einem Ansatz gegenüber starke Vorbehalte hegte, das Recht auf ein persönliches Veto hatte, das die anderen respektierten. Wir kamen überein, zwar bei Theorien über Frauen in Familien und über Frauenfragen einen Konsens anzustreben, nicht aber im Blick auf unsere unterschiedlichen methodischen Ansätze. Aus dieser Übereinkunft und aus der Erfahrung unseres ersten Workshops entwickelten wir ein klares Schema für unsere dauerhafte Zusammenarbeit: Wir wollten

---

* Nach einem Ausspruch von Thomas Paine: »These are the times that try men's souls.« (Anm. d. Übers.)

zusammenarbeiten, wenn es darum ging, einen theoretischen Rahmen zur Analyse von Frauenproblemen und eine feministische Perspektive in der Familientherapie zu entwickeln, und wir wollten getrennt arbeiten, wenn es darum ging, diese feministische Perspektive im Rahmen unserer eigenen Methoden und Ansätze anschaulich zu machen oder vorzustellen. Wir alle waren uns darin sicher, daß wir keine Mitgliederorganisation aufbauen wollten. Das Projekt sollte als Mittel zum Einbringen von Frauenfragen und feministischen Theorieansätzen in die Hauptströmungen der Familientherapie dienen, und wir wollten eine immer größere Zahl von Therapeutinnen ansprechen, die sich mit dem Thema beschäftigten und es für wichtig hielten. Zu diesem Zweck bereiteten wir eine Reihe weiterer Workshops vor.

Damals hegten wir noch die Illusion, daß das Frauenprojekt ein zwar wesentlicher, aber vom Zeitbedarf her geringfügiger Zusatz zu unseren bereits mit Terminen vollgestopften Wochenplänen sein würde. Doch wir hatten uns auf etwas eingelassen, das sich als das wechselvollste, stürmischste und gewinnbringendste Unternehmen in unserem Berufsleben erweisen sollte. Wir stießen bei unseren Berufskolleginnen auf eine unerwartet starke Resonanz.

Im März 1978 boten wir auf dem Jahrestreffen der *American Orthopsychiatric Association* einen Workshop über »Frauenfragen in der Familientherapie« an. Mit der großen Zahl von Interessentinnen für diese Veranstaltung hatten wir nicht gerechnet, und wir fühlten uns durch den gegenseitigen Respekt, die Aktivität und den Kenntnisstand vieler Teilnehmerinnen angespornt und ermutigt. Im Juni 1978 erschienen in einschlägigen Fachzeitschriften die beiden ersten Artikel über feministische Ansätze in der Familientherapie: Rachel Hare-Mustin, »A Feminist Approach to Family Therapy«, in *Family Process*; dies. und N. Hines, »Ethical Concerns in Family Therapy«, in *Journal of Marriage and Family Therapy.*

Die Reihe unserer ersten Workshops 1979 stand unter dem Motto »Das Dilemma von Frauen in der Familie«. Als wir uns während der Vorbereitung näher mit diesem breitgefächerten Thema befaßten, wurde uns rasch die Notwendigkeit einer Eingrenzung klar. So beschlossen wir, uns in erster Linie mit den Rollen und Beziehungen von Frauen innerhalb der Familie zu beschäftigen und dabei eine spezielle Beziehung besonders zu beleuchten und bis ins

Detail zu erkunden. So entstand unsere nächste öffentliche Veranstaltung mit dem Thema »Mütter und Töchter«. Sie fand im Frühjahr 1980 in New York statt und zählte fünf- bis sechshundert Besucherinnen. Therapeutinnen brachten ihre Mütter oder ihre Töchter mit, und die Therapeutinnen repräsentierten mehrere Generationen. Therapeutischer Prozeß, persönliche und klinische Erfahrungen, Theorie und praktische Methoden, das alles behandelten wir unter dem Blickwinkel der Beziehungen zwischen Müttern und Töchtern. Dadurch, daß wir zur Untersuchung von Beziehungen den umfassenderen Kontext der unterschiedlichen Sozialisation von Männern und Frauen verwendeten, uns also nicht auf das System »Familie« beschränkten, hatten wir das nötige »Spielmaterial« zum Experimentieren mit der Revision und Umformulierung klinischer Konzepte.

In den beiden folgenden Jahren wiederholten wir den Workshop zum Thema »Mütter und Töchter« in verschiedenen Städten der USA und in England. Ihren Höhepunkt fanden diese Veranstaltungen im Sommer 1983 in einem einwöchigen Frauenseminar-Workshop-Symposium, das in Berkshire abgehalten wurde. Im Jahr darauf boten wir einen Workshop zum Thema »Mütter und Söhne, Väter und Töchter« an und veröffentlichten zwei Monographien mit den wichtigsten Materialien aus beiden Workshops. Wir hielten Kontakt zu anderen Familientherapeutinnen in den Vereinigten Staaten und im Ausland, unterstützten nach Kräften die Arbeit jüngerer Therapeutinnen, die sich in kritischer Weise theoretisch, als Autorinnen und als Forscherinnen mit dem Thema Feminismus und Familientherapie auseinandersetzten, und wir waren für begabte angehende Therapeutinnen in unseren Ausbildungsprogrammen die Mentorinnen. Unsere Freundschaft und gegenseitige Achtung vertieften sich, und bei all unserer Neigung zu rivalisierendem Verhalten stand außer Frage, daß wir nicht nur unsere persönlichen Erfolge, sondern auch die der gemeinsamen Arbeit in unserer Disziplin wirklich genossen und miteinander teilten. Mit einer gewissen Schicksalsergebenheit wußten wir, daß wir uns einer neuen Aufgabe stellen mußten.

Dieses Buch: Unser Prozeß

Während unserer gemeinsamen Arbeit kam uns die Idee, ein Buch zu schreiben, und im Sommer 1984 machten wir uns an den Entwurf. Ich brauche kaum zu betonen, daß wir seit damals immer wieder unseren Kurs geändert und eine stürmische Fahrt hinter uns gebracht haben. Als wir im Sommer 1986 zu einer unserer nicht enden wollenden Redaktionssitzungen zusammenkamen, sprachen wir darüber, was uns vorangetrieben hatte und wie es möglich war, daß im Laufe von fünf Jahren – die angefüllt waren mit Workshops, Konferenzen, Vorstellungen therapeutischer Modelle und administrativen Pflichten, gar nicht zu reden von zwei weiteren Jahren des Schreibens samt der dazugehörigen redaktionellen Arbeit und zahlreichen weiteren Zusammenkünften – unsere gemeinsame Arbeit an Intensität und auch Qualität immer mehr zugenommen hatte. Wesentliche Faktoren waren dabei sicherlich die große Bedeutung, die wir unserem Forschungsprojekt beilegten, und der unwiderstehliche Ansporn, in die Theorie und Praxis der Familientherapie das Bewußtsein und die Erfahrungen von Frauen einfließen zu lassen. Gewiß, da gab es verletzte Gefühle, Mißverständnisse, Enttäuschungen und die hinzukommenden privaten und beruflichen Anforderungen, so daß wir manchmal am liebsten alles stehen- und liegengelassen hätten – trotzdem nahmen wir die Arbeit an unserem Projekt immer wieder auf, da es um ein Thema ging, dem wir uns nicht entziehen konnten.

Außerdem hielt uns ein wachsendes Gefühl der Zusammengehörigkeit und einer immer tieferen Freundschaft bei der Stange und wurde zu einer verpflichtenden Bindung, die keine von uns aufs Spiel setzen wollte und an deren Dauerhaftigkeit wir alle ein Interesse hatten. Wenn wir darauf zurückblickten, waren wir uns sicher, daß wir das kollegiale Verhältnis und die Freundschaft untereinander, wie sie sich in den Jahren unserer gemeinsamen Arbeit entwickelt hatten, nur deshalb aufrechterhalten konnten, weil wir von Anfang an auf der persönlichen wie der beruflichen Ebene eine Gruppe von Gleichrangigen waren. Wahrscheinlich hätte es nicht geklappt, wenn zwischen uns starke Unterschiede bestanden hätten – im Blick auf berufliche Erfahrung oder Kompetenz, auf das Alter oder den beruflichen Erfolg. Wir begegneten einander in unserer Zusammenarbeit als Ebenbürtige und als Ausbilderinnen, so daß diese Arbeit zu einem der wenigen Orte wurde, wo wir uns gegenseitig ständig widersprechen, in Frage stellen und über unsere Ideen streiten konnten. Damit erwies sich das Frauenprojekt als ein gutes Übungsfeld für die immer heftigeren weltanschaulichen und klinischen Debatten, die während der Arbeit an unserem Buch geführt wurden. Selbst durch unsere Auseinandersetzungen und trotz mancher tiefgehenden Meinungsverschiedenheit wurden unsere gegenseitigen Bindungen immer stärker. Form und Stil unserer Zusammenarbeit änderten sich, während wir dieses Buch schrieben. Jede von uns verfaßte zunächst als Entwurf ein »Arbeitspapier«, das als Grundlage für Diskussionen diente, in denen wir die zentralen Ideen und Themen herausarbeiteten und andere verwarfen. Anschließend verfaßte jede von uns ein Kapitel, das den anderen laut vorgelesen und dann gemeinsam besprochen wurde. Häufig wurde in unseren persönlichen Begegnungen ein Punkt angesprochen, der in das Buch aufgenommen werden sollte, oder ein Gedanke nahm schärfere Konturen an, den wir zunächst unbeachtet gelassen hatten, während wir das Material der einzelnen Kapitel durchgingen. Umgekehrt beobachteten wir uns dabei, wie wir auf das vorliegende Material mit persönlichen Anekdoten und Erinnerungen Bezug nahmen und uns beim Vorlesen unterbrachen, um Familiengeschichten zu erzählen oder einschlägige Erfahrungen zu schildern. Mit der Zeit wurde unsere persönliche Erfahrung zu einem Teil der Arbeit und diese wiederum zu einem Teil unserer Erfahrung, so daß wir die Empfindung hatten, unsere Erfahrungen seien reicher geworden und fügten sich besser zusammen als früher.

Natürlich spiegelte sich in diesem Prozeß eines der Hauptthemen unseres Buchs: das Ineinandergreifen von Gefühl und Verstand, von Persönlichem und »Politischem«, von Zweckorientierung und Beziehungsorientierung. Immer wieder waren es unsere eigenen Prozesse des Lernens und der Herstellung von Beziehungen, unsere persönlichen Erfahrungen, die in unsere Arbeit eingingen. Und immer aufs neue stellten wir fest, daß unsere persönliche Erfahrung durch unser Denken beeinflußt wurde. Indem wir uns das Geschriebene gegenseitig laut vorlasen und uns offenhielten für Kritik, Zweifel und Widerspruch, schufen wir eine intensive Nähe, die ein gegenseitiges Vertrauen ebenso wie die Achtung gegenüber individuellen Unterschieden erforderte.

Ein Beispiel für den Prozeß, den wir durchgemacht haben, war die Lösung des Problems, wen wir als Urheber dieses Buchs angeben sollten. In dem Bemühen, »demokratisch« zu sein, schlug ich zunächst vor, die Autorinnen in alphabetischer Reihenfolge aufzuführen, womit alle einverstanden waren (Betty Carter war hocherfreut!). Aber bald war mir dieser Gedanke zuwider, und ich bedauerte, daß wir uns alle so bereitwillig darauf geeinigt hatten. (Die Vorstellung, daß in den Literaturverzeichnissen »Carter, Papp et al. ...« zu lesen sein würde, gefiel mir überhaupt nicht.) Es ließ mir keine Ruhe, daß ich, Marianne Walters, diejenige war, die das Frauenprojekt ins Leben gerufen hatte, aber unter den Autorinnen des von ihm veröffentlichten Buchs als letzte genannt würde. Aber wie konnte ich das den anderen sagen, ohne übertrieben ehrgeizig, egoistisch und konkurrenzbesessen zu erscheinen? Bei einem unserer Treffen machte ich sogar halb im Scherz den Vorschlag, unsere Namen auf dem Schutzumschlag kreisförmig anzuordnen. Zum Glück legte mich niemand darauf fest.

Mir war klar, daß ich mit den anderen darüber reden mußte, brachte es jedoch aus unerfindlichen Gründen nicht fertig. Auf einer unserer Sitzungen sagten dann Olga Silverstein und ich fast gleichzeitig, wir wollten noch einmal über die Frage der Nennung der Autorinnen sprechen. Offenbar hatte sie damit ebenfalls Schwierigkeiten (da sie neben mir durch eine alphabetische Reihenfolge am meisten benachteiligt sein würde). Und unabhängig voneinander waren wir zur selben Lösung gelangt: ein Kollektiv – das Frauenprojekt – als Autor anzugeben. Betty und Peggy stimmten bereitwillig zu. In dieser wohlwollenden Atmosphäre konnten wir über meinen Konflikt vor dem Hintergrund des grundsätzlichen Dilemmas von Frauen sprechen, die zugleich beides sein sollen, nachgiebig *und* durchsetzungsfähig, rücksichtsvoll *und* selbstbewußt. Dieser Vorfall machte deutlich, wie sehr Frauen durch ihre Erziehung darauf eingestellt sind, als aggressiv geltende Verhaltensweisen zu vermeiden und darauf zu verzichten, ihr Bedürfnis nach Anerkennung der eigenen Leistungen zu äußern, um bei anderen nicht als Egoistinnen dazustehen. Obgleich ich dachte, ich hätte nunmehr meine innere Ruhe wiedergefunden, spürte ich, daß die Sache für mich noch nicht ausgestanden war und ich mich immer noch um etwas gebracht fühlte, das mir eigentlich zustand. Auf diese Weise konnten individuelle Empfindungen über einen Prozeß, der uns alle betraf, für uns nutzbar gemacht werden.

Einige Monate später, als das Buch fast vollständig konzipiert war, prüften wir unseren Entschluß noch einmal und fanden nun, daß die Nennung einer Organisation als Autorin dem Buch nicht angemessen sei. Meine Kolleginnen waren der Meinung, ich als Initiatorin des Frauenprojekts sollte zuerst und danach sollten die übrigen in alphabetischer Reihenfolge genannt werden. Was mich betrifft, so wird diese Anerkennung von seiten gerade dieser Frauen weit länger in mir nachwirken als die Tatsache, daß mein Name an erster Stelle genannt ist.

Eine der größten Schwierigkeiten beim Verfassen dieses Buchs bestand für uns wohl darin, daß wir uns hüten mußten, in eine Soziologie der Frauenfrage zu verfallen, während unsere eigene Wahrnehmung geschärft wurde und unsere Vertrautheit mit feministischen Theorien und der Frauenbewegung sich vertiefte. Als wir mit unserer gemeinsamen Arbeit im Frauenprojekt begannen, standen wir am Anfang der allmählichen Entwicklung und Vertiefung eines feministischen Bewußtseins, und wir waren motiviert, durch dieses Buch etwas von dem, was wir gelernt hatten, mit anderen zu teilen. Wir mußten uns fortwährend daran erinnern, daß wir keine Sozialtheoretikerinnen sind, die über Frauenfragen allgemein schreiben oder auch nur soweit diese sich auf den Bereich seelischer Störungen beziehen. Die Tatsache, daß wir in erster Linie klinisch arbeiteten und in unserer Tätigkeit als Therapeutinnen und Ausbilderinnen grundsätzlich der Familientherapie als Methode verpflichtet waren, mußte das Fundament sein, auf dem wir unser Plädoyer für eine feministische Perspektive in der Familientherapie aufbauen konnten.

In unserem Buch geht es um die Beziehungen von Frauen innerhalb der Familie. Wir haben nicht versucht, dieses Thema erschöpfend zu behandeln. Wir sind uns durchaus bewußt, daß wir hier große Lücken gelassen haben. So fehlen in diesem Buch beispielsweise Kapitel über die Rolle von Schwestern oder Großmüttern. Wir haben uns bemüht, einige der Fragen anzusprechen und auf einige der üblichen Szenarien und einige der Konsequenzen einzugehen, die eine Sozialisation als Frau für die Beziehungen innerhalb der Familie nach sich zieht. Es steht außer Zweifel, daß die Verteilung der Geschlechtsrollen in der Familie auch die Männer vor viele Probleme und Konsequenzen stellt, doch diese sind nicht Thema des vorliegenden Buchs, und wir werden auf solche Probleme kaum zu sprechen kommen. Aus unseren Fallberichten wird allerdings deutlich, daß feministisch orientierte Interventionen sich auf die männlichen Familienmitglieder positiv auswirken. Jedes von uns erörterte Problem und jede Beziehung, der wir nachgehen, sind auf einer bestimmten Ebene auch für unsere Ehemänner und unsere männlichen Kollegen von Bedeutung. Dennoch sind sie nicht Gegenstand dieses Buchs.

Das hier vorgelegte Material ist darauf abgestellt, in der klinischen Praxis Anwendung zu finden. Die Einführung am Anfang jedes Kapitels soll einen Hintergrund liefern, vor dem Familienprobleme, Klienteninteraktionen und die Interventionen der Therapeutinnen unter einer feministischen Perspektive wahrgenommen werden können. Um diesen Vorgang zu erleichtern, hat jede einzelne von uns jedem Kapitel ein Fallbeispiel beigegeben. Wir haben an keiner Stelle versucht, eine Übereinstimmung hinsichtlich unserer individuellen theoretischen Orientierungen und klinischen Vorgehensweisen zu erzielen, die sich vom Beginn unserer gemeinsamen Arbeit an mehr oder weniger stark voneinander unterschieden haben: Betty stellt ein Mehr-Generationen-Modell der Familientherapie vor, das auf der Systemtheorie nach M. Bowen aufbaut; Olga Silverstein verfolgt einen weiterentwickelten generationenübergreifenden systemischen Ansatz in der Tradition von Milan, Bowen und Milton H. Erickson; Peggy Papp arbeitet mit einer systemisch/ strategischen Methode nach dem MRI (*Mental Research Institute* in Palo Alto), Milan und Milton H. Erickson, und ich selbst stelle ein therapeutisches Modell vor, das aus der Strukturtheorie heraus entwickelt wurde und als Parameter der Veränderung Kontext und Kompetenz mit einbezieht.

Jede von uns hat ihre eigene Methode, an den geschilderten Fall heranzugehen. In diesem Buch werden viele Fallbeispiele vorgeführt. Jedes steht für ein Frauenproblem oder eine feministisch orientierte Intervention, und jedes veranschaulicht die besondere Methode und den Stil der Berichterstatterin. Es gehört zu den Zielen unserer gemeinsamen Arbeit, unsere methodischen Unterschiede hinter dem gemeinsamen Interesse zurücktreten zu lassen, die jeweiligen therapeutischen Methoden unter einer feministischen Perspektive anzuwenden. Während der vielen Workshops, die der Abfassung dieses Buchs vorausgingen, achteten wir ganz besonders darauf, daß die Errichtung einer neuen Basis für eine Übereinstimmung und Verbundenheit nicht durch unsere theoretischen Differenzen beeinträchtigt wurde.

Wenn Sie dieses Buch lesen, werden Sie vielleicht feststellen, daß diese oder jene theoretische Orientierung Ihnen vertrauter und Ihrem eigenen Denken und Handeln gemäßer ist als andere. Versuchen Sie bitte, einen Unterschied zu machen zwischen den feministischen Feststellungen, die wir treffen und über die wir uns einig sind, und den theoretischen Orientierungen oder den Methoden, in denen wir nicht übereinstimmen. Mit anderen Worten, verwerfen Sie eine feministische Aussage nicht schon deshalb, weil sie im Rahmen einer therapeutischen Methode getroffen wird, mit der Sie nicht vertraut sind oder nicht übereinstimmen.

Teil I
Einige Neudefinitionen

1
Auf dem Weg zu einer feministischen Perspektive in der Familientherapie

Die gegenwärtigen diagnostischen und therapeutischen Modelle in der Familientherapie in den Vereinigten Staaten beruhen auf dem Wertesystem der nordamerikanischen Familie der vierziger und fünfziger Jahre und hinken den gesellschaftlichen Veränderungen jämmerlich hinterher, die seit längerem in vollem Gange sind.

Mittlerweile haben sich in unserer Gesellschaft im Blick auf Familienstruktur und -funktionen tiefgreifende Veränderungen vollzogen. Immer mehr Frauen arbeiten außerhalb der eigenen vier Wände, zum Teil nicht einmal aus freiem Entschluß, da dieses »zweite Einkommen« in Familien aus der Arbeiterschicht zu einer wirtschaftlichen Notwendigkeit und in der aufstrebenden Mittelschicht zu einer festen Erwartung geworden ist. Die steigende Zahl von Ehescheidungen und Zweit- oder Drittehen hat zu zahlreichen neuartigen Familienformen geführt, bei denen manche Mütter ihre Kinder allein erziehen und wiederverheiratete Paare bemüht sind, seine Kinder und ihre Kinder sowie die früheren Ehepartner unter einen Hut zu bringen, und sich komplizierte erweiterte Verwandtschaftsbeziehungen ergeben. Immer häufiger sind »Ehen ohne Trauschein«, also Lebensgemeinschaften, bei denen die Eheschließung und die Geburt von Kindern meist bis in die mittleren Lebensjahre aufgeschoben werden. Immer mehr Frauen werden sich ihrer eigenen Sexualität und ihres Rechts bewußt, über den eigenen Körper selber zu verfügen, und auch die sexuellen Erwartungen sind bei beiden Geschlechtern nicht mehr die gleichen wie früher. Unter all diesen Veränderungen ist die Anerkennung des Rechts der Frau auf Geburtenkontrolle von besonderer Bedeutung.

Was nun diese Veränderungen in der Familie und die Rolle der Frauen in ihr betrifft, so bleibt die Theorie der Familientherapie hinter der Kultur als Ganzes gesehen zurück. Es ist ein Gebot der Stunde, neue familientherapeutische Ansätze zu entwickeln, die auf neuen Annahmen darüber beruhen, was eine lebensfähige Familie ausmacht. In der Entwicklung unserer feministischen Perspektive hinsichtlich der Familientherapie gab es drei Phasen. *Phase I* war der Prozeß, einen gemeinsamen feministischen Bezugsrahmen zu definieren und zugleich die Vielfalt und Unterschiedlichkeit unserer klinischen Methoden beizubehalten. *Phase II* läßt sich beschreiben als die Phase der Erforschung und Kritik, in der wir uns mit der Systemtheorie beschäftigten, in deren Formulierungen es keine Unterscheidung zwischen den Geschlechtern gibt. Geschärft wurde hierbei unser Bewußtsein für sexistische sozialwissenschaftliche Konstruktionen, für die Wirkungsweise der Geschlechtsrolle in den Familien und für sexistische Einstellungen in unserem eigenen beruflichen Bereich. In dieser Phase arbeiteten wir alles das heraus, was wir in unserer Praxis als Therapeutinnen und Ausbilderinnen vermeiden wollten. *Phase III* ist bis heute noch nicht abgeschlossen. In ihr versuchen wir, nichtsexistische und feministische systemische Interventionen zu entwickeln und traditionelle systemische Interventionen so zu revidieren und zu verändern, daß das Geschlecht jeweils mit berücksichtigt wird. In diesen veränderten Interventionen kommt eine Sensibilität für den Sachverhalt zum Ausdruck, daß die Erfahrung von Frauen eine andere ist als die von Männern.

Phase I: Das Definieren eines feministischen
Bezugsrahmens

In der ersten Zeit unserer gemeinsamen Arbeit unternahmen wir keinen Versuch, Theorie und Methoden der Familientherapie zu diskutieren. Wir wußten, daß in diesem Punkt theoretische und methodische Unterschiede zwischen uns bestanden, und wir befürchteten anfangs, derartige Diskussionen könnten uns entzweien. Wir hatten keine Terminologie und keinen Fachjargon, die wir gegenseitig hätten akzeptieren können, und waren deshalb auch nicht in der Lage, uns mit Hilfe von Ausdrücken wie Dreiecksbildung (»Triangulation«), Feedback-Schleife, Hierarchie und Grenzziehung, Herkunftsfamilie oder anderen in ihrer Handhabung bequemen Begriffen aus der Sprache der Familientherapie zu verständigen.
Was wir gemeinsam hatten, waren unsere Freundschaft, die

Achtung vor der Arbeit der anderen und das Bedürfnis, unsere Aufmerksamkeit auf die Erfahrung von Frauen zu richten, die nach unserer Meinung auf dem Gebiet der Familientherapie außer acht gelassen oder nur in verzerrter Form wahrgenommen wurde. Ohne darüber nachzudenken oder zu reden, behandelten wir uns in unseren Diskussionen als gleichrangig, suchten wir gemeinsam den Konsens. Und da wir *innerhalb* unserer jeweiligen Methoden nicht gewinnbringend miteinander reden konnten, versuchten wir es *jenseits* dieser Methoden.

Gemeinsam wollten wir also den gesellschaftlichen, kulturellen oder politischen Implikationen und den Ursprüngen jeder einzelnen klinischen Intervention oder eines diagnostischen Begriffs nachgehen. So fragten wir uns beispielsweise: Wird diese Technik oder diese Formulierung einfach Klischees über Männer oder Frauen reproduzieren, oder wird sie solche Klischees in Frage stellen oder ihnen sogar entgegenwirken? Welches sind die gesellschaftlichen oder kulturellen Ursprünge eines bestimmten Begriffs? Welche Metabotschaft wird möglicherweise aus dieser Intervention von einem Mann, welche von einer Frau herausgehört? Ist die Metabotschaft eine andere je nachdem, ob ein Therapeut oder eine Therapeutin sie übermittelt? Bekräftigt diese Intervention eine sexistische Situation, oder bietet sie eine Alternative zu ihr an?

In unseren Diskussionen fingen wir mit je einem Beispiel aus unserer klinischen Praxis und unserem persönlichen Alltagsleben an, wechselten dann auf die Ebene des gesellschaftlichen Systems und umgingen die Ebene der Familientherapie, das heißt ihrer Theorie und ihrer Methoden, und dies wegen unserer bereits erwähnten Befangenheit. Wir definierten einen gemeinsamen Standpunkt, ein gemeinsames Wertesystem, das so tragfähig sein würde, daß unsere Methodenunterschiede nicht mehr so stark ins Gewicht fielen. Es dauerte eine ganze Weile, bis wir diese Unterschiede zu schätzen gelernt hatten, weil sie ein breites Spektrum an klinischen Alternativen und Richtungen eröffnen. Anfangs waren wir jedoch bemüht, Diskussionen zu diesem Thema zu vermeiden.

Während der ersten Phase einigten wir uns auf eine Arbeitsdefinition des Begriffs »Feminismus« und entwickelten zwei allgemeine Prinzipien, von denen wir uns bei unserer zukünftigen Kritik der Familientherapie leiten lassen wollten. Feminismus war für uns ein humanistischer Bezugsrahmen oder eine Weltsicht, die sich mit den Rollen, Regeln und Funktionen befaßt, von denen die Interaktionen zwischen Frauen und Männern organisiert werden. Der Feminismus ist bemüht, die Erfahrung von Frauen in alle Formulierungen menschlicher Erfahrung mit einzubeziehen und die Vorherrschaft männlicher Annahmen zu beseitigen. Der Feminismus gibt nicht einzelnen Männern die Schuld am bestehenden patriarchalischen System, sondern bemüht sich um ein Begreifen und Verändern des Sozialisationsprozesses, der fortdauernd bewirkt, daß das Denken und Handeln von Frauen und Männern sich innerhalb eines sexistischen, von Männern dominierten Rahmens abspielen.

Die beiden zentralen Arbeitsprinzipien unserer Revision der Familientherapie gehen auf diese feministische Perspektive zurück. Erstens: Es gibt keine geschlechtsneutralen Systemformulierungen. Formulierungen, die das für sich beanspruchen, sind in Wirklichkeit sexistisch, weil sie den gesellschaftlichen Anschein reproduzieren, Frauen und Männer seien gleichgestellt. In Wirklichkeit sind die Frauen in unserer Gesellschaft benachteiligt, und die Weigerung, diese Tatsache anzuerkennen, benachteiligt sie gleich zweifach. Zweitens: Alle therapeutischen Interventionen müssen das Geschlecht, das heißt die unterschiedlichen Sozialisationsprozesse für Frauen und Männer berücksichtigen, insbesondere die Art und Weise, wie diese Prozesse Frauen benachteiligen. Wir müssen akzeptieren, daß ein und dieselbe Intervention für einen Klienten eine andere Bedeutung haben kann als für eine Klientin und je nach Geschlecht als eine Billigung oder als eine Mißbilligung aufgefaßt werden kann.

Phase II: Eine Untersuchung der Systemtheorie und wie sie dazu benützt wird, Frauen zu benachteiligen

Während dieser Phase beschäftigten wir uns mit der Theorie der Familie als soziales System und versuchten herauszufinden, auf welche Weise sie zur Benachteiligung von Frauen benützt wird. In unseren Diskussionen trugen wir jene Konzepte zusammen, die von den wichtigsten Schulen der Familientherapie als Annahmen geteilt werden. Sodann versuchten wir festzustellen, ob ein bestimmtes Konzept an sich sexistisch war, ob es sexistische Annahmen nahelegte und/oder ob es vielfach von Familientherapeuten zum Nachteil von Frauen mißbraucht wurde. Nachdem wir uns bewußtgemacht hatten, daß bestimmte therapeutische Interventionen tatsächlich sexistische Inhalte oder Konsequenzen hatten, arbeiteten wir nicht mehr mit ihnen. An diesem Punkt begann jede einzelne von uns ihre eigene klinische Gewißheit in Frage zu stellen, die anderen genauer zu beobachten und ihnen genauer zuzuhören. Es ist ein Irrtum anzunehmen, weil wir Frauen sind, seien wir uns sozusagen automatisch bewußt, auf welche Weise die Stellung der Frauen in der Sozialstruktur aufrechterhalten wird. Es war schwierig für uns, herauszufinden, wie und wodurch der Sexismus »ganz natürlich« zu einem Bestandteil der Disziplin »Familientherapie« und unserer eigenen beruflichen Praxis geworden war. Die Tatsache, daß wir alle vier auf diesem Gebiet erfolgreich arbeiten und daß es beruflich mit uns aufwärtsgeht trotz aller Benachteiligung von Frauen hat es für uns nicht leichter gemacht, den Sexismus in unserer eigenen Arbeit zu erkennen. Zwar riskierten wir nicht unsere Stellung, wenn wir eine neue Haltung einnahmen. Was es uns jedoch ganz besonders schwermachte, war folgendes: In unseren vielen Jahren der Lebens- wie auch der Berufspraxis hatten wir uns angewöhnt, bestimmte Dinge so und nicht anders zu tun, und wir fühlten uns dabei sicher und kompetent. Allzuviel davon aufzugeben, würde uns verunsichern oder gar aus dem Gleis werfen, und deshalb zögerten wir. Wäre uns das Ausmaß der – persönlichen wie beruflichen – Veränderung, die wir in Gang gesetzt haben, von Anfang an klar gewesen, dann hätten wir möglicherweise nie damit angefangen. Wenn wir vorher gewußt hätten, welchen Groll und wieviel persönliche Kritik wir von unseren Kollegen aushalten mußten, hätten wir uns unser Vorhaben bestimmt noch einmal überlegt. Doch diese heftigen Reaktionen lagen damals noch in der Zukunft, und es war hauptsächlich unser eigener »Widerstand«, mit dem wir kämpften, als wir damit anfingen, die Annahmen der Systemtheorie, soweit sie in die Familientherapie eingegangen sind, in Frage zu stellen. Wir waren uns darin einig, daß wir die immanenten patriarchalischen Annahmen über die Familie in den Formulierungen und Interventionen der Familientherapie direkt ansprechen und/oder in Rechnung stellen mußten, weil die Klientinnen und Klienten sonst den Eindruck gewinnen würden, wir teilten diese Annahmen unausgesprochen. Deshalb sind wir auch überzeugt, daß es so etwas wie eine »Geschlechtsneutralität« nicht gibt. »Neutralität« bedeutet hier nichts anderes, als die herrschenden patriarchalischen Annahmen unausgesprochen, unkritisiert und unangetastet zu lassen.

Die patriarchalischen Annahmen

Das vorherrschende patriarchalische Modell der Familie gründet sich auf eine Reihe von Annahmen, die wir lange Zeit hindurch als selbstverständlich hingenommen haben. Der patriarchalischen Familienorganisation liegt der Begriff der *Rollenkomplementarität* zugrunde, wobei zweckbezogene Aufgaben wie das Geldverdienen durch eine Berufstätigkeit die Domäne des Mannes und gefühlsbezogene Aufgaben wie Fürsorgen, die Herstellung und Pflege von Beziehungen sowie das Großziehen der Kinder die der Frau sind. In diesem Modell beruht die Organisation der Macht auf der männlichen Vorherrschaft.

Im Gegensatz zu dieser Organisation steht unser feministisches, durch *Rollensymmetrie* charakterisiertes Familienmodell, bei dem beide Geschlechter in der Arbeit wie auch in der Erziehung sowohl zweckbezogene als auch gefühlsbezogene Aufgaben übernehmen. In diesem Modell besteht eine ausgewogene Verteilung der Macht zwischen Mann und Frau, und die Erziehung der Kinder ist demokratischer und stärker auf Übereinstimmung ausgerichtet.

Obgleich viele zugeben, daß das feministische Familienmodell für beide Geschlechter menschlich befriedigender ist, steht doch andererseits außer Zweifel, daß Männer auf einen Teil ihrer Macht, das heißt ihres Status und häufig auch ihres Einkommens verzichten und gegen weniger greifbare Belohnungen eintauschen müßten und daß die meisten dazu nicht bereit sind. Auch fällt es manchen Frauen schwer, den Gedanken aufzugeben, daß sie finanziell von einem Mann unterhalten werden müssen und einen Mann brauchen, um ein in jeder Hinsicht erfolgreiches Leben zu führen – wirtschaftlich, gesellschaftlich und emotional.

Die systemische Theorie behauptet, daß zwischen Frau und Mann und zwischen den Generationen eine *gegenseitige Abhängigkeit* bestehe. Im Idealfall wird Reife in diesem Kontext definiert als *Autonomie und Verbundenheit*. Dieses Ideal steht in einem Gegensatz zur patriarchalischen Aufteilung dieser Attribute, bei der »Autonomie« (eigentlich Getrenntheit) den Männern und »Verbundenheit« (eigentlich Abhängigkeit) den Frauen zugeordnet wird.

Letztlich verleitet uns eine solche Aufteilung dazu, Getrenntheit oder Unverbundenheit als Zeichen der Autonomie mißzuverstehen, ein positiv bewertetes Zeichen der Reife, während »Verbundenheit« mit Abhängigkeit, einem Zeichen für Unreife, gleichgesetzt und damit abgewertet wird.

Ein schwerwiegender begrifflicher Fehler besteht in der Annahme, Charaktermerkmale wie »Autonomie« oder »Abhängigkeit« wohnten der betreffenden Person – Mann oder Frau – inne, während sie ihr in Wirklichkeit von einer patriarchalischen Gesellschaft auf der Grundlage der Geschlechtszugehörigkeit zugeschrieben werden. So ordnet man den Männern »Autonomie« zu, samt der Macht und der emotionalen Unverbundenheit, die dazugehören, während den Frauen »Abhängigkeit« zugeschrieben wird, samt der dazugehörenden emotionalen Verbundenheit und der Machtlosigkeit. Obgleich nicht nur Abhängigkeit, sondern auch Unverbundenheit ihre Nachteile hat, ist es offensichtlich für das Überleben wesentlich bedrohlicher, wenn man abhängig ist.

Gegenwärtig leben wir in einer Zeit des gesellschaftlichen Übergangs, in der die Starrheit der traditionellen patriarchalischen Familienstruktur in Frage gestellt und dieses System bestimmten Veränderungen unterworfen wurde. Die meisten dieser Änderungen haben sich jedoch auf der Verhaltensebene vollzogen und hängen damit zusammen, daß die Frauen zunehmend ins Erwerbsleben eingetreten sind und einen Teil der wirtschaftlichen Lasten der Familie ständig mit tragen. Es hat jedoch bei den Männern keine wesentlichen Änderungen im Blick auf deren stärkere Einbeziehung in das Familienleben gegeben, noch hat sich Grundlegendes in den Einstellungen der meisten Männer und Frauen zur Organisation des Familienalltags verändert – obgleich in vereinzelten Fällen die Familienaufgaben paritätischer aufgeteilt werden als bisher. Die wirtschaftlichen, sozialen und Rechtsinstitutionen in unserer Gesellschaft unterstützen keine Veränderungen, die es Frauen ermöglichen würden, mehr außerhäuslich tätig zu sein, und Männern, mehr innerhäuslich zu arbeiten, indem zweckmäßige Einrichtungen für die Unterbringung und Betreuung der Kinder geschaffen sowie der mit der Kindererziehung verbundenen Arbeit wirtschaftliche Priorität und gesellschaftliches Prestige zuerkannt würden.

Trotz ungleicher Berufschancen und ungleicher Bezahlung und trotz der fehlenden Unterstützung durch die Institutionen unserer

Gesellschaft arbeiten heute Frauen mehr außerhäuslich, einige aus Notwendigkeit, andere aus freier Entscheidung, weil sie dadurch ein erfüllteres Leben führen können. Aus welchem Grund auch immer, Frauen haben nun für sich selber die Freiheit gewonnen, zwei Vollzeitbeschäftigungen nachzugehen – im Beruf und in der Familie –, und sie haben die rechtliche und soziale Erwartung verloren, daß sie und ihre Kinder von den Männern finanziell unterhalten würden. Die Veränderung, die noch erforderlich wäre, um diesen Wandel in einer Weise zu vollenden, daß die ganze Familie einen Vorteil davon hätte, besteht darin, daß die Männer Mitverantwortung für die Kindererziehung übernehmen, indem sie sich an den Kosten ebenso beteiligen wie an der anfallenden Arbeit und durch häusliche Mitarbeit ihren Beitrag leisten und sich von der Vorstellung lösen, sie müßten den Löwenanteil ihrer Energie für die Arbeit außerhalb des Hauses verwenden. Eine solche Veränderung hätte für die Männer natürlich einen Verlust an Status, Geld und Macht zur Folge.

Familiensysteme in der Theorie

Wenn wir untersuchen, auf welche Weise familientherapeutische Interventionen aus den patriarchalischen Annahmen über männliche und weibliche Rollen und Familienorganisation entstanden sind, müssen wir den Einfluß der führenden Theorien über Familiensysteme mit berücksichtigen. Im folgenden bringen wir einen Überblick über die wichtigsten Konzepte auf diesem Gebiet sowie darüber, wie sie in umfassender Weise zum Nachteil von Frauen mißbraucht werden. Wir beginnen mit dem Grundbegriff der »Verschmelzung«.

Verschmelzung und Distanz sind die beiden Seiten ein und derselben Medaille.

Unsere feministische Auffassung vom Begriff der Verschmelzung oder »Verstrickung« – das Verschmelzen und die Reaktion der Distanzierung, die zwischen zwei Partnern und überall zwischen Familienmitgliedern auftreten – trägt der Tatsache Rechnung, daß die den beiden Geschlechtern traditionell zugeschriebenen Rollen auf die Modalität abfärben, wie jedes Geschlecht seine »Unreife«

manifestiert. So ist es häufig die Frau, die die Symptome der Abhängigkeit zeigt: Sie sucht Zustimmung, meidet Konflikte, beschwichtigt, verläßt sich zu sehr auf andere und handelt unangemessen. Bei Männern äußert sich die gleiche Unreife anders: Sie ziehen sich emotional zurück, sind nicht verfügbar, geben sich gleichgültig, halten sich von anderen fern und haben Angst, verletzt zu werden. Wenn nun ein Mann die für Frauen typischen Symptome zeigt oder umgekehrt (das heißt, Männer mit Abhängigkeitssymptomen oder Frauen mit Distanzverhalten), so wird dies von Therapeuten und Therapeutinnen als doppelt pathologisch angesehen.

Es gibt mehrere Möglichkeiten, wie der Begriff der Verschmelzung in der familientherapeutischen Praxis mißbraucht werden kann. Erstens und vor allem wird fälschlicherweise angenommen, »Verschmelzung« beziehe sich nur auf die *engen* Beziehungen in der Familie, an denen zwangsläufig Frauen beteiligt sind, während die damit zusammenhängende Funktion des distanzierten Mannes ignoriert oder übersehen wird. Die Begriffe »eng« und »übereng« werden sogar häufig dazu gebraucht, die echte Intimität und das positive Engagement von Müttern und Kindern zu diskreditieren. Unsere Disziplin könnte zweifellos ein besseres Wort finden, um eine emotionale Verstrickung oder eine negative Verwicklung zu bezeichnen.

Aufgrund der zentralen Rolle, die Frauen in der Führung der Ehe und der Kindererziehung zugewiesen wird, sind in der Regel sie es, die die wichtigen emotionalen Probleme in der Familie zur Sprache bringen. Statt nun die Besorgnisse von Ehefrauen und Müttern zu bestätigen, etikettieren Therapeuten diese Frauen häufig automatisch als »überbesorgt« oder als emotional »verfolgend« (»pursuing«), als wären das *Ansprechen* des Problems oder die *Art*, in der das Problem angesprochen wird, bereits das Problem selbst. Damit entwerten die Therapeuten die aktive, verbindende Rolle von Frauen in Familien. Außerdem neigen sie dazu, als erstes auf jenen Teil des Problems einzugehen, an dem die Frau und/oder Mutter beteiligt ist, weil Frauen es hinnehmen, wenn man ihnen in dieser Weise die Schuld oder die Verantwortung zuschiebt.

So werden in der Therapie häufig als erstes und in negativer Weise jene Beziehungen angesprochen, die der Therapeut als »verstrickt« wahrnimmt, während er gleichzeitig den »distanzierten«

Mann in zustimmender oder besänftigender Weise umwirbt, was den Eindruck erweckt, als hätte die Ehefrau/Mutter die Schuld an einer gestörten Beziehung oder als wäre sie allein für eine Änderung verantwortlich. Diese Voreingenommenheit gilt als *Neutralitäts*prinzip einer guten Technik und kommt in Ausbildungslehrsätzen wie den folgenden zum Ausdruck:

1. Versuchen Sie in der Behandlung nie, einen »Distanzierer« zu »verfolgen«.
2. Richten Sie Ihre Intervention stets zuerst an die überfunktionierende oder überverantwortlich reagierende Person.
3. Damit der »Distanzierer« sich bewegen kann, muß *zuvor* die Verstrickung gelockert sein.
4. Beginnen Sie mit derjenigen Person, die am ehesten für eine Veränderung zu gewinnen ist.

Solche Lehrsätze ignorieren oder leugnen die Tatsache, daß Begriffe wie »Distanzierer«, »überfunktionierend«, »verstrickt« usw. sich fast immer auf ein bestimmtes, benennbares Geschlecht beziehen, das die ihm von der Gesellschaft zugewiesenen Aufgaben ausführt, und keine neutralen Begriffe sind, mit denen dysfunktionale Positionen beschrieben werden. Diese Terminologie geht mit der klinischen Annahme einher, daß, sobald die Ehefrau/Mutter »nachgibt« oder »losläßt«, der »Distanzierer« seine Distanz aufgibt, womit in Wirklichkeit unterstellt wird, daß der verbindende Partner den auf Distanz gehenden blockiert und deshalb die Schuld an Familienproblemen trägt. Tatsächlich verläßt der »Distanzierer« seine distanzierte Position nicht von selbst, sondern braucht dafür Zuwendung und Hilfe. Und der auf Nähe bedachte Partner (gewöhnlich die Frau) fürchtet zu Recht ein Vakuum, wenn er/sie »losläßt« oder »zurückgeht«. Solche Praxis-Techniken bedeuten auch eine Geringschätzung der Männer, da sie zu verstehen geben, Männer seien unfähig für ein emotionales Engagement in der Therapie oder der Familie und dürften deshalb nicht in Frage gestellt oder konfrontiert werden, weil sie sonst flüchten oder zusammenbrechen könnten. Vor allem sollte nicht vergessen werden: Diese Techniken wurden entwickelt und empfohlen, weil sie »funktionieren«, aber im allgemeinen »funktionieren« sie in der Weise, daß sie ein aus dem Gleichgewicht geratenes System wieder in seinen alten patriarchalischen Gleichgewichtszustand bringen, samt den früheren Hierarchien und Grenzen. Das Problem sind also nicht diese

Techniken selbst, sondern das obsolete und sexistische Familienmodell, auf das sie sich beziehen.

Reziprozität

Der Begriff der Reziprozität besagt, daß jeder der an einem Problem Beteiligten seinen Anteil am Fortbestehen dieses Problems hat, indem er das Verhalten des anderen verstärkt. Als typische Beispiele hierfür werden gern die nörgelnde Mutter und das herumtrödelnde Kind angeführt oder der prügelnde Ehemann und seine geprügelte Frau. So wie dieser Begriff jedoch in den Lehrbüchern abgehandelt wird, fehlt der wichtige Zusatz, daß »Anteil« nicht einen »gleich großen Anteil« bedeutet. Von einem zwei Monate alten Säugling kann man sagen, er habe einen Anteil daran, daß er mißhandelt wird, da er zum Beispiel geweint hat, und man kann behaupten, daß es nicht zu der Mißhandlung gekommen wäre, wenn das Baby nicht dagewesen wäre oder nicht geschrien hätte. Es steht jedoch außer Frage, daß die Anteile des Kindes und die des mißhandelnden Elternteils im Blick auf die angewandte Gewalt nicht gleich sind. Das Kind ist für die Mißhandlung nicht verantwortlich, es hat nicht die gleiche Macht, die gleiche Verantwortung, die gleiche Wahlfreiheit oder die gleiche Fähigkeit, aus dem Kreislauf auszubrechen. Dasselbe gilt für die geprügelte Ehefrau, das Opfer eines Inzests, das trödelnde Kind oder überhaupt für jeden, welcher von einem anderen überwältigt wird, der ihm an Körpergröße, Körperkraft, Alter oder Einfluß überlegen ist.

Offensichtlich stellen die beiden angeführten Beispiele für reziproke Verhaltensweisen zwei Situationen an den entgegengesetzten Enden des hierfür relevanten Spektrums dar. Nörgelnde Mütter und gewalttätige Ehemänner haben wenig gemeinsam, es sei denn, wir betrachten sie innerhalb eines geschlossenen Systems von Überzeugungen, in dem alle Interaktionen zwischen zwei oder mehr Personen als gleichgewichtig reziprok angesehen werden. Leider fördert selbst die Nebeneinanderstellung dieser beiden Situationen als Beispiele für ein und denselben Vorgang – wie man es oft in unseren familientherapeutischen Lehrbüchern findet – Ungenauigkeiten in der klinischen Beurteilung. Reziprozität ist ein zweckmäßiges begriffliches Werkzeug, das uns jedoch gleichzeitig in unserer klinischen Arbeit dazu verführt anzunehmen, alle menschlichen Verhaltensweisen seien nicht nur ähnlich aufgebaut, sondern auch alle in derselben Weise von Bedeutung.

An die Klienten gerichtete Fragen des Therapeuten, die angeblich »neutral«, »zirkulär« oder »systemisch« sind, suggerieren tatsächlich in vielen Fällen eine einseitige Verantwortlichkeit oder Schuld, zum Beispiel: »Was tun Sie, daß Ihr Mann wütend wird?«, »Wie bringt Ihre Mutter Ihren Vater in Rage?« oder: »Was tragen Sie dazu bei, daß Ihr Mann trinkt?« Formulierungen, mit denen sich die systemischen Faktoren, die möglicherweise an der Aufrechterhaltung der Problemstruktur beteiligt sind, beleuchten lassen, ohne daß die individuelle Verantwortung für das eigene Verhalten und der soziale Kontext ausgeblendet werden, wären die folgenden: »Was tun Sie, wenn Ihr Mann wütend wird?«, »Was tun Sie, wenn Ihre Eltern sich in die Haare geraten?« oder »Wie verhalten Sie sich, wenn Ihr Mann trinkt?« Diese Art der Fragestellung berücksichtigt sowohl die Interaktionsmerkmale jeder Kommunikation zwischen Familienangehörigen als auch die individuelle Verantwortung der Beteiligten für ihr jeweiliges Verhalten.

Komplementarität

Damit ein soziales System ausbalanciert ist, müssen die verschiedenen Rollen, Verhaltensweisen und Gefühle der Individuen innerhalb dieses Systems sich in einem dynamischen Gleichgewicht befinden. Typisch für ein ausbalanciertes System sind beispielsweise polarisierte Rollen wie »gutes Kind – böses Kind«; »Distanzierer – Verfolger« oder »Ernährer – Hausfrau«.

Aus unserer Sicht wäre allerdings die Polarisierung eine schlechte Art und Weise zur Erlangung eines Gleichgewichts, da sie einseitige Individuen voraussetzt. Polarisierte Rollen spiegeln die Vorrangigkeit eines ausbalancierten Systems vor den Bedürfnissen seiner Individuen. Statt dessen ist es vermutlich für jedes Individuum innerhalb des Systems befreiender, ein *inneres* Gleichgewicht komplementärer Charakterzüge und Funktionen zustande zu bringen.

Komplementarität hat etwas mit der induktiven Natur von Interaktionsmustern zu tun, also damit, wie das Verhalten der einen Person bei der anderen Verhaltensweisen »induziert«, durch welche die eigenen komplementarisiert werden, und umgekehrt.

Dieser Begriff bezieht sich nicht nur auf Rollen und Funktionen, sondern auch auf emotionale Gegensatzpaare wie »aufgeregt – ruhig«, »überschwenglich – zurückhaltend«, »launisch – beständig«, »gesprächig – still«, »freigebig – vorenthaltend« und so weiter. Die Notwendigkeit, in der Familie eine Komplementarität oder ein Gleichgewicht aufrechtzuerhalten, wird als Begründung dafür herangezogen, daß man Frauen Rollen zuweist, welche die von den Männern gewählten Rollen komplementär ergänzen. So kommt es, daß Frauen jene Aufgaben übernehmen, die für Männer nicht attraktiv sind, zum Beispiel Hausarbeit und Kinderpflege, und daß sie in den Bereichen, die von den Männern als ihre Domäne gewählt wurden, nämlich Leistung, bezahlte Berufsarbeit, Geldgeschäfte und dergleichen, nicht als Konkurrentinnen auftreten.

Die systemische Familientherapie diskriminiert Frauen, indem sie ein Gleichgewicht für das Familiensystem insgesamt anstrebt, ohne den für Frauen und Männer ungleichen Zugang zu den einzelnen Rollen zu thematisieren. Die falsche Vorstellung, Frauen und Männer seien geschlechtslose Rädchen im Getriebe des Systems, hindert uns daran, davon Kenntnis zu nehmen, daß den Frauen in der Familie wie in der Familientherapie eine größere Verantwortung für das Funktionieren des Systems zugewiesen wird als den Männern und daß die »komplementären« Rollen, Aufgaben und Belohnungen des stabilen Systems nach dem Geschlecht, und zwar für Frauen und Männer ungleich, zugewiesen werden. Dennoch verleiht der gesellschaftliche Kontext diesen komplementären Rollen und Verhaltensweisen Bedeutungen und Bilder. So ist zum Beispiel die gesprächige Frau »geschwätzig«, während der schweigsame Mann »gedankentief« ist; die besorgte Mutter »weiß nicht, was sie will«, der distanzierte Vater ist »anderweitig beschäftigt«, und so fort. Diese gesellschaftlich konstruierten Bilder und Assoziationen tragen positive und negative Konnotationen. Niemand von uns, sei er Klient oder Therapeut, kann sich ihnen entziehen.

Die Theorie der Komplementarität unterscheidet bedingte Reaktionen (die durch ein bestimmtes Verhalten des Gegenübers induziert werden) und abgeleitete Reaktionen (als selbständige Antwort auf das Verhalten des Gegenübers). In dieser Definition ist eine gewisse Gleichheit unterstellt, aber mit unterschiedlichen Konsequenzen für Frauen und Männer. Für Frauen, die der kulturellen Definition zufolge von männlichem Verhalten abhängig sind, haben derartige Vorstellungen die Wirkung, sie in ihrer psychologischen Position festzuhalten. Wenn man dagegen bei Männern, die ihrem kulturellen Selbstbild nach nicht vom Verhalten anderer abhängig sind, die Aufmerksamkeit auf den Einfluß von Beziehungen auf ihr Verhalten lenkt, so wird dadurch der Kontext für neue Verhaltensmöglichkeiten erweitert.

Der Begriff der Komplementarität ist ein nützliches therapeutisches Konstrukt, eine brauchbare Methode, Veränderung herbeizuführen. Das Problem ist allerdings, daß Praktiker, die mit solchen Begriffen arbeiten, allmählich glauben könnten, diese gäben die Realität wieder. Wenn der Begriff der Komplementarität im zwischenmenschlichen Verhalten mehr sein soll als ein hypothetisches Konstrukt, dann muß er auch die gesellschaftlichen, ökonomischen und politischen Strukturen berücksichtigen, innerhalb deren das System Familie existiert. In menschlichen Beziehungen kann es keine echte Komplementarität geben, solange die Prämissen dieser Beziehungen im Blick auf den Zugang zu gesellschaftlichen, rechtlichen, politischen und wirtschaftlichen Chancen und Machtpositionen ungleich sind. Wenn wir also an eine Zirkularität und Komplementarität in menschlichen Beziehungen glauben sollen, dann müssen wir von einer paritätischen Grundlage ausgehen. Existiert diese in der Wirklichkeit gar nicht, dann haben wir es mit einer hypothetischen Abstraktion zu tun, welche die gesellschaftlichen Ursprünge dieser Beziehungen unberücksichtigt läßt. Tatsächlich reagieren wir auf ein Beziehungssystem zu einem bestimmten Zeitpunkt (zu dem »es« die Therapeutin aufsucht), als wäre es nicht in umfassenderen gesellschaftlichen Strukturen verankert. Damit machen wir jene Akteurin dieses Systems zu einem Opfer, die sich zu Beginn der Beziehung in der weniger mächtigen Position befunden hat; mit anderen Worten, man kann zwar einen Tango immer nur zu zweit tanzen, und die Schritte der beiden Tanzpartner sind immer wechselseitig voneinander abhängig, aber eben nicht gleichberechtigt, solange der eine die Führung übernimmt und die andere sich dieser Führung überlassen muß.

Hierarchie

Hierarchie ist ein Strukturbegriff, der die relative Macht und Autorität der Individuen und Subsysteme in der Familie angibt und die

Grenzen zwischen ihnen anzeigt. Rigid oder sexistisch ange-
wandt, benachteiligt dieser Begriff Frauen und Kinder, die in jeder
autoritären Rangordnung grundsätzlich an letzter Stelle stehen. So
wie der Begriff in Theorie und Praxis der Familientherapie gebraucht wird, läßt er häufig keinen Spielraum für den weiblichen
Modus der Entscheidungsfindung, der mehr auf Konsens und Gemeinsamkeit abzielt, oder der Ausübung von Autorität (z. B. gegenüber den Kindern).

Grenzen

In Verbindung mit dem Strukturbegriff der Hierarchie bezeichnet
der Begriff der Grenzen eine angemessene Getrenntheit der einzelnen Familienangehörigen und der verschiedenen Generationen
voneinander. Außerdem zieht er eine Grenzlinie um die Kernfamilie als eine Einheit. Unter diesem Blickwinkel hat eine gut organi-
sierte Familie klar erkennbare Grenzen, die eine »angemessene«
Nähe und Distanz in ihren Beziehungen definieren.

Dieser Begriff wird in der Praxis der Familientherapie insofern
sehr häufig mißbraucht, als seine Anwender das besondere Verständnis ignorieren, das Frauen von persönlicher Verbundenheit
haben. Wenn eine Mutter beispielsweise im Behandlungszimmer
für die anderen Familienmitglieder spricht, um der Therapeutin die
Familienprobleme zu erläutern, dann wird ihr Verhalten vielfach
als »einmischend« oder »kontrollierend« etikettiert, und möglicherweise wird sie von der Therapeutin in der einen oder anderen Weise
gebremst. Dahinter steckt die Annahme, daß das Reden der
Mutter die anderen zum Schweigen bringe und eigentlich einen
Übergriff in deren Sphäre bedeute; auf der anderen Seite wird
Schweigen selten als »kontrollierend« oder als das Erzeugen eines
Vakuums eingestuft, das die Mutter zu füllen versucht.

Dreiecke

Im Unterschied zu einem Trio oder einer Dreiergruppe, die eine
funktionierende Gruppe sein kann, wird der Begriff »Dreieck« gebraucht, um eine Fehlfunktion zu bezeichnen, wie sie die Umlei-
tung eines zwischen zwei Partnern bestehenden Konflikts über
eine dritte Partei darstellt. Mit zunehmender Spannung bewegen

sich die drei Parteien in vorhersehbaren Schritten aufeinander zu und voneinander weg, wobei diese Schritte dem Zweck dienen, die Spannung zu verringern und ein direktes Ansprechen des eigentlichen Konflikts zu vermeiden, der das ursprüngliche Paar entzweien könnte.

Es ist üblich geworden, sich die emotionalen Beziehungen in einer Familie als ein Dreieck vorzustellen, dessen Interaktionen dann prognostizierbar sind. Diese abstrakte Konstruktion enthält allerdings etliche Fußangeln. Dreiecke bieten keine Erklärung für geschlechtsspezifisches Verhalten, zum Beispiel dafür, daß Mütter meistens die sogenannte »übernahe« oder »verschmolzene« und Väter die »distanzierte« Position einnehmen. Außerdem beschränkt eine Beschreibung emotionaler Probleme primär über Dreiecke diese von vornherein auf das Familiensystem und ignoriert deren unmittelbare Verknüpfung mit dem umfassenderen sozialen System. Wenn ein Dreieck zum Beispiel einem Ehemann die distanzierte Position und seiner Mutter und seiner Frau die konfliktgeladene, »übernahe« Position zuordnet, dann hat dies herkömmlicherweise die Intervention zur Folge, die Frau ihrem Mann näherzubringen und den Mann zu verpflichten, daß er sich gegenüber seiner Mutter stärker abgrenzt. Wenn die Therapeutin dieses Dreieck als den Fall einer »kontrollierenden« oder »überverantwortlichen« Ehefrau auffaßt, die gegen ihre Schwiegermutter um die Vorrangstellung bei ihrem Mann kämpft, und/oder als den einer Mutter, die ihren Sohn nicht »loslassen« kann, dann werden die Interventionen höchstwahrscheinlich wenig dazu angetan sein, die Ehefrau und die Schwiegermutter in ihrer Selbstachtung zu bestärken. Die feministische Therapeutin wird in diesem Dreieck zwei Frauen sehen, die einander in die Haare geraten, weil beide versuchen, angesichts des Rückzugs des Mannes ihrer Verantwortung für die Familie gerecht zu werden. Die Intervention wird demnach in einer Weise erfolgen, die ausdrücklich das Rollenverständnis der beiden Frauen respektiert und den Ehemann auffordert, mehr für seine Beziehung zu den beiden Frauen zu tun.

Funktion des Symptoms

Die Systemtheorie richtet ihr Hauptinteresse darauf, wie Familien innerhalb der von ihnen geschaffenen geschlossenen Systeme funktionieren. Innerhalb dieser selbstgenügsamen Familieneinheiten haben alle Verhaltensweisen, auch Symptome, eine stabilisierende Funktion; das heißt, sie erhalten jene Muster der persönlichen Interaktion aufrecht, die ein Gleichgewicht herbeiführen. Nach dieser Auffassung kann man in einem Symptom ein *notwendiges* Mittel zur Regulierung des größeren Systems sehen. Dieses Modell der Familienorganisation behauptet von sich, wertfrei, geschlechtsneutral und paritätisch zu sein. In seiner Orientierung auf die Erhaltung des Gesamtsystems als der ausbalancierten Summe seiner Bestandteile konzentriert es sich auf jene Muster, die zur Wahrung der inneren Stabilität erforderlich sind, und ignoriert den umfassenderen gesellschaftlichen und kulturellen Kontext, innerhalb dessen die Familie existiert.

Eine feministische Perspektive wird wiederum bei der Formulierung von Interventionen auf die Unterschiede zwischen den Geschlechtsrollen achten. Die paradoxe Verschreibung des Symptoms bietet sich in vielen Fällen dafür an, der Mutter die Schuld zu geben – zum Beispiel:»Wenn Johnny aus dem Haus ginge, wäre Mutter einsam, da Vater auf der Arbeit ist.« Obgleich die Distanzierung des Vaters in dieser Formulierung mit enthalten ist, wird mit ihr nahegelegt, die Mutter sei das eigentliche Problem, weil sie sich an ihren Sohn klammere. Es ist nicht von vornherein schädlich, ein Symptom zu verschreiben, aber die Formulierung sollte so gewählt werden, daß eine negative Sicht der Rolle oder des Verhaltens der Mutter dadurch nicht noch verstärkt wird.

Phase III: Auf der Suche nach feministischen Interventionen

Phase III ist die gegenwärtig immer noch anhaltende Phase unserer Arbeit – die Revidierung und Neuformulierung herkömmlicher systemischer Interventionen unter Berücksichtigung der Geschlechtsrollen.

Das ist die mühevollste Phase, in der wir eine Richtschnur ziehen, um unsere feministische Betrachtungsweise in die klinische Praxis umzusetzen. Das dann Folgende ist lediglich als ein Anfang gedacht und erschöpft bei weitem nicht alle Möglichkeiten. Der Prozeß der Selbstprüfung, der sich ergibt, wenn man die eigene Arbeit und die von hochgeschätzten Kolleginnen einer derart kritischen Prüfung unterwirft, ist schmerzhaft und mühselig. Es

ist leichter, Fehler zu erkennen, als neue Techniken zu entwik-
keln.

Die Arbeit während dieser Phase hatte ihre Schwerpunkte zum
einen in der Formulierung feministischer Interventionen und Techniken, zum anderen in der Entwicklung feministischer Modifikatio-
nen und Revisionen herkömmlicher therapeutischer Interventionen. Wir müssen daran erinnern, daß wir hier keine neue Methode
vorlegen, sondern unter einer feministischen Perspektive Richtlinien für die therapeutische Praxis skizzieren, in denen ein besonderes Augenmerk auf die unterschiedlichen Geschlechtsrollen gelenkt wird. Die Grundlage einer feministischen Intervention ist
eine feministische Formulierung des Problems.

**Auf dem Weg zu einer
feministischen Familientherapie:
Einige Anhaltspunkte**

*1. Erkennen der geschlechtsspezifischen Botschaft und der sozia-
len Konstruktionen, die insgesamt das Verhalten und die Geschlechtsrollen bedingen.*
Themen der Geschlechterunterschiede sind kein bloßer »Inhalt«,
der in einer bestimmten Familie problematisch sein kann oder auch
nicht. Das Geschlecht wird vielmehr als eine wesentliche Quelle
allen Verhaltens angesehen und als eines der wesentlichen Binde-
glieder zwischen einer Kultur und ihren Angehörigen. Wir führen
das am Beispiel von vier verschiedenen therapeutischen Methoden
vor, indem wir die Geschlechterprobleme aus den abstrakteren
Systemtheorien herauslösen, die unserer Arbeit zugrunde liegen,
verbreitete Mißbräuche und Blindheiten im Blick auf die geschlechtsspezifischen Unterschiede herausstellen und anschließend
die Berücksichtigung dieser Unterschiede in unsere Arbeit herein-
nehmen und Interventionen entwickeln, die verdeckt oder offen auf
die Unterschiedlichkeit der Geschlechtsrollen eingehen.

*2. Erkennen der realen Beschränkungen des Zugangs von Frauen
zu gesellschaftlichen und wirtschaftlichen Ressourcen.*
Die tatsächlich vorhandene Beschränkung der sozialen und wirtschaftlichen Möglichkeiten von Frauen sowie das den Frauen gesellschaftlich auferlegte Schamgefühl haben einen wesentlichen

Einfluß darauf, wie sie mit bestimmten Situationen umgehen. So kommt es beispielsweise häufig vor, daß eine Ehefrau, die von ihrem Mann geschlagen wird, dennoch bei ihm bleibt oder zu ihm zurückkehrt, weil ihr wirtschaftlich keine andere Wahl bleibt. Eine Mutter bestreitet möglicherweise ihre Mitwisserschaft an einem Inzest zwischen Vater und Tochter oder zwischen Geschwistern, weil sie sich der Folgen schämt, die eine Enthüllung für sie und ihre Familie hätte. Eine Frau wird vielleicht über eine ihr widerfahrene Vergewaltigung eher schweigen, als daß sie sich den Demütigungen aussetzt, die mit einer Anzeige des Täters zwangsläufig verbunden sind. Oder eine Frau wird in einer für sie unbefriedigenden ehelichen Situation verharren, weil ihre ökonomischen und emotionalen Alternativen außerhalb der Ehe extrem beschränkt sind. Eine Therapeutin, die Verständnis hat für die Lage der Frauen in solchen Situationen, wird es vermeiden, dem Opfer die Schuld daran zu geben, daß es zu der Situation gekommen ist oder daß es sich dieser nicht entzieht, und sie wird Frauen nicht zu übereilten Handlungen drängen, die dazu führen würden, daß sie schließlich allein und ohne Unterstützung dastehen.

Wo es zu Inzest und anderen Gewalttaten gekommen ist, laufen systemische Formulierungen, bei denen diese Faktoren unberücksichtigt bleiben, darauf hinaus, daß unter dem Anschein der Neutralität dem Opfer die Schuld gegeben wird.

Jede verantwortungsbewußte Therapeutin wird sich zu fragen haben, wie sie denn mit einer vor der Scheidung stehenden Frau therapeutisch arbeiten soll, ohne die Tatsache anzusprechen, daß ihr Einkommen nach der Scheidung möglicherweise an der Armutsgrenze liegen wird. Vielleicht hat die Frau Hemmungen, das ihr zustehende Kindergeld auch zu beantragen. Zweifellos kann sie nicht damit rechnen, daß ihr die Hälfte des zum Zeitpunkt der Scheidung vorhandenen ehelichen Vermögens zugesprochen wird, und sie riskiert, ihre Kinder hergeben zu müssen, wenn sie ihren Mann so gegen sich aufbringt, daß er für sich das alleinige Sorgerecht beantragt.

3. Eine Schärfung der Wahrnehmung sexistischer Denkhaltungen, die die Möglichkeiten von Frauen einschränken, ihr eigenes Leben zu führen.

Zu den sexistischen Denkhaltungen, die in den einzelnen Familien ebenso verbreitet sind wie in der Familientherapie, gehören zum Beispiel folgende Meinungen und Überzeugungen: Frauen brauchen Männer, die für ihren Unterhalt aufkommen, ihnen sagen, was sie zu tun haben, und über die sie ihr Selbstwertgefühl beziehen; Frauen haben kein Recht, über ihren eigenen Körper zu bestimmen; Frauen können nicht logisch denken und sind zu sehr gefühlsbetont; ein kompetentes und selbstbewußtes Auftreten macht Frauen unattraktiv und ist »unweiblich«.

Das alles sind allgemeinverbreitete Vorstellungen, die das persönliche Bewußtsein und Selbstbild der Frauen formen. Das Bewußtsein und die Identität von Frauen – unabhängig davon, welcher Rasse oder Gesellschaftsschicht sie angehören und welche individuellen Unterschiede sie aufweisen – werden von solchen Haltungen und Begleitumständen geprägt. Dieser Bezugsrahmen ermöglicht es Therapeutinnen, die Verhaltensweisen von Frauen in Verbindung zu bringen mit Erfahrungen und Bedingungen innerhalb und außerhalb der Familie, was ihr Verhalten dann weniger pathologisch erscheinen lassen kann.

In einer Untersuchung von Pollack und Gilligan (1982) an College-Studentinnen und -Studenten konnte eindrucksvoll gezeigt werden, daß Frauen und Männer aufgrund ihrer unterschiedlichen Sozialisation sich durch gefühlsmäßige Bindungen einerseits und Autonomie andererseits unterschiedlich stark bedroht fühlen. Die Versuchspersonen sollten im Rahmen eines thematischen Apperzeptions-Tests ihre Einfälle zu Bildern und Geschichten bedrohlichen Inhalts notieren. Dabei zeigte sich, daß Männer sich durch enge persönliche Verbindungen stärker bedroht fühlten als durch Situationen, in denen sie eine Leistung erbringen und um Erfolg kämpfen mußten. Dagegen fühlten Frauen sich eher bedroht durch unpersönliche Situationen mit Leistungsansprüchen, wie sie zum Beispiel für die Arbeitswelt typisch sind. Männer schilderten für sie gefährliche Situationen als Intimität, als Falle, in der sie sich gefangen fühlten, und als Verrat – wenn sie die Empfindung hatten, in einer erstickenden Verbindung gefangen zu sein oder durch Zurückweisung und Täuschung gedemütigt zu werden. Frauen dagegen sahen sich durch Situationen der Isolierung und Entfremdung bedroht – wenn sie ihrer persönlichen Beziehungen beraubt oder durch errungene Erfolge von den anderen isoliert wurden. Die Autorinnen gelangten zu dem Schluß, Männer fühlten sich durch intime Nähe und Frauen durch Getrenntsein bedroht. Dieser gesellschaftlich erzeugte Unterschied legt den Grundstein zu den zahlreichen komplexen Problemen, die in Beziehungen zwischen Frauen und Männern auftreten.

4. Einsicht in die Tatsache, daß Frauen dazu erzogen werden, die Hauptverantwortung für die familiären Beziehungen zu übernehmen.
Es ist durchaus üblich, von einer Frau zu erwarten, daß sie die Beziehungen in der Familie positiv beeinflußt. Die an sie gerichtete Erwartung, um nicht zu sagen Forderung, dies zu tun, muß nicht immer offen geäußert werden. Daß die Frau dieser Erwartung in hohem Maße entspricht, wird dann häufig als ihr pathologisches Bedürfnis interpretiert, zu dienen, zu kontrollieren oder eine zentrale Position zu behaupten. Es kann deshalb kaum überraschen, daß sie sich bei auftretenden Schwierigkeiten in erster Linie bemühen wird, es allen »recht« zu machen, und die Schuld an allem, was schiefläuft, auf sich nimmt.

5. Einsicht in die in unserer Gesellschaft bestehenden Schwierigkeiten und Konflikte im Zusammenhang mit der Geburt und dem Großziehen von Kindern.
Sobald eine Frau Mutter wird, befindet sie sich in einem Dauerkonflikt zwischen den Aufgaben der Kinderpflege und -erziehung, für die hauptsächlich sie zuständig ist, und allen anderen Aktivitäten, die sie ausüben will oder muß: Geld verdienen, beruflich weiterkommen, reisen, an geselligen Veranstaltungen teilnehmen oder sich einer schöpferischen Beschäftigung widmen. Therapeutinnen müssen diesen unvermeidlichen Rollenkonflikt und diese Überlastung in Rechnung stellen, wenn sie einschätzen sollen, wie die Mutter mit ihren Kindern zurechtkommt.

6. Ein Bewußtsein von den Verhaltensmustern, durch die Frauen in Familien sich entzweien, sobald sie durch das Sich-Verbünden mit einem Mann Macht erwerben wollen.

In einer von Männern beherrschten Gesellschaft hat die Frau keine eigene Machtstellung, und sie muß sich mit Männern verbünden, um Macht zu erringen. Sobald Frauen dieses Ziel anstreben, treten innerhalb der Familie bestimmte Verhaltensmuster auf, zu denen unter anderem die folgenden zählen: (1) Frauen halten Konflikte von Männern fern, weil es entweder zu gefährlich ist, sich mit ihnen direkt auseinanderzusetzen, oder weil sie die Männer vor Konflikten schützen wollen. (2) Frauen in Familien rivalisieren miteinander um die »beste« Methode, ein gutes emotionales Familienklima zu pflegen, da diese Aufgabe überwiegend ihnen zugewiesen wird. (3) Da Frauen durch ihre Erziehung gelernt haben, sich emotionalen Problemen zuzuwenden statt sich ihnen zu entziehen, kommt es immer wieder zu den sprichwörtlichen Konflikten zwischen Mutter und Tochter, Stiefmutter und Stieftochter, Ehefrau und Schwiegermutter und zum Teil auch zwischen Schwestern – Konflikte, die vor dem Hintergrund ihrer spezifischen Sozialisation besser verständlich werden.

7. Bestärkung von Werten und Verhaltensweisen, die für Frauen charakteristisch sind, zum Beispiel Verbundenheit, Fürsorglichkeit und Emotionalität.

Während in unserer Gesellschaft Intimität und Anhänglichkeit als positive Aspekte zwischenmenschlicher Beziehungen gelten, bombardiert uns unsere Kultur gleichzeitig mit anderen Botschaften, die dieser Bewertung entgegenstehen, und nicht selten charakterisieren Therapeutinnen ein solches Bedürfnis nach Nähe als »aufdringlich«, »kontrollierend«, »überengagiert« oder schlicht als »hysterisch«.

8. Anerkennung und Unterstützung von Lebensmöglichkeiten für Frauen außerhalb von Ehe und Familie.

Manche Therapeutinnen glauben, mit einer Frau, der es nicht gelungen ist, eine befriedigende Beziehung mit einem Mann herzustellen, könne etwas nicht stimmen. In einem solchen Fall sind sie bemüht, der »Bindungsangst« dieser Frau, ihren »realitätsfernen Erwartungen«, ihrer »Männerfeindlichkeit« oder ihrem »Problem,

Nähe auszuhalten«, auf den Grund zu gehen. Das vermittelt der Klientin den Eindruck, sie werde, sobald sie ihre »neurotische Schwierigkeit« überwunden habe, einen passenden Mann finden und von nun an glücklich mit ihm zusammenleben, und dies habe ihr eigentliches Hauptziel zu sein.

Frauen müssen ein Geflecht von Beziehungen aufrechterhalten, innerhalb dessen sie das Gefühl haben, nützlich zu sein und geschätzt zu werden. Ob dieses Beziehungsgeflecht konventioneller oder experimenteller Art ist, tut nichts zur Sache. Die Fähigkeiten einer Frau, Beziehungen herzustellen und zu pflegen, können sich am Arbeitsplatz ebenso entfalten wie in der Familie oder in einer freundschaftlichen oder Liebesbeziehung.

9. Anerkennung des Grundprinzips, daß keine Intervention geschlechtsneutral ist und daß jede Intervention von den Angehörigen der beiden Geschlechter in spezifisch unterschiedlicher Weise aufgefaßt wird.
Jede Familientherapie müßte die Tatsache anerkennen, daß sie ein politischer Akt ist und sich nicht von den gesellschaftlichen Problemen trennen läßt, in die die Familie eingebettet ist.

Schlußbemerkung

Der Kern einer feministisch geleiteten therapeutischen Arbeit liegt in der differenzierenden Haltung der Therapeutin gegenüber den beiden Geschlechtern und ihrem Bewußtsein von der unterschiedlichen Auswirkung ihrer Interventionen auf Männer und Frauen. Die Veränderungen, die sich in unserer Arbeit aus der Berücksichtigung der unterschiedlichen Geschlechtsrollen ergeben haben, sind tiefgreifend. Diese Position ist völlig unabhängig von den therapeutischen Methoden und Schulen und läßt sich in weiten Bereichen der klinischen Praxis und Theorie anwenden. Natürlich sind in einem feministischen Ansatz Strafpredigten, Vorwürfe, Schuldzuweisungen, Maßregelungen oder Bekehrungsversuche ausgeschlossen.

Zu jeder guten klinischen Arbeit gehört die Anerkennung der fundamentalen Tatsache, daß Frauen und Männer in unserer Gesellschaft völlig unterschiedlich erzogen werden. Den Leserinnen und Lesern werden bei der Lektüre zweifellos manche feministischen Interventionen einfallen, die wir hier nicht angeführt haben, oder sexistische Interventionen, die uns entgangen sind. Wir hoffen, daß dieses Buch vor allem jenen Therapeutinnen und Therapeuten eine Hilfe sein wird, die ihre eigene Arbeit kritisch unter die Lupe nehmen und damit anfangen wollen, neue Richtlinien der Familientherapie zu entwickeln.

Marianne Walters
Betty Carter
Peggy Papp
Olga Silverstein

Teil II
Familienbeziehungen

2
Mütter und Töchter

Marianne Walters

Meinen Töchtern Lisa, Pamela und Suzanna, mit denen ich mein Leben geteilt habe, als sie heranwuchsen, und die jetzt, nachdem sie selbst zu Erwachsenen geworden sind, so bereitwillig ihr Leben mit dem meinigen teilen.

»Wir stehen zusammen, mein Kind und ich, Schwestern eigentlich, gegen alles, was uns etwas von dem streitig machen will, was wir sind . . .«
Alice Walker

Die Wege eines Frauenlebens spiegeln sich in der Beziehung zwischen Mutter und Tochter. Wenn beide in den vertrauten Abläufen des Gebärens, der Kindererziehung, der Versorgung der Familie mit Nahrung und der Pflege der alten Familienmitglieder zusammentreffen, sind Mutter und Tochter enge Gefährtinnen innerhalb der Grenzen ihres geteilten Privatlebens. Das Wissen, das eine Mutter als Mutter ihrer Tochter hat, ist zutiefst persönlich, verankert in einem Bewußtsein von dem, was beide tun müssen, damit sie für andere sorgen und selbst versorgt werden können. Es ist ein Wissen, das von innen kommt und weniger auf sichtbaren als auf verborgenen Dingen beruht, auf eigener Erfahrung und auf Erkenntnissen, die durch eigenes Erleben und intuitiv gewonnen werden.

Die Bindungen der Intimität und Vertrautheit

Mütter und Töchter teilen eine Welt des Alltäglichen und Vertrauten. Und sie sind einander durch die Aufgabe des Gebärens und Hegens der nächsten Generation verbunden. Man erwartet von ihnen, daß sie zwischen den Familien, in denen ihr Platz ist, eine

Kontinuität herstellen, daß sie eine Brücke schlagen von der neugegründeten Familie zu den Herkunftsfamilien, aus denen diese hervorgegangen ist. Von Töchtern erwartet man, daß sie einen Mann finden und anschließend dieselben familienbezogenen Aufgaben und Dienstleistungen wahrnehmen wie schon ihre Mütter, um auf diese Weise zwischen der alten und der neuen Familie ein Band zu knüpfen. Von Müttern wird erwartet, daß sie sich um die jüngeren, von Töchtern, daß sie sich um die älteren Familienangehörigen kümmern – und daß sie diese Erwartungen auch selbst teilen. Mütter mögen ihre Söhne vergöttern, aber wenn es um ihre eigenen Bedürfnisse oder die der übrigen Familie geht, sind sie auf ihre Töchter angewiesen. Das Eingebundensein in die Familie verleiht der Mutter-Tochter-Beziehung eine entscheidende Bedeutung im Blick auf die Kontinuität zwischen den Generationen und die Weitergabe der Werte, Moralvorstellungen und des Sittenkodex der vorherrschenden Kultur von einer Generation zur nächsten.

Ist die Mutter das Fundament des Familienlebens, so ist die Beziehung zwischen ihr und der Tochter das Mauerwerk, durch das es zusammengehalten wird. Die Alltäglichkeiten des familiären Lebens – Routineverrichtungen und Rituale, Hausarbeit und Haushaltsführung, das Besorgen der Lebensmittel und die Zubereitung der Mahlzeiten, die Gänge zum Arzt und die Pflege kranker Kinder, die Planung von Urlaub und geselligen Veranstaltungen, das Einkaufen von Kleidung und die Wahrung des äußeren Anscheins – umschließen die Beziehung zwischen Mutter und Tochter. Während man den Jungen bestimmte Pflichten im Haushalt *zuweist*, werden die Töchter von den Müttern in die häuslichen Tätigkeiten *einbezogen*, und diese erwarten von ihnen, daß sie mit der Zeit von selbst wissen, was zu tun ist. Wenn also Söhne ihre Siebensachen überall im Haus herumliegen lassen, so ist das für ihre Mütter lästig oder Anlaß zum Ärger – aber andererseits »sind es eben Jungen«. Wenn Töchter schlampig sind, ist es für die Mütter nicht weniger lästig und ärgerlich, aber diesem Verhalten wird eine größere Bedeutung zugemessen, es ist etwas, das die Mutter *auf sich bezieht*. Wenn ein Sohn es nicht lernt, ein Ei zu kochen, wird seine Mutter sich mit dem Gedanken trösten, daß er eines Tages eine Frau finden wird, die für ihn die Eier kocht! Versagt dagegen eine Tochter beim Eierkochen, so befürchtet die Mutter, ihr könnten jene Fertigkeiten fehlen, die sie braucht, um einen Mann zu bekommen und angemessen für ihn zu sorgen.

Die Bindungen, die sich aus der gemeinsamen Verantwortung für das Familienleben ergeben, sind tatsächlich sehr stark. Sie erzeugen eine besondere Form der Anhänglichkeit auf der Grundlage der Intimität des Persönlichen und Privaten. Das Gebären und Großziehen der Kinder hat im Leben von Müttern und Töchtern eine überwältigende emotionale Bedeutung und führt sie zusammen über eine Kette von Erfahrungen, die sich schwer in Worte fassen lassen und auf ganz subjektive Weise verarbeitet werden. Im Lauf der Jahrhunderte haben die unterschiedlichsten Kulturen Geburt und Mutterliebe so sehr mystifiziert, daß die Mütter diese Erfahrungen mit ihren Töchtern selbst nur in einer vom Mythos verdunkelten Welt erleben können. Auch wenn zeitgenössische Gesellschaftstheoretiker bemüht waren, die Erfahrungen von Geburt und Mutterliebe zu entmystifizieren, hat noch Erich Fromm, der mit seinen Büchern aus den fünfziger und sechziger Jahren eine ganze Generation von Müttern beeinflußte, deren Töchter nun wiederum Kinder zur Welt bringen, die folgenden Sätze geschrieben: »Die Liebe der Mutter bedeutet Seligkeit, sie bedeutet Frieden, man braucht sie nicht erst zu erwerben, man braucht sie sich nicht zu verdienen . . . Die Mutter ist die Heimat, aus der wir kommen, sie ist die Natur, die Erde, das Meer . . . Die Mutterliebe ist . . . die bedingungslose Bejahung des Lebens und der Bedürfnisse des Kindes . . . Diese besondere Bestätigung gibt in der mütterlichen Liebe dem Kind das Gefühl: ›Es ist gut, geboren worden zu sein.‹ Sie vermittelt dem Kind die *Liebe zum Leben* und nicht nur den Willen, am Leben zu bleiben . . . das Glück zu leben« (1985, S. 51, 53 und 60 f.). Was für ein Erbe mußten diese Mütter ihren Töchtern weitergeben!

Da die Gesellschaft von einer Mutter erwartet, daß sie ihre Tochter wiederum zu einer Ehefrau und Mutter erzieht, wird ihre gegenseitige Beziehung weitgehend innerhalb der Grenzen und des Lebensraums der Kleinfamilie definiert. Im Gegensatz dazu geht es bei der Erziehung eines Sohnes nicht primär darum, einen Vater oder auch nur einen Ehemann heranzuziehen, obgleich dies mit zu den von den Eltern gehegten Erwartungen gehören kann. Es geht vielmehr um das Großziehen eines Mannes, eines Arbeiters, einer Person in einem öffentlichen Amt und mit individueller Leistung, eines autonomen Individuums. Beim Aufziehen einer Tochter stehen in erster Linie Beziehungen zu anderen Menschen, Fürsorglichkeit, Häuslichkeit, Bindungen und Umgänglichkeit, private und zwischenmenschliche Leistungen im Vordergrund. Mütter sind die Türhüterinnen der Familie, zuständig für das emotionale Wohlbefinden der Familienmitglieder und für deren Schutz vor den *psychischen* Gefahren der Außenwelt. Väter sind zuständig für das wirtschaftliche Wohlergehen der Familie und für deren Schutz vor den *physischen* Gefahren der Außenwelt. Somit obliegt es der Mutter, ihre Töchter in das Leben innerhalb und ihre Söhne in das Leben außerhalb der Familie einzuführen.

Anders gesagt, die Beziehung zwischen Mutter und Tochter stellt man sich häufig innerhalb eines Kontexts vor, der etwas Eigenes, von der größeren Welt außerhalb der Familie Abgetrenntes ist, der zu dieser größeren Welt sogar in einem Gegensatz steht. Da außerdem die Aktivitäten der Privat- und Familiensphäre vom außerfamiliären oder öffentlichen Leben künstlich getrennt sind, werden sie häufig als banal und zweitrangig behandelt und definiert, nicht aber als unverzichtbare Bestandteile der maßgeblichen und »bedeutenderen« Aktivitäten der Gesellschaft insgesamt. Unter diesem Blickwinkel läßt sich die Mutter-Tochter-Beziehung als eine widersprüchliche Konstruktion verstehen. Sie ist einerseits stabil, weil sie durch und durch persönlich ist, andererseits gerade deshalb verwundbar, weil sie außerhalb des unmittelbar Persönlichen und Familiären nicht definiert ist. Ihren Rahmen erhält sie durch Tätigkeiten, die denen der Männer und ihrer umfassenderen gesellschaftlichen und wirtschaftlichen Sphäre untergeordnet werden. Gerade das, was dieser Beziehung ihre Stärke und Intensität verleiht, macht sie auch anfällig für die Widrigkeiten eines patriarchalischen Wertesystems.

Die Historikerin Carroll Smith-Rosenberg (1975) hat Tagebücher und Briefe aus der Zeit zwischen 1760 und 1890 untersucht, die von Frauen – Mütter und Töchter einbegriffen – aus fünfunddreißig Familien stammten. In diesen Briefen von Frau zu Frau entdeckte sie eine »Frauenwelt«, getrennt von der Welt männlicher Angelegenheiten, eine Welt, in der Frauen füreinander die wichtigste Bedeutung hatten. Sie beschreibt »eine intime Mutter-Tochter-Beziehung ... inmitten dieser Frauenwelt« und ein »klar erkennbares Ausbildungssystem« innerhalb der Familie, bei dem die Töchter

von ihren Müttern in den häuslichen Verrichtungen und der Kindererziehung unterwiesen wurden.»Töchter wurden in eine Frauenwelt hineingeboren . . . Solange die häusliche Rolle der Mutter ver-
gleichsweise stabil blieb, . . . akzeptierten die Töchter in der Regel
die Welt ihrer Mutter und suchten unwillkürlich Unterstützung und
Nähe bei anderen Frauen.« Die Autorin unterstreicht »das Fehlen
jener Feindseligkeit zwischen Mutter und Tochter, das heutzutage
fast als Selbstverständlichkeit im Kampf der Heranwachsenden um
Eigenständigkeit angesehen wird«, und hält es für »möglich, daß
Tabus gegenüber einer weiblichen Aggression . . . stark genug waren, um selbst die Aggressivität zwischen Müttern und ihren heranwachsenden Töchtern zu unterdrücken. Andererseits wirken
diese Briefe so lebendig, und das Interesse der Töchter an den
Angelegenheiten der Mütter scheint so lebhaft und echt, daß es
schwerfällt, ihre enge Beziehung ausschließlich durch den Rückgriff auf Verdrängung und Verleugnung zu erklären« (S. 1–29).
    Das zunehmende Verschwinden dieser Frauenwelt nach der
Jahrhundertwende zusammen mit dem nach 1920 verstärkt geführten Kampf von Frauen um ihre Emanzipation führten zu einer
Schwächung dieser früheren Bindung zwischen Müttern und Töchtern. Seit der Veröffentlichung der Schriften Freuds und der sich
anschließenden Psychologisierung wurde nach Adrienne Rich eine
Bindung zwischen Frauen »zwar bei Schulmädchen, die ihren
›Schwarm‹ hatten, noch hingenommen, jedoch als regressiv und
neurotisch abgewertet, wenn sie sich bis in spätere Lebensjahre erhielt« (1977, S. 237). Darin steckte natürlich eine besondere »Wahrheit« für Mütter und ihre Töchter. Rich bemerkt hierzu:»Vor jeder
schwesterlichen Beziehung gab es schon das – möglicherweise
flüchtige und bruchstückhafte, aber ursprüngliche und entscheidende – Wissen von der Beziehung zwischen Mutter und Tochter.
Diese gegenseitige – fundamentale, entstellte, mißbrauchte – Be-
setzung von Mutter und Tochter ist die große ungeschriebene Geschichte . . . Wir haben hier Belege für die tiefsten gegenseitigen
Empfindungen und für die schmerzlichste Entfremdung« (S. 226).

Die Fesseln der Intimität und Vertrautheit

Die Mutter-Tochter-Beziehung ist in der Welt außerhalb der Familie
gerade durch jene Vertrautheit und Intimität gefährdet, die in-

nerhalb derselben für sie charakteristisch sind. Das ist ein verwirrender Widerspruch. Während in unserer Gesellschaft Intimität, Vertrautheit und Anhänglichkeit als positive Seiten persönlicher Beziehungen gelten, konfrontiert uns unsere Kultur unausgesetzt mit anderen Wertungen dieser Eigenschaften. Wir lernen, daß Vertraulichkeit leicht Verachtung auslöst, daß der soziale Status nicht an menschliche, sondern an wirtschaftliche Fähigkeiten geknüpft ist, daß Macht auf einer Hierarchie und nicht auf Gegenseitigkeit beruht, daß Intimität etwas mit Sexualität, aber nicht unbedingt mit Zuneigung zu tun hat – und daß Selbständigkeit gleichgesetzt wird mit der Ablösung von der Familie, insbesondere von der Mutter. »An Mutters Schürzenzipfel zu hängen« heißt, daß man noch ein kleines Kind ist, unfähig, sich in der Außenwelt zurechtzufinden. Eine Tochter wird freilich jene »Schürze« eines Tages selbst tragen müssen.

Da diese widersprüchlichen Botschaften und Wertsysteme von Müttern und Töchtern gleichermaßen verinnerlicht werden, bringen sie zwangsläufig Konflikte in und zwischen ihnen hervor. In unserer Kultur werden Frauen weitgehend unter dem Aspekt ihres Verhältnisses zu Männern statt zueinander gesehen und dargestellt. Vom »Fräulein« zur »Frau«, von der Bäckerstochter zur Bankiersgattin – Frauen werden mit den Männern identifiziert, die in ihrem Leben eine (oder eben *keine*) Rolle spielen. Für eine ledige Frau gibt es im Deutschen kein Pendant zum Begriff des »Junggesellen«, der an eine gewollte Unabhängigkeit oder an einen gehobenen Lebensstil denken läßt. Auch wenn heute kaum noch von »alter Jungfer« die Rede ist, denken doch viele bei einer unverheirateten Frau immer noch eher daran, daß sie »keinen Mann abbekommen« hat, als an eine unabhängige, selbstgewählte Lebensform, und ihre materiellen Verhältnisse stellt man sich eher bescheiden vor. Wenn eine junge Frau heiratet, ist es der Vater, der »den Brautführer macht« und sie einem anderen Mann »zur Frau gibt«, der ihm verspricht, für sie zu sorgen. Und während dieser wichtigen Übergangszeremonie steht ihre Mutter buchstäblich abseits. In der Regel nimmt die Tochter den Namen ihres Mannes an (obwohl die Frauenbewegung in Deutschland durchgesetzt hat, daß Frauen ihren »Mädchennamen« behalten oder mit dem Nachnamen ihres Mannes zu einem Doppelnamen mit Bindestrich kombinieren können). Aber die bisherige Anrede der Tochter (»Fräulein«) ändert sich in »Frau«, wobei in beiden Fällen ihre Beziehung oder Nicht-Beziehung zu einem Mann kenntlich gemacht wird. An der Anrede des Mannes ändert sich nichts, gleichgültig, ob er »in festen Händen« ist oder nicht. Von solchen gesellschaftlichen Strukturen, institutionalisierten Erwartungen und Botschaften in vielfacher Zahl wird die Art und Weise, wie Mütter und ihre Töchter einander erfahren, ebenso stark beeinflußt wie von ihrer jeweiligen psychischen Beschaffenheit und ihren persönlichen Lebensumständen.

Überhaupt ist die Vorstellung von einem individuellen Selbst der Frauen sehr jungen Datums und hat sich noch lange nicht allgemein durchgesetzt. Wer als Führer, Autoritätsperson, Ernährer, Held oder auch Erfolgsmensch angesehen wird, dem schreibt man überwiegend männliche Eigenschaften zu. Persönliche Beziehungen, soziale Rollen und individuelles Verhalten werden über das Geschlecht definiert, wobei die primäre Bedeutung dem Bereich außerhalb der Familie zugeschrieben wird, der Arbeitswelt und der öffentlichen Sphäre von Aktivitäten und Funktionen, die man mit Männern in Verbindung bringt. Die Bedeutung der Frauen wird hauptsächlich in ihrer Rolle als Ehefrau und Mutter in der privaten, inneren und sekundären Welt der Familie gesehen. Während gesellschaftliche und psychologische Normen dem Familienleben für das emotionale Wohlbefinden und das individuelle Leistungsvermögen der Familienmitglieder einen entscheidenden Stellenwert einräumen, legen dieselben Normen zugleich die Vermutung nahe, daß die Familie sich nachteilig auf die persönliche Leistungsfähigkeit jener ihrer Mitglieder auswirkt, die ihr zu sehr verbunden bleiben. Welch eine Fessel für Mütter, die ihre Töchter auf deren zukünftige Aufgaben in der Familie vorbereiten sollen, und für die Töchter, die sich gewaltsam losreißen müssen, wenn sie ein eigenes Selbst außerhalb der Familie verwirklichen wollen!

Wenn Frauen heute in wachsender Zahl in die Welt der Arbeit und der öffentlichen Aufgaben vordringen, sind sie doch nach wie vor auf der Suche nach Definitionen und Bildern des individuellen, autonomen Selbst, in denen auch Intimität und Vertrautheit, Fürsorglichkeit und Familie ihren Platz haben. Leider hat diese Suche nach einer Identität, die ebenso gefühlsbestimmt wie zweckorientiert ist, selbst innerhalb der Frauenbewegung zuweilen zu verstärkten Spannungen zwischen den Generationen und zu einer

Ablehnung familienbezogener Ehefrauen/Mütter durch die Töchter geführt. Das kann kaum wundernehmen in einer Gesellschaft, in der die Beziehung zwischen Mutter und Tochter draußen in der Arbeitswelt einfach nichts einbringt. Autonomie und berufliche Tätigkeit sind die Marksteine des Erwachsenenlebens, und beides wird über den Vater erreicht. Väter schicken die Kinder hinaus in die Welt, Mütter möchten sie gern an sich binden. Wenn Töchter sich zu lange und zu sehr mit ihren Müttern identifizieren, laufen sie Gefahr, als abhängig und ohne eigene Persönlichkeit abgestempelt zu werden. Solange die Macht beim Vater liegt, werden die Töchter auf einer bestimmten Ebene den Müttern grollen, weil nicht sie es sind, die sie innehaben. Umgekehrt werden sich Mütter, die sich in ihrer Stellung als machtlos empfinden, durch das Streben ihrer Töchter nach Macht bedroht fühlen. Nur wenige Töchter werden von sich behaupten, sie seien eine ausgereifte, selbstbewußte Persönlichkeit geworden, ohne das Ritual der Lösung aus den mütterlichen Fesseln durchgestanden zu haben. Und kaum eine Tochter, die es außerhalb der Familie zu Erfolg oder Macht gebracht hat, wird diesen Umstand auf ihre Mutter zurückführen.

Die Frauenbewegung und feministische Veröffentlichungen haben diesen Sachverhalt etwas verändert. Die jüngeren Töchter, die ein Bewußtsein von Frauenfragen und der Notwendigkeit positiverer Frauenbilder haben, sind bemüht, sich mit ihren Müttern auf eine Weise zu identifizieren, die auf gegenseitiger Bestätigung beruht, und beschäftigen sich mit der Lebensgeschichte ihrer Mütter, um darin einen positiven Sinn für ihr eigenes Leben zu finden. Aber noch immer gibt es kein Mutter-Tochter-Äquivalent zu den Redensarten »Er ist ganz der Vater« und »Er tritt in die Fußtapfen seines Vaters«, das den Wert und das persönliche Potential zum Ausdruck brächte, die in diesen Wendungen anklingen und sich aus der Identifikation mit dem gleichgeschlechtlichen – männlichen – Elternteil speisen. Vater und Sohn bilden sowohl in der Außenwelt als auch in der Familie eine Einheit. Gängige Bilder von Vater und Sohn, die gemeinsam eine Farm bewirtschaften, vom Vater, der sein Geschäft an den Sohn weitergibt, oder von dem Sohn, der den politischen Kreuzzug seines Vaters fortsetzt – all dies leistet einer solchen Identifikation Vorschub und spornt zu ihr an. Die Verbindung zwischen Mutter und Tochter, nach wie vor in der innerfamiliären Sphäre verwurzelt und durch gesellschaftliche Widersprüche und ambivalente Botschaften in Frage gestellt, wird in der Welt der Macht und der Privilegien außerhalb der Familie zu etwas Überflüssigem gemacht.

So ist es kaum überraschend, daß gerade die Vertrautheit, die Nähe und das besondere Wissen, das eine Mutter gegenüber ihrer Tochter empfindet, so häufig durch Gefühle des Bedauerns und der Minderwertigkeit behaftet sind. Die Psychologin Carol Gilligan von der Harvard University hat über die Bedeutung von Zuneigung und Nähe im menschlichen Lebenszyklus die Sätze geschrieben: »Das schwer faßliche Mysterium der weiblichen Entwicklung liegt in der Erkenntnis der andauernden Bedeutung der Bindung im menschlichen Lebenszyklus. Die Aufgabe der Frau im menschlichen Lebenszyklus ist es, diese Erkenntnis wachzuhalten, während die Litaneien der Entwicklungspsychologie den Wert der Ablösung, der Autonomie, der Individuation und der naturgegebenen Rechte preisen. (. . .) Der Lebenszyklus als solcher (kommt) durch ein Pendeln zwischen der Welt der Frauen und der der Männer zustande. Erst wenn die Lebenszyklustheoretiker ihre Aufmerksamkeit teilen und mit Frauen zu leben beginnen, wie sie mit Männern gelebt haben, wird ihre Sicht die Erfahrungen beider Geschlechter einschließen, und ihre Theorien werden entsprechend fruchtbar werden« (1988, S. 34 f.).

Mütterschelte

Die Psychologie der Mutter-Tochter-Beziehung wird in den vorherrschenden Begriffen der männlich orientierten analytischen, psychosozialen oder systemischen Theorien eingeordnet, beschrieben und erklärt, in denen die Mütterschelte seit Jahren ein beliebter Sport ist! Nur die Schlüsselwörter innerhalb jedes einzelnen theoretischen Bezugsrahmens sind andere – hysterisch, überinvolviert, verstrickt, einmischend, klammernd, abhängig, überemotional, bedürftig, erstickend, selbstlos, selbstsüchtig, indirekt, unvernünftig, und so weiter und so fort. Während die Mutter verdinglicht, mystifiziert und idealisiert wird, gibt man ihr zugleich die Schuld an allen seelischen Leiden, von denen ihre Kinder befallen werden. Nie kann sie genug für ihre Kinder tun, und immer läuft sie Gefahr, zuviel für sie zu tun. Die Mythen von der perfekten Mutter und vom Dämon Mutter liegen ständig im Wettstreit miteinander. Auch

69

wenn die Mutter auf ein Piedestal gestellt wird, kommen ihre Füße nicht vom Boden los. Zuviel Mutterliebe kann zu einer symbiotischen Beziehung führen, zuwenig zu mütterlichem Liebesentzug. Tatsächlich sind die idealisierte und die dämonisierte Mutter zwei Seiten derselben Medaille. Beide Bilder mystifizieren die Mutterschaft; beide sind entmenschlichend und hindern insofern die Mütter daran, ihrer eigenen Mütterlichkeit gerecht zu werden. Weder eine Idealgestalt noch ein Dämon sind wirklich oder zugänglich oder in der Lage, ihre eigene Wirklichkeit zu besitzen und aufzubauen. Solche Bilder sind überlebensgroß: Sie werfen einen Schatten, der jedes menschliche Maß übersteigt. Sowohl die Idealisierung als auch die Dämonisierung von Müttern halten diese in einer Position fest, in der ihr Scheitern vorgezeichnet ist.

In einer 1985 veröffentlichten inhaltsanalytischen Untersuchung von 125 psychologischen Fachaufsätzen stellten Caplan und Hall-McCorquodale fest, »die Autoren schrieben Müttern insgesamt 72 verschiedene Formen einer Psychopathologie zu« (S. 345–353). Die Mütterschelte kann ganz explizit sein oder in den unterschiedlichsten impliziten Formen erfolgen, die zu Bestandteilen der Kultur unseres Berufsstandes werden. Sie kann völlig »unschuldig« in unserer Sprache, unseren Witzen, unseren Einstellungen zum Vorschein kommen, in dem, was wir hervorheben oder für bedeutungsvoll halten, was wir wertschätzen, in der Art und Weise, wie wir bestimmte Dinge beschreiben, in unseren Bildern und Botschaften oder in unserem Verhalten gegenüber unseren Klientinnen und Klienten. Die Mütterschelte kann außerdem unbewußt in unsere begriffliche und geistige Tradition eingehen. Wenn wir uns nicht bewußt darum bemühen, solche Vorstellungen und Haltungen aufzudecken und abzulegen, werden sie als Teil unseres Repertoires an berufsspezifischen Überzeugungen und Verhaltensweisen ebenso unweigerlich verinnerlicht, wie sie von den Töchtern jeder einzelnen Mutter verinnerlicht werden.

Und hier liegt das Dilemma. Wenn den Müttern schon von den »Experten« die Schuld an den emotionalen und seelischen Problemen ihrer Kinder gegeben wird, was sollen da erst die Töchter sagen? Wieso sollten sie ihre Mütter nicht ebenfalls für alles verantwortlich machen, was in ihrem eigenen Leben schiefgeht, wenn diese Auffassung von verbreiteten kulturellen Vorstellungen unterstützt und von sozialwissenschaftlichen und psychologischen Theoretikern abgesegnet wird? Nachdem man ihnen systematisch die Mittel zu einer positiven Identifikation mit dem gleichgeschlechtlichen Elternteil verweigerte, werden die Töchter in ein gesellschaftlich gedeutetes Kontinuum des Generationenkonflikts mit ihren Müttern eingeführt. Das verheißt wenig Gutes für die seelische Gesundheit der Mütter und/oder der Töchter.

Selten ist die Mütterschelte so elegant formuliert oder so überzeugend in pseudopsychologischen Begriffen vorgebracht worden wie in Nancy Fridays Buch *Wie meine Mutter* (1985). In diesem Bestseller (der allein in den USA eine Auflage von über drei Millionen erreichte) wird die Schuld der Mutter als eine psychologische Wahrheit ausgegeben. »Falls wir uns nicht lange vor unserer Ehe von unserer Mutter getrennt haben, ist es fast unmöglich, eine gesunde Beziehung zu einem Mann aufzubauen« (S. 61 f.). »Wie der Vater auf die Adoleszenz seiner Tochter reagiert, kann ausschlaggebend dafür sein, welchen Weg wir gehen: *den Weg hin zu Männern und unserer eigenen Identität* oder den zurück zu Mutter und zur symbiotischen Bindung« (S. 160; Hervorhebung von mir), oder (Dr. Schaefer zitierend): »Der weibliche *Wunsch*, sich dem Mann unterzuordnen, ist das Abhängigkeitsmuster, das die Frau von ihrer Mutter gelernt hat« (S. 330; Hervorhebung von mir); oder »Mütter halten ihre Töchter dumm, weil sie an die Macht der Unschuld glauben. In sexuellen Fragen sind alle Mütter katholisch. Sie beten für die Unschuld ihrer Töchter, während sie gleichzeitig darum beten, daß ihre unaufgeklärten, unbefleckten Töchter einen Mann bekommen« (S. 273). (Kein Wunder, daß jüdische Mütter von diesem Buch nicht gerade begeistert waren!) Dieses Buch, das Friday etwas inkonsequent ihrer Mutter gewidmet hat, ist von der Überzeugung durchdrungen, Mütter hätten eine gefährlich behindernde Wirkung auf ihre Töchter – sie infantilisierten sie sexuell, während sie gleichzeitig verdeckt mit ihnen rivalisierten; sie seien einschränkend und überbehütend; sie verweigerten ihnen ein eigenes Selbst und hemmten sie in ihrem Autonomiestreben. Abhängigkeit, sexuelle Fehlhaltung, Ambivalenz gegenüber Männern, Angst vor Erfolg, Neid, Wut und jede andere denkbare Seelenpein, von der eine Frau befallen werden kann, gehen auf die Mutter zurück. (Lediglich die letzten vier Seiten des Buchs eröffnen den Blick auf einige positive Mutterbilder.) Wenn die Töchter der lähmenden Wirkung einer »symbiotischen« Bindung entrinnen wollen, dann müssen sie nach Friday auf die »Ablösung« von ihren Müttern bedacht sein (natürlich indem sie versuchen, einen Mann zu erobern).

Wie so viele andere vor und nach ihr, zieht Friday vehement gegen die Mütter zu Felde, weil sie jenes Verhalten an den Tag legen und jene Aufgaben übernehmen, die die Gesellschaft ihnen zuweist. Friday verläßt in ihrer Untersuchung der Mutter-Tochter-Beziehung nicht die Ebene patriarchalischer Verhältnisse, sondern orientiert sich sogar am männlichen Wertsystem. Dadurch steigert sie ihre Kritik ins Maßlose; in ihrer Sehnsucht nach der perfekten Mutter stellt sie fest, daß diese bedürftig ist, und dämonisiert sie schließlich – ähnlich wie ihr Vorläufer Philip Wylie dies bereits getan hatte. Sie begeht den typischen Fehler jener sozialwissenschaftlichen und psychologischen Theoretiker, die einen begrifflichen Sprung von der Mutter als der primären Quelle aller kleinkindlichen Befriedigung hin zur Mutter als der primären Quelle aller Traumata während der Entwicklung machen; von der Vorstellung einer kleinkindlichen Bindung zu der einer Art Leibeigenschaft zwischen Erwachsenen; von Bildern der Anhänglichkeit zu Bildern des Autonomieverlusts. Das sind die Begriffe eines Systems von Überzeugungen und einer Erkenntnistheorie, die einen überkommenen Kampf und Konflikt zwischen Müttern und Töchtern verewigt.

Es gibt mir zu denken, daß Nancy Fridays Buch als »Frauenbuch« gilt, das seit seinem Erscheinen begeistert von jungen Frauen gelesen wurde, die nach einem neuen Identitätsgefühl gesucht haben. Was für eine Absurdität für die Frauen, daß diese Töchter ihre Mütter verleugnen müssen, um sich selbst zu behaupten! Aber vielleicht ist es gar nicht so paradox; vielleicht ist es nur ein weiteres Beispiel für das überhandnehmende patriarchalische Denken, dessen Einfluß wir alle ausgesetzt sind. Es ist natürlich alles andere als einfach, sich nicht mit der Quelle der Macht zu identifizieren, mit den herrschenden gesellschaftlichen Werten und Themen, auch wenn diese auf einer bestimmten Ebene unterdrückend sein können. Beispiele dafür finden sich übergenug in der Geschichte.

Doppelbindungen (Double-binds)

Die Familientherapie und das systemische Denken sind von den negativen Begleiterscheinungen dieser Modelle nicht verschont geblieben. Obwohl die Familie in der Systemtheorie nicht als Mosaik einzelner Individuen gesehen wird, sondern als Ensemble von Beziehungen, die in Verhaltensmustern und Feedback-Schleifen gegenseitiger Erwartungen verankert sind, ist es in der Praxis unmöglich, diesen einzelnen Individuen, deren jeweilige Beziehungen ihre Verhaltensmuster und die Feedback-Schleifen formen, keine Namen zuzuordnen. Und mit jedem dieser Namen sind geschlechtsspezifische Erwartungen, Rollen, Werte und Einstellungen verbunden: Ehefrau, Mutter, Vater, Ehemann, Schwester, Bruder, Schwiegermutter, Schwiegervater, Großmutter, Großvater und so weiter. Als G. Bateson jenes Familienmuster (»Double-bind«) entwickelte, innerhalb dessen eine besonders hohe Wahrscheinlichkeit für das Auftreten von Schizophrenie besteht, unterschied er drei Merkmale eines schizophrenen Familiensystems:

1. Ein Kind, dessen *Mutter* Ängste entwickelt und sich zurückzieht, wenn das Kind auf sie als eine liebevolle Mutter reagiert.

2. Eine *Mutter*, die ihre eigenen Gefühle der Angst und Feindseligkeit gegenüber ihrem Kind nicht akzeptieren kann und sie verleugnet, indem sie nach außen hin ein liebevolles Verhalten zeigt, um ihr Kind dazu zu bewegen, auf sie als eine liebevolle *Mutter* zu reagieren, und die sich zurückzieht, wenn die gewünschte Reaktion ausbleibt.

3. Das Fehlen einer bestimmten Person (Vater, Geschwister) in der Familie, zum Beispiel eines starken und verständnisvollen Vaters, die zwischen der *Mutter* und dem Kind vermitteln könnte (1972, S. 212; Hervorhebungen jeweils von mir).

Ist es möglich, diese Beschreibung der Doppelbindung zu lesen und sich weiterhin in unbeeinflußter, neutraler Weise Familienmuster oder »eine Menge von Beziehungen« vorzustellen?

Während viel über diese Doppelbindung geschrieben worden ist, jene ausweglose Situation, in die Kinder von ihren Müttern gebracht werden und in der sie immer nur das Falsche tun können, hat man den vielen Double-bind-Situationen, denen kaum eine Mutter beim Großziehen ihrer Töchter entrinnen kann, nur wenig Beachtung geschenkt. Mütter in unserer Gesellschaft haben nur die

Wahl, sich mit Haut und Haaren dem Dogma der Selbstlosigkeit oder dem der Selbstsucht zu verschreiben, dem Grundsatz der Anpassung und Unterordnung oder dem der Selbstbehauptung und Selbstbestimmung samt den dazugehörenden Ambivalenzen.

Das Wissen einer Mutter von dem, was von Frauen erwartet wird, was gesellschaftlich akzeptabel ist, und von den ungeschriebenen Regeln, denen das Leben der Frauen in einer von Männern beherrschten Welt unterworfen ist, macht zwangsläufig viele der ihren Töchtern eingepflanzten Botschaften widersprüchlich. Wie kann eine Mutter die Autonomie ihrer Tochter fördern, wenn ein solches Verhalten später deren materielle Sicherheit aufs Spiel setzt? Wie soll eine Mutter ihre Tochter zu einem sicheren Auftreten anhalten, wenn sie selbst früher immer gewarnt wurde, »laß ihn niemals spüren, daß du es besser kannst«? Dorothy Parkers Ausspruch »Männer machen keine Frau an, die eine Brille trägt« (»men don't make passes at girls who wear glasses«) brachte für eine ganze Generation das Dilemma eines Frauendaseins zur Sprache: Frauen, die denken können, wirken auf Männer nicht anziehend. Vor kurzem beschrieb der Autor eines Artikels in *Newsweek* die Macht einer US-amerikanischen Präsidentengattin: die »herzliche Umarmung, der kühle Blick oder die hochgezogene Braue«, womit sie »die Meinung oder die Stimmung ihres Mannes beeinflussen kann«. Und welche Rolle spielte, bitte schön, ihr Verstand dabei?

Mütter, die ihre Töchter großziehen, tun dies innerhalb einer ganzen Reihe von gesellschaftlich bedingten Doppelbindungen. Eine Mutter möchte, daß ihre Tochter in die Lage versetzt wird, ihre eigenen Bedürfnisse als eine erwachsene, unabhängige Person herauszufinden, wird dabei jedoch von Zweifeln geplagt, da sie weiß, daß allzuviel Selbstbewußtsein ihrer Tochter schlecht bekommen wird und daß sie lernen muß, sich in vielen Dingen abhängig zu machen. Eine Mutter möchte, daß ihre Tochter geradeheraus ist, offen und ehrlich, aber sie weiß auch, daß die Tochter lernen muß, listig zu sein, sich zurückzuhalten und ein wenig zu verstellen. Sie möchte sie in die Lage versetzen, daß sie für sich selbst sorgen kann, aber nicht zu gut; sie soll einen Beruf erlernen und einen Arbeitsplatz finden, aber nicht zu hoch hinauswollen; sie soll eine eigene Persönlichkeit haben und dennoch zulassen, daß von ihr Besitz ergriffen wird. Sie möchte das Selbstbewußtsein ihrer Tochter aufbauen, ohne sie vergessen zu lassen, daß sie immer attraktiv sein muß; sie soll für sich selbst sprechen können, aber nicht zu laut; sie soll für sich sorgen können, aber zuerst für andere. Sie sollte ein positives Selbstbild haben, muß jedoch lernen, es dazu zu benutzen, anderen als Spiegel zu dienen. Sie möchte, daß ihre Tochter sich durchsetzen kann und zugleich weiß, wie sie diese Fähigkeit verborgen hält. Sie mag die geistige Entwicklung ihrer Tochter bewundern, möchte jedoch sichergehen, daß potentielle Ehemänner nicht durch ihre Intelligenz abgeschreckt werden. Die Tochter sollte eine gute Schülerin sein, aber nicht die Klassenbeste. Sie kann Sport treiben, ohne sich jedoch an Wettkämpfen zu beteiligen. Eine Tochter sollte häuslich und diskret und zugleich allgemein beliebt und begehrt sein. Sie soll sich schicklich anziehen, aber verführerisch sein. Sie muß lernen, auf ihr Äußeres zu achten, ohne aufgedonnert zu wirken. Und sie muß lernen, heimlich den Mann auszusuchen und auf sich aufmerksam zu machen, von dem sie sich erwählen lassen möchte.

Mutter/Frau

Die vielleicht vorletzte Doppelbindung, in der die Mutter-Tochter-Beziehung gefangen ist, ist die uralte Trennung zwischen »Frau« und »Mutter«. Als Nancy Friday forderte, die Frauen sollten »wie eine Frau handeln und nicht wie eine Mutter«, brachte sie in einem einzigen, einfachen Satz all die eingepflanzten Haltungen, Stereotype und Vorurteile zum Ausdruck, die von einer Trennung und einer Unterscheidung zwischen der Person der Mutter und der der Frau ausgehen. Eine Mutter ist keine Frau, sie ist *Mutter*. Die Bilder der Mutter sind universell. Die Frau dagegen erscheint in einer Vielfalt individueller Gestalten, die nicht notwendig durch ihre Aufgaben innerhalb der Familie festgelegt sind. Die eine davon ist das Bild der Pflegerin und Fürsorgerin, die andere das eines selbstbestimmten Geschlechtswesens.

Am deutlichsten kommt die Aufspaltung zwischen Mutter und Frau in der Sphäre der weiblichen Sexualität zum Vorschein, und hier ist sie auch für die Frauen besonders lähmend. Vom Ideal der unbefleckten Empfängnis und der jungfräulichen Mutter auf der einen Seite bis zur Frau mit einem Geschlechtsleben als Flittchen oder (blutsaugender) Vamp auf der anderen hat man die Bilder von der Frau als einem Geschlechtswesen von denen der Mutter getrennt. Selten begegnet man in der Literatur, im Film oder in den Massenmedien Müttern, deren Sexualität als Bestandteil ihrer Weiblichkeit behandelt wird, der sie ihre Mutterschaft verdanken. Und wenn Mütter sich ihren Töchtern gegenüber als Frauen mit eigener Sexualität darstellen, dann für gewöhnlich in der Absicht, sie darüber zu beraten, wie sie sich vor einer ungewollten Schwangerschaft schützen können, und nicht darüber, wie sie selbstbewußt werden und ein befriedigendes Sexualleben für sich erreichen können. In dieser Hinsicht kann man beobachten, daß Mütter ihre eigene Sexualität verleugnen und die ihrer Töchter einschränken, um sie geziemend auf die Mutterrolle vorzubereiten. Mütter befürchten, die Mütterlichkeit ihrer Töchter zu gefährden, wenn sie sie in ihrer Sexualität bestärken.

Es gibt keine eindeutige Möglichkeit für Mütter, sich gegenüber ihren Töchtern vorbehaltlos als eine Person mit eigenen sexuellen Bedürfnissen darzustellen. Eine Mutter kann ihrer Tochter beibringen, daß Sex etwas Gutes ist, an dem man seinen Spaß hat und das ganz natürlich zu einer Liebesbeziehung dazugehört. Sie kann ihr etwas darüber sagen, wie sehr sie selbst ihre Sexualität genießt und welches Gefühl der Leidenschaft und des Einsseins sie dabei erlebt. Doch all dies muß mit einem Beigeschmack der Vorsicht und des Verbotenen geschehen. Würde sie ihre Tochter nicht gleichzeitig warnen, so wäre dies eine grobe Verletzung ihrer Elternpflicht. Sie muß sie vor den verheerenden Folgen einer nichtehelichen Schwangerschaft warnen. Sie muß ihr sagen, wie sie sich verhalten soll, wenn sie auf der Straße von einem Mann angesprochen wird. Sie muß ihrer Tochter in irgendeiner Form beibringen, daß viele Frauen vergewaltigt werden; und wenn ein Gespräch darüber für sie zu schmerzlich sein sollte, wird es ihr zu schaffen machen, daß sie es nicht über sich gebracht hat. Sie muß der Tochter raten, wie sie am besten reagiert, wenn sich ein Mann in der Öffentlichkeit vor ihr entblößt, wenn ein Mann versucht, sie »anzumachen«, oder wenn Männer auf der Straße sie mit anzüglichen Bemerkungen verfolgen. Ist ihre Tochter vollbusig oder besonders hübsch, muß sie ihr sagen, was sie tun soll, wenn Arbeiter auf einer Baustelle oder junge Burschen vor einem Imbißstand ihr hinterherpfeifen oder Zweideutigkeiten hinterherrufen. Das alles sind Erfahrungen, die Mütter und Töchter als Geschlechtswesen miteinander teilen.

Nach alledem kann es kaum noch wundernehmen, daß die

Botschaften einer Mutter an die Tochter über Sexualität nicht eindeutig sind. Bestärkt sie die Tochter in ihrer Sexualität, so kann dies gefährlich sein; übertriebene Warnungen hingegen können die Tochter gehemmt machen. Eine beschützende Haltung wird der Mutter als Unterdrückung ausgelegt, eine gewährende hingegen als Mangel an Verantwortung. Was die Tochter betrifft, so ist das Bekenntnis zur eigenen Sexualität zu aggressiv, ein vorsichtiges und achtsames Verhalten zu brav und unterwürfig. Eine Mutter kann ihrer Tochter beibringen, wie sie ihre Sexualität einsetzen kann, um Macht zu manipulieren oder vorzutäuschen. Sie kann ein offen sexuelles Verhalten verhindern und die Tochter zugleich indirekt ermutigen, verführerisch zu sein. Sie kann ihre Tochter davor warnen, häufig ihre Partner zu wechseln, während sie sie insgeheim bewundert oder sogar beneidet, weil sie so attraktiv auf Männer wirkt. Welchen Weg sie auch immer einschlägt, die Botschaft wird zwangsläufig gemischt sein. Das Kunststück besteht darin, die richtige Mischung hinzubekommen.

Im Gegensatz dazu dürfen Väter sich zu ihrer Sexualität bekennen und die Sexualität ihrer Söhne offen ermutigen. Väter können frei über ihre – vorehelichen – sexuellen Heldentaten reden und den Söhnen sogar den Rat geben, »sich die Hörner abzustoßen«, bevor sie sich durch eine Ehe binden. Die Mütter können hingegen nicht unbefangen über ihre vorehelichen Eroberungen sprechen, da man bei ihnen voraussetzt, daß sie bis zum Ehegelübde jungfräulich geblieben sind. Und es ist schwierig für sie, ihre Töchter in deren Sexualität zu bestätigen, da sie zugleich befürchten müssen, daß diese schwanger werden, ohne verheiratet zu sein. Es ist etwas völlig anderes, den Sohn zu ermahnen, daß er kein junges Mädchen schwängert, als der Tochter ins Gewissen zu reden, daß sie sich nicht von einem jungen Mann schwängern läßt. Dieses Risiko verleiht jedem Gespräch über Sexualität zwischen Müttern und Töchtern etwas Warnendes, Schützendes, Verwundbares.

Es kommt mir merkwürdig vor, daß Vorsicht, Konflikt und Ambivalenz einer Mutter im Blick auf die Bestätigung der Tochter in ihrer Sexualität bisher fast ausschließlich als das »Problem« der Mutter gesehen wurden – als Ausdruck ihrer eigenen sexuellen Verleugnung und Verdrängung und als Übertragung ihres eigenen sexuellen »Mangels« auf die Tochter. Schließlich ist eine Mutter ja nicht nur der kulturellen Aufspaltung von Frau und Mutter und der

77

biologischen Drohung einer ungewollten Schwangerschaft ausgesetzt, sie kennt darüber hinaus die realen Gefahren, von denen alle Frauen bedroht sind, die in einer Welt anhaltender sexueller Gewalt leben. Eine Mutter muß nicht vergewaltigt oder sexuell belästigt worden sein, um zu wissen, daß dies reale Bedrohungen der Sicherheit ihrer Tochter sind. All dieser Realitäten sind Mütter sich bewußt, während sie ihre Töchter aufziehen. Im Blick auf die Sexualität der Tochter anders als besorgt zu sein, müßte wirklichkeitsfremd erscheinen. Und wenn sie in diesem Punkt angstvoll, schützend und einschränkend ist, dann wird dies ohne Zweifel Rückwirkungen darauf haben, wie sie sich selbst und ihre eigene Sexualität erlebt.

Und so kommt es zum fehlgesteuerten Kreislauf von Auseinandersetzung und Konflikt zwischen Mutter und Tochter: Die Mutter *muß* die Tochter in deren Sexualität zurückhalten und zur Vorsicht mahnen und sich dadurch in der Darstellung ihres eigenen sexuellen Selbsts eingeengt fühlen. Die Tochter wird gegen die ihr auferlegten Einschränkungen aufbegehren und die Mutter derentwegen kritisieren. Die Mutter verliert an Sicherheit und Autorität und wird deshalb ängstlicher; ihre »Botschaft« an die Tochter wird »gemischter«. Die Tochter wird mit der Zeit der Mutter die Schuld an allen sexuellen Problemen geben, die bei ihr auftreten. Die Mutter wird Schuldgefühle entwickeln und sich in eine Abwehrhaltung begeben. Jetzt wird die Tochter als einzigen Weg zu ihrer eigenen Sexualität die Ablehnung der sexuellen »Unzulänglichkeit« und »Hemmung« der Mutter sehen. Die Mutter steht als die Schuldige da, weil sie scheinbar die Sexualität der Tochter unterdrückt hat. Und das alles wird durch eine Kultur unterstützt, die gegenüber der weiblichen Sexualität eine ambivalente Einstellung hegt und in der die Mutter und Frau nicht als ein zusammengehörendes Ganzes gesehen wird.

Vernünftige Gefühle

Durch solche Aufspaltungen und Widersprüche wird die Beziehung zwischen Mutter und Tochter ebenso sicher getrübt wie durch ihre gemeinsamen Familienaufgaben. In der intellektuellen Tradition westlicher Gesellschaften bietet die Trennung zwischen Vernunft und Gefühl, zwischen intuitivem und analytischem Denken eine weitere Möglichkeit, Frauen und ihre Beziehungen untereinander bloßzustellen. So wird beispielsweise in unserer Gesellschaft dem Wissen, das einer inneren Beteiligung, der Vertrautheit gemeinsamer Erfahrung, einer Nähe und einem intuitiven Gefühl der Verbundenheit entspringt, keine Bedeutung als einem Instrument der intellektuellen Arbeit oder der denkerischen Erfahrung beigemessen. Statt dessen wird es auf die Hinterbank des »emotionalen« Denkens verbannt, womit letztlich ein Denken gemeint ist, das durch unsere Gefühle, durch Induktion, durch zu geringe Distanz zu unserem Gegenstand seine Schärfe verloren hat. Gefühlsmäßiges oder intuitives Denken gilt als das Gegenteil von allem Objektiven, Wissenschaftlichen, Rationalen. Außerdem ist es minderwertig. Es ist voreingenommen, zweideutig, unstrukturiert, formlos – und wird mit dem Weiblichen in Verbindung gebracht. Sein Gegenteil ist neutral, diszipliniert, strukturiert und gehaltvoll – und hängt mit dem Männlichen zusammen. In diesem Kontext wird die gesamte Sphäre der Erkenntnis, die sich aus der subjektiven Erfahrung ableitet, einschließlich der mütterlichen Sensibilität, entwertet. Ein solches Wissen wird diskreditiert im Vergleich zu den harten, pragmatischen Erfordernissen der »realen Welt«, der »Arena« wirtschaftlicher, intellektueller oder politischer Projekte. Diese Polarisierung erzeugt eine konfliktreiche und ambivalente Umwelt für Mütter, die genötigt sind, ihre (entwertete) Intuition zu verleugnen, um ihre (hoch bewertete) Rationalität zu bestätigen.

Dort, wo lebendige Menschen miteinander zu tun haben, sind in den meisten Fällen Intuition und Analyse, Vernunft und Gefühl gemischt. Wenn wir diese Erkenntnisweisen als getrennt und voneinander abgegrenzt definieren, als besser oder schlechter, als bedeutsam oder weniger bedeutsam, als primär oder sekundär, dann werden wir am Ende das Emotionale verneinen und das Analytische bejahen. Und wenn wir diese Polaritäten jeweils einem Geschlecht zuordnen – etwa durch das Gegensatzpaar emotionale Frau und rationaler Mann –, dann bestehen zweifellos nur geringe Chancen, unseren Klienten in ihrer Eigenart gerecht zu werden. Ich glaube, wir müssen sehr darauf achten, daß wir unsere Klienten mit ihrer individuellen Subjektivität nicht durch eine systematische Interpretation, Intervention, Strategie oder Taktik »objektivieren«, die – wie subtil auch immer – solche einseitigen Zuordnungen nahelegen. An dieser Stelle mag der Hinweis genügen, daß in der Welt der

Therapie das Emotionale behandelt, das Rationale hingegen diskutiert wird!

Der amerikanische Entwicklungspsychologe Jerome Bruner hat in seinem 1960 erschienenen Buch über den Prozeß der Erziehung das intuitive mit dem analytischen Denken verglichen:

»Zur Intuition gehört das Erfassen der Bedeutung, der Bedeutsamkeit oder der Struktur eines Problems oder einer Situation ohne ausdrücklichen Rückgriff auf den analytischen Apparat der persönlichen Fertigkeiten. ... Die intuitive Denkweise ... führt schnell zu einer Hypothese ... ergibt eine Kette von Einfällen, ohne deren Wert im voraus zu kennen. ... Intuition ist gleichbedeutend mit einer probeweisen Sortierung eines Wissens, (die) uns hauptsächlich dadurch weiterhilft, daß sie uns eine Basis für den Fortgang unserer Realitätsprüfung verschafft. ... Im Unterschied zum analytischen Denken schreitet das intuitive in der Regel nicht in sorgfältig erwogenen, genau bestimmten Schritten voran. ... Es beruht überwiegend ... auf einer unausgesprochenen Wahrnehmung des gesamten Problems. ... Intuitives Denken beruht auf der Vertrautheit mit dem betreffenden Wissensbereich und mit dessen Struktur. ... Die Komplementarität von intuitivem und analytischem Denken ... ist immer zu berücksichtigen. Durch intuitives Denken kann der einzelne häufig zu Problemlösungen gelangen, die er durch analytisches Denken überhaupt nicht oder zumindest nicht so schnell gefunden hätte ... Der Formalismus des Schulunterrichts hat die Intuition in der einen oder anderen Weise abgewertet. ... Es kann von größter Wichtigkeit sein, daß Kinder ein intuitives Verständnis vom Unterrichtsstoff entwickeln, bevor wir sie mit traditionelleren und formaleren Denkweisen vertraut machen« (S. 58 ff.).

Bruner macht keine Trennung zwischen Gefühl und Vernunft, dem Intuitiven und dem Analytischen, sondern stellt beides einander gegenüber, um zu einer Synthese des Denkvorgangs zu gelangen. Für ihn liegt die Zweckmäßigkeit des intuitiven Denkens in der Vertrautheit mit dem Gegenstand, einem Sinn für den inneren Zusammenhang der Dinge und in der Entwicklung des Selbstvertrauens, das erforderlich ist, um mit einer begrenzten Zahl von Anhaltspunkten einen kreativen Sprung zu machen. Diese Vorstellung ist in meinen Augen höchst bedeutsam für die Familientherapie. Wenn wir vermeiden wollen, Frauen unterderhand abzuwerten, müssen wir intuitives Denken und eine emotionale Vernunft ausdrücklich bekräftigen, indem wir diese Denkvorgänge in unsere Arbeit und in unsere intellektuellen Traditionen einbeziehen. Es sieht allerdings ganz danach aus, als bewegte sich die Familientherapie in Richtung auf den Formalismus von Schablonen, die Konstruktion von Gegensatzpaaren, das Mittelbare statt des Unmittelbaren, das Ziel statt des Prozesses, die (einseitige) Anleitung statt des (wechselseitigen) Austauschs. Wir sollten in jedem Fall sehen, daß Vernunft und Gefühl, Intuition und analytisches Denken, kreatives Springen und logisches Ableiten keine gegensätzlichen Modalitäten darstellen, unsere Welt zu sehen und zu erkunden. Es kann keine Vernunft ohne Gefühl geben, sowenig wie ein Gefühl ohne Vernunft. Das eine speist sich aus dem anderen. Die Intuition bringt die Analyse weiter und umgekehrt. Der schöpferische Gedankensprung hilft der Logik ein Stück weiter, und die Logik erzeugt einen Kontext, innerhalb dessen der kreative Einfall möglich ist. Eine Aufspaltung dieser beiden Seins- und Erkenntnisweisen, ihre unterschiedliche Bewertung und ihre Zuordnung zu den beiden Geschlechtern erzeugen schließlich ein Bezugssystem, in dem Frauen und ihre Beziehungen abgewertet werden.

Eine feministische Neuinterpretation

Ich habe im vorhergehenden die These vertreten, daß die Erkenntnistheorie des Patriarchats durch eine Aufspaltung und unterschiedliche Bewertung der inner- und der außerfamiliären Sphäre, der Vernunft und des Gefühls, der Mutter und der Frau, von Anhänglichkeit und Autonomie, öffentlich und privat, Berufstätigkeit und Familie die Verwirklichung der schöpferischen Kraft und der Möglichkeiten in der intimen, persönlichen und familiären Verbundenheit zwischen Müttern und Töchtern behindert hat. Der Konflikt, dem Mütter und Töchter ausgesetzt sind, weil sie in einer von Männern beherrschten Gesellschaft leben, hat sich nach innen gekehrt, so daß sie kaum anders können, als sich zu bekämpfen und einander die Schuld an alldem zu geben, was in ihrem Leben mißlingt. Dieser Kampf ist zu einem Bestandteil ihres Erbes geworden, zu einer fortwährenden Prophezeiung, die sich erfüllen muß.

Das ist natürlich kein Zufall. Wenn Frauen sich durch ihr eigenes Geschlecht verwirklichen und befähigen könnten statt durch ihre Verbindung mit Männern oder deren Vermittlung, dann wäre das gesamte Fundament des patriarchalischen Systems in Frage gestellt. Wenn Frauen ihre Bestätigung durch eine Identifikation mit ihrem eigenen Geschlecht erfahren könnten, dann wären sie in ihrer persönlichen Selbstachtung weniger abhängig. Und wenn Frauen ein stärkeres Bewußtsein von ihrer kollektiven Erfahrung entwickeln könnten, dann wären sie weniger verwundbar durch die Botschaften, mit deren Hilfe sie in ihrer Position der Unterordnung gehalten werden.

Der Mutter-Tochter-Konflikt, dem wir so oft in unserer Praxis begegnen, ist ein Teil jenes Prozesses der Spaltung zwischen den Frauen, der stattfindet, um sich erfolgreicher mit Männern verbünden zu können. Er ist sogar das Musterbeispiel für diese Form der Spaltung. Viele der psychosexuellen Theorien in unserem Fachgebiet haben den Konflikt zwischen Müttern und ihren Töchtern festgeschrieben. Aus diesem Grund halte ich es für ganz besonders wichtig, unser begriffliches Verständnis von der Beziehung zwischen Mutter und Tochter zu erweitern und den gesellschaftlichen und familiären Kontext einzubeziehen, der sie strukturiert und zwangsläufig zu Spannungen und Auseinandersetzungen zwischen ihnen führt. Den Spannungen muß ihre pathologische Komponente genommen, der Konflikt in einen neuen Kontext gestellt und die Beziehung selbst positiv verstärkt werden.

Unter geeigneten Umständen ist es möglich, durch die Thematisierung sozialer Botschaften über beide Geschlechter bestimmte Verhaltensweisen zu bekräftigen, umzudeuten und/oder in einen neuen Kontext zu stellen. So kann ich zum Beispiel einen bestimmten Verhaltensablauf zwischen Mutter und Tochter mit dem in Verbindung bringen, was man uns Frauen als »richtiges« Verhalten beigebracht hat: »Frauen lernen von klein auf, daß ihre Aufgabe in der Familie darin besteht, die Dinge wieder ins Lot zu bringen, und wenn Sie für Ihre Tochter reden, dann ist das vielleicht eine Möglichkeit, zu verhindern, daß sie und der Vater sich in die Haare kriegen.« Oder ich führe gängige Bilder, Mythen oder Klischees über Mütter (Ehefrauen, Töchter, Frauen) an: »Sind denn nicht alle Stiefmütter bösartig?«; »Erwartet man denn nicht von Mädchen, daß sie überemotional sind?«;»Haben Sie jemals eine Fernsehserie erlebt, in der eine starke, clevere Frau *wirklich* glücklich gewesen wäre?«Oder ich spreche über die Erfahrungen anderer Mütter und Töchter, einschließlich meiner eigenen:»Als meine mittlere Tochter vierzehn war, hat sie ähnlich reagiert, und ich dachte, sie bringt mich fast zur Verzweiflung; heute ist sie zweiundzwanzig und sieht die Dinge ganz anders.« Und ich verallgemeinere Einzelbeispiele:»Welche Mutter ist nicht beunruhigt, wenn ihre Tochter anfängt, sich zu verabreden?«;»Welche Tochter hat nicht manchmal das Gefühl, daß ihre Mutter kein Vertrauen zu ihr hat?«Außerdem erläutere ich häufig meine Kommentare, indem ich ausdrücklich gesellschaftliche Einflüsse zur Sprache bringe:»Unsere Gesellschaft erwartet von den Müttern, daß sie sich Sorgen machen, aber leider bestraft sie sie manchmal auch dafür«;»Töchter hören von verschiedenen Seiten, sie könnten nur erwachsen werden, wenn sie sich von Mutters Schürzenzipfel trennen, und leider glauben sie, sie müßten sich auch von der Person trennen, die die Schürze trägt«, und so weiter. Solche Hinweise sind wichtig, weil sie Bedingungen und Erfahrungen beleuchten, die unter die weitgehend an Männern orientierte und von Männern definierte verallgemeinernde Kategorie der »menschlichen Erfahrung« subsumiert worden sind. Infolgedessen sind die gesellschaftlichen und psychologischen Erfahrungen von Frauen, von Müttern und Töchtern entweder als Untersuchungsgegenstand unbeachtet oder unsichtbar geblieben, oder sie wurden innerhalb eines männlichen Bezugsrahmens interpretiert.

Eine Verallgemeinerung der Erfahrungen von Frauen oder die Unterstellung eines Kollektivbewußtseins haben natürlich ihre Gefahren, weil sie leicht zu abwertenden Stereotypen führen (z. B. zu rassistischen Verunglimpfungen), und davor müssen wir uns hüten. Und selbstverständlich ist das jeweils Besondere dieser Erfahrung ebenso vielfältig und unterschiedlich wie die Unterschiede zwischen einzelnen Menschen oder den Angehörigen unterschiedlicher Rassen, Kulturen oder sozialer Schichten. Dennoch gibt es allgemeine Bedingungen, die das individuelle Bewußtsein und Selbstbild formen. Von der versteckten Botschaft der Lehrerin, die von den Jungen in ihrer Klasse mehr geistige Leistungen erwartet als von den Mädchen, bis zur unmittelbar in die Augen springenden Botschaft, die von der Tatsache ausgeht, daß Frauen mit mittlerem Universitätsabschluß in den Vereinigten Staaten im Durchschnitt weniger verdienen als Männer, die vorzeitig die High-School verlassen haben, werden Bewußtsein und Identität von Frauen unabhängig von Rassen- oder Klassenzugehörigkeit oder individueller Unterschiede von solchen Haltungen und Verhältnissen geprägt. Diese gemeinsame Erfahrung ist ein Bezugsrahmen, der Mütter und Töchter nicht nur miteinander und mit anderen Frauen verbinden kann, sondern auch mit Bedingungen und Erfahrungen außerhalb der Familie, die paradoxerweise die innerfamiliären Streitfragen und Konflikte weniger bedrohlich erscheinen lassen. Das gilt ganz besonders für eine Beziehung, die ihre Prägung derart weitgehend innerhalb der Familie erhalten hat.

Mütter und Töchter lernen frühzeitig auf ihrem gemeinsamen Weg, daß sie aufgrund der gesellschaftlichen Gebote, sich während der Kindheit und Jugend der Tochter miteinander zu verbinden und sich wieder zu»trennen«, wenn die Tochter das Erwachsenenalter erreicht hat, mit Konflikten und schmerzhaften Auseinandersetzungen rechnen müssen. Solange die Tochter noch sehr jung ist, stellt sich das Problem noch nicht in seinem ganzen Ausmaß. Doch wenn sie ins Erwachsenenalter eintritt, dann werden jene widersprüchlichen Ziele und Botschaften, die die Mutter ihr übermitteln muß, tatsächlich deren Selbstachtung an einem entscheidenden Punkt in ihrem eigenen Leben untergraben. Zu dieser Zeit befindet sich die Mutter gewöhnlich in der Lebensmitte – einer Zeit der ersten Rückbesinnung und Erneuerung, des Bedauerns und neuer Möglichkeiten. Eine Selbstbehauptung kann für die Mutter mit dem Risiko verbunden sein, emotional, in der Ehe und gesellschaftlich einen Verlust zu erleiden. Andererseits ist dies jedoch auch die Zeit, in der sie gegenüber ihrer Tochter selbstbewußter auftreten muß. Sie muß ihr immer noch mit Schutz und Orientierungshilfe zur Seite stehen, während sie ihre eigene Orientierung in Frage stellt und sich selbst als besonders ungeschützt erlebt. Sie muß ihrer Tochter und zugleich sich selbst behilflich sein, den Preis für eigene Stärke gegen die Kosten einer Abhängigkeit abzuwägen.

Gerade zu einer Zeit, in der sie eine besondere Stärke zeigen muß, ist also eine Mutter dem offenen Drängen der Tochter, ihre Verbindung zu lösen, ebenso ausgesetzt wie deren verdeckter Botschaft, an der Verbindung festhalten und weiterhin beschützt sein zu wollen. Das Problem, daß die Eltern mit zunehmendem Alter ihrer Kinder sich immer weniger auf ihre Autorität berufen können, wird demnach für Mütter und ihre Töchter noch dadurch verschärft, daß die Mütter sich zunehmend weniger verantwortlich fühlen. Eine enge Vertrautheit mit ihrer Tochter erregt Befürchtungen der Abhängigkeit in ihrem ohnehin überbelasteten Selbst. Überdies werden Erfolg oder Mißerfolg in der Erfüllung ihrer mütterlichen Aufgaben gerade von jener Person auf die Probe gestellt, die bereit sein muß, diese Aufgaben selbst zu übernehmen. Die Handlungen der Tochter mit dem Ziel einer größeren Selbständigkeit werden von der Mutter als Opposition und Mißbilligung erlebt und häufig auch so angeprangert, und es kommt zu einem neuen Kreislauf von Auseinandersetzungen. Es fällt schwer, das Verhalten einer Heranwachsenden oder einer gerade erwachsen gewordenen Frau als ambivalentes Experimentieren mit persönlicher Macht, eigenem Urteilsvermögen und dem Wählen zwischen Alternativen zu interpretieren oder gar als solches zu erleben.

Eine feministisch orientierte Therapeutin wird versuchen, den Müttern den Blick dafür zu schärfen, daß ihre heranwachsenden Töchter weniger deshalb darum kämpfen, sich aus den mütterlichen Bindungen zu befreien, weil sie diese als einengend empfinden, sondern weil sie eine eigene, selbstbestimmte, starke und autonome Position erlangen wollen. Unter diesem Blickwinkel erscheint der Konflikt hervorgerufen durch zwei Menschen, die auf einer jeweils eigenen Lebensstufe alternative Formen einer Bindung anstreben. Aus dieser Betrachtungsweise ergeben sich andere Folgerungen, Wahrnehmungen und psychologische »Wahrheiten«. Die gerade erwachsen gewordene Tochter erlebt ein neues und beängstigendes Gefühl ihrer eigenen Macht, ein beginnendes Vertrauen in ihre eigene Urteilskraft und Fähigkeit, eine Wahl zu treffen; sie ist nicht einfach wütend und aufsässig. Die erwachsene Mutter sucht neuen festen Boden, eine Möglichkeit, die Verbindung mit der Tochter zu bewahren, ohne befürchten zu müssen, daß ihre Intimität eine von beiden belastet. Sie sind alle beide im Begriff, eine Beziehung neu zu gestalten statt sie aufzukündigen, und in dieser Neugestaltung werden sie das Bedürfnis verspüren, ihre *Gleichheit* in dieser oder jener Form anzuerkennen, um mit den Unterschieden zwischen ihnen zurechtzukommen. Die Tochter wird das Bedürfnis haben, mehr über den Kontext und den Inhalt des Lebens ihrer Mutter zu erfahren – nicht weniger; die Mutter wird vielleicht den eigenen Quellen ihres Wissens und ihres Verständnisses von den Entwicklungsproblemen der Tochter nachgehen wollen. Die Tochter sucht

Bestätigung im Spiegel der Mutter, ein Bild, das ihren eigenen Spiegel bestätigen wird. Sie fordert ihre Mutter heraus, selbstbewußt und selbstbestimmt zu sein. Die Mutter sucht eine Bestätigung ihres Erfolgs als Mutter speziell bei ihrer Tochter, die ihre Lebenserfahrung teilen wird. Wenn die Therapeutinnen sich vom Mythos der Trennung als Weg zur Autonomie und von ihrem Liebäugeln mit Recht und Ordnung in der Familie lösen könnten, dann wären sie wohl in der Lage, einen Teil ihrer Aufmerksamkeit der Aufgabe zuzuwenden, Müttern und Töchtern neue Möglichkeiten der Anhänglichkeit zu eröffnen. Mütter und ihre heranwachsenden Töchter müssen das Gefühl haben, füreinander von Nutzen zu sein, nicht nur durch Festlegung und Befolgung von Familienregeln oder durch das Loslassen von seiten der Mutter und das Verlassen der Familie durch die Tochter, sondern indem sie sich weiterhin an dem unablässigen Prozeß beteiligen, neue Möglichkeiten zu suchen, durch die sie gegenseitig zu einem besseren Lebensgefühl beitragen können.

Zwei Schriftstellerinnen haben die beiden Seiten im Verhältnis von Müttern zu ihren Töchtern auf eine knappe Formel gebracht, die Intensität gemeinsamer Erfahrungen, mit dem Unterton eines Schuldgefühls, sie seien für alles, was ihren Töchtern widerfährt, verantwortlich:

»Was ist nur in unsere Töchter gefahren, daß sie kein Veilchenparfüm mehr mögen?« Colette

»Ich weiß nicht, was ich getan habe, aber ich weiß, daß ich es getan habe . . .« Marsha Norman, *Night Mother*

Mütter und Töchter in der Therapie

Sämtlichen folgenden klinischen Fallbeispielen unserer Arbeit mit Müttern und Töchtern liegt die Überzeugung zugrunde, daß die Qualität der Mutter-Tochter-Beziehung von entscheidender Bedeutung für die Entwicklung einer Frau ist und deshalb auf verschiedene Weise bekräftigt und bestätigt werden sollte. Unser therapeutisches Ziel ist es, die positive Seite der Beziehung zu erhellen und zu stärken – im Gegensatz zu der vorherrschenden Auffassung, die Töchter seien in einem unablässigen Kampf begriffen, ihren überbehütenden, pathologisierenden Müttern zu entkommen.

Aber da wir keine Pollyannas sind, die überall nur das Gute

sehen, sind wir uns durchaus darüber im klaren, daß es zerstörerische oder bestrafende oder auch völlig von ihren Töchtern abhängige Mütter gibt. Olga Silverstein erörtert die Arbeit der Umgestaltung einer Mutter-Tochter-Beziehung, die für die Tochter so bedrückend und lähmend geworden war, daß sie sich vollkommen von der Mutter losgesagt hatte und sich einer »Ablösungs«-Therapie unterzog. Diese Ausführungen verdeutlichen die Möglichkeiten, wie das umfassendere System von Überzeugungen der Therapeutin mit ihrer Methode und den von ihr gewählten Interventionen verknüpft ist. Peggy Papp beschreibt ihre Arbeit mit einer Mutter samt Tochter, deren Beziehung durch ungelöste Eheprobleme eingeschnürt wird. Nachdem sie mit ihren Interventionen zunächst die Position der Mutter gestärkt hat – als Frau und Ehefrau sowie als Mutter –, erweitert sie den Bereich, innerhalb dessen Mutter und Tochter ihre Interaktion aushandeln und zu einem besseren gegenseitigen Verständnis gelangen können. Sie führt Interventionen vor, die die Tochter befähigen, zur Stärkung der Position ihrer Mutter beizutragen. Und Betty Carters Beispiel ist die Geschichte einer Tochter, die die Dreiecke zwischen den Generationen und die »triangulierten« Kämpfe schildert, die ihre eigene Beziehung zu ihrer Mutter organisiert haben, alles in einem Szenario, das uns vertraute Themen und Bilder nahebringt. Die Versuche der Tochter, jene fehlgesteuerten Kreisläufe zu durchbrechen, durch die sowohl die Mutter als auch sie selbst gehindert wurden, die positiven Möglichkeiten in ihrer Beziehung wahrzunehmen, werden in einer Therapie inszeniert, die eindeutig darauf abzielt, diese Möglichkeiten freizusetzen.

Meine eigene Fallgeschichte illustriert die spezifischen Krisen der Adoleszenz, denen sich Mutter und Tochter während ihrer Beziehung konfrontiert sehen. Die Krise äußert sich in einer Fülle von gemischten Botschaften, die von der Mutter wie von der Tochter ausgehen, aber wie alle Krisen bietet sie zugleich eine einmalige Möglichkeit für eine Veränderung. Der Kommentar erstreckt sich über den gesamten Verlauf der Therapie, die etwa sieben bis acht Monate gedauert hat, und wird ergänzt durch Auszüge aus einzelnen therapeutischen Sitzungen.

Den Bezugsrahmen, innerhalb dessen ich mit dieser Familie arbeitete, habe ich im Abschnitt »Eine feministische Neuinterpretation« (S. 81 ff.) dargelegt. Bei der gesamten Arbeit mit dieser Familie waren meine Interventionen darauf gerichtet, die Beziehung der Mutter zu ihren beiden Töchtern umzugestalten, indem jene Bereiche hervorgehoben wurden, in denen es möglich war, eine Zuwendung und eine positive Kommunikation zu erreichen. Mir war besonders daran gelegen, kompetente Verhaltensweisen zu bekräftigen, die *innerhalb* der therapeutischen Sitzungen gezeigt wurden, indem ich sie zu Erfahrungen einer Kompetenz machte, die von der Mutter und den Töchtern geteilt werden konnten. Aus den Protokollauszügen geht der von mir bevorzugte Stil hervor – die Arbeit mit dem während der Sitzungen ablaufenden Entwicklungsprozeß in einer Weise, die Unmittelbarkeit herstellt, die Beteiligten zum Nachdenken anregt und die Empfindung des Vertrauten verstärkt.

Es war eine Familie, die sich selbst als verletzlich und chaotisch bezeichnete. Und die von der jüngsten Tochter gezeigten Symptome waren in der Tat so gravierend, daß sie kurz vor Beginn unserer Therapie zur stationären Behandlung in die Psychiatrie eingeliefert werden mußte. Die Mutter stellte sich als unfähig, verwirrt und hoffnungslos dar, und die Wut, die Beschimpfungen und die unverhüllte Ablehnung, die mir von der Mutter und einer der beiden Töchter entgegenschlugen, schienen anfangs ein schwer zu überwindendes Hindernis für meine Bemühungen zu sein, ihre Beziehungen in positiver Weise umzugestalten. Als besonders hilfreich erwies sich dabei für mich der umfassendere Kontext der Geschlechtsrollen. Ich bot ihnen allen einen Bezugsrahmen außerhalb ihrer Familie an – einen Bezug, an dem sie sich zunächst orientieren konnten, um sich anschließend mit gestärktem Selbstwertgefühl den Konflikten zwischen ihnen zuwenden zu können.

Fallbeispiel
Gefangen im Durcheinander

Marianne Walters

Das Symptom

Eine geschiedene Frau Ende dreißig suchte mich mit ihren zwei Töchtern, beide im Teenageralter, auf. Sally, die Mutter, ist Krankenschwester und liebt ihren Beruf, obgleich die unregelmäßige Arbeitszeit die Haushaltsplanung und -führung schwierig macht. Joan, ihre Vierzehnjährige, war gerade von einem dreimonatigen Aufenthalt in einem psychiatrischen Behandlungszentrum zurückgekehrt. Die siebzehnjährige Betty steht kurz vor dem Abschluß auf der High-School. Sally hatte bereits eine Einzeltherapie hinter sich sowie zusammen mit ihrem Ex-Ehemann eine Paartherapie vor der Scheidung. Außerdem hatten sie und die beiden Mädchen an familientherapeutischen Sitzungen vor und während der psychiatrischen Unterbringung von Joan teilgenommen. Die Einweisung Joans in die Klinik war Folge ihres schwierigen, emotional stark besetzten und für die ganze Familie traumatischen Verhaltens: Joan mußte wegen Drogenkonsums, mangelhafter schulischer Leistungen und Schulschwänzens die Schule verlassen; daheim weigerte sie sich, Regeln und Grenzen zu respektieren; sie stritt sich fortwährend mit der Mutter, dem Vater und der Schwester; sie agierte sexuell, und sie gebrauchte obszöne Ausdrücke gegenüber der Familie und der Schulleitung. »Keine Selbstbeherrschung, Neigung zu Wutanfällen, geringes Selbstwertgefühl, aber sehr intelligent«, hatten die Therapeutinnen in der Klinik über sie geschrieben.

Unser erstes Zusammentreffen zog sich über mehrere Stunden hin. Sally wirkte matt und sprach mit leiser Stimme. Sie schien sich unter den verbalen Attacken ihrer Töchter zu ducken. Betty, attraktiv, redegewandt und emotional, saß zwischen ihrer Mutter und Joan, setzte sich für beide ein und versuchte, Ordnung in das Verfahren zu bringen. Joan, unordentlich und pummelig, zeigte deutlich ihre grundsätzliche Unlust und nahm jeden als Gegner an (auch mich), wobei sie ständig wüste Ausdrücke vor sich hin murmelte. Sally, die Mutter, stellte sich selbst als das Problem dar, eine Beurteilung, die von der ganzen Familie und etlichen vorherigen Therapeutinnen geteilt wurde. Meine ersten Bemühungen zielten darauf ab, diese Einschätzung in Frage zu stellen und eine andere Deutung anzubieten. Das erwies sich als eine äußerst mühselige Aufgabe, weil alle (einschließlich Sally) sich bereits sehr gut mit dem Versagen der Mutter arrangiert hatten.

Das Erstinterview

Sally (*mit leiser Stimme, langsam, ihre Worte abwägend*): Greg, mein erster Mann, hatte immer eine strenge Hand. Ich glaube, ich war die Retterin, in der Mitte, und es ist mir sehr schwergefallen, mich den Kindern gegenüber durchzusetzen. Ich konnte es nie ganz richtig machen, deshalb habe ich immer hin und her geschwankt. Siebzehn Jahre waren wir verheiratet. Aber auch nach der Scheidung war es immer dasselbe – ich ließ mich nach allen Seiten zerren. Wenn zu Hause alles gut läuft, kann ich ein wenig ausspannen. Aber wenn es zu Meinungsverschiedenheiten kommt, ist die Hölle los . . . alles ist außer Rand und Band, außer Kontrolle – wir geraten hart aneinander: (*Dabei gebraucht sie eine amerikanische Redensart:* »to lock horns« – *wörtlich übersetzt:* »die Geweihe ineinander verhaken« –, *über die sich die beiden Mädchen lustig machen und zu kichern anfangen.*)
Therapeutin: Was ich mitbekomme, ist, daß Ihre Mädchen Ihnen ein unbehagliches Gefühl geben bei dem, was Sie sagen und wie Sie es sagen, als wären *Sie* nicht ganz richtig. Aber ich glaube, in Wirklichkeit sind *sie* es, die sich hier unwohl fühlen . . ., und das kann ich verstehen; aber sie reagieren, indem sie sich über Sie lustig machen. Ich frage mich, ob sie vielleicht einfach Ihre Metapher nicht verstanden haben. Joan, was hat deine Mutter mit dem »lock horns« wohl gemeint? (*Ich habe absichtlich während der ganzen Sitzung immer wieder* »Ihre Mädchen« *gesagt, um die Verbundenheit zwischen der Mutter und den Töchtern zu unterstreichen.*)
Joan: Woher zum Teufel soll ich das wissen?
Therapeutin: Na ja, wir wollen mal sehen . . . Widder, Schafböcke, kämpfen miteinander, indem sie ihre Köpfe gegeneinander

stoßen . . . es sieht ziemlich schlimm aus . . . sie haben Hörner auf
dem Kopf, und manchmal treiben sie es so wild, daß sich die Hörner
tatsächlich ineinander verhaken und sie sich nicht mehr von der
Stelle rühren können. Wenn man so darüber nachdenkt, ist es wirklich ein plastisches Bild dafür, wie es Ihnen miteinander geht,
Sally. Verstehst du es jetzt besser, Joan?

Joan *(grummelt, murmelt, windet sich)*
  Therapeutin: Nun, Sally, in so vieler Hinsicht hat Ihre Familie
Veränderungen und stürmische Zeiten hinter sich und mußte sich
immer wieder umstellen – die Scheidung, Ihre Arbeitsstelle, Joans
Aufenthalt in der Klinik. Joan, als wir heute hier angefangen haben, hast du gesagt, daß du zwar froh warst, aus der Klapsmühle
raus zu sein, aber nicht froh, wieder daheim zu sein. Was müßte
passieren, damit du dich zu Hause wieder wohler fühlst?

Joan *(wütend)*: Nichts, nichts, nichts – nichts ist verkehrt . . .
und Sie können verdammich sowieso keine Menschen verändern
. . .

  Therapeutin: Ach, Sally . . . es fällt Joan sehr schwer zu glauben,
daß etwas von dem, was sie sagt, überhaupt eine Rolle spielt . . .
Deshalb schlägt sie so um sich, macht viel Wirbel und flucht . . . und
ich vermute mal, daß Sie dazu sagen würden, sie verhält sich ein
bißchen kindisch für ein Mädchen mit soviel Grips. Tja, Joanie,
wenn man andere Menschen schon nicht ändern kann, glaubst du
denn wenigstens, daß sie sich selbst ändern können?

Joan: Ja, ja . . . und ich habe mich schon sehr geändert.

  Therapeutin: Das glaube ich . . . und es sieht so aus, als wäre
deine Mutter da mit dir einer Meinung. Nun . . . was deine Familie
betrifft . . . würdest du sagen, daß das Streiten . . . und Aneinandergeraten zu den Dingen gehört, bei denen sich etwas ändern
müßte?

Joan *(grummelt, brummelt, windet sich wieder, aber schaut mir
zum ersten Mal ins Gesicht)*: Ja, ja . . . ich denke schon.

  Betty *(unterbricht – sehr vehement)*: Sie dürfen nicht sie fragen
. . . Sie müssen Mom fragen. Sie muß uns sagen, was sich ändern
soll.

  Therapeutin: Ein interessanter Ratschlag. Joan, hilft dir deine
Schwester häufig so wie gerade jetzt?

Joan: Ja, wir reden miteinander . . . sie weiß, was mit Mom los
ist.

Betty: Ich weiß, wie ich sie nehmen muß. Ich habe von ihr gelernt. Ich meine, wir haben eher dieselbe Wellenlänge.

Therapeutin: Als du gesagt hast, »Mom muß es uns sagen«, Betty, da habe ich mich gefragt, wen du in Schutz nehmen wolltest. War es deine Mutter oder Joan?

Betty *(mit wachsender Unruhe)*: Beide, denn einerseits kriegen wir zu hören, wir sollten mehr Verantwortung übernehmen, und andererseits, daß wir keine Rechte im Haushalt hätten; deshalb können wir nicht sagen, was passieren müßte oder nicht. Deshalb können Sie nicht anfangen und ihr (Joan) die Verantwortung übertragen und dann von meiner Mom erwarten, daß sie . . . wir haben uns darüber gestritten, seit Joan in die Therapie ging . . . wer die Autorität in der Familie hat, wer die Entscheidungen trifft . . . es ist alles ein Durcheinander . . . und . . .

Therapeutin: Mein Gott, Betty, du hast es so anschaulich beschrieben! Du hast also gedacht, daß ich Joan die Verantwortung in der Familie zuschiebe, weil ich ihre Meinung hören wollte.

Ist es nicht schrecklich, Sally, wie Autorität und Verantwortung und wer in der Familie welche Meinung hat, völlig durcheinandergeraten? Du, Betty, bist zum Beispiel eingesprungen, um deiner Mutter beizustehen, und ich vermute, auch um Joanie aus ihrer brenzligen Situation zu befreien. Ich glaube, du hast es gut gemeint und hast versucht, darauf zu achten, daß beide Mitglieder eurer Familie nicht ungerecht behandelt werden. Was für eine verantwortungsvolle Tochter haben Sie da großgezogen, Sally. Es ist schon beeindruckend. Aber zugleich frage ich mich – ich glaube fast, Betty, daß du dich in verschiedene Richtungen gezerrt fühlst . . . gefangen in der Mitte von alldem, was in der Familie vorgeht . . . so ähnlich wie deine Mom. Nun, Sally . . . Sie glauben also – und deshalb glaubt es vielleicht auch Betty –, das Hauptproblem besteht darin, daß die Kinder nicht wissen, wer das Sagen hat?

Sally *(niedergeschlagen)*: Ja, wenigstens zum Teil. Ich fühle mich oft so unsicher, die Verantwortung zu tragen . . . wo . . . wie . . . wann . . .

Joan: Das Problem ist, daß sie nicht zeigt, daß sie die Verantwortung hat.

Betty: Ja, sie hat sie auf uns alle drei aufgeteilt.

Therapeutin: Es ist doch sehr bemerkenswert, was hier passiert, Sally . . . wie die Mädchen sich einsetzen. Sie retten, sie kriti-

92

sieren – sie wollen selbst Verantwortung übernehmen, sie wollen, daß Sie die Verantwortung tragen. Es ist verwirrend, und gleichzeitig ist es fürsorglich . . . ich kann mir vorstellen, wie es zu den Situationen kommt, die Sie geschildert haben . . . daß Sie sich mit den Kindern in die Wolle kriegen. Am Ende reden Sie zueinander, aber nicht miteinander.

Sally: Ja . . . so läuft es. Und was das Allerletzte ist, sie benehmen sich blöde und für mich peinlich und ziemlich unverschämt, wenn mein Freund zu Besuch kommt, und ich habe die größte Mühe, das abzustellen.

Joan *(murmelnd)*: Täten wir ja gar nicht, wenn er nicht so eine Pflaume wäre.

Betty *(zu Joan)*: Sei still.

Therapeutin: Sie hilft schon wieder aus. Sehen Sie, was ich meine, Sally? Betty hat aus irgendeinem Grund das Bedürfnis, Ihnen beizuspringen und ihre Schwester zu retten.

Betty *(jetzt richtig aufgebracht)*: Genau so war es . . . Ich habe sie (Joan) beschützt, Mom hat mich beschützt, Dad hat Mom beschützt. Jetzt beschützt Bob (Sallys neuer Freund) sie. Wenn ich nicht da wäre, um sie (Joan) zu beschützen, würden vielleicht noch schlimmere Dinge passieren.

Therapeutin: Ich denke, das ist wahrscheinlich eine zu große Bürde für dich, Betty. Außerdem bin ich nicht der Meinung, daß deine Mom deine Hilfe so sehr braucht, wie du vielleicht denkst.

Betty *(unnachgiebig)*: Nein . . . es ist keine Bürde. Ich will dafür verantwortlich sein, einen Menschen zu beschützen und mich um ihn zu kümmern. Wollen Sie damit sagen, es ist was Schlechtes, den Schutz für andere zu übernehmen?

Therapeutin: Nein, das habe ich nicht gesagt . . . Ich meine sogar, daß es etwas Schönes ist, so zu sein. *(Zu Sally)* Und Sie haben offensichtlich Töchter, die fürsorglich und liebevoll sind, auch wenn sie viel Mist bauen. Und es tut gut zu erleben, daß Betty zu etwas nütze sein will, für Menschen sorgen möchte, ganz wie Sie. Und ich sehe, daß Sie diesen Part von Betty mögen und daß Sie ihn ihr erleichtern wollen. Vielleicht fällt es Ihnen deshalb schwer, ihr zu sagen, daß sie sich für ihr Alter etwas zuviel aufgeladen hat . . . wenn sie Ihnen hilft, Entscheidungen zu treffen, wenn sie ihre Schwester schützt und sich darüber Gedanken macht, wie die Dinge in der Familie laufen müßten. Es wird verwirrend – auf der einen Seite möchten Sie Betty in ihrer Art, zu schützen und mitzudenken, unterstützen . . . auf der anderen Seite wissen Sie, daß es häufig unangemessen ist und Sie in Ihrer Stellung als der Verantwortlichen behindert . . . und damit stecken Sie schon wieder in dem Durcheinander . . .

Sally *(mit fester werdender Stimme)*: Ja, erst tut es gut, dann gleitet es aus der Hand . . . und am Ende denke ich nur noch, ich kann es nicht recht machen . . .

Joan: Ich glaube nicht, daß es schlecht ist . . . was Betty tut.

Betty *(sehr erregt)*: Sie können mir sagen, daß es falsch ist, aber deshalb wird sich nichts daran ändern. Es ist keine Bürde, es ist meine Entscheidung. Es tut mir leid, wenn ich etwas sage, das Ihnen nicht gefällt . . . kann sein, es ist nicht recht – egal, Joan kann mir widersprechen, Mom kann mir widersprechen, aber ich glaube nicht, daß eine Außenstehende mir sagen kann, was ich falsch mache.

Sally: Ich finde, jetzt regst du dich zu sehr auf und solltest dich wieder beruhigen.

Betty: Wir wollten überhaupt nicht hierherkommen, und wir gehen nach Hause und reden darüber, daß wir wahrscheinlich nicht mehr hierher zurückkommen werden. So habe ich mir das nicht vorgestellt. Sie reden nur mit Mom – wir können unsere Gefühle gar nicht loswerden . . . wir werden höchstwahrscheinlich nicht wiederkommen.

Therapeutin: Sally, Sie können selbst sehen, welche Mühe Betty sich gibt . . . wie sehr sie sich anstrengt, für alle zu sorgen, so wie Sie es auch tun, wenn Sie zwischen ihnen oder gegenüber Außenstehenden vermitteln. Sie ist Ihnen so ähnlich. Und dann fühlt sie sich so zerrissen. Sie meint sogar, die Therapie, für die Sie sich entschieden haben, sei eine gemeinsame Entscheidung; es ist für sie ein Bedürfnis, Ihnen damit zu helfen.

Sally: Es tut wirklich gut zu erleben, daß es auch anders sein kann . . . so, wie wir hier miteinander reden. Daheim ist es ein dauernder Kampf, und im Grunde will ich überhaupt nicht kämpfen. Ich möchte, daß alle freundlich und glücklich sind. Ich bin sicher, die Kinder sind über all das, wie es jetzt ist, genauso unglücklich wie ich.

Joan *(kurz davor, in Tränen auszubrechen)*: Aber, Mom, das ist ja fast so, als hättest du es aufgegeben, eine Mutter zu sein . . . du wolltest überhaupt keine Verantwortung. Ich konnte nach Hause kommen, wann ich wollte . . . du hast nie darüber gemeckert, und dann kommst du plötzlich daher und sagst:»Du gehst jetzt sofort in die Schule, ob du willst oder nicht. Los, steig ins Auto und ab mit dir« . . . du läßt uns alles machen – und dann, wenn's dir gerade paßt, sagst du »Schluß!«. Also ich stell mir eine glückliche Familie anders vor.

Therapeutin: Sally, da haben Sie zwei harte Kritikerinnen.

Sally: Das Problem ist, daß ich ihnen in diesem Augenblick zustimme.

Therapeutin: Sie haben recht, genau . . . *Das* ist das Problem . . . daß Sie mit Ihren Kritikerinnen übereinstimmen und dabei alles vergessen, was Sie richtig machen oder gemacht haben. Auf diese Weise legen Sie sich selbst Steine in den Weg. Und Sie und Ihre Kinder sind in eine bestimmte Form des Zusammenseins hineingeschliddert – in den Tanz der verhakten Hörner. Immer wenn Sie versuchen, es richtig anzufangen, erinnern Ihre Kinder Sie an das, was Sie alles unterlassen haben – und Sie ziehen sich das an, und der Tanz geht von vorn los.

Sally: Ja, genau so läuft das ab, und so fühle ich mich auch. Es stimmt . . . sobald die Dinge sich zu bessern scheinen, passiert etwas, und schon sind wir wieder ineinander verkrallt.

Therapeutin: Ist das wirklich so etwas Neues, Sally? Wie jede andere Mutter geben Sie sich selbst die Schuld an allem, was in der Familie schiefgeht, und Ihre Kinder folgen Ihrem Beispiel. Sie beziehen ihre Stichwörter von Ihnen. Es kann gut sein, daß sie Ihnen viel genauer zuhören, als Sie denken. Vielleicht müssen Sie sich lediglich etwas mehr Klarheit in Ihrem Kopf darüber verschaffen, was Sie ihnen *wirklich* sagen.

Bei diesem Gespräch, in dem es um die Position von Betty in der Familie ging, sehe ich ihre fürsorglichen Bemühungen in Übereinstimmung mit den Rollenmodellen für Frauen in der Familie und nicht als Reaktion auf das Versagen Sallys als Mutter oder als Teil eines Dreiecks mit dem Vater. Diese Sichtweise verschafft mir den Spielraum, Bettys »bemutternde« Verhaltensweisen zu bekräftigen und zugleich deutlich zu machen, wie hinderlich sie sich in der Familie auswirken. Außerdem habe ich dadurch die Möglichkeit, »Gleichheit« und Verbundenheit in der Familie zu unterstreichen und gleichzeitig die angebliche Unfähigkeit der Mutter, Autorität auszuüben, in Frage zu stellen. Sally brauchte Unterstützung zum Verstehen ihrer eigenen Wahlmöglichkeiten, damit sie sich selbst als eine fähige Person erleben konnte, indem sie die Führung übernahm. Zu diesem Zweck mußte sie zunächst Betty aus ihrer Rolle der Mittlerin heraushelfen.

Im weiteren Verlauf der Stunde ging es also darum, die Mutter zum Dialog mit Betty herauszufordern und sie dabei zu unterstützen und jene Bereiche voneinander abzugrenzen, in denen die Mutter Bettys fürsorgliches Verhalten begrüßte oder wo sie es als unangemessen empfand. Das war ein hartes Stück Arbeit, da Sally das Problem noch nie von dieser Seite gesehen hatte. Es gab immer wieder Fehlstarts, Abwehr und Streit. Das Szenario mußte immer wieder durch ein »Reframing« neu strukturiert werden. Sobald Betty wütend wurde, wollte Sally aufgeben, aber das ließ ich nicht zu. Joanie weinte häufig und murmelte: »Warum haben Sie es immer mit ihr (Betty)? Was ist mit mir?« Als Sally mit Betty ein Stück weit klargekommen war, wurde sie energischer und begann sich stärker auf ihr eigenes Wissen von ihrer Tochter zu verlassen und schlug Möglichkeiten vor, wie Betty außerhalb der Familie ihre fürsorglichen Fähigkeiten ebenfalls gut einsetzen könnte.

Später bat ich die Mädchen, unten an der Treppe zu warten, weil ich mit Sally noch etwas besprechen wollte.

Sally: O Mann, fühle ich mich zittrig . . . erschöpft. Das war das reinste Marathon. Manchmal sehe ich einen ständigen Kampf vor mir liegen. Ich erinnere mich, wie es früher war – mit Greg, der immer funktionierte, aber ein Diktator war. Mein Gott, wenn ich an das Herumkommandieren und das Gebrüll denke! Und es ist schwer für mich, einen Mittelweg zu erkennen. Es tut so gut, einige Dinge zur Sprache zu bringen so wie jetzt, aber manchmal wächst mir einfach alles über den Kopf.

Therapeutin: Ja, es ist nicht leicht; aber es muß keine lebenslange offene Feldschlacht sein! Sie werden den Frieden bekommen, den Sie so heiß ersehnen. Manchmal müssen die Menschen dafür auf eine Weise kämpfen, die ihnen fremd erscheint. Ihre Kinder sind klug, sie wissen, daß Sie kampfmüde sind und Angst haben, sich wie ein Diktator zu verhalten.

Sally: Ja, ich hasse es. Es liegt mir nicht. Aber ich glaube, es ist

das, was sie brauchen. Ich weiß nur nicht, wie ich es anstellen soll –
ich kann es ihnen einfach nicht geben.

Therapeutin: Die meisten Frauen, die meisten Mütter täten
wohl lieber etwas anderes. Ich glaube, die meisten Frauen neigen
eher dazu, die Dinge durchzuarbeiten und auf das zu achten, was
zwischen Menschen vorgeht. Sie hören viel zu, wägen beide Seiten
und die Streitfragen ab. Aber ich kann mir schlecht vorstellen, daß
Sie Frieden um *jeden* Preis wollen?

Sally: Nein – nein, überhaupt nicht. Der Preis ist, daß ich dann
furchtsam werde. Was wir heute getan haben, war gut. Ich bin mir
einfach nicht sicher, ob ich das so durchhalten kann.

Therapeutin: Na ja, Sally, vielleicht fangen Sie damit an, ein
paar Wochen lang einfach keine so gute Zuhörerin mehr zu sein.
Ihre Mädchen wissen, daß Sie glauben, Sie müßten zuhören und
Kinder müßten angehört werden. Aber wenn man zuviel zuhört,
geraten einem die eigenen Gedanken durcheinander. Meine jedenfalls. Vielleicht sollten Sie deshalb weniger zuhören, damit Ihre
eigenen Gedanken klarer und Ihre Stimme kräftiger werden können.
Ich will Ihnen etwas sagen, Sally – ich glaube, Sie können das neue
Fundament legen, indem Sie Ihren Töchtern sagen, daß Ihnen klar
ist, daß vieles von dem, was in der Vergangenheit passiert ist, ziemlich übel war, daß Sie sich das verziehen haben und bereit sind, weiterzumachen!

In diesem Erstinterview bestand das therapeutische Ziel darin, die
Mutter durch die Herstellung eines Kontexts zu stärken, innerhalb
dessen sie wahrnahm, daß sie in ihrem Leben mit den Kindern eine
Wahl hatte und von ihr auch Gebrauch machen konnte.

Zu diesem Zweck müssen vergangene »Fehlschläge« in neuem
Licht gesehen werden. Es ist also nicht so, daß die Mutter keine
Verantwortung übernehmen kann; sie verabscheut vielmehr Auseinandersetzungen und entscheidet sich folglich dafür, die Zügel zu
lockern, statt sie fester anzuziehen. Die von der Mutter in der Vergangenheit getroffenen Entscheidungen müssen für gültig erklärt
werden, bevor es zu einer Änderung kommen kann, die sich auf
Selbstachtung und Selbstbestimmung gründet. Die therapeutischen Annahmen lauten hier, daß die Mutter ihre Macht im Interesse des Friedens aufgegeben hat, daß in ihrer Unsicherheit positive Werte liegen und daß selbst die noch so falsch programmierten

Interaktionen zwischen den Mitgliedern dieser Familie von Nähe und Fürsorge geprägt sind.

Die im Erstinterview sichtbar gewordenen Themen blieben während der gesamten Therapie dieselben: Joans Rebellion wird zunächst als Kindlichkeit und später als Konflikt im Zusammenhang mit dem Erwachsenwerden und nicht als Opposition gedeutet. Bettys Fürsorglichkeit wird als liebevolle, wenn auch fehlgeleitete Haltung interpretiert und nicht als das Problem eines Kindes, das die Rolle der Mutter übernommen hat. Und die Schwierigkeit der Mutter, Autorität auszuüben, wird als das Ergebnis persönlicher Zwänge und widerstreitender Alternativen gesehen und nicht als mangelnde mütterliche Fähigkeiten. Der von der Familie mit in die Therapie gebrachten Sicht des Problems – Joan sei außer Kontrolle, die Mutter könne keine Verantwortung übernehmen, Betty spiele die Mutter – wird die Interpretation entgegengesetzt, daß sie alle so gut aufeinander eingespielt seien und die Mutter so gut zuhöre, daß sie Schwierigkeiten habe, zu ihrer eigenen Stimme zu finden.

Doch all diese »Einsicht« bewirkt noch keine unmittelbare Veränderung. Obwohl Sally in der zweiten Sitzung wesentlich energischer auftrat und mit einer Schilderung begann, wie angenehm der Besuch ihrer Schwester verlaufen war, als alle gut miteinander auskamen, bekam Joan prompt einen Wutanfall.

Die zweite Sitzung

Joan: Für mich war es überhaupt nicht angenehm. Wir werden immer noch dafür bestraft, wie du uns erzogen hast. Warum müssen wir uns die ganze Scheiße gefallen lassen, weil wir so sind, wo es doch dein Fehler ist . . . weil du uns nachgegeben und uns keine Grenzen gezogen hast . . . Warum haben wir jetzt die Schuld daran, und warum ist es unser Problem? Es ist dein Problem, du warst diejenige, die es verbockt hat, nicht wir. Wir haben dir nicht gesagt, du sollst es uns so leichtmachen; wir haben den Vorteil davon gehabt, aber du hast uns gelassen . . . wie Don (ihr früherer Therapeut) mir gesagt hat. Und jetzt schiebt sie *(zeigt auf die Therapeutin)* die ganze Schuld auf uns. Scheiße – genauso wie letzte Woche, als du mit Betty hier geredet hast.

Sally: Joan, so war es nicht . . . Ich wollte nur, daß Betty mit der

98

Sprache herausrückte . . . daß sie ihre Gefühle zeigte, so wie du es jetzt tust.

Therapeutin: Sally, Sie möchten, daß die Kinder ihre Interessen äußern, und das ist auch gut so. Aber . . . was ich Sie fragen möchte . . . Haben Sie so etwas schon früher gehört?

Sally: Ich denke schon. Ja, sie hat das schon früher einmal gesagt.

Therapeutin: Wie oft?

Sally: Ich weiß nicht.

Therapeutin: O doch, Sie wissen es schon. Einmal, zweimal, dreimal?

Sally: Vielleicht zwanzigmal.

Therapeutin: Glauben Sie, es ist wichtig für Joanie, wenn sie etwas immer und immer wieder sagt?

Sally: Ich weiß nicht. Ich bin nicht sicher.

Joan (zur Therapeutin): Sie haben mich unterbrochen . . . jetzt werd ich aber sauer!

Therapeutin: Es tut mir leid, Joan, daß ich dich unterbrochen habe, aber das ist eine wirklich wichtige Sache, die ich mit deiner Mom klarkriegen muß. (Zu Sally) Ich glaube, das ist jetzt schwer, aber Sie müssen hier eine wirklich wichtige Entscheidung treffen. Wie oft, glauben Sie, muß Joan dasselbe sagen, bis sie ihre Gefühle geäußert hat? Sie hören immer weiter zu, und Joan bombardiert Sie weiter mit Fragen, auf die es keine Antwort gibt. Aber Sie können Joan mit Fragen helfen, auf die Sie eine Antwort haben . . . etwa, wie sie besser in der Schule zurechtkommt, wie sie zu Hause klarkommt, wie sie mit Regeln umgehen soll. Sie müssen wirklich aufhören mit solchen rhetorischen Fragen . . . und Ihre eigene Stimme finden.

Joan: Genau. . . das ist es . . . los . . . hör auf mit dem, was mich so krank macht!

Sally: An dem, was Sie sagen, ist wirklich was dran . . . Ich glaube, ich merke es gar nicht, wenn es passiert, und deshalb kann ich auch da reingeraten, und es kann wirklich peinlich sein. Und ein Diktator möchte ich auch nicht sein.

Therapeutin: Könnten Sie es akzeptieren, vielleicht . . . eine Regisseurin (director; Anm. d. Ü.) zu sein? . . . wenigstens vorläufig . . . während Sie die Dinge in Ordnung bringen?

Sally: Keine schlechte Idee – ich habe auf jeden Fall eine talentierte Schauspieltruppe.

Später machte Betty einen letzten Versuch, »dazwischenzugehen«
und den Status quo in der Familie aufrechtzuerhalten.

Betty: Sag mir nur eins, Mom, ja oder nein: Willst du irgendeine
Hilfe bei den Entscheidungen und der Verantwortung? Wenn nicht
. . . höre ich auf damit, endgültig. Prima. Jawohl. Nichts mehr . . .
Joan: Ich mag das nicht.
Sally: Ich glaube nicht, daß es hier nur alles oder nichts gibt.
Betty: Eine dritte Möglichkeit gibt's nicht . . . ich bin nun mal
so . . .
Sally: Betty, wir sind hier, um einen Mittelweg zu finden . . . für
dich, für mich . . .
Betty *(in Tränen)*: Ich hab's nicht mit dem Mittelweg . . . ich
habe das mein ganzes Leben lang versucht...
Sally *(fest)*: Ich denke, du kannst es, Liebes.
Therapeutin: Ich glaube auch . . . und ich glaube, Sie können ihr
dabei helfen, auch wenn es nicht ihr Stil ist.
Joan *(wütend über mich)*: Und wenn es zehnmal *Ihr* Stil ist, deshalb ist es noch lange nicht richtig.
Betty: Mom, es tut mir leid . . . Joanie hat es auf eine ungute Art
gesagt . . . Ich kann es auf eine gute Art sagen. Sie hat es wütend
gesagt . . . Ich möchte nur eins wissen: Habe *ich* etwas falsch gemacht, als in diesem Sommer alles drunter und drüber ging? Ich
habe fünf Abende in der Woche gearbeitet . . . du hast mich kaum zu
Gesicht bekommen. War es falsch von mir, zu helfen? Ich komme
mir vor, als würde ich in jedem Fall verurteilt, ob ich es nun tue
oder nicht.
Sally: In diesem Sommer, da ging alles um uns herum in Stücke
. . . da gab es keinen festen Boden mehr, keine Struktur . . . und
das versuchen wir jetzt zu klären . . . damit wir nie wieder in ein solches Durcheinander geraten . . . ich habe es satt.
Joan: Ich habe *dich* satt . . .
Betty: Ach halt die Klappe. Du stehst mir auch bis hier . . .
Joan: Und du erst . . . Du hast mir gar nichts zu sagen . . . Du
bist nicht meine Mutter!
Betty: Das weiß ich – ich will bloß, daß du wegen dem, was mich
betrifft, den Mund hältst.
Sally: So klingt es schon besser. Ich weiß, daß du wütend bist,
Joanie. Und daß du helfen möchtest, Betty . . . oder daß du es nicht

100

einmal hören möchtest . . . aber es geschieht, und du kannst es hören und wissen, es ist zwischen Joanie und mir; laß es damit gut sein. Ich will versuchen, dir deutlicher zu zeigen, wann du dich raushalten solltest.

Dieses Gespräch machte Möglichkeiten sichtbar, wie Sally in der Familie Verantwortung übernehmen konnte, ohne die Beherrschung zu verlieren oder sich wie ein Diktator aufzuführen. Ich bat Betty, zu mir herüberzukommen und sich neben mich zu setzen. Als sie zögerte, unterstützte Sally meine Bitte, und Betty willigte widerstrebend ein. Während Sally mit Joan sprach und ihr klarzumachen versuchte, daß die Therapie weitergehen würde, und ihr sagte, welches Verhalten sie von ihr während der Sitzungen erwartete, versuchte ich, mit Betty ins Gespräch zu kommen. Es war zwecklos – sie wollte nichts von mir wissen. Ihre ganze Aufmerksamkeit war auf ihre Mutter und Joan gerichtet. Als die Auseinandersetzung zwischen Sally und Joan heftiger wurde, fing Betty an zu weinen. Sogleich wandte Sally sich von Joan ab und lehnte sich über den Tisch, um Betty zu trösten. Als ich unterbrach und auf das aufmerksam machte, was soeben abgelaufen war, löste dies bei Sally eine sichtbare Wirkung aus. Sie schien einen Augenblick lang verdutzt zu sein. Dann »klickte« es bei ihr – nicht nur, was sie selbst anging, sondern auch im Blick darauf, was dieses Erlebnis für die ganze Familie bedeutete. Sie wandte sich wieder Joan zu und reichte dabei Betty ein Päckchen Taschentücher.

Betty wurde nachdenklich und zog sich zurück, offenbar mit ihren eigenen Gedanken beschäftigt. Noch immer wollte sie nicht mit mir sprechen. Joan beruhigte sich, zog aber einen Flunsch fast die ganze Zeit über, in der Sally mit ihr sprach. Am Ende der Stunde blieben Sally und ich wie beim letztenmal noch ein paar Minuten allein, um die Lage zu besprechen und um Sallys Autorität in der Familie zu demonstrieren, indem wir als Erwachsene, abseits der Kinder, noch etwas miteinander besprachen. In einer solchen Situation quälte Sally sich natürlich vor allem mit der Frage, warum ihr diese Interaktionsmuster in der Familie nicht schon vorher aufgefallen waren, wie sich das eine aus dem anderen ergeben hatte und wie sie immer aufs neue wie in einen Strudel hineingezogen worden war. Ich sagte ihr, sie werde reichlich Zeit haben, sich »herunterzumachen«, wenn die Sache mit den Kindern erst einmal ausgestanden wäre, und versprach ihr, mich an dieser Lieblingsbeschäftigung zu beteiligen, solange sie wollte; zunächst solle sie jedoch versuchen, ihre bisherigen Erkenntnisse in die Tat umzusetzen. Später könnten wir uns ausgiebig darüber unterhalten, warum sie das alles nicht schon früher begriffen hatte!

Die dritte Sitzung

In der Woche vor der dritten Sitzung gab es eine Krise. Joan blieb die ganze Nacht von zu Hause weg, und Sally benachrichtigte die Polizei; am späten Morgen kam Joan von sich aus zurück. Betty hatte die Nacht durchgeschlafen und sich am nächsten Morgen zusammen mit ihrer Mutter Sorgen gemacht, kam jedoch zu der Sitzung, ohne etwas von dem zu wissen, was zwischen Sally und Joan im Zusammenhang mit dieser Übertretung abgelaufen war. Sie war zwar neugierig, mischte sich jedoch nicht ein und konnte es sogar verkraften, daß sie wegen ihrer Neugier ein wenig aufgezogen wurde.

Sally: Zwischen Joanie und mir muß es anscheinend dauernd Streit geben. Ich komme mir vor wie eine Gefängnisaufseherin. Ich habe ihr gesagt, sie dürfe an dem Abend nicht ausgehen. Dann fragt sie mich, ob sie mit ein paar Freunden nur gerade bis zur nächsten Ecke gehen kann, und verschwindet – für die ganze Nacht. Sie weiß, was für Konsequenzen es für sie hat, wenn sie so etwas tut . . . das ist schon früher vorgekommen . . . aber sie tut es trotzdem . . . Und dann muß ich mich verhalten wie eine Gefängniswärterin. Ich war so wütend auf sie, weil sie mir nicht gehorcht hat.
Therapeutin: Das ist großartig!
Sally (verdutzt): Was ist großartig?
Therapeutin: Daß Sie wütend sind über Joans Verhalten und nicht traurig und verzweifelt . . . Ihre Stimme klingt kräftiger, sicherer. Bisher haben Sie von Joanie gesprochen, als wäre sie nicht fähig, sich über etwas zu einigen. Jetzt reden Sie eher so, daß Sie glauben, sie kann schon, aber sie will nicht. Es ist so ähnlich wie der Unterschied zwischen krank sein und ungehorsam sein. Solange Sie dachten, Joan schafft es einfach nicht, sie kann gar nicht anders, gerieten Sie in Panik, sie mußte in die Klinik, Sie fühlten sich elend, und Sie beide empfanden sich als Versager. Jetzt sehen Sie in ihr

eher ein ungehorsames Kind und sind schlicht und einfach stock-
sauer.
Sally *(etwas trotzig)*: Wissen Sie, ich will Ihnen etwas sagen, Marianne. Tatsächlich hat Joan ein gutes Zuhause. Ich glaube, ich bin
eine, na ja, im Grunde bin ich eine gute Mutter. Ich weiß, daß es
Probleme gibt. Es hat viel Durcheinander und eine Menge Veränderungen gegeben. Ich habe Verständnis dafür. Ich weiß nicht einmal, was Joan jetzt empfindet . . . sie sagt es mir nicht. Und das ist
auch in Ordnung. Aber was immer es ist, es gibt ihr nicht das
Recht, sich so zu verhalten. Das habe ich nicht verdient. So muß es
nicht sein.
Joan: Und ob es nicht so sein muß! . . . *Du* mußt nicht so sein . . .
Therapeutin *(unterbricht)*: Ich stimme Ihnen zu, Sally. Ich vermute, irgendwann einmal sind Sie zu dem Schluß gelangt, daß Klartext zu reden oder massiv zu werden bedeutet, zu sein wie ein Diktator, jedenfalls nicht wie eine Frau oder eine Mutter, und daß
Regeln aufzustellen und Disziplin zu verlangen bedeutet, wie eine
Gefängniswärterin zu sein. So etwas wäre gegen Ihr Gefühl für Ge-
rechtigkeit und Fairneß . . . vielleicht auch gegen Ihr Bild von einer
liebevollen Mutter. Sie wollten eine friedliche Koexistenz . . . aber
gewiß nicht um jeden Preis. Ich denke, Sie werden wesentlich weniger Schwierigkeiten haben, die Verantwortung zu übernehmen,
wenn Sie sich dabei nicht länger abscheulich vorkommen. Wenn Sie
es – zusammen mit dem Konflikt, der damit verbunden ist – als ein
Zeichen Ihrer Fürsorglichkeit, Ihrer Kompetenz sehen. Sie können
es sich vielleicht so ähnlich vorstellen wie bei einem Patienten mit
Rückenschmerzen, bei dem Sie darauf achten sollen, daß er bestimmte Verhaltensmaßregeln einhält.
Joan: Ach, jetzt bin ich ein Rückenschmerz!
Sally: O Liebling, eher wie ein Schmerz im . . . ! *(Sie fangen beide
an zu lachen.)*

Diese dritte Sitzung bestand überwiegend aus einem langen und
schwierigen Gespräch zwischen der Mutter und Joan über einen
ziemlich umfangreichen Katalog von Konsequenzen, den Sally sich
als Antwort auf Joans nächtliches Wegbleiben ausgedacht hatte.
Betty bat um die Erlaubnis, eine Zeitlang im unteren Stockwerk zu
warten und dabei ihre Hausaufgaben zu machen. Als sie zum Ende
der Stunde wieder hereinkam, um einige allgemeine Organisations-

fragen der Familie mit zu besprechen – Zeitpläne, Aufgabenverteilung und so weiter –, sagte Sally ihr, wie erfreut sie gewesen war, daß sie sich auf so angemessene Weise entfernt hatte.

Weitere Sitzungen

In den folgenden Sitzungen ging es zu einem Großteil um Fragen der Organisation in der Familie und um Joans Verhalten in der Schule. Es gab eine Menge der üblichen Rangeleien um eine gute Ausgangsposition, und es gab jene tiefschürfenden Probleme, denen sich in den Vereinigten Staaten wohl jede Familie konfrontiert sieht, deren Kinder im Teenageralter sind: Wer übernimmt am Dienstagabend den Abwasch? Warum muß jede Woche einmal Waschtag sein? Warum gehören keine Frottiertücher auf den Fußboden im Bad? Warum muß immer so und nicht anders gestaubsaugt werden? Wie lange darf das Familientelefon zulässigerweise durch ein Gespräch mit einer Freundin blockiert werden, mit der man soeben noch auf dem Heimweg von der Schule zusammen war? Wo steht geschrieben, daß die Betten jeden Tag gemacht werden müssen? Warum kann nur jemand das Fernsehen eingeschaltet haben und gleichzeitig an seiner Semesterarbeit schreiben, der blöde ist?

Es war ein schwieriges Stück Arbeit. Auf die Kühlschranktür wurden Stundenpläne geklebt. Die Mädchen bekamen jeweils einen eigenen Wecker, über dem Telefon wurde ein wöchentlicher Arbeitsplan aufgehängt. Mit Joan in der Schule war es noch schwieriger. Sie verstieß gegen ihre Bewährungsauflagen, so daß Sally sich für sie einsetzen mußte; es kam zu erneuten Verhandlungen mit den Schuloberen, und Sally legte gemeinsam mit ihnen ein strenges Reglement fest. Wenn die beiden Mädchen zu Hause ihren Pflichten nicht nachkamen und sich über ein Übermaß an Gängelung, über zuwenig Freiraum beklagten, wurde ihnen gesagt, dies müsse sein, um den von ihnen begangenen Vertrauensbruch zu heilen.

Wenige Wochen vor Weihnachten taten sich beide Mädchen gegen Sally zusammen und beschwerten sich darüber, daß Sallys Freund die Weihnachtsferien mit ihnen verbringen sollte. Sie rissen alle Zäune ein, so daß erneut das Schreckgespenst der früheren Zustände auftauchte.

Joan: Du hast dich von deinem Mann scheiden lassen, aber nicht wir von der Familie.

Betty: Es ist nicht mehr die Familie . . . es ist die Familie und ein Außenstehender.

Joan: Warum sollen wir dafür büßen, daß du und Dad nicht mehr miteinander konntet?

Betty: Und jetzt werden wir gezwungen, mit jemandem zusammenzusein, den wir nicht mal mögen, nur weil du ihn dabeihaben möchtest.

Joan: Das wird eine schöne Bescherung!

Die Mutter hätte fast klein beigegeben, aber mit Hilfe von Vorschlägen, Anleitung und Unterstützung schaffte sie es, sich zu behaupten und nicht in ihre Defensivhaltung zurückzufallen. Sie bestand darauf, daß ihr Freund die Ferientage mit ihnen zusammen verbrachte, und alles ging glatt. Später gab es einige Sitzungen mit Sally allein, in denen wir über ein paar Probleme perönlicher und beruflicher Art sprachen und noch einmal die Schwerpunkte und die allgemeine Richtung unserer gemeinsamen Arbeit durchgingen.

Zum eigentlichen Wendepunkt kam es wahrscheinlich, als Sally einen Skiurlaub mit ihrem Freund plante und ihren Ex-Ehemann bat, während ihrer Abwesenheit ein wenig nach den Mädchen zu sehen. Das löste eine heftige Auseinandersetzung zwischen ihnen aus. Der Vater beklagte sich, er habe den Eindruck, mit Joan gehe es schlechter statt besser, und wollte unbedingt, daß sie wieder in der Klinik untergebracht würde. Er weigerte sich, für die Zeit von Sallys Abwesenheit irgendwelche Verantwortung für die Kinder zu übernehmen, solange er kein größeres Mitspracherecht darüber erhielt, wie die psychiatrische Behandlung von Joan aussehen sollte. Sally war außer sich.

Schließlich kamen beide, Sally und ihr Ex-Ehemann, zu einer der Sitzungen. Greg, der Vater, war liebenswürdig, aber kompromißlos im Blick auf seine Forderungen. Nach seiner Meinung befand sich Joanie in einer sehr schlechten Verfassung, und ihre Lebensumstände erschienen ihm als wenig zuträglich für sie. Er spielte mit dem Gedanken, vor Gericht das Sorgerecht für Joan zu erstreiten, und in jedem Fall müsse ein psychiatrisches Gutachten erstellt werden. Ich ermutigte Greg, von sich aus das zu tun, was ihm für seine Tochter das Richtige schien, indem ich darauf hinwies, dies sei nicht nur sein Recht, sondern geradezu seine Pflicht, wenn er so starke Befürchtungen für ihr Wohlergehen hege. Außerdem gab ich Sally den nachdrücklichen Rat, sich für die Zeit ihrer Abwesenheit nach Freundinnen oder Freunden umzusehen, die die Aufsicht über die Kinder übernehmen konnten, so daß sie nicht auf das Wohlwollen des Vaters angewiesen war.

Während der ganzen Sitzung mit den beiden Eltern weigerte ich mich, in irgendeiner Weise mit ihnen zu unterhandeln, betonte vielmehr, mein Eindruck sei der, daß sie sich aus guten Gründen getrennt hatten und daß ein Versuch, ihnen bei der Überbrückung ihrer Differenzen zu helfen, nichts anderes zum Ergebnis hätte, als daß sie sich noch wütender, noch abwehrender, noch stärker in die Ecke gedrängt fühlten. Ich sagte außerdem, nach meiner Meinung sei es das beste für Joan, wenn beide Eltern an ihren inneren Überzeugungen und Sorgen festhielten und nicht versuchten, den jeweils anderen von der Richtigkeit des eigenen Standpunkts zu überzeugen. Ich versicherte ihnen, daß Kinder sehr wohl in der Lage seien, auch starke Meinungsverschiedenheiten zwischen den Eltern zu überstehen.

Joans Vater verfolgte nichts von alldem weiter, worauf er als für das Wohlergehen Joans unerläßlich bestanden hatte. Einige Wochen später rief er mich an, um mir mitzuteilen, er habe beschlossen, noch etwas abzuwarten und zuzusehen, wie die Dinge sich entwickeln würden, aber auf jeden Fall wolle er mir sagen, wie sehr er meine Unterstützung geschätzt habe. Sally hatte Freundinnen und Kolleginnen gefunden, die bereit waren, während ihres Urlaubs ein Auge auf die Kinder zu haben.

In der Woche während Sallys Abwesenheit ging alles glatt. Jeder fühlte sich wohl dabei, und während der nächsten Sitzung alberten die Mädchen herum, rühmten sich sogar, daß sie das ihrige dazu beigetragen hätten und auch gut miteinander ausgekommen seien. Natürlich ging es dabei nicht ohne ein paar Seitenhiebe für Sally ab – wie sie dies und jenes viel besser regeln konnten, ohne daß die Mutter dazwischenfunkte –, aber Sally ließ sich die meiste Zeit über auf keine Auseinandersetzung ein. Joan unternahm einen Versuch, sich mit ihrer Mutter in die Wolle zu kriegen, indem sie betonte, seit deren Rückkehr hätten sich die Dinge wieder verschlechtert. Aber Sally reagierte darauf lediglich mit der Bemerkung, das sehe sie anders; trotzdem sei sie sehr stolz auf alle beide, weil sie in ihrer Abwesenheit alles so gut erledigt hätten.

Die entscheidende Änderung lag darin, daß Sally inzwischen aufgehört hatte, sich beharrlich die Schuld an den Problemen mit ihren Töchtern zu geben und sich deswegen Vorwürfe zu machen. Das galt besonders für die Probleme mit Joan, von der sie immer wieder mit dem Vater verglichen wurde und die meinte, ohne dessen Zuspruch und Unterstützung könne sie, die Mutter, nicht auskommen. Sally sagte mir, in gewisser Hinsicht seien die Vorbereitungen für ihren Urlaub für sie fast befriedigender gewesen als der Urlaub selbst. Und was besonders zählte: Sie konnte sich wieder an ihren Töchtern freuen.

Schlußbemerkung

Während der letzten Wochen des Schuljahrs suchten mich die einzelnen Familienmitglieder »je nach Bedarf« auf, in den seltensten Fällen alle drei gemeinsam. Betty spielte bei der Theateraufführung der Abschlußklasse mit und bereitete sich außerdem auf den Wechsel zum College vor. Sie kam ein paarmal, um mit mir darüber zu sprechen, ob sie in ihrem *freshman*-Jahr, dem ersten Jahr auf dem College, noch zu Hause oder auf dem Campus wohnen sollte, und erörterte einige Probleme im Zusammenhang mit ihrer Berufswahl. Sie trug sich mit dem Gedanken, Sozialarbeiterin zu werden! Joan kam, um über Auseinandersetzungen an der Schule zu sprechen, Probleme mit Lehrern und über ihre Lerngewohnheiten. Sally kam, um Probleme zu lösen, wenn es mit Joan wieder einmal klemmte. Außerdem erbat sie meine Hilfe bei einigen persönlichen Entscheidungen, insbesondere im Blick auf ihren Freund.

Zum letzten Mal sah ich alle zusammen kurz vor Bettys Graduierung. Sie waren eine Freude. Betty hatte sich entschlossen, auf dem Campus zu wohnen, und die Mädchen räumten ein, daß sie einander wohl vermissen würden. Joanie sinnierte, vielleicht habe jetzt sie die Chance, »das gute Mädchen« zu sein. Betty erzählte, sie arbeite für sich mit »positiver Verstärkung«, indem sie sich immer dann, wenn Joan und ihre Mutter einen Streit hatten, mit ihrem ganzen Körper wegdrehte. Joan meinte, ihre Mutter sei früher eine »Bangbüx« gewesen, die immer soviel »Schiß« gehabt hätte, und alle brachen fast zusammen, als sie hinzufügte, von ihr aus könnte ihre Mom ruhig wieder etwas mehr Schiß haben!

Im darauffolgenden Jahr rief Sally mich ein paarmal an, wobei es im wesentlichen um Joans Schulprobleme ging. Im zweiten Semester berieten wir gemeinsam über eine andere Schule für Joan, in der sie sich wohler fühlte, sowie über eine Nachhilfe, damit sie den beim Schulschwänzen versäumten Stoff nachholen konnte. Im Spätfrühling besuchte mich Sally noch einmal. Ihr war eine Stelle mit beträchtlichen Aufstiegschancen angeboten worden, und sie hatte beschlossen, in den Westen der USA zu ziehen. Die Beziehung mit ihrem Freund hatte sie beendet. Sie wollte sich von mir versichern lassen, daß ein Umzug keine nachteiligen Folgen für Joanie haben würde. Außerdem brauchte sie meinen Rat zu den Übereinkünften mit Greg, die aufgrund ihres Wegzugs erforderlich wurden.

Sally und Joan zogen im Sommer fort, und Betty verbrachte ihre Semesterferien mit ihnen. Etwa sechs Wochen nach Beginn des neuen Schuljahrs erhielt ich einen Brief von Sally. In der neuen Schule ging es Joan wesentlich besser; sie schien den Umzug zu einem »neuen Start« zu nutzen – keine Drogen, kein Ausagieren und kein Schulschwänzen mehr. Daheim hatten sie immer noch ihre Kabbeleien und waren über »fast alles« verschiedener Meinung, aber wenn sie sich wieder versöhnt hatten, war es prima!

Kurz nach Weihnachten erhielt ich eine Postkarte von Joan. Sie schrieb aus einem Skiurlaub mit Freundinnen und Freunden in Utah, den sie anscheinend sehr genoß. Ihr letzter Satz lautete: »Hier ist es so kalt, daß selbst einer Wildsau die Titten abfrieren müßten. Ich wollte, Sie wären hier.« Ich frage mich, wie sie das wohl gemeint hat?

Fallbeispiel
»Hast du wirklich gemeint,
mein Besuch bei Onkel S. bedeutete,
daß ich dich nicht liebe?«

Betty Carter

Ich habe gerade diese Fallgeschichte ausgewählt, weil sie sehr gut ein verbreitetes Dilemma anschaulich macht, in dem Frauen im elterlichen Dreieck in der Weise gefangen sind, daß sie ihre Väter idealisieren und ihre Mütter – und damit sich selbst – abwerten.

Elterliche Dreiecke und der völlige Bruch mit einem Elternteil

Die Klientin, eine dreißigjährige Doktorandin namens Anne, war die älteste von drei Töchtern. Sie hatte zeitlebens Konflikte und heftige Auseinandersetzungen mit ihrer Mutter gehabt, die ihrerseits jede Beziehung zu ihrer eigenen Mutter (Annes Großmutter) abgebrochen hatte – ein Muster, das mithin recht weit zurück reichte. Alle diese Frauen, auch die Klientin, hatten eine warme, idealisierte Beziehung zu ihrem Vater gehabt. Die Mutter-Tochter-Beziehungen werden hier also im Kontext eines Dreiecks aufgefaßt: Die Tochter ist in einem gegen die Mutter gerichteten Bündnis mit dem Vater gefangen, agiert die Ablehnung aus, die der Vater gegenüber der Mutter hegt, und wird dafür zur Zielscheibe der Wut ihrer ausgegrenzten, emotional isolierten Mutter. Dieses Dreieck zwischen Mutter, Vater und Tochter verschränkt sich mit dem Dreieck aus Großmutter, Mutter und Tochter, innerhalb dessen die Großmutter und die Enkelin sehr bald als Kameradinnen zusammenfinden, die eine gemeinsame »Feindin« haben; auch hier ist die Mutter die »Ausgestoßene«.

In dieser Familie hatte sich der Prozeß der »Triangulation« im Lauf mehrerer Generationen so sehr intensiviert, daß der totale Bruch in zunehmendem Maße als das einzige Mittel gesehen wurde, mit der durch diese Beziehungsmuster ausgelösten Angst fertigzuwerden. Als Anne mich zum erstenmal aufsuchte, schilderte sie den

Bruch ihrer Mutter mit deren Mutter, mit dem Bruder (Annes Onkel) und einem von ihr (der Mutter) verschwiegenen Ex-Ehemann. Annes Vater hatte sich extrem weit von seinen Eltern zurückgezogen und war ohne Kontakt zu seinem Bruder. Anne selbst hatte jeden Kontakt zu ihrem ersten Mann abgebrochen und stand im Begriff, dasselbe mit ihrer Mutter zu tun.

Ich bin nicht der Meinung, daß sich das Abbrechen sämtlicher Kontakte zur eigenen Mutter angemessen als Teil eines »Individuationsprozesses«, einer »Differenzierung« oder eines Strebens nach »Autonomie« verstehen läßt. Im Gegenteil, die Unfähigkeit, mit den Angehörigen der eigenen Familie, insbesondere mit der Mutter, eine Verbundenheit zu bewahren, ist ein Zeichen für das Unvermögen, die wechselseitige Abhängigkeit als die Grundlage jedes menschlichen Zusammenlebens zu akzeptieren. Eine Therapie, die darauf gerichtet ist, einen solchen radikalen Bruch zu unterstützen, oder die versucht, ihn herbeizuführen, weiß nichts vom Hauptmerkmal der Reife: *Autonomie im Kontext von Anhänglichkeit.*

Es kann leicht vorkommen, daß die Heftigkeit, die den Abbruch wichtiger Familienbeziehungen zur Folge hat, bei der betreffenden Person zu einer Blockierung ihrer Vorstellungen davon führt, *wie* sie neue Verbindungen eingehen kann, ohne erneut in eine Vorwurfs- oder Abwehrhaltung zu verfallen. Da ist dann, wie wir hoffen, die Stunde der Therapeutin gekommen.

Das Eingehen neuer Verbindungen

Da zum Aufrechterhalten eines Bruchs immer zwei gehören, wurde Anne geraten, ihre Seite der Beziehung anders als bisher zu handhaben. Um den in der Familie eingefahrenen Kreislauf der Trennungen zu durchbrechen, wurde ihr empfohlen, das Verhalten ihrer Mutter nicht so sehr persönlich zu nehmen, sondern es im Kontext des mehrere Generationen umfassenden emotionalen Prozesses in der Familie zu verstehen. Das ist wesentlich leichter gesagt als getan, vor allem im Blick auf die Mütter. Wer die Handlungen seiner Mutter nicht persönlich nehmen soll, muß zunächst lernen, sie als menschliches Wesen und nicht als »Mutter« zu sehen. Menschenwesen haben ihre eigenen Bedürfnisse und führen ihr eigenes Leben; »Mütter« hingegen existieren in unseren Mythen nur für andere. Ein wichtiger Schritt zur Verbesserung der Bezie-

110

hung der Klientin zu ihrer Mutter war die Umgestaltung ihrer »Allianz« mit dem Vater zu einer eigenständigen persönlichen Beziehung zu ihm.

Die Aufgabe für die Therapeutin in dieser und in ähnlichen Situationen besteht darin, die Klientin in ihren Reaktionen auf das kalte, abweisende Verhalten der Mutter nicht zu unterstützen, sondern dieses Verhalten konsequent als die Begleiterscheinung von Kräften innerhalb des umfassenderen Familiensystems zu deuten, in dem es verankert ist. Aus meiner Erfahrung mit Klienten ebenso wie mit Therapeutinnen weiß ich, daß zwar bei den meisten Familienmitgliedern manches empörende Verhalten akzeptiert wird, weil es zu den Realitäten des Lebens gehört, es unser Mythos von der Mütterlichkeit jedoch ausschließt, daß eine geistig normale Mutter ihr Kind ablehnt, und wir neigen dazu, sie zu bestrafen, wenn sie es dennoch tut.

Der folgende Bericht wurde von der Klientin verfaßt, nachdem ich sie um die Erlaubnis gebeten hatte, ihren Fall in dieses Buch aufzunehmen.

Bericht der Klientin über ihre Therapie

Ich komme aus einer »Ahnenreihe« von Töchtern, die allesamt Probleme mit ihren Müttern hatten; das läßt sich mindestens drei Generationen weit zurückverfolgen. Ich weiß aus Erzählungen meiner Mutter, daß auch meine Großmutter mit deren Mutter kaum zurechtkam und daß es zwischen beiden ständig Reibereien und heftige Auseinandersetzungen gegeben hat. Mit dieser Großmutter mütterlicherseits (ich nenne sie hier Großmutter S.) hatte ich seit meiner Kindheit keinen Kontakt mehr, da meine Mutter die Beziehung zu ihr vollständig abbrach, als ich acht Jahre alt war; vor etwa zehn Jahren ist sie dann gestorben.

Ich habe Großmutter S. ganz anders und positiver in Erinnerung, als meine Mutter sie erlebt hat. Als ich noch klein war, blieb sie einige Male für ein paar Monate bei uns zu Besuch, und ich weiß noch, daß sie mich gern verwöhnte und sich bei meinen Meinungsverschiedenheiten mit Mama (von denen es viele gab) auf meine Seite stellte, und ich genoß es, irgendwelche Dinge mit ihr zu unternehmen.

Meine Mutter fand das zumeist einigermaßen ärgerlich, aber andererseits war das Dreieck zwischen uns lediglich *ein* Aspekt einer langen Geschichte von Problemen zwischen den beiden. So schrecklich Großmutter S. meiner Mutter erschien, so wundervoll fand sie Großvater S. Ein guter, freundlicher, geduldiger Heiliger (wenn man meiner Mutter glauben wollte), mit dem sie sehr gut auskam. Im Lauf der Jahre gewann ich von meinem eigenen Vater ein recht ähnliches Bild, wie meine Mutter es von ihrem Vater schilderte – ein Mann, dem das Leben ungerechterweise ein solches Ekel von Ehefrau aufgebürdet hatte.

Nach einer endlosen Kette von Auseinandersetzungen mit meiner Mutter während meiner Kindheit kam ich ins Teenageralter, was die Sache noch schlimmer machte. In dieser Zeit war ich außerhalb des Hauses äußerst schüchtern, aber keineswegs zu schüchtern, Ärger heraufzubeschwören, wenn ich zu Hause war. An alledem gab ich natürlich Mama die Schuld und zählte buchstäblich die Tage während meiner Zeit auf der High-School, bis ich von zu Hause fortziehen konnte.

Schließlich war der ersehnte Tag gekommen, und ich ging aufs College. Dort war ich weniger schüchtern, und ich brachte es fertig, mich an sämtlichen rebellischen Aktionen zu beteiligen, wie sie Ende der sechziger und Anfang der siebziger Jahre von jungen Studierenden durchgeführt wurden. In jenen Jahren gab es mit meinen Eltern immer wieder schlimme Auseinandersetzungen, Kontaktabbrüche meinerseits und tränenreiche Versöhnungen, denen über kurz oder lang der nächste Streit folgte.

Das alles trug nicht dazu bei, mich auf eine Zeit der Selbständigkeit nach dem Abschluß meiner Studienzeit vorzubereiten. Es war mir wichtiger gewesen, rebellisch zu sein, als an meine berufliche Laufbahn zu denken. So beschloß ich zu heiraten und tat mich mit Fred zusammen, der ein Jahr vor mir Examen gemacht hatte und allem Anschein nach ein lebenstüchtiger Mann war. Wir teilten vieles miteinander, an dem wir uns freuen konnten, gerieten jedoch schon früh schnell aneinander. Beide standen wir unserer Beziehung mit ambivalenten Gefühlen gegenüber, zogen die Hochzeit aber trotz unserer Zweifel durch. Meine Eltern konnten Fred nicht leiden, der sich ihnen gegenüber arrogant verhielt. Einige Monate nach der Hochzeit wurde ich sehr wütend auf meine Familie und sagte mich endgültig von ihr los, womit ich in die Fußtapfen meiner Mutter trat.

Meine Ehe mit Fred war stürmisch und relativ kurz. Nach etwa einem Jahr sprach ich mich für eine räumliche Trennung aus, ohne damit zu rechnen, daß dies ein dauerhafter Schritt sein könnte. Wir zogen nicht wieder zusammen, blieben jedoch noch weitere zwei Jahre ein Paar, das sich immer wieder stritt und anschließend versöhnte. Als sich für mich das Ende unserer Ehe abzeichnete, wurde ich sehr deprimiert. Eine langjährige Freundin wandte sich an meine Eltern und schilderte ihnen meine Lage. Sie setzten sich mit mir in Verbindung und boten mir an, wieder zu ihnen zu ziehen. Dieses Vorhaben war für mich wenig reizvoll, deshalb suchte ich mir eine Stelle, bezog gemeinsam mit einer anderen Frau eine Wohnung und begann eine Therapie.

Auf Anregung meiner ersten Therapeutin suchte ich wieder Verbindung zu meiner Familie und fing an, mich mit ihrer Geschichte zu beschäftigen. In diesem Zusammenhang besuchte ich auch den Bruder meiner Mutter, zu dem sie vor zwanzig Jahren jeden Kontakt abgebrochen hatte, war jedoch nicht in der Lage, sie von dem Besuch in Kenntnis zu setzen. Die abgrundtiefe Angst, die ich bei diesem Geheimnis empfand, machte es mir fast unmöglich, mit meinen Eltern zusammenzusein. Nach einem stürmisch verlaufenden, konfliktgeladenen Besuch zu Hause schlug meine Therapeutin vor, eine Therapeutin mit Erfahrungen in der Behandlung von Störungen aufzusuchen, die eine lange Vorgeschichte in der Familie haben. Auf diese Weise lernte ich Betty Carter kennen.

Kommentar der Therapeutin

Die Familientradition wiederholter Aufkündigungen von Beziehungen sowie die eigene Beteiligung der Klientin an dem Muster wiederholter Trennungen und Versöhnungen im Blick auf die Eltern und den Ehemann verweisen auf ein System von Beziehungen, die ebenso intensiv wie unbeständig sind. Die Trennungen stellen einen Versuch dar, Freiheit oder Autonomie innerhalb einer Beziehung zu erringen, in der keine Mittel zur Verfügung stehen, mit Unterschieden oder Konflikten angemessen umzugehen. Tatsächlich verrät das Bedürfnis, sich von der Familie gänzlich loszusagen, um die eigenen Interessen verwirklichen zu können, eine tiefreichende Abhängigkeit und keine Autonomie, aber die Trennungen verringern vorübergehend die Angst und werden als

Lösung des Konflikts erlebt. In Wirklichkeit erhöhen sie jedoch die emotionale Reizbarkeit und lösen wiederholte Rechtfertigungsanfälle aus, sobald sie ins Bewußtsein treten. So bedeutete die Kontaktaufnahme der Klientin mit ihrem Onkel, mit dem die Mutter seit zwanzig Jahren nicht mehr gesprochen hatte, eine radikale Verletzung der fundamentalsten Regeln des Systems; ihr hätten eigentlich andere, kleinere Schritte zur Wiederherstellung familiärer Beziehungen und zur Differenzierung der eigenen Persönlichkeit vorausgehen müssen. Nachdem es allerdings zu dieser – wenn auch übereilten – Kontaktaufnahme gekommen war, mußte etwas geschehen, denn eine weitere Geheimhaltung gegenüber der Mutter war nicht akzeptabel. Andererseits stand für mich außer Zweifel, daß die Enthüllung dieses Schritts eine gravierende Familienkrise herbeiführen würde.

Das emotionale Gefüge innerhalb einer Familie läßt sich leichter verändern, wenn die Beziehungen der Familienmitglieder in Bewegung geraten, zum Beispiel zu Zeiten größerer Krisen oder wichtiger Ereignisse im Lebenszyklus. Meine Kontaktaufnahme mit dem guten alten Onkel S., deren Geheimhaltung jeden weiteren Kontakt zu meinen Eltern unmöglich gemacht hatte, konnte als Anstoß genutzt werden, um innerhalb meiner Familie und insbesondere in meiner Beziehung zu meiner Mutter die Dinge in Bewegung zu bringen. Eine derartige Krise würde mir die Möglichkeit bieten, mich meiner Mutter gegenüber anders als bisher zu verhalten und dadurch eine andere, bessere Form der Beziehung mit ihr und der übrigen Familie herzustellen.

Der Plan, den Betty Carter und ich entwickelten, sah so aus: Ohne meine Mutter anzugreifen oder mich in eine Defensivhaltung zu begeben, sollte ich ihr sachlich mitteilen, daß ich ihren Bruder besucht hatte. (Wie man sich vielleicht vorstellen kann, war der Umgang mit einem solchen Konflikt auf einer möglichst neutralen Ebene für mich etwas völlig Neues.) Ich tat dies in einem kurzen Brief, dessen Ton außerdem freundlicher war als die Stimmung, in der ich mich zuletzt von meinen Eltern getrennt hatte.

Über eine Woche lang hörte ich nichts und wußte auch nicht, daß mein Vater mir einen aufgebrachten, wütenden Brief geschrieben hatte. Auf Anraten Betty Carters rief ich zu Hause an und bekam seine Reaktion direkt am Telefon mit: Alles, was ich mir in der Vergangenheit möglicherweise hatte zuschulden kommen lassen, war harmlos im Vergleich zu dem, was ich jetzt getan hatte. Onkel S. war ihr Todfeind, und durch mich hatte Mama einen ihrer schweren Krankheitsanfälle bekommen. Normalerweise wäre ich jetzt furchtbar wütend geworden. Da wir jedoch in der Therapie mit einer solchen Reaktion meiner Eltern gerechnet hatten, konnte ich mich diesmal anders als sonst verhalten. Wie besprochen, äußerte ich meine tiefe Bestürzung und Besorgnis über den Gesundheitszustand meiner Mutter und wiederholte nachdrücklich, wie furchtbar das alles war, wie sehr es meine schlimmsten Befürchtungen bestätigte und so weiter. Auf alles, was mein Vater sagte, antwortete ich mit Übertreibungen und brachte meine Besorgnis über die »furchtbare Situation« zum Ausdruck. Als ich den Hörer auflegte, war mir etwas zum Kichern zumute; diese Art der Reaktion war für mich neu und seltsam. Aber ich fühlte mich erleichtert, daß ich nicht mehr meinen Gefühlen der Wut und Niedergeschlagenheit ausgeliefert war.

Als ich den Brief meines Vaters erhielt, schrieb ich meiner Mutter mit Bettys Hilfe zurück und äußerte wiederum meine tiefe Besorgnis über sie und diese furchtbare Situation, »das letzte, was ich beabsichtigt hatte«. Außerdem bemerkte ich, anscheinend würde ich es nie lernen, die Familienregeln richtig zu verstehen, selbst wenn ich mir noch soviel Mühe gab. Dieser Brief sollte meinen Eltern einerseits zeigen, daß sie mich nicht länger beherrschen konnten, daß ich mir aber trotzdem Sorgen um sie machte.

Meine Mutter beantwortete diesen Brief nicht. Von nun an schickte sie sogar alle an sie adressierten Briefe ungeöffnet an mich zurück. In meinen Briefen an sie wiederholte ich in abgewandelten Formulierungen meine Grundhaltung ihr gegenüber: wie sehr ich mir um sie Sorgen machte und wie leid mir die schreckliche Situation zwischen uns beiden tat. Im selben Jahr schickte ich ihr auch ein Weihnachtsgeschenk, das sie ebenfalls ungeöffnet zurückgehen ließ. Sie war weiterhin krank, wenn auch mit Unterbrechungen.

Kommentar der Therapeutin

Die Rücksendung der ungeöffneten Briefe durch die Mutter der Klientin machte deutlich, wie tief sie sich verletzt fühlte und wie stark sie dem Muster des völligen Abbruchs aller Beziehungen verhaftet war. Ich sagte der Klientin, ihre Mutter habe sich wohl auf einen langandauernden Nervenkrieg eingerichtet, auf den wir uns einstellen sollten. Da zwischen den Briefen und Telefonaten der Klientin längere Pausen lagen, suchte sie mich nur einmal monatlich oder nach Bedarf auf. In unseren Sitzungen betonte ich immer wieder die lange Familientradition als Hauptgrund für das Verhalten der Mutter und nicht einen Groll, den sie ganz persönlich gegen die Tochter hegte.

Während des folgenden Jahres hatte ich monatlich eine Sitzung mit Betty Carter. Entsprechend unserem Plan schrieb ich an meine Schwestern, telefonierte mit meinem Vater und schickte meiner Mutter Briefe, die sie nie beantwortete. Meinem Vater gegenüber äußerte ich stets meine Sorge über das Befinden meiner Mutter, und sein Groll gegen mich ließ etwas nach. Meine Mutter dagegen hatte sich auf die Hinterbeine gestellt und schien unnachgiebig. (Schließlich hatte sie bereits einige Übung im totalen Bruch mit anderen Familienangehörigen.)

Ich arbeitete weiterhin an meiner Beziehung zu Dad. Statt in meinen Gesprächen mit ihm meine Probleme mit Mutter anzuschneiden, stellte ich ihm Fragen über sich und seine Arbeit und erzählte ihm mehr von meinem Leben und meinem Studium. Nach etwa einem Jahr hatte sich zwischen uns ein persönlicheres Verhältnis hergestellt. Während dieser Zeit bekam ich allmählich einen Blick dafür, in welch extremem Ausmaß er mit meiner Mutter beschäftigt war und sie (und natürlich auch sich selbst) vor problematischen Emotionen schützte, weil solche Gefühle möglicherweise ihrer Gesundheit schadeten. Etwa in der Mitte dieser Phase zog meine 27 Jahre alte Schwester von zuhause fort, zum ersten Mal in eine eigene Wohnung. Das war das erste positive Anzeichen dafür, daß sich das Familiensystem dank meiner Bemühungen etwas zu öffnen begann.

Kommentar der Therapeutin

Die Klientin hatte schon immer warme Gefühle für ihren Vater gehegt. Bislang war ihr aber noch nicht zu Bewußtsein gekommen, daß ihre Beziehung zum Vater häufig ein unausgesprochenes Bündnis war, das sich um die Frage drehte, wie man sich der Mutter gegenüber verhalten sollte, und nicht so sehr ein echter persönlicher Austausch. Dieses ganze Jahr über arbeitete die Klientin daran, ihr Verhältnis zu ihrem Vater zu verändern. Während sie weiterhin, trotz des Grolls und der Mißbilligung der Mutter, mit allen Familienmitgliedern in freundschaftlichem Kontakt blieb, begannen ihre jüngeren Schwestern, allmählich ein eigenes Leben zu führen.

Die Beziehung der Klientin zu ihren beiden Schwestern war in der Vergangenheit hauptsächlich durch das Dreieck Vater-Mutter-Töchter bestimmt gewesen, wobei die Frauen gegeneinander kämpften und der Vater sich konstant aus allem heraushielt. Die Klientin, der Rebell der Familie, war »Papas Liebling« und bekämpfte von dieser Position aus die Mutter und die beiden jüngeren Schwestern. Je mehr Konflikte zwischen der Klientin und ihrer Mutter bestanden, desto mehr bewegten sich die jüngeren Schwestern beschützend auf die Mutter zu und empfanden der älteren Schwester gegenüber Abneigung und Zorn, weil sie »der Mutter soviel Leiden verursachte«. So war die Beziehung zwischen den Schwestern vollkommen bestimmt durch Loyalitätsprobleme gegenüber den Eltern. Je länger der Vater in seiner Rückzugsposition verharrte, desto mehr wurde der elterliche Kampf von der Mutter und den Töchtern ausgetragen. Als die Klientin die Dynamik dieses familiären Dreiecks durchschaute, war sie in der Lage, die Feindseligkeit ihrer Schwestern nicht so sehr persönlich zu nehmen. Jetzt konnte sie versuchen, mit jeder der beiden Schwestern brieflich und telefonisch eine persönliche Beziehung aufzubauen, die nicht darauf beruhte, daß eine von ihnen die Eltern angriff oder verteidigte. Je mehr überdies die jüngeren Schwestern die positive Haltung der Klientin gegenüber der Mutter mitbekamen, desto mehr fühlten sie sich erlöst von ihrer Beschützerrolle gegenüber der Mutter und damit fähig, auf die ältere Schwester positiver zu reagieren und die eigene Beziehung zu den beiden Eltern flexibler zu gestalten. Die Bemühungen der Schwester um eine neue Verbindung zur Familie verschafften ihnen schließlich den benötigten Spielraum, sich mehr um die Planung ihres eigenen Lebens zu kümmern.

Nach wie vor schrieb ich meiner Mutter Briefe. Sie antwortete nicht darauf, bis sie sich schließlich – zum ersten Mal seit fast zwei

Jahren – mit knappen Worten für die Blumen bedankte, die ich ihr zum Muttertag geschickt hatte. In mir keimte die Hoffnung, vielleicht werde jetzt endlich das Eis zu schmelzen beginnen, aber meine nächsten Briefe blieben wieder unbeantwortet. Nach einer Anregung von Betty Carter begann ich, ihr Postkarten zu schreiben in der Hoffnung, daß sie der Versuchung nicht würde widerstehen können, wenigstens diese zu lesen, aber noch immer kam keine Antwort. Einige Monate später mußte sie wegen einer Operation ins Krankenhaus.

Nachdem wiederum einige Monate ohne sichtbare Veränderungen verstrichen waren, meinte Betty, vielleicht könnte ein Besuch die Dinge positiv ins Rollen bringen, und wir begannen mit der Reiseplanung. Jetzt brauchte ich wieder mehr als nur *eine* therapeutische Sitzung im Monat.

Der Plan sah zwei Hauptphasen vor. Als erstes sollte ich einen Fuß in die Tür bekommen und irgendwie anfangen, mit meiner Mutter zu reden. Zweitens sollte ich das Problem ansprechen, dessentwegen sie den Kontakt zu mir abgebrochen hatte: meine Ignorierung ihres Verbots, mit Onkel S. Verbindung aufzunehmen.

Kommentar der Therapeutin

Der Inhalt des letzten Konflikts, der zur Trennung führte, wird zwangsläufig quasi eingefroren, und bei jedem Versuch einer Wiederaufnahme der Verbindung wird er unverändert frisch »aufgetaut«. Deshalb ist es wichtig, eine Klientin darauf vorzubereiten, daß sie mit den speziellen Inhalten des ursprünglichen Konflikts in einer Weise umgeht, die nicht zu einer Vertiefung des Grabens führt, sondern das therapeutische Ziel einer Differenzierung der Klientin fördert. Im vorliegenden Fall war der Konfliktinhalt die Kontaktaufnahme der Klientin mit ihrem Onkel S.

Selbst in der Rückschau wirkt der von uns gemeinsam ausgearbeitete Phasenplan ein wenig verwegen, und ich fühlte mich ebenso ängstlich wie auch amüsiert und, natürlich, herausgefordert. Ich plante, in meiner Heimatstadt, in der ich mich angeblich in beruflichen Angelegenheiten aufhielt, ein Hotelzimmer zu nehmen. Nach meiner Ankunft wollte ich – Phase 1 – eine Grünpflanze oder ein paar Blumen kaufen und sie bei meinen Eltern vor der Haustür deponieren, nachdem ich eine Nachricht an die »liebe Familie« daran befestigt hatte. Darin würde es ungefähr heißen, daß ich beruflich in der Stadt zu tun hätte und sie keineswegs belästigen wollte, weil ich mir bewußt sei, für sie *persona non grata* zu sein. Mich habe jedoch der Wunsch überwältigt, wenigstens vorbeizukommen, da ich doch ganz in ihrer Nähe sei, und vielleicht jemanden von ihnen zu sehen, der gerade ins Haus ging oder das Haus verließ. Wenn ich die Blumen vor der Haustür abstellte, konnten zwei Dinge passieren: Entweder würde mich niemand sehen, oder jemand öffnete gerade in diesem Augenblick die Haustür. Im letzteren – eher unwahrscheinlichen – Fall würde ich ganz leise, fast flüsternd fragen, ob ich vielleicht reinkommen und für einen Moment einen Blick auf Mama werfen dürfe. Danach würde ich zu Phase 2 unseres Plans übergehen.

Falls niemand mich zu Gesicht bekam, wollte ich in mein Hotel zurückgehen und die Dinge abwarten. Betty Carter und ich rechneten mit drei möglichen Reaktionen. Entweder es geschah überhaupt nichts, das würde ich als Ambivalenz deuten, und ich ginge am folgenden Tag noch einmal vors Haus und versuchte es mit Phase 2. Oder mein Vater riefe mich an (meine Telefonnummer im Hotel wollte ich auf der Notiz hinterlassen) und sagte mir widerwillig, ich könne kommen, wenn ich unbedingt wolle. Oder aber er riefe völlig aufgebracht an und würfe mir vor, ich versuchte, Mutter umzubringen. In diesem Fall würde ich vorläufig nichts mehr unternehmen, da dies die eindeutige Botschaft wäre, daß meine Eltern keinen Versuch ertragen konnten, etwas an der Sachlage zu ändern. Ich würde jedoch meinerseits aufgebracht, erstaunt und verwirrt auf meinen Vater reagieren und mein Unverständnis darüber ausdrücken, daß er wegen ein paar Blumen so außer sich sein konnte.

Kommentar der Therapeutin

Ein einschneidender Schritt innerhalb einer Familie sollte bis zu einem gewissen Grad dem Familienstil entsprechen – so daß niemand glaubt, die Polizei rufen zu müssen –, zugleich jedoch so unerwartet sein, daß er als neue Information erkannt werden kann. Bei dieser Familie waren in dem Plan zur Wiederaufnahme der Beziehung das Drama der langen Schweigepausen und der ungeöffneten Briefe ebenso eingearbeitet wie die generelle Neigung, »viel Lärm um nichts« zu machen. Die detaillierte Planung und Durchführung eines solchen weder feindseligen noch verletzenden oder defensiven Schritts überträgt der Klientin die volle Verantwortung für sich selbst, wenn es zu der erwarteten emotionalen Reaktion der Familie kommt, so daß sie ein wenig autonomer daraus hervorgehen kann, statt sich wieder einmal als das Opfer zu fühlen.

Wie es sich ergab, sah mich niemand, als ich vor der Tür die Blumen mit der Notiz niederlegte. Ich war erleichtert; es hatte mich meinen ganzen Mut gekostet, zu dem Haus zu fahren, und es war mir lieber, wenn ich die geplanten Einzelaufgaben der Reihe nach ausführen konnte. Anschließend fuhr ich zurück zum Hotel und wartete ab.

Bis zum folgenden Morgen hatte niemand angerufen, und ich ging zum nächsten Teil des Plans über. Wieder fuhr ich zu dem Haus, aber diesmal klingelte ich. Die jüngere meiner beiden Schwestern öffnete, und ich fragte (in meinem besten Bühnenflüsterton), ob ich Mama besuchen könnte, wenigstens für ein oder zwei Minuten; ich wolle sie nicht aufregen, sei jedoch in der Stadt und wolle einfach die Gelegenheit wahrnehmen, sie vielleicht für einen kurzen Augenblick zu sehen. Meine Schwester war von dieser Entwicklung sichtlich wenig entzückt, versprach jedoch, meiner Mutter zu sagen, daß ich da sei. Meine Mutter kam an die Tür; sie sah blaß und wesentlich magerer aus, als ich sie in Erinnerung hatte. Sie bat mich herein.

Da stand ich nun! Ab jetzt sollte Phase 2 ablaufen, die Betty Carter und ich sorgfältig geplant hatten. Wir setzten uns, und meine Schwester Sue hielt sich in der Nähe auf, fast wie eine Leibwache für Mama.

Ich brauchte das Gespräch gar nicht auf meinen Besuch bei Onkel S. zu bringen (was ich eigentlich vorhatte, wenn Mama es nicht tun sollte); sie begann fast sofort, davon zu sprechen, als wären seither nicht mehrere Jahre vergangen, und fragte mich, warum ich das getan habe. Mir war klar, daß es keinen Sinn hatte, mit ihr über meine Gründe zu streiten, und ich wollte statt dessen über unsere Beziehung sprechen. Gemeinsam mit Betty Carter hatte ich eine lange Liste von emotional neutralen Antworten auf mögliche Fragen meiner Mutter zusammengestellt und auswendig gelernt, damit ich nicht vor Angst weder denken noch sprechen konnte. Einige meiner Antworten brachten zum Ausdruck, wie sie – nach meiner Meinung – mein Handeln wohl aufgefaßt hatte (zum Beispiel:»Ich weiß, du glaubst, ich wollte dich verletzen« oder»Ich weiß, dir hat das nicht gefallen«). Manche drückten die Tatsache aus, wie sehr es mir leid tat, daß sie so aufgebracht und verletzt war (nicht jedoch, daß es mir leid tat, was ich getan hatte). In wieder anderen Antworten wollte ich meine Gefühle ihr gegenüber äußern (zum Beispiel:»Es ist schrecklich, daß ich dich nie davon überzeugen konnte, daß ich dich gern habe« oder»Hast du wirklich gemeint, mein Besuch bei Onkel S. bedeutete, daß ich dich nicht liebe?« – diese letzte Antwort gab ich schließlich am häufigsten, und sie paßte auch am besten zu dem, was meine Mutter sagte). In dieser Situation sprach ich auch bedauernd darüber, wie schlimm ich als Kind und Teenager gewesen war.

Kommentar der Therapeutin

Die Antwort, die am besten paßte, war am besten geeignet, das seit mehreren Generationen bestehende Verhaltensmuster aufzulösen: Die Mutter, in einer belagerten, isolierten Position mit einem Ehemann, der sie besänftigte, mit der ältesten Tochter, die ihr trotzte, und mit ihrer eigenen Mutter, von der sie gemaßregelt wurde, hatte das Gefühl, daß ihre Familie sie nicht liebte. Kein Wunder, daß sie manchmal kalt, häufig wütend und chronisch krank war. Nachdem nun der passende Schlüssel im Schloß gedreht wurde, löste sich das komplette Beziehungsmuster aus seiner Verriegelung, und die Beteiligten hatten plötzlich miteinander über mehr zu reden als den Vorfall, der ursprünglich die Sperre ausgelöst hatte. Es ist zu beachten, daß die letzte, entscheidende Antwort den konfliktträchtigen Punkt offen zur Sprache brachte, weder der Mutter die Schuld gab, noch die Tochter rechtfertigte und das eigentliche Beziehungsproblem beim Namen nannte: daß Mutter und Tochter sich ihrer gegenseitigen Zuneigung nicht sicher waren.

Meine Mutter war während der ganzen Zeit ziemlich emotional und ich ebenfalls, obwohl zur Abwechslung keine von uns beiden laut wurde oder in Tränen ausbrach. Sue war allerdings während des Gesprächs aufgefallen, daß ich auf alle Fragen meiner Mutter, welches der Grund meines Besuchs bei Onkel S. gewesen war, eine ausweichende Antwort gegeben hatte. Schließlich fragte sie mich: »Aber warum bist du zu Onkel S. gegangen?« Ich gab wieder eine meiner vorbereiteten Antworten, und sie verzichtete auf weitere Fragen.

Nach etwa einer Dreiviertelstunde hatte ich den Eindruck, das Thema sei erschöpft und die Diskussion erlahmt. So sagte ich meiner Mutter, ich wolle sie jetzt nicht zu sehr aufregen und dadurch krank machen, und es sei wohl besser, wenn ich jetzt ginge. Sie bat mich aber, zum Essen zu bleiben. Sue beschloß, einige Erledigungen zu machen, und hielt nicht länger Wache bei unserer Mutter.

Den ganzen restlichen Tag blieb ich dort. Meine andere Schwester, Pamela, die kurz nach dem Essen anrief, zeigte sich deutlich überrascht, als sie meine Stimme am Telefon hörte und erfuhr, daß mein Besuch hier keinen Dritten Weltkrieg ausgelöst hatte. Mein Vater rief am Nachmittag an, um zu hören, wie es Mutter ging, weil er befürchtete, sie könnte sich zu sehr aufgeregt haben und krank geworden sein wegen meiner Blumen und der Notiz von gestern. Auch er klang sehr überrascht, daß ich schon seit mehreren Stunden dort war, ohne daß etwas Schreckliches passiert war. Er beschwor mich besorgt, auf gar keinen Fall Onkel S. zu erwähnen. Ich genoß es, ganz beiläufig zu sagen: »Ach, darüber haben wir bereits gesprochen.« Ich fragte meine Mutter, wo meine Blumen seien, und sie machte ein schuldbewußtes Gesicht. Sue sagte, sie seien im Mülleimer in der Garage, aber sie habe sie sehr vorsichtig hineingestellt. Wir holten sie heraus und suchten eine hübsche Vase für sie. Dad kam nach Hause, Pam kam herüber, und gemeinsam aßen wir alle zu Abend. Mein Plan war geglückt.

Ich besuchte meine Eltern noch mehrmals in den nächsten Tagen, stets unter dem Vorwand, ich hätte hier immer noch zu tun. Schließlich reiste ich zurück nach New York, höchst befriedigt darüber, wie sich alles zum Guten gewendet hatte.

Seitdem habe ich meine Familie noch dreimal besucht, in Abständen von etwa sechs Monaten; außerdem halte ich regelmäßigen Kontakt über Telefonanrufe und Briefe. Ganz allgemein fühle ich mich heute weniger angstvoll und in vieler Hinsicht selbstsicherer. Ich habe Freude an meinem Beruf, in dem es ständig aufwärtsgeht (im Unterschied zu den Zweifeln und der fehlenden Systematik, von denen meine Arbeit in der Vergangenheit so belastet war). Vor einigen Monaten brach ich eine ziemlich ernsthafte Beziehung zu einem Mann ab, weil ich ihn nicht heiraten wollte. Anscheinend stelle ich heute auf allen Gebieten höhere Anforderungen an mich selbst und bin weit seltener geneigt, an allem, was um mich herum schiefgeht, die Schuld mir zuzuschreiben. Das Leben ist alles andere als vollkommen, aber ich bin sehr froh, daß ich imstande gewesen bin, jene Veränderungen zu bewirken, die ich bewirkt habe.

Irgendwann einmal werde ich Ihnen erzählen, wie ich mich verhalten habe, als meine Eltern mir mitteilten, meine Schwester Pam werde heiraten, meine Großmutter (die Mutter meines Vaters) sei nicht eingeladen worden, und ich solle ihr nichts davon sagen.

Fallbeispiel
»Nur Mut, Mom!«

Peggy Papp

Es ist schwierig für eine Mutter, einer Tochter Tüchtigkeit und Selbstbewußtsein zu vermitteln, wenn sie sich gegenüber ihrem Ehemann in einer untergeordneten Stellung empfindet. Die Qualität ihrer Mutterrolle wird immer zu einem Teil durch den Beziehungskontext bestimmt sein, innerhalb dessen sie Mutter ist. Das folgende Fallbeispiel führt anschaulich die Art und Weise vor Augen, in der die Beziehung zwischen einer Mutter und ihrer Tochter beeinträchtigt wird durch die ungelösten Probleme von Macht und Autonomie in der Ehebeziehung. Die vierzehnjährige Tochter ist darin verwickelt, die Kämpfe der Mutter mit dem Vater auszutragen, weil die Mutter ihnen ausweicht, um den Zusammenhalt der Familie nicht aufs Spiel zu setzen. Das führt dazu, daß die Mutter ebenso wie die Tochter im Interesse der Familie sowohl ihre Beziehung als auch ihre jeweilige Unabhängigkeit und Selbständigkeit opfern. Durch die Therapie wurde die Machtverteilung zwischen den Ehepartnern wieder ins Gleichgewicht gebracht, und die Mutter gewann so viel Freiheitsspielraum zurück, daß sie ihrer Tochter das Rollenmodell einer starken, unabhängigen Frau vorleben konnte.

Erforschung des Problems

Die Familie Drayton suchte mich auf, weil die Eltern Autoritätsprobleme mit ihrer vierzehnjährigen Tochter Vicki hatten: Sie schwänzte die Schule, lief von zu Hause weg und trieb sich manchmal nächtelang in Lokalen herum. Nachdem sie vor fünf Jahren auf eine neue Schule gekommen war, hatte sie mit der Zeit mehr und mehr den Unterricht geschwänzt, bis sie die Schule schließlich verlassen mußte. An den Therapiesitzungen nahmen alle Familienmitglieder teil, auch Vickis älterer Bruder Alex und ihr jüngerer Bruder Greg.

Während der ersten Sitzung war der Vater, ein großgewachsener, imponierender Mann von Mitte vierzig, der Wortführer der

Familie und zählte mit müder und erschöpft klingender Stimme sämtliche Verfehlungen Vickis auf. Er sagte, er und seine Frau hätten alles versucht – gutes Zureden, Strafpredigten, Argumentieren, Überzeugen oder sogar den Einsatz von Gewalt, um Vicki zur Schule zu befördern – nichts hatte Erfolg. Jetzt waren sie mit ihrem Latein am Ende. »Das hat eine ziemliche Unruhe in die Familie gebracht, und wenn das so weitergeht, weiß ich nicht, wie die Familie das durchstehen soll. Es führt zu einem Bruch zwischen uns allen und bringt Probleme auf den Tisch, die eigentlich schon seit Jahren gelöst sind.« Auf näheres Befragen äußerte er sich allerdings nicht darüber, welcher Art diese Probleme waren, und antwortete lediglich allgemein »Falls Sie den Eindruck haben, daß es zwischen meiner Frau und mir Probleme gibt, muß ich Sie enttäuschen. Wir fühlen uns sehr stark verbunden und treffen Entscheidungen stets gemeinsam.«

Sodann griff der Vater Vicki an, und beide verwickelten sich in einen heftigen Streit. Der offene Kampf fand allein zwischen Vicki und dem Vater statt, während die Mutter und die beiden Brüder dasaßen und zuhörten. Mitten in der vehement geführten Auseinandersetzung sagte der Vater, angesichts des Verhaltens von Vicki, das er als bewußte Provokation empfinde, könne er sich oft kaum noch beherrschen. Vor kurzem habe er erschrocken feststellen müssen, daß er sie beinahe geschlagen hätte, wäre die Mutter nicht energisch dazwischengetreten.

Trotz der Behauptung des Vaters, er und seine Frau seien sich einig in dem, was mit Vicki zu tun sei, brachten mich bestimmte Hinweise der Mutter zu der Überzeugung, daß dies nicht in jeder Hinsicht der Fall war. Nachdem ich sie ein wenig ermutigt hatte, äußerte die Mutter einige Punkte, in denen sie anderer Meinung war als der Vater. Zum Beispiel warf sie ihm vor, daß er versuchte, mit der Situation durch den Einsatz von Zwangsmitteln fertigzuwerden. Obgleich sie zugelassen hatte, daß ihr Mann sie nötigte, ihm dabei zu helfen, Vicki zur Schule zu zerren, war sie innerlich dagegen, und der von ihm ausgeübte Druck war ihr zutiefst zuwider. Der Vater machte der Mutter Vorwürfe, sie falle mit ihrer »stillschweigenden Billigung« des Verhaltens von Vicki seinen erzieherischen Bemühungen in den Rücken. Die Mutter wies den Vorwurf zurück und meinte: »Du übernimmst eben von deiner Persönlichkeit her gern die Verantwortung. Du bist eine Führernatur und

125

daran gewöhnt, deine Umwelt zu beherrschen und über eine Menge Macht zu verfügen. Aber wir haben festgestellt, daß Zwang bei ihr nichts nützt.« Der Vater erwiderte heftig:»Sie muß aber gezwungen werden, oder sie kann nicht mit uns leben. Wenn sie die Grundregeln nicht respektiert, können wir als Familie nicht fortbestehen.« Der Vater war überzeugt, Vicki habe bewußt die Schule für ihre Trotzhaltung ausgewählt, weil dieser Bereich gerade für ihn eine große Bedeutung hatte. Er wollte Vicki stationär behandeln lassen, doch die Mutter war dagegen und drohte, wenn er daran festhalte, werde sie ihn verlassen.

In ihrer Beziehung zu Vicki schwankte die Mutter zwischen dem Versuch, sie vor der Härte des Vaters zu schützen, und erfolglosen Bemühungen, Vickis aufsässiges Verhalten unter Kontrolle zu bringen. Das führte dazu, daß die Mutter gegenüber Vicki eine Demutshaltung einnahm und bettelte, mit ihr verhandelte, sie besänftigte. Vicki machte sich den Wankelmut ihrer Mutter zunutze, indem sie Abmachungen nicht einhielt und übertriebene Forderungen stellte. Schließlich verlief die Beziehung zwischen Mutter und Tochter über den Vater und wurde infolgedessen immer verworrener und konfliktreicher.

Als ich den Meinungsverschiedenheiten zwischen den Eltern tiefer auf den Grund ging, begann die Mutter darüber zu klagen, ihre Wünsche im Blick auf andere Fragen würden daheim nicht respektiert. Sie hatte eine Arbeit annehmen wollen, sich jedoch den Einwänden ihres Mannes gebeugt. Und zum ersten Mal äußerte sie ihren Groll darüber, daß sie von einer Stadt in die andere ziehen müsse, damit ihr Mann jeweils in der Nähe seines Vaters wohnen könne. Es zeigte sich, daß die Mutter grollte, weil sie sich von ihrem Mann überwältigt fühlte, und ihn indirekt bekämpfte, indem sie Vicki vor seiner Willkür schützte statt sich selbst. Der Vater reagierte auf die mangelnde Kooperationsbereitschaft der Mutter, indem er seinen Ärger an Vicki ausließ, in der er die Komplizin der Mutter sah.

Therapeutische Ziele

Es stand außer Frage, daß Vicki die nicht geführten Auseinandersetzungen der Mutter mit dem Vater stellvertretend austrug, indem sie sich innerhalb wie außerhalb der Familie gegen jede

Autorität auflehnte. Ich sah meine therapeutischen Ziele darin, der Mutter zu helfen, sich gegenüber dem Vater zu behaupten und das Rollenmodell einer starken, unabhängigen Frau zu errichten, die nicht darauf angewiesen war, daß ihre Tochter für sie ihre Kämpfe austrug. Das würde zugleich den Vater befähigen, Vicki als eigene Person und nicht als Komplizin der Mutter zu sehen und so eine neue Beziehung zu ihr aufzubauen.

Diese Familie wurde im Rahmen des *Brief Therapy Project* (Kurztherapie-Projekt) im *Ackerman Family Institute* zu einer Zeit behandelt, als unsere Methode in der therapeutischen Debatte bestand. Die Debatte findet in Gegenwart der Familie zwischen zwei, manchmal auch drei Therapeuten weiblichen und/oder männlichen Geschlechts statt. Jeder der Therapeuten nimmt zu der Frage, was sich in der Familie ändern soll, einen anderen Standpunkt ein. Der Sinn der Debatte besteht darin, das symptomatische Verhalten des jeweiligen Elternteils in Verbindung zu bringen mit bestimmten Interaktionsmustern in der Familie, die dazu dienen, diese Verhaltensweise aufrechtzuerhalten. Die Debatte macht die verdeckten Muster sichtbar, die einer Veränderung entgegenwirken. Wenn alsdann die Familien sich in die Debatte eingeschaltet haben, machen die Mitglieder sich nach und nach die Bezugspunkte der Therapeuten/Therapeutinnen zu eigen. Dadurch nehmen sie das Problem und folglich auch dessen Lösung in unterschiedlicher Weise wahr.

Die therapeutische Debatte

In der folgenden Sequenz übernahm der Therapeut 1 (Stanley Siegel) den Standpunkt eines Befürworters der familiären Stabilität, indem er respektierte, daß die Familie ihr Problem durch Vickis Symptom löste, und auf die Folgen einer Änderung hinwies. Dieser Therapeut argumentierte, keines der drei Familienmitglieder könne sich für sich allein ändern, da sie alle drei den zentralen Regeln des Systems unterworfen seien. Hingegen vertraten die Therapeutinnen den Standpunkt, das System sei nicht allmächtig, und sprachen sich für eine Änderung aus, wobei die Therapeutin 3 (Peggy Papp) die Eltern, die Therapeutin 2 (Marsha Scheinberg) die Tochter Vicki zu einer Änderung ermutigte.

127

Therapeut 1 *(Stabilitäts-Position)*: Vicki, du und deine Mutter haben viel Verständnis füreinander, und ich glaube, du weißt auch, daß deine Mutter sich ein wenig gegen deinen Vater stellt. Vielleicht möchte sie sich nicht immer seiner Autorität unterwerfen. *(Vicki nickt zustimmend.)* Ich habe den Eindruck, daß du, Vicki, in deiner loyalen Art, eine gute Tochter zu sein, deine eigenen Interessen zurückstellst und für deine Mutter kämpfst. Du machst dich zur Anwältin ihrer Sache gegenüber deinem Vater, wie eure Familie sich ja überhaupt gern für die Sache anderer einsetzt.

Therapeutin 2 *(Vickis Anwältin)*: Ich stimme zu, aber ich meine, es ist Zeit für Vicki, ihre eigenen Interessen wahrzunehmen und nicht stellvertretend für die Mutter gegen den Vater anzukämpfen. Es wäre besser für sie, ihren Eltern zu ermöglichen, daß diese ihre Probleme unter sich ausmachen. Vicki, deinen Interessen ist am besten gedient, wenn du zur Schule gehst und einen Abschluß erwirbst, so daß du etwas Interessantes mit deinem Leben anfangen kannst. *(Danach kommt es zu einem kurzen Wortwechsel mit Vicki darüber, was sie mit ihrem Leben anstellen möchte. Vicki sagt, sie möchte gern Ärztin werden, und die Therapeutin betont, daß sie dafür tatsächlich eine gute Ausbildung braucht.)*

Vicki: Ich möchte einmal Ärztin werden, aber ich möchte auch eine eigene Person sein. Ich will mich nicht der Gesellschaft anpassen.

Therapeut 1: Du bist aber angepaßt, und zwar an deine Familie. Vor allem bist du eine Person, die keine Familienregeln verletzt.

Therapeutin 3 *(Anwältin der Eltern)*: Ich glaube nicht, daß Vicki es nötig hat, damit weiterzumachen. Ich denke, Sie als Eltern können Ihre Probleme unter sich austragen, ohne Vicki hineinzuziehen. Rebekka, Sie machen einen sehr energischen Eindruck auf mich, intelligent und bestimmt. Ich bin davon überzeugt, daß Sie in der Lage sind, anstehende Streitfragen gegenüber Ihrem Mann auf den Tisch zu bringen. Sie haben es nicht nötig, daß Ihre Tochter an Ihrer Stelle die Auseinandersetzung führt, oder?

Mutter: Nein, aber ich verstehe nicht recht, was Sie damit meinen, daß Vicki für mich Auseinandersetzungen führt.

Vicki: Ich glaube, ich kann es dir erklären. So wie ich es verstehe, meinen sie, daß du für Dad eine Menge geopfert hast, zum Beispiel deine Weiterbildung. Nicht nur für Dad, sondern für die ganze Familie. Du hättest deine Ausbildung beenden können, aber du hast es nicht getan. Du bist mit der Familie hierher gezogen, ohne für dich zu kämpfen. Du hast überhaupt nichts dagegen unternommen. Du hast lediglich gesagt, eines Tages gehe ich zurück. Ich glaube eigentlich nicht daran, daß du auf die Uni zurückgehst – stimmt's?

Mutter: Ja, das stimmt.

Vicki: Das ist nur ein Beispiel für viele andere Dinge – daß wir hier in dieser Stadt leben – was du nicht wolltest, wie du gerade gesagt hast – bis jetzt habe ich das überhaupt nicht gewußt. Ich will nicht sagen, daß ich genau das versucht habe – für meine Mutter in die Bresche zu springen –, vielleicht habe ich es, und ich habe es einfach nicht gemerkt – aber du hast sehr viel für Dad aufgegeben – viel für Dad geopfert – nicht nur für Dad, sondern für die ganze Familie.

Therapeut 1: Das ist genau das, was ich sagen wollte, und ich glaube, daß du dasselbe tust, und das ist auch der Punkt, in dem ich anderer Meinung bin als meine Kolleginnen hier. Ich glaube, daß die Mutter mit ihren Bedürfnissen deshalb nicht zu ihrem Mann gehen wollte, den sie eigentlich angingen, weil sie damit sehr nachdrücklich zum Ausdruck gebracht hätte, daß sie ihren eigenen Interessen den Vorrang vor denen der Familie gab. Und das Interesse der Familie als zweitrangig anzusehen, wäre in dieser Familie sehr riskant gewesen.

Therapeutin 2: Ich glaube, Rebekka ist die Art von Frau, die das kann – sie ist genau die Frau dazu. Sie hat Kraft und Mut und ist durchaus fähig, mit ihrem Mann alles zu besprechen, was es zwischen ihnen zu besprechen gibt, und wenn es Streitfragen aus der Vergangenheit gibt – wenn sie manche Sachen unter den Teppich gekehrt hat, dann ist sie auch in der Lage, sie wieder ans Tageslicht zu befördern und ihn damit zu konfrontieren.

Vicki: Sie kann es vielleicht, aber sie hat's noch nicht versucht.

Alex (ältester Sohn): Sie hat es versucht, aber es traten bestimmte Umstände ein – wenn sie es jetzt versucht – wird es der Familie nicht guttun. Die Familie kann nicht funktionieren, wenn sie nicht zusammenhält . . .

Therapeutin 2: Du meinst, wenn deine Mutter die Differenzen, die sie mit deinem Vater hat, Punkt für Punkt auf den Tisch brächte, würde das die Familie entzweien? Ich glaube, daß dein Vater flexibel genug ist, sich alles erst einmal anzuhören.

Vicki: So ist es nicht. Mein Vater ist ziemlich dickköpfig. Das habe ich wohl von ihm geerbt. Meine Mutter möchte nicht irgend etwas kaputtmachen dadurch, daß sie auch mal dickköpfig wäre.

Greg *(jüngerer Bruder)*: Ich weiß, meine Mutter könnte es ihm gegenüber ansprechen, sie könnte ganz ernst sein und es ihm unter vier Augen im Schlafzimmer sagen, aber ich weiß, mein Vater würde vor dem Fernseher sitzen und keine große Lust haben, sich damit auseinanderzusetzen. Es ist nicht leicht, deine Probleme an den Mann zu bringen.

Vater: Das sehe ich nicht so – glauben Sie mir, es interessiert mich schon, was die Kids dazu sagen – ich empfinde es nicht so. Ich weiß nicht, ob meine Frau es so empfindet. Anscheinend gibt es hier gewisse Unterschiede.

Vicki: Ich glaube aber auch nicht, daß es daran liegt, daß er nicht zuhören würde – vielleicht brächte er es sogar fertig –, aber es würde Zeit kosten und eine gewisse Energie, ihn zum Zuhören zu bringen, und ich glaube nicht, daß meine Mutter bereit wäre, jeden damit zu belasten, und sich selbst auch nicht. In gewisser Hinsicht, und das meine ich gar nicht böse, in gewisser Hinsicht ist sie wie meine Großmutter. Meine Großmutter ist sehr, na ja, passiv. Sie kann was aushalten. So wie meine Mutter es aushalten könnte, sich meinem Vater zu fügen, weil sie die Familie über alles liebt. Sie ist bereit, im Interesse der Familie und im Interesse meines Vaters einfach darüber hinwegzugehen.

Therapeut 1: Es steht außer Frage, daß Vicki Ihre Anwältin ist. Und ich glaube, sie wird es auch weiterhin sein, weil sie überzeugt ist, daß sie nur so die Familie zusammenhalten kann.

Die Streitpunkte auf den Tisch bringen

In dieser Sitzung wurde die Angst der Familie vor einer Auflösung sichtbar, falls die Mutter einmal an den Fundamenten rüttelte. Wir erfuhren, daß die Eltern sich vor einigen Jahren nach sehr heftigen Auseinandersetzungen für neun Monate getrennt hatten. Kein Zweifel, die Mutter hatte für sich beschlossen, um jeden Preis den Frieden zu wahren. Indem sie das tat, übernahm sie eine für Frauen typische Haltung: Um ihrer Familie willen opferte sie ihre eigenen wohlverstandenen Interessen. Vicki, die in die Fußtapfen ihrer Mutter trat, tat dasselbe auf andere Weise, indem sie mit

Hilfe ihrer Symptome den Konflikt zwischen ihren Eltern auf sich umleitete, so daß diesen eine schmerzhafte Konfrontation erspart blieb. Die therapeutische Debatte war unsere Methode, deutlich zu machen, welcher Preis für den Frieden gezahlt wurde, wer ihn zahlte und welche Alternativen denkbar waren.

Die Mutter erschien zur nächsten Sitzung mit einem spürbaren Gefühl der Erleichterung darüber, daß die Streitfragen, die für sie so schwer anzusprechen waren, nunmehr auf dem Tisch lagen. Man hatte ihr Gelegenheit gegeben, ihre Meinungsverschiedenheiten mit ihrem Mann zur Sprache zu bringen, ohne daß diese willkürlich abgetan wurden. Sie sagte, sie sei nicht länger bereit, ihre Tochter zu opfern, nur um den Frieden innerhalb der Familie zu wahren, und sie habe angefangen, sich mit ihrem Mann auseinanderzusetzen. Der Vater sagte, für ihn seien die Auseinandersetzungen »unangenehm, aber aufschlußreich«, und er willigte ein, zu den nächsten Sitzungen allein mit seiner Frau zu kommen, um ihre Konflikte weiter zu bearbeiten. In diesen Sitzungen konzentrierte ich mich auf das Beziehungsmuster zwischen den Eltern, dem zufolge die Mutter die Wünsche des Vaters befriedigte, ihnen eine Vorrangstellung einräumte, die eigenen Bedürfnisse leugnete und anschließend ihren Groll darüber wegsteckte. Der Vater war anfangs beunruhigt und abwehrend gegenüber den Vorstößen der Mutter, begann jedoch bald, die guten Seiten einer offeneren und stärker von Kooperationsbereitschaft getragenen Beziehung zu genießen. So sagte er zum Beispiel:»Es ist wirklich eine Erleichterung, daß ich weiß, was in ihrem Kopf vorgeht. Auch wenn ich es nicht gern höre, so kann ich mich doch direkt damit auseinandersetzen und brauche mich nicht zu fragen, warum sie ärgerlich ist.«

Als Vicki nicht mehr dem Druck ausgesetzt war, das Problem ihrer Eltern lösen zu müssen, konnte sie sich auf ihre Mutter und ihren Vater in unterschiedlicher Weise beziehen. Sie und ihre Mutter machten eine stürmische Zeit durch, da die Mutter sich nicht mehr länger genötigt fühlte, Vicki vor dem Vater zu beschützen, und ihr gegenüber eine festere Haltung einnehmen konnte. Sie kämpften es gemeinsam durch, aber die Auseinandersetzung erfolgte zwischen ihnen, ohne den Umweg über den Vater zu nehmen. Vicki war überrascht, wie stark ihre Mutter sein konnte, wenn sie sich erst einmal dazu durchgerungen hatte, eine bestimmte Position einzunehmen. Es war klar, daß sie Mutters Festigkeit bewunderte und respektierte, obwohl sie gegen sie ankämpfte. Schließlich war sie überzeugt, daß sie weder die Mutter noch den Vater länger manipulieren konnte, und sie paßte sich in die Schule ein. Als die Mutter beschloß, zurück zur Universität zu gehen, um das Examen nachzuholen, auf das sie früher verzichtet hatte, brachte Vicki ihren Stolz dadurch zum Ausdruck, daß sie ihr ein T-Shirt mit der Aufschrift »Nur Mut, Mom!« schenkte.

Zusammenfassung

Im vorliegenden Fall befand sich die Mutter in einem ausweglosen Dilemma. Wenn sie sich gegenüber ihrem Mann behauptete, riskierte sie, daß die Familie auseinanderbrach. Da Mütter darauf gedrillt sind, die Einheit der Familie zu gewährleisten, beschloß sie, auf die Erfüllung ihrer eigenen Wünsche zu verzichten und statt dessen die ihres Mannes zu erfüllen. Das schränkte ihre Fähigkeit ein, ihrer Tochter angemessene Grenzen zu setzen, die daraufhin stellvertretend für sie gegen den Vater und andere Autoritäten in ihrem Leben aufbegehrte. Es hätte sich angeboten, eine »überfürsorgliche« Mutter zu diagnostizieren, die die Autorität des Vaters untergrub. Statt dessen richteten die Therapeutinnen ihr Augenmerk auf das Machtungleichgewicht in der Ehebeziehung und waren der Mutter behilflich, ihre Meinungsverschiedenheiten mit ihrem Mann anzusprechen. Obwohl der Vater zunächst versuchte, die zwischen ihm und seiner Frau bestehenden Konflikte zu leugnen, war er schließlich erleichtert, als sie auf den Tisch gebracht wurden. Daraufhin verbesserten sich die Beziehungen zu seiner Frau wie auch zu seiner Tochter. Und als die Mutter in der Lage war, sich selbst zu helfen, hörte sie auf, der Tochter helfen zu wollen, und verhielt sich ihr gegenüber mit jener Festigkeit und Klarheit, die diese zu ihrer Orientierung benötigte.

Fallbeispiel
Die schlechte Mutter

Olga Silverstein

Der Feminismus hat viele Therapeutinnen gezwungen, einige ihrer Arbeitshypothesen zu überprüfen. Die folgende Darstellung illustriert den Zugang zu einem Fall, in dem man das wesentliche Ziel hätte darin sehen können, einer Tochter behilflich zu sein, sich von der Mutter zu lösen, die tatsächlich keine »gute Mutter« gewesen war. Es wäre natürlich unsinnig, anstelle früherer Aussagen über Mütter, sie seien samt und sonders »Gift« für die Kinder, verschlingend, aufdringlich, infantilisierend und so weiter, nunmehr »die« Mutter zu idealisieren und so aufs neue den Blick für die Realität zu verlieren. Dennoch kommt es vor, daß Frauen zu ihren Kindern grausam sind und ihre Fürsorgepflicht verletzen, vor allem gegenüber ihren Töchtern. Häufig bekämpfen wir in unseren Kindern das, was wir an uns selbst nicht akzeptieren können.

Wenn eine Mutter ihre Tochter ablehnt, sie seelisch oder körperlich mißhandelt, besteht die vom gesunden Menschenverstand (oder vom Gefühl) geleitete Reaktion der Umwelt häufig in der Empfehlung, beide so schnell wie möglich voneinander zu trennen. In ihren einleitenden Bemerkungen spricht Marianne Walters von der Freiheit für Mütter und Töchter, ihre Gleichartigkeit zu erleben, so daß sie sich auch mit ihren Unterschieden wohl fühlen können.

Die Verleugnung der Ähnlichkeit

Das im folgenden geschilderte Fallbeispiel demonstriert die entgegengesetzte Situation – eine junge Frau, die auf ihre Mutter und deren Lebensweise so gereizt reagiert, daß sie sich von ihr nicht nur völlig losgesagt hat, sondern auch jede Möglichkeit leugnet, der Mutter in irgendeiner Weise ähnlich zu sein. Indem sie sich als das Gegenteil ihrer Mutter sieht, schützt sie sich vor der Wahrnehmung bestimmter negativer Eigenschaften, die sie an sich selbst nicht akzeptieren kann. In diesem Fall war es wichtig, daß die Tochter auf ihrer Andersartigkeit bestand, bevor sie in die Lage versetzt wurde, irgendwelche Ähnlichkeiten mit ihrer Mutter zuzu-

133

geben; erst danach konnte sie damit beginnen, sich als eine Frau wertzuschätzen, die in vielen Dingen anders war als ihre Mutter, in mancher Hinsicht ihr jedoch auch sehr ähnlich.

Darstellung des Problems

Vor kurzem erhielt ich den folgenden Brief von einer Frau aus Chicago:

»Liebe Frau S.,
in meiner Verzweiflung wende ich mich an Sie. Von Bekannten, die therapeutisch tätig sind, habe ich gehört, daß Sie ein besonderes Interesse daran haben, Müttern und Töchtern zu helfen, die Probleme miteinander haben. Wir brauchen Hilfe.
Meine einzige Tochter (ich habe noch drei Söhne) wohnt seit drei Jahren in Denver. Etwa seit einem Jahr spricht sie nicht mehr mit mir. Sie antwortet nicht auf meine Briefe, und sie legt den Telefonhörer auf, wenn ich am Apparat bin. Ihrem Bruder hat sie gesagt, ich sei zu abhängig von ihr, und ihre Therapeutin habe ihr gesagt, ihre ›seelische Gesundheit‹ hänge davon ab, daß sie sich selbst behaupten kann. Ich bin außer mir.
Wenn Sie einverstanden sind, daß wir Sie aufsuchen, werde ich den Versuch machen, Susan zum Mitkommen zu bewegen. Wenn sie sich weigert (was wahrscheinlich ist), kann ich dann allein kommen?

Frau G.«

Die Wahl einer Strategie

Es kommt häufig vor, daß Mütter therapeutische Hilfe suchen, weil sie und ihre Kinder sich auseinandergelebt haben und sie sich wieder eine engere Beziehung wünschen. Wenn eine erwachsene Tochter sich jedoch von ihrer Mutter so entschieden losgesagt hat, wie es in diesem Brief zum Ausdruck kommt, ist anzunehmen, daß hier eine ernsthafte Störung der Beziehung vorliegt. Wenn eine Mutter dann ihre Tochter heftig verfolgt, wird diese sich am nächsten Laternenpfahl (sprich Freund, Therapeutin, berufliche Laufbahn) festbinden, um nicht das Gefühl zu haben, weggerissen zu werden. Im ersten Brief der Mutter erkennen wir bereits das Ausmaß des

Problems, da die Tochter von einer Therapeutin und von der Notwendigkeit gesprochen hat, ihre seelische Gesundheit zu bewahren. Wenn eine Therapeutin in einer derartigen Situation versuchen sollte, die Mutter bei der Verfolgung der Tochter zu unterstützen – und sei es auch nur durch vorsichtiges Zuraten zu kleinen Schritten –, wird dies die Tochter höchstwahrscheinlich nur noch weiter in die Flucht und im Extremfall sogar in den Selbstmord treiben. Mein Antwortbrief hatte folgenden Wortlaut:

»Liebe Frau G.,
wenn Ihre Tochter einwilligt, mit Ihnen zusammen hierherzukommen, dann sind Sie schon ein Stück weiter; versuchen Sie es also auf alle Fälle.

Wenn sie nicht mit Ihnen zusammen kommen will, dann sagen Sie ihr bitte, daß ich nicht mit Ihnen allein sprechen möchte, weil das wenig sinnvoll wäre, daß ich aber bereit bin, mit ihr allein zu sprechen.

Mit freundlichen Grüßen,
O. S.«

Wenn die Tochter zu einer Therapiesitzung allein kommt, dann liegt es an ihr, zu prüfen, wie weit sie sich zum gegebenen Zeitpunkt aus der Beziehung zu ihrer Mutter entfernen oder wie nahe sie ihr gerade noch bleiben will. Das Problem der Ablösung von der Mutter zeigt sich im Verhalten der Tochter sehr deutlich. Ich weiß, daß meine an die Mutter gerichtete Botschaft – »ich möchte nicht mit Ihnen allein sprechen, weil es wenig sinnvoll wäre« – an die Tochter weitergegeben wurde. Vielleicht findet sie diese beruhigend genug, um mich aufzusuchen.

Kurz nach diesem Briefwechsel erhielt ich mehrere Anrufe der Tochter aus Denver.

Tochter: Was will meine Mutter?
Therapeutin: Ich weiß es nicht genau.
Tochter: Warum läßt sie mich nicht in Ruhe?
Therapeutin: Sie ist Ihre Mutter.
Tochter: Meine Therapeutin sagt, es ist eine Falle, und ich werde wieder verschlungen.
Therapeutin: Schon möglich.

Tochter: Sie wissen ja nicht, wie schrecklich sie ist. Ich werde allein kommen.
Therapeutin: Einverstanden.

Ich wußte, daß längere Diskussionen mit der Tochter am Telefon eher von Nachteil waren, daß ich sie aber auch nicht drängen durfte, mich aufzusuchen, weil ich mich in ihren Augen damit auf die Seite ihrer Mutter gestellt hätte.
Ich achte sehr darauf, nichts zu sagen, das vermittelnd klingt. Wenn eine Tochter von ihrer Mutter sagt, »Sie wissen ja nicht, wie schrecklich sie ist«, hat sie recht: Ich weiß es tatsächlich nicht.

Die erste gemeinsame Sitzung

Zwei Wochen später – Mutter und Tochter hatten mit mir am Telefon ausgemacht, wann sie zusammen zu mir kommen wollten. Sie kamen pünktlich und trafen sich im Wartezimmer. Wir hatten zwei Termine vereinbart, den ersten an einem Freitagnachmittag, den zweiten am darauffolgenden Montagvormittag. Für das Wochenende hatte jede sich in einem anderen Hotel ein Zimmer genommen.
Susan war eine schmächtige, äußerst magere junge Frau. Mit ihren zweiunddreißig Jahren hatte sie sich wie eine High-School-Schülerin der frühen fünfziger Jahre angezogen: Sie trug einen buntkarierten Faltenrock, eine Baumwollhemdbluse und einen beigefarbenen Shetlandpulli. Sie trug kein Make-up. Sie begrüßte mich mit einem formellen Händedruck und sagte ihr »Hallo!« mit einer leicht verhauchten, leisen Stimme. Ihre Mutter war Anfang fünfzig und trug einen lavendelfarbenen Hosenanzug. Sie hatte etwa 30 bis 40 Pfund Übergewicht. Sie war sehr sorgfältig zurechtgemacht, und ihr insgesamt auffälliges Äußeres bildete einen scharfen Kontrast zu dem ihrer Tochter.
Die Sitzung am Freitag begann spannungsvoll. Die Mutter schilderte ein ziemlich chaotisches häusliches Leben. Sie hatte Susans Vater geheiratet, als sie achtzehn Jahre alt war, hatte ihn vier Jahre später verlassen und war dann zwei neue Ehen eingegangen, die beide geschieden wurden. Sie kicherte wie ein junges Mädchen, als sie sagte: »Ich such mir immer die falschen Männer aus.«
Während die Mutter erzählte, saß Susan steif da, die Hände auf dem Schoß gefaltet. Sie beschrieb dann, wie sie von der Mutter weg

nach Denver gezogen war. Nachdem ihre erste ernsthafte Freundschaft mit einem Mann in die Brüche gegangen war, begann sie eine Psychotherapie. Jetzt unterstützte ihre Therapeutin sie darin, sich von ihrer Mutter zu lösen. Susan weinte, als sie sagte, sie sei mittlerweile zweiunddreißig Jahre alt und kämpfe noch immer darum, sich »abzulösen«.

Deutung der Beziehung

Mutter und Tochter hatten bis zur zweiten Heirat der Mutter eine sehr enge Beziehung zueinander gehabt. Danach war die Mutter mehr für ihren (sehr fordernden) neuen Ehemann da. Innerhalb von drei Jahren hatte sie zwei Schwangerschaften und Geburten. Als diese Ehe endete, war Susan etwa vierzehn Jahre alt. Sie übernahm einen Großteil der Verantwortung für ihre beiden kleinen Brüder, da die Mutter längere Zeit unter einer erschöpfungsbedingten Depression zu leiden hatte.

Susans Schwierigkeit, sich einfach aus dem Lebenskreis der Mutter zurückzuziehen und sich zu sagen, wir passen nicht gut zusammen, oder ihre Unfähigkeit (nach jahrelanger Therapie), sich mit ihrer Mutter auseinanderzusetzen, gehen zum Teil darauf zurück, daß ihr die volle Einsicht in das Ausmaß ihrer Wut und ihres Gefühls, verraten worden zu sein, verwehrt ist. In einem Gesellschaftssystem, das der Beziehung einer Frau zu einem Mann einen besonders hohen Stellenwert zuweist, erschien das Verhalten der Mutter, die ihre Tochter zugunsten eines neuen Mannes vernachlässigte, sowohl ihr als auch der Tochter selbst durchaus angemessen.

Als diese Ehe ebenfalls in die Brüche ging, verließ sich die Mutter erneut auf Susan, von der sie Verständnis und Hilfe erwartete. Susan, nur allzu froh, ihre Mutter wiederzuhaben, übernahm bereitwillig erneut die Sorge für die Mutter und die beiden jüngeren Brüder.

Als die Mutter zum dritten Mal heiratete, verließ Susan, inzwischen neunzehn Jahre alt, das Haus, kümmerte sich jedoch weiterhin um die Brüder. Wieder war sie wegen eines Mannes vertrieben worden. Wie muß sie sich selbst und die Tatsache, eine Frau zu sein, erlebt haben? Darüber können wir nur Mutmaßungen anstellen. Daß sie den wie auch immer gearteten Kontakt, den sie mit ihrer Mutter gehabt hatte, vermißte, wird an ihrem Verhalten deutlich. Obwohl sie ihre Mutter nur noch selten sah, mußte sie fortwährend an sie denken. Etwa sieben Jahre später und nach der Geburt eines weiteren Sohnes ließ die Mutter sich abermals scheiden und versuchte erneut, die Verbindung zu ihrer Tochter wiederherzustellen.

Susan zog so weit weg von ihrer Mutter, wie sie nur konnte. Als sie sich dort zutiefst verloren und einsam fühlte und ihre Gedanken noch immer um ihre Mutter kreisten – manchmal in Wut, dann wieder so voll Sehnsucht, daß sie sich dessen schämte –, suchte sie eine Therapeutin in Denver auf. Diese war herzlich und einfühlend und bestärkte Susan in ihren Bemühungen, sich von ihrer unzuverlässigen Mutter zu lösen.»Sie will mich jetzt nur deshalb in ihrer Nähe haben, weil sie allein ist – auch wachsen die Jungen heran, und sie wollen nicht viel mit ihr zu tun haben.« Da Susan sich räumlich (wenn auch nicht emotional) immer weiter von ihrer Mutter entfernt hatte, rief sie sie kaum noch an, und schließlich hatte sie sie seit einem Jahr nicht mehr besucht. Als die Mutter Susan zunehmend bedrängte, brach diese mit Hilfe der Therapeutin den Kontakt völlig ab; bei Anrufen legte sie sogleich den Hörer auf, sie ließ Briefe unbeantwortet und schickte Geschenke zurück, kurz, sie verweigerte sich jeder Kontaktaufnahme.

Eine therapeutische Intervention

Am Ende der zweistündigen Sitzung, während der Mutter und Tochter nacheinander ihre Geschichte erzählten und Susan die Mutter häufig unterbrach, um ein Datum oder einen Sachverhalt richtigzustellen, machte ich folgenden Vorschlag:

»Es gibt ein langes Wochenende – es wird für Sie einsam und langweilig werden –, aber ich glaube, Sie haben gut daran getan, in zwei verschiedenen Hotels zu wohnen. Ich halte es für am besten, wenn Sie diese Zeit nicht miteinander verbringen, aber Sie sollen wenigstens eines tun: Bitte kaufen Sie jeweils einen großen Notizblock und machen Sie eine Aufstellung von all den Dingen, in denen Sie sich voneinander unterscheiden.« Diese Aufgabe war der Laternenpfahl, den ich Susan anbot, damit sie einen Halt gegen die Kräfte fand, die sie zu verschlingen drohten.

Susan: Ich weiß nicht genau, was Sie mit »unterscheiden« meinen.

Mutter: Na ja, zum Beispiel ich mag gerne Fritten mit Ketchup und du nicht – ist es das?

Therapeutin: Richtig.

Susan: Ich könnte zwei Blöcke vollschreiben.

Therapeutin: Gut, Sie haben das ganze Wochenende Zeit.

Am folgenden Montag kamen sie zusammen hierher. Wie zwei Verschwörerinnen bekannten sie, daß sie bis zum Samstagabend ihre Hausaufgabe leid geworden waren. Susan hatte ihre Mutter angerufen und ihr vorgeschlagen, gemeinsam ins Kino zu gehen. Am Sonntag aßen sie zusammen zu Mittag, und später gingen sie zusammen ins Theater. Sie machten beide einen weniger angespannten Eindruck.

Wer mit den Methoden meiner Arbeit näher vertraut ist, könnte auf den Gedanken kommen, daß meine Anweisung an Mutter und Tochter, die Zeit jeweils allein zu verbringen und über die zwischen ihnen bestehenden Unterschiede nachzudenken, eine paradoxe Intervention war, um die beiden wieder zusammenzubringen. Eine solche Absicht hatte ich jedoch nicht. Ich wußte, daß Susan die Erlaubnis brauchte, für sich zu bleiben, und daß ich ihre Mutter instruieren mußte, die Tochter allein zu lassen. Indem ich ihnen dieselbe Aufgabe zuwies, stellte ich beide auf dieselbe Ebene. In anderen Fällen, in denen es zu einer Rollenumkehrung gekommen ist, wird eine Therapeutin vielleicht versuchen, die Dinge dadurch einzurenken, daß sie die jüngere Frau auffordert, die ältere um Rat oder Hilfe zu bitten, um auf diese Weise die richtige hierarchische Ordnung zu wahren (ein Begriff, den wir von einer patriarchalischen Kultur übernommen haben). Im vorliegenden Fall war Susan jedoch nicht bereit, sich von ihrer Mutter »bemuttern« zu lassen. Ihre starke Abwehr gegen dieses Bedürfnis kam größtenteils in ihrer Wut und ihrer Entschlossenheit zum Ausdruck, »für sich« (*separate*) zu bleiben. Ich wollte an dieser Entschlossenheit nicht rütteln. Es ist mit zu hohen Risiken verbunden, einer zweiunddreißigjährigen Frau die Rolle eines Kindes zuzuweisen, um die Beziehung mit ihrer Mutter wiederherzustellen.

Susan hatte zweiundvierzig Seiten ihres Notizblocks vollgeschrieben, ihre Mutter lediglich fünf. Ich ließ sie abwechselnd vorlesen.

Die Mutter fing an:»Ich bin schlampig, Susan ist ordentlich.«
Darauf Susan:»Ich bin ordentlich, meine Mutter ist schlampig.«
Beim fünften Unterschied mußten sie beide lachen. Ich ließ sie
weiterlesen bis zum Schluß. In beider Wahrnehmung war Susan
eindeutig die überverantwortliche Erwachsene und die Mutter die
unverantwortliche. Danach schlug ich ihnen vor, sie sollten die No-
tizblöcke tauschen und während des bevorstehenden Sommers jeweils eine Woche lang einen bestimmten, als negativ vermerkten
Charakterzug auswählen und sodann versuchen, sich darin zu bessern. Im Spätjahr sollten sie mich dann wieder anrufen.

Als sie das Zimmer verlassen wollten, zog Susan ihr Scheckheft
aus der Tasche. Ich unterbrach sie mit der Frage:»Warum nehmen
Sie Ihrer Mutter die Arbeit ab?« Darauf sagte ihre Mutter:»Du be-
zahlst für den Freitag und ich für heute.« Wieder lachten beide.

Am Ende des Sommers rief Susan an und sagte mir, die vergangenen Wochen hätten ihr sehr gutgetan. Sie mußte immer wieder
einmal bei ihrer Mutter anrufen, weil sie nähere Erläuterungen für
das brauchte, was ihre Mutter aufgeschrieben hatte. Die Mutter
rief mich ebenfalls an und sagte, in den ersten Wochen habe sie sich
unerklärlich deprimiert gefühlt, aber nach und nach sei ihr klargeworden, was eigentlich in ihr vorging.»Susan und ich reden wirklich miteinander. Ich vermute fast, Sie wollten, daß ich erwachsen
werde. Ich bemühe mich nach Kräften.«

Erörterung der Beratung

Mit Unterstützung durch ihre Therapeutin in Denver, die mich bald
nach Susans Rückkehr anrief, war Susan in der Lage, die Beratung
bei mir dazu zu nutzen, die Schwächen ihrer Mutter deutlich als etwas von ihr selbst Getrenntes zu sehen. Ihre Anrufe bei ihrer Mutter betrafen jene Merkmale auf der Liste, durch die sie sich verwirrt fühlte. So hatte ihre Mutter etwa geschrieben:»Ich bin ein
sehr abhängiger Mensch, Susan ist sehr unabhängig.« Der Gedanke, daß ihre Mutter (oder sonstjemand) in ihr eine unabhängige
Person sehen könnte, machte sie zunächst ärgerlich, dann amüsierte er sie.

Die Mutter ihrerseits wurde mehr und mehr mit dem eigenen
Leben konfrontiert. Die Lektüre jener zweiundvierzig von Susan
beschriebenen Blätter bereitete ihr Schmerzen. Ihr früheres Muster,

die Flucht in eine neue Beziehung zu einem Mann, stand ihr mit ihren inzwischen einundfünfzig Jahren nicht mehr so einfach zur Verfügung. Sie war jetzt in Gefahr, ihre Tochter zu idealisieren und damit eine von Susans größten Befürchtungen zu bestätigen, nämlich zu abhängig von ihr zu werden. Ich äußerte ihr gegenüber, eine systemtheoretisch orientierte Therapeutin könne auch ihr helfen, und stellte eine entsprechende Überweisung aus.

Hätten mich diese Mutter und ihre Tochter zehn Jahre früher aufgesucht, dann wäre ich wahrscheinlich bereit gewesen, mit der Mutter einen Einzeltermin auszumachen, um ihr behilflich zu sein, die Tochter loszulassen. Ich hätte mit ihr über ihre Abhängigkeit von der Tochter gesprochen und darüber, wie wichtig es sei, die junge Frau ihr eigenes Leben leben zu lassen. Seitdem habe ich gelernt, daß das Vereinbaren eines Einzeltermins mit einer solchen Mutter den therapeutischen Prozeß behindert, wenn es um die Beziehung der Klientin zu einem ihrer Kinder geht. Die Tochter kann die Beziehung der Mutter zur Therapeutin als eine »Verschwörung« erleben, sie in die alte Beziehung zurückzuholen, und das wird sie um so weiter in die Flucht treiben. Andererseits bin ich bereit, mich unter den genannten Umständen allein mit der Tochter zu verabreden, weil ich damit die Unabhängigkeit respektiere, die für sie auf ihrer Distanz zur Mutter beruht. Danach kann ich ihr behilflich sein, den Unterschied zwischen Unabhängigkeit und Getrenntheit *(separation)* zu sehen.

Bei der Arbeit mit dieser Mutter und ihrer Tochter war es für mich wichtig, daß keine von beiden sich wegen der Vergangenheit schuldig fühlte oder rechtfertigte. Ich wollte einen Kontext herstellen, in dem Vorwürfe und Rechtfertigungen irrelevant waren und in dessen Rahmen jede der beiden Frauen ihre Unterschiede gegenüber der anderen respektieren und zugleich lernen konnte, manche ihrer Ähnlichkeiten zu erkennen und zu akzeptieren.

Ich möchte nicht behaupten, daß eine einzige Sitzung oder eine geschickte Intervention das Problem einer lebenslangen Beziehung lösen kann. Bevor die beiden Frauen mich aufsuchten, gab es längere Telefongespräche mit ihnen. Ich konnte beobachten, daß sich in ihrem Verhalten eine Veränderung vollzog. Sowohl die Mutter als auch die Tochter übernahmen die Verantwortung für ihre Beziehung, indem sie mich anriefen und den weiten Weg in meine Praxis zurücklegten. Ich sah meine Aufgabe darin, das zu bekräftigen, was bereits im Gange war, und ihm auf eine leicht dramatische Weise noch etwas nachzuhelfen.

In meinen langen Telefongesprächen mit Susan hatte ich erfahren, daß ihre *Wahrnehmung* einer Beziehung zu ihrer Mutter eine Verschmelzung bedeutete, und deshalb verfiel ich auf die Idee, sie alle Unterschiede aufschreiben zu lassen, die in ihren Augen zwischen ihr und ihrer Mutter bestanden. Es war eine sehr beruhigende Aufgabe für sie, weil sie so große Angst davor hatte, man könnte von ihr sagen, sie sei wie ihre Mutter. Deshalb füllte sie zweiundvierzig Seiten mit all den Dingen, in denen sie einen Unterschied zwischen sich und ihrer Mutter sah. Nachdem diese Aufgabe vollbracht war, konnte ich Mutter und Tochter behilflich sein, die zwischen ihnen bestehenden Ähnlichkeiten zu sehen und zu akzeptieren. Als beide sich zu ihren Unterschieden bekannten und sie in Ordnung fanden, riet ich ihnen, sich Aspekte auszusuchen, in denen sie einander ähnlich sein könnten.

Aber mehr ist mit therapeutischen Methoden nicht zu erreichen. Entscheidend ist die Sichtweise der Therapeutin. Ich behandle Fälle wie den hier geschilderten mit der festen inneren Überzeugung, daß die Beziehung zwischen Mutter und Tochter etwas sehr Wertvolles ist, das bekräftigt werden sollte. Wenn die Vergangenheit schmerzlich und schwierig war, dann muß auch das berücksichtigt und zur Sprache gebracht werden.

Die Begriffe der Individuation und Ablösung sind lange Zeit durcheinandergebracht worden, nicht nur in der therapeutischen Zunft, sondern auch im gesellschaftlichen Klima der USA der achtziger Jahre. Wenn es eine Tochter »nicht schafft«, mit Erreichen des zwanzigsten Lebensjahrs das angemessene Verhalten zu zeigen und ihr Elternhaus zu verlassen, wird dies oft von ihrer Familie, ihren Mitstudentinnen, Arbeitskolleginnen oder sonstigen beteiligten oder unbeteiligten Beobachtern als problematisch angesehen. Und umgekehrt wird der Wegzug einer Neunzehnjährigen aus der Wohnung der Eltern häufig als ein Schritt auf dem Weg zur Autonomie gedeutet.

Ganz ähnlich liegen die Dinge, wenn eine Mutter sich wieder verheiratet und ihre Tochter sich eine andere Wohnung in einer anderen Stadt sucht – auch das gilt als eine angemessene Geste der Ablösung. Systemtheoretisch orientierte Familientherapeutinnen verwenden gern den Begriff der Hierarchie, um der ehelichen Beziehung den Vorrang vor der Beziehung der Mutter zu den Kindern einzuräumen. In einer erneuten Ehe wird das Paar Mann-Frau häufig von allen Beteiligten besonders geschützt. Dieser Bewertung liegen die Annahmen zugrunde, daß (1) der Schutz der Mutter mit dem Schutz ihrer Beziehung zu einem Mann verknüpft ist; daß (2) eine gute Ehe sich in der einen oder anderen Form auch positiv auf die Kinder auswirken wird und daß (3) die Mutter oder der Vater und nicht das Kind der Klient ist.

Eine Ablösung kann im Alltagsverständnis des Begriffs als ein Sich-Entfernen verstanden werden. Susan hatte sich tatsächlich völlig abgelöst. Aber ihr war in keiner Weise die Bildung eines individuellen Selbsts gelungen, das unter anderem in der Lage ist, die eigenen Möglichkeiten als von denen eines anderen Individuums verschieden und dennoch mit ihnen verbunden wahrzunehmen. Individuation ist die Ausbildung eines individuellen Selbsts und kann nur im Kontext mit einem anderen Selbst erreicht werden.

Zwischenmenschliche Beziehungen sind zwangsläufig geprägt durch eine Ambivalenz der Bedürfnisse einerseits nach Nähe und andererseits nach Distanz, weil beides auch angstbesetzt ist. Im Verlauf des Individuationsprozesses müssen immer wieder neue Möglichkeiten erprobt werden, Nähe und Distanz miteinander auszubalancieren (Simon u. a., 1985). Das gilt ganz besonders für die Beziehungen zwischen Müttern und Töchtern.

3
Väter und Töchter

Betty Carter

Die Beziehung zwischen Vater und Tochter ist mit starken Ambivalenzen befrachtet. In Mittelschichtfamilien wünscht sich der Vater eine »erfolgreiche« Tochter, sieht jedoch nach wie vor eine Eheschließung als das wichtigste Ziel für sie an; sie will »unabhängig« sein, verwendet jedoch sehr viel Energie darauf, die Anerkennung des Vaters zu gewinnen, und wird wütend oder geht auf Distanz, wenn ihre Bemühungen in dieser Hinsicht vergeblich sind. Er gibt vielleicht ein Vermögen für ihre Ausbildung aus, ohne jedoch eine persönliche Leistung von ihr zu erwarten; sie bewundert unter Umständen viele seiner Leistungen und treibt später ihren Mann und ihre Söhne an – und nicht sich selbst –, es dem Vater darin gleichzutun. Er brüstet sich mit seiner Stärke und seinem Wissen, belohnt aber andererseits ihre Unterwürfigkeit und Abhängigkeit in der Beziehung zu ihm. Sie schätzt unmittelbare Gefühlsäußerungen, lernt jedoch gleichzeitig, daß sie bei ihrem Vater häufig mit Schmeicheleien und Verstellung weiterkommt.

Für den Vater wie für die Tochter haben diese Widersprüche mit den Veränderungen der Frauenrolle in den letzten Jahrzehnten nur noch zugenommen. Verständnisvolle Väter wurden noch unsicherer im Hinblick auf die Erwartungen und Hoffnungen, die sie legitimerweise auf ihre Töchter richten durften. Autoritäre Väter versuchen verzweifelt, an der Vergangenheit festzuhalten, um dadurch der Notwendigkeit zu entgehen, ihre eigenen Rollen als Antwort auf die Veränderungen ihrer Töchter neu zu definieren. Die Tochter wünscht sich ihrerseits, daß der Vater sogar jene Entscheidungen und Lebensweisen bei ihr anerkennt, von denen sie weiß, daß er sie nicht akzeptiert. Aber da sie sowohl Anerkennung als auch »Unabhängigkeit« erstrebt, wird sie vielleicht abweisend und hat Angst, über diese Entscheidungen mit ihm zu sprechen und seine wütende Mißbilligung zu riskieren; oder sie strebt nach »Autonomie« auf dem Weg über eine reaktive Trotzhaltung und Rebellion.

In den Familien der sozial Schwachen in den USA sind die Rollen sämtlicher Familienmitglieder so stark festgelegt und durch die Auswirkungen von Rassismus und Armut eingeschränkt, daß eine Erörterung der Familienbeziehungen ohne Berücksichtigung der verheerenden sozialen Verhältnisse unmöglich ist. In einem Milieu, in dem den meisten Familien der Zugang zu gesellschaftlicher und wirtschaftlicher Sicherheit versperrt ist, kann das Auftreten von gestörten Familienbeziehungen kaum noch überraschen. So fehlt zum Beispiel in vielen armen Familien der Vater, oder er ist schwach und ohnmächtig, die Töchter werden vielfach in komplementäre fürsorgliche Rollen gedrängt, oder sie bleiben unzugänglich *(distant)* und trennen sich innerlich von den Vätern.

Bezeichnenderweise sind es häufig gerade die besonders erfolgreichen und gesellschaftlich mächtigen Männer, die von ihren Frauen und Töchtern ein hohes Maß an Nachgiebigkeit und Unterwürfigkeit verlangen. In der Oberschicht wird das strenge Regiment des Vaters vielfach durch die Wohltat des materiellen Überflusses verbrämt und tritt deshalb außerhalb der Familie als Problem kaum in Erscheinung. Der autoritäre Stil des Vaters wird von der Gesellschaft damit entschuldigt, daß er ein sehr wichtiger Mann und sehr beschäftigt ist und deshalb das Entgegenkommen von anderen verdient.

Töchter aus allen gesellschaftlichen Schichten, die in Familien aufwachsen, in denen die Väter aus welchen Gründen auch immer physisch oder emotional nicht zur Verfügung stehen, entwickeln häufig negative und herablassende Haltungen gegenüber Männern und verlegen ihre Energien auf die lohnenderen Familienbeziehungen mit ihren Müttern oder Geschwistern, oder sie phantasieren sich einen »Traummann«, nach dem sie sich sehnen und auf der Suche sind.

Die Psychologie hat wenig dazu beigetragen, den schmerzhaften Übergang, der mit den sich ändernden Rollen von Frauen sowohl innerhalb der Familie als auch in der umfassenderen Gesellschaft verbunden ist, für uns verständlicher zu machen – im Gegenteil, sie hat die daraus entstandene Verwirrung im allgemeinen nur noch erhöht. Sowohl innerhalb der Fachdisziplin als auch im Urteil der breiten Bevölkerung war man weitgehend der Meinung, der Vater sei der Schlüssel zum Erfolg der Tochter in der Liebe und in der Arbeit, den beiden wichtigsten Bereichen im menschlichen Leben.

Nach dieser Vorstellung werden Frauen, deren Beziehungen zu ihrem Vater weniger als angemessen sind, wahrscheinlich Schwierigkeiten haben, Nähe auszuhalten, werden sich ungeeignete Freunde, Liebhaber oder Ehemänner suchen, werden sexuelle Probleme haben, vielleicht lesbisch werden, sich vielleicht bald wieder scheiden lassen oder überhaupt niemals heiraten. Wenn es die Väter sind, die an allen diesen Problemen schuld sein sollen, dann fragt man sich, warum so viele Frauen ihren Müttern die Schuld für das geben, was aus ihnen geworden ist. In unserer patriarchalischen Kultur hat es gelegentlich den Anschein, daß ein Erfolg der Tochter dem Vater gutgeschrieben wird, während ihre Mißerfolge auf das Konto der Mutter gehen.

Macht

Die Frage des Machtgefälles in den Vater-Tochter-Beziehungen ist als Problem schwer zu benennen, weil hier weitgehende Übereinstimmungen mit den Werten der Gesamtgesellschaft bestehen.

In einer Welt, die auf Macht beruht und in der das Männliche höher geschätzt wird als das Weibliche, befinden sich Vater und Tochter an den entgegengesetzten Enden des Spektrums, wobei er die meiste und sie die wenigste Macht hat. Von dieser Position aus hatte der »gute Vater« traditionell die Aufgabe, seine Tochter vor anderen Männern zu schützen. Während jener geschichtlichen Zeit, über die uns schriftliche Quellen vorliegen, gab es jedoch zumeist keinen, der die Tochter vor dem Vater schützte, wenn dieser seine Macht mißbrauchte. Mütter und Töchter lernten deshalb, seine Launen und Bedürfnisse zu erahnen, sie nach Möglichkeit zu befriedigen, um keinen Ärger bei ihm aufkommen zu lassen, den er an ihnen auslassen würde.

In der historischen Vergangenheit konnten die Töchter sich glücklich schätzen, wenn sie von ihren Vätern ausreichend beschützt und versorgt wurden, bis diese sie einem Ehemann »übergaben«, auf den dann auch die bisherigen väterlichen Pflichten übergingen. Während des größten Teils der Geschichte waren es erst die Väter und später die Ehemänner, welche alle Entscheidungen trafen, die das Leben der Tochter angingen, von der Kindheit bis ins hohe Alter. (Falls der Ehemann vor ihr starb, ging die Entscheidungsbefugnis an einen Sohn über.) Die wirklich erstaunliche

Erkenntnis für uns besteht darin, wie wenig und nicht wie sehr sich diese Muster bis in die Gegenwart hinein verändert haben.

Häufige Dreiecke

Im folgenden werden einige typische Verstrickungen zwischen Vater und Tochter skizziert.

Pygmalion

Stellen wir uns einen Vater vor, der sich mit seiner Mutter über irgend etwas zerstritten hat und dessen Frau sich auf die eine oder andere Weise seinen Versuchen widersetzt, sie zu kontrollieren, und der nunmehr in seiner Tochter die letzte Möglichkeit sieht, »wie ein Mann behandelt« zu werden, was immer das für ihn bedeuten mag. Bedeutet es die ständige Fähigkeit, zu helfen und zu versorgen, dann wird er positiv auf seine Tochter reagieren, wenn sie diese Eigenschaften dadurch in ihm auslöst, daß sie sich entsprechend unterwürfig, schwach, abhängig und bedürftig gibt. Im Gegensatz dazu ist sie nicht »weiblich« und behandelt ihn nicht wie einen Mann, wenn sie ihren Brüdern nacheifert und ehrgeizig oder widerspenstig erscheint. Wenn es dem Vater gelingt, diese Botschaft in seine Tochter einzupflanzen, dann wird sie in die Rolle einer »perfekten Ehefrau« hineinwachsen – abhängig und unterwürfig.

Tauziehen

Ein Problem, von dem viele Töchter betroffen sind, besteht darin, daß sie in dem Machtkampf zwischen Mutter und Vater auf die Seite des Vaters gezogen werden. Die Väter tun das ihrige, ihre Töchter in diese Situation zu bringen, indem sie ihren kritischen Bemerkungen über die Mutter beipflichten oder Geheimnisse mit ihnen teilen, von denen die Mutter ausgeschlossen ist, oder wenn sie sich gegenüber der Mutter als Beschützer der Tochter aufspielen und sich für ein größeres Verständnis ihr gegenüber einsetzen. Väter, die mit Hilfe der letzteren Methode über ihre Frauen »triumphieren«, tragen nicht nur zu Schwierigkeiten zwischen Mutter und Tochter bei, sondern gewöhnen ihren Töchtern auch an, auf einen Retter angewiesen zu sein. Eine Variante dieses Dreiecks, für das besonders die älteste Tochter anfällig ist, kommt zustande, wenn der Vater der Mutter»unterliegt« und wenn seine Niedergeschlagenheit oder seine Klagen in der Tochter den Reflex auslösen, sich emotional seiner anzunehmen. Auch dieses Dreieck führt zu einem Konflikt zwischen Mutter und Tochter, nur daß Vater und Tochter die Plätze getauscht haben: Jetzt ist der Vater das »Opfer«, das bei der Tochter »Rettung« sucht.

Spielt der Vater im ehelichen Machtkampf den »Tyrannen« und die Mutter die »Friedenstifterin«, dann wird die Tochter häufig in die Rolle der Rebellin gedrängt und widersetzt sich dem Vater auf eine Weise, wie es die Mutter nie wagen würde, oder sie unterwirft sich genauso, wie die Mutter es tut.

Mein Herz gehört Daddy

Dieses Dreieck aus Vater, Tochter und Freund, Liebhaber oder Ehemann der Tochter ermöglicht dem Vater, im Kampf um die Zuneigung der Tochter über seine Rivalen zu »triumphieren«. Er kann diesen Sieg unter entsprechender Mitwirkung aller Beteiligten auf unterschiedliche Weise erringen.

Er kann auf der Grundlage gemeinsamer geschäftlicher, finanzieller oder Machtinteressen ein starkes Bündnis mit seinem Schwiegersohn eingehen, und die beiden Männer können gemeinsam Entscheidungen treffen, um »auf sie aufzupassen«. Oder er kann seinen Schwiegersohn kritisieren und bekämpfen und die Tochter damit in einen Loyalitätskonflikt bringen, der ihre Ehe gefährdet. Oder er kann den »Eindringling« einfach ignorieren und weiterhin wie bisher gute Ratschläge erteilen, ihr Geschenke machen und jene Aufmerksamkeit fordern, die beweisen soll, daß er noch immer »die Nummer eins in ihrem Leben« ist.

Steig auf das Podest und bleib dort stehen!

Bei diesem Dreieck sind der Vater und andere Männer bemüht, die Arbeit, das Geld und die Macht auf der Welt mit der Begründung für sich zu behalten, daß es für Frauen »zu schwer«, »zu schmutzig« oder »zu hart« sei, die ihrerseits »zu sensibel«, »zu zerbrechlich« oder »zu gut« für die Politik oder die Arbeitswelt seien. In diesem Dreieck wird die Tochter als Lehrling in die Obhut der Mutter gegeben, die »über allem steht« und vorzugsweise »heilig« ist und die Tochter darauf vorbereitet, eine »gute Ehefrau« für einen der Günstlinge des Vaters und eine »gute Mutter« für die Söhne und Töchter der nächsten Generation zu sein.

Berufstätigkeit: Anrecht oder Anmaßung?

Alle Fragen der Macht, Autorität, des Rechts und der Erwartungen laufen für Väter und Töchter im Problem der *beruflichen Tätigkeit* zusammen.

Auf der Seite des Vaters kommen entscheidend seine Erwartungen ins Spiel. Er mag von seiner Tochter erwarten, daß sie berufstätig sein wird, nicht aber, daß sie einen anspruchsvollen Beruf anstrebt. Wenn sie eine Stelle annimmt, erwartet er von ihr häufig, daß sie diese aufgibt, sobald sie ein Kind bekommt, daß sie sich auf Teilzeitarbeit oder auf eine ehrenamtliche Tätigkeit umstellt, die ihr Familienleben nicht »beeinträchtigt«. Im schlimmsten Fall kritisiert er die von ihr gewählte Tätigkeit und bedrängt sie so sehr mit Ratschlägen und Vorschlägen, daß sie sich schuldig fühlt und einen Loyalitätskonflikt erlebt.

Für die Tochter kreisen die entscheidenden Fragen um ihren Anspruch. Habe ich ein Recht darauf, meine Träume und Ziele zu verfolgen, selbst wenn sie den Erwartungen meines Vaters entgegenstehen? Brauche ich seine Einwilligung? Seine Hilfe? Seine Anerkennung? Und wenn ich sie brauche, wie kann ich sie erlangen oder wie kann ich ohne sie zurechtkommen? Die Verwirklichung des Anspruchs der Tochter, ihre eigenen Ziele zu verfolgen, hängt von vielen Faktoren ab. Ist der Vater der einzige in der Familie mit einem »richtigen« Beruf und war dies schon immer so, dann sind sein Einfluß und seine Verantwortung auf diesem Gebiet gegenüber der Tochter tatsächlich sehr groß. Er kann ihr den Weg ins Berufsleben ebnen, oder er kann den Beruf für sie zu einer Quelle ständiger innerer Konflikte machen. In der Welt und der Gesellschaft von heute kann sie wahrscheinlich auch ohne die Zustimmung und Anerkennung des Vaters erfolgreich sein, aber um den Preis einer zusätzlichen Belastung und einer starken Beeinträchtigung ihrer Beziehung zum Vater.

In einer Untersuchung an fünfundzwanzig weiblichen leitenden Angestellten in den USA stellten Hennig und Jardim (1978) folgende gemeinsame Merkmale fest:

1. Alle diese Frauen waren entweder die Älteste von mehreren Geschwistern oder ein Einzelkind.
2. Sofern sie kein Einzelkind waren, hatten sie höchstens zwei Geschwister, und zwar nur Schwestern (d. h., es gab keine Söhne in diesen Familien).
3. Alle hatten eine »typische« (d. h. eine gute) Beziehung zur Mutter gehabt.
4. Alle hatten eine »atypische« Beziehung zum Vater gehabt (d. h., dieser hatte ein ungewöhnlich starkes Interesse an ihrer Entwicklung gezeigt und sie unterstützt).
5. 92 Prozent der Mütter hatten eine vergleichbar hohe berufliche Qualifikation wie der Vater; dreizehn von fünfundzwanzig Müttern hatten eine akademische Bildung.

Da man einen beruflichen Erfolg der Kinder in der Regel den Vätern und nicht den Müttern zugute hält, sind die Autorinnen, die diese Untersuchung diskutieren, ausführlich auf den vierten Punkt in der Aufzählung eingegangen, während die Punkte 2, 3 und 5 im allgemeinen ignoriert oder nur knapp behandelt wurden (McGoldrick, 1984). Es ist überwiegend immer noch nicht bekannt, daß sich der berufliche Erfolg von Söhnen und Töchtern wesentlich zuverlässiger aus dem beruflichen Status der Mutter als dem des Vaters prognostizieren läßt (Lozoss, 1974).

In seinem Buch *Fathers and Daughters* (1981) behauptet William Appleton, ein Psychiater, der monatlich eine Kolumne für die Zeitschrift *Cosmopolitan* schreibt, Frauen bräuchten für den Erfolg die Hilfe und Anleitung ihres Vaters beim Eintritt ins Arbeitsleben; von ihm würden sie lernen, daß ihre Leistung einer kritischen und nicht nur einer nachsichtigen Beurteilung standhalten muß, daß es etwas anderes ist, nach oben zu kommen als nur eben zurechtzukommen; daß man geachtet und nicht nur beliebt sein muß. Dr. Appletons Ratschlag erfolgte sicherlich in bester Absicht, klingt jedoch verdächtig nach einer Empfehlung: Wenn wir Frauen beruflich erfolgreich sein wollen, sollten wir mehr wie die Männer denken und handeln, sollten lernen, die Welt der Arbeit im selben Konkurrenzstil zu bewältigen, den die Männer dort fest eingeführt haben.

Das also ist das Dilemma einer Tochter: Mit oder ohne Unterstützung durch den Vater – kann sie das »Rattenrennen« mitmachen, ohne selbst eine Ratte zu werden (Janeway, 1982)? Die feministische Autorin Elizabeth Janeway hat die Meinung vertreten, wenn mehr Frauen in Machtpositionen in der Wirtschaft und Politik gelangten, erhöhe sich die Chance, weibliche Wahrnehmungs- und Verhaltensweisen in das System einzuführen und die Arbeit stärker zu humanisieren, so daß am Ende Männer und Frauen den Platz der »Ratten« einnehmen würden. Die gesellschaftliche und politische Aufgabe, der sich demnach die Töchter von heute gegenübersehen, besteht also darin, genügend Macht zu erobern, um das System gerechter zu machen, zu einem System mit gleicher Bezahlung und gleichen Möglichkeiten, mit gleitender Arbeitszeit und ausreichend vielen Kindertagesstätten, zu einem System, das es Männern und Frauen ermöglicht, zu gleichen Teilen beruflich *und* in der Familie tätig zu sein.

Um diese Probleme innerhalb konkreter Familien verstehen und um therapeutisch wirksam arbeiten zu können, muß die Therapeutin sich stets den historischen, gesellschaftlichen, wirtschaftlichen und politischen Kontext vor Augen halten, innerhalb dessen die Probleme zwischen Vätern und Töchtern entstehen und am Leben erhalten werden. Wenn wir den enormen Einfluß der gesellschaftlichen Ebene des Systems nicht berücksichtigen, dann entgehen uns die Voraussetzungen, auf denen Väter und Töchter ihr Verhalten aufbauen, und wir werden dazu neigen, das Problem zu pathologisieren oder den Vätern oder den Töchtern die Schuld an Verhaltensweisen und Einstellungen zu geben, die ihnen von der Gesellschaft beigebracht wurden und die von ihr stets aufs neue bekräftigt werden. Bei den nun folgenden klinischen Fallbeispielen behalten Sie bitte immer den gesellschaftlichen Kontext im Auge, der auf einer höheren Ebene die einzelnen Familiensysteme organisiert.

Dysfunktionale Beziehungsmuster zwischen Vater und Tochter

Die folgende Erörterung behandelt vier hauptsächliche, das Familienleben beeinträchtigende Beziehungsmuster zwischen Vater und Tochter: die abgebrochene, die distanzierte *(distant)*, die verstrickte und die perverse Beziehung. Jedes dieser Muster kommt in konfliktträchtigen und konfliktarmen Spielarten vor; es sollte jeweils als Teil eines Dreiecks statt einer reinen Zweierinteraktion aufgefaßt werden, und es beschränkt sich nicht immer auf die Kernfamilie, sondern kann prinzipiell auch mehrere Generationen umfassen. Wir dürfen nicht vergessen, daß selbst diese begriffliche Einheit (das Mehrgenerationendreieck) eine reduzierte Betrachtung des Beziehungsproblems darstellt, das in Wirklichkeit in einem wesentlich komplexeren Familiensystem samt seinen Mitgliedern, Regeln und Themen verankert ist. Und jenseits der Ebene der Familie unterliegt die Beziehung zwischen Vater und Tochter natürlich den Einflüssen des vielfältigen Geflechts und der Gebote des sozialen, kulturellen und politischen Systems, das die Familie formt. Die hier vorgetragenen Formulierungen stellen einen begrifflichen Zugang zu dem Problem dar und keine erschöpfende Analyse. Mein theoretischer Bezugsrahmen beruht auf der Familiensystemtheorie nach Bowen, die in der Weise verändert oder ergänzt wurde, daß sie auch den Faktor der Geschlechtszugehörigkeit und deren Verbindungen mit jenen sozialen Werten berücksichtigt, in denen das Familiensystem verankert ist.

Die abgebrochene Vater-Tochter-Beziehung

Die Systemtheorie nach Bowen und die feministische Theorie sind sich einig in der großen Bedeutung emotionaler Verbundenheit und der Dysfunktion, die sich aus dem Unterbrechen oder völligen Abbrechen bedeutsamer Familienbeziehungen ergibt.

Abbruch der Beziehung durch den Tod. Wenn die Tochter zum Zeitpunkt des Todes ihres Vaters noch sehr jung ist, wird er aller Wahrscheinlichkeit nach in ihrer Phantasie auch weiterhin einen starken Einfluß auf ihr Leben ausüben. In einer solchen Situation geschieht es häufig, daß die Tochter den Vater idealisiert und in Gedanken eine ungetrübt vollkommene Beziehung mit ihm aufrechterhält. Je stärker die Idealisierung des Vaters, desto mehr können negative Empfindungen auf die Mutter gerichtet werden, die letztlich »auch nur ein Mensch« ist. Und wenn die Mutter sich wieder verheiratet, dann besteht natürlich eine extrem hohe Wahrscheinlichkeit eines starken Konflikts zwischen der Tochter und dem

Mann, der versucht, den Platz ihres Vaters einzunehmen. Dieses Beziehungsgeflecht läßt sich durch das folgende Genogramm darstellen

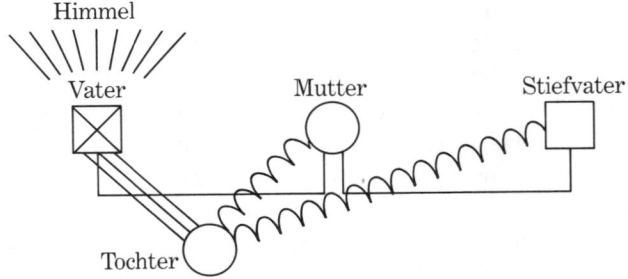

Ein Genogramm (Familiendiagramm) ist eine graphische Darstellung der Familienstruktur und des emotionalen Prozesses im Lauf der Zeit. Entwickelt wurde es von Murray Bowen, und unter Therapeutinnen ist es zu einer gebräuchlichen Methode zur Darstellung von Familien geworden. Meine Version des Genogramms findet sich in allen in diesem Buch von mir vorgestellten Fallbeispielen. Bowen verwendet andere Symbole, um andere Aspekte zu kennzeichnen. (Vgl. M. McGoldrick und R. Gerson, *Genograms in Family Assessment*, New York 1985.)

Zu einem vollständigen Genogramm gehören:

1. Namen und Alter aller Familienangehörigen.
2. Genaue Daten von Geburt, Eheschließung, Trennung, Scheidung, Tod und anderen bedeutsamen Lebensereignissen.
3. Eintragungen über Berufstätigkeit, Wohnorte, Krankheiten und Veränderungen im Lebenslauf.
4. Informationen über mindestens drei Generationen.

Legende zu wichtigen Symbolen:

Männlich: ☐   Weiblich: ◯   Tod: ⊠ oder ⊗

Eheschließung: Ehemann links, Ehefrau rechts ☐‒‒‒◯

Kinder: in der Reihenfolge ihrer Geburt von links nach rechts.

Beispiel:
Erstes Kind (Tochter):

Zweites Kind (Sohn):

Häufige Varianten:
Eheähnliches Zusammenleben: ☐‒‒‒◯   Eheliche Trennung: ☐‒/‒◯
Ehescheidung: ☐‒//‒◯

distanziert   verbunden   emotional   konfliktreich
(distant)   intensiv

153

In diesen ineinandergreifenden Dreiecken wird der Vater als Idealgestalt bewahrt, die Tochter nimmt gegenüber dem Stiefvater die
Haltung ein »Du bist nicht mein Vater«, und die Mutter ist in der
Mitte gefangen. Das Vertrackteste an dieser Situation besteht
darin, daß über den Vater wahrscheinlich nicht allzuoft geredet
wird, so daß die Erwachsenen keine Ahnung von der phantasierten
Beziehung der Tochter zu ihm haben. Und praktisch jeder – positive oder negative – Schritt des Stiefvaters auf die Tochter zu wird
von dieser aus Loyalität zu ihrem »wirklichen« Vater hartnäckig
abgewehrt.

Eine Veränderung dieser Situation läßt sich dadurch erreichen,
daß Mutter und Stiefvater ermutigt werden, mit der Tochter darüber zu sprechen, wer und wie ihr Vater eigentlich war oder, wenn
die Tochter erwachsen ist, sie zu instruieren, wie sie Näheres über
ihn herausfinden kann. Sie muß ihn quasi wiederauferstehen lassen, um ihn dann ein für allemal begraben zu können. Das bedeutet, daß die Tochter an die Stelle ihres phantasierten Idealbildes
eine Vorstellung von ihrem Vater setzen muß, wie er wirklich war,
mit seinen Stärken und Schwächen, seinen guten Seiten und seinen
Mängeln. Sie muß über seinen Verlust in ihrem Leben trauern und
dann seinen Tod auf eine konkrete Weise anerkennen (etwa durch
einen Gedächtnisgottesdienst oder ein anderes Ritual), so daß sie
sich von ihm lösen und ihr Leben allein weiterleben kann. Das kann
bedeuten, einen Stiefvater zu akzeptieren, wenn sie jünger ist,
oder später die üblichen Unzulänglichkeiten eines Ehemannes zu
akzeptieren, statt die realen Männer in ihrem Leben mit einem unmöglich heroischen Idealbild eines Mannes zu vergleichen, das aus
gesellschaftlichen Mythen über Männer und Väter zusammenge-
setzt ist. Paradoxerweise verbindet sie sich gerade dadurch, daß
sie ihren toten Vater auf ein menschliches Maß zurückführt, emotional mit der Person, die er wirklich war, und befreit ihre innere Beziehung von totaler Entstellung.

Abbruch der Beziehung durch eine Scheidung. Manche Scheidungen haben einen Abbruch der Beziehung zwischen Vater und Tochter zur Folge. Wenn die Tochter zum Zeitpunkt der Scheidung noch
ein Kind war, ist es wahrscheinlicher, daß sie mit einer negativen
Haltung dem Vater gegenüber aufwächst. Anders als die Tochter,
deren Vater gestorben ist, wird sie für seine Abwesenheit keine

154

andere Erklärung finden als die, daß sie ihm gleichgültig ist. Da die Eltern sich getrennt haben, ist die Chance gering, daß die Tochter von ihrer Mutter etwas Gutes über den Vater zu hören bekommt; das Gegenteil ist wahrscheinlicher.

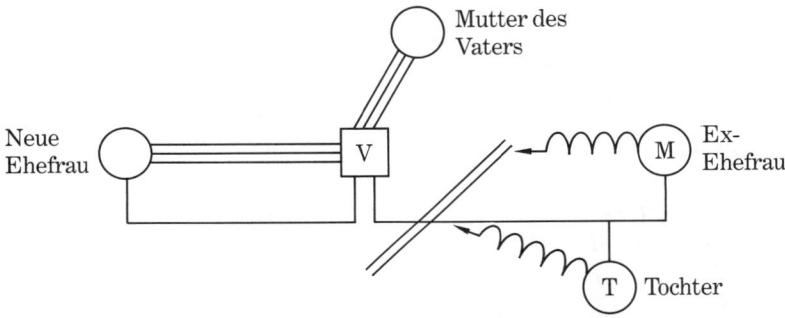

In ihrer Wut auf den Vater sind Mutter und Tochter innerlich miteinander verbündet, und falls die beiden keine sonstigen Beziehungen zu Verwandten oder Bekannten pflegen, besteht alle Aussicht, daß die Tochter die Rolle der emotionalen Fürsorgerin übernehmen wird. Da die Intensität der übrigen Bindungen bei jeder der beiden Parteien des Beziehungsabbruchs mehr oder weniger dessen Intensität entspricht, kann der Vater beispielsweise eine intensiv abhängige Beziehung zu seiner Mutter oder zu einer neuen Frau haben, die dazu beiträgt, daß der Bruch auf seiner Seite fortbesteht, so wie der Groll von Mutter und Tochter auf der anderen Seite den Bruch am Leben erhält. Eine Auflösung dieses Dreiecks wie im ersten Beispiel läßt sich bewerkstelligen, wenn die Tochter die Verbindung zum Vater wiederaufnimmt, um ihren Zweifeln und Phantasien im Hinblick auf sich selbst und ihre Geschichte ein Ende zu machen.

Dabei wird die Tochter allerdings nicht auf einen Geist treffen, den sie austreiben kann, sondern auf eine lebendige Person, mit der sie in Beziehung treten muß. Und obwohl diese Person ihr biologischer Vater ist, wird er für sie ein Fremder sein. Wie alle Adoptivkinder, die sich auf die Suche nach ihren leiblichen Eltern begeben, wird jeder, der einen seit langem verlorenen Vater aufsucht, die Entdeckung machen, daß damit zwar bestimmte Probleme ein Ende haben, sich dafür jedoch neue Probleme auftun, zum Beispiel, in welcher Weise sich ihre Beziehung tatsächlich entwickeln wird. Denn auch wenn es stimmt, daß ihre biologische Verwandtschaft für beide eine besondere Bedeutung hat, so ist es doch allein der Prozeß, füreinander »dazusein«, der aus ihnen auch gefühlsmäßig Vater und Tochter macht.

Die distanzierte Vater-Tochter-Beziehung

In diesem Muster kann die Tochter ihren abweisenden Vater entweder positiv oder negativ erleben.

Positiv erlebtes Muster. In US-amerikanischen Familien ist das Muster, bei dem die Tochter (vor allem als Älteste oder als Einzelkind) gegenüber dem abweisenden Vater warme Gefühle und gegenüber der Mutter, der sie eigentlich nähersteht, negative Empfindungen hegt, eines der häufigsten Familiendreiecke. Einer der Gründe hierfür ist die Tatsache, daß viele Väter einen Großteil ihrer Energie und Aufmerksamkeit auf ihre berufliche Tätigkeit verwenden und ihren Frauen die mühselige Arbeit der Kindererziehung fast ganz allein überlassen. Schuldgefühle oder mangelnde Vertrautheit mit dem Wust an häuslichen Problemen führen beim Vater dazu, die Rolle des »netten Jungen« zu spielen, während die Mutter die Dumme ist. Außerdem leidet der »distanzierte, aber sympathische« Vater unter den emotionalen Konsequenzen, die sich daraus ergeben, daß er seiner Mutter gegenüber die gesellschaftlich vorgeschriebene Rolle des »höflichen, aber reservierten« Sohnes eingenommen hat.

In diesem Szenario kann die Beziehung zwischen den Eltern konfliktreich oder pseudokameradschaftlich sein.

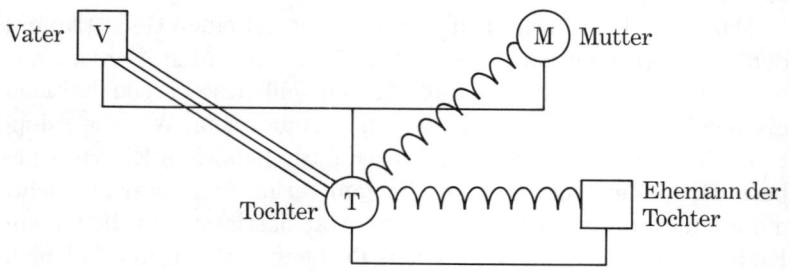

156

Je blockierter die Kommunikation in der Familie ist, desto verdeckter ist das Bündnis Vater-Tochter und desto unbestimmter und ungeklärter dessen Grundlage. Die Tochter hegt die Überzeugung, ohne daß sie dafür konkrete Anhaltspunkte hätte, daß sie Vaters liebstes Kind ist oder daß er sie der Mutter vorzieht oder daß sie ihrem Vater in den Dingen ähnlich ist, die ihre Mutter aufbringen. Sie sind heimliche Verbündete mit einer unausgesprochenen Bindung, und die Tochter stellt sich auf eine Weise gegen die Mutter, wie es der Vater nie tun würde. Sie nimmt es als gegeben an, daß ihr Konflikt mit der Mutter ihn nicht wirklich verärgert; ganz im Gegenteil. Wenn die Verstimmung der Mutter natürlich so weit geht, daß sie für ihn zum Problem wird, dann gibt die »vereinigte Front« der Eltern der Tochter plötzlich zu verstehen, daß sie zu weit gegangen ist. Je konfliktreicher die Beziehung der Tochter zur Mutter ist, desto mehr verstärken sich ihre herzlichen Gefühle der Sympathie für den Vater, der sich »von der Mutter soviel gefallen lassen muß«. Wenn man sie fragt, welchem der beiden Eltern sie sich näher fühlt, wird sie den Vater nennen, weil sie ihre Empfindung eines Bündnisses fälschlich für Nähe hält. Im allgemeinen wird man feststellen, daß sie fast nichts von ihrem Vater oder seiner Familie weiß. In diesem Dreieck hat die Tochter kaum einen Blick für die gegenseitige Abhängigkeit der Eltern, und das Dilemma der Mutter ist wegen des Dreiecks nicht sichtbar. Häufig wählen Töchter in dieser Position des Familiendreiecks später einen Ehemann, der sie an ihren »guten, alten Daddy« erinnert, um dann in ein konfliktreiches eheliches Muster zu verfallen, bei dem sie gegenüber dem Ehemann ihre Beziehung mit dem ihr näheren Elternteil – der Mutter – wiederholt.

Die Tochter hat von der Auflösung dieser Situation viel zu gewinnen. Wenn sie ihren Vater als eine Person mit menschlichen Schwächen kennenlernt und in ihm nicht mehr einen »Heiligen« oder ein »Opfer« sieht, so verringern sich ihre Spannungen mit der Mutter und dem Ehemann, und ihre Beziehungen zu beiden verbessern sich dadurch fast von selbst. Wenn die Tochter nach und nach entdeckt, in welchen Punkten sie dem Vater ähnlich ist, kann sie sich offen mit ihm identifizieren, statt ihrer Mutter Vorwürfe zu machen, daß sie den guten Seiten ihres Daddys nicht gerecht werde, und ihrem Ehemann vorzuwerfen, er werde denselben Seiten an ihr nicht gerecht.

157

Negativ erlebtes, distanziertes Muster: Bei dieser Variante verbündet sich die Tochter heimlich mit der Mutter und hat sehr negative Gefühle für den distanzierten Vater.

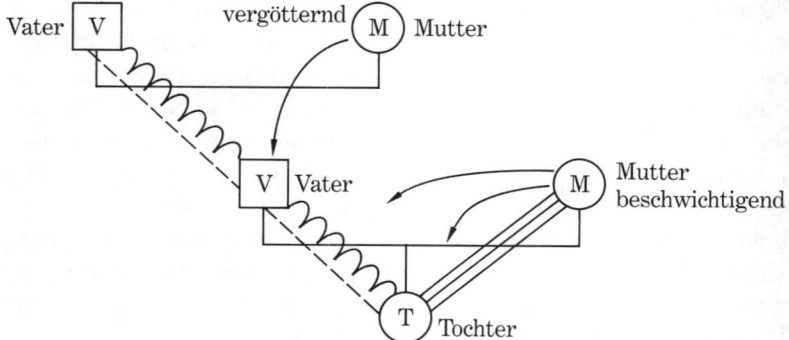

In einer typischen Reihe von Dreiecken, die dieses Muster veranschaulichen, wird der Vater irgendwo auf der Skala zwischen »Boß« und »Tyrann« übermäßig stark die Verantwortung übernehmen. Möglicherweise hat er eine enge Beziehung zu seiner ihn abgöttisch liebenden Mutter und hat deshalb frühzeitig gelernt, von den Menschen, die ihm nahestehen, Unterwürfigkeit oder die Befriedigung seiner Wünsche zu erwarten. Seine Frau akzeptiert seine Dominanz, besänftigt ihn, wenn er aufgebracht ist, und kümmert sich im allgemeinen nur vordergründig um die Kinder. Die Tochter, der die Mutter leid tut und die mit ihr verbündet ist, hegt dem Vater gegenüber Groll und Verachtung. Sie macht ihm innerlich Vorwürfe, weil er ihrer Mutter und ihr selbst nicht mehr zu geben hat. Der Vater hingegen nimmt wenig Anteil an ihrem Leben, und da sie einander so reserviert gegenüberstehen, kann die zwischen Tochter und Vater bestehende Spannung durchaus verdeckt bleiben, solange die Tochter heranwächst. Sie denkt all das Negative über ihren Vater, von dem die Mutter nicht einmal träumen würde. Sie wird kalt und abweisend sein, sich weigern, ihn zu besänftigen, und sich seinen häufig barschen und taktlosen Versuchen widersetzen, ihr einen Ratschlag zu geben oder den Aufpasser zu spielen. In der Praxis einer Familientherapeutin werden die Distanziertheit des Vaters und seine mangelnde Anteilnahme als »normal« angesehen, während die warme Beziehung zwischen

Mutter und Tochter verdächtig nach »Übernähe« aussieht und zum Thema der therapeutischen Arbeit gemacht wird. Wenn die Tochter das Elternhaus verläßt, wird sie weiterhin so abweisend sein, wie es die Umgangsformen gerade noch zulassen. Wird sie jedoch einer zu starken Belastung ausgesetzt, dann kann es sein, daß die so spannungsgeladene Beziehung mit dem Vater zu einem offenen Konflikt wird oder daß die Tochter die Beziehung abbricht. Der Film »Am goldenen See« liefert ein hervorragendes Beispiel für dieses Beziehungsmuster sowie für eine Lösungsmöglichkeit. Die Mutter (Katherine Hepburn) ermutigt die Tochter (Jane Fonda), sich mit ihrem Vater (Henry Fonda) auszusprechen, von dem sie sich innerlich grollend zurückgezogen hat und mit dem sie jeden Kontakt abbrechen will. Der Vater hatte nie vermocht, zu seiner Tochter eine wirkliche Beziehung herzustellen. Die Tochter sieht den Grund ihrer Schwierigkeiten mit dem Vater darin, daß er sich eigentlich einen Sohn gewünscht habe und sie nicht liebe. Die Tochter zeigt auf ihn, wie er in einiger Entfernung mit ihrem jungen Stiefsohn angelt und seine Freude daran hat. Die Mutter macht sie darauf aufmerksam, daß der Vater alt ist und nicht mehr lange leben wird, und die Tochter beschließt, noch einmal zu versuchen, ihn emotional zu erreichen.

Zunächst geht sie auf ihn zu und macht sich verletzbar. Sie erzählt ihm wichtige persönliche Neuigkeiten – daß sie geheiratet hat. Zu ihrer großen Überraschung – in einer distanzierten Beziehung kennen sich die Partner meist kaum gut genug, um die Reaktionen des anderen richtig vorherzusagen – reagiert der Vater positiv. Jetzt unternimmt die Tochter noch etwas, das sie früher nicht getan hätte. Statt wie bisher darauf zu bestehen, daß ihr Vater seine Art ihr gegenüber ändert, indem er etwa das Gespräch mit ihr sucht oder sich für ihre Welt interessiert, akzeptiert die Tochter den Vater so, wie er ist, und nähert sich ihm auf seine Weise. Sie erinnert ihn daran, daß er früher immer versucht hat, ihr einen Kopfsprung vom Dreimeterbrett beizubringen, ohne daß dieser ihr jemals richtig gelang. Jetzt will sie ihm zeigen, daß sie es kann.

Die Bereitschaft der Tochter, den Machtkampf um die Frage zu beenden, wer von beiden sich ändern müsse, und auf ihren Vater in einer Weise zuzugehen, die er wahrscheinlich verstehen und schätzen wird, ist ihr Schritt zur Reife. Ein solcher Schritt konnte nicht getan werden, solange er als eine »Kapitulation« aufgefaßt wurde, als was er einem rebellischen Teenager oder einer jungen Frau erscheinen konnte; noch konnte ihn eine Tochter tun, die von Gefühlen der Kränkung, Ablehnung oder Wut überwältigt war, mit denen sie früher auf die Versuche des Vaters reagiert hat, auf seine Art einen Zugang zu ihr zu finden. Jetzt, da sie das Bedürfnis aufgegeben hat, ihren Kampf mit ihm zu »gewinnen«, ist sie bereit, seine sprachlose, auf den Sport bezogene Art als seine beste oder einzige Möglichkeit wahrzunehmen, auf sie zuzugehen. Es ist zu hoffen, daß sie diese Anstrengung als einen Schritt zur eigenen Differenzierung unternimmt und nicht, um die Mutter zu beschwichtigen oder ihren Daddy glücklich zu machen, bevor er stirbt.

Als der Vater ihr zum Abschied seine alte, auf dem College im Kunstspringen erkämpfte Medaille schenkt, geschieht dies mit einem unausgesprochenen, aber spürbaren tiefen Gefühl, und sie nennt ihn nicht mehr Norman, sondern Dad. Die Tochter hat ihre Einstellung zum Vater geändert, statt weiterhin darauf zu bestehen, daß er den Anfang machen muß. Sie sucht seine Unterstützung und eine Verbindung zu ihm durch die Metapher des Kopfsprungs, den er ihr hatte beibringen wollen, und er reagiert positiv und verwendet dieselbe Metapher, indem er ihr seine Medaille schenkt. Ihr nunmehr enger gewordenes Verhältnis wird mit einer Umarmung besiegelt, und indem sie ihren Vater »Dad« nennt, macht die Tochter kenntlich, daß sie ihn so nehmen kann, wie er ist, daß sie ihn akzeptiert.

Das ist ein Beispiel dafür, wie ein Beziehungskonflikt, der mit Problemen der männlichen Sozialisation zusammenhängt, auf einer persönlichen und familiären Ebene gelöst werden kann. Anders ausgedrückt, sexistische gesellschaftliche Werte, die bei einem Vater zu einer Enttäuschung darüber führen können, daß sein einziges Kind eine Tochter ist, oder die es ihm erlauben, so distanziert und unflexibel zu bleiben, daß er keine geeigneten Möglichkeiten erkennen kann, einen Zugang zu seiner Tochter zu finden, können auf einer persönlichen Ebene verstanden und vergeben werden, auch wenn man sie auf einer gesellschaftlichen Ebene nicht verzeihen kann. Unter vergleichbaren realen Verhältnissen wäre zu hoffen, daß jetzt, nachdem die Tochter den Bruch mit ihrem Vater gekittet hat – indem sie ihre Bereitschaft signalisierte, sich in seine Welt zu begeben und sie zu akzeptieren –, auch der Vater mit Hilfe von außen Möglichkeiten findet, seinerseits ihre Welt zu betreten und mit seiner Tochter auf jene Art und Weise eine Verbindung herzustellen, die für sie von besonderer Bedeutung ist.

Verstrickte Vater-Tochter-Beziehung

Bei den Beziehungsmustern der Verstrickung sind Vater und Tochter in stillem Einvernehmen oder im Konflikt stärker miteinander verbunden als jeweils mit der Mutter.

Konfliktarme Variante: »*Daddys kleines Mädchen*«. Bei der konfliktarmen Variante des Verstricktheitsmusters hat der Vater die Tochter zu seiner Verbündeten gemacht und ist deshalb von großem Einfluß in ihrem Leben. Wie bei anderen gestörten Mustern besteht eines der folgenschwersten Merkmale dieser Variante darin, daß sie in der Regel von der Tochter als vorteilhaft empfunden wird und vom Vater auch gut gemeint ist. Ihre problematischen Aspekte können damit der Mutter (und der Therapeutin) verborgen bleiben, weil dieses Muster von allen Vater-Tochter-Beziehungen dem gesellschaftlichen Ideal am nächsten kommt. Und so geht der Handel: Daddy gibt der Tochter alles, was er ihr nur geben kann, und als Gegenleistung wird sie niemals seine Autorität zurückweisen oder in Frage stellen. Anders ausgedrückt: Mit dieser Haltung kann sie zwar alt, aber niemals erwachsen werden.

Im elterlichen Dreieck können Vater und Mutter sich über die Erziehung der Tochter streiten, wobei die Mutter sich ausgeschlossen fühlt und grollt; oder die Mutter fügt sich den Wünschen des Vaters und wird für ihre Tochter eher wie eine Schwester statt eine Mutter sein, so daß Mutter wie Tochter in gleicher Weise auf die Wünsche, Belohnungen und Bestrafungen des Vaters reagieren. In beiden Fällen wurde der Tochter ein Rosengarten versprochen. Sie wurde systematisch darauf vorbereitet, ohne jegliche Anstrengung von ihrer Seite – abgesehen von einem unterwürfigen Verhalten – ein gutes und glückliches Leben zu erwarten.

Ernst wird es für Daddys kleines Mädchen erst in ihrer Ehe, wo die Wahrung eines harmonischen Verhältnisses von mehreren Faktoren abhängt: 1. von dem, was Daddy von ihrem Ehemann hält; 2. davon, ob der Mann sie ähnlich verwöhnt, wie ihr Vater das tut, und 3. davon, ob der Ehemann die Autorität ihres Vaters akzeptiert oder ob er von ihr verlangt, daß sie dessen Spitzenposition in

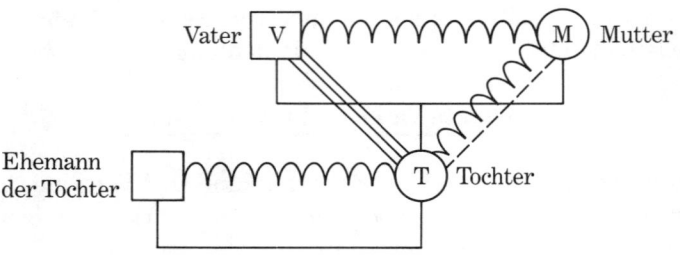

Frage stellt. Doch selbst wenn es zu keinem Konflikt kommen sollte, machen doch die Leere und Einsamkeit im Leben der Tochter, die älter wird, ohne erwachsen zu werden, diese anfällig für psychosomatische Symptome und für eine übermäßige Abhängigkeit von ihrem Mann und den Kindern. Wenn Daddys kleines Mädchen auf ihre *Midlife-crisis* oder auf die Frauenbewegung in der Weise reagiert, daß sie versucht, für ihr Leben selbst die Verantwortung zu übernehmen, dann wird sie den größten Teil der Schuld an ihrem kindähnlichen Status ihrem Ehemann aufbürden, und dieser sitzt plötzlich vor dem Scheidungsrichter, ohne den leisesten Schimmer zu haben, wo überhaupt das Problem liegt. Und die Tochter geht vielleicht zurück zu ihrem Daddy oder verläßt sich ganz auf seine finanzielle und emotionale Unterstützung, ohne sich auch nur im mindesten klarzumachen, daß dieses Verhalten nicht gerade ein Zeichen dafür ist, daß sie »die Verantwortung für ihr Leben selbst übernommen« hat. Zahlreiche Ehescheidungen werden von Frauen betrieben, die keinerlei Mittelweg kennen, sich gegenüber ihrem Ehemann zu behaupten, da sie nie die Möglichkeit hatten, sich mit ihrem Vater auseinanderzusetzen. Eine Therapie für Daddys kleines Mädchen muß mit einem ausgedehnten »Selbstbehauptungstraining« beginnen, begleitet von einer Versöhnung zwischen Mutter und Tochter.

Die konfliktreiche Variante. In diesem extrem häufigen Beziehungsmuster der Verstricktheit ist der Vater wieder einmal der Boß, während die Mutter in der Regel eine besänftigende oder schlichtende Rolle übernimmt, wenn es um ihre eigene und die Beziehung der Tochter zum Vater geht. Hier hat die Tochter jedoch manche Ähnlichkeiten mit der Mutter, über die der Vater sich ärgert, und sie zeigt ihm auch deutlicher ihren Widerstand. Möglicherweise weigert sie sich auch, die Wünsche des Vaters in derselben Weise zu erfüllen, wie er es von früher gewöhnt ist.

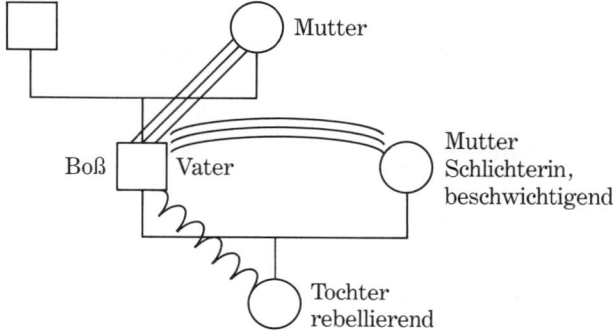

Solange die Tochter noch ein Kind ist, greift der Vater direkt oder über die Mutter sehr stark in ihr Leben ein. Während der Adoleszenz, wenn ihre wachsende Unabhängigkeit seine Rolle bedroht, steigert der Vater seine Bemühungen, sie zu kontrollieren, und die Tochter reagiert mit verstärkter Rebellion. Sie ist sich bewußt, daß die Mutter im Kampf gegen den Vater häufig stillschweigend auf ihrer Seite steht, wodurch noch Öl ins Feuer gegossen wird. Obwohl das Bündnis zwischen Mutter und Tochter verdeckt sein kann, hat die Tochter ein irgendwie geartetes Bewußtsein davon, daß sie in der Auseinandersetzung mit dem Vater nicht nur ihre eigene Sache, sondern auch die der Mutter vertritt. Was ihr allerdings völlig entgeht, ist ihr eigenes heimliches Einverständnis mit dem Vater insofern, als ihn ihre Auseinandersetzung mit ihm davor schützt, den Konflikt mit seiner Frau auszutragen.

Das Hauptrisiko für die Tochter besteht darin, daß sie einen Großteil ihres Lebens damit verbringt, genau das Gegenteil von dem zu tun, was ihr Vater von ihr will, ohne wirklich herauszufinden, was sie für sich selber will. Die Hauptgefahr für den Vater besteht darin, daß er die Beziehung zu seiner Frau vernachlässigt, während er sich ganz der Auseinandersetzung mit der Tochter widmet, und sie dann ebenfalls verliert, wenn sie sich mit zunehmendem Alter von ihm zurückzieht oder sich ganz von ihm trennt.

Das konfliktreiche Muster ist für die meisten Töchter schwerer aufzulösen als ein Rückzugsmuster. Erstens hat sie durch ihre unverblümte Äußerung ihrer Wut gegenüber einem Mann eines der stärksten Tabus für Frauen verletzt, und sie wird sich deshalb sehr schlecht fühlen, auch wenn sie nach ihrer Meinung noch so sehr Grund dazu hatte. Zweitens haben sich Vater und Tochter in der Hitze des Gefechts so viele kränkende Bemerkungen an den Kopf geworfen, daß ihrer beider Beschwerdekatalog schier endlos ist. Am gravierendsten wirkt sich jedoch aus, daß der Konflikt einen Machtkampf bedeutet, so daß der Verzicht auf eine Fortsetzung dem Eingeständnis einer Niederlage gleichkäme. Die Therapeutin steht bei einer Tochter, die sich aus einer solchen Konfliktbeziehung lösen will, vor der schwierigen Aufgabe, die notwendigen Schritte irgendwie als einen »Sieg« zu deuten. Sie könnte etwa sagen: »Wird Ihr Vater nicht völlig verblüfft sein, wenn Sie plötzlich bei ihm auftauchen und glücklich und erfolgreich und nicht mehr niedergeschlagen und erledigt aussehen?«

Perverse generationenübergreifende Muster

Bei diesen Vater-Tochter-Beziehungen kommt es zu einer so weitgehenden Verwischung oder Negierung der zwischen den Generationen und einzelnen Personen gezogenen Grenzen, daß selbst die fundamentalsten elterlichen Verpflichtungen gegenüber den Kindern ignoriert oder verletzt werden. Hierzu gehört unter anderem jedes Verhalten eines Vaters, das nicht einmal den Mindesterfordernissen genügt, um das gedeihliche Aufwachsen, den Individuationsprozeß und die Entwicklung seiner Tochter zu fördern.

Inzest. Inzest, das letzte Familiengeheimnis, war bis vor kurzem auch ein gesellschaftliches Geheimnis – viele oder überhaupt die meisten Fälle werden nicht bei der Polizei angezeigt, und die meisten Menschen, einschließlich vieler Sozialarbeiterinnen, Psychotherapeutinnen, Kinderärztinnen und Psychiaterinnen, verschließen die Augen vor der Tatsache, daß Inzest in allen gesellschaftlichen Schichten ein relativ weit verbreitetes Phänomen ist.

Einige empirische Ergebnisse:
1. Nach Conte (1984) sind Erwachsene, die Kinder sexuell mißbrauchen, nur in 8 bis 10 Prozent der Fälle Fremde. 47 Prozent der Täter sind Familienangehörige des Kindes, und weitere 40 Prozent sind den Kindern, aber nicht immer auch den Familienangehörigen

bekannt. 80 Prozent der Opfer sind Mädchen, 80 Prozent der Opfer sind weniger als zwölf Jahre alt, und die Opfer kommen aus den unterschiedlichsten sozialen Schichten.

2. Herman und Hirschman (1977) haben verschiedene Untersuchungen in den Vereinigten Staaten und Europa zusammengefaßt, aus denen hervorgeht, daß 90 Prozent der angezeigten Inzestvergehen von Vätern an ihren Töchtern verübt wurden. In 5 Prozent der Fälle waren die Söhne das Opfer des Vaters, in 4 Prozent das der Mutter, während in 1 Prozent aller Fälle andere Familienangehörige, wie zum Beispiel Bruder, Schwester, Onkel, Tante, die Täter waren.

3. Eine weitere, von Herman und Hirschman (1977) durchgeführte Untersuchung über den Inzest zwischen Vätern und Töchtern ergab, daß die meisten Opfer die älteste Tochter oder ein Einzelkind waren, daß die Inzesthandlungen an ihnen erstmals vorgenommen wurden, als sie zwischen sechs und neun Jahre alt waren, und im Durchschnitt drei Jahre andauerten. Im allgemeinen kommt es bei inzestuösen Praktiken mit Töchtern vor Erreichen des Adoleszenzalters nicht zu Geschlechtsverkehr, aber es sind nichtsdestoweniger offen sexuelle Handlungen, und selbst die jüngsten der betroffenen Mädchen empfinden sie sehr bald als etwas Unrechtes und Beschämendes.

4. Die meisten Töchter sind sich der Macht ihres Geheimnisses und des Risikos für die Familie bewußt, wenn es bekannt würde. Wenn sie sich einer dritten Person anvertrauen, dann in der Regel nicht der Mutter, sondern einer Autoritätsperson außerhalb der Familie. Gewöhnlich sind es weder der Vater noch die Mutter, die ein Inzestvergehen bei der Polizei anzeigen.

Von der Psychiatrie und der Psychotherapie wurde bisher als Erklärung für den Inzest am häufigsten ein Fehlverhalten der Mutter angeführt, und in manchen Aufsätzen zu diesem Thema wird auch ein »verführerisches Äußeres« der Tochter, unabhängig von ihrem Alter, genannt. Von den Müttern der Opfer heißt es, sie hätten gewisse negative Persönlichkeitsmerkmale und seien nicht in der Lage, ihre Tochter zu schützen, da sie den Inzest zunächst leugneten und ihn später nicht bei der Polizei anzeigten (McIntyre, 1981). Selbst wenn im Einzelfall tatsächlich mindestens einer dieser Faktoren nachweisbar wäre, so sind sie doch in keiner Weise eine ausreichende oder auch nur wesentliche Erklärung für das Inzest-symptom, bei dem fast immer ein Familiendreieck aus Vater, Toch-ter und einem oder beiden Eltern des Vaters eine wichtige Rolle spielt. Dieses Dreieck, das den Vater mit dem Elternteil verbindet, von dem er selbst in seiner Kindheit mißbraucht wurde, sollte nicht als »abgeschlossene Geschichte« aufgefaßt werden, sondern zutref-fender als ein intensives, schwelendes, fixiertes perverses Be-ziehungsmuster, auf das der Vater in der Gegenwart noch immer reagiert. Wenn der Vater den Mißbrauch zugegeben hat und emp-fänglich für eine Therapie ist, dann sollte diese sich weit mehr auf seine ungelösten Konflikte mit den eigenen Eltern als auf die gegen-wärtigen Familienbeziehungen konzentrieren, da erstere für sein Inzestverhalten von viel größerer Bedeutung sind. Die Suche nach den Gründen für das Verhalten des Vaters kann dieses natürlich in keiner Weise entschuldigen oder ihn aus seiner persönlichen Ver-antwortung dafür entlassen, ganz im Gegenteil. Aber auf der Ebene der Familie hat das bisherige unzureichende Verständnis des Problems vielfach dazu geführt, die Mutter oder sogar das Kind, das Opfer des Inzests, zum Sündenbock zu machen. Die Beschränkung auf die Struktur der Kernfamilie hat häufig den Blick auf das Chaos in der erweiterten Familie und seinen starken und bis in die Gegen-wart anhaltenden Einfluß auf den Täter versperrt, so daß auch die therapeutischen Strategien in die falsche Richtung gingen.

Darüber hinaus liefert das Inzestmuster ein hervorragendes Beispiel dafür, wie unzureichend der in der klinischen Psychologie übliche Ansatz ist, den Inzest hauptsächlich durch innerseelische und interpersonelle Phänomene zu erklären und/oder therapeu-tisch zu beeinflussen. Wie Conte (1984) und andere bemerkt haben, läßt sich das Problem des Inzests nicht von seinem umfassenderen kulturellen Kontext und den gesellschaftlichen und politischen Idealen trennen, die ihm den Weg ebnen. Gesellschaftlich ist unsere patriarchalische Kultur mit ihrem historischen Muster der Männerherrschaft unmittelbar mit dem Inzestproblem verknüpft, seit jeher nur eine von vielen Formen des Mißbrauchs, denen Kinder als das rechtliche Eigentum ihrer Väter ausgesetzt waren. In unserer »aufgeklärteren« Zeit wird diese Tradition der Unter-jochung durch den Vater auf subtilere Weise dadurch aufrechterhal-ten, daß die Gesellschaft nach wie vor eine Familienstruktur zum

Ideal erklärt, in der die Verantwortung beim Vater liegt und die Mutter und die Kinder sich seinen Wünschen fügen, obgleich heute nicht einmal mehr die ökonomische Grundlage für diese Struktur gegeben ist.

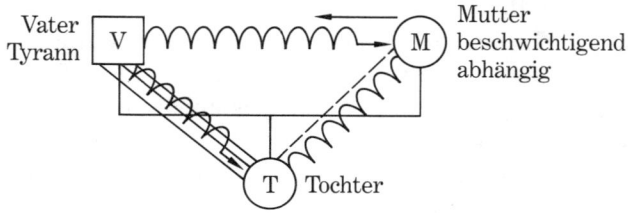

Vater
Tyrann

Mutter
beschwichtigend
abhängig

T) Tochter

Das Inzestmuster wird in der Kernfamilie ausgelöst, wenn zwei emotional verarmte und emotional abhängige Eltern versuchen, jene Rollen zu spielen, die eine patriarchalische Gesellschaft ihnen zugewiesen hat: Er ist aufbrausend und sie unterwürfig; sie besänftigt ihn hilflos, während er Forderungen stellt; er schüchtert sie durch Drohungen ein oder schlägt sie, und sie zieht sich zurück. Wenn diese häusliche Tyrannei zur völligen Isolierung beider Eltern geführt und eine Distanz zwischen Mutter und Tochter erzeugt hat, fängt er an, seine Tochter zu belästigen, und nennt es »Liebe«. *Im Lauf der Zeit wird dies zu einem zwanghaften Verhalten, das durch Spannungen der verschiedensten Art im Leben des Vaters – innerhalb und außerhalb der Familie – ausgelöst werden kann.*

Auf der individuellen Ebene versucht der Vater sich einzureden, daß dieses belästigende Verhalten keinen Schaden anrichte. Wenn die Mutter einen Verdacht schöpft oder dahinterkommt, steckt sie in einem ähnlichen Dilemma wie die Frau eines Alkoholikers: Soll sie sich und ihre Kinder ins Chaos und vielleicht sogar ins Elend stürzen, oder soll sie versuchen, daran zu glauben, daß es nicht wieder vorkommt? Ähnlich wie im Fall des Alkoholikers und seiner Frau kann sie ihrem Mann gegenüber jahrelang leere Drohungen ausstoßen, ihn zu verlassen, während er immer wieder sein Versprechen bricht, sich zu ändern, statt daß beide ihre Ehe beenden, von der sie sich so abhängig fühlen. Auch die Tochter kennt die Macht des Geheimnisses und ist sich bewußt, daß sie durch ihr Schweigen die Familie zusammenhalten, sie möglicherweise aber auch zerstören kann, wenn sie ihr Schweigen bricht. Deshalb wird sie in der Regel das Geheimnis jahrelang oder auf immer für sich behalten. In beiden Fällen hat sie jahre- oder lebenslang damit zu kämpfen, daß sie auf diese Weise die Betrogene ist.

Hält das Inzestverhältnis noch an, so ist eine erfolgreiche Therapie nur möglich, wenn der Vater in Haft genommen und/oder einem Programm zur Behandlung von Sexualtätern überwiesen wird, bis er genügend Einsicht und Bereitschaft zeigt, sich therapeutisch behandeln zu lassen. Es wird mit Sicherheit zu keiner Veränderung innerhalb einer gegebenen Familie kommen, solange der Vater nicht die persönliche Verantwortung für sein Verhalten übernimmt, darin tatsächlich ein Problem sieht und den Wunsch hat, es zu ändern. *Unabhängig von den systemischen Faktoren, die zu dem Problem beitragen, liegt die Verantwortung für das betreffende Verhalten beim Täter, und eine Änderung erfordert grundsätzlich dessen persönliche Bereitschaft zur Mitarbeit.* Wie beim Alkoholismus, bei sonstigem Drogenmißbrauch und anderen zwanghaften Verhaltensweisen wird sich so lange nichts am Symptom ändern, wie es vom Symptomträger nicht als ein Problem akzeptiert wird. Jede Einzel- oder Familientherapie, die sich des Problems in der herkömmlichen Weise annimmt und erwartet, der Mißbrauch werde als Ergebnis der therapeutischen Sitzungen eingestellt werden, wird selbst zu einem Bestandteil des Problems.

Die Wiederherstellung einer positiven Mutter-Tochter-Beziehung ist wichtig für die Behandlung in Inzestfällen und sollte in der Regel in der Therapie als erstes in die Wege geleitet werden. Bei der Ehebeziehung wird es darum gehen, ein neues Gleichgewicht herzustellen, wobei der Vater einen Teil seiner Macht an die Mutter abgeben und diese bereit sein muß, diese Macht auch zu übernehmen. Der letzte Schritt wird vermutlich in der Heilung der beschädigten oder zerstörten Vater-Tochter-Beziehung bestehen, soweit dies noch möglich ist.

Während also Mitleid, Verständnis, Versöhnung und Vergebung zwischen einzelnen Personen und innerhalb der Familie akzeptable Möglichkeiten zur Lösung des Problems sind, reichen sie auf der gesellschaftlichen Ebene nicht aus. Institutionen und gesellschaftliche Werte müssen vielmehr in einer Weise geändert werden, daß Gewalt, Verrat und Ausbeutung der schwachen Frau durch den mächtigen Mann nicht länger die Werte sind, welche die Gesellschaft anfälligen Familien anzubieten hat.

Körperliche und verbale Mißhandlung. Die körperliche Mißhandlung eines Kindes gehört zu den Familiensituationen, die am schwersten nachvollziehbar oder zu behandeln sind, weil sie einen so tiefen Abscheu in uns hervorrufen. Es ist fast unmöglich, gegenüber den Tätern und Verantwortlichen eine neutrale, sich jedes Urteils enthaltende Position einzunehmen. Andererseits weiß man heute, daß entgegen der landläufigen Meinung, Kindesmißhandlungen würden überwiegend von seelisch gestörten Menschen begangen, weniger als zehn Prozent der Eltern, die ihre Kinder mißhandeln, psychotisch sind (*Social Work*, Januar 1978).

In einem typischen Dreieck einer Familie, in der es zu Kindesmißhandlungen kommt, kann sich die Gewalttätigkeit des Vaters ebenso gegen seine Frau wie gegen seine Tochter richten, und gewöhnlich mißhandelt er auch seine Frau.

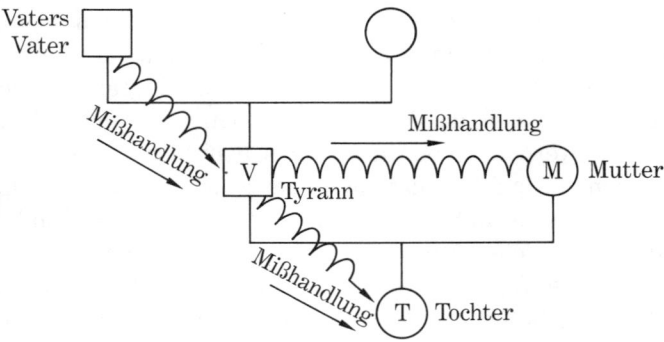

In diesem Muster wurde bereits der Vater als Kind von seinem Vater mißhandelt und versteht männliche Rollen als die eines »Macho« oder eines kleinen Tyrannen. Häufig besteht ein offener und anhaltender Konflikt zwischen dem Ehemann und seiner Frau, in den die Tochter mit hineingezogen wird. Unabhängig von den näheren Umständen, unter denen ein Vater seine Tochter zum erstenmal schikaniert, ihr eine Strafpredigt hält, sie bedroht oder schlägt – die negative Reaktion seiner Frau provoziert ihn und setzt einen Teufelskreis weiterer Eskalationen auf beiden Seiten in Gang, bis es zu einer Explosion kommt. Sobald dieses Muster durch Wiederholung eingefahren ist, kann es durch jede Spannungssituation in der Familie oder innerhalb des sozialen Beziehungsgeflechts der Familie ausgelöst werden. Und unabhängig davon, wer dieses

Muster jeweils ausgelöst hat, der Ablauf endet jedesmal damit, daß die Tochter geschlagen oder gedemütigt und die Mutter dadurch vom Vater besiegt wird. Wie beim Ehemann, der alkoholsüchtig ist oder seine Frau schlägt, folgen diesem Zyklus die üblichen leeren Drohungen der Frau und die leeren Versprechungen des Mannes.

Unabhängig davon, ob die Person, von der die Mißhandlungen verübt wurden, einer Therapie zustimmt oder nicht, muß bei körperlicher Mißhandlung zumindest in den Vereinigten Staaten aufgrund einer gesetzlichen Vorschrift eine Kinderschutzstelle informiert werden. Damit wird eine Therapie in der klaren Feststellung verankert, daß hier ein Verbrechen begangen wurde, und es wird klargestellt, daß die Therapie nicht mißbraucht werden kann, um die für solche Vergehen gesetzlich vorgesehenen Sanktionen zu umgehen.

Wenn die Mißhandlungen aufgehört haben, wenn sich dieses Verhalten nicht mehr durch den Konsum von Alkohol oder anderen Drogen wiederholt und die erwachsenen Beteiligten von sich aus das Interesse haben, das Muster zu ändern, kann der Kreislauf unterbrochen werden, indem man ihnen behilflich ist, neue Verhaltensweisen in Konfliktsituationen zu entwickeln, sobald sie spüren, daß sie erneut die Beherrschung zu verlieren drohen. Kinder können an einem solchen Muster von sich aus nichts ändern.

Sogenannte Verhaltensverträge und andere Methoden, mit denen Paaren geholfen werden soll, potentiell gewalttätige Situationen von vornherein zu vermeiden, werden selten über längere Zeit hinweg ihren Zweck erfüllen, wenn der Täter als Kind selbst mißhandelt worden ist. Die weitere therapeutische Arbeit sollte deshalb unbedingt der Beziehung zwischen dem Täter und seinen Eltern gewidmet sein, nachdem die Mißhandlungen in der Kernfamilie aufgehört haben.

Den Frauen, die angeben, ihr Ehemann werde unter dem Einfluß von Alkohol oder anderen Drogen regelmäßig gewalttätig, muß klar gesagt werden, daß eine Änderung dieses Verhaltens erst dann möglich ist, wenn der Mann seinen Drogenmißbrauch einstellt. Hier muß sich die therapeutische Arbeit darauf konzentrieren, den Frauen zu helfen, daß sie alles Erforderliche unternehmen, um sich und ihre Kinder zu schützen, bis der Mann eine wirksame Entziehungskur macht.

Töchter, die von ihren Vätern körperlich oder verbal mißhandelt worden sind, heiraten später vielleicht einen Mann, der ihrem Vater so unähnlich ist, daß sie sich nach einiger Zeit bei ihm über einen Mangel an Initiative beklagen; es kann aber auch sein, daß sie einen Tyrannen wählen und auf diese Weise in ständigen Auseinandersetzungen die Beziehung zu ihrem Vater wiederholen. Im letzteren Fall kann die Beziehung der Tochter zum Vater für den Rest ihres Lebens diejenige mit der höchsten Intensität bleiben, wobei die Tochter ihn abwechselnd besänftigt und mit ihm kämpft, da beide durch eine intensive gegenseitige emotionale Abhängigkeit miteinander verklammert bleiben. Schwere Belastungen der Tochter können zum völligen Abbruch der Beziehung von ihrer Seite führen, und dieser Bruch kann im Extremfall ein ganzes Leben lang andauern.

Zusammenfassung

Die meisten von uns hegen eine ziemlich einfache Vorstellung von einem »guten Vater«, der beschützend und fürsorglich ist. Dabei entgeht uns vielleicht, daß er beispielsweise nicht imstande ist, seiner Tochter Selbstvertrauen, Unabhängigkeit, Mut und eine selbstbewußte Haltung gegenüber der äußeren Welt beizubringen, und wir sind oder stellen uns möglicherweise blind gegenüber der Tatsache, daß er sie regelmäßig mißbraucht.

Als Familientherapeutinnen müssen wir unsere Vorstellungen von der Rolle des Vaters in der Familie und insbesondere unsere Ansichten über Väter und Töchter überprüfen. Diese Vorstellungen sind sicherlich von einem Gesellschaftssystem geformt worden, das seit Jahrtausenden gelehrt hat, Frauen seien dazu da, sich den Männern zu fügen, von ihnen abhängig zu sein, ihre Wünsche zu erfüllen und alle ihre Bedürfnisse zu befriedigen. Man hat uns Frauen beigebracht, uns nicht offen den Männern zu widersetzen, ihnen nicht direkt zu zeigen, wenn wir wütend auf sie sind, und nicht mit ihnen zu konkurrieren. Die Aufgabe, die Töchter nach diesen Grundsätzen zu erziehen, oblag der Familie, und bis vor wenigen Jahren wurde der Wert dieser Grundsätze von guten Vätern und Müttern nie in Frage gestellt. Obgleich die Familientherapeutinnen wie alle anderen auch noch immer diese jahrhundertealten Lektionen mit auf den Weg bekommen, ist es inzwischen höchste Zeit, daß wir sie in Frage stellen.

Klinische Probleme

Theorie der Familientherapie

In meiner klinischen Arbeit mit Vätern und Töchtern arbeite ich mit den Personen, bei denen in der Familie die Macht liegt, so daß diese dazu gebraucht werden kann, eine Änderung zu unterstützen statt zu sabotieren. Anders ausgedrückt, wenn die Tochter noch ein Kind ist, eine Heranwachsende oder eine finanziell abhängige Studentin, verabrede ich mich mit einem Elternteil oder beiden Eltern, ohne daß auch die Tochter an sämtlichen Sitzungen teilnehmen muß. In dieser Phase des familiären Lebenszyklus haben nach meiner Überzeugung die Eltern noch die meiste Macht, und wenn der Vater seine Einstellung zu seiner Tochter ändern kann, so wird sich dadurch auch die Vater-Tochter-Beziehung tiefgreifend ändern, ohne daß die Tochter an den therapeutischen Sitzungen teilnehmen muß.

Etwa zwischen dem achtzehnten und einundzwanzigsten Lebensjahr der Tochter und jedenfalls dann, wenn sie finanziell nicht mehr von ihrem Vater abhängig ist, gewinnt sie auch emotional eine stärkere Machtstellung. Jetzt braucht sie ihn vermutlich nicht mehr zum – finanziellen oder emotionalen – Überleben und fühlt sich weniger verpflichtet als früher, sich widerspruchslos in die unliebsamen Seiten ihrer Beziehung zu fügen. In dieser Phase ist es eher unwahrscheinlich, daß Änderungen in der Einstellung oder im Verhalten des Vaters an sich schon zu einer Änderung der Beziehung führen, solange die Tochter sich nicht zur Mitarbeit bereit erklärt. Etwa zwischen dem zwanzigsten und dreißigsten Lebensjahr, einer Zeit, in der die Tochter hauptsächlich um ihre Autonomie kämpft, können selbst die positivsten und wohlmeinendsten Vorstöße des Vaters von ihr als gefährlich oder als Bedrohung ihrer Autonomie wahrgenommen werden (was sie tatsächlich auch sein können). Und obwohl sie sich wünscht, es wäre anders, ist eine Mißbilligung seitens des Vaters für sie derart schwer zu verkraften, daß sie so verschlossen, rebellisch oder abweisend werden wird, wie es ihrer Meinung nach nötig ist, um sich unabhängig zu »fühlen«, auch wenn sie dies tatsächlich gar nicht ist. In dieser Phase halte ich eine beratende Begleitung *(»coaching«)* für das beste (Bowen, 1978; Carter und Orfanidis, 1976; McGoldrick, 1984).

Bei dieser von Murray Bowen entwickelten Methode ist es durchaus möglich, den Faktor des Geschlechts einzuführen und feministische Themen aufzugreifen und so den Fokus der Therapie mehr durch eine Anpassung der Theorie als durch deren grundlegende Umgestaltung zu ändern. Auf der einfachsten Ebene bedeutet dies, daß die Aufmerksamkeit der Klientinnen auf die gesellschaftlichen Gebote hinsichtlich der Geschlechtsrollen gelenkt wird, wenn sie über das Leben ihrer Eltern nachdenken oder über die Besonderheiten und Zwänge ihres Familiensystems. Es bedeutet, ihnen behutsam den Blick zu schärfen für die sexistischen Erziehungsprozesse, die ihr Leben, zum Teil außerhalb der Familiendynamik, zum Teil auf dem Umweg über die Familie, mitbestimmt haben. Es bedeutet, die Wirklichkeit der beiden Geschlechter in unseren ansonsten abstrakten Erklärungen von Dreiecken, Beziehungsmustern und Familienthemen zu sehen. Es bedeutet, daß wir immer dann, wenn wir mit unseren Klientinnen von Autonomie, Verbundenheit, Elterndasein, Geld, Beruf und dergleichen sprechen, auch die unterschiedliche Erziehung von Mädchen und Jungen zur Sprache bringen.

Wenn ich mit einer erwachsenen Tochter allein arbeite, ist es wichtig, daß sie ihre Seite der gestörten Vater-Tochter-Beziehung verändert und so den letzten Schritt ins Erwachsenenalter tut. Ist der Vater einer erwachsenen Tochter der Klient und ist die Tochter nicht erreichbar oder uninteressiert, so ist es im allgemeinen am besten, den Vater zu ermutigen, daß er seiner Tochter freundlich begegnet, ohne irgendeinen Druck auf sie auszuüben, daß er über sein Bedauern, seine Schuldgefühle oder seine Angst nicht mit ihr, sondern mit anderen spricht und ihr die Möglichkeit gibt, wieder auf ihn zuzugehen, wenn ihr selbst der richtige Zeitpunkt gekommen scheint.

Klinische Fallbeispiele

Im folgenden werden vier Fallbeispiele von gestörten Vater-Tochter-Beziehungen geschildert. Die Beispiele wurden jeweils frei gewählt, ohne den Autorinnen einen bestimmten Beziehungstypus zuzuweisen, und es ist wohl bezeichnend, daß drei von uns (Carter, Silverstein und Walters) das konfliktfreie verstrickte Muster (»Daddys kleines Mädchen«) gewählt haben. Ich glaube, das hat etwas mit dem scheinbar positiven Charakter dieses Musters zu tun und mit der Tatsache, daß sich in ihm das bewußte oder unbewußte patriarchalische Bild spiegelt, das die meisten Frauen und Männer vom guten, freundlichen und beschützenden Vater und der glücklichen, behüteten Tochter in sich tragen. An diesem Bild ist andererseits nichts auszusetzen, wenn die Tochter noch jung ist, eine ähnlich warmherzige und enge Beziehung zu ihrer Mutter hat und wenn sie nicht nur »beschützt«, sondern auch darin unterstützt wird, selbständig zu werden.

Eine feministische Orientierung

Eingearbeitet in die folgenden Fallbeispiele sind auch neue feministische Orientierungen, die auf der Vorstellung beruhen, daß sich nicht alle in einer Familie auftretenden Probleme auf eine gestörte Mutter-Kind-Beziehung zurückführen lassen, auch wenn dies in der gängigen familientherapeutischen Praxis zumeist versucht wird. Außerdem zeigen diese Fälle, daß die gestörte Beziehung zwischen Mutter und Tochter in unmittelbarem Zusammenhang steht mit einer angeblich »idealen« Beziehung des Vaters zu seiner Tochter, da alle drei Protagonisten (Mutter, Vater und Tochter) die Geschlechtsrollen ausfüllen, auf die man sie vorbereitet hat. Jede von uns muß sich theoretisch und in ihrer Praxis mit den unterschiedlichen Geschlechtsrollen auseinandersetzen, weil dieser Unterschied von universeller Bedeutung ist und weil er die nicht erkannte Ursache so vieler menschlicher Ungerechtigkeit und menschlichen Leidens ist. Nach unserer gemeinsamen Überzeugung beginnt für uns der Feminismus mit einem Verständnis des menschlichen Verhaltens in einem gesellschaftlichen Kontext und mit der Verpflichtung, in unserer klinischen Praxis das Unsichtbare sichtbar zu machen.

Zusammenfassendes über die folgenden Falldarstellungen

Die von uns im folgenden vorgestellten Fallbeispiele unterscheiden sich in der Dauer der Behandlung, der angewandten Methode, der ethnischen Zugehörigkeit der Familien und im Alter der Töchter. Sie bringen andererseits aber auch gemeinsame Vorstellungen von den Themen und Prozessen der Familientherapie zum Ausdruck.

Alle vier Therapeutinnen vermeiden es, die zentralen Probleme in den behandelten Familien unter den Begriff der »zu engen Mutter-Kind-Beziehung« zu subsumieren, jene Lieblingsdiagnose der Familientherapie. Sie vermeiden dies, obwohl sich immer wieder zeigt, daß die Beziehungen zwischen Müttern und Töchtern ihre problematische Seite haben, und trotz der Tatsache, daß wir alle in unserer Ausbildung gelernt haben, unsere Aufmerksamkeit zuerst diesem Problem zu widmen.

In den drei Fällen, in denen auch der Vater an den Sitzungen teilnahm, erwarteten die Therapeutinnen von ihm, daß er sich ebenso in der Familie wie in der Therapie nach besten Möglichkeiten beteiligte, unabhängig davon, ob er sich in der emotional »nahen« oder »distanzierten« Position befand. Weder verzichten wir darauf, die Väter wegen ihrer angeblichen »Unfähigkeit« zu einer engeren Beziehung in derselben Weise zu fordern wie die Mütter, noch schmeicheln wir ihnen, umwerben sie oder räumen ihnen eine Vorrangstellung ein, um sie für eine Mitarbeit in der Therapie zu gewinnen. Wir lassen uns auch nicht darauf ein, wenn Männer es vorziehen, daß ihre Person nicht im Mittelpunkt des therapeutischen Gesprächs steht. Wir bauen den sogenannten »peripheren Vätern« keine goldenen Brücken, und ganz besonders lehnen wir die oft zitierte Therapeutenregel ab:»Verfolgen Sie niemals einen Distanzierer!« Die Vorstellung, Männer müßten in dieser Weise in der Therapie geschont werden, ist in Wirklichkeit eine wenig schmeichelhafte, ja eine verächtliche Haltung ihnen gegenüber und obendrein eine Prophezeiung, die sich selbst erfüllt.

Die drei Therapeutinnen, die je ein Beispiel für »Daddys kleines Mädchen« vorstellen (Carter, Silverstein und Walters), machen jeweils deutlich, daß die Aufmerksamkeit eines Vaters gegenüber seinen Töchtern aufgrund des gesellschaftlichen Gebots, Töchter anders als Söhne zu behandeln, leicht in Bevormundung und Infantilisierung umschlagen kann. Da dieses Beziehungsmuster dem gesellschaftlichen Ideal so sehr entspricht, ist es durchaus möglich, daß die Väter gar nicht merken, wie sie damit ihre Töchter zugleich kontrollieren und beherrschen und welche negativen Auswirkungen dies auf ihre Ehefrauen und die Töchter hat. Alle Autorinnen machen ihre Einschätzung des väterlichen Verhaltens an sexistischen gesellschaftlichen Werten fest und nicht an rein persönlichen oder familiären Merkmalen.

Das Verstrickungsmuster

Versteckte Andeutungen, daß man eine »großartige Beziehung« miteinander habe, die Dritte nichts angehe, sind Elemente eines gewissen heimlichen Einverständnisses zwischen Vater und Tochter, das weitere wichtige Personen, insbesondere die Mutter, ausschließt. Wenn zwischen Vater und Tochter ein herzliches Einvernehmen zu bestehen scheint und die Mutter wütend, gekränkt, nörgelig, niedergeschlagen ist oder mit einem der beiden Glücklichen im Streit liegt, dann fällt es zunächst schwer, nicht auf den Gedanken zu kommen, die Mutter sei das Problem und alles wäre in Ordnung, wenn sie zu ihrer Tochter dasselbe Verhältnis hätte wie der Vater. Es ist sehr schwer zu erkennen, daß die »großartige« Vater-Tochter-Beziehung der eigentliche Grund für das Verhalten der Mutter ist, weil sie diese ausschließt. Die Mutter wirkt natürlich an diesem Muster mit, wenn sie auf ihre Gefühle der Kränkung und Wut damit reagiert, daß sie einen Streit vom Zaun bricht oder sich zurückzieht und so den Eindruck erweckt und sich auch selbst so fühlt, als mißgönnte sie den beiden ihr Glück. Und nicht nur für Familienmitglieder sind die negativen Aspekte dieses Musters nicht ohne weiteres zu erkennen; auch wir Therapeutinnen tun uns damit schwer, da wir alle mit denselben Vorstellungen von den »richtigen« weiblichen und männlichen Rollen aufgewachsen sind, wie sie unausgesprochen jeder Vater-Tochter-Beziehung zugrunde liegen.

Der Vater kann dieses Muster aus einer Vielzahl unterschiedlicher Gründe auslösen: Wahrscheinlich versteht er seine männliche Rolle als eine übertrieben verantwortliche, patriarchalische Aufgabe; möglicherweise ist es für ihn einfacher, mit einer offensichtlich unterwürfigen Tochter als mit einer selbstbewußteren Ehefrau umzugehen; vielleicht genießt er die uneingeschränkte Bewunderung, die eine Tochter entgegenbringen kann, sowie ihre völlige Abhängigkeit; er kann mit seiner Frau rivalisieren, wer als Mutter oder Vater besser ist, und/oder er kann das Gefühl haben, daß er eine Verbündete gegen seine Frau braucht, und so benutzt er – meist ohne es zu merken – seine Tochter, damit diese einige seiner Konflikte austrägt, die er mit seiner Frau hat.

Die Tochter wird in dieses Muster hineingezogen, wenn sie beispielsweise feststellt, daß ihr Vater ihr gewisse Dinge gewährt, die die Mutter ihr verweigert hat oder nicht geben kann; wenn der

Vater bestimmte Gebote der Mutter aufhebt oder hintertreibt; und ganz besonders, wenn sie den Eindruck gewinnt, daß sie für den Vater die Nummer eins ist, was sich in ihren gemeinsamen Geheimnissen, ihren gegenseitigen Winken und Blicken sowie darin ausdrückt, daß der Vater offen für sie gegen die Mutter Partei ergreift. Ist die Tochter erst einmal in dieser Weise programmiert, dann wird sie zu einer Partnerin in der heimlichen Verschwörung – natürlich nicht in derselben Weise verantwortlich, aber häufig nicht weniger aktiv in ihrer erlernten Rolle.

Die Tochter lernt außer den üblichen Methoden, wie man am besten mit den Eltern umgeht – Methoden, die alle Kinder lernen –, daß Männer die Verantwortung tragen, daß Frauen allein die Dinge nicht ändern können und daß sie nur zurechtkommen, wenn sie fügsam, abhängig, gefällig und begütigend sind und vor allem ihre Rivalinnen ausstechen. Sie lernt, daß andere Frauen wütend auf sie werden, wenn sie den Mann auf ihre Seite zieht, doch die Belohnungen ihres Bündnisses mit dem Vater machen den Kampf mit ihrer Mutter erträglich, und je älter sie wird, desto besser kann sie ihren »Hang« zu Männern und ihr auf Rivalität beruhendes Mißtrauen gegenüber anderen Frauen rationalisieren.

Negativ erlebte distanzierte Vater-Tochter-Beziehung

Der Vater in dem von Papp vorgestellten Fall, hat zwar eine paternalistische *Einstellung* gegenüber seiner Tochter, die für ihn »Daddys kleines Mädchen« ist, aber er nimmt sich keine *Zeit* für sie. Nachdem er festgestellt hat, daß eine Beschäftigung mit der Tochter für ihn enttäuschend und aufreibend ist, gibt der Vater diese Aufgabe an die Mutter weiter und beklagt sich dann darüber, wie sie sie bewältigt. Er liebt seine Tochter, aber er kann mit Frauen nur aus der paternalistischen Position des Vaters eines kleines Kindes umgehen. Dem Vater fehlt es an Flexibilität, zu anderen Mitteln zu greifen, mit denen er die wachsende Unabhängigkeit der Tochter anerkennen und verstärken könnte, während er bei seinen Söhnen, deren Wachstums- und Entwicklungsphasen er versteht und ermutigend begleitet, dieses Problem nicht hat.

Die Mutter spielt natürlich bei diesem Sachverhalt auch ihre Rolle, indem sie die gesamte Verantwortung für ihre Tochter übernimmt, obwohl sie sich darüber beschwert. Ein wesentliches Problem besteht darin, daß der Vater nicht fähig ist, sich die Sorgen der Mutter anzuhören, ohne unberechenbar und unangemessen zu reagieren. Gehemmt durch die gesellschaftliche Regel, eine Frau dürfe ihre an einen Mann gerichteten Wünsche niemals direkt äußern, gelingt es der Mutter bei ihrem Versuch, mit dem Vater über ihre Tochter oder sich selbst zu sprechen, möglicherweise nicht, ihre Forderungen an ihn klar zu artikulieren. Wenn sie glaubt, sie habe kein Recht, ihn direkt mit ihren eigenen Bedürfnissen zu konfrontieren, können ihre Mitteilungen über die Tochter einen verstärkt drängenden Unterton bekommen.

Wer sich der Beklemmung bewußt ist, die einen Vater überkommt, sobald er durch die weiblichen Mitglieder seiner Familie mit einem emotionalen Problem konfrontiert wird, sowie seines rigiden Festhaltens an der paternalistischen, den anderen zuvorkommenden Rolle in allen seinen Beziehungen (geben, ohne etwas annehmen zu können), der kann sich in diesem Fall lebhaft vorstellen, wie vergeblich die Versuche des Vaters sein müssen, innere Verbundenheit durch Machtpolitik zu ersetzen.

Zum Schluß sei eines noch als wichtig angemerkt: Es ist weder unsere Absicht, noch war es in einem der hier vorgestellten Fälle das Ergebnis unserer Arbeit, selbst eine noch so gestörte Vater-Tochter-Beziehung zu durchtrennen, zu blockieren oder »die Tochter ihrer Mutter anzunähern«. Mit unseren Formulierungen und Interventionen, die ebenso sorgsam vorbedacht wie vorgetragen wurden, wollten wir die zugrunde liegende Fürsorge der Väter und das Lohnende an der Vater-Tochter-Beziehung bekräftigen, ihr zugleich jene Elemente einer heimlichen Übereinkunft nehmen und die Tochter ermutigen, auch – und nicht anstelle der Beziehung zum Vater – zu ihrer Mutter eine Beziehung aufzubauen.

Fallbeispiel
»Daddys kleines Mädchen«.
Drei Generationen

Betty Carter

Ich habe diesen Fall wegen der Subtilität der problematischen Vater-Tochter-Beziehung gewählt. Weil der Vater ein warmherziger, intelligenter, »netter« Mann ist, der seine junge Tochter von Herzen liebt und vergöttert; weil wir immer versuchen, die Väter stärker in die Familie einzubinden, und dieser Vater sehr für seine Familie da ist; weil diese Vater-Tochter-Beziehung dem idealen (und sexistischen) Stereotyp so sehr entspricht – aus all diesen Gründen könnte jede Familientherapeutin versucht sein, nichts Problematisches an der Beziehung dieses Vaters zu seiner Tochter zu sehen und sich statt dessen auf ein vertrauteres Thema zu konzentrieren: das der kalten, übelgelaunten Mutter.

In diesem Fall schildere ich einen therapeutischen Zugang, der unsere Klischeevorstellung von einer »guten« Vater-Tochter-Beziehung in Frage stellt und den in unserer Gesellschaft so häufig anzutreffenden Prozeß innerhalb der Familie verfolgt: das Rivalisieren von Frauen um die Aufmerksamkeit des Mannes.

Das Symptom

Die Klienten waren Michael (40 Jahre) und Nora (38 Jahre), ein jüdisches Ehepaar aus der oberen Mittelschicht, das mich wegen gravierender Eheprobleme aufsuchte. Nach ihrer Schilderung standen sie kurz vor der Scheidung. Michael war ein College-Professor, der sich darum bemühte, eine Anstellung in einer Fakultät der Universität am Ort zu erhalten. Seine Frau Nora, Sozialarbeiterin, hatte eine Halbtagsstelle und wollte wieder ganztags arbeiten, wenn die Kinder – Susan und Larry im Alter von zehn und acht Jahren – erst einmal größer waren.

Nora war diejenige, die mit Scheidung drohte. Sie sagte, sie fühle sich gefangen und isoliert und könne ihre Situation nicht länger ertragen, in der sie immer die Verliererin sei. Ihre Stimme klang kalt und grollend: »Als Professor kann er eine Menge Zeit zu Hause verbringen, die er dazu benutzt, alles, was ich mit den Kindern tue, besonders mit Susan, zu überwachen und zu kritisieren. Ich habe daran gedacht, eine Ganztagsstelle anzunehmen und ihm die Aufsicht über die Kinder zu überlassen, aber damit ist er natürlich nicht einverstanden – und, um ehrlich zu sein, eigentlich möchte ich damit noch warten, bis sie etwas älter geworden sind.«

Michael sprach leise und ernsthaft und versuchte zwischendurch immer wieder, Noras Hand zu ergreifen, die sie ihm jedesmal unwillig entzog. Er schien durch Noras Drohung zutiefst irritiert zu sein. »Ich liebe sie«, sagte er, »und eine Scheidung wäre absurd. Ich möchte ihr nicht dauernd im Nacken sitzen, aber ich bin ehrlich der Meinung, daß sie gar nicht merkt, wie abweisend sie Susan behandelt. Ich glaube, das alles geht auf ihre schlimme Beziehung zu ihrer eigenen Mutter zurück. Ich weiß, sie will nicht, daß ihr mit Susan dasselbe passiert. Aber ich glaube, daß ihr die Therapie dabei helfen kann, und ich bin bereit, alles zu tun, damit es in unserer Ehe wieder besser wird.«

In diesem Fall hätte es vielleicht nahegelegen, sich zunächst auf die negative Beziehung zwischen Mutter und Tochter zu konzentrieren, ein Muster, das schon bei Noras Mutter und – wie sich zeigte – ihrer Großmutter zu beobachten war. Damit hätte man allerdings den entscheidenden Beitrag nicht in den Blick bekommen, den die »ideale« Vater-Tochter-Beziehung zu der Verärgerung und Entfremdung der Mutter leistete. Man hätte hier mühelos Anhaltspunkte für eine »mütterliche Verschmelzung« und einen »Mangel an Differenzierung« finden können, wenn man danach gesucht hätte, und damit die wesentliche Rolle des Vaters übersehen. Es hätte sich für jede Therapeutin angeboten, das Verhalten der Mutter als »Widerstand« zu deuten, herzlicher auf die Tochter zuzugehen; sie hätte sich auf die Seite des »netten« Ehemannes schlagen können, um der Mutter zu »helfen«, daß sie »ihren Widerstand überwindet«. In diesem Fall hätte man sie ermutigt, »den Konflikt mit der eigenen Mutter auszutragen«, um auf diese Weise »eine bessere Mutter zu werden«, während der Ehemann von seiner überlegenen Position aus seine Unterstützung angeboten hätte. Selbst eine gut ausgebildete systemorientierte Therapeutin hätte leicht zu dem Schluß gelangen können, daß hier tatsächlich das Problem einer »übernahen Beziehung« zwischen *Mutter* und Tochter vorlag, bei der die Mutter der Tochter nur »scheinbar« distanziert gegenüberstand, weil sie sich vorübergehend in ihrem Groll zurückgezogen hatte.

Selbst eine Diagnose, die die problematische Allianz zwischen Vater und Tochter berücksichtigt, kann *in der Praxis* leicht zu einer Therapie führen, die lediglich ein oberflächliches »Loslassen« seitens des Vaters erfordert und sich im übrigen auf die Mutter und ihre Familiengeschichte gestörter Mutter-Tochter-Beziehungen konzentriert. Auch wenn der therapeutischen Theorie zufolge keinem in der Familie ein Schuldvorwurf gemacht werden soll, läuft eine solche Strategie doch unausgesprochen darauf hinaus, daß die Mutter (und deren Mutter) wenn auch nicht für das ganze Problem, so doch für den größten Teil der Änderung verantwortlich ist.

Generationsübergreifende Muster

Die Geschichte auf beiden Seiten der Familie ergab, daß seit mehreren Generationen die Beziehung zwischen Vater und Tochter im Mittelpunkt stand. In den Familien des Ehemannes ebenso wie in denen seiner Frau wurden die Beziehungen zwischen Vätern und Töchtern als liebevoll und sehr eng beschrieben, während die zwischen Müttern und Töchtern sehr gespannt und konfliktreich waren. Im Lauf der Behandlung zeigte sich immer deutlicher, daß die Mütter in jeder der Familien gekränkt waren und grollten, weil sie sich durch das enge Verhältnis zwischen Vater und Tochter ausgeschlossen fühlten.

Nora war in ihrer Herkunftsfamilie die älteste Tochter und hatte noch einen jüngeren Bruder. Von Kind auf hing sie sehr an ihrem Vater Murray, während die Beziehung zu ihrer Mutter sehr gespannt war. Nora sagte, seit sie sich erinnern könne, habe ihr Vater sie unterstützt, verstanden und ihr jede erdenkliche Hilfe zukommen lassen. Nach ihrer Meinung war Michael »lächerlich eifersüchtig« auf ihre gute Beziehung zu ihrem Vater, »weil er zu seinem eigenen Vater ein so schlechtes Verhältnis hat«.

»Das ist nicht der Grund«, meinte Michael, »auch wenn es stimmt, daß mein Vater nicht so fürsorglich ist wie deiner. Was mich ärgert, ist, daß du deinen Vater in mancher Hinsicht über mich stellst.« Michael wandte sich zu mir, um das Problem zu erklären: »Natürlich muß ich akzeptieren, daß Nora eine enge Beziehung zu ihrem Vater hat, und ich glaube, das ist auch in Ordnung, aber ich mag es nicht, wenn sie sich wegen eines Ratschlags an ihn wendet, den sie eigentlich von mir bekommen müßte. Ist er immer noch ihre letzte Instanz? Ist das in Ordnung?«

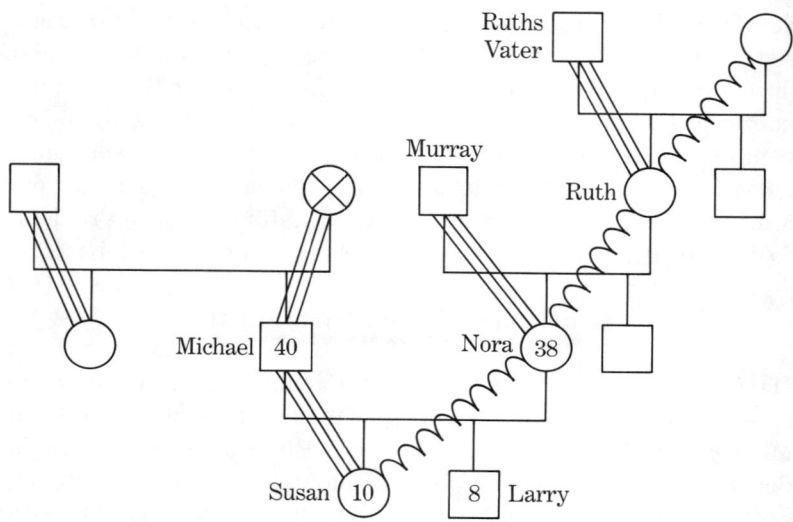

Es war offensichtlich, daß Nora zwischen ihrem Vater und ihrem Ehemann hin und her schwankte und Hilfe brauchte, um sich selbst zur »letzten Instanz« zu machen.

Noras Verhältnis zu ihrer Mutter Ruth war extrem negativ und instabil. Was an Beziehung überhaupt noch da war, beschränkte sich auf die Situationen, in denen sie sich in einer Umkehrung der traditionellen Fürsorgerollen um ihre Mutter kümmerte. So beklagte sich Ruth häufig bei Nora über ihre Ehe und ihr Leben, und Nora versuchte ärgerlich, sie zu beruhigen und ihr Ratschläge zu erteilen. Nora ihrerseits wandte sich nie an ihre Mutter, wenn sie Trost oder Rat brauchte, und hielt allein schon den Gedanken daran für lächerlich. »Trost kriege ich bei ihr nie«, meinte sie, »nur Kritik – besonders was die Kinder angeht. Es läßt sich kaum entscheiden, wer mehr an mir auszusetzen hat, Michael oder sie.«

Wie Nora erzählte, hatte Ruth ihrerseits eine ähnlich negative Beziehung zu ihrer Mutter gehabt und ihrem Vater gegenüber weit mehr Nähe und Wärme empfunden. Als Nora über dieses Muster sprach, sagte sie traurig:»Dasselbe passiert in unserer eigenen Familie. Michael kommt viel besser mit Susan zurecht als ich.« Michael sagte, dasselbe Muster einer engen Beziehung zwischen Vater und Tochter habe in seiner Familie bestanden. Sein Vater hatte immer eine sehr enge und warmherzige Beziehung mit seiner älteren Schwester unterhalten, während er ihn selbst kaum unterstützte oder nur wenig Zeit für ihn übrighatte. Heute, sagte Michael, stehe sein Vater seinem Beruf geradezu mißbilligend gegenüber, da er nicht sehr viel Geld verdiene, und er und sein Vater hätten eine sehr distanzierte und ziemlich negative Beziehung. Michaels Mutter, die ein sehr nahes Verhältnis zu ihm hatte, war gestorben, als er etwa fünfzehn Jahre alt war. Häufig zog er einen Vergleich zwischen seiner Mutter und Nora, der für letztere sehr ungünstig ausfiel, und sprach von der Warmherzigkeit und Hingabe seiner Mutter für die »Familie« (womit er seinen Vater und sich selbst meinte). Nora ihrerseits ließ gegenüber Michael keinen Zweifel daran, daß sie ihren Vater als ihren »besten Freund« betrachtete, und äußerte ihren Groll darüber, daß Michael nicht in der Lage war, sich so um sie zu kümmern, wie ihr Vater es immer getan hatte und eigentlich immer noch tat.

Unter therapeutischem Blickwinkel:
Familiendreiecke

Innerhalb des theoretischen Rahmens (nach Bowen), mit dem ich arbeite, wende ich mich routinemäßig der Herkunftsfamilie zu, sobald die Intensität des Ehekonflikts so weit nachläßt, daß das Paar die Verlagerung des Schwerpunkts weg von den unmittelbaren Problemen in der eigenen Beziehung ertragen kann. Das war hier der Fall, nachdem Nora nicht länger mit der Scheidung drohte und beschlossen hatte, den Konflikt mit Michael auszutragen. Meistens wechsle ich thematisch immer wieder zwischen der Kernfamilie und der Herkunftsfamilie und beobachte den emotionalen Prozeß in einem Subsystem, während ich im anderen System eine Aufgabe stelle, die bearbeitet werden muß.

Jetzt kam der Augenblick der Entscheidung. Es gab eine Fülle von Anhaltspunkten für die negativen Beziehungen Noras sowohl zu ihrer Mutter als auch zu ihrer Tochter Susan. Es stand außer Zweifel, daß beide Beziehungen verbessert werden mußten und daß eine Verbesserung sich auch positiv auf das Verhältnis zu ihrem Ehemann auswirken würde. Ich bin sicher, daß ich noch vor wenigen Jahren genau diese Problematik in den Mittelpunkt meiner Bemühungen gestellt hätte, auch wenn ich technisch in Michael den »übernahen« Elternteil gesehen hätte, den man mit einigem guten Zureden hätte dazu bewegen können, Nora den nötigen Spielraum zu verschaffen, um »die Beziehung zu ihrer Tochter zu klären«. Ein solches Problemverständnis hätte natürlich bei beiden wie eine Bestätigung von Michaels Aussage gewirkt, daß ihre Schwierigkeiten zum größten Teil auf Noras negatives Verhältnis zu ihrer Mutter und zu ihrer Tochter zurückgingen.

Erweitert man die begriffliche Fassung des Beziehungsmusters um alle geschlechtsbezogenen Aspekte, die im Etikett »Daddys kleines Mädchen« unausgesprochen mit enthalten sind, dann geraten die mit dieser Formel parodierten Machtprobleme und ihre Verknüpfungen mit sexistischen gesellschaftlichen Werten unmittelbar ins Blickfeld und zeigen zur Genüge ihre große Bedeutung, so daß die Therapeutin ihnen zwangsläufig eine hohe Aufmerksamkeit schenkt, wenn sie die Prioritäten in der Behandlung festlegt.

Ohne also die von den beiden Ehepartnern in der ersten Stunde geschilderten Schwierigkeiten zu vergessen und ohne meine feministische Perspektive aufzugeben, richtete ich die Aufmerksamkeit Noras auf das Dreieck, das sie zusammen mit ihrem Vater und Michael bildete; bei Michael, der mir gesagt hatte, in seiner Familie »vergötterten« die Frauen die Männer, ging es dagegen zunächst um das Dreieck, das er selbst, seine (inzwischen verstorbene, aber idealisierte) Mutter und Nora bildeten.

Michael, seine Mutter und Nora:

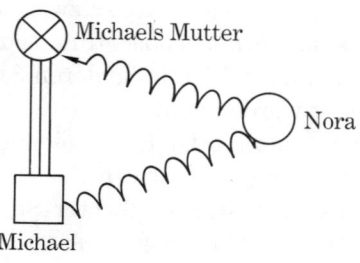

Mit Hilfe verschiedener Methoden, unter anderem Briefeschreiben und Gespräche mit Familienmitgliedern und mit mir, wurde Michael in Gegenwart Noras dazu gebracht, darüber nachzudenken, welche negativen Auswirkungen es möglicherweise auf seine Ehe hatte, daß er ein »vergötterter« Sohn war. Hatte er erwartet, daß auch Nora ihn vergöttern würde? Wollte er, daß sie ihn auf diese Weise bemutterte? Hatte er daran gedacht, seinerseits Nora zu vergöttern? Glaubte er, daß für Nora ungünstig ausfallende Vergleiche mit seiner Mutter seine eheliche Beziehung verbesserten? Erwartete er auch von seiner Tochter, daß sie ihn »vergötterte«, vor allem, da seine Frau dies nicht tat? Und welche Auswirkung hatte seiner Ansicht nach seine »Vergötterung« durch seine Mutter auf seinen Vater und seine Schwester? War sie möglicherweise einer der Faktoren, der die beiden näher zusammenrücken ließ? Und welche Aspekte seiner Mutterbeziehung gingen in der »Vergötterung« unter? Hinderte sie möglicherweise beide daran, einander als Individuen zu sehen? Wenn die Mutter noch lebte, hätte dies dann die Entwicklung einer authentischen persönlichen Beziehung zwischen ihnen behindert? Als Michael zu Bewußtsein kam, wie sehr er die Beziehung zu seiner Mutter mythologisiert und idealisiert hatte, hörte er mit seinen Versuchen auf, Nora dazu zu bringen, wie seine Mutter zu sein, und machte sich daran, in Gesprächen mit Familienmitgliedern und mit Hilfe von Alben und alten Briefen herauszufinden, wie seine Mutter als reale Person wirklich gewesen war.

Michael gewann auf diese Weise nicht nur »eine ganz neue Mutter«, sondern ihm wurde auch klar, daß er nach ihrem Tod an ihre Stelle getreten war, indem er gegenüber dem Vater und seiner Schwester, »Daddys kleinem Mädchen«, die Position des Distanzierten, Ausgeschlossenen eingenommen hatte.

»Und ich haßte es«, sagte Michael, »ich ärgerte mich, und ich fühlte mich ungeliebt, wenn ich mit ansehen mußte, wie mein Vater und meine Schwester einander ›vergötterten‹. Meine Mutter muß wütend auf sie gewesen sein – was sollte denn diese ganze Vergötterei?« – »Na ja, es gibt doch viele Frauen, die das tun, oder nicht?« fragte ich zurück, worauf Nora sagte: »Ich nicht. Das ist genau das, was ich ihm immer wieder klarzumachen versucht habe – daß es mich wütend macht und ich mich ungeliebt fühle, wenn ich mit ansehen muß, wie er und Susan einander ›vergöttern‹!«

Nora, ihr Vater und Michael:

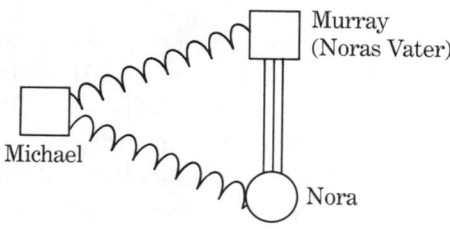

Murray
(Noras Vater)

Michael

Nora

Während Michael mit der Aufgabe beschäftigt war herauszufinden, nach welchen Mechanismen seine Herkunftsfamilie funktionierte und wo er selbst sich in das Muster einfügte, wurde Nora angeleitet, ihre Rolle in dem Dreieck zu ändern, zu dem außer ihr noch ihr Vater und ihr Mann gehörten. Die Warmherzigkeit und Nähe der Beziehung zu ihrem Vater wurden bekräftigt, aber zugleich wurde sie angehalten, die Beziehung von jenen Elementen eines heimlichen Einverständnisses mit ihrem Vater zu befreien, durch die zunächst ihre Mutter und später Michael ausgeschlossen wurden. So sollte Nora sich zum Beispiel nicht mehr bei ihrem Vater oder ihrer Mutter über Michael beklagen, noch sollte sie zulassen, daß ihr Vater sich bei ihr über das schlechte Verhältnis zur Mutter beklagte. Sie sollte versuchen, sich von einem seit Jahren bestehenden Muster zu lösen, bei dem sie ihren Vater wegen eines Vorhabens oder eines Plans um Rat fragte und sich, wenn sie das Vorhaben mit Michael diskutierte, fortwährend auf den Vater berief. Sie glaubte, ihr Problem bestehe darin, daß sie sich weigerte, ihren Ehemannn statt des Vaters zu ihrer »letzten Instanz« zu machen. Ich versuchte herauszufinden, welche Vorstellungen sich hinter dieser Sicht des Problems verbargen.

Was bewog sie zu dem Gedanken, sie brauche eine »letzte Instanz« außerhalb ihrer selbst? Wer war für ihren Vater die »letzte Instanz«? Ist der Vater für die Mutter die »letzte Instanz«, oder beruft sie sich nur ihm gegenüber auf ihren Vater? Wie würde der Vater reagieren, wenn sie aufhörte, seinen Rat einzuholen, und anfinge, ihm zu erzählen, welche Meinung sie selbst zu diesem oder jenem hatte? Was würde passieren, wenn sie ihm sagte, sie sei in diesem oder jenem Punkt anderer Meinung als er? Was, wenn er mit etwas nicht einverstanden war, das sie sich vorgenommen hatte?

Wie würde er reagieren, wenn sie es trotzdem tat? Warum dachte sie, sie müsse schon sehr wütend auf ihren Vater werden, um etwas zu tun, das er nicht mochte? Wie kam es, daß sie so unfähig war, das Risiko einer wütenden Reaktion bei ihm einzugehen, während es ihr andererseits wenig ausmachte, wenn ihre Mutter wütend auf sie war? Dachte sie, Frauen hätten es schwerer als Männer, ihre eigene »letzte Instanz« zu sein, und warum dachte sie das?

Michael und Nora

Als Nora aufhörte, sich ihrem Vater gegenüber wie ein Kind zu verhalten, und sich nicht mehr dafür verantwortlich fühlte, ihm zu gefallen, erlebte sie eine drastische Veränderung in ihrer Beziehung zu Michael: »In der Vergangenheit wurde ich einfach das Gefühl nicht los, daß Michael nicht dieselbe Autorität hatte wie mein Vater. Heute sehe ich, daß ich das nicht nötig habe, und ich freue mich ehrlich an dem Gedanken, daß wir *Gleichrangige* sind, Michael und ich, und daß wir als Gleiche über Dinge reden und streiten können, ohne eine ›äußere Instanz‹ zu brauchen.« »Es ist schon fast paradox«, sagte Michael, »sie ist wesentlich unabhängiger als früher, aber gleichzeitig viel netter. Ich glaube, ich wäre nach wie vor gern für sie eine ›Instanz‹, aber ich werde mich wohl damit begnügen müssen, daß sie ihren Vater aus dieser Rolle entläßt.«

Während der folgenden Phase der therapeutischen Arbeit stellte Michael die Beziehung zu seinem Vater wieder her, und Nora versuchte, für ihre Mutter eine Tochter zu sein.

Michael und sein Vater

Michael begann einen Briefwechsel mit seinem Vater, der in einer entfernteren Großstadt lebte, und teilte ihm einiges von dem mit, was ihm in der Therapie über ihre Beziehung klargeworden war; insbesondere ging er darauf ein, daß sein Vater die von ihm getroffene Berufswahl mißbilligte. Aus der Art und Weise, wie Nora mit ihrem Vater umging, hatte er gelernt, sein Anliegen so zu formulieren, daß er sich von seinem Vater abgrenzte, ohne ihn zu attackieren oder zu beschwichtigen. Er schrieb ihm außerdem, es sei kindisch von ihm gewesen, sich angesichts der besonderen Beziehung zwischen dem Vater und der älteren Schwester zurückzuziehen. »Inzwischen habe ich aus Erfahrung gelernt«, so hieß es in einem seiner Briefe, »daß ein Vater durchaus in der Lage ist, mit zwei

187

Kindern gut auszukommen, und ich kehre zurück, um mein Patrimonium einzufordern.«

Nora und ihre Mutter

Inzwischen hatte Nora eine schwierige Zeit, als sie sich bemühte, wieder die Tochter ihrer Mutter zu werden. »Ich war ihre Mutter, ihre Rivalin, ihre Feindin und ein Stachel in ihrem Fleisch«, sagte Nora. »Aber ich war zu keiner Zeit ihre Tochter – nur die meines Vaters.« Sie wurde instruiert, den Vater nicht zu verteidigen, wenn die Mutter sich ihr gegenüber über ihn beklagte. Statt dessen sollte sie die Mutter von diesem Thema abbringen, indem sie sie um Rat wegen der Kinder fragte oder auf andere Weise das bisherige Muster umkehrte, daß sie stets diejenige war, die ihrer Mutter Rat und Trost gespendet hatte. Obgleich sie zunächst beim bloßen Gedanken an diese neue Form des Umgangs mit ihrer Mutter wie gelähmt war, machte Nora sich teils zähneknirschend, teils humorvoll an diese Aufgabe. Nachdem sie längere Zeit am »Klima« ihrer Beziehung zur Mutter gearbeitet hatte, war sie in der Lage, schwierigere Themen bei ihr anzuschneiden, zum Beispiel ihr Rivalisieren um die Aufmerksamkeit des Vaters. Obgleich ihr Verhältnis nicht einfach wurde, gewann es doch spürbar an Herzlichkeit und gegenseitiger Achtung. Nach einigen Monaten verständigten sie sich auf regelmäßige gemeinsame Unternehmungen, vom Eislaufen bis zu Museumsbesuchen. Nora selbst brachte es zwar nicht so zum Ausdruck, aber ich sah in ihrem Rückzug wegen des heimlichen Einverständnisses zwischen Michael und Susan nicht nur die natürliche Reaktion einer Person, die sich ausgeschlossen fühlt, sondern auch den Reflex ihres tiefen Mangels an Zutrauen in ihre eigene Fähigkeit, eine gute Mutter zu sein. Da ihre Mutter solche Zweifel sich selbst gegenüber gehabt hatte, vermittelte sie ihrer Tochter nicht das Gefühl der für diese Aufgabe nötigen weiblichen Kompetenz. Als Nora im Umgang mit ihrer Mutter mehr Einfühlung und Respekt entwickelte und ihre Gesellschaft regelrecht zu genießen begann, erlebte sie an sich eine deutliche Steigerung ihres Selbstwertgefühls als Frau und eine erhöhte Bedeutung der emotionalen Verbundenheit zwischen Mutter und Tochter, die sie bislang zu leugnen versucht und von der sie geglaubt hatte, ohne sie leben zu können. Das wirkte sich wiederum stark auf ihre Motivation aus, die Bindung zur eigenen Tochter zu vertiefen, die, wie sie inzwischen erkannt hatte, ebenso wichtig für ihre Tochter wie für sie selbst war.

Michael, Nora und Susan

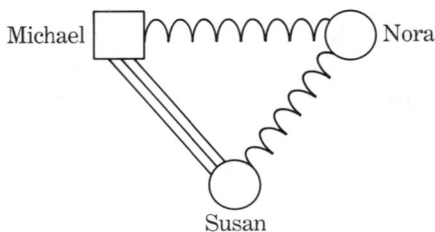

Im Verlauf dieser Arbeit (die sich insgesamt über drei Jahre hinzog) beobachtete ich ständig ihre Auswirkungen in der Kernfamilie, insbesondere auf die Beziehung zwischen »Daddy und seinem kleinen Mädchen«, in der sich die Muster der Herkunftsfamilien wiederholten und die dem patriarchalischen Ideal des Gesellschaftssystems so nahekam.

In diesem Dreieck der Kernfamilie hätten vermutlich viele Therapeutinnen Nora als das Problem gesehen, sich auf Noras strenges und barsches Verhalten gegenüber Susan konzentriert und Michaels warmherziges Vernarrtsein in seine Tochter bewundert. Manche Therapeutin hätte darauf hingearbeitet, daß Nora im Umgang mit Susan sich vielleicht stärker an Michaels Verhalten orientierte. Es bedurfte genaueren Hinsehens, um die herzliche Beziehung zwischen Vater und Tochter als ein Problem zu erkennen. Nach meiner Sicht hatte sie etliche negative Konsequenzen: (1) Michael erkor Susan zu seiner Nummer eins und entthronte damit seine Frau; (2) Nora zog sich gekränkt und wütend zurück, verstärkte dadurch das Muster und sorgte dafür, daß sie selbst als die Schuldige dastand; (3) Mutter und Tochter mußten jetzt um die Aufmerksamkeit des Vaters miteinander rivalisieren, und das führte (4) dazu, daß die Tochter in eine Position der Angst geriet und für eine Vielzahl von Symptomen anfällig war.

Während der Therapie stellte ich Nora und Michael Aufgaben mit dem Ziel, die Art der Beziehung Michaels zu Susan zu verändern und die Distanz zwischen Nora und ihrer Tochter zu verringern. Michael und Nora arbeiteten inzwischen gemeinsam daran, ihr von sehr starken Emotionen geprägtes Dreieck mit Susan zu ändern. So wie es ihrem (und meinem) Stil entsprach, ging es in den Sitzungen häufig mit viel Humor und Gelächter zu, wie die folgenden Auszüge aus Stundenprotokollen zeigen.

Therapeutin: Wie wäre es denn für Sie, wenn Nora es übernähme, Susan bei den Hausaufgaben zu beaufsichtigen?
Michael *(lachend)*: Meinen Sie das ernst? Da können Sie auch gleich die Lunte ans Pulverfaß legen.
Therapeutin: So schlimm? Ich dachte . . .
Nora: Er hat eigentlich recht. Ich brächte es niemals fertig, zwei Stunden jeden Abend mit ihr bei den verflixten Hausaufgaben zu sitzen und mich dabei auch noch zu amüsieren!
Therapeutin: Nun, wie würden Sie es denn anstellen?
Nora *(lachend)*: Na, wir wissen doch alle, daß ich sehr schnell biestig werden kann, oder? Ich würde ihr wahrscheinlich sagen, sie soll sie gefälligst allein machen.
Therapeutin: Und kann sie das?
Nora: Na, ich weiß nicht. Ich glaube, ja.
Michael: Aber vielleicht hat sie Fragen . . .
Therapeutin: Nun, wie auch immer. Warum wollen Sie es nicht einfach so machen, wie es Ihnen entspricht, Nora? Könnten Sie sie dabei gewähren lassen, Michael?
Michael: Hm, wenn sie es richtig macht.
Therapeutin *(lachend)*: Sie meinen, wenn sie es so wie Sie macht?
Michael: Ja, ich denke schon.
Therapeutin: Könnten Sie sie machen lassen, wie *sie* es möchte?
Michael: Selbst wenn . . .?
Therapeutin: Selbst wenn. Es ist ja nur für zwei Wochen.
Michael: Ja, einverstanden. Wenn es nur für zwei Wochen ist, bringe ich *alles* fertig.
Nora: Vielen Dank.

Während der ersten Woche dieser Aufgabe erlebte Michael die zunehmende Nähe zwischen Nora und Susan als einen Verlust. Nach seinen Worten war er fast schockiert, als ihm bewußt wurde, daß die von ihm rational abgelehnte Ausschließlichkeit seiner Beziehung zu Susan ihm so viel bedeutete. Dennoch hielt er an seiner neuen Position fest, weil er einsah, daß er Susan und Nora unfreiwillig einen schlechten Dienst geleistet hatte. Einige Wochen danach, als Susan anfing, von sich aus Michaels Rat oder seine Gesellschaft zu suchen, erzählte er ganz glücklich, was für eine neue und wunderbare Erfahrung dies für ihn war. »Bisher war immer ich zu ihr gekommen«, sagte er, »und ich hatte ihr nie die Möglichkeit gegeben, mich zu brauchen oder zu vermissen. Es ist herrlich!« Michael willigte ein, sich nicht einzumischen, wenn Nora Susan zur Disziplin anhielt, selbst wenn sie seiner Ansicht nach »zu streng« sein sollte. Ich brauche wohl nicht zu betonen, daß ich mich weniger sorglos verhalten hätte, wenn dies ein Fall von seelischer Mißhandlung gewesen wäre. Noras verzweifelte Wutausbrüche gegenüber ihrer Tochter waren zwar nicht angenehm, ereigneten sich jedoch im Kontext einer stabilen, fürsorglichen Beziehung.

Therapeutin: Wie kommt es, daß Sie sich so schwer raushalten können, Michael?

Michael: Hören Sie mal, wenn Sie dabei wären, könnten Sie sich auch nicht raushalten. Finden Sie es in Ordnung, eine Zehnjährige anzuschreien?

Therapeutin: Was glauben Sie, warum sie schreit, Michael? Ist sie schon als kreischendes Weibsstück auf die Welt gekommen?

Michael (lächelnd): Na, ich glaube, sie geht ihr auf den Keks.

Therapeutin: Und wieso geht ihr unser kleiner süßer Liebling auf den Keks?

Michael: Wahrscheinlich, weil sie ein ziemlich loses Mundwerk hat.

Therapeutin: Und kann sie sich darauf verlassen, daß der Rettungswagen stets rechtzeitig zur Stelle ist, um sie aus den Fängen dieses Untiers – ihrer Mutter – zu befreien?

Michael: Sie wollen damit sagen, daß ich sie anstifte?

Therapeutin: Na und – tun Sie's?

Michael: Nicht bewußt.

Therapeutin: Aber sie könnte es so auffassen...

Michael: Ja, ich sehe, worauf Sie hinauswollen. Wie weit soll ich es also kommen lassen?

Therapeutin: Na ja, wenn Nora drauf und dran ist, sie aus dem Fenster zu werfen, dann sollten Sie vielleicht doch besser eingreifen. (Allgemeines Gelächter.)

Und Nora zog sich nicht mehr gekränkt und grollend zurück, wenn Michael sich in den Mittelpunkt drängte, sondern sie lernte, ihn dann in seine Schranken zu weisen:

Nora: Mensch, dem habe ich es aber gegeben!
Therapeutin: Was meinen Sie?
Nora: Na, ich rede gerade mit Susan darüber, wie man Lasagne macht, und Michael ruft vom anderen Zimmer aus:»Lasagne? Ich denke, wir gehen heute abend Pizza essen?« Und ich sage:»Das tun wir auch.« Darauf meint er wieder:»Was soll dann das Gerede von der Lasagne?« Da sage ich:»Das geht dich einen Scheißdreck an, Michael, ich rede mit meiner Tochter.« *(Allgemeines Gelächter.)*

Schließlich, nachdem die Arbeit sechs Monate lang darum gegangen war, dieses starre Dreieck in der Kernfamilie aufzubrechen, zeigte sich der Erfolg, als Michael Nora zum Valentinstag eine Karte mit der Aufschrift schenkte »Du bist die Nummer eins«. »Früher«, sagte Nora, »hätte er diese Karte Susan gegeben, und dann wären alle irritiert und erstaunt über meinen Wutausbruch gewesen. Aber jetzt, wo ich weiß, daß ich wirklich die Nummer eins bei Michael bin und ein wesentlich besseres Verhältnis zu Susan habe, bin ich mehr als glücklich darüber, daß auch die beiden sich gut miteinander verstehen.«

Michael: Lang leben Väter und Töchter!
Nora: Und Mütter und Töchter!
Therapeutin: Und Ehemänner und Ehefrauen!

Zusammenfassung

Die für unseren Ansatz wichtige Frage lautet, ob dasselbe oder ein ähnliches Resultat in diesem Fall auch unter Anwendung der herkömmlichen systemtheoretischen Methoden (nach Bowen), das heißt ohne eine feministische Perspektive und ohne die explizite Thematisierung der Unterschiede in den Geschlechtsrollen hätte erzielt werden können.

Für mich ist die Antwort auf diese Frage ein »Ja, aber . . .«. *Ja,* die Symptome hätten sich auch anders beheben lassen, man hätte die Beziehungen verbessern können, und die Beteiligten wären am

Ende der Behandlung reifer und »differenzierter« gewesen als am Anfang; *aber* es ist nicht möglich, die »Differenzierung« oder das Selbstgefühl vom Geschlecht zu trennen, da beide eng miteinander verflochten sind. Das Ziel der Therapie besteht schließlich nicht darin, geschlechtslose Personen zu erschaffen. Eine »Person« zu werden, soweit dies bedeutet, unabhängig, objektiv und konkurrenzbewußt zu sein, heißt offenbar für die meisten Menschen, einschließlich der Therapeutinnen, ein erwachsener Mann zu werden, wie die bekannte Untersuchung von Broverman u. a. (1970) gezeigt hat. Deshalb ist es besonders wichtig, daß in der Therapie die Probleme und Unterschiede der Geschlechter angesprochen werden, um für die Therapeutin wie für die Klientinnen und Klienten eines klarzustellen: Eine Therapie, die Frauen behilflich ist, sich stärker zu »differenzieren«, darf diese nicht unterschwellig dazu überreden, gerade da den Männern ähnlicher zu werden, wo dies für Männer und Frauen gleichermaßen nachteilig wäre – wo sie sich nämlich innerlich zurückziehen oder ihre emotionale Ausdrucksfähigkeit beschneiden. Und es ist auch nicht hilfreich, wenn Therapeutinnen »Differenzierung« für Frauen anders definieren, indem sie etwa unterstellen, daß Frauen für lebenswichtige Entscheidungen weniger »Autonomie« oder weniger wirtschaftliche Unabhängigkeit benötigen als Männer.

Die emotionale Entwicklung von Männern in der Therapie wird durch die Thematisierung von Geschlechterfragen ebenfalls gefördert, da in allen Kulturen das männliche Selbstwertgefühl Vorstellungen und Eigenschaften zum Inhalt hat, die ebenso schädlich für die Männer selbst wie für ihre Beziehungen zu Frauen und Kindern sind. Aber zumindest das männliche Selbstwertgefühl ist herkömmlicherweise in der Familie, der Gesellschaft und später auch in der Psychotherapie unterstützt und bestärkt worden, während Frauen häufig im Hinblick auf ihr Gefühl der Autonomie und des Selbstwerts Probleme haben. Weiblichkeit war schon immer gleichbedeutend mit Unterlegenheit, und das weibliche Selbstgefühl als reife Erwachsene ist seit urdenklichen Zeiten scharf kritisiert und verächtlich gemacht worden – in der Familie, in der Gesellschaft und in der Psychotherapie. Soll eine Therapie also auch für Frauen hilfreich sein, dann müssen wir ihrem Selbstgefühl, eine wertvolle und fähige, reife, erwachsene Person zu sein, unsere besondere Aufmerksamkeit widmen und stets den Einfluß ihrer Sozialisation als Frau berücksichtigen. Wenn die Probleme einer Frau im Hinblick auf ihre »Autonomie« im Verlauf der Therapie nicht mit den gesellschaftlichen Wertvorstellungen verknüpft werden, auf die sie zurückgehen, bleibt ihr und ihrer Familie (vor allem der Mutter) nichts anderes übrig als anzunehmen, daß diese Probleme ihr individuelles Leiden oder das der Familie sind.

So muß die weibliche Eigenpersönlichkeit – früher ein Widerspruch in sich – spezifisch neu definiert werden, um auch Dimensionen wie »Selbstvertrauen« neben der bereits vorhandenen »Verbundenheit mit anderen« einzuschließen, und dieses Selbstvertrauen sollte in der Therapie noch gestärkt und nicht gemindert werden. So werden beispielsweise die vielfach verwendeten Begriffe »eng«, »nah« oder »übernah« im Sinne einer dysfunktionalen Verschmelzung oder Verstrickung von vielen Therapeutinnen in Mißkredit gebracht, die die positive Bedeutung der Adjektive »eng« oder »nah« auflösen, indem sie sie nur noch abwertend gebrauchen und damit die echte Anteilnahme und Fürsorge von Frauen, insbesondere von Müttern, als etwas Fragwürdiges erscheinen lassen.

Auch der Prozeß der männlichen Differenzierung wird durch die Thematisierung von Geschlechterfragen gefördert, so daß Michael in unserem Fall die Erfahrung machen konnte, daß es möglich war, ein guter Ehemann und Vater zu sein, ohne deshalb seiner Frau alles aus der Hand nehmen und gegenüber seiner Tochter überfürsorglich sein zu müssen.

Wie sich bei Nora gezeigt hat, ist es immer wichtig, bei Frauen den Einfluß der geschlechtsspezifischen Sozialisation anzusprechen, da ein Großteil des problematischen oder in der Familie wie in der Therapie falsch verstandenen Verhaltens von Frauen mit ihrer Geschlechtsrolle zusammenhängt; dasselbe gilt von den Hemmnissen, die ihrer vollständigeren Differenzierung im Wege stehen, welche – wie wir uns erinnern – *Autonomie im Verein mit emotionaler Verbundenheit* bedeutet. Zwar trifft es zu, daß Männer die eine und Frauen die andere dieser beiden Qualitäten bevorzugt ausgebildet haben, aber die Welt hat zweifellos jene begünstigt, bei denen der Schwerpunkt auf Autonomie statt auf emotionaler Verbundenheit lag. Eine Umverteilung der Macht, so daß Frauen ebenso viele Optionen haben und ebensoviel über ihr Leben bestimmen können wie die Männer, würde unsere Gesellschaft in vielen Hinsichten verändern, über die wir nur Vermutungen anstellen können. Ein solcher Gedanke jagt uns allen einen Schrecken ein, und das ist wohl auch der Grund, warum die »Geschlechterfrage« überall dort, wo sie gestellt wird, die Gemüter so sehr erregt.

Fallbeispiel
Der Gottvater

Peggy Papp

Einleitung

Im folgenden Fallbeispiel geht es um ein Dreieck aus Vater, Mutter und Tochter, in dem der Vater bestimmte klischeehafte Aspekte der männlichen Rolle nicht nur verinnerlicht, sondern obendrein übertrieben hat. Sein von ihm selbst einbekanntes Idealbild als »Gottvater« ist eine extreme Version des Macho als Kulturheld – mächtig, väterlich, selbstbeherrscht, emotional unbeteiligt –, eine Welt für sich. Er fühlt sich nur dann wohl, wenn er die Beziehungen unter Kontrolle hat, was für ihn bedeutet, sich andere Menschen zu verpflichten, ohne seinerseits jemals auf deren Hilfe angewiesen zu sein. Die Art und Weise, wie er sich andere zur Dankbarkeit verpflichtet, erfolgt über eine der üblichen männlichen Machtquellen, das Geld, indem er seine Familie, seine Freunde und seine Geschäftspartner mit Geschenken und Vergünstigungen überschüttet.

Wenn seine Tochter ins Adoleszenzalter gekommen ist und er für »sein kleines Mädchen« nicht mehr die Rolle des Fürsorgers, Beschützers und Spielgefährten spielen kann, geht er auf Distanz, übergibt sie der Mutter und überläßt ihr die ganze alltägliche Sorge und Fürsorge für die Tochter. Die Mutter, die sich dem Diktat dessen unterwirft, was sie für ihre mütterliche Verantwortung hält, akzeptiert diese Aufgabe widerspruchslos. Wenn sich bei der Tochter Probleme einstellen, macht der Vater hierfür das »Überengagement« der Mutter verantwortlich, ohne den Zusammenhang zwischen ihrem »Überengagement« und seiner distanzierten Beziehung zu Frau und Tochter zu sehen.

In diesem Fallbeispiel habe ich mir die Definition des Problems durch den Vater, nämlich als das »Überengagement« der Mutter, nicht zu eigen gemacht. Ich habe vielmehr den Schwerpunkt darauf gelegt, den Vater darin zu unterstützen, sein ideales Selbstbild als »Gottvater« aufzugeben. Das war nur möglich, wenn er gleichzeitig zu seiner Tochter eine Beziehung aufbaute, in der er lernte, auch etwas von ihr anzunehmen, statt daß er versuchte, sie sich ständig zu verpflichten und sie dadurch zu beherrschen.

Das Symptom

Die siebzehnjährige Penny wurde von ihren Eltern in unsere Klinik gebracht, weil sie nicht mehr zur Schule ging, jede Arbeit verweigerte und sich die meiste Zeit über in ihr Zimmer einschloß. Penny war das jüngste von fünf Kindern und das einzige, das zu dieser Zeit noch bei den Eltern wohnte. Sie begleitete ihre Eltern nur widerstrebend zum Erstinterview, an dem sie sich kaum beteiligte, und antwortete auf Fragen einsilbig oder mit einem Schulterzucken. Die Mutter sprach leise und verzweifelt und beschwor uns, ihrer Tochter zu helfen. Sie gab eine ausführliche Schilderung vom allmählichen Rückzug der Tochter von der Familie und ihren Freundinnen, dem Schwänzen der Schule, ihren unberechenbaren Launen und ihrem ständigen Aufenthalt in ihrem Zimmer. Der Vater, ein stattlicher Mann von beeindruckendem Äußeren und herzlichem Wesen, äußerte seine Besorgnis über Penny und ihre Mutter. Die Mutter machte ihm Sorgen, weil »sie von morgens bis abends nur an Penny denkt«. Nach seinen Worten war Penny für die Mutter zur fixen Idee geworden. »Sie beobachtet jeden ihrer Schritte und spricht den ganzen Tag von nichts anderem.« Er hatte der Mutter vorgeschlagen, eine Einzeltherapie zu machen, doch sie hatte darauf bestanden, daß sie alle drei eine Therapeutin aufsuchten.

Obwohl sich der Vater darüber beklagte, die Mutter mache sich zuviel Sorgen, räumte er ein, daß dies für ihn auch etwas Beruhigendes hatte. »Wenn sie sich Sorgen um Penny macht, dann heißt das auch, daß sie sich um Penny kümmert.« Als ich bemerkte, daß diese Einstellung ihn aus der Verantwortung entlasse, erwiderte er lachend: »Da haben Sie wirklich recht. Ich habe es mir auch so eingerichtet. Wenn ich meine Frau nicht hätte, würde ich verrückt werden.«

Die Mutter sagte hierzu: »Es ist nicht gerecht. Es macht mich wütend. Warum soll ich die einzige sein, an der alles hängenbleibt? Es ist ›unsere‹ Tochter und nicht ›meine‹ Tochter.« Der Vater bezeichnete anschließend die Besorgtheit der Mutter als einen ihrer Charakterzüge und meinte, wenn sie nichts hätte, um das sie sich kümmern könne, würde sie etwas suchen, sie sei eine geborene

»Kümmerfrau«. Sie sei allen ihren Kindern gegenüber so gewesen, ganz besonders jedoch bei Penny. Nach seiner Meinung hatte sie diese Eigenschaft von ihrer Mutter geerbt, die sich ebenfalls ständig irgendwelche Sorgen machte. Die Mutter bestritt, daß sie nicht anders könne als sich ständig zu sorgen, und meinte, es wäre für sie eine große Erleichterung, wenn sie die Sorgen einmal los sei; dagegen beklagte sie sich, wenn sie versuche, über ihre Sorgen wegen Penny mit ihrem Mann zu reden, dann schneide er ihr entweder das Wort ab mit der Bemerkung »Ich will nichts mehr davon hören«, oder er fühle sich verpflichtet, etwas zu unternehmen, um die Situation zu »regeln«, statt ihr einfach zuzuhören und Verständnis zu zeigen. Seine Methode, die Situation zu »regeln«, bestand nach ihren Worten darin, daß er in Pennys Zimmer stürmte und ihr gegenüber seine Autorität herauskehrte. Wenn sie sich weigerte, seinen Anordnungen Folge zu leisten, geriet er in Rage und drohte, sie körperlich zu züchtigen. Am Ende kam dann immer sie, die Mutter, um sich schlichtend zwischen beide zu stellen.

Der Vater räumte ein: »Zwischen Penny und mir findet keine echte Kommunikation statt, und das ist schon seit längerem so.« Alle Botschaften zwischen Vater und Tochter nahmen den Umweg über die Mutter, die als Mittlerin auftrat und versuchte, zwischen den beiden Frieden zu stiften. Die Mutter bemerkte: »Ich bewege mich zwischen Penny und meinem Mann hin und her. Ich glaube nicht, daß das gut ist. Sie sollten selber miteinander ins Gespräch kommen, aber ich habe Angst, daß jemand dabei verletzt wird.«

Therapeutische Perspektiven

Vermutlich würden viele Therapeutinnen bei dieser Familie (genau wie ich selbst dies in der Vergangenheit auch getan hätte) folgende Diagnose stellen: Die Mutter ist der Tochter innerlich zu stark verbunden, wahrscheinlich weil sie das letzte Kind ist, das die elterliche Wohnung verlassen wird. Der Vater wird in die Ängste der Mutter mit hineingezogen und handelt als ihr »Polizist« oder »starker Arm«. Er übernimmt es, Penny zu disziplinieren, weil die Mutter hierzu nicht in der Lage ist. Anschließend greift die Mutter aber ein, weil sie das Vorgehen des Vaters gegen Penny als zu gewaltsam empfindet. Die Wut des Vaters auf Penny gilt in Wirklichkeit seiner Frau, weil er für sie »die Dreckarbeit« machen muß. Indem sie sich als Vermittlerin zwischen Penny und den Vater stellt, hindert die Mutter beide daran, ihre eigene Beziehung aufzubauen.

Nach dieser Diagnose, bei der die Mutter das eigentliche Problem ist, wäre die Behandlung darauf gerichtet, die Gründe für ihre übermäßige Besorgtheit und Fürsorglichkeit gegenüber der Tochter herauszufinden und vielleicht einen Zusammenhang herzustellen zum ähnlichen Verhalten ihrer eigenen Mutter oder zu der Tatsache, daß Penny vielleicht bald die Familie verlassen wird. Die Mutter würde in diesem Fall instruiert, dem Vater nichts von ihren Ängsten zu erzählen, um ihn nicht aufzuregen. Sodann würde ihr geraten, »lockerzulassen«, sich auf Aktivitäten außerhalb der Familie zu verlegen, nicht mehr zwischen Vater und Tochter zu vermitteln und darauf zu vertrauen, daß der Vater seine Drohungen, Peggy zu schlagen, nicht wahrmacht. Dem Vater würde vielleicht geraten, die Verantwortung für Penny zu übernehmen, um die Mutter zu entlasten und die Beziehung zwischen Mutter und Tochter etwas »abzuschwächen«. Oder man würde die Situation als Eheproblem deuten, so daß Penny nicht an den therapeutischen Sitzungen teilnehmen müßte. Oder man würde darin einen Fall von »Führungsschwäche« sehen und die Eltern instruieren, wie sie sich zusammentun könnten, um eine gemeinsame Front gegen die Tochter zu bilden.

Was hier zur Debatte steht, ist die Art und Weise, wie die jeweilige Perspektive der Therapeutin den Verlauf der Therapie beeinflußt. Sie entscheidet darüber, welche Aspekte genauer aufgeklärt, welche Fragen gestellt, welche therapeutischen Antworten gegeben werden und welches die Grundannahme ist, auf der die weitere Therapie aufbaut. Alle hier angeführten Hypothesen enthalten Elemente der Wahrheit, und jede einzelne oder eine Kombination von ihnen könnte das Verschwinden der Symptome bewirken. Aber alle diese Hypothesen würden sich primär auf das »Überengagement« der Mutter konzentrieren oder auf Probleme in der Ehe und nicht auf die Vermeidung einer emotionalen Beteiligung durch den Vater. Ich entschied mich dafür, das letztere in den Mittelpunkt der therapeutischen Arbeit zu rücken, da ich es aufgrund des Erstgesprächs für das zentrale Problem hielt. Deshalb stellte ich zunächst weitere Fragen zur Kommunikation zwischen Vater und Tochter. Im Verlauf unseres Gesprächs zeigte sich, daß die Beziehung zwischen beiden sich verändert hatte, als Penny etwa zwölf Jahre alt geworden war. Der Vater tat sich schwer damit, daß sie immer älter wurde, und wußte nicht, wie er sie als heranwachsende Frau behandeln sollte. In seiner abrupten und direkten Art sagte er: »Ich weiß, daß ich ein Teil von Pennys Problem bin. Ich habe versucht, die Uhr anzuhalten. Ich weiß, daß sie siebzehn Jahre alt und eine Frau ist, und ich respektiere sie, aber ich sage Ihnen klipp und klar, für mich ist sie noch ein kleines Mädchen. Meine Söhne sind meine Söhne, so alt wie sie sind, aber meine Töchter sind für mich kleine Mädchen.«

Therapeutin: Wie jung soll Penny für Sie bleiben?

Vater: Etwa acht Jahre alt. Nein, das sollte ein Witz sein. Aber das ist es, was mir fehlt. Ich möchte anderen alles geben und sie glücklich machen, ihnen Sachen kaufen und für sie sorgen. Auf all das reagiert sie nicht mehr, und ich weiß nicht, was ich noch tun soll.

Mutter: Er gibt gern, aber er kann nichts annehmen. Er läßt es nicht zu, daß ich etwas für ihn tue. Er möchte am liebsten vollkommen unabhängig sein – was in mancher Hinsicht wunderbar ist. Ich brauche nie seine Socken vom Fußboden aufzulesen, nichts von seinen Sachen zur Reinigung zu bringen – und immer heißt es: »Komm, wir gehen auswärts essen, dann brauchst du nicht zu kochen.«

Vater: Ich ertrage es nicht, wenn jemand etwas für mich tut. Wenn ich Geburtstag habe, möchte ich am liebsten allen ein Geschenk machen.

Mutter: Es gibt anderen das Gefühl, daß sie nicht gewürdigt, nicht gebraucht werden.

Therapeutin (zur Mutter): Sie fühlen sich also um etwas gebracht, wenn Ihr Mann Ihnen nicht erlaubt, ihm etwas zu geben?

Mutter: Ja, wenn er sich erkältet hat, dann will er nicht, daß ich mich um ihn kümmere. Am Vatertag will er seine Geschenke nicht einmal auspacken.

Therapeutin (zum Vater): Nehmen Sie auf diese Weise auch den anderen Familienangehörigen ihre Freude?

Mutter: Genau, er nimmt ihnen damit die Freude.

Therapeutin (zu Penny): Penny, erlaubt dein Vater dir, daß du etwas für ihn tust?

Penny *(schulterzuckend)*: Mir doch egal.

Mutter: Für mich ist es so: Man tut anderen einen Gefallen, wenn man zuläßt, daß sie etwas für einen tun. Unabhängigkeit ist eine feine Sache, aber es gibt noch etwas anderes – gegenseitige Abhängigkeit. Das ist besser, glaube ich. Das ist der Punkt, wo er den anderen immer wieder zuvorkommt. Das macht er mit seinen Freunden und Geschäftspartnern genauso.

Vater: Exakt. Immer, wenn ich etwas annehme, möchte ich es dreifach vergelten.

Mutter: Für mich ist es das Bedürfnis, den anderen immer etwas vorauszuhaben.

Therapeutin *(zum Vater)*: Sie halten es für besser, wenn andere Ihnen verpflichtet sind, als daß Sie in der Schuld von anderen stehen?

Vater: Ja, ich ertrage es nicht, anderen etwas schuldig zu sein. Wenn ich jemandem einen Gefallen erweise, dann will ich nicht, daß er sich dafür revanchiert. Ich habe gestern abend den Film *Der Gottvater* gesehen und gesagt:»Ich wäre gern der Gottvater.«

Mutter: Und ich habe gesagt:»Du bist es bereits, du weißt es nur nicht.«

Vater: Recht hat sie. Ich will nichts zurückhaben. Das ist mein Problem. Ich will immer, daß die Rechnung an mich geht.

Mutter *(zum Vater)*: Es tut mir leid für dich, daß dir die Dinge, die andere für dich tun, sowenig Freude machen. Das hält andere davon ab, dir nahezukommen.

Vater: Wenn ich ihnen zu nahe käme, müßte ich mir Sorgen um sie machen – dann wäre ich für sie verantwortlich. Wenn mir jemand nahekommt, weiche ich zurück.

Therapeutin: Und wie funktioniert das zwischen Ihnen und Ihrer Frau?

Vater: Ich weiß nicht, ob es da einen Zusammenhang gibt. Ich weiß, wenn ich krank bin, dann will ich nicht, daß sie sich um mich kümmert. Ich will mich nicht schwach fühlen. Wenn sie sich zu sehr um mich kümmert, fühle ich mich schwach. Ich will nicht, daß andere sich um mich kümmern. Ich kümmere mich lieber um sie.

Nach diesen weiteren Informationen stellte ich folgende Diagnose: Die extrem paternalistische Einstellung des Vaters, seine Angst vor den Verpflichtungen jeder Nähe und sein Bemühen, in persönlichen Beziehungen den anderen stets zuvorzukommen, halten seine Frau und Penny in der Position von Kindern. Die Mutter bittet um seine Mitarbeit und sein Verständnis im Umgang mit der Tochter, worauf der Vater sich entweder zurückzieht oder mit körperlicher Gewalt droht. Die Mutter, die ihre vorgestanzte Rolle als Friedensstifterin akzeptiert, vermittelt im Konflikt zwischen Vater und Tochter und schützt damit den Vater davor, sich mit seiner Tochter als einer erwachsenen Frau auseinandersetzen zu müssen. Penny reagiert in der Weise, daß sie ein kleines Mädchen bleibt, aus der Erwachsenenwelt aussteigt und sich daheim in ihr Zimmer einsperrt.

Therapeutische Ziele

Mein erstes therapeutisches Ziel auf der Grundlage dieser Diagnose war dies: Ich wollte dem Vater behilflich sein, eine persönliche Beziehung zu erfahren, in der er nicht nur gab, sondern auch nahm; der Mutter und Penny wollte ich helfen, aus ihren infantilisierten Positionen herauszufinden. Ich fing bei der Beziehung des Vaters mit Penny an, da sie die Symptomträgerin war. Folgende Aufgaben stellte ich den beiden: Der Vater sollte mindestens zweimal in der Woche Penny bitten, etwas für ihn zu tun, und ihr erlauben, daß sie es tat. Es konnte alles sein, nur nichts, das ihr selbst zugute kommen würde, zum Beispiel wieder die Schule besuchen, eine Stelle annehmen oder ihr Zimmer verlassen. Es mußte etwas sein, das dem Vater zugute kam. Pennys Aufgabe bestand darin, daß sie seine Bitten erfüllte und ihm auf diese Weise beibrachte, von ihr etwas anzunehmen.

Diese Umkehrung der Positionen von Vater und Tochter durch die therapeutische Aufgabe bewegte Penny aus ihrer Position des kleinen Mädchens und versetzte sie in die einer fähigen Erwachsenen, die ihrem Vater etwas Wertvolles beibringen konnte. Indem er genötigt wurde, zu bitten und zu empfangen, mußte der Vater seine Position als »Gottvater« aufgeben und sich auf eine stärker gleichberechtigte Beziehung zu seiner Tochter einlassen.

Ich habe herausgefunden, daß das Stellen von Aufgaben in Verbindung mit einem zentralen Problem eine der einfachsten und schnellsten Möglichkeiten darstellt, die Regeln einer Beziehung zu verändern. Die Erfüllung der Aufgabe verhilft den Beteiligten unmittelbar zu einer neuen Erfahrung in ihrem Umgang untereinander, indem ihre vertrauten Beziehungsmuster aufgelöst und neue Möglichkeiten eröffnet werden.

Zum erstenmal, seit wir zusammensaßen, wurde Penny lebendig. Sie hob den Kopf und lachte gemeinsam mit den Eltern bei dem Gedanken, ihr Vater könnte irgend etwas annehmen. Sie bezweifelte, daß er in der Lage sein würde, die Aufgabe auszuführen, und meinte:»Ich kann mir nicht vorstellen, daß ihm irgend jemand etwas beibringt. Er weiß ja alles schon vorher.« Der Vater war überrascht, als der Spieß umgedreht wurde, und stimmte zu, daß es ihm schwerfallen würde. Ganz in seiner Art erklärte er:»Es wird mich umbringen, aber ich versuche es bis zum letzten Atemzug.« Die Mutter sah erleichtert aus.

Der Vater richtete zwei Bitten an Penny, was ihm sichtlich schwerfiel: Sie sollte zum Kiosk an der Ecke gehen und ihm die Sonntagszeitung kaufen, und er bat sie, ihm ein Buch aus der Stadtbücherei zu besorgen. In beiden Fällen mußte Penny ihr Zimmer verlassen, und die Beziehung zwischen Vater und Tochter wurde auf ein anderes Fundament gestellt. Je weiter sich der Vater aus seiner Gottvater-Position entfernte, desto mehr verringerte sich die Distanz zu seiner Tochter, so daß beide offener und ehrlicher miteinander umgehen konnten. Die Mutter machte sich weniger Sorgen, da sie nun erlebte, daß Penny mitteilsamer wurde und wieder aus ihrem Zimmer herauskam.

Der Prozeß der Veränderung

Innerhalb weniger Wochen hatte Penny eine Stelle und wollte nicht mehr an den Therapiesitzungen teilnehmen, weil sie zu sehr mit anderen Dingen beschäftigt war. Der Vater war darüber zunächst äußerst aufgebracht und brüllte die Mutter an, weil sie diejenige war, die eine Therapie befürwortet hatte; warum sollte er es auf sich nehmen, in die Stunde zu gehen und seinen Kopf hinzuhalten, wenn Penny es nicht auch tat? Penny konnte den Streit ihrer Eltern nicht mit ansehen und schloß sich wieder in ihr Zimmer ein. Diesmal durchbrach der Vater jedoch den alten Kreislauf und reagierte anders als gewöhnlich. Er ging zu Penny, ohne daß die Mutter ihn dazu gedrängt hätte, und sagte:»Penny, ich habe unrecht. Auch ich muß dazulernen, und deshalb komme ich, um mit dir zu reden. Ich habe es an deiner Mutter ausgelassen, und das wollte ich nicht. Ich bin wirklich böse auf dich. Deshalb komme ich jetzt hierher, um dir selbst zu sagen, was mir nicht gefällt.« Sie hatten ein langes Gespräch, in dem sie sich stritten und wütend wurden, es flossen Tränen, und schließlich gab es eine Versöhnung. Während dieser intensiven Auseinandersetzung überzeugte Penny ihren Vater, daß sie alt genug war, um selbst zu bestimmen, ob sie weiterhin zur Therapie ging oder nicht.

Die Eltern suchten mich noch einige Monate lang ohne die Tochter auf, weil sie zu dem Entschluß gekommen waren, daß die Therapie ihnen guttat. Sie wollten ihre eigene Beziehung besser verstehen, und während dieser Zeit war ich dem Vater bei seiner Schwierigkeit behilflich, von seiner Frau etwas anzunehmen.

Als wir die therapeutische Arbeit beendeten, erzählten die Eltern, Penny mache einen wesentlich glücklicheren Eindruck und schmiede begeistert Pläne, im kommenden Herbst auf die Schule zurückzugehen. Der Vater sagte, er glaube, sie hätten keine Therapie mehr nötig, denn »viel besser als jetzt kriege ich es nicht mehr hin. Das ist prima.«

Zusammenfassung

Dieses Fallbeispiel demonstriert eine Möglichkeit, ein Dreieck zwischen Vater, Mutter und Tochter anders zu behandeln als durch die Diagnose, das Hauptproblem sei die »überengagierte« Mutter. Das Problem der Familie wurde vielmehr als als Machtungleichgewicht zwischen den Familienmitgliedern gesehen, verursacht durch die einseitige Haltung des Vaters, der sich seine Umgebung immer nur verpflichten wollte, ohne selbst etwas anzunehmen. Eine einfache Aufgabe veränderte die Beziehung zwischen Vater und Tochter dadurch, daß sie ihre Positionen des Gebenden und der Nehmenden umkehrte. Diese Veränderung in der Beziehung zwischen Vater und Tochter verschaffte der Mutter, die bislang die Rolle der Vermittlerin und der Hauptverantwortlichen in der Familie übernommen hatte, eine Entlastung. Im Anschluß an diese Neuorientierung wurde das Machtungleichgewicht zwischen Mutter und Vater zur Sprache gebracht und verändert.

Fallbeispiel

Die »unabhängige« Tochter

Olga Silverstein

Einleitung

Bei dem Folgenden handelt es sich um ein Beispiel systemischer Einzeltherapie. In einer Einzeltherapie arbeite ich häufig mit einem Genogramm. Das ist ein Familienstammbaum, der in der Regel drei Generationen umfaßt und in den die zwischen einzelnen Familienmitgliedern bestehenden Beziehungsmuster eingetragen werden, so daß man sie über mehrere Generationen hinweg verfolgen kann.

Ein Genogramm macht den Familienprozeß als Prozeß zwischen mehreren Generationen und als Kontext sichtbar. Zudem läßt es die nicht anwesenden Familienmitglieder in der therapeutischen Sitzung auf dem Papier lebendig werden. Das Genogramm ermöglicht der Therapeutin (und damit auch den Klienten), die über mehrere Generationen hinweg bestehenden Beziehungsmuster zu erkennen, so daß sie das von den Klienten geschilderte Symptom in einen Kontext einbetten kann.

Der hier vorgestellte Fall ist ein Beispiel für das bei jungen Frauen häufig auftretende Problem, daß sie sich zwischen ihren eigenen Bedürfnissen und denen ihrer nächsten Verwandten entscheiden müssen. In der Familientherapie wird häufig der Fehler gemacht, dieses Problem als Ablösungsschwierigkeit aufzufassen. Die Therapeutin wird dann der jungen Klientin raten, diese Beziehungen völlig abzubrechen, also »ihre eigenen Wege zu gehen«. Damit ist dann die Gelegenheit verpaßt, das bisherige Beziehungsmuster neu zu strukturieren.

Das Symptom

Eine siebenundzwanzig Jahre alte Studentin aus Italien, die hier am *Ackerman Institute* eine zweijährige Externenausbildung machte, kam in Tränen aufgelöst zu mir. »Ich habe gerade einen angstvollen Brief von meinem Vater bekommen, in dem er mich bittet, sofort nach Hause zu kommen. Meine Ausbildung ist in zwei Wochen beendet, und ich hatte vorgehabt, im Sommer noch herumzureisen und dann erst zurückzufahren, aber in dem Brief heißt es ›bitte – jetzt gleich‹.«

Therapeutin: Wissen Sie, warum es so dringend ist?

Maria: O ja, meine beiden Schwestern sind in Schwierigkeiten, und er braucht meine Hilfe. *(Sie beginnt erneut zu weinen.)*

Therapeutin: Nun, fangen wir von oben an – Sie haben zwei Schwestern?

Maria: Und zwei Brüder, ich bin die Älteste. Die Jungen sind beide außer Haus, auf der Schule. Ich glaube, mit ihnen ist alles in Ordnung. Ich kam vor zwei Jahren in die USA, um hier zu studieren, und dann ging Angelique vor einem Jahr nach London auf eine Schauspielschule, und dann ging Laura zur Universität – mit ihren achtzehn Jahren ist sie die Jüngste. Aber jetzt sind beide wieder zu Hause. Bei Angelique ist irgend etwas schiefgegangen, ich weiß nur nicht was, jedenfalls rief die Schule meinen Vater an, und der fuhr nach London und brachte sie wieder heim.

Therapeutin: Wie hatte er zunächst reagiert, als sie nach England ging?

Maria: Oh, er war dagegen! Er war dagegen. Schauspielerin – igitt. Er stammt aus einer sehr angesehenen Familie, alles pieksauber, alles piekfeine Leute – nein, er brach mit ihr, er war für sie nicht mehr zu sprechen. Sie ist nicht mehr meine Tochter, sagte er zu jedem.

Therapeutin: Und Ihre Mutter? Wie hat sich Ihre Mutter verhalten?

Maria: Oh, sie beschützte sie. Sie stellte sich nicht offen gegen meinen Vater, aber sie schickte ihr etwas Geld und telefonierte heimlich mit ihr.

Therapeutin: Und was ist mit Laura?

Maria: Ich weiß es nicht, weil keiner mir viel erzählt, nur daß sie die Universität aufgegeben hat und die ganze Zeit weint.

Therapeutin: Und was sollen Sie in der ganzen Sache tun?

Maria: Na ja, ich habe mich schon immer um alle gekümmert. Als ich noch in Mailand wohnte – ich hatte die Schule beendet und hatte meine eigene Wohnung –, kamen sie immer zu mir, wenn etwas daheim schiefging. Mein Vater schickte sie regelmäßig zu mir. Meine Mutter wurde dann immer sehr wütend, rief bei mir an und sagte ihnen, sie sollten sofort nach Hause kommen.

Therapeutin: Sie waren also eine kleine Mutter . . .

Maria: Allerdings. Und seit ich hier bin, versuche ich, mich herauszuhalten. Sie rufen mich an, und ich sage ihnen:»Es tut mir leid, ich kann euch nicht helfen« – aber es ist schwer. Ich weiß nicht, was passieren wird, wenn ich wieder dort bin. Ich möchte es fertigbringen, mich wirklich herauszuhalten. Meine Freundinnen sagen mir alle, ich soll mich heraushalten, und ich versuche es.

Systemische Einzeltherapie

Weil es sich in diesem Fall um eine lediglich einstündige Beratung handelt, komme ich sofort auf das Genogramm zu sprechen. Maria wurde in den vergangenen zwei Jahren am *Ackerman Institute* zur Familientherapeutin ausgebildet, und deshalb brauche ich sie nicht mit den Methoden meiner Arbeit vertraut zu machen. Außerdem hat sie während ihrer Ausbildung zahlreiche Informationen über ihre Familie gesammelt und ist über vieles im Bilde.

Damit waren gute Voraussetzungen für einen erfolgreichen Verlauf dieser einmaligen Beratung gegeben. Bei einer Klientin ohne die Vorbildung Marias hätte ich natürlich wesentlich mehr Zeit gebraucht.

Marias Mutter Rosa ist eine noch junge Frau. Maria schildert sie als sehr schön, fröhlich und lebendig. Rosa ist zehn Jahre jünger als ihr Bruder Emilio. Als Rosa drei und Emilio dreizehn Jahre alt war, verließ ihr Vater Dominick die Familie, um mit einer jüngeren und attraktiveren Frau zusammenzuleben. Obgleich er sich nicht scheiden ließ, sah Rosa ihn nie wieder.

Maria *(erzählt die Geschichte weiter)*: Mein Onkel Emilio war damals dreizehn und wurde sehr traurig. Auch meine Großmutter war sehr traurig. Sie waren sehr arme Leute. Mit zwölf oder dreizehn Jahren war meine Mutter Hauptverdienerin der Familie. Sie putzte bei den Reichen, hütete ihre Babys, verkaufte Sachen auf dem Markt, und vermutlich tat sie noch manches andere. Ich weiß es nicht. Jedenfalls waren die Männer alle hinter ihr her, und sie hatte keinen, der sie beschützte. Ihr Bruder verließ niemals das

Haus, und Anna blieb daheim und kümmerte sich um ihn. Meine Großmutter gab sich viel Mühe, aber meine Mutter war sehr unabhängig. Und sie waren sehr arm. Sie müssen wissen, wenn damals in einem italienischen Dorf ein Mann seine Frau verließ, dann war das eine Schande, weil jeder glaubte, daß die Frau sich etwas hatte zuschulden kommen lassen.

Therapeutin: Was wissen Sie über die Herkunft Ihres Vaters?

Maria: Mein Vater ist zwanzig Jahre älter als meine Mutter. Er ist anders, sehr ernst. Er stammt aus einer sehr angesehenen Familie. Sehr angesehen. Er heißt ebenfalls Emilio. *(Therapeutin legt Genogramme an.)*

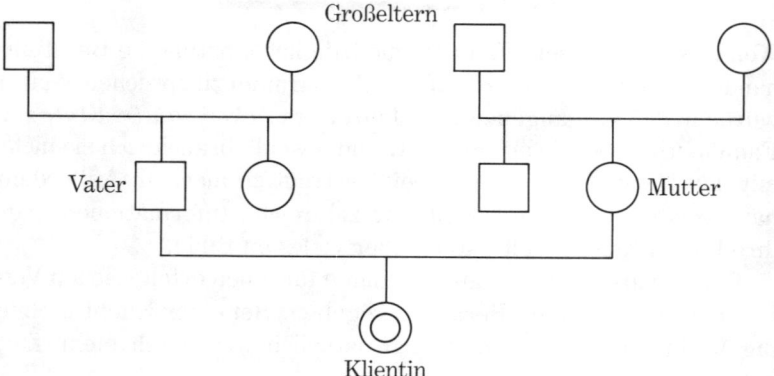

Emilio, mein Vater, ist sechs Jahre älter als seine Schwester Maria, von der ich den Namen habe. Sonst hat er keine Geschwister.

Sein Vater starb, als er zehn Jahre alt war. Im Gegensatz zu meinem Onkel Emilio wurde mein Vater der Mann in der Familie. Sie waren nicht arm. O nein – sehr angesehen. So wurde er auch erzogen. Aber er kümmerte sich immer um seine Mutter. Und er beschützte immer seine Schwester Maria.

Therapeutin: Was für ein Mensch ist seine Schwester?

Maria: Meine Tante ist sehr nett. Eine sehr gute Frau. Sie hat nie geheiratet, und sie wohnt bei ihrer Mutter. Sehr nett. Eine sehr gute Frau, wirklich.

Anhand dieser Informationen konnten wir nun einige Hypothesen aufstellen über Marias Angst, nach Hause zurückzukehren.

Therapeutin *(mit dem Genogramm beschäftigt)*: Bei welcher Gelegenheit lernten sich Ihre Eltern kennen?

Maria: Auf einem Tanzfest. Die Geschichte ist die, daß sie eigentlich in einen anderen Mann verliebt war, aber der war arm, und mein Vater war eine sehr gute Partie für ein armes Mädchen. Er sagt, er mochte sie, weil sie schön und fröhlich war. Er rettete sie aus der Gosse. Meine Mutter hatte keine Zukunftsaussichten, und mein Vater rettete sie.

Therapeutin: Von wem haben Sie diese Geschichte?

Maria: Von meiner Großmutter Theresa.

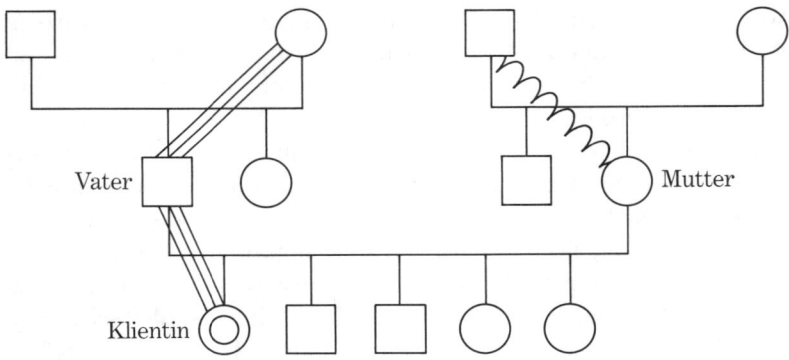

Therapeutin: Erzählen Sie mir ein wenig von Ihren Eltern – wie stehen sie zueinander?

Maria: Oh, sie gehen sehr höflich miteinander um, aber ihr Verhältnis ist nicht gut. Schon vor längerer Zeit, vielleicht vor zehn oder zwölf Jahren, bekam ich mit, wie sie sich stritten und mit Trennung drohten.

Therapeutin: Wer hat damit gedroht?

Maria: Alle beide. Er sagt, sie ist zu aufdringlich, zu leichtsinnig, zu zerfahren. Sie sagt, er ist zu einseitig, zu verbraucht, er arbeitet die ganze Zeit. Er gesteht ihr überhaupt keine Unabhängigkeit zu.

Therapeutin: Wessen Tochter sind Sie, auf wessen Seite stehen Sie?

Maria: Ganz auf seiner! Er ist ein sehr harter Arbeiter – sehr großzügig mit seinen Kindern. Er schlägt uns nie etwas ab. Außerdem habe ich viel äußerliche Ähnlichkeit mit seiner Mutter. Die

Leute haben immer gesagt:»Du bist ganz die Tochter deines Vaters!«

Therapeutin: Gefällt Ihnen das?

Maria: Aber natürlich – schon als ich noch ein kleines Mädchen war, hat er mit mir über Dinge gesprochen, die er mit meiner Mutter nie erörtert hätte.

Therapeutin: Hat Ihre Mutter ihn deshalb jemals zur Rede gestellt?

Maria: O nein, das tut sie nie, nur wenn sie Geld braucht.

Therapeutin: Haben Sie nicht gesagt, er sei sehr großzügig?

Maria: Zu den Kindern, aber nicht zu meiner Mutter. Er sagt, sie ist sehr leichtsinnig. Er verhält sich ihr gegenüber, als wäre er ihr Vater, und sie verhält sich wie ein widerborstiges Kind. Aber er ist großartig – er arbeitet wirklich sehr, sehr hart, und für seine Kinder täte er alles.

Therapeutin: Gut, lassen Sie mich sehen, ob ich Sie richtig verstanden habe. Sie sagen, Ihr Vater ist ein guter Mensch, der anscheinend auf Gedeih und Verderb einer törichten Frau ausgeliefert ist, Ihrer Mutter, die noch jung ist und es sich gutgehen lassen möchte. Vor etwa zwei Jahren sind Sie von zu Hause weggegangen, bald danach auch Ihre beiden Schwestern, während Ihre Brüder schon länger nicht mehr bei den Eltern gewohnt haben – ist das so richtig?

Maria: Ja, vor ein paar Monaten war noch alles mit uns in Ordnung, und dann auf einmal – ich fühle mich entsetzlich ... *(fängt wieder an zu weinen)*.

Wir wissen jetzt eine ganze Reihe von Dingen über Marias Familie:

1. Marias Mutter, Rosa, ist eine junge und schöne Frau, verheiratet mit einem ernsthaften, zwanzig Jahre älteren Mann.

2. Rosa wuchs unabhängig und unbeschützt (in der Sprache der Familie) auf. Marias Vater Emilio wuchs als Beschützer auf.

3. Rosas Vater verließ die Familie wegen einer anderen Frau. Ihr Bruder und ihre Mutter waren untröstlich. Die Familie lebte in Schande. Emilios Vater verließ die Familie auf weniger schändliche Weise – indem er starb. Emilio, der Vater, wurde in seinem Rang erhöht statt geächtet. Er wurde zu früh der zu ernste Mann im Haus. Seine Familie lebte in allgemeinem Ansehen.

4. Rosa und Emilio teilten die gemeinsame Erfahrung eines frühen Verlusts, eines Preisgegebenseins.

5. Höchstwahrscheinlich teilten sie außerdem ein unbehagliches Gefühl im Hinblick auf die Zuverlässigkeit oder Anfälligkeit von Männern. Emilio bewältigte es durch übertriebene Pflichterfüllung und Rosa dadurch, daß sie Emilio niemals wegen seines kontrollierenden Verhaltens gegenüber ihr und den Kindern zur Rede stellte.

6. Emilio heiratete unter seinem Stand und zog sich dadurch die Mißbilligung seiner Schwester und seiner Mutter zu.

7. Maria wurde der Großmutter Theresa anvertraut – als Trostpreis, als Versuch, ihre Gunst zurückzugewinnen.

8. Maria hatte jetzt eine heimliche Bindung sowohl an ihre Großmutter wie auch an ihren Vater, eine Bindung, die Rosa ausschloß und ihr Verhalten mißbilligte. Marias Ähnlichkeit mit der Großmutter erleichterte diesen Prozeß, aber das Bündnis war bereits von dem Tag an vorgezeichnet, als Maria auf den Namen ihrer Tante getauft wurde.

9. Marias Position in der Familie als Verbündete des Vaters und Vertraute der Großmutter ließ kein herzliches Verhältnis zur Mutter aufkommen.

10. Dazu kam noch, daß sie ihre Mutter insgeheim verachtete.

11. Deshalb übernahm sie die Rolle der »kleinen Mutter« – mit Zustimmung des Vaters und der Großmutter.

12. Marias »moralische Überlegenheit« über ihre Mutter – die unmittelbar von der Großmutter auf den Vater und dann auf sie übergegangen war – schränkte ihre Fähigkeit ein, sich als unabhängige Erwachsene zu verhalten und sich trotzdem der Familie verbunden zu fühlen und sich um sie zu sorgen.

Nachdem ich alle diese Informationen gewonnen hatte, konnte ich das aktuelle Problem direkt ansprechen.

Therapeutin: Jetzt möchte Ihr Vater, daß Sie sofort nach Hause kommen und sich um die jüngeren Töchter kümmern, die ebenso wie Ihre Mutter abhängig sind und der Fürsorge bedürfen. Ist das so richtig?

Maria: Ja. Er will, daß ich sofort nach Hause komme.

Therapeutin: Glauben Sie, daß Sie es anders machen werden als bisher, wenn Sie wieder bei Ihrer Familie sind?

Maria: Ich habe das versucht – mich herauszuhalten. *(Maria hatte schon einmal geäußert, sie wolle sich heraushalten. Das ist*

die erste Verteidigungslinie, wenn sich die Angst bemerkbar macht, doch wieder in die alte Geschichte hineingezogen zu werden.)
Therapeutin: Das haben Sie versucht, und es klappt nicht. Könnten Sie als Freundin Ihrer Mutter nach Hause zurückkehren? *(Der erste Versuch einer Intervention geht zwar in die richtige Richtung, nämlich das Aufgeben der Position als »Vaters Mädchen« zugunsten der Position »Mutters Freundin«, steht jedoch in einem unzumutbaren Kontext – »könnten Sie zurückkehren?« –, weil sie ja zunächst noch hierbleiben möchte.)*
Maria: Ich weiß nicht. Sie beklagt sich dann bei mir, und ich mag mir das nicht anhören.
Therapeutin: Worüber beklagt sie sich?
Maria: Über meinen Vater – daß er ihr überhaupt keinen Freiraum läßt. Er gibt ihr kein Geld. Und dann erzählt sie mir, wie viele Männer sich nach ihr umdrehen.
Therapeutin: Und Sie, wie reagieren Sie darauf?
Maria: Ich sage ihr, daß sie das als Entschuldigung benutzt. *(Ein weiteres Beispiel für die Unsicherheit Marias über ihren Platz in der Familie.)*
Therapeutin: Sie halten ihr also eine Strafpredigt.
Maria: Ich glaube ja.
Therapeutin: Ich will Ihnen sagen, was mir durch den Kopf geht, Maria, und dann sage ich Ihnen, was Sie meiner Meinung nach tun sollten: Das Problem ist, daß Sie womöglich nicht so ohne weiteres bereit sein werden, Ihre Vorzugsstellung als Daddys liebstes Kind aufzugeben. Nun, wir werden sehen. Wie es scheint, ist Ihre Mutter lange Zeit unter dem strengen Regiment Ihres Vaters unglücklich gewesen. Würden Sie dem zustimmen?
Maria: Ganz sicher!
Therapeutin: Aber solange sie Kinder im Haus hatten, kümmerte sie sich um sie und blieb daheim. Dann sah es eine Zeitlang so aus, als würden die Kinder nach und nach erwachsen werden, und dann passierte irgend etwas, vielleicht wollte sie mehr Unabhängigkeit für sich – ich weiß es nicht –, aber wir wissen jedenfalls, daß sie jetzt wieder kleine Kinder bei sich zu Hause hat. Und alles ist wieder so wie früher. Ihr Vater hat sehr gute Töchter – sie achten auf seine Interessen.
Maria: Für beide tut es mir sehr leid. Und für meine Eltern auch.

212

Da Maria ihr Mitgefühl für die beiden Schwestern und auch für die Eltern äußert, trenne ich die Vorstellung, sie könnte eine andere Form der Beziehung aufbauen, von der Notwendigkeit, nach Hause zurückzukehren. Vielleicht kann sie ihrer Familie »helfen« und trotzdem ihre geplante Reise durchführen.

Therapeutin: Gut, das ist ein gewisser Fortschritt. Sie können die Dinge vielleicht von hier aus ändern, bevor Sie zurückreisen. Vielleicht brauchen Sie Ihre Pläne für den Sommer nicht aufzugeben und können dennoch Ihre Familienpflichten erfüllen.

Ich bitte sie, ihrer Mutter wie folgt zu schreiben:

»Liebe Mutter,
als ich noch zu Hause war und Du gelegentlich mit mir darüber gesprochen hast, Du wolltest Deine Unabhängigkeit, wurde ich immer ungeduldig. Bitte verzeih mir, denn ich wußte damals nicht, wie wichtig es war.

Heute, da ich erwachsen bin und zwei wunderbare unabhängige Jahre hier hatte, frage ich mich immer wieder, wie Du es fertiggebracht hast, Pa zu überreden, mir meine Unabhängigkeit zu lassen, obwohl es für Dich selbst so unmöglich war, Deine eigene Unabhängigkeit zu erreichen. Dafür werde ich Dir immer dankbar sein.

Was Angelique und Laura angeht, so sind sie zwar erst einmal ins elterliche Nest zurückgekehrt, aber ich bin sicher, daß Du da bist und ihnen helfen kannst, wieder auf eigenen Füßen zu stehen.

In Liebe und Dankbarkeit
Deine Tochter«

Therapeutin: Bringen Sie das fertig?
Maria *(zweifelnd)*: Ich glaube ja.

Eine feministische Intervention

Vor wenigen Jahren wäre ich in einem ähnlichen Fall zu dem Schluß gekommen, ich müsse der Klientin behilflich sein, sich von ihrem kontrollierenden und anspruchsvollen, wenngleich wohlwollenden Vater zu lösen. Maria ist es jedoch ein Bedürfnis, ihrer Familie zu helfen und mit ihr auf eine sinnvolle Weise verbunden zu bleiben.

Wenn man Frauen in der Therapie anleitet, sich nicht mehr um andere zu kümmern und sich im Interesse ihrer Autonomie narzißtisch zu verhalten, so scheint mir das kein gutes Geschäft zu sein. Der erste Schritt im Prozeß einer Änderung für Maria bestand darin, sie mit ihrer Mutter zu verbinden, und nicht, sie von ihrem Vater zu lösen. Meine Aufgabe in diesem einstündigen Beratungsgespräch bestand darin, die in das Genogramm eingetragenen Informationen in einer Weise zu nutzen, die Marias Wahrnehmung von der Familie und von ihrem Platz in ihr so veränderte, daß sie ihre Entscheidungsmöglichkeiten sehen und nach eigener Wahl handeln konnte.

Das Gegenstück zu Marias Vorstellungen von ihrer Mutter als einer leichtsinnigen und törichten Frau bildeten ihr warmherziges und wohliges heimliches Einverständnis mit dem Vater und ihre Identifikation mit der »guten«, geachteten Seite der Familie. Überall dort, wo die Eltern derart unterschiedlich wahrgenommen werden – der eine Elternteil als geachtet, der andere als fragwürdig, der eine als gut, der andere als schlecht, der eine als ernsthaft, der andere als leichtsinnig –, können die Kinder in einen möglicherweise für sie lähmenden Loyalitätskonflikt geraten; das heißt, sie können weder gut noch schlecht sein. Oder sie wechseln zwischen den beiden Seiten hin und her und versuchen verzweifelt, beides zu sein. Oder sie können wie Maria dazu gebracht werden, sich auf die eine Seite zu schlagen. Wir dürfen vermuten, daß ihre beiden Schwestern sich auf die Seite der Mutter stellen, um zu Marias Position ein Gegengewicht zu bilden.

Es ist offensichtlich schwieriger, eine Parteinahme für die geachtete, ihre Pflichten erfüllende Seite der Familie aufzugeben, um sich »der anderen Seite« anzuschließen. Die Aufgabe bestand darin, die Position der Mutter so weit zu erhöhen, daß Maria ihren bisherigen Widerstand überwinden konnte. Warum sollte jemand eine gute Position gegen eine andere mit zweifelhaftem Gewinn tauschen?

Da ich nun Marias Konflikt kenne, einerseits eine gute Tochter für ihren Vater sein zu wollen und unverzüglich heimzureisen, andererseits ihren eigenen Bedürfnissen folgen zu wollen und mit Freunden zusammen eine Reise zu unternehmen, trenne ich den Gedanken an die Heimreise von dem Gedanken, sie könnte sich zur Freundin der Mutter machen. Mit anderen Worten, möglicherweise kann sie doch noch hierbleiben, ohne deshalb ihre Familie im Stich zu lassen. Aber ich weiß, daß ihr Widerstreben, ihre Position in der Familie zu ändern, mehrere Gründe hat, die ihr während des Beratungsgesprächs wohl kaum alle bewußt sind:

1. Wenn ich nicht gleich zurückfliege, wird mein Vater enttäuscht und/oder wütend sein.
2. Wenn ich auf meine Mutter zuginge, würde ich meinen Vater »verlassen«.
3. Ich mag meine Mutter nicht, weil sie »schwach« ist.
4. Ich muß meine Schwestern retten.
5. Wenn ich mich auf die Seite des weiblichen Geschlechts schlage, werde ich schwach und nicht mehr geachtet sein.
6. Eigentlich möchte ich alles so haben, wie es ist – ich möchte nur noch nicht nach Hause zurück.

Das sind nur einige Beispiele für mögliche Gründe, sich einer Änderung zu widersetzen. Deshalb schlage ich zunächst vor: »Vielleicht brauchen Sie Ihre Pläne für den Sommer nicht aufzugeben und können dennoch Ihre Familienpflichten erfüllen.« Damit spreche ich beide Seiten des Konflikts an und kann Maria unmittelbar beruhigen. Das war ja der eigentliche Grund, warum sie mich aufgesucht hatte. Ich halte den Vorschlag für realisierbar. »Schreiben Sie Ihrer Mutter einen Brief, und ich sage Ihnen auch, was Sie schreiben sollen.«

»Liebe Mutter«, *(Marias Briefe sind im allgemeinen an den Vater gerichtet, mit einem Postskriptum an die Mutter, oder sie beginnen mit »Liebe Eltern«.)*
»als ich noch zu Hause war und Du gelegentlich mit mir darüber gesprochen hast, Du wolltest Deine Unabhängigkeit, wurde ich immer ungeduldig.« *(Mit diesem Satz wird die Mutter unmittelbar aufgewertet, und es wird eine Gemeinsamkeit mit Maria hergestellt, da beide den Wunsch nach Unabhängigkeit haben. Die Aussage »wurde ich immer ungeduldig« bezeichnet eine Sinnesänderung.)*
»Bitte verzeih mir, denn ich wußte damals nicht, wie wichtig es war.« *(»Damals konnte ich Dir nicht zuhören, aber heute tue ich es.«)*
»Heute, da ich erwachsen bin und zwei wunderbare unabhängige Jahre hier hatte, frage ich mich immer wieder, wie Du es

fertiggebracht hast, Pa zu überreden, mir meine Unabhängigkeit zu lassen, obwohl es für Dich selbst so unmöglich war, Deine eigene Unabhängigkeit zu erreichen.« *(Indem sie sich als erwachsene Frau darstellt, die ihre Unabhängigkeit genossen hat, braucht Maria nicht zu befürchten, daß sie als ein Kind auf ihre Mutter zugehen soll, sondern tut es als eine erwachsene Tochter.)*

Wenn Maria ihrer Mutter zugute hält, zumindest nicht verhindert zu haben, daß sie, die Tochter, erwachsen wurde, kann sie ihr auch aufrichtig sagen: »Dafür werde ich Dir immer dankbar sein.« Überdies gibt es Rosa eher die Möglichkeit, positiv zu reagieren.

»Was Angelique und Laura angeht, so sind sie zwar erst einmal ins elterliche Nest zurückgekehrt, aber ich bin sicher, daß Du da bist und ihnen helfen kannst, wieder auf eigenen Füßen zu stehen.« *(Mit diesem Satz teilt Maria der Empfängerin mit:* »Du bist eine gute und hilfreiche Mutter, Du warst auch für mich eine gute Mutter, und ich vertraue auf Dich, daß Du auch für meine beiden Schwestern eine gute Mutter bist. Wir beide, Du und ich, wissen, was Unabhängigkeit für uns Frauen bedeutet.«)

Daß Maria Zweifel überfielen, ob sie einen solchen für sie schwierigen Brief schreiben und abschicken konnte, war nicht verwunderlich. Schließlich bedeutete er einen Bruch mit allen Bildern und Wahrnehmungen, die sie von ihrer Familie und ihrem Platz darin hatte.

Bevor sie sich verabschiedete, gab ich ihr noch einen »strategischen« Ratschlag mit auf den Weg.

Therapeutin: Ich weiß nicht, ob Sie es über sich bringen werden, diesen Brief abzuschicken. Aber eines möchte ich Ihnen noch sagen, bevor Sie gehen. Ich glaube nicht, daß Männer, insbesondere Ihr Vater, schwach sind und besänftigt und beschwichtigt werden müssen, aber ich verstehe, warum Sie glauben, daß es so ist.

Marias Angst vor der »Wut« des Vaters mag die Begründung sein, die sie sich selbst gibt, um keine Änderung zuzulassen. In diesem Fall kann sie sich etwa sagen, der Brief sei »töricht« oder »unehrlich«, und sofort nach Beendigung ihrer Ausbildung zu den Eltern zurückkehren und auf diese Weise das alte Beziehungsmuster fortsetzen, mit dem sie in Wirklichkeit niemandem behilflich ist, am wenigsten sich selbst. Wenn man ihr Verhalten gegenüber dem Vater neu interpretiert – nicht als Respekt vor seiner Stärke, sondern als Schutz seiner Schwäche –, so ist das für Maria wahrscheinlich hilfreich, da auf diese Weise ihr ganzes Selbstgefühl in der Beziehung zu ihrem Vater aus dem Gleichgewicht gebracht wird.

Während des Sommers erhielt ich etliche Ansichtskarten aus verschiedenen Teilen des Landes sowie – im September – einen langen Brief von Maria:

»Liebe Olga,
es ist so viel passiert. Ich weiß nicht, wo ich anfangen soll. Nachdem ich den ersten Brief geschrieben hatte, bekam ich Antwort von meiner Mutter. Sie schrieb: ›Liebe Tochter, bitte mach Dir keine Sorgen wegen uns. Wir kommen schon zurecht. Angelique geht es schon etwas besser – sie fährt jeden Tag mit Deinem Vater zur Arbeit, und auch Laura geht es besser. Mach' also weiter mit Deiner *Unabhängigkeit* bis zum Schluß. Deine Dich liebende Mutter.‹«

Das Wort *Unabhängigkeit* war zum Bindeglied zwischen Maria und ihrer Mutter geworden.

»Können Sie sich das vorstellen? Als ich meinen Vater anrief, um ihm zu sagen, ich würde wie geplant im September zurückkommen, war er zuerst wütend und sagte, meine Schwestern bräuchten mich, und ich hielt mich an Ihren Rat, atmete tief durch und sagte, Mama sei ja da, um sich um sie zu kümmern.«

Marias Antwort an den Vater war angemessen, aber nicht gleichgültig, und sie reagierte auf seine Geschichte mit den jüngeren Schwestern mit dem versteckten Hinweis, daß Rosa und nicht sie, Maria, deren Mutter sei, und daß Rosa durchaus in der Lage sei, sich ihrer anzunehmen.

»Dann erhielt ich Briefe von meiner Großmutter und meiner Tante, die mir beide schrieben, mein Vater sehe nicht gut aus. Ich antwortete, das tue mir leid, ich sei jedoch zuversichtlich, daß meine

Mutter für ihn sorgen würde. So ging es den ganzen Sommer. Immer, wenn ich einen Brief bekam, teilte ich meiner Mutter mit, welche Antwort ich gegeben hatte. Sie schrieb mir jedesmal zurück und machte mir Mut, es mir gutgehen zu lassen.«

Die Briefe von der Großmutter und der Tante waren zu erwarten gewesen – als Maßnahmen, die Dinge wieder ins »normale« Gleis zu bringen. Auch hier war Maria in der Lage, statt sich gleichgültig zu geben und darauf zu bestehen, daß sie ein Recht auf ihr eigenes Leben hatte, zurückzuschreiben, »wenn das so ist, hat er ja seine Frau. Sie kann sich um ihn kümmern«. Tatsächlich übertraf Maria sogar noch meine Erwartungen, als sie ihrer Mutter von den Briefen des Vaters und der Großmutter schrieb. Damit gab sie ihr zu verstehen, »ich mache bei dem Spiel nicht mehr mit, Geheimnisse vor Dir zu haben«. Die Mutter ermutigte Maria in ihren Antwortbriefen immer wieder, sich ein paar schöne Wochen zu machen.

»Jetzt bin ich seit zwei Wochen wieder zu Hause. Ich kann es kaum fassen, wie sehr meine Mutter sich verändert hat. Sie hat meinen Vater wegen Angelique zur Rede gestellt und ihm gesagt, er selbst habe sie krank gemacht, weil er gegen ihre Ausbildung war. Und, was die größte Überraschung ist, er hat sich inzwischen einverstanden erklärt, wenn sie unbedingt Schauspielerin werden will. Sie reist also diesmal mit seinem Segen nach London. Laura wird in einigen Wochen ihr Studium wiederaufnehmen.

Ich weiß nicht, wie das alles gekommen ist, aber ich glaube, wir sind geduldig genug, die weitere Entwicklung abzuwarten.

Jetzt versuche ich, einen Platz für mich in dieser Familie zu finden. Ich dachte immer, ich wüßte genau, wohin ich gehöre. Ich fühle mich merkwürdig, aber nicht schlecht. Ich glaube, ich verstehe zum ersten Mal wirklich, was Sie immer gesagt haben. Die Änderung fällt mir schwer, auch wenn es zum Guten ist. Vielleicht werde ich durch diese Erfahrung eine bessere Familientherapeutin.

Herzlich, Maria«

Zusammenfassung

Maria hatte das Bedürfnis, ihrer Familie zu helfen. Sie war darauf angewiesen, mit ihr in einer sinnvollen Weise verbunden zu sein. Zugleich brauchte sie aber auch die Freiheit, ihr eigenes Leben zu leben. Frauen haben seit Generationen gelernt, ersteres zu tun. Die Generation Marias kämpft darum, letzteres zu bewerkstelligen. Für uns als Therapeutinnen kommt es darauf an, ihnen bei beidem zu helfen: bei der Bewahrung der Verbindung zu ihrer Familie und bei der Erringung ihrer Autonomie.

Frauen zu mehr Autonomie zu verhelfen, indem sie zu narzißtischen Trennungen und Konfrontationen ermutigt werden, entwertet das, was Töchter von ihren Müttern gelernt haben, und bringt damit die »Stimme der Frau« in uns allen zum Schweigen.

Fallbeispiel

Die verschiedenen Seiten der Nähe

Marianne Walters

Väter von heranwachsenden Töchtern sind besonders anfällig für die verallgemeinerte Mystifizierung der Frau durch die Männer, die am deutlichsten in der vorwurfsvollen Frage zum Ausdruck kommt: »Was *wollen* die Frauen eigentlich?« Im besten Fall verwirren die Teenager ihre Eltern und bringen sie durcheinander. Die Verwirrung der Väter von heranwachsenden Töchtern verstärkt sich noch durch jenen allgemeinen »Verwirrungszustand«, in dem Männer sich im Hinblick auf die Bedürfnisse, Gefühle, das »Wesen« und selbst die biologischen Vorgänge der Frau befinden – ein Zustand, der nicht nur von Männern erwartet, sondern auch in beträchtlichem Umfang gesellschaftlich akzeptiert wird, zum Beispiel in Form von Medienbildern, in der männlichen Kumpanei, in Witzen und dergleichen.

Diese Verwirrung oder Mystifizierung ist »Grund genug« für die Väter, sich hinter ihren Frauen zu verstecken, wenn sie es mit ihren heranwachsenden Töchtern unmittelbar zu tun haben. Für die Töchter besteht die mit einer solchen Haltung der Väter verbundene Gefahr darin, daß sie während dieser für ihre Persönlichkeitsbildung so wichtigen Jahre das Gefühl gewinnen, nicht ernst genommen zu werden. Wenn in ihren Stimmungen, Konflikten, Wunschträumen und Ideen irgendwie nicht mehr gesehen wird als schlicht das unergründliche Walten der weiblichen Psyche – bezaubernd, aber für die Väter nicht ganz nachvollziehbar –, dann werden die Töchter lernen, andere zu bezaubern, aber sie werden nicht lernen, Verantwortung zu übernehmen. Die Väter von heranwachsenden Mädchen werden diese beschützen oder meiden; sie werden sie nachsichtig oder mit Strenge behandeln, doch wenn es um ihre eigenen gefühls- oder verstandesmäßigen Belange geht, werden sie nur selten direkt mit ihnen sprechen. Natürlich gibt es Ausnahmen. Aber in unserer Arbeit mit heranwachsenden Töchtern erleben wir immer wieder, daß sie zur Mutter ein gespanntes Verhältnis haben, während sie ihren Vätern entweder gleichgültig oder bewundernd gegenüberstehen; sie neigen dazu, sich mit der Mutter anzulegen, während sie um den Vater einen Bogen machen. Auch hier erweckt die Familie als System den Eindruck, daß einer »überengagierten« Mutter ein »peripherer« Vater gegenübersteht. Und häufig verdoppelt die Familientherapie dieses System noch, wenn sie eine Hierarchie, Abgrenzungen oder eine Aufteilung der Familienaufgaben unterstützt. Vielleicht wird dem Vater geraten, die Ordnung wiederherzustellen, den Familienfrieden zu wahren oder seiner Frau mehr Aufmerksamkeit zu widmen; nur selten hingegen wird er ermutigt, sich in eine Auseinandersetzung mit seiner Tochter hineinzuwagen, in der es um die unterschiedlichsten Aspekte in ihrer Entwicklung geht, mit denen sie sich herumschlägt.

Wie das folgende Fallbeispiel illustriert, kann die Mystifizierung der weiblichen Erfahrung zum einen die Verhaltensweisen einer heranwachsenden Tochter unverständlich machen und trivialisieren und zum anderen beim Vater das Gefühl hervorrufen, er sei unfähig, sich unmittelbar mit ihnen auseinanderzusetzen. Der alleinerziehende Vater hat über lange Jahre eine warmherzige und liebevolle Beziehung zu seiner kleinen Tochter gehabt, ist jedoch unfähig, sie seiner Ex-Frau zu »übergeben«, als sie ins Adoleszenzalter kommt, und erweist sich als hilflos, als sich bei der Tochter Probleme zeigen und sie ihre Konflikte und Launen an ihm ausläßt. Nachdem er vergeblich versucht hat, sie zu behandeln, wie er es bei einem Sohn täte – mit Vorschriften, Sanktionen und Strafen –, fühlt er sich verloren und unsicher. Seine Tochter dagegen fühlt sich herabgewürdigt durch seine Verwirrung über die Prozesse ihres Heranreifens zu einer erwachsenen Frau. So fallen beide in frühere Verhaltensweisen zurück: Er redet ihr gut zu, sie wird ungeduldig und reizbar.

Der Therapeut dieser Familie war einer meiner Praktikanten (ein klinischer Psychologe) am *Family Therapy Practice Center.* Zur Supervision in seinem Ausbildungsprogramm gehörten sowohl die direkte Beobachtung seiner Arbeit als auch die Besprechung von Videoaufnahmen der von ihm geleiteten Sitzungen einmal in der Woche über einen längeren Zeitraum hinweg. Die Supervisionsgruppe besteht aus Praktikanten und Praktikantinnen, die gemeinsam arbeiten und lernen, sich gegenseitig bei den Sitzungen beobachten, klinische Probleme erörtern und über unterschiedliche

Methoden diskutieren, aber während einer Sitzung in ihrer therapeutischen Arbeit nicht unterbrochen werden. Jede eventuelle Supervision durch andere Praktikantinnen ist informell.

Bei meiner Schilderung des Falls habe ich zum Teil auch auf Material aus den Diskussionen zurückgegriffen, von denen die Therapie im Rahmen der Supervision begleitet war. Ich bin der Meinung, daß Ausbildung und Supervision der entscheidende Zeitraum in der Laufbahn von TherapeutInnen sind, weil sie in ihm ein Bewußtsein nicht nur von dem entwickeln können, was sie jeweils tun sollen und was wahrscheinlich helfen wird, sondern auch darüber, auf welche Weise unsere gesellschaftlichen, kulturellen und methodischen Kontexte unsere Entscheidungen und Verhaltensweisen, unsere Einstellungen und Werte prägen, wenn wir therapeutisch arbeiten. Das trägt meines Erachtens dazu bei, jenes Wechselspiel zwischen dem Persönlichen und dem Technischen, zwischen Phantasie, Intuition und professionellem Urteil zu erzeugen, das den Schlüssel zum Wesenskern der Psychotherapie bildet.

Die Familie

Sam, etwa vierundvierzig Jahre alt, suchte zusammen mit seiner fünfzehnjährigen Tochter Barbie in unserer Klinik therapeutische Hilfe. Er war Epidemiologe am medizinischen Forschungszentrum am Ort und zeigte sich äußerst besorgt über die »plötzlichen« Veränderungen, die er an den Einstellungen und Verhaltensweisen seiner Tochter wahrnahm, insbesondere was die Verschlechterung ihrer schulischen Leistungen anging. Zu Hause war Barbie ihm gegenüber verdrossen, mürrisch und widerspenstig geworden. In fast allem, was er sagte, war sie anderer Meinung, und wenn er sie um etwas bat, stellte sie sich bockig. In der Schule waren ihre früher sehr guten Noten rapide nach unten gegangen. Zum ersten Mal hatten Barbies Lehrer ihn angerufen, um Besorgnis statt Begeisterung zu äußern. Sie klagten darüber, daß sie seit einiger Zeit so negativistisch eingestellt war und anscheinend das Interesse am Unterricht ebenso verloren hatte wie an anderen schulischen Aktivitäten. Sam hatte versucht, »vernünftig« mit ihr zu reden, »deutlich« zu werden, Sanktionen einzuführen. Aber das alles hatte die Sache eher noch verschlimmert. Er wußte nicht mehr weiter und war sehr enttäuscht. Jetzt, so sagte er, waren sie offenbar in zwei entgegengesetzte Positionen eingesperrt, und zwischen ihnen klaffte ein tiefer Abgrund.

Barbie, eine sehr wache und intelligente High-School-Schülerin, widersprach ihrem Vater heftig. Für sie bestand das Problem darin, daß es ihr Vater war, der sich in eine extreme Position hineinmanövriert hatte und daß er sich aus ihr befreien könnte, wenn er nur wollte. Er sei eben stur und bestehe darauf, sie zu behandeln, als wäre sie eine Zweijährige. Die Schule sei ihre Sache. Sie wisse, was sie tun mußte, um nicht sitzenzubleiben, und er solle aufhören, ihr immer auf die Pelle zu rücken. Sagte sie ihm etwa, wie er seine Arbeit richtig machen sollte?

Interessanterweise sprach ihr ganzes Verhalten in der ersten Therapiestunde sowohl gegen eine Entfremdung Sams von seiner Tochter, wie er sie geschildert hatte, als auch gegen die Wut, die Barbie angeblich auf ihn hatte. Sie verhielten sich offenbar sehr herzlich und sogar entspannt zueinander, lächelten über Familienspäße und suchten ständig Blickkontakt, während sie Fragen beantworteten. Der Therapeut kam sich fast wie ein Eindringling in ihre private Welt vor. Obgleich beide häufig einen rauhen Ton anschlugen, wenn sie ihre wachsenden Meinungsverschiedenheiten und Konflikte schilderten, gingen sie miteinander scherzend und freundlich um.

Barbie und ihr Vater hatten eine fast ausschließliche Beziehung zueinander, seit Sam und seine Frau Rose geschieden wurden; Barbie war damals drei Jahre alt. Zum Zeitpunkt der Scheidung war Rose zutiefst niedergeschlagen und ging zu ihren Eltern zurück, die in einer anderen Stadt lebten. Sie und Sam waren sich einig, daß er Barbie zu sich nahm, bis Rose sich wieder gefangen hatte. Nach einer etwa einjährigen psychotherapeutischen Behandlung ging Rose zurück aufs College, das sie nach der Heirat ohne Abschluß verlassen hatte. Nach dem Examen kam Rose hierher zurück, nahm eine eigene Wohnung, suchte sich eine Stelle und stellte zu Barbie einen regelmäßigen Kontakt her. Die Tochter blieb manchmal über Nacht und verbrachte öfters die Wochenenden oder die Ferien mit ihr. Sie und Sam machten einen zweiten Anlauf, sich über das Sorgerecht zu einigen, und suchten nach einer Vermittlung. Das Ergebnis war, daß Barbie, damals sieben Jahre alt, weiterhin beim Vater blieb und die Mutter uneingeschränktes und jederzeitiges Besuchsrecht hatte. Es gab noch einmal Verhandlungen über das Sorgerecht, als Rose sich wieder verheiratete, die jedoch am Status quo so gut wie nichts änderten. Barbie sieht ihre Mutter regelmäßig. Sie schildert ihre Beziehung als »Auf und Ab« und erzählt, sie hätten letzthin lange über ihre gegenseitigen Gefühle und über die Vergangenheit geredet.

Kein Zweifel, Sam und Barbie haben im Lauf der Jahre ein gewinnendes Zweigespann abgegeben. Beide sind drahtig, dunkelhaarig, energisch, attraktiv mit einem koboldhaften Charme und einem sarkastischen Humor. Beide mögen einander offensichtlich, trotz ihrer gegenwärtigen Konflikte und Differenzen. Sam schwelgte in Erinnerungen daran, wie sie sich zusammen »herumgetrieben« und so viele Dinge gemeinsam genossen hatten, da sie beide dieselben Filme, Bücher und Musikrichtungen schätzten. Er befürchtete, ihre augenblicklichen Meinungsverschiedenheiten könnten ihr enges Verhältnis zerstören.

In den vergangenen Monaten hatte Sam sich öfter mit einer Frau getroffen, mit der er inzwischen eng liiert ist. Sie planen sogar, daß die Frau in zwei Monaten zu Sam in die Wohnung zieht. Eigentlich war es Elly, Sams Freundin, die ihn dazu bewogen hatte, eine Therapie zu machen, obwohl ihm die Probleme seiner Tochter schon seit einiger Zeit Sorgen bereiten. Sam, Elly und Barbie waren während der Osterferien gemeinsam in den Urlaub gefahren, und Barbie hatte sich »schrecklich« aufgeführt, so daß alle darunter zu leiden hatten. Elly und Sam hatten sich über Barbies Verhalten gestritten, und Elly wollte von ihm wissen, warum »er sich solchen Scheiß gefallen ließ«. Schließlich machte sie den Vorschlag, er und Barbie sollten einen Therapeuten aufsuchen. Sam stimmte zu, und Barbie erhob keine Einwände.

Die erste Sitzung

In der ersten Sitzung interpretierte der Therapeut Barbies mürrische Widerspenstigkeit als zur Adoleszenz gehörende normale Entwicklungsphase. Während er einerseits die enge Beziehung zwischen Vater und Tochter und Sams Befürchtungen positiv sah, warnte er ihn andererseits davor, sich mit Barbie »gleichzumachen«, und wies darauf hin, daß alle Jugendlichen, selbst so frühreife wie Barbie, eine Mutter oder einen Vater brauchen, die/der klare Erwartungen an sie richtet und die Verantwortung trägt.

Wenn Sam zu jeder Regelung und jeder Entscheidung innerhalb ihres Zusammenlebens Barbie um ihre Meinung frage, dürfe er auch nicht wütend werden, wenn sie mit ihm nicht übereinstimme. Der Therapeut schlug dem Vater vor, für die kommende Woche gegenüber Barbie einige klare Ansprüche im Hinblick auf ihren Schulbesuch festzulegen, ohne jedoch Barbie bei ihren Schularbeiten direkt zu beaufsichtigen. Mit einem gewissen Widerstreben formulierte Sam die Konsequenzen für Barbie, falls sie sich nicht an die Abmachungen halten würde. Für Sam mußte sich zwar vor allem bei Barbies schulischen Leistungen etwas ändern, weil ihr Notenstand inzwischen kritisch geworden war, aber im übrigen war er der Meinung, in den künftigen Stunden müsse Barbies Haltung ihm gegenüber zur Sprache kommen. Barbie ihrerseits bestand darauf, ihr Vater müsse aufhören, sie wie ein kleines Kind zu behandeln, wenn er wolle, daß sich in ihrem Verhalten etwas änderte. Der Therapeut gab beiden den Rat, sich nicht länger gegenseitig die Schuld an ihrem Konflikt zuzuschieben und sich wenigstens für die kommende Woche darauf zu einigen, daß Barbie sich stärker ihren schulischen Pflichten widmete.

Supervision: Feministische Perspektiven

Wenn wir als Familientherapeutinnen einen feministischen Ansatz vertreten wollen, dann müssen wir unsere eigenen Annahmen und therapeutischen Traditionen problematisieren und der Frage nachgehen, auf welche Weise Geschlechtsrollen und ungleiche Machtverteilung zwischen den Geschlechtern die Beziehungen in der Familie prägen und unser Bild beeinflussen, das wir uns vom Familienleben unserer Klientinnen und Klienten machen. Innerhalb dieses Rahmens konzentriere ich meine Supervision zwischen den therapeutischen Beratungsstunden darauf, die Begriffe und Annahmen, die unterschiedlichen Interventionen zugrunde liegen, kritisch zu analysieren.

Den Teilnehmerinnen der Supervisionsgruppe war vor allem aufgefallen, daß Sam Barbie wie eine Erwachsene behandelte und daß beide »fast wie ein Ehepaar« aufeinander eingespielt waren. Der Therapeut sah Barbie in einer triangulierten Beziehung mit Elly und vermutete, daß diese auf ungelöste Konflikte mit ihrer Mutter zurückging. Barbies gegenwärtige Symptome waren demnach wahrscheinlich durch die immer enger werdende Beziehung zwischen Sam und Elly hervorgerufen worden. Er schlug als therapeutische Strategie vor, Sam behilflich zu sein, seiner Tochter gegenüber klarere Abgrenzungen vorzunehmen und die Hierarchie des Familiensystems wiederaufzurichten, indem er klare Ansprüche formulierte und ihre Arbeiten für die Schule konsequent überwachte. Die Gruppe äußerte die Ansicht, es wäre zweckmäßig, auch Elly an einzelnen Sitzungen teilnehmen zu lassen, und stellte die Frage, ob nicht Barbie und ihre Mutter behandelt werden sollten, da die Mutter möglicherweise Sams Autorität in dieser wichtigen Lebensphase der Tochter untergrub.

Wir gehen zu Recht davon aus, daß Hierarchie, Abgrenzungen, Autorität, Verbote und Regeln notwendige systemische Regelinstrumente für ein gesundes Familienleben darstellen. Sobald man sie jedoch in einen umfassenderen gesellschaftlichen Kontext stellt, wird sichtbar, daß diese Eigenschaften oder Aspekte des Familiensystems für Männer und Frauen eine ganz unterschiedliche Bedeutung und Wichtigkeit haben. Sie manifestieren sich ganz verschieden für Mütter und Väter, Töchter und Söhne. So neigen die Väter zum Beispiel dazu, ihre Autorität ihren Töchtern gegenüber eher indirekt einzusetzen, um Konflikte zu vermeiden und die Haltung eines »gütigen Vormunds« beizubehalten. (Mit ihren Söhnen gehen sie direkter um und riskieren einen Konflikt im Hinblick auf ihre Leistungsansprüche.) In ähnlicher Weise wird eine hierarchische Beziehung (der Über- und Unterordnung) zwischen Eltern und Kindern sich bei Vätern gegenüber ihren Töchtern häufig als Erfüllung berechtigter Ansprüche, als Schutz und Erlaubnis äußern; gegenüber den Söhnen geht es dagegen eher um Führung, Kontrolle und Abgabe von Verantwortung.

Ich instruierte also die Gruppe, diese Systembegriffe stets im Hinblick auf ihre unterschiedlichen Bedeutungen für beide Geschlechter zu verwenden. Während es beispielsweise sinnvoll war, Sams Autorität zu bekräftigen, sollten ihre »paternalistischen« Züge in Frage gestellt werden; während es richtig war, auf Abgrenzungen und Regeln hinzuarbeiten, mußten auf der anderen Seite geeignete Mittel und Wege gefunden werden, Barbies Position zu stärken.

Zweifellos läßt die Chronologie der Ereignisse in diesem Fall vermuten, daß Barbies negativistisches Verhalten etwas mit Sams ernsthaftem Interesse an Elly und mit ihrer beider Absicht zu tun hat, zusammenzuleben. Und zweifellos spielen ungelöste Konflikte zwischen Barbie und ihrer Mutter, ihre Wut und ihre Angst, verlassen zu werden, ebenfalls mit. Hätten wir jedoch zu diesem kritischen Zeitpunkt Elly oder Barbies Mutter in die Therapie einbezogen, dann wären wir Gefahr gelaufen, eine Transaktion zu reproduzieren, die einer landläufigen Meinung entsprochen und diese (für diese Familie) bestätigt hätte: Wenn Frauen in Familien ihre Konflikte und Widersprüche untereinander austragen könnten, hätten die Männer die Möglichkeit, ihrem weniger komplizierten, direkteren Wesen entsprechend zu handeln.

Diese Überzeugung – daß die unverblümteren, weniger gefühlsgeladenen Umgangsformen der Männer häufig durch die indirekten, emotionalen oder gar rätselhaften Verhaltensweisen der Frauen behindert werden – ist in unserer Gesellschaft so sehr verbreitet, daß wir von ihr kaum Notiz nehmen und häufig dem Drang nachgeben, die Probleme zwischen den Frauen zu lösen, während die Männer eine »höhere« Ebene erwarten, auf der sie sich an der Auseinandersetzung beteiligen. Obwohl Sam unzweifelhaft ein tiefreichendes Interesse am Wohlergehen seiner Tochter hat, erlebt er die Beziehung zwischen Elly und Barbie fast ebenso unzweifelhaft als emotional unbeständig. Sie alle (auch der Therapeut) könnten, wenn Elly oder Rose zu diesem Zeitpunkt in die Therapie mit aufgenommen würden, mühelos auf das »bequeme« Kulturmuster zurückgreifen, dem zufolge Änderungen (und Probleme) den Frauen zugeschoben werden!

Die Beziehung zwischen diesem Vater und seiner Tochter erfährt ihre Prägung ebenso stark durch die vorherrschenden kulturellen Bilder wie durch die Besonderheiten ihrer Charaktere und des Familiensystems: der »vernarrte« tumbe Vater der Teenager-Tochter, der nicht versteht, »was Mädchen wollen«, aber sie verehrt, weil sie so komplex und emotional sind, und ihnen zugleich den Vorwurf macht, daß sie nicht logischer und direkter sind (als wäre er unmittelbar einer Aufführung von Shaws *Pygmalion* entsprungen). Die liebevolle Klage »Warum kann sie nicht eher so wie ich sein?« wird begleitet von der deutlichen Botschaft, daß sie ihren bevorzugten Platz in seinem Herzen verlöre, wenn dieses Wunder wirklich wahr würde. Die Tochter weiß, daß sie das Herz ihres Vaters durch Charme und List erreicht; daß sie ihn nur liebevoll um den kleinen Finger wickeln muß, wenn sie ihren Kopf durchsetzen will. Funktioniert das nicht, so kann sie immer noch »an die Decke gehen« und ihn auf diese Weise vollends in Verwirrung stürzen. So wie wir das aus allen Fernsehserien und Billigromanen kennen! Dieser kulturellen Klischees eingedenk schlug ich vor, die Therapie vorläufig auf Sam und Barbie zu beschränken und auf das Thema ihrer engen Verbundenheit zu konzentrieren. Sie bildete die Basis einer ganzen Reihe persönlicher Fähigkeiten, die von beiden genutzt werden konnten und genutzt wurden, neue Möglichkeiten der Verbundenheit zu erproben, die den entwicklungsbedingten Veränderungen in ihrem Leben angemessener waren als die eingespielten Muster.

Da ich die Verhaltensweisen der Klienten innerhalb einer therapeutischen Sitzung dazu benutze, eingefahrene Interaktionsmuster in Frage zu stellen und neue Wahrnehmungen und Erfahrungen zwischen den Familienmitgliedern anzuregen, riet ich dem Therapeuten, seine Aufmerksamkeit auf die geschlechtsspezifischen Elemente in den Verhaltensweisen und Interaktionen zwischen diesem Vater und seiner Tochter zu richten, wie sie jeweils in Erscheinung traten: Barbies gesenkte Augen, ihr verstohlenes Lächeln, ihr promptes Weinen, ihre Sprödigkeit und Koketterie, während sie darum kämpfte, daß ihr Erwachsenwerden und ihre Suche nach einer Selbstdefinition akzeptiert wurden; Sams bittende, schmeichelnde und halb amüsierte Bemühungen, seine Besorgnisse auszusprechen. Der Therapeut muß die Nähe der Beziehung zwischen den beiden bekräftigen, sowohl als einen Wert wie auch als eine Fähigkeit, während er beide zugleich überzeugen muß, daß diese Nähe in ihren gegenwärtigen Äußerungsformen die Suche nach jeweils neuen Wegen für Vater und Tochter behindert. Die Klugheit des Vaters erlitte keine Einbuße, wenn man ihm behilflich wäre, seine Erwartungen und väterlichen Wertvorstellungen ohne den bittenden Blick und den schmeichelnden Ton vorzubringen; die Intelligenz der Tochter könnte nur gewinnen, wenn man ihr behilflich wäre, ihre Bedürfnisse auch ohne Unterstützung durch gesenkte Augenlider und ein verstohlenes Lächeln zu artikulieren.

Schließlich muß Barbie erst die Stärke ihrer eigenen Hilfsmittel und Fertigkeiten erfahren, bevor sie damit beginnen kann, auf die abgeleitete Stärke zu verzichten, die sich für sie aus ihrer Stellung als »Daddys kleines Mädchen« ergibt. Ihr Widerstand und ihre

Ambivalenz gegenüber einer Änderung lassen sich nicht nur als entwicklungsbedingt oder als regulierender Impuls eines Systems auffassen, sondern auch als Ausdruck des realen Konflikts einer jungen Frau (selbst in diesen aufgeklärten Zeiten) auf der Suche nach einer Selbstdefinition, die sich nicht an der männlichen orientiert. Ähnliches ließe sich über Sam sagen, dem kaum männliche Modelle zur Verfügung stehen, an denen er seine Rolle als primäre elterliche Bezugsperson orientieren könnte: Zur Herstellung einer Beziehung benutzt er jene kulturell erworbenen Fertigkeiten, die ihm am vertrautesten sind, und schwankt zwischen dem »Kumpel« und dem verantwortlichen Erzieher hin und her. Ohne gesellschaftliche Vorbilder, durch die seine elterliche Rolle aufgewertet würde, ist er auf Hilfe angewiesen, um sein eigenes »Wissen« als Vater zu bestätigen, bevor er damit beginnen kann, neue Formen der Verbundenheit zu entwickeln, die seine Tochter zur Selbständigkeit ermutigen.

Verlauf der Therapie

Sam berichtete in der zweiten Stunde vorab, daß Barbie sich nicht voll an die Abmachungen gehalten habe, auf die sie sich in der letzten Stunde geeinigt hatten. Wie er sagte, hatte er sie stark unter Druck gesetzt. Barbie war wütend, Sam war enttäuscht und traurig. Der Therapeut deutete Barbies negativistisches Verhalten als ungeschickte Versuche, zu einer eigenen »Identität«, einer Eigenständigkeit zu finden, und weniger als schlichte Widersetzlichkeit. Ihre Bemühungen, »sie selbst« zu sein, machten beiden Angst, da durch sie ihre besondere Nähe und Gemeinsamkeit bedroht wurden.

In den therapeutischen Sitzungen mit Sam und Barbie ging es nun darum, ihre Beziehung neu zu definieren und umzugestalten, wobei im Mittelpunkt des Gesprächs Themen standen wie Barbies Leistungen in der Schule, Regeln im familiären Zusammenleben, Verhaltensanforderungen, elterliche Werte und die »Krise des Jugendalters«. Die Ausrichtung der Therapie beruhte auf der Überzeugung, daß eine stärker funktionale Beziehung zwischen Sam und Barbie nicht nur beiden die Möglichkeit verschaffen würde, erfolgreicher mit wichtigen Bezugspersonen in ihrem Leben umzugehen – zum Beispiel Sam mit Elly, Barbie mit ihrer Mutter –, sondern auch Barbies Angst und Ambivalenz verringern könnte, durch die ihr rebellisches Verhalten noch verstärkt wurde. Um die Palette von Sams und Barbies Fähigkeiten im Umgang mit ihren Differenzen zu erweitern, wurde die angestrebte Veränderung im Hinblick auf persönliche Eigenarten, »alte« Annahmen, die den gegenwärtigen Verhaltensweisen zugrunde lagen, und die Flexibilität, mit alternativen Möglichkeiten zu experimentieren, in einen neuen Kontext gestellt. Geleitet durch den von uns in der Supervisionsgruppe entwickelten Interpretationsrahmen, konnte der Therapeut Sam und Barbie zu einer neuen Sichtweise in bezug auf ihren interpersonellen Prozeß verhelfen, durch die ihre gewohnten geschlechtsspezifischen Verhaltens- und Kommunikationsformen in Frage gestellt wurden. So entschieden wir uns beispielsweise, in der zweiten Sitzung genauer zu beleuchten, auf welche Weise Sams beschützendes Verhalten Barbies Angst verstärkte, sich auf ihre eigenen Möglichkeiten zu verlassen, während wir gleichzeitig Barbie darauf aufmerksam machen wollten, wie sehr sie dieses Verhalten respektierte.

Barbie *(zu ihrem Vater)*: Wenn du mir nur nicht immer im Nacken sitzen würdest, laß mich doch in Ruhe! Ich bin okay, so wie ich bin. Ich möchte gar nicht anders sein.

Sam: Nein, das stimmt eben nicht, Liebling. So kann es einfach nicht weitergehen. Du wirst dich in Schwierigkeiten bringen, aus denen ich dich trotz aller Anstrengungen nicht mehr herausholen könnte. Dann sitzt du in der Klemme, und es ist zu spät.

Therapeut: Einen Augenblick, Sam, ich glaube, ich weiß, was Sie meinen und wie sehr Sie Barbie helfen möchten. Aber das, was Sie ihr vermitteln, ist, daß sie sich in der Schule zusammennehmen soll, weil sie sich sonst Probleme aufhalst, die sie selbst nicht meistern kann. Ich vermute, Sam, Sie befürchten, Barbie könnte in ebenjenes Loch fallen, das sie gräbt, und Ihr Sicherheitsnetz könnte nicht stark genug sein, um sie zu retten. *(Lächelnd)* Sie soll wohl wieder so in Form kommen, daß sie in Ihr Sicherheitsnetz paßt?

Sam *(in sich hineinlachend)*: Nein, nein, das ist nicht der Punkt. *(Ernsthaft)* Sie muß einfach wissen, daß ich nur so und soviel tun kann, um für sie die Dinge auszubügeln, daß meine Möglichkeiten begrenzt sind.

Therapeut: Gewiß. Und Sie sind überzeugt, wenn sie das begriffen hat, dann fängt sie an, sich um sich selbst zu kümmern, und unternimmt von sich aus das Nötige, um in der Schule wieder mitzukommen?

Sam: Ja, so ist es. Verstehen Sie, sie verläßt sich völlig auf mich, auch wenn sie die ganze Zeit nein sagt und schreit, ich soll sie in Ruhe lassen.

Therapeut: Da sind Sie sich ganz sicher. Sam, Sie kennen sie am besten. Trotzdem glaube ich, daß Sie beide das gleiche tun, nur auf unterschiedliche Weise. Was ich meine, Sam, ist dies: Sie möchten, daß Barbie die Dinge selbst in die Hand nimmt, aber gleichzeitig wollen Sie, daß sie sich auch weiterhin auf Sie verläßt. Diese Rolle – daß sie sich auf Sie verläßt – ist für Sie das, was Sie beide zusammenhält. Zweifellos haben viele Väter gelernt, so über ihre Töchter zu denken – gerade über ihre Töchter. Bei ihren Söhnen ist es mehr die Haltung:»Hinaus mit dir, du mußt lernen, selbständig zu werden!« Bei Töchtern heißt es eher:»Ich passe auf dich auf.« *(Sam und Barbie grinsen sich an.)*

Barbie: Das stimmt – genau! Dad läßt mich einfach nichts allein machen.

Therapeut: Es ist ein altes Lied, Sam, das die Väter singen, aber du, Barbie, du stimmst so bereitwillig in den Refrain ein! Ich frage mich – vielleicht bist du derart damit beschäftigt, zu taktieren, sozusagen auf zwei Hochzeiten gleichzeitig zu tanzen, daß dir keine Zeit mehr bleibt, über dich selbst nachzudenken. Glaubst du, Barbie, daß andere Mädchen auch lernen, sich so zu verhalten, wenn sie das Gefühl haben, daß man sie nicht ernst nimmt, hmmm? *(Barbie richtet sich auf, wird sehr aufmerksam.)* Nun, jedenfalls, wie wäre es, Sam, wenn Sie versuchten herauszufinden, ob Barbie eigene Ideen hat, wie sie den Rückstand in der Schule aufholen kann – andere als nur die, Sie anzuflehen, ihr nicht im Nacken zu sitzen, und ihre Unabhängigkeit zu verkünden.

Sam: Na Barbie, was sagst du dazu? Was hast du – gibt es etwas ... *(Barbie blickt traurig und wischt sich ein paar Tränen ab.)* Nun, Liebling, das ist kein Grund zum Weinen. Wir alle hier versuchen, dir zu helfen, die Dinge besser zu machen.

Therapeut: Das weiß Barbie ganz genau, Sam. Aber sie hat gelernt, daß Weinen eine Möglichkeit ist, Sie zu erreichen – oder vielleicht, Sie zu umgehen! Vielleicht ist es auch ihre Art, Sie zu schützen – vielleicht glaubt sie nicht, daß Sie dabei bleiben, sich für

ihre Ideen zu interessieren, und sie will Ihnen das Versagen ersparen.
Barbie: Das ist alles Scheiße!
Therapeut: Wie meinst du das?
Barbie: Ich kann verdammt nochmal selbst auf mich aufpassen.
Therapeut: Nein, ich meine, wieso ist das, worüber wir gesprochen haben, Scheiße?
Barbie: Es ist eben Scheiß, einfach Scheiß! Es geht die ganze Zeit nur darum, daß alles so läuft, wie er es haben will.
Sam: Barbie, ich möchte gern hören, warum du meinst, daß es Scheiße ist.
Barbie: Es ist eben so.
Sam: Das reicht nicht.
Barbie: *Dein* Pech . . .
Sam: Schau mal, Liebling – die Sache ist doch die, ich versuche, die Dinge klarzukriegen, damit es zwischen uns besser läuft, und . . .
Therapeut: Einen Augenblick, Sam; hat Barbie gesagt, warum unsere Diskussion für sie ein Scheiß ist? Sehen Sie mal, wenn sie Schwierigkeiten hat zu sagen, was sie meint, und Sie spannen gleich Ihr Sicherheitsnetz aus, dann muß ihr doch der Gedanke kommen, Sie glauben nicht daran, daß sie ihren eigenen Verstand gebrauchen kann, wenn sie in der Klemme sitzt – oder auch sonst.
Sam: Da ist was dran. *(Nachdenklich)* Barbie, Liebling, ich denke, wir müssen da durch; wir hängen fest. Und du kannst auch noch was Besseres, als zu allem nur Scheiße zu sagen – dir wird nichts anderes übrigbleiben. Es ist nicht zum Aushalten, daß wir miteinander nicht weiterkommen. Also wie siehst du das mit meinem Sicherheitsnetz und deinen Tränen, oder was läuft in der Schule verkehrt?
Barbie: Es wird dir noch leid tun, daß du mich gefragt hast!
Sam: Ich fürchte auch . . .

Der Therapeut hat eine Sequenz konstruiert, die Sam davon abbringt, Barbie als ein schmollendes Kind zu behandeln, so daß er beginnen kann, sie zu ermutigen, ihre abweichende Meinung und ihren Standpunkt weniger reaktiv und selbstbewußter zu äußern. Diese Interventionen mit je verschiedenem Inhalt wurden in den folgenden Sitzungen ständig wiederholt, um die Beziehung zwischen Sam und Barbie neu zu definieren und umzugestalten. Eine Sequenz in der vierten Sitzung macht diese Strategie des Therapeuten anschaulich.

Barbie *(zu Sam)*: Das Problem ist – du behandelst mich wie ein Baby, und dann erwartest du von mir, daß ich ganz erwachsen bin.

Sam: Das kommt daher, daß du dich in dem einen Augenblick wie ein Baby verhältst und im nächsten so, als wärst du eine Erwachsene.

Barbie: Und was willst du tun, um das zu ändern?

Sam: Nicht viel, junge Dame. Ich meine, es liegt an dir, zu entscheiden, welches Verhalten . . .

Therapeut: Also jetzt sieht es ganz danach aus, als wollten Sie beide sich wieder auf ein brillantes Wortgefecht einlassen, bei dem keiner gewinnen kann. Ein Streit darüber, wer »als erster dran ist« und wer mit was angefangen hat, wird nichts ändern. Sam, glauben Sie, daß Barbie etwas gesagt hat, über das Sie nachdenken sollten?

Sam: Na ja, vielleicht . . . Sie meinen . . . Ich bin nicht sicher . . . trotzdem, Barbie, laß dich nicht unterbrechen!

Barbie: Also, wie . . . sieh mal . . . ich meine, ähmmm . . . ich denke eben . . . manchmal bin ich echt gut drauf, so ganz okay . . . und dann kann es sein, . . . dann erschreckt mich etwas, oder es kotzt mich an, und dann wird mir alles zuviel, und ich möchte mich irgendwohin verkriechen . . . und dann, dann stelle ich vielleicht etwas Dummes an, wie ein kleines Kind, aber ich bin keins . . .

Sam *(zärtlich)*: Ich weiß, daß du keins bist, Liebling. Und wenn du dich so fühlst, kannst du jederzeit zu mir kommen, und wir sprechen darüber.

Therapeut: Sam, Barbie weiß ganz sicher, daß sie das kann. Haben Sie vielleicht noch andere Vorschläge, was sie tun könnte, wenn sie sich down fühlt? Was könnte ihr sonst noch helfen, so wie Sie sie kennen?

Sam: Tja, . . . daß jeder sich manchmal so fühlt, und daß es normal ist. Und daß es keinen gibt, der immer obenauf ist.

Barbie *(mit gesenkten Augen vor sich hin murmelnd)*: Ausgenommen du.

Therapeut: Was wissen Sie Spezielles von Barbie?

Sam: Mhmmm, daß sie unverwüstlich ist – und viel Sinn für Humor hat, und daß sie, ja, daß sie erfinderisch ist.

Barbie: Was meinst du damit?

Therapeut: Was glaubst du, was dein Vater damit meint?

Barbie *(lächelnd)*: Daß ich Dinge erfinde . . . nein, war nur Spaß
. . . eben erfinderisch . . . kapiert? Ha ha! *(Ernster werdend)* Oh,
ich weiß, was er meint . . . er meint, daß ich mir selbst ein paar Möglichkeiten ausdenken kann, wie ich aus meiner Scheiße wieder her-
auskomme. Indem ich meine Phantasie benutze.

Therapeut: Und warum hast du dann gefragt?

Barbie: Wie sagt man doch gleich – Gewohnheit, schlechte Gewohnheit!

Diese Sequenz führt Interventionen während der Therapie vor, die
Sams Kompetenz als Vater – hier sein Wissen über seine Tochter –
bekräftigen und so die Grundlage schaffen, auf der er vorsichtig beginnen kann, seine paternalistischen Vorrechte aufzugeben. Gleichzeitig wird Barbie ermutigt, auf ihre eigenen Fähigkeiten zu vertrauen – hier ihre Fähigkeit, ihre Gedanken zu erläutern –, ohne befürchten zu müssen, daß sie dadurch den Schutz ihres Vaters verliert. Auf diese Weise erkunden beide andersartige Möglichkeiten,
sich nahe zu sein.

Folgender Auszug aus der fünften Sitzung verdeutlicht einen
ähnlichen Prozeß mit anderen Inhalten.

Sam: Sieh mal, Barbie – du bekommst einfach keine neuen Kleider mehr, wenn du mit denen, die du schon hast, nicht sorgfältiger
umgehst.

Barbie: Ist mir scheißegal . . . wenn Elly kommt, kann ich ein
paar von ihren Sachen geliehen haben – sie hat's mir schon versprochen.

Sam: Darum geht es nicht. Es ist nett von Elly, aber ich möchte
trotzdem, daß du lernst, auf deine Sachen aufzupassen, und wegen
mir auch auf die von Elly, wenn sie dir welche leiht.

Barbie: Das ist Ellys Sache, Dad. Das geht dich nichts an.

Sam: Doch, das tut es, und Elly ist in diesem Punkt mit mir
völlig einig.

Barbie: Elly stellt sich wegen den Klamotten längst nicht so an
wie du.

Therapeut: Stop – es ist interessant, Sam, daß Sie damit angefangen haben, darüber zu sprechen, was Sie von Barbie erwarten,

und jetzt reden Sie über Elly. Ein geschickter Schachzug, Barbie –
wenn man in der Klemme sitzt, wirft man neue Truppen in die
Schlacht!

Barbie *(senkt die Augen)*: Nun ja ... mag sein. Trotzdem, meine
Sachen zum Anziehen gehen ihn nichts an, und ich bin's leid, mir immer seine Drohungen anzuhören.

Therapeut: Okay, das klingt besser. Was schlägst du statt dessen vor?

Barbie: Statt was?

Therpeut: Statt der Drohungen.

Barbie: Darum geht es nicht.

Therapeut: Sondern?

Barbie: Daß er mich in Ruhe lassen soll.

Therapeut: Okay. Was schlägst du statt dessen vor? Wie sollten
die Dinge nach deiner Meinung zwischen euch geregelt werden?

Sam: Barbie – sagen wir, ich ziehe mich zurück ...

Therapeut: Einen Augenblick, Sam, Ihr Sicherheitsnetz ist wieder draußen.

Barbie *(entspannt sich ein wenig)*: Na ja, wir könnten ... vielleicht ... vielleicht sind deine Maßstäbe einfach zu hoch. Versteh
mich nicht falsch ... Ich sage nicht, daß sie so niedrig wie meine
sein sollten! *(Alle lächeln jetzt)* Aber Dad ... warum reden wir
nicht darüber, was zum Teufel »ordentlich« bedeutet ... weißt du,
laß uns unsere Begriffe definieren!

Therapeut: Vernünftiger Vorschlag. Sind Sie einverstanden,
Sam? *(Sam nickt)* So: Wer will anfangen?

Zur sechsten Sitzung erscheinen Sam und Barbie wütend aufeinander, vermeiden es, sich anzusehen, und sind kaum in der Lage, miteinander zu sprechen. Offenbar hat Sam sich geweigert, Barbie am
Freitagabend zu einer Party gehen zu lassen, weil sie mit einigen
Schulaufgaben im Verzug war. Trotz ihrer Wut hatten sie bereits
begonnen, jeweils den Fehler bei sich zu suchen.

Barbie *(läßt sich in den Sessel fallen; »sotto voce«)*: Es hat keinen Sinn, er spielt sich einfach auf und traut mir nichts, aber auch
gar nichts zu. Es ist sinnlos. Ich bin eine Gefangene in meinem eigenen Haus.

Sam: Barbie muß eben die bittere Erfahrung machen, daß es

Konsequenzen hat, wenn sie nicht das tut, was von ihr erwartet wird.

Therapeut: Sam, glauben Sie, daß Barbie ganz verstanden hat, was Sie gesagt haben?

Sam *(bemüht sich, es zu erklären)*: Barbie, ich kann dich nicht einfach entwischen lassen . . . Ich kann nicht zulassen, daß du erst Mist baust und dann so einfach davonkommst. Wenn ich es täte, hättest du am Ende noch mehr zu leiden.

Barbie: Aha, ich sehe schon . . . jetzt kann ich also nicht einmal mehr für mich selbst leiden, wann und wie ich will!

Sam *(verwirrt, dann lachend)*: Richtig, richtig . . . Du hast recht! *(Ernsthaft)* Es geht nicht darum, ob du mehr oder weniger zu leiden hast. Es geht um meine eigene Entscheidung in dieser Frage. Es hat Konsequenzen, wenn du . . . ohne ersichtlichen Grund . . . deine Schulpflichten als quantité négligeable behandelst.

Barbie: Quanti . . . was?

Sam: Gib's auf . . .

Barbie: Schon gut, also ich bin nicht der Meinung, daß diese Konsequenzen meine interpersonellen Interaktionen gefährden dürfen. Was für große Worte – ich kann damit genauso um mich werfen, wenn's sein muß!

Mit Sam und Barbie fanden acht Sitzungen statt. Anschließend gab es drei Sitzungen mit Sam und Elly; mit Barbie arbeitete der Therapeut allein. Bei Sam und Elly ging es hauptsächlich darum, ihre eigenen Abmachungen und Absichten als Paar und im Hinblick auf das Zusammenleben mit Barbie zu klären. Bei Barbie drehten sich die Gespräche vorwiegend um ihre Situation in der Schule und um Probleme bei Freundschaften, vor allem mit Jungen. In einer Situation wie dieser ist es wichtig, mit der heranwachsenden Tochter einige Male allein zu sprechen und so in Wort und Tat zu demonstrieren, daß sie manche Dinge allein regeln kann. Zum Schluß fanden noch zwei Sitzungen statt, an denen alle drei teilnahmen. Der Therapeut behandelte Sam konstant als die primäre elterliche Bezugsperson und ermutigte ihn, sich bei der Organisation des neuen Familienlebens nicht auf Elly und Barbie zu verlassen. Barbie wurde instruiert, der naheliegenden Versuchung zu widerstehen, eine rechte Flanke (mit Elly oder Sam) aufzubauen, wenn die linke

Flanke schlecht funktionierte, da sie eine geborene Strategin war. Und Elly wurde als neues Familienmitglied begrüßt.

Ergebnis

Barbies Leistungen in der Schule besserten sich, aber in einem der Fächer reichte es nicht, da sie den Rückstand hier nicht mehr hatte aufholen können. Das bedeutete den Besuch der Sommerschule, die sie verabscheute; aber da sie ohnehin »zu leiden hatte«, suchte sie sich zum ersten Mal eine Arbeit – und sie machte ihr Spaß. Dem Sommerlager wurde für immer abgeschworen zugunsten einer »Erwerbstätigkeit«. Sam bat sechs Wochen nach Beendigung der Therapie um einen Beratungstermin – er brauchte Hilfe wegen bestimmter neuer Entwicklungen in der veränderten Familienkonstellation. Zehn Wochen später kamen alle drei zu einer »Nachuntersuchung«. Es braucht nicht eigens betont zu werden, daß viel bei ihnen passierte, da alle drei ein lebhaftes Temperament hatten. Aber sie hatten das Gefühl, daß sie es schafften und es sogar genossen, eine Familie zu sein. Während dieser letzten Sitzung bat Barbie darum, ein paarmal mit ihrer Mutter zur Beratung kommen zu dürfen. Sam willigte ein, und es fanden drei Sitzungen mit Barbie und ihrer Mutter statt, in denen über die Beziehung zwischen ihnen gesprochen wurde.

Wie in viele anderen Familien mit heranwachsenden Kindern mußten auch dieser Vater und seine Tochter ihre Beziehung umgestalten, als Barbie in die Adoleszenz kam. Was beim Beurteilen dieser Neuorientierung der Beziehung zwischen zwei Menschen häufig übersehen wird, ist der tiefreichende Einfluß unseres kulturellen Sittenkodexes und unserer auf diesen Veränderungsvorgang gerichteten gesellschaftlichen Erwartungen. Zweifellos hätte es auch andere Möglichkeiten und Vorgehensweisen gegeben, Barbies Symptome zu bessern und eine Änderung der Beziehung zwischen Vater und Tochter herbeizuführen. Wenn Sam dabei jedoch Barbie weiterhin in der für beide gewohnten Weise behandelt hätte – als Daddys kleines Mädchen –, dann hätte die Gefahr bestanden, daß sie dies auch als Erwachsene geblieben wäre.

Die Adoleszenz ist eine unstete Zeit; die Gefühle werden intensiver erlebt, manches Verhalten wird übertrieben. Die Suche nach einer Selbstdefinition und nach Autonomie und der Kampf gegen die Abhängigkeit – alles vermischt sich in diesen Jahren bei Mädchen und Jungen. Doch von den Töchtern wird erwartet, daß sie die Auseinandersetzung nicht mit dem Vater, sondern mit der Mutter führen.

Im vorliegenden Fallbeispiel war die Therapie darauf ausgerichtet, einen Kontext herzustellen, innerhalb dessen Vater und Tochter sich sicher genug fühlen konnten, um sich direkt miteinander auszutauschen – in gemeinsamen Anliegen ebenso wie in der Auseinandersetzung um ihre Differenzen –, ohne wie bisher auf ihre Rollenklischees angewiesen zu sein. Das therapeutische Ziel bestand darin, die Tochter zu entmystifizieren, ihre Position zu stärken, indem sie zu selbstbestimmten Verhaltensweisen ermutigt wurde, für die sie selbst verantwortlich war, und ihrem Vater Alternativen zu einem Paternalismus anzubieten, bei dem jemand einen abhängigen Menschen beschützt und ihm Vergünstigungen gewährt.

4
Mütter und Söhne

Olga Silverstein

Obwohl populäre Bilder der idealen Frau in den letzten Jahren von feministischen Analytikerinnen in Frage gestellt wurden, besteht die Mythologie der Mutter-Sohn-Beziehung offenbar ungebrochen fort. Nur wenige Frauen haben den Mut, solche Mythen zu entzaubern. Mütter haben insofern dazu beigetragen, sie zu verewigen, als sie an der Panzerung mitgearbeitet haben, die die Söhne ihrer Ansicht nach benötigen, um sich in der Außenwelt behaupten zu können. Die Angst, ein männliches Kind seiner Kultur zu entfremden und dadurch der Schande und Lächerlichkeit preiszugeben, reicht tief, selbst bei den Frauen, die diese Kultur für sich selbst und ihre Töchter ablehnen.

Die verdeckte Rolle der Frau bei der Erhaltung des Status quo in der Familie und damit auch in der Gesellschaft insgesamt ist bis vor kurzem totgeschwiegen worden. Obwohl in den letzten zwanzig Jahren eine wachsende Zahl feministischer Untersuchungen veröffentlicht wurde, gibt es herzlich wenig Studien von Frauen zum Thema Mütter und Söhne. Ein derart auffallendes Schweigen rührt weitgehend aus der Tatsache, daß die Dynamik der Beziehung zwischen Mutter und Sohn noch immer das Fundament unserer gegenwärtigen Gesellschaftsstruktur bildet, paradoxerweise jedoch als die Ursache allen Fehlverhaltens bei den Söhnen angesehen wird.

Geschlechtermythen

Sprachliche Darstellungen dessen, was Mutterschaft bedeutet, stammen von alters her von den Söhnen. In ihrem Buch *Every Mother's Son* (1983) führt die feministische Autorin Judith Arcana den Mythos von Orest als eines der typischen Kulturmodelle an, in dem unsere Vorstellungen von Mutterschaft zum Ausdruck kommen. In diesem Mythos werden Muttermord und männliches Heldentum definiert als die Fähigkeit eines Sohnes, die von der Mutter über ihn ausgeübte Macht zu zerstören. Arcana geht in diesem Zusam-

239

menhang auf Erich Neumanns Interpretation des Mythos von Orest ein. Neumann stellte Orests »Identifikation mit dem Vater« in ein positives Licht, weil sie in seinen Augen Orest befähigte, dem Mutterprinzip zu trotzen und dadurch seine Entmannung zu verhindern.

Seit Mitte des neunzehnten Jahrhunderts, als durch den Industriekapitalismus die Bindung zwischen der Kernfamilie und der Außenwelt aufgelöst wurde, hat man den Frauen den größten Teil der Verantwortung für die Erziehung der Kinder beiderlei Geschlechts aufgebürdet. Als Arbeit, Erziehung und Ausbildung, Entbindung und Religionsausübung aus dem Haus in umfassendere öffentliche Institutionen verlagert wurden, sahen sich Frauen eingesperrt in ein enges interpersonelles Gehäuse, das den Männern als Zuflucht vor den Belastungen der Arbeitswelt diente (Goldner, 1985). In dieser verdünnten Atmosphäre oblag es den Frauen, die Jungen auf ihre Rollen außerhalb der Familie und des Hauses und die Mädchen auf ihre zukünftigen Aufgaben im Haushalt und in der Familie vorzubereiten.

In ihrem Buch *Reproduction of Mothering* (1978) verfolgt Nancy Chodorow den sozialhistorischen Kontext der Institution Mutterschaft und bestimmt deren Zusammenhang mit der Wirtschaftsstruktur. Sie ist der Meinung, daß die moderne Rollenteilung in der Familie und die persönlichen Eigenschaften, die zur Erfüllung der Rollenfunktionen wichtig sind, historisch durch die spezifischen funktionalen Beziehungen zwischen den Aufgaben der Familienfürsorge, des Geldverdienens und des Güterverbrauchs bestimmt wurden.

Diese Teilung sozialer und psychischer Rollen kommt gegenwärtig in zahlreichen Institutionen, Produkten und Medienerzeugnissen zum Ausdruck, die eine Formung der Kinder anstreben (Hare-Mustin, 1983). Die in den fünfziger Jahren von Familienforschern an den Müttern geübte Kritik und Untersuchungen zu den historischen Determinanten der Mutterrolle durch feministische Wissenschaftlerinnen in den letzten fünfzehn Jahren haben das Vertrauen, das die Gesellschaft in die Mutterrolle gesetzt hat, bis zu einem gewissen Grad erschüttert, ohne daß sich jedoch an unseren mit dieser Rolle verknüpften Erwartungen spürbar etwas geändert hätte.

Obgleich einige der Ziele der Frauenbewegung in die Medien Eingang gefunden haben, wenn auch verwässert und in Form von

Gemeinplätzen, werden in der Praxis der Kindererziehung, die ja viele jener Werte vermittelt, an denen eine Person lebenslang festhält, die Unterschiede zwischen den Geschlechtern noch weitgehend aufrechterhalten. Die Aufgaben einer Mutter werden stillschweigend noch immer in derselben Weise festgelegt wie im isolierten Milieu des »heiligen Heims« im neunzehnten Jahrhundert. Nach wie vor gilt es als Tatsache, daß die traditionelle Trennung in einen gefühlvollen und auf das Wohlergehen der Kinder bedachten Elternteil (die Mutter) und einen gefühlsbeherrschten, das Haupteinkommen verdienenden Elternteil (der Vater) die Grundlage der wirtschaftlich und sozial funktionsfähigen Familie bildet. Diese Tatsache hat allerdings die Vertreter psychotherapeutischer Berufe in den Vereinigten Staaten nicht daran gehindert, zahlreiche psychische Störungen bei Kindern auf ein »Übermaß an mütterlicher und ein Defizit an väterlicher Fürsorge« zurückzuführen.

In der sich lockernden Familienstruktur von heute sehen sich Frauen, die Mütter werden und dadurch die Hauptverantwortung für die Übermittlung von Werten an ihre Kinder tragen, seit einiger Zeit in dieser Hinsicht sehr komplexen und widersprüchlichen Alternativen in einer Welt gegenüber, welche noch immer überwiegend von Männern beherrscht wird. Diese Widersprüche fallen für die Mütter erschwerend ins Gewicht, wenn sie Söhne großzuziehen haben.

Die paradoxe Rolle von Frauen
als Mütter von Söhnen

Eine Frau, die den von einer patriarchalischen Gesellschaft an sie gerichteten Rollenerwartungen gerecht werden will, muß warmherzig, verständnisvoll, fürsorglich, kinderlieb und aufopferungsvoll sein. Diese Erwartungen stehen in komplementärem Gegensatz zu dem, was den Mann ausmacht: Objektivität, emotionale Unbeteiligtheit, Autonomie, Aggressivität und sexuelle Freiheit, kurz all jene Eigenschaften, die es Männern ermöglichen, in der Arbeitswelt außerhalb der Familie erfolgreich zu funktionieren. Die Mutter von Söhnen befindet sich demnach in der Situation, ihr komplementäres Gegenteil aufziehen zu müssen, jemanden, der durch sein Verhalten bewirken soll, daß sowohl Mütter als auch Söhne an den ihnen von der etablierten Gesellschaftsstruktur zuge-

241

wiesenen Platz gefesselt bleiben und vielleicht auch an die wechselseitige Gegnerschaft. Eine Mutter handelt nicht unbedingt zu ihrem persönlichen Vorteil, wenn sie als Vertreterin und Bewahrerin männlicher Autorität handelt.

Eine Mutter, die einen Sohn großzieht, muß darauf achten, daß sie liebevoll und auf sein Gedeihen bedacht ist, ohne verführerisch zu sein. Sie muß verfügbar und aufmerksam sein, darf ihn jedoch nie mit ihrer Liebe erdrücken. Und sie darf den richtigen Augenblick nicht verpassen, in dem sie sich zurückzieht und ihren Sohn dem Vater und der Welt der Männer übergibt.

Die Mutter, die den Eindruck hat, ihre Sache in den frühen Lebensjahren ihres Sohnes gut gemacht zu haben, zieht sich häufig zurück, sobald sie die Zeit für gekommen hält, daß er männliche Rollen übernimmt, oder wenn sie glaubt, daß seine Entwicklung nicht so verläuft, wie sie eigentlich sollte. Ein Versagen des Sohnes bringt für die Mutter das Stigma mit sich, ein »Muttersöhnchen« aus ihm gemacht zu haben. Wenn ihr kleiner Sohn einmal als Erwachsener erfolgreich funktionieren soll, muß er lernen, die Intimität der Mutter-Kind-Dyade aufzugeben, und sich seinen Altersgenossen anschließen. Und von der Mutter – gleichgültig, was ihr innerstes Gefühl ihr sagen mag – wird erwartet, daß sie dem Sohn den Übergang in die Welt der Männer erleichtert. Mit anderen Worten, von der »guten Mutter« wird erwartet, daß sie bei ihrem Sohn im Hinblick auf sein Gefühlsleben ein Entwicklungsmuster fördert, das ihrem eigenen Empfinden völlig zuwiderläuft.

Wenn sie die Männlichkeit ihres Sohnes unter dem Aspekt seines erfolgreichen Funktionierens in der Außenwelt fördert, so handelt die Mutter als Vertreterin der Macht in einer Hierarchie, die auf ihrer Willfährigkeit beruht. Dieser Gehorsam kann ebenso mit Gefühlen des Grolls in Konflikt geraten, wenn sie sich ihre eigene Entrechtung bewußtmacht, wie mit ihren Vorstellungen von einem moralisch einwandfreien oder einem vernünftigen Verhalten. Es ist aber auch möglich, daß sie niemals dazu kommt, solche Vorstellungen zu entwickeln, da sie sich mit den Quellen der Macht, von der sie beherrscht wird, blind identifiziert.

In einer vielzitierten Untersuchung über Gehorsam gegenüber einer Autorität zeigte Stanley Milgram (1974), daß die meisten Menschen selbst dann einer Autorität gehorchen, wenn deren Forderungen persönlichen ethischen Wertmaßstäben zuwiderlaufen.

242

Milgram definiert Gehorsam gegenüber einer Autorität als Verlust der Autonomie, wenn dieser Verlust von einer spezifischen hierarchischen Struktur erzwungen wird. Sobald ein einzelner in eine bestimmte hierarchische Struktur eintritt, gibt er ein gewisses Maß an persönlicher Verantwortung auf, so daß das hierarchische System reibungslos funktionieren kann. Milgram beobachtete bei jenen seiner Versuchspersonen, deren Gewissen mit den Forderungen einer von ihnen als bösartig empfundenen Autorität in Konflikt geriet, eine Konfliktspannung. Diese wurde durch die verschiedensten psychischen und Verhaltensmechanismen möglichst weit herabgesetzt: Vermeidung, Leugnung, Ausflüchte, Streben nach wiederholter Beschwichtigung durch andere, Verantwortlichmachen des Opfers für das, was man ihm zugefügt hat, und verbale Bekundungen der Mißbilligung gegenüber den Anordnungen, ohne sich wirklich gegen sie aufzulehnen. Jede Psychotherapeutin mit einer gewissen Praxiserfahrung weiß, daß die meisten dieser Mechanismen in der Untersuchung weiblicher Pathologien eine Rolle spielen.

In der klinischen Praxis ist es nichts Ungewöhnliches, einige oder alle dieser Verhaltensweisen bei Frauen anzutreffen, die sich den Anweisungen oder Anordnungen einer Autoritätsperson fügen, der sie sich nicht offen widersetzen können. Die Mutter im folgenden Fallbeispiel – ihrer Sache unsicher angesichts des sicheren Auftretens des Vaters und der Unterstützung von dessen Position durch den Therapeuten – versucht es erst mit Pseudokooperation, dann mit Vermeidung (»Ich kann nicht, ich weiß nicht, wie es geht«) und schließlich mit Verärgerung über den Sohn, weil dieser die in ihn gesetzten Erwartungen nicht erfüllt.

Ein klinisches Fallbeispiel

Eine Familie sucht einen Therapeuten auf, weil bei ihrem einzigen, zwölf Jahre alten Sohn eine Lernbehinderung diagnostiziert worden war. Wie der Vater es sah, war das Problem nicht die Behinderung, sondern ein Mangel an Systematik in der Familie. Die Schulbehörde sowie der Psychologe, von dem die Diagnose stammte, hatten beide den Umstand betont, daß der Junge zu Hause eine systematische Unterstützung brauchte, die ihn in den Stand setzte, sich konzentriert mit bestimmten Aufgaben zu beschäftigen. Der Vater hatte dem Therapeuten gesagt, er erwarte von seiner Frau, daß sie dem Jungen jeden Tag bei den Hausaufgaben half. »Ich bin den ganzen Tag berufstätig, und bis ich nach Hause komme, ist es zu spät. Sie ist diejenige, die ihm helfen muß.« Die Mutter klagte darüber, daß sie nicht in der Lage sei, ihrem Sohn zu helfen. Sie habe ihre mathematischen Schulkenntnisse vergessen, der Sohn höre nicht auf sie, und so weiter. So ging es zwischen den beiden Eltern hin und her, während der Junge verdrossen dabeisaß und kein Wort sagte.

Der Therapeut verfolgte zwei Strategien. Als erstes versuchte er es mit einer Abmachung. Die Mutter konnte dem Jungen werktags helfen, der Vater an den Wochenenden. Als sich das nicht bewährte, weil die Mutter sich als unfähig erklärte, ihrem Sohn wirkungsvoll zu helfen, deutete der Therapeut, der sich durch ihre scheinbare Verweigerungshaltung nicht provozieren lassen wollte, dies als ihre mangelnde Bereitschaft, »den Jungen machen zu lassen«. Eingeschüchtert durch diese Deutung, sagte die Mutter zu, einen erneuten Versuch zu machen. Zwei Wochen später kamen die Eltern mit dem Sohn zur Sitzung und erzählten, die Mutter habe sich wirklich Mühe gegeben. Tag für Tag saß sie mit ihrem Sohn zusammen und bestand darauf, daß er seine Aufgaben machte. Wie sie berichtete, schien er sich alle Mühe zu geben, aber er war sehr verstört. Die Mutter weinte. Der Therapeut gab zu verstehen, daß sie (nachdem sie ihre Weigerung aufgegeben hatte) nunmehr »überbemüht« war.

Der Vater war befriedigt und wurde ermutigt, Mutter und Sohn gegenüber schmeichelhafte und anerkennende Bemerkungen zu machen, womit sein hierarchisches Bündnis mit dem Therapeuten, der Schule und dem Psychologen aufrechterhalten wurde. Je mehr Mühe sich die Mutter gab, desto unglücklicher wirkten sie und ihr Sohn.

Erst jetzt fragte der Therapeut die Mutter, worin denn ihrer Meinung nach das Problem ihres Sohnes lag und welche möglichen Lösungen sie sah. Er entschuldigte sich, weil er diese Frage nicht schon früher an sie gerichtet und einfach angenommen hatte, daß die Diagnose richtig war. Schließlich kannte sie als Mutter ihren Sohn besser als jeder andere.

Die Mutter hatte Tränen in den Augen, blickte nervös zu ihrem Mann hinüber und sagte: »Bobby ist ein sehr kreatives und sensibles Kind. Es stimmt, daß er nicht so lernt wie alle anderen, aber er ist intelligent. Der Druck, sich all diesen Regeln zu fügen, macht ihn sehr unglücklich. Ich glaube, er bekommt durch uns das Gefühl, nicht zu genügen. Meiner Meinung nach sollte er auf eine andere Schule gehen, wo das, was er zu bieten hat, besser gewürdigt wird. Ich habe das auch meinem Mann gesagt, aber er meint, daß ich den Jungen nur verziehe.« Am Ende dieser Sitzung wurde der Standpunkt der Mutter ebenso eingehend und ernsthaft erörtert wie der des Jungen selbst, der zum ersten Mal etwas sagte – übrigens etwas sehr Kluges. Schließlich wurde auch der Vater gefragt, welches seine Einwände gegen einen Schulwechsel waren.»Ich möchte nicht, daß er ein Muttersöhnchen ist – sensibel und kreativ. Er muß erwachsen werden.«

Die drei Mitglieder dieser Familie lernten in den folgenden Sitzungen zunächst einmal, einander zuzuhören, und vor allem der Vater mußte einsehen, daß beide Eltern etwas Wichtiges zu dem Problem beizutragen hatten. Einen Monat später hatten sie eine Schule mit einem wesentlich weniger starren Lehrplan gefunden, die trotzdem ihren Schülern gegenüber auf Disziplin achtete, was dem Vater sehr wichtig gewesen war.

Es kommt immer wieder vor, daß eine Mutter, die sich der Isolation des Familienlebens ausgesetzt sieht, während sie früher ihren Ehrgeiz in der Berufswelt befriedigt hatte, ihr Bedürfnis, die eigenen Fähigkeiten unter Beweis zu stellen, verdeckt oder auf Umwegen zum Ausdruck bringt. Sie ist sich darüber im klaren, daß sie ihrem Mann genügend Spielraum geben muß, seine beruflichen Ziele zu verfolgen und seine Statusbedürfnisse zu befriedigen, während sie selbst für das gute emotionale Klima in der Familie verantwortlich ist. Und viele Mütter haben gelernt, ihr eigenes Streben nach Macht und Autonomie zurückzustellen.

In dem Versuch, mit den Enttäuschungen fertigzuwerden, die sich aus dieser Situation ergeben, projizieren manche Mütter ihre unterdrückten Träume von einer einflußreichen Stellung auf ihre Söhne und halten sie dazu an, übermäßig ehrgeizig oder aggressiv zu sein. Manchmal haben sie damit auch großen Erfolg.

Andere Mütter können aus eher nichtigen Differenzen mit ihren Söhnen Psychodramen machen, in denen versteckte Ehekonflikte zum Ausbruch kommen. Wenn eine Mutter zu ihrem vierjährigen Sohn sagt:»Heb deine Sachen auf, ich bin nicht dein Dienstmädchen«, dann ist dies zweifellos eine emotionale Überreaktion. In solchen Äußerungen bringt eine Frau zugleich halbbewußte Gefühle im Hinblick auf ihren Ehemann, ihre Ehe und ihren Platz innerhalb der Gesellschaftsstruktur zum Ausdruck.

Gefühle der Machtlosigkeit können zu Bündnissen zwischen Mutter und Sohn gegen einen emotional distanzierten oder despotischen Ehemann führen, der sich bei beiden unbeliebt gemacht hat. Aber dieser befristeten Koalition liegt die Angst der Mutter zugrunde, daß ihre eigenen Fertigkeiten und Begabungen kein taugliches Rollenmodell für ihren Sohn abgeben. Wenn sich ihr Sohn in der männlichen Welt behaupten soll, dann darf er der Mutter nicht zu ähnlich werden, noch darf es ihn zu sehr in Verwirrung stürzen, wenn die Bindung zwischen ihnen aufgelöst wird. Und wenn er die Mutter verläßt, darf sie den Schmerz über den Verlust nicht zu deutlich zeigen, weil er sonst Schuldgefühle bekommt. Es gibt keine bewährten Traditionen, um einer Mutter in dieser schwierigen Zeit des Verlusts beizustehen, noch gibt es spezielle therapeutische Modelle zur Behandlung ihrer Auswirkungen, und dies trotz der Tatsache, daß Psychotherapeutinnen genau wissen, daß Ereignisse im Leben eines Individuums, die mit starker seelischer Anspannung verknüpft sind, in der Mehrzahl mit dem Verlust oder Neuhinzukommen eines Familienmitglieds zusammenhängen.

Rollenkonflikte von Familientherapeutinnen

Ein Schweigen ähnlich dem, das die Bedeutung der gegenwärtigen Rolle der Frau als Mutter von Söhnen im dunkeln läßt, deckt auch die Konflikte zu, denen Frauen in ihrer Rolle als Familientherapeutinnen ausgesetzt sind. Solche Konflikte können im Kontext der Geschichte der etablierten Psychiatrie und Psychologie in den Vereinigten Staaten verstanden werden, die ihrerseits in einem komplexen Verhältnis zu den Veränderungen stehen, die in der zweiten Hälfte des neunzehnten Jahrhunderts in der Familie und in der Gesellschaft insgesamt stattgefunden haben.

In ihrer bisherigen Geschichte hat die US-amerikanische *Mental Health*-Bewegung ständig unentschlossen geschwankt zwischen der Notwendigkeit, Individuen bei der Verwirklichung von Autonomie und Selbstbestimmung behilflich zu sein, und der Notwendigkeit, darauf hinzuwirken, daß die Klienten den funktionalen Anforderungen bestimmter gesellschaftlicher Zustände besser angepaßt wurden oder ihnen besser entsprachen. Diese entgegengesetzten Ziele werden häufig miteinander verwechselt. Der Konflikt für die Therapeutin zeigt sich nirgends deutlicher als im Fall der Familieneinheit, wo Autonomie und Selbstbestimmung – besonders auf der Seite der Frauen – häufig in unmittelbarem Gegensatz stehen zu einer reibungslos funktionierenden Familie.

Einige Familientherapeutinnen fühlten sich ursprünglich zum Modell des strukturell-strategischen Familiensystems hingezogen, da sie überzeugt waren, daß es die Möglichkeit bot, die ungleiche Machtverteilung in der Familie ins Gleichgewicht zu bringen. Andere beschäftigten sich ausschließlich mit der Familie als einem eigenen System ohne jedes Bewußtsein von dessen Beziehung zu allgemeineren gesellschaftlichen Problemen. Es dauerte freilich nicht lange, bis zahlreiche Familientherapeutinnen darauf stießen, daß Ungleichgewichte in der familiären Machtstruktur zu den wichtigsten Faktoren gehörten, die sie am Leben erhielten und ihre Funktion in der umfassenderen gesellschaftlichen Ordnung garantierten. Wenn eine Familientherapeutin diese Entdeckung macht, dann dämmert ihr vielleicht, daß bestimmte traditionelle therapeutische Interventionen kaum mehr sind als notdürftig verschleierte Alibis, Ungleichheiten in der Machtverteilung zu schützen oder zu verbergen.

Der allmähliche Rückzug der Familie aus der äußeren Welt war begleitet von ihrer begrifflichen Darstellung in der Familientherapie als ein nahezu autonomer Organismus, in dem die beteiligten Akteure gleichberechtigte Rollen spielen. Da dieses Modell die Familie aus dem gesellschaftlichen Kontext herauslöst, der ihr eigentlich erst ihre Form gibt und sie am Leben erhält, hat man die Verantwortung für alles Pathologische einzelnen Familienmitgliedern zugeschoben, ohne dabei der ungleichen Machtverteilung innerhalb der Familien wie innerhalb der Gesellschaft überhaupt Rechnung zu tragen.

Eine dysfunktionale Mutter-Sohn-Dyade wird in den meisten Fällen so vorgestellt, daß die »Übermühtheit« der Mutter gegenüber ihrem Sohn seine psychische und soziale Entwicklung als »normaler« Mann beeinträchtigt. In der herkömmlichen Familientherapie wird der zentrale Konflikt der Mutter – die Tatsache, daß man von ihr erwartet, sich ganz der Erziehung ihrer Söhne zu widmen, ohne dabei zu übertreiben – im allgemeinen heruntergespielt zugunsten der therapeutischen Bedürfnisse des Sohnes. Die Therapeutin ist bemüht, den Sohn aus der »erdrückenden« Mutter-Sohn-Bindung heraus und in eine neue Beziehung zum Vater zu führen, mit dem er sich identifizieren und von dem er kämpferische Fähigkeiten lernen soll, die ihm in der feindlichen Welt das Überleben ermöglichen sollen. Der Vater wird bestärkt, in den Familienkreis zurückzukehren, um diese neue Orientierung des Sohnes weiter zu fördern, während man der Mutter rät, ihren eigenen Tätigkeitsbereich auszudehnen und den Verlust ihres Sohnes als unvermeidlich hinzunehmen.

Eine Therapeutin, die mit diesem Deutungsmuster arbeitet, nimmt der Mutter-Sohn-Beziehung ein Stück ihrer Intimität und versucht zu verhindern, daß die weiblichen Eigenschaften der Mutter den Sohn im Prozeß seiner Identifikation mit ihr zu stark beeinflussen. Infolgedessen werden die gesellschaftlich besonders hoch bewerteten Fähigkeiten der Mutter – Sensibilität, Einfühlungs- und Kommunikationsvermögen – mit einemmal in der Therapie als negativ hingestellt, weil sie das männliche Kind zu »infizieren« drohen.

Eine Therapeutin, die sich bemüht, einen Jungen dem Einfluß der Mutter zu entziehen, damit er sich stärker mit dem Vater identifizieren kann, muß zwangsläufig an sich selbst eine Konfliktspannung wahrnehmen. Sie muß sich der Tatsache stellen, daß diese Umorientierung der Empfindungen des Sohnes für die Mutter sich nicht bewerkstelligen läßt, ohne daß bei der Mutter schwere Selbstzweifel und Schuldgefühle ausgelöst werden und beide Parteien, Mutter und Sohn, auf irgendeine Weise das Trauma dieses Intimitätsverlusts verarbeiten müssen. Sie muß sich dann selbst einreden, Einfühlungsvermögen, Sensibilität und die Fähigkeit, sich mitzuteilen, seien in ihrem Wert so begrenzt, daß ein Sohn für den Rest seines Lebens traumatisiert würde, wenn er diese Eigenschaften entwickelte, statt aggressiv, unabhängig und ehrgeizig zu werden. Und schließlich muß sie sich eingestehen, daß sie damit indirekt auch einige ihrer eigenen Fähigkeiten abwertet, die ihr als Therapeutin zugute kommen.

Eine Familientherapeutin sieht sich häufig in der für sie konfliktträchtigen Position, männliche Werte zu schützen und zu bekräftigen. In dieser Rolle gleicht sie der Frau in Milgrams Experiment, die aufgefordert wird, einer Autorität zu gehorchen, welche nach ihrem Empfinden weder in ihrem eigenen besten Interesse noch im Interesse derer handelt, auf die sie einwirken soll. So sehen sich also viele Frauen als Familientherapeutinnen denselben Konflikten ausgesetzt wie die Mütter von Söhnen.

Klinische Modelle:
Wiederherstellung der Mutter-Sohn-Bindung

Die Entwicklung männlicher Jugendlicher gilt in unserer Gesellschaft als gut, wenn sie sportlich sind, in der Schule gut mitkommen, Führungseigenschaften und ein herausforderndes Verhalten zeigen, jedoch zugleich auf das Wort von Autoritätspersonen hören. Daß sie außerdem auch emotional unbeteiligt, unkommunikativ und verschlossen sein können, wird selten als Problem gesehen. Die Mutter mag im stillen unter dem eigenen Verlustgefühl leiden und unter ihrem Wissen von dem emotionalen Verlust, den ihr Sohn erleidet. Oft sieht sie in ihrer eigenen Ehe die möglichen Schattenseiten männlicher Werte, wenn ihr »erfolgreicher« Ehemann in seinen mittleren Jahren mit Empfindungen des Alleinseins, der Leere und der Entfremdung zu kämpfen hat und nicht selten mit körperlichen Symptomen oder Depressionen teuer für die Erfüllung seiner Rolle bezahlen muß.

Das Dilemma für die Mutter liegt auf der Hand. Wenn sie sich offen Sorgen macht um dieses Musterbild von einem Sohn, läuft sie Gefahr, als »überinvolvierte Mutter« abgestempelt zu werden. Wenn sie versucht, ihre Sorgen mit ihrem Mann zu teilen, dann hört er vielleicht ihre unterschwellige Kritik an seinem eigenen Verhalten heraus und reagiert gereizt und ausweichend: »Kannst du den Jungen nicht in Ruhe lassen?«

Die klinischen Fälle, die bei männlichen Jugendlichen als Störungen diagnostiziert werden, kreisen um Probleme der Passivität, Abhängigkeit, des mangelnden sportlichen Interesses und der Auflehnung gegen männliche Autorität, wie sie sich in schulischem Versagen und unsozialem Verhalten äußert.

Als Reaktion auf diese und andere Probleme, denen wir heute in der Familientherapie gegenüberstehen, werden neue klinische Modelle entwickelt, die deutlich feministisch geprägt sind. Es bleibt abzuwarten, ob diese neue Orientierung sich mit anderen therapeu-

249

tischen Modellen gut verträgt oder mit ihnen unvereinbar ist. Die im folgenden vorgestellten vier Fallbeispiele wurden von uns unter feministischer Perspektive nach bestem Wissen und Gewissen diagnostiziert und behandelt.

Stets geht es dabei um die zentrale Bedeutung der Beziehung zwischen Mutter und Sohn für die Organisation der Familie. Carters Beispiel betont die negativen Aspekte einer Beziehung, in der eine Mutter ihren Sohn vor der Mißbilligung durch den Vater abschirmt, weil sie der Überzeugung ist, daß die Führung durch den Vater, auch wenn er unrecht hat, wichtiger ist als die der Mutter. In Papps Beispiel geht es unmittelbarer um die Angst einer Mutter, ihren jungen Sohn zu »erdrücken«, wenn sie eine gewisse elterliche Autorität ausübt. Walters stellt einen Fall vor, in dem das Verantwortungsgefühl einer Mutter für das Wohlergehen der Familie zum Gegenteil des von ihr Gewollten führt. Silversteins Fall zeigt drastisch die kulturelle Verpöntheit von »Muttersöhnchen« und die reaktive Angst und den Rückzug einer Frau, der man eingeredet hatte, die Nähe zu ihrem Sohn sei etwas Zerstörerisches.

In allen vier Fällen vermeiden es die Therapeutinnen, die Mutter-Sohn-Beziehung ausgesprochen oder unausgesprochen zu pathologisieren. Es wird keine Beziehung für eine andere geopfert; die Väter werden respektvoll bestätigt, ohne den Wert und die Wichtigkeit einer warmherzigen, einfühlsamen Mutter-Sohn-Bindung herabzusetzen.

Fallbeispiel

»Es ist in Ordnung, wenn Sie Ihren Sohn lieben«

Olga Silverstein

Das Symptom

Der erste Anruf kam vom Vater der Familie. Im Aufnahmeformular war vermerkt, daß der siebzehnjährige Sohn einen Selbstmordversuch gemacht hatte. Er war ins Krankenhaus eingeliefert und anschließend sechs Monate lang ambulant behandelt worden. Jetzt sah es so aus, als würden seine Depressionen wieder zunehmen. Als ich anrief, um einen Termin mit der Familie auszumachen, war wieder der Vater am Apparat. Ich verlangte, daß auch die beiden anderen Kinder in der Familie, ein Sohn von neunzehn und eine Tochter von vierzehn Jahren, an der ersten Sitzung teilnahmen. Es kamen jedoch nur die Mutter (Anna), der Vater (José) und Harold, der siebzehnjährige Patient. Der Vater, der offenbar den Ton angab, informierte mich, die beiden anderen Kinder würden nicht kommen. Der Ältere arbeite, und die Tochter sei noch zu jung, um »das alles« mit anzuhören. Ich gelangte zu dem Schluß, daß ich mit einer Kritik an diesem puertorikanischen Vater zu diesem Zeitpunkt nur die Familie gegen mich aufbringen würde, und stimmte deshalb zu, die Sitzung ohne die beiden abzuhalten.

Die erste Sitzung

Anna, eine ernst blickende Frau, behielt beim Sitzen ihren Mantel an, legte die Hände in den Schoß und sah zu Boden. Die beiden Männer setzten sich links und rechts von ihr. José hockte auf der Kante seines Stuhls, die Füße fest auf den Boden gestemmt, als wollte er jeden Augenblick davonlaufen. Harold war ein ordentlich gekleideter, graziler junger Mann mit glatter Haut und glänzendem langen Haar. Er saß schüchtern und geistesabwesend neben seiner Mutter, ohne jemanden anzusehen.

José *(Vater)*: Hat Frau K. von der Klinik Sie angerufen?

Therapeutin: Nein, leider nicht. Vielleicht erzählen Sie mir, was Sie zu mir führt.

José *(mit dem Gesichtsausdruck eines Mannes, der seine Geschichte schon zu oft erzählt hat)*: Am Thanksgiving war die Familie bei Freunden zum Essen eingeladen. Harold wollte nicht mit. Er lief schon seit Monaten mit einer Leidensmiene durchs Haus, und seine Mutter wollte bei ihm bleiben. Aber ich war wütend. Ich habe ihr gesagt: »Laß ihn in Ruhe, wenn er schmollen will, dann soll er schmollen.« Wir gingen also weg, aber Anna machte sich Sorgen. Deshalb waren wir früh wieder daheim und fanden ihn auf dem Fußboden. Das war's. So ist es passiert.

Harold und Anna wollten nichts dazu sagen, und José fuhr in seiner Schilderung fort.

José: Harold verbrachte drei Wochen in der Klinik, wo ein Psychiater ihn behandelt hat. Die Familie, wir alle, traf sich regelmäßig mit einer Sozialarbeiterin. Die Behandlung wurde sechs Monate lang ambulant fortgesetzt. Und jetzt gibt die Sozialarbeiterin, Frau K., ihre Stelle auf, und für uns fängt alles wieder von vorn an. *(Das alles sagt er mit bedrückter Stimme.)*

Anschließend erklärte er, die Dinge hätten sich geändert. Die Therapie habe Erfolge gezeigt, aber jetzt gebe Frau K. ihre Stelle auf.

Therapeutin *(zu Harold)*: Haben Ihre Depressionen nachgelassen?

Harold *(schüttelt den Kopf, flüsternd):* Nein.

Anna *(die Augen immer noch auf den Boden gerichtet, flüsternd)*: Ich habe Angst, daß er es wieder tun wird.

José *(aufgebracht zu Anna)*: Ich habe dir immer und immer wieder gesagt, du sollst aufhören, dir Sorgen zu machen. *(Er schüttelt müde den Kopf.)*

Therapeutin *(zum Vater)*: Warum ist Harold Ihrer Meinung nach so unglücklich? Welches ist nach Ihrer Meinung der Grund dafür, daß er versucht hat, sich umzubringen? Warum macht Anna sich solche Sorgen um ihn?

José: Nun, um auf Ihre Frage zurückzukommen. Er ... Wie soll ich es Ihnen sagen? Er hat ein Identitätsproblem. Ich meine . . ., einmal hat er mir gesagt, er wäre lieber ein Mädchen. Meine Antwort war, daß Gott einen Mann aus ihm gemacht hat, aber er ist nicht glücklich damit, er . . . er will . . . er will etwas anderes sein, und am Anfang war es sehr schwer für mich . . ., das zu akzeptieren, aber ich habe es ihm schon ein paarmal gesagt, das Problem hat mittlerweile ein kritisches Stadium erreicht, so daß er schon versucht hat, sich umzubringen, und ich möchte, daß er am Leben bleibt, denn was immer er ist, er ist mein Sohn, und ich liebe ihn, verstehen Sie? Obwohl ich anderer Meinung war als er, habe ich ihm also gesagt, daß ich ihn akzeptiere. Daß ich die Tatsache akzeptiere, daß er eben so ist. Verstehen Sie? Das ist also sein . . . das Problem.

Therapeutin: Gehört das mit zu den Dingen, die sich in der Therapie geändert haben – Sie haben gelernt, ihn so zu akzeptieren, wie er ist?

José: Ja.

Therapeutin: Gibt es jemanden in der Familie, von dem Sie vermuten, daß er oder sie ihn nicht so akzeptiert, wie er ist? Wie ist es mit Ihnen? (Wendet sich der Mutter zu.)

Anna: Ich habe ihn sehr gern, weil er mein Sohn ist, aber ich weiß . . . ich kann die Tatsache nicht akzeptieren, daß er jemand anders sein will.

Therapeutin: Anna, wenn in Puerto Rico ein junger Mann wie Harold homosexuell ist, liegt es dann an der Mutter? Heißt es dann, die Mutter ist schuld?

Anna: Ich weiß nicht.

Therapeutin (zum Vater): Hmmm? Nein? Was meinen Sie?

José: Es ist . . . also, ich glaube, es ist wohl überall der Vater, dem die Schuld gegeben wird.

Therapeutin: Glauben Sie?

José: Ja.

Therapeutin: Ja? Sie glauben, es ist Ihre Schuld?

José: Nein, das glaube ich nicht.

Therapeutin: Aha. Na gut. Anna, ist es Ihr Fehler?

Anna gibt an dieser Stelle keine Antwort, doch die Worte ihres Mannes lassen sich so verstehen, daß nicht nur sie sich selbst, sondern auch andere ihr die Schuld an der Homosexualität Harolds gegeben haben. Ihr Mann verrät allein schon durch den Nachdruck, den er auf seine Worte legt, seine Voreingenommenheit.

José: Ich habe ihr immer wieder gesagt, und sie wird Ihnen das bestätigen, daß wir uns deswegen keine Vorwürfe machen dürfen, weil ich nicht glaube, daß überhaupt jemandem ein Vorwurf gemacht werden kann. *(Zeigt aufgebracht mit dem Finger auf seine Frau)* Habe ich recht oder nicht? Recht? Hmmm? Habe ich dir nicht oft genug gesagt, es ist nicht dein Fehler? *(Anna blickt weiterhin zu Boden und gibt keine Antwort.)*

Harold *(zum erstenmal mit lauter Stimme)*: Aber sie läßt es an mir aus.

Therapeutin: Sie läßt es an Ihnen aus? In welcher Weise?

Harold: Da gibt es viele Möglichkeiten. Ich darf nirgends hingehen. Wenn ich ihr sage, daß ich weggehen möchte, läßt sie mich nicht. Manchmal läßt sie mir nicht einmal die Luft zum Atmen. Ich bringe nie Freunde mit, weil sie mir nicht traut.

Therapeutin: Was könnten Sie denn anstellen?

Harold: Irgendwas! Sie läßt mich einfach nicht aus dem Haus. Sie möchte, daß meine kleine Schwester auf mich aufpaßt.

Therapeutin: Vielleicht fürchtet sie, Sie könnten sich etwas antun?

Harold *(wieder leise)*: Nein, das andere. Sie mag meine Freunde nicht.

Harold war ein sehr gutes Kind. Alle drei Kinder waren ordentlich und mußten hart ran. Harold war ein ausgezeichneter Schüler. Man hatte ihm bereits ein Teilstipendium fürs College zugesagt, und er war sicher, mit der Klasse versetzt zu werden – obwohl er so lange Zeit dem Unterricht fernbleiben mußte. Angesichts dieser hervorragenden Leistungen war seine tiefe Traurigkeit etwas verwirrend.

Harold *(fährt fort)*: Jetzt redet sie kaum noch mit mir, höchstens, wenn ich etwas erledigen soll. Tu dies, tu das. Zieh das nicht an. Komm gleich nach Hause. *(Seine Augen füllen sich mit Tränen.)*

Therapeutin: Anna, glauben Sie immer noch, Sie könnten ihn ändern? Glauben Sie, wenn Sie sich noch mehr anstrengen, dann könnten Sie ihn doch noch ändern? *(Zu José)* Was glauben Sie, warum sie sich solche Vorwürfe macht?

José: Ich . . . ich hätte bis vor kurzem nie gedacht, daß sie sich so quält. Ich habe ihr immer gesagt, es gibt keinen Grund – wissen Sie, ich habe einer ganzen Menge Leute viele Fragen gestellt, verstehen Sie? Zum Beispiel darüber, ob man in der Vergangenheit der Familie nachforschen sollte, bei den Großvätern und so, und herausfinden, ob es da etwas gibt, das vielleicht übertragen worden ist von . . .

Therapeutin: In der Familie?

José: Ja. In der Familie. Und nach dem, was ich gehört habe, ist das nichts, was von einem auf den anderen vererbt wird. Es ist eben so, daß jemand so sein möchte und daß er die und die Neigungen hat, und das ist alles. Ich weiß, daß es eine Redensart gibt, besonders in diesem Land, daß sie einen Jungen, der zu sehr an seiner Mutter hängt, ein Muttersöhnchen nennen, wo die Mutter das Bedürfnis hat, das Kind so sehr zu schützen, daß ihm dies irgendwie einen Schaden zufügt, das heißt . . . er wird so sehr von seiner Mutter abhängig werden, daß er feminin wird. Da wir . . . Wir hatten das Problem bisher nicht, auch nicht in meiner Familie, oder ich weiß nicht, wie es in ihrer Familie ist, aber ich bin davon nicht überzeugt.

Der gute Wille des Vaters und seine Ambivalenz sind in diesem Gespräch sehr deutlich zu spüren. Die Familie hatte in ihrer früheren Therapie zwei widersprüchliche Botschaften empfangen: (1) Niemand ist schuld, wenn ein Junge homosexuell wird, keinem darf man daraus einen Vorwurf machen; (2) das Verhältnis zwischen Mutter und Sohn war bislang zu eng, der Sohn könnte jedoch »gerettet« werden, wenn der Vater etwas unternähme, um diese Bindung zu lockern. Letztere Botschaft ist natürlich unterschwellig, aber in der Ausrichtung der Therapie implizit mit enthalten.

José bemühte sich heldenhaft, beide Botschaften zu beherzigen. Er gab bereitwillig zu, daß er die Kinder weitgehend der Obhut der Mutter überlassen hatte; wie er, deutlich zu seiner Rechtfertigung, angab, hatte er zwei Arbeitsstellen angenommen, um die Familie zu ernähren. Und obwohl er und Anna bestritten, daß sie irgend jemandem die Schuld gaben oder daß jemandem ein Vorwurf zu machen sei, fühlten sie sich doch beide an der Situation schuldig. Er, weil er sowenig Zeit für seine Kinder hatte, und sie, weil sie sich zuviel um sie kümmerte.

Therapeutin: Anna, hatten Sie eine enge Beziehung zu ihm? Waren Sie beide einmal gute Freunde?

Anna: Das ist es ja gerade, was mich so trifft. Er war etwas Besonderes.

Therapeutin: Weil er etwas Besonderes war. Warum war er in Ihren Augen etwas Besonderes?

Anna: Als er zur Welt kam, war er krank. Schon von klein auf war er immer in meiner Nähe, und er war derjenige, der mir immer viel im Haus geholfen hat.

Therapeutin: Ich verstehe. Hmm. Und der Ältere hing mehr an Ihrem Mann?

Anna: Nein, vielleicht war er einfach mehr für sich. Mein Mann hat gearbeitet – er hat immer hart gearbeitet.

Therapeutin: Aha. Ist das also der Grund, warum Sie glauben, daß es vielleicht Ihr Fehler war? Hmmm?

Ana: Er hat mir immer viel im Haus geholfen, und manchmal denke ich . . . äh . . . weil ich . . . wissen Sie . . . ich wußte nicht, was passieren würde, wenn ich also nicht *(unverständlich)* . . . solche Sachen zu machen. Ich weiß nicht. Irgendwie fühle ich mich so . . .

Therapeutin *(um frühen Hinweisen auf Depressionen nachzugehen)*: Welche Krankheit hatte er, als er klein war? Was für Symptome?

José: Er hatte ein Herzgeräusch. Ich glaube, er hat es bis heute.

Manchen familientherapeutischen Modellen zufolge hätte man in Harold einen jungen Mann gesehen, dem es nicht gelungen war, die ihm angemessenen männlichen Eigenschaften zu entwickeln, was seinen Grund in einem fehlenden oder zu schwachen männlichen Vorbild hatte. Selbst wenn die Homosexualität Harolds nicht als Problem gesehen würde, läge für viele Therapeutinnen immer noch der Gedanke nahe, der Sohn müsse aus seiner seit der Kindheit bestehenden engen Beziehung zur Mutter gelöst werden, wenn schon nicht wegen der Identifikation mit seiner Geschlechtsrolle, dann zumindest im Interesse seiner Autonomie. Strukturell orientierte Therapeutinnen würden zweifellos darauf hinarbeiten, daß der abseits stehende Vater wieder stärker in die Familie einbezogen wurde, sich vielleicht auch deutlicher zur Identifikation mit männlichen Verhaltensweisen anbot, um zur Lockerung der Bindung zwischen Mutter und Sohn beizutragen.

Allem Anschein nach war bei der vorangegangenen Familienthe-rapie das Problem der Homosexualität Harolds offen zur Sprache gebracht worden. Dabei hatte sich insofern ein Erfolg eingestellt, als niemand mehr einem anderen direkte Schuldvorwürfe machte und die Homosexualität offen ausgesprochen und von den Eltern nach außen hin weitgehend akzeptiert wurde. Obgleich dieser Punkt nach wie vor sehr heikel war (und dies vielleicht immer blei-ben würde), meinten es der Vater und möglicherweise auch die Mutter ehrlich, wenn sie sagten, sie akzeptierten ihren Sohn »so wie er ist«.

Auffallend war dagegen, wie sehr der Vater inzwischen »in der Pflicht« stand (wenn auch grollend) und Mutter und Sohn in einer Distanzhaltung befangen waren, in der beide unglücklich waren, während sich die Mutter verzweifelt bemühte, ihre in der Vergan-genheit begangenen Fehler wiedergutzumachen.

Wenn eine Mutter eines Tages damit konfrontiert wird, daß ihr Sohn homosexuell ist, und von Kummer und Scham überwältigt wird, übermittelt sie damit dem Sohn eine niederschmetternde Botschaft, denn aus ihrer Reaktion geht unzweideutig hervor: Das, was sie über ihren Sohn erfahren hat, ist etwas so Furchtbares, daß es allen Stolz zunichte macht, den sie je auf ihn hatte. Das ist ohne jeden Zweifel ein tödlicher Schlag gegen die Selbstachtung des Soh-nes (Klein, 1984), wie sich hier auch an Harold gezeigt hat.

Therapeutin *(zu Harold)*: Wann hat das angefangen, dieser Kon-flikt zwischen Ihnen und Ihrer Mutter?

Harold: Etwa vor einem Jahr, als ich meinem Vater sagte, ich wollte gern Krankenpfleger werden, und er erwiderte, das sei ein Beruf für Mädchen. Ich sagte ihm, ich wäre gern ein Mädchen, und er wies mich zurecht. Seitdem *(zeigt auf die Mutter)* redet sie nicht mehr mit mir . . . kein einziges Wort. Einfach so.

Josés Erklärung für Harolds Selbstmordversuch war sowohl in der Einzeltherapie Harolds als auch in der Familientherapie bekräftigt worden. Die Therapeuten hatten zu verstehen gegeben, Harold sei verzweifelt, weil sein Vater ihn nicht akzeptierte. So betrachtet, hatte der Selbstmordversuch möglicherweise zum Ziel, den Vater umzustimmen. Auf der Basis dieser Hypothese war die Therapie konsequent und mit einem gewissen Erfolg durchgeführt worden –

nur daß Harold nach wie vor deprimiert und möglicherweise noch immer suizidgefährdet war.

Ich stellte einige detailliertere Fragen zu der Beziehung, die in Harolds Leben die wichtigste gewesen war. Diese hatte sich verändert, als Harold erklärte, er würde lieber ein Mädchen sein. Annas Rückzug war die Reaktion auf ihr Gefühl, sie habe ihr geliebtes Kind falsch behandelt.

Aber die in der vorherigen Therapie ausgesprochene Empfehlung, der Vater müsse mehr Verantwortung übernehmen, hatte Annas Schuld- und Versagensgefühle nur noch verstärkt, statt sie abzuschwächen. Obgleich jetzt der Vater nach außen hin »die Verantwortung« trug, stand außer Frage, daß zwischen Harold und seiner Mutter eine starke Bindung bestand und daß die gegenwärtig gespannte und distanzierte Beziehung zwischen Mutter und Sohn für beide äußerst schmerzhaft war. Diese Einschätzung lag der folgenden Intervention zugrunde.

Therapeutin *(zu Anna)*: Ich glaube, ein Teil des Problems besteht im Augenblick darin, daß Sie sich selbst solche Vorwürfe machen, daß Sie Angst haben, Ihren Jungen zu lieben. Sie befürchten, daß Ihre Liebe ihm irgendwie schadet, deshalb zeigen Sie ihm nicht, wie sehr Sie sich um ihn Sorgen machen, und das ist für ihn offenbar sehr hart.

Anna: Er denkt, ich liebe ihn nicht?

Therapeutin: Das nimmt er jedenfalls an.

Anna: Aber es stimmt nicht.

Harold: Du zeigst es nicht. *(Sieht sie nicht an und beginnt zu weinen.)*

Therapeutin: Aber Sie haben Angst, ihn zu lieben, seit er gesagt hat, er wäre gern ein Mädchen, weil Sie glauben, Ihre Liebe hätte ihm geschadet, nicht wahr? Ich möchte, daß Sie darüber nachdenken.

Therapeutische Strategie

Die Therapie verfolgte die Strategie, die Bindung zwischen Harold und seiner Mutter wieder zu stärken, da ich überzeugt war, daß Harold seinen Selbstmordversuch nicht unternommen hatte, weil er homosexuell war oder weil sein Vater ihn nicht akzeptierte, sondern weil er das Gefühl hatte, seine wichtigste Beziehung im Leben verloren zu haben. Mit meinem Bemühen, diese Bindung wiederherzustellen, hoffte ich, für beide die Chancen zu erhöhen, daß sie ihre Selbstachtung wiedergewannen. Ich wollte Anna nahebringen, daß an ihrer liebevollen Beziehung zu ihrem Sohn nichts Schlechtes war.

Ich war mir der Tatsache bewußt, daß ich mit meinem Vorgehen jener verbreiteten therapeutischen Vorstellung zuwiderhandelte, Jungens müßten eines Tages der Machtstruktur der männlichen Welt überantwortet werden. Ich wußte, daß Harold in absehbarer Zeit dieser Machtstruktur außerhalb der Familie begegnen würde und mit ihr nach besten Kräften fertigwerden mußte, aber ich war nicht der Meinung, daß Annas weibliche Eigenschaften dabei ohne Wert für ihn waren. Wenn Harolds fortbestehende Nähe zu ihr ihn in seinem Einfühlungsvermögen, seiner Sensibilität und seinen Fähigkeiten, sich um andere Menschen zu kümmern, bestärkte, so konnte das für ihn nur von Vorteil sein.

Die Tatsache, daß Annas Ansichten über ihren Sohn und über die Disziplin in der Familie häufig durch ihren Mann ausgesprochen wurden, zeigten ihre stillschweigende Billigung der herkömmlichen Vorstellung, daß es in der idealen Familie der Ehemann ist, der die Entscheidungen trifft. Als ihr Sohn jünger war, hatte zwischen ihnen eine beschwingte, liebevolle und offene Beziehung bestanden. Er half ihr bei der Hausarbeit, und die beiden teilten viele gemeinsame Empfindungen. Erst als er seine Homosexualität offenbarte, sah sie in ihrer befriedigenden, warmherzigen Beziehung etwas, das ihrem Sohn schadete und deshalb etwas Schlechtes war.

Wenn ich nach den herkömmlicheren Methoden gearbeitet und versucht hätte, Harold den Weg in die Sphäre des Vaters zu ebnen, hätte ich damit auch riskiert, Annas ohnedies gesunkenes Selbstwertgefühl noch mehr zu beeinträchtigen, und hätte ihr Gefühl der Ohnmacht noch mehr verstärkt. Damit würde jedoch der Realitätssinn der Mutter ebenso beschnitten wie ihre Möglichkeit, einen positiven Einfluß auszuüben. Wenn eine Mutter überzeugt ist, daß die Liebe, die sie für ihren Sohn empfindet, schädliche Folgen hat, wird ihr Selbstbild, vergiftend zu wirken, in alle Bereiche ihres Lebens und in das ihres Sohnes eindringen.

Am Ende dieser ersten Sitzung berührte Anna meine Hand beim Hinausgehen, Harold schenkte mir ein schüchternes Lächeln, und José bedankte sich überschwenglich. Ich deutete das als Hinweis auf eine gewisse Erleichterung bei ihm, weil er spürte, daß ich ihnen möglicherweise behilflich sein würde, die alte Ordnung innerhalb der Familie wiederherzustellen. Es fanden noch vier weitere Stunden mit der Familie statt. In der folgenden Sitzung betonte ich den Zusammenhang zwischen Annas Fähigkeiten als Mutter und Harolds guten schulischen Leistungen, seiner Unabhängigkeit in der Wahl seiner weiteren Ausbildung, seinem guten Benehmen und seiner offensichtlichen Hingabe an die Familie. José wurde in dem Beispiel bestätigt, das er seinen Kindern gab – als harter Arbeiter, der alles für seine Frau und die Kinder tat.

An den drei folgenden Sitzungen nahmen alle fünf Familienmitglieder teil, ohne daß ich darauf gedrungen hätte. Die Themen waren dieselben wie bisher, obwohl es nunmehr um die Rollen aller drei Kinder innerhalb der Familie ging. Wie in den vorangegangenen Sitzungen wurden die jeweiligen Beiträge der beiden Eltern zur Familiensituation bestätigt und bekräftigt.

Therapeutin: Haben Sie gemeinsam beschlossen, daß es für Anna am besten wäre, im Haus bei den Kindern zu bleiben, und für José, zwei Stellen anzunehmen, um dies zu ermöglichen?

José: Na ja, ich habe ihr gesagt, wenn in diesem Viertel hier die Mutter zur Arbeit geht, dann toben die Kinder auf der Straße herum. Ich habe ihr gesagt, du bleibst daheim bei den Kindern, und ich kümmere mich darum, daß die Rechnungen bezahlt werden.

Anna (nickt): Ich mache mir Sorgen, daß er zuviel arbeitet. Wenn sie (zeigt auf die Tochter) heiratet, gehe ich arbeiten. (Die ganze Familie lacht.)

Die letzte Sitzung fand Ende Mai statt – eine Woche vor der Abgangsprüfung der High-School. Harold bestand sie mit Auszeichnung und bereitete sich darauf vor, mit Hilfe von Teilstipendien aufs College zu gehen. Für den Sommer hatte er eine Stelle als Krankenpfleger auf einer psychiatrischen Krankenstation. Die Familie neckte ihn und sagte: »Paß auf, die lassen dich nicht mehr weg!«

Auch Anna neckte ihn und sagte: »Na, jedenfalls hast du etwas von mir gelernt. Du kannst von zu Hause weggehen, weil du deine

Wäsche selbst waschen kannst. Das ist mehr, als ich von deinem Bruder sagen kann.« Alle lachten.

Das alles ist natürlich völlig sinnlos, wenn wir auch weiterhin die gegenwärtige ungleiche Verteilung der Macht zwischen den Geschlechtern in unserer Gesellschaft als zweckmäßig ansehen. Die Bewußtmachung der überholten Annahmen und kulturellen Erwartungen, auf denen die Theorien über menschliches Verhalten in unserer Disziplin beruhen, ist der erste Schritt auf dem Weg zu ihrer Veränderung. In unserer Bereitschaft, die Grundlagen unserer Elternrollen neu zu überdenken, liegt die Hoffnung für alle zukünftigen Generationen von Müttern und Söhnen.

Fallbeispiel
»Zuviel Bemutterung«

Peggy Papp

Der folgende Fall einer alleinstehenden Mutter und ihres Sohnes macht die Verwirrung und die Widersprüche deutlich, die mit dem Gebrauch mütterlicher Autorität bei der Erziehung eines Sohnes verbunden sind. Da man Frauen dazu erzogen hat, sich Männern gegenüber passiv und unterwürfig zu verhalten, fühlen sie sich aus naheliegenden Gründen unwohl dabei, elterliche Kontrolle über ein männliches Kind auszuüben. Dieses innere Zögern verspüren sie in der Beziehung zu ihren Töchtern nur selten. Kulturelle Erwartungen führen bei ihnen zu der Überzeugung, daß Jungen im Gegensatz zu Mädchen dazu erzogen werden sollten, aggressiv, durchsetzungsfähig, unabhängig und tüchtig zu werden. Sie machen sich nicht halb soviel Gedanken darüber, ob ihre mütterliche Disziplin ihrer Tochter schaden, als darüber, daß sie ihren Sohn verweichlichen könnte. Wenn sie die aggressiven Regungen der Tochter zu unterbinden versuchen, so gilt das als der Versuch, aus ihr eine Dame zu machen und auf diese Weise ihre Weiblichkeit zu fördern. Die Einschränkung desselben Impulses bei einem Sohn erzeugt die Furcht, ihn möglicherweise seiner Männlichkeit zu berauben. Die meisten Mütter haben Angst vor Homosexualität und sind zu der Überzeugung gebracht worden, daß sie diese begünstigen, wenn sie »zuviel bemuttern«, obgleich dieser Ansicht neuere Untersuchungen in der Mehrzahl widersprechen. So läßt sich zum Beispiel nach den jüngsten Untersuchungsergebnissen des Kinsey-Instituts für Sexualforschung die traditionelle Theorie, eine dominante oder verführerische Mutter bewirke, daß ihre Söhne homosexuell werden, kaum noch halten. Trotzdem kann es kaum verwundern, daß Mütter sich darüber immer noch Sorgen machen, da Begriffe wie »Kastration« und »Verweichlichung« seit langem mit »tyrannisierenden« und »überbehütenden« Müttern in Verbindung gebracht werden.

In dem folgenden Fallbeispiel war die alleinerziehende Mutter sich ihres Rechtes unsicher, ihren Sohn an Disziplin zu gewöhnen, da sie befürchtete, ihn seiner Männlichkeit zu berauben. Für mich war ihre Unfähigkeit, ihre elterliche Autorität auszuüben, nicht pathologischer Natur, sondern hatte ihren Grund in einer von unserer Kultur vermittelten irrigen Vorstellung. Diese wurde in der Therapie durch eine Aufgabe in Frage gestellt, die sie von ihrer Angst befreite, sie bemuttere den Jungen zu sehr. Gleichzeitig nahm die Aufgabe dem Sohn die Bürde einer unangemessen großen Macht und ebnete ihm den Zugang zur Welt seiner Alterskameraden. Nachdem es der Mutter gelungen war, sich gegenüber ihrem Sohn besser durchzusetzen, war sie in der Lage, ihre eigenen emotionalen Bedürfnisse in einem neuen Licht zu sehen.

Das Symptom

Die Mutter, vierunddreißig Jahre alt, berufstätig, seit acht Jahren geschieden, erbat eine therapeutische Beratung für sich und ihren zehnjährigen Sohn Jimmy, da sie beide häufig miteinander stritten und sich immer wieder in Machtkämpfe verstrickten. Wie sie sagte, wußte sie, daß sie inkonsequent war und sich mit ihren Forderungen ihm gegenüber nicht durchsetzen konnte.»Ich glaube, ich bin einfach nicht entschieden genug, nicht hartnäckig genug, und folglich sieht alles so aus, als gäbe es keine festen Regeln. Ich glaube, ich hätte früher anfangen müssen oder müßte überzeugter sein von dem, was ich sage. Ich mache immer wieder Rückzieher. Ich weiß nicht warum, denn rein verstandesmäßig weiß ich genau, daß ich mich falsch verhalte.«

Sie betonte von Anfang an, daß sie das Ganze hauptsächlich als ihr eigenes Problem ansah, daß Jimmys Vater nichts damit zu tun hatte. Jimmy und sein Vater kamen regelmäßig zusammen, und die Eltern verkehrten freundschaftlich miteinander. Es gab keine Auseinandersetzungen über das Besuchsrecht, und keiner der beiden Eltern mischte sich in die Beziehung des anderen zu Jimmy ein.

Jimmy, ein frühreifes Kind mit einem unschuldigen Engelsgesicht, saß während der ganzen Sitzung dicht bei seiner Mutter, streichelte ihr immer wieder zärtlich den Arm oder gab ihrer Hand einen väterlichen Klaps. Die Mutter reagierte darauf mit einem belustigten Lächeln. Mit leiser, sanfter Stimme schilderte sie den folgenden Zyklus einer Auseinandersetzung zwischen ihnen: Sie forderte Jimmy auf, etwas zu tun, und er erwiderte:»Warum soll gerade ich es tun, wenn du es nicht tun mußt?«, worauf sie antwortete:»Weil ich die Mutter bin und du das Kind, und weil die Regeln für uns beide nicht dieselben sind.« Dem widersprach dann Jimmy mit den Worten:»Das ist kein wirklich guter Grund. Wenn Erwachsene Rechte haben, dann sollten Kinder auch welche haben.« Spätestens jetzt war die Mutter so verwirrt, daß sie ihre Forderung zurückzog.

Erkundung des Problems

Bei dem folgenden Wortwechsel bringt die Mutter die Befürchtungen zum Ausdruck, die sie daran hindern, ihrem Sohn gegenüber ihre Autorität einzusetzen.

Mutter: Bei mir schleichen sich immer wieder Zweifel ein, ob ich gerecht bin oder ob ich mich nur durchsetzen will, um mich zu behaupten.
Therapeutin: Was ist schlecht daran, sich durchzusetzen?
Mutter: Wahrscheinlich meine Angst, nicht gerecht zu sein.
Therapeutin: Und was wäre, wenn Sie ungerecht wären?
Mutter: Ich hätte Angst, ihn zu erdrücken, daß er sein Selbstvertrauen verlieren könnte. Wenn er in mir zu sehr eine Autoritätsperson sieht, fühlt er sich vielleicht überwältigt, und davor habe ich Angst.
Therapeutin: Und was ist, wenn er sich überwältigt fühlt?
Mutter: Tja, sehen Sie, ich bin mit ihm allein zu Hause – es gibt keinen Vater dort. Wenn er mich zu sehr als Autoritätsperson sieht, dann bin ich als Mutter zu stark für ihn.

Das ist ein Beispiel für jene Form der Angst, wie sie bei alleinerziehenden Müttern von Söhnen aufkommt. Auch Therapeutinnen neigen dazu, einen fehlenden männlichen Einfluß als etwas Besorgniserregendes anzusehen, und bitten vielleicht einen Therapeuten, sie zu unterstützen, versuchen, den Vater stärker in die Familie einzubeziehen, oder überweisen das Kind einer Vormundschaftsbehörde. Zwar ist der Einfluß eines Mannes für das Leben eines jeden Kindes von Bedeutung, aber er ist nicht die Lösung des Problems einer alleinerziehenden Mutter mit ihrem Sohn. Das sind zwei ganz verschiedene Dinge. Die Hinzuziehung eines Mannes, der gegenüber dem Sohn Autorität ausüben soll, würde bedeuten, daß die Mutter unfähig war, das Problem selber zu lösen.

Mutter: Ich weiß, es klingt albern, aber ... es würde anders ausgehen, wenn er bei seinem Vater wäre, denn sein Vater ist ein Mann und würde aus ihm einen Mann machen.

Therapeutin: Aha, ich verstehe. Und was werden Sie aus ihm machen?

Mutter: Ich glaube, ich habe das Gefühl, daß ich seine Männlichkeit zerstöre, wenn ich meine Autorität als Mutter einsetze.

Therapeutin: Wenn er also dazu erzogen werden soll, daß er eines Tages ein Mann wird, darf nur sein Vater ihm Disziplin beibringen? Und was wird seine Mutter tun? Ihrem Sohn erlauben, daß er sie diszipliniert?

Mutter: Es stimmt, ich habe ihm viel Macht eingeräumt. Trotzdem bin ich sehr aufgebracht darüber. Ich hadere selbst mit mir, wenn ich einen Rückzieher gemacht habe.

Das Ausmaß der Macht, die Jimmys Mutter an ihn abgetreten hatte, bürdete ihm nicht nur eine unangemessene Last auf, sondern hatte auch zur Folge, daß die Mutter sich deshalb schlecht fühlte. Ich fragte Jimmy:»Wie hoch ist der Anteil der Kämpfe gegen deine Mutter, die du gewinnst?«

Jimmy: Och, vielleicht zwei Drittel. Wenn ich glaube, daß ich recht habe, und sie sagt etwas anderes, wie»ich bin die Mutter, und du bist der Sohn«, dann weiß ich das selber, aber das ändert überhaupt nichts, denn wenn ich recht habe, dann spielt es keine Rolle, ob sie die Mutter ist und ich bin der Sohn, denn was recht ist, muß recht bleiben. Auch Kinder sollten Rechte haben.

Therapeutin: Und Sie machen sich Sorgen wegen seines Selbstbewußtseins?

Mutter (lacht): Ja, so albern es klingt.

Es bestand eine komische Diskrepanz zwischen Jimmys Äußerem und der Art und Weise, wie er redete. Er hatte noch nicht allen Babyspeck verloren und sprach dennoch mit der Autorität eines jungen Mannes. Er erzählte mir von einer Tonbandaufnahme, die er von einer von ihm provozierten Auseinandersetzung mit seiner

Mutter kurz vor der Sitzung gemacht hatte. Er hatte sie aufgenommen und mitgebracht, damit ich sie mir anhören konnte.

Jimmy: Ich hätte nicht gedacht, als wir hierherkamen . . . manchmal ist meine Mutter nämlich ein bißchen schüchtern, wissen Sie *(er streichelt beruhigend ihren Arm)*, und ich glaubte, sie würde nicht völlig offen sein, deshalb kriegte ich mich absichtlich mit ihr in die Haare und nahm alles auf Band auf. Aber als meine Mutter mitbekam, daß ich alles mitschnitt, schaltete sie das Gerät ab.

Therapeutin: Anscheinend ist es sehr wichtig für dich, daß du diese Schwierigkeiten zwischen dir und deiner Mutter regelst.

Jimmy *(spricht wie ein kleiner Ehemann)*: Na ja, schon, weil wir uns immer anschreien. Ich gehe gekränkt zur Arbeit . . . ich meine zur Schule . . ., und sie geht gekränkt zur Arbeit, und dann gehen wir abends sogar noch gekränkt schlafen. Es ist schrecklich, wirklich schlimm. Ich möchte herausbekommen, wo der Fehler liegt und wie man ihn beheben kann. Wahrscheinlich werden wir uns wieder in die Wolle kriegen, aber wissen Sie, wir hatten uns schon so oft in der Wolle.

Therapeutin: Was machst du denn so alles, damit ihr euch nicht in die Haare kriegt?

Jimmy: Ich denke, meistens . . . wir schreien einander eine Weile an, dann trennen wir uns und kommen später wieder zusammen, dann sagt sie, tut mit leid, und ich sage, schon gut, es tut mir auch leid.

Therapeutin: Und was macht ihr, wenn ihr euch gerade mal gut vertragt?

Jimmy: Wir gehen ins Kino, spielen ein Spiel, und manchmal, na, da verbringen wir einfach einen ruhigen Abend zu Hause, und ich sage dann, heute abend streiten wir uns aber nicht, es ist ein so schöner Abend *(tätschelt seiner Mutter spielerisch den Oberschenkel)*, wir wollen uns einfach darüber freuen, daß wir zusammen sind. . . . Wir essen irgendwas, schauen, was es im Fernsehen gibt, und dann gehen wir schlafen und streiten uns an diesem Abend nicht.

Jimmy bot eine perfekte Imitation des konventionellen Ehemannes. Er übernahm die volle Verantwortung für die Situation, indem er die Regeln über »richtig« und »falsch« festlegte und sich dann gegenüber seiner Mutter abwechselnd besitzergreifend, beschützend und verführend verhielt. Die Mutter ließ ihn passiv gewähren und beobachtete ihn mit einer Mischung aus Belustigung, Bewunderung und Irritation. Sie war offensichtlich stolz auf seine Frühreife und befürchtete, sie zu zerstören, ärgerte sich jedoch zugleich darüber, daß sie sich davon beherrschen ließ.

Im Anschluß daran äußerte die Mutter ihre Besorgnis über die Tatsache, daß Jimmy keine gleichaltrigen Freunde hatte. Wie sie das Problem schilderte, war klar, daß er sich seinen Alterskameraden gegenüber so verhielt wie gegenüber seiner Mutter. Er war rechthaberisch und unkameradschaftlich zu Kindern, die ihm nicht nachgaben, so daß sie ihn bald links liegen ließen. Das war ein weiterer Bereich, in den die Mutter nicht entschlossen eingriff, um sein Verhalten zu korrigieren, weil sie befürchtete, ihn zu hart zu behandeln. Jimmy selbst sagte dazu: »Die meiste Zeit meines Lebens bin ich mit Erwachsenen zusammen. Seit ich denken kann, sind die Leute in meiner Nähe Erwachsene. Ich komme mit anderen Kindern nicht gut zurecht.«

Als ich die Mutter nach ihren Kontakten befragte, stellte sich heraus, daß gerade erst vor zwei Wochen ihre Beziehung zu einem Mann namens Sidney in die Brüche gegangen war. Vor einem Jahr hatte sie ihn kennengelernt, war viel mit ihm ausgegangen, und schließlich hatte sie ernsthaft vorgehabt, ihn zu heiraten. Jimmy war furchtbar eifersüchtig auf Sidney und versuchte fortwährend, ihr Verhältnis zu stören. Die Mutter ließ Jimmy dieses Verhalten durchgehen, geplagt von dem schlechten Gewissen, weil sie ihn möglicherweise vernachlässigte. Sidney war über dieses ständige Nachgeben der Mutter zunehmend verärgert und brach die Beziehung schließlich ab. Anlaß war folgender Vorfall gewesen. Beide hatten sich vorgenommen, das Wochenende gemeinsam zu verbringen, während Jimmy bei seinem Vater war. Dieser wurde jedoch krank und konnte Jimmy nicht zu sich nehmen. Statt zu versuchen, Jimmy anderswo unterzubringen, beschloß die Mutter, mit ihm daheim zu bleiben. Das brachte für Sidney das Faß zum Überlaufen, und er brach die Beziehung ab. Die Mutter war zwar sehr unglücklich darüber, aber sie gab Sidney die Schuld und meinte, er habe im Umgang mit Kindern ein Problem, das auf seine eigene Kindheit zurückgehe.

Definition des Problems

Es gibt verschiedene Möglichkeiten, das bislang erhobene Material im Rahmen der herkömmlichen Familientherapie zu interpretieren. Die Entscheidung der Mutter, das Wochenende lieber mit Jimmy statt mit Sidney zu verbringen, könnte als ihre Art und Weise verstanden werden, eine engere Beziehung mit Sidney zu vermeiden. In diesem Fall würde die Therapeutin dem Problem der Mutter nachgehen und sich auf ihre Angst konzentrieren, sich näher mit einem Mann einzulassen. Eine zweite Möglichkeit wäre, eine »Übernähe« zwischen Mutter und Sohn zu diagnostizieren, so daß das »ödipale Problem« in den Mittelpunkt der therapeutischen Bemühungen gerückt würde. In beiden Fällen hätte man bei der Mutter innerseelische Schwierigkeiten vermutet.

Ich hatte in diesem Fall jedoch den Eindruck, daß die Mutter durch ihre Überzeugung behindert wurde, sie könnte aus ihrem Sohn einen Weichling machen, wenn sie ihn zu sehr bemutterte. Sie hatte Angst, die aggressive und dominierende Haltung ihres Sohnes zu korrigieren, weil sie wußte, daß sie ihm eines Tages in der feindlichen Welt gut zustatten kommen würde. Sie bewunderte sein Eintreten für seine Rechte so sehr, daß sie seinen Argumentationskünsten mehr traute als ihrem eigenen gesunden Menschenverstand. Zwar hatte sie zugelassen, daß Jimmy ihre Beziehung zu Sidney störte, aber das bedeutete nicht unbedingt den Wunsch, einer Liebesbeziehung zu einem Mann aus dem Weg zu gehen. Ich sah bei ihr eher einen Konflikt zwischen ihren eigenen Bedürfnissen und ihrer verzerrten Wahrnehmung von Jimmys Bedürfnissen; wie eine »gute Mutter« hatte sie beschlossen, die eigenen Bedürfnisse denen ihres Sohnes zu opfern.

Eine Aufgabe wird gestellt

Ich entließ Jimmy aus der Sitzung und sagte der Mutter, es sei wichtig für sie, ihre Macht als Mutter zurückzugewinnen. Ich beruhigte sie, daß sie durch ihr bestimmtes Auftreten Jimmy keineswegs seiner Männlichkeit beraubte: »Es ist besser für ihn, wenn er lernt, mit einer konsequenten statt mit einer inkonsequenten Mutter umzugehen.«

Sodann stellte ich ihr eine Aufgabe, die es ihr ermöglichen sollte, ihre Autorität unter dem Aspekt auszuüben, daß sie die Mutter war, und nicht unter dem, »gerecht« zu sein. Mindestens einmal am Tag sollte sie Jimmy bewußt auffordern, etwas in ihren Augen völlig Willkürliches zu tun. Es sollte nichts sein, was ohnehin zu seinen täglichen Verrichtungen gehörte, wie zum Beispiel die Schularbeiten oder das Zähneputzen, sondern etwas ganz Beliebiges. Dabei durfte sie nicht nachgeben, und wenn Jimmy Einwände erhob oder einen Grund wissen wollte, dann sollte sie einfach sagen: »Weil ich es so möchte.« Die Mutter reagierte darauf mit einem wissenden Lächeln und sagte: »Ja, ich verstehe – etwas Ungerechtes.«

Meine Aufgabe stellte ihre Vorstellung in Frage, eine gute Mutter müsse immer gerecht sein und mit Ungerechtigkeiten tue sie der Männlichkeit ihres Sohnes Abbruch. Ich gab ihr sozusagen die Erlaubnis, willkürliche Regeln allein deshalb aufzustellen, weil sie als Mutter das Recht dazu hatte. Da sie das Problem offenbar bereits verstandesmäßig erkannt hatte, brauchte ich nichts mehr über die Notwendigkeit von Disziplin und einer konsequenten Haltung zu sagen. Die Aufgabe umging jede Erörterung und Interpretation und bezweckte eine unmittelbare Verhaltensänderung bei der Mutter. Ich gebrauchte meine Autorität als Therapeutin, um sie bei etwas zu unterstützen, das ihr normalerweise nie in den Sinn gekommen wäre.

Ergebnis der Aufgabe

Während des ersten Teils der nächstfolgenden Sitzung, zu der die Mutter ohne Jimmy erschien, berichtete sie, sie habe entsprechend der Anweisung gehandelt, und es sei alles gutgegangen. Es gab wesentlich weniger Streit zwischen ihr und Jimmy. »Ich wurde mir bewußt, daß Jimmy mich mißbraucht hatte. Anderen hätte ich nie erlaubt, so mit mir umzuspringen. Warum gerade ihm? Trotzdem habe ich es getan. Doch jetzt ist Schluß damit. Ich hatte Ihre Autorität hinter mir, das hat mir den Rücken gestärkt. Ich dachte sogar daran, daß es schön wäre, füreinander bestimmte Dinge zu tun. Bis jetzt habe ich alles für ihn getan, habe mich jedoch nicht getraut, ihn um etwas für mich zu bitten – etwa mit mir zum Einkaufen zu gehen und mir beim Tragen zu helfen oder sich an der Hausarbeit zu beteiligen. Ich dachte, dazu hätte ich überhaupt kein Recht.« Und dann berichtete sie strahlend: »Und noch etwas, der Mann, von dem ich Ihnen erzählt habe, ist wiedergekommen, und wir werden heiraten.«

Sie hatte Sidney von sich aus angerufen, und er freute sich, daß sie sich wieder gemeldet hatte. Sie hatte ihn gebeten, gemeinsam mit ihr an einer Therapiestunde teilzunehmen, damit sie alle drei besser miteinander zurechtkämen, und er hatte eingewilligt. Indem sie sich gestattet hatte, an Jimmy Anforderungen zu stellen, wurde sie sich ihrer eigenen Bedürfnisse deutlicher bewußt, und sie hatte begonnen, mit ihnen zu experimentieren und sie zu befriedigen.

Jimmy kam zur nächsten Sitzung wieder mit und kommentierte die veränderte Beziehung zwischen ihm und seiner Mutter mit einem leicht wehmütigen Ausdruck. »In der letzten Zeit sagt sie mir, ich soll all diese Sachen machen, Sie wissen schon, die ich vorher nie machen mußte, den Teppich saugen, ihr ein Glas Wasser bringen, das Geschirr abräumen. Erst habe ich gedacht, sie macht einen Jux, und habe gesagt, das ist doch nicht dein Ernst, raus hier! Aber dann stellte ich fest, daß es kein Jux war.« Er stieß einen Seufzer der Resignation aus und fuhr fort: »Ich tat also, was sie von mir wollte. Schließlich habe ich kapiert und meiner Mutter gesagt, das machst du ja nur, um zu beweisen, daß du hier das Sagen hast, okay, du hast es, und ich tue, was du sagst.« Seine Mutter und ich mußten lachen über Jimmys Art, ihr zu gestatten, ihre Autorität ihm gegenüber auszuüben. Er war noch jung genug, sich erleichtert zu fühlen, daß man ihn aus seiner Position des Erwachsenen entlassen hatte.

Da abzusehen war, daß Jimmy noch ziemliche Umstellungsschwierigkeiten haben würde, wenn Sidney zur Familie hinzukam, wollte ich darüber sprechen, was diese Veränderungen für ihn bedeuteten. Er sagte, er habe Sidney gern und freue sich darauf, daß seine Mutter ihn heirate, gab jedoch zu, er werde möglicherweise ziemlich eifersüchtig sein und sich manchmal ausgestoßen fühlen. Ich schlug vor, er könnte sich vielleicht dadurch helfen, daß er neue Freunde gewann, worauf er erwiderte, das würde er gern, wenn er nur wüßte, wie er es anstellen sollte. Darauf gab ich ihm eine Anregung mit auf den Weg, wie er seine früherworbenen Fähigkeiten dazu nutzen konnte, sich den Übergang aus der Erwachsenenwelt zurück in die Welt der Kinder zu erleichtern:

»Weißt du, Jimmy, ich glaube, es werden ganz bestimmt Zeiten kommen, in denen du das Gefühl haben wirst, daß deine Mutter und Sidney dich ungerecht behandelt und ausgeschlossen haben. Immer wenn du dich so fühlst, könnte es dir vielleicht helfen, wenn du auf dein Zimmer gehst und alles in einem Notizblock oder einem Tagebuch aufschreibst. Du bist ein sehr sensibler und intelligenter Junge und hast eine interessante Art, die Dinge zu sehen. Ich glaube, es könnte anderen Kindern helfen, etwas über deine Gefühle zu lesen, weil sehr viele von ihnen wahrscheinlich ähnlich empfinden wie du. Vielleicht machst du eines Tages sogar ein Buch daraus, damit andere Kinder es lesen können. Aber wenn du dich entschließt, deine Aufzeichnungen anderen zum Lesen zu geben, dann sollte es immer ein Kind sein, weil es nur von einem Kind wirklich verstanden werden kann.«

Er lächelte, und die Idee schien ihm zu gefallen.

Schlußbemerkung

Mit diesem Fallbeispiel wollte ich zeigen, wie sich die folgenden, häufig vorkommenden Fehler vermeiden lassen, wenn wir es in der Therapie mit Müttern zu tun haben, die sich scheuen, ihren Söhnen gegenüber von ihrer Autorität Gebrauch zu machen:

– den Mythos von der Schädlichkeit von zuviel Bemutterung zu akzeptieren;
– das Verhalten der Mutter als Angst vor einer zu engen Beziehung mit einem Mann zu deuten;
– die Einbeziehung eines Mannes in die Therapie in Gestalt eines Ko-Therapeuten, des Vaters oder eines Vormunds;
– die Pathologisierung der Unfähigkeit der Mutter (Erklärung durch ein intrapsychisches Problem).

Das Beispiel verdeutlicht eine alternative, feministische Perspektive, welche die Schwierigkeit der Mutter, sich ihrem Sohn gegenüber durchzusetzen, vor dem Hintergrund des kulturellen Mythos sieht, ein Zuviel an Bemutterung zerstöre die Männlichkeit des Sohnes.

Fallbeispiel
Der gute Sohn

Betty Carter

Dieser Fall ist ein Beispiel dafür, wie meine Arbeit sich geändert hat, seit ich angefangen habe, ernsthaft über sexistische Vorurteile nachzudenken – auch und gerade über meine eigenen. Noch vor wenigen Jahren wäre ich bestimmt (genau wie die Mutter) der Meinung gewesen, es wäre für den Klienten besser, wenn er seine Vorbehalte gegenüber einer Karriere als Anwalt, wie sein Vater sie gemacht hatte, aufgeben könnte, statt sein Geld als schlechtbezahlter, von Arbeitslosigkeit bedrohter Musiker mit niedrigem sozialen Status zu verdienen. Natürlich hätte ich ihm nicht gesagt, was er besser tun sollte, aber wir alle kennen doch die Macht von uns Therapeutinnen, die in ihrer Art und Weise liegt, wie sie das Gespräch führen, Andeutungen machen, nachfragen, etwas übergehen, in Frage stellen und antworten – einer Art und Weise, der sich entnehmen läßt, welches unsere eigenen Überzeugungen und Wertvorstellungen sind.

Die Symptome

John, dreißig Jahre alt, kam aus einer irischen Familie in New York. Vor einigen Jahren war er nach Washington, D.C., gezogen, nachdem er sein juristisches Examen gemacht hatte. Nach einer mehrjährigen Tätigkeit in einer Anwaltskanzlei hatte man ihm nahegelegt, zu kündigen, da er sich dem »Stil« der Kanzlei nicht anpassen könne. Wie er mir sagte, hieß das im Klartext, daß er sich geweigert hatte, regelmäßig auch abends und an Wochenenden zu arbeiten, und daß er in der Regel nicht vor dem offiziellen Arbeitsbeginn an seinem Schreibtisch saß, wenn er nicht gerade etwas Dringendes zu erledigen hatte. Er brachte wiederholt seine Verachtung gegenüber den Kollegen zum Ausdruck, die nur noch daran dachten, im »Rattenrennen« mitzuhalten.

Unter Depressionen und Ängsten leidend und unfähig, sich auf die Suche nach einer neuen Arbeitsstelle zu begeben, war er von seiner Freundin Anna zu mir geschickt worden. Er war höflich und freundlich, wirkte in seinem Benehmen jedoch gezwungen. Voll Scham erklärte er, er sei der erste aus der Familie, der eine Therapie mache, und seine Eltern wären zweifellos schockiert und völlig konsterniert, wenn sie davon etwas wüßten.

Im Lauf des Vorgesprächs wurde deutlich, daß vieles im gegenwärtigen Leben Johns seine Eltern »schockieren und völlig konsternieren« würde, wenn sie davon wüßten: Er lebte mit seiner italienischen Freundin Anna zusammen, hatte aber noch eine zweite Wohnadresse, um seine Eltern nicht zu beunruhigen; er verabscheute seinen Anwaltsberuf und hatte darin offenbar keinen Erfolg, er machte sich nicht viel aus Geld oder einem feinen Leben, und er beabsichtigte nicht, bei der nächsten Wahl für Reagan zu stimmen. Er glaubte, daß seine Mutter von dem einen oder anderen seiner Geheimnisse etwas ahnte, aber er konnte in der Familie nie offen darüber sprechen, weil er den Zorn des Vaters fürchtete, der die gesamte Familie beherrschte.

Familiärer Hintergrund

Johns älterer Bruder Don hatte auf der High-School rebelliert und sich geweigert, Kurse zu belegen, die auf ein Rechtsstudium vorbereiteten. Statt dessen richtete er sein Hauptinteresse auf Rockmusik und Alkohol, woran sich seitdem nichts mehr geändert hatte. Die ganze Familie war musikalisch; jeder sang und spielte mehrere Instrumente. Johns Großvater mütterlicherseits hatte in einem Unterhaltungsorchester mitgespielt, seine Mutter war ein musikalisches Wunderkind gewesen, und die Kinder hatten ihre Begabung geerbt.

Für John hatte sich der entscheidende Wendepunkt – und die wichtigste Enttäuschung – in seinem Leben ereignet, als seine Mutter Kate, der er sehr nahestand, ihn zur Seite nahm, als er aufs College gehen wollte, und ihm freundlich und betrübt sagte, weil sie seine Enttäuschung vorhersah, daß »Musiker kein geeigneter Beruf für einen Mann« sei. Er sei finanziell zu unsicher, zwinge zu »ungewöhnlichen Arbeitszeiten« und habe zuviel Freizeit, Alkohol und andere Drogen zur Folge (»du brauchst dir doch nur meinen eigenen Vater und deinen älteren Bruder anzusehen!«). »Es ist in Ordnung, daß deine Schwester und ich Musiklehrerinnen sind, aber

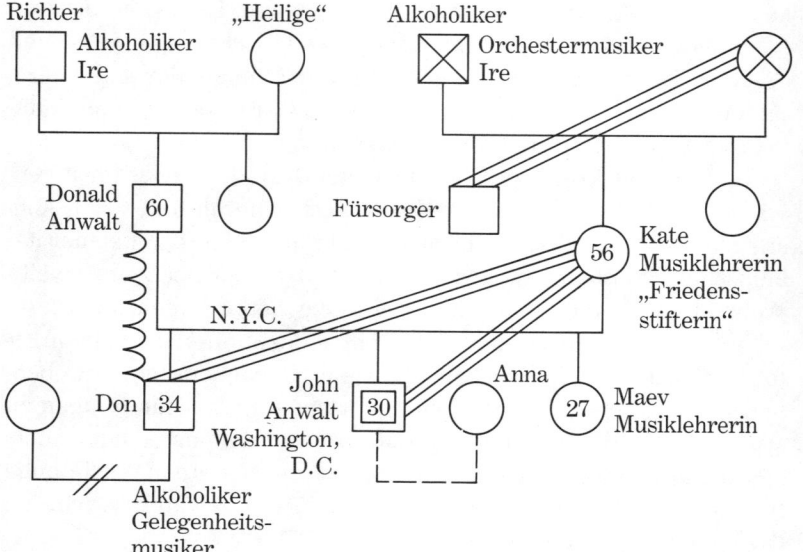

Richter
Alkoholiker
Ire

„Heilige"

Alkoholiker
Orchestermusiker
Ire

Donald
Anwalt 60

Fürsorger

N.Y.C.

Kate
56 Musiklehrerin
„Friedens-
stifterin"

Don 34

John
Anwalt 30
Washington,
D.C.

Anna

27 Maev
Musiklehrerin

Alkoholiker
Gelegenheits-
musiker

dein Vater wird dich niemals unterstützen oder achten, wenn du
ihm das antust. Du wirst ein guter Anwalt werden.«

Wie John sagte, fühlte er sich von seiner Mutter verraten, und
obwohl er sie deshalb nie zur Rede gestellt hatte, trug er seit damals gegen sie einen Groll mit sich herum.»Sie hat ihre eigene
Laufbahn wegen Dad aufgegeben, und dann hat sie meine blok-
kiert. Sie ist ein Schwächling und ein Feigling, und daran wird sich
nie etwas ändern.«

John hatte sich nicht in der Lage gesehen, seinen Eltern die
Stirn zu bieten, und ein Studium der Rechtswissenschaft aufgenommen. Auf dem College und an der Universität hatte er keine
Schwierigkeiten gehabt, und als er nach Washington zog, um bei
einer namhaften Anwaltskanzlei eine Stelle anzutreten, war er
überzeugt, daß in seinem Leben »alles lief wie geschmiert«.

Zum ersten Konflikt kam es, als sein Vater die von ihm getroffene Wahl einer Freundin kritisch kommentierte (»Italienerin und
obendrein eine überzeugte Liberale«) und seine Mutter, die als
Sprachrohr für den Vater agierte, ihn an seinem Arbeitsplatz
anrief, um ihm zu sagen, es sei besser, wenn er Anna nicht wie
geplant zum Thanksgiving-Essen mit nach Hause brächte. In den
beiden letzten Jahren waren John und Anna sich sehr viel näher-

gekommen, und die Zahl der Geheimnisse, die er vor seinen Eltern hatte, wurde immer größer. Nicht mehr lange, und er würde ihnen »reinen Wein einschenken« über seine Absicht, Anna zu heiraten, und er würde ihnen auch sagen, daß er als Anwalt nicht besonders erfolgreich war, weil vieles an seiner Tätigkeit so langweilig und das Arbeitstempo »mörderisch« war. Als ich ihn fragte, wem gegenüber es ihm schwerer fallen würde, die Wahrheit zu sagen, seiner Mutter oder seinem Vater, antwortete er ohne zu zögern: »Meiner Mutter. Ganz bestimmt. Ich habe ihr sehr nahegestanden. Ich bin ihr Liebling, und sie ist sicher davon überzeugt, mit ihrem Ratschlag für mich nur das Beste gewollt zu haben. Ich weiß, daß sie meinem Vater nicht entgegentreten kann. Er wird explodieren und vermutlich kein Wort mehr mit mir reden wollen, und dann ist sie erst recht außer Fassung.«

Wenn ich mit einer erwachsenen Person daran arbeite, ihre Beziehungen zu den Eltern und anderen Familienmitgliedern zu verändern, mache ich häufig den Vorschlag, schwierige Probleme oder Tabus in Briefen zur Sprache zu bringen statt in einem persönlichen Gespräch. Dieses Verfahren hat mehrere Vorteile: Die Mitteilung kann präzise formuliert und mit Hilfe der Therapeutin redigiert werden, so daß sie keinen feindseligen oder rechtfertigenden Charakter trägt. Die Klientin oder der Klient setzt sich nicht der ersten, heftigen Reaktion des Empfängers aus und kann später in aller Ruhe eine angemessene Antwort formulieren. Aber auch die eigenen heftigen Reaktionen auf heikle Themen oder Verhaltensweisen der Eltern und anderer Familienmitglieder lassen sich in einem Brief besser beherrschen als bei einer direkten Begegnung. Der therapeutischen Arbeit, die den Klienten in seinem Prozeß der Differenzierung gegenüber der Familie unterstützt, liegt der wesentliche Gedanke zugrunde, daß er eine »Ich-Position« einnimmt, in der er die eigenen Gedanken, Gefühle und Standpunkte zum Ausdruck bringt, ohne die Position des Gegenübers zu attackieren oder diesen um die Zustimmung zur eigenen Position zu bitten.

Briefe an die Eltern

Im folgenden sind Auszüge aus den Briefen wiedergegeben, die John im Lauf eines Jahres unter meiner Mitwirkung an seine Eltern schrieb. In dieser Zeit fanden die therapeutischen Sitzungen einmal im Monat statt. Wahrscheinlich hätten viele Therapeutinnen versucht, Johns Ambivalenz gegenüber seinem Anwaltsberuf aufzulösen und mit ihm an der Beziehung zu seinem Vater zu arbeiten. Ich hielt es jedoch für besser, wenn er seine Probleme mit beiden Eltern anging, und ich konnte beobachten, daß es ihm wirklich ein Bedürfnis war, als Musiker tätig zu sein und Lieder zu schreiben, auch wenn dies bedeutete, in die Fußtapfen seiner Mutter zu treten.

Seine erste Aufgabe bestand darin, seinen Eltern gegenüber seine gegenwärtigen Lebensverhältnisse offen darzulegen.

»Lieber Dad,
ich habe einige schlimme Nachrichten für Dich. Trotz allem, was Ihr beide für mich getan habt, um mir die Schritte ins Leben zu erleichtern, bringe ich es offenbar nicht fertig, an meinem Anwaltsberuf Spaß zu finden. Ich denke ernsthaft daran, etwas anderes zu versuchen, auch wenn ich vorläufig mein Geld noch als Anwalt verdiene. Es tut mir sehr leid, daß ich Dich so enttäuschen muß. Ich weiß, daß sowohl Du als auch Großvater geborene Juristen wart, und ich habe mich bemüht, Euch nachzueifern. Ich fürchte, daß Du bei dieser Nachricht sehr wütend wirst, und ich versuche, mich innerlich auf Deine Reaktion vorzubereiten . . . Natürlich habe ich Verständnis dafür, wenn ich von Dir nie wieder etwas höre. . . . Mom hat mich gewarnt, daß Du mein Handeln niemals billigen wirst. . . .

Herzlich, John«

»Liebe Mom,
Dein Brief hat mich sehr traurig gemacht. Ich habe befürchtet, daß Dich das alles ziemlich aufregt, und so war es dann auch. Ich bin mir bewußt, daß alles, was Du mir geraten hast, zu meinem eigenen Besten war, und es war ein guter Rat; aber anscheinend habe ich meinen eigenen Rhythmus... Du hast völlig recht gehabt in bezug auf Dads Reaktion. Er rief mich an und putzte mich eine halbe Stunde lang herunter. . . . Anna und ich hatten gehofft, zu Weihnachten zu Euch zu kommen und unsere Verlobung bekanntzugeben, aber ich glaube, es ist für alle am besten, wenn wir jetzt noch nicht kommen. . . . Ich weiß, daß Dich das alles ziemlich mit-

nimmt, aber wenn sich die Aufregung gelegt hat, wirst Du Anna bestimmt mögen. Sie hat viel von Dir – musikalische Begabung und so . . . Ich rechne nicht damit, von Euch in nächster Zeit zu hören, weil ich weiß, wie sehr es Dir gegen den Strich geht, Dad auf die Palme zu bringen. Mir macht es auch keinen Spaß.

Herzlich, John«

Im folgenden Brief reagiert John auf die Drohung seines Vaters, den Kontakt zu ihm ganz abzubrechen, indem er ihn an die glücklichen Augenblicke in ihrer früheren Beziehung erinnert. Um die zwischen ihm und seinem Vater bestehende Zuneigung bekräftigen zu können, mußte John seine Wut und den Impuls zum Gegenangriff im Zaum halten. Nach ausgiebigen Diskussionen in den Therapiestunden sah er ein, daß sein Vater sich wahrscheinlich um ihn sorgte, auch wenn er unfähig war, ihm dies zu zeigen. Der folgende Brief sollte beide an diesen Umstand erinnern.

»Lieber Dad,
Du hast mir gesagt, daß ich ›nicht mehr Dein Sohn‹ bin, und ich versuche, damit zurechtzukommen, aber es will mir nicht so recht gelingen. Immer wieder erinnere ich mich an die Zeit, als ich noch Dein Sohn war . . . Weißt Du noch, als Du mir gesagt hast, ich solle Kevin Cavanaugh sagen, wenn er nicht aufhörte, mich zu schikanieren, würdest Du ihm die Birne wegputzen? . . . Erinnerst Du Dich noch an das große Spiel mit den Indianern – und wie Du eine Geschäftsreise abgeblasen hast, um dabeizusein? . . . Weißt Du noch, wieviel Zeit es Dich gekostet hat, mir das Autofahren beizubringen? Und erinnerst Du Dich noch an den Wahnsinnsscheck, den Du mir gegeben hast, als ich mein Examen in Georgetown bestanden hatte? . . . Eigentlich müßte ich mir alle diese Erinnerungen aus dem Kopf schlagen, aber es will mir nicht gelingen . . .

Herzlich, John«

Wesentlich schwerer war es für John, seine Mutter zu verstehen und ihr zu verzeihen, weil er der Meinung war, »sie hätte Verständnis haben müssen«. Nach langen Gesprächen in den Sitzungen mit mir und außerdem mit seiner Schwester und vor allem seiner Tante fing er an, den Standpunkt seiner Mutter besser zu verstehen. Sie wollte, daß er »Erfolg« hatte, daß er ein finanziell abgesicherter und geachteter Mann war wie sein Vater. Der Beruf eines Anwalts würde ihm diese Position sichern. Wenn er nach ihr und ihren Eltern geriet, so glaubte sie, dann erwarteten ihn Chaos, Unsicherheit, Alkoholismus und Fehlschläge oder der schlechtbezahlte, wenig angesehene Beruf eines Musiklehrers. Ganz im Einklang mit den herrschenden gesellschaftlichen Wertvorstellungen fand die Mutter letzteres zwar für sich und ihre Tochter in Ordnung, aber nicht für ihren Sohn.

Nachdem John besser in der Lage war, sich in ihre Situation zu versetzen, konnte er auch auf manche ihrer Befürchtungen eingehen, ließ jedoch nach wie vor keinen Zweifel daran, daß er nicht daran dachte, nachzugeben, um sie zu beschwichtigen. Im folgenden Brief versichert John seiner Mutter, daß er ihre Besorgnisse wegen seiner Entscheidung für eine musikalische Laufbahn versteht; daß es zwar schwierig für ihn werden kann, aber nicht unbedingt so verhängnisvoll, wie sie vielleicht befürchtet. Während er ihre negativen Reaktionen vorwegnimmt, äußert er sich auch offen über seine Beziehung zu Anna.

»Liebe Mom,
ich habe Deinen Brief sehr ernst genommen, in dem Du mich vor dem gewarnt hast, was mir bevorsteht. . . . Weißt Du, Mom, nur weil ich Deinem Vater ›nachschlage‹, muß ich ja noch kein Alkoholiker werden. Ich weiß nicht, ob ich die Musik als Beruf wählen werde, ich sondiere einfach die verschiedenen Möglichkeiten . . . Früher habe ich geglaubt, Du hättest Angst gehabt, Dich bei Dad für meine musikalische Laufbahn einzusetzen, aber heute weiß ich, daß Du lediglich versucht hast, mich vor den mit ihr verbundenen harten Nackenschlägen zu bewahren. Heute glaube ich, daß ich meinen Weg selbst wählen muß, mit allen Konsequenzen. . . . Ich habe mich gefreut, von Dir zu lesen, daß wir Deiner Meinung nach eines Tages darüber wegkommen. Da bin ich mir zwar nicht so sicher, und ich versuche, mich auf das Schlimmste vorzubereiten. . . . Ja, Du hattest recht – das nächste, was ich Dir sagen will, ist, daß Anna und ich zusammenleben. Ich glaube, Mütter haben immer einen sechsten Sinn für sowas. Ich werde versuchen, Verständnis

dafür aufzubringen, wenn Du und Dad nicht zu unserer Hochzeit kommen könnt.

Herzlich, John«

Nachdem er seiner Mutter nach und nach mehr über sein gegenwärtiges Leben mitgeteilt hatte, schickte er ihr auch einige seiner musikalischen Arbeiten, vor allem Lieder über die Familie.

»Liebe Mom,
ich freue mich, daß Dir das Lied gefällt, das ich über Deinen Vater Big John geschrieben habe. . . .

Herzlich, John«

Als seine Mutter Johns Entschluß, sein eigenes Leben zu führen, zunehmend akzeptierte, milderte sich seine Einstellung zu ihr noch mehr. Je klarer er sich selbst und seine Entscheidungen sah, desto besser konnte er wieder auf seine Mutter zugehen. Im folgenden Brief bedankt er sich bei ihr, weil sie ihm das Klavierspielen beigebracht und die Voraussetzungen dafür geschaffen hatte, daß er in ihre Fußtapfen treten konnte.

»Liebe Mom,
habe ich Dir jemals gesagt, wie dankbar ich Dir bin für alle diese Stunden, die Du für mich aufgewendet hast? Immer wenn ich am Klavier sitze, denke ich an die Nachmittage zurück, die wir vor den Tasten zugebracht haben. Ich war nicht immer ein großartiger Schüler, und ich bin so froh, daß Du nicht aufgegeben, sondern mir geholfen hast, dranzubleiben. Damals träumte ich davon, eines Tages so gut Klavier spielen zu können wie Du, und das tue ich auch heute noch! Ich erinnere mich daran, wie gern ich zugehört habe, wenn Du von Großvaters Abenteuern auf seinen Reisen erzählt hast. Für mich als Kind waren es immer aufregende Geschichten, obwohl mir heute natürlich klar ist, wie einsam er die meiste Zeit über gewesen sein muß. . . . In der letzten Zeit habe ich noch ein paar Lieder geschrieben, und das Ergebnis ist gar nicht übel, finde ich jedenfalls. Eines davon, über uns alle, lege ich für Dich bei.

Herzlich, John«

Die Veränderung in den Reaktionen der Eltern auf John wird in diesen Briefen deutlich. Nachdem er dem Impuls widerstehen konnte, der Mißbilligung seiner Eltern wütend zu begegnen oder davor zu flüchten, und statt dessen freundlich blieb, ohne deshalb alle konfliktträchtigen Themen auszuklammern, akzeptierten seine Eltern schließlich die Tatsache, daß er seine eigenen Entscheidungen traf, und gaben ihren Widerstand gegen den von ihm gewählten Lebensweg auf.

Obwohl John am Anfang sehr wütend auf seine Mutter gewesen war, weil sie ihn nicht unterstützt hatte, gelangte er schließlich zu der Einsicht, daß ihr Problem weniger in ihrem Unvermögen bestand, ihrem Mann die Stirn zu bieten, als vielmehr in ihrer eigenen Überzeugung, ein junger Mann werde nur glücklich und »erfolgreich« sein, wenn er einen geachteten Beruf ergriff. Ihre eigene Ausbildung erschien ihr »nur für Frauen« angemessen, womit sie – ganz im Einklang mit den gesellschaftlichen Wertvorstellungen – sich selbst und ihre Tochter herabsetzte und versuchte, den Sohn aufzuwerten. Indem sie sich diesen Konventionen unterwarf, hatte sie ihre enge Beziehung zu ihrem Sohn aufs Spiel gesetzt. Als John sich aus den gesellschaftlichen und familiären Zwängen befreite, die für ihn ein Leben bedeutet hätten, das ihm nicht behagte, konnte die enge Beziehung zu seiner Mutter wiederhergestellt werden, und der Vater fügte sich in das Unvermeidliche.

Nach mehreren Monaten, in denen John beiden Eltern – aber stets getrennt adressiert – herzliche und persönliche Briefe geschrieben hatte, berichtete er seiner Mutter schließlich von einem Telefongespräch, das er mit seinem Vater geführt hatte:

»Liebe Mom,

ja, es stimmt. Anna und und ich wollen im Oktober heiraten. Ich war so überrascht von Dads Anruf, daß ich es ihm erzählt habe, ohne viel darüber nachzudenken. Ich war sogar noch mehr überrascht über seine Einladung, Euch möglichst bald mit Anna zusammen an einem Wochenende zu besuchen. Er klang anders als sonst. Hast Du für ihn ›Lovesong‹ gespielt oder so etwas? Jedenfalls werden wir Euch bald besuchen.

Herzlich, John«

Fallbeispiel
»Ödipus, Schnödipus –
Hauptsache, du hast deine Mutter lieb!«

Marianne Walters

Benji sah aus wie ein »ungeschlachter Riese«, als er zusammen mit seinen Eltern und seinem jüngeren Bruder zur Tür hereingestürmt kam. Mächtig überragte er die drei anderen Familienmitglieder, die in seiner Gegenwart immer kleiner zu werden schienen. Ein Arm steckte in einem unförmigen Gipsverband, der fast bis zum Ellbogen reichte; mit der anderen Hand stopfte er sich einen »Big Mac« in den Mund. Von dem Einweg-Spiegel nahm er keinerlei Notiz, da er ganz und gar mit sich allein beschäftigt war. Sein jüngerer Bruder zog sich in eine entfernte Ecke des Zimmers zurück, während die Eltern den Spiegel dazu benutzten, Haare und Kleider zu ordnen. Es herrschte allgemeine Unruhe, der Vater schlug eine gefaltete Zeitung gegen die Beine, die Mutter legte Jacke, Handschuhe und Hut ab. Als sie sich hinsetzten, schien Benjis Anwesenheit noch immer den Raum zu dominieren. Die Mutter saß zwischen Benji und ihrem Mann, mit hängenden Schultern und einwärtsgekehrten Beinen. Der Vater rutschte auf dem Stuhl hin und her und schlug weiterhin seine Zeitung an die Beine. Der jüngere Bruder lümmelte sich auf seinem Stuhl und blickte zu Boden. Benji saß bolzengerade da und mampfte sein Frühstück.

Hyman und Adele W. hatten mich mit ihren beiden Söhnen Benji (17) und Noah (12) aufgesucht, nachdem Hyman zu Hause die Polizei geholt hatte, weil er von Benji tätlich bedroht worden war.

Therapeutin *(zu Benji)*: Mein Gott, was ist mit Ihrer Hand passiert?
Benji: Ich habe mir das Handgelenk gebrochen.
Therapeutin: Ohhh, wie schrecklich. Wie haben Sie denn das fertiggebracht?
Benji: Ich habe auf eine Wand eingeschlagen.
Therapeutin: Ahhh, auf eine Wand eingeschlagen! Und warum?
Benji: Weil man Vater mich immer so auf die Palme bringen will,

daß ich auf ihn losgehe und er die Polizei rufen kann – deshalb habe ich auf eine Wand eingeschlagen.

Therapeutin: Weil Ihr Vater will, daß Sie, und Sie . . . das verstehe ich nicht.

Benji *(unterbricht)*: Weil er mich provoziert hat.

Therapeutin: Er hat Sie provoziert . . .?

Benji: Oder . . . nach meiner Meinung hat er mich provoziert.

Therapeutin: Ihn . . . ihn zu schlagen?

Benji: Manchmal ätzt er mich einfach. *(Ahmt seinen Vater ganz respektlos nach:)* »Jetzt rufe ich aber die Bullen . . . dann bin ich dich los . . . sowas wie dich kann ich nicht brauchen . . .« Eben dieses Zeug.

Therapeutin: Und was haben Sie dann gemacht? Sie gingen einfach auf die Wand los?

Benji: Sag ich doch!

Therapeutin: Na, das hört sich ganz vernünftig an. Haben Sie dabei auch die Wand verletzt oder nur Ihre Hand?

Benji: Die Küchenwand.

Therapeutin: Ach, die Küchenwand. Ist sie eingekracht, oder haben Sie ihr nur eine Delle eingeschlagen? War es Gips . . . eine Trockenmauer . . . oder . . .?

Benji: Nee, nee, es ist sowas . . . wie nennt man denn das Zeug?

Hyman: Fasergipsplatte.

Therapeutin: Ist das so etwas Ähnliches wie eine Hartfaserplatte?

Hyman: Ja, ja.

Therapeutin: Bei diesem Material bricht man ziemlich leicht durch . . . und macht ein Loch hinein . . . *(Der Vater nickt zustimmend.)* Und danach, Benji, wie haben Sie es wieder repariert?

Benji: Habe ich gar nicht.

Therapeutin *(ungläubig)*: Haben Sie gar nicht! Um Himmels willen, warum nicht? Wissen Sie nicht, wie man Löcher in Fasergipsplatten wieder zukriegt?

Benji: Na ja, die Tapete hat auch was abbekommen, man hätte die ganze Wand neu herrichten müssen, verstehen Sie . . . auch die Tapete und alles.

Therapeutin: Und wann wollen Sie das machen?

Benji: Ich mach das überhaupt nicht.

Therapeutin: Wer dann?

Benji: Niemand – er hat was drübergehängt.

Therapeutin: Wie? . . . Ich verstehe nicht.

Benji: Er hat etwas drübergehängt.

Therapeutin: Wer? Ihr Vater?

Benji: Ja.

Therapeutin: Na, das war sehr praktisch. Und Sie, Adele, gefällt es Ihnen so, wie es jetzt aussieht? Ist es in Ordnung? Sieht es komisch aus?

Adele: Die ganze Welt dort sieht komisch aus.

Therapeutin: Die ganze Welt daheim sieht komisch aus? Wie meinen Sie das?

Adele: Es ist nur eine Delle mehr, eine Delle mehr . . .

Therapeutin: Es ist nur eine Delle mehr in Ihrer Welt? Das hört sich aber traurig an. Anscheinend haben Sie beide (die Eltern) das Gefühl, vor einer Wand zu stehen, einer Wand voller Dellen. Trotzdem zeigt sich an der Tatsache, daß Sie heute hierher gekommen sind, und daran, daß Sie fremde Hilfe geholt und mehrere Möglichkeiten erkundet haben, wieviel Sorgen Ihnen das macht, und daß Sie alle versuchen wollen, diese Familiendellen wieder glattgebügelt zu bekommen – sonst wären Sie ja nicht alle gekommen. Wir wollen mal sehen. In mancher Hinsicht spielt Benji in Ihrer Familie ja eine überragende Rolle

Adele: Eine gute Art, es auszudrücken.

Therapeutin: Wieso?

Adele: Er macht sich sehr stark bemerkbar bei uns daheim, denke ich. Er hat anscheinend viele Bedürfnisse und Ansprüche und . . . das braucht er auch. Ich meine, irgendwie sieht es so aus, als bekäme er nichts in seinem Leben richtig auf die Reihe, und . . . na ja, er ist sehr laut, und er ist abweisend; und ich glaube, daß er einen Groll mit sich herumträgt wegen etwas, das ihn gekränkt hat . . . und daß er vielleicht kein Gefühl dafür hat, wo seine Rechte anfangen und wo sie aufhören . . . oder wie er von ihnen Gebrauch machen kann.

Therapeutin: Wegen was könnte er denn wütend sein? Sie sehen alle so liebenswürdig aus.

Adele: Sind wir gar nicht . . . *(sieht ihren Mann an)* . . . Wir sind ein miserables Paar.

Therapeutin: Sie sind ein miserables Paar? Und das macht ihn wütend?

Adele: Ich weiß nicht – ich weiß nicht, was zuerst da war, das Ei oder die Henne.

Therapeutin: Benji, Sie sind also wütend, weil Ihre Eltern ein miserables Paar sind?

Benji: Es läßt sich gar nicht so genau sagen, worüber ich wütend bin . . . Es gibt viele Kleinigkeiten. Es ist nicht einfach die Art, wie sie sind – die Art, wie er (der Vater) zu ihr (der Mutter) ist, zu mir . . .

Therapeutin: Viele Kleinigkeiten machen Sie also wütend, und wenn Sie wütend sind, schlagen Sie auf Wände ein?

Benji: Meistens . . . wenn mein Vater . . .

Therapeutin: Sie meinen, Ihr Vater ist dabei, wenn Sie auf die Wand losgehen? Oder Sie schlagen an ihm vorbei auf die Wand? Ich verstehe nicht.

Benji: Mhmmm . . . Wie soll ich es Ihnen erklären? . . . Er fängt damit an, daß er versucht, mich zu provozieren . . . er treibt mich bis zum Äußersten, damit er selber bis zum Äußersten getrieben werden kann.

Therapeutin *(zum Vater)*: Wie sehen Sie das, was Ihr Sohn da sagt?

Benji: Er wird Ihnen nicht die ganze Geschichte erzählen – er wird Ihnen nicht sagen, was er mir antut . . . Er weiß, wie er die Dinge für sich zurechtbiegen muß.

Therapeutin: Aha, so ist das. Da haben Sie also einen klugen Vater. Ich freue mich, das zu hören. *(Benji grummelt protestierend vor sich hin, sein Vater sei eher »schlau« als klug.)* Sagen Sie mir, Hyman, Sie waren mehrmals genötigt, die Polizei zu rufen? Erzählen Sie mir, warum.

Hyman *(während Benji immer noch vor sich hin murmelt)*: Ja, ja – weil er aggressiv wird, unbeherrscht. Er schlägt, droht, schubst, wirft mit schmutzigen Ausdrücken um sich . . .

Therapeutin *(ungläubig)*: Er schlägt Sie?

Benji *(unterbricht)*: Vielleicht ein mal . . .

Therapeutin: Jetzt rede ich mit Ihrem Vater, Benji – jetzt sind Sie mit Zuhören dran. Das ist wichtig.

Hyman: Ja, das hat er getan, mehrmals. Und er stößt Drohungen aus . . . deshalb meine ich, es ist wichtig, daß . . . verstehen Sie . . . seine Gewalttätigkeit . . . Schäden an Personen, Sachschäden. Er stößt und schlägt und spuckt. Das geht schon eine ganze Zeit so.

Therapeutin: Und immer dann, wenn es danach aussah, daß er wieder die Kontrolle über sich verlor, haben Sie die Polizei gerufen? Das war wohl das Vernünftigste, was Sie tun konnten.

Hyman: Genau.

Therapeutin: Hat es was genützt?

Hyman: Ja, schon, etwas. Die Polizisten sind eine Autorität, die er respektiert. Er will nicht eingesperrt werden.

Benyi *(protestierend)*: Na klar, ... ja, ... sie kommandieren einen nur rum, genau wie er ...

Therapeutin: Hyman, eines der Probleme Ihres Sohnes besteht also darin, daß er sich nicht zurückhalten kann? Er mischt sich einfach in alles ein, was zwischen Ihnen und Ihrer Frau vorgeht, in jede Unterhaltung. So wie gerade jetzt?

Hyman: So ist es. Er weiß nicht, wann er aufhören muß. Er macht immer weiter mit Reden, Streiten, Rumbrüllen – selbst wenn wir längst aus dem Zimmer gegangen sind.

Therapeutin: Das ist also etwas, worin Sie mit Ihrer Frau einer Meinung sind – daß Benji manchmal die Beherrschung verliert und daß Sie die Polizei rufen müssen, wenn alles andere nichts nützt?

Adele *(die die ganze Zeit über mit niedergeschlagenen Augen und gesenktem Kopf dagesessen hat)*: Na ja, nein, so nun auch wieder nicht.

Therapeutin: Wie nun auch wieder nicht?

Adele: Ich weiß nicht ... ach, es ist einfach alles zuviel. Ich möchte nicht, daß er eingesperrt wird ... *(Sie beginnt zu schluchzen; ich gehe zu ihr, lege den Arm um sie und reiche ihr ein Taschentuch.)*

Therapeutin: Was ist es? Was ist zuviel?

Adele: Ich weiß nicht. Es ist so schlimm, so schlimm ... *(fängt sich wieder)* Ich mache mir solche Sorgen. Ich möchte nichts gegen Hymie sagen – Gott weiß, daß er eine harte Zeit hinter sich hat; für ihn war es wirklich nicht einfach. Aber er ... er provoziert Benji wirklich. Ständig ist er hinter ihm her. Dauernd setzt er ihm zu. Er provoziert ... er kann ihn nicht in Ruhe lassen ... Immer hat er etwas an ihm auszusetzen. Er sitzt ihm im Nacken – nie ist er zufrieden, Benji kann machen, was er will. Ich gebe mir so viel Mühe, ich versuch's immer wieder. Aber sie sind die ganze Zeit einander hinterher. Es ist so häßlich, so häßlich – nicht so, wie eine Familie sein sollte – überhaupt nicht so, wie eine Familie sein sollte ...

Eindrücke

So begann die erste Sitzung mit Familie W. Hier gab es zweifellos genügend Anhaltspunkte für eine Diagnose von der Art, wie sie häufig gestellt wird: die nachsichtige Mutter und der leidgeprüfte Vater; das Mutter-Sohn-Bündnis, das den Vater ausschließt; die überbemühte, überbehütende Mutter und der ineffektive, reagierende Vater; das Symptom, welches das Ehepaar von seinen eigenen Themen ablenkt oder die Ehe zusammenhält; die unsichere Hierarchie im Verein mit schwachen Abgrenzungen zwischen den Generationen. Und ebenso zweifellos führen solche Überlegungen zu therapeutischen Strategien wie diesen: den Vater stärker zur Verantwortung für den Sohn heranziehen und der Mutter raten, loszulassen; die Erkundung unaufgelöster Koalitionen in der Herkunftsfamilie; die Stärkung der Hierarchie durch die Aufforderung an die Eltern, sich darüber zu einigen, wie mit dem Problem umzugehen sei; an ihren Eheproblemen arbeiten.

Meine Eindrücke von dieser Familie ließen mich jedoch das Ganze aus einem noch anderen Blickwinkel sehen: vor dem Hintergrund der Unterschiede zwischen den Geschlechtern. War die Tatsache, daß die beiden Eltern einen Sohn hatten – einen jugendlichen Sohn an der Schwelle zum Mannesalter und gleichzeitig so zornig und verwirrt über die Aussicht, erwachsen zu werden –, für beide mit unterschiedlichen Erfahrungen und Bedeutungen verbunden? Und wenn dem so war, wie ich annahm: Wie wurden diese unterschiedlichen Erfahrungen und Bedeutungen innerhalb der Familie bewertet, verstanden und zum Ausdruck gebracht? Und wie außerhalb der Familie? Und auf welche Weise hatten die unterschiedlichen Erfahrungen, Bedeutungen und Interpretationen die Beziehungen und Interaktionen gestaltet und organisiert, die mir hier vorgeführt wurden? Und wie verhielt es sich mit dem Sohn? War er so wütend und schwierig, weil er mit seinem Vater nicht klarkam oder weil er seiner Mutter »zu nahe« war? Und hatten sich diese beiden ziemlich polarisierten Beziehungen aus einem individuellen, asymmetrischen Familiensystem oder aus einer Reihe von asymmetrischen sozialen und kulturellen Kontexten heraus entwickelt oder beides?

Die Mutter eines heranwachsenden Sohnes, der wütend, rebellisch und unbeherrscht ist, empfindet dies in der überwiegenden

Mehrzahl der Fälle als ihr persönliches Versagen. Sein Verhalten erinnert sie unausgesetzt daran, daß sie etwas falsch gemacht hat. Selbst wenn sie anderen die Schuld gibt, weiß sie, daß sie ihrer Aufgabe – ihren Sohn richtig zu erziehen – nicht gerecht geworden ist. Mit einem Sohn ist sie fast immer in einer ambivalenten und kompromittierten Position:»Bin ich zu nahe, wird aus ihm kein Mann; bin ich nicht nahe genug, lernt er nicht, fürsorglich zu sein.« In dieser Familie hört sich das so an:»Wenn ich ihn in seiner Auseinandersetzung mit dem Vater beschütze, lernt er nicht, allein zurechtzukommen; beschütze ich ihn nicht, wird er durch den Groll und den Konflikt zwischen ihm und dem Vater einen Schaden erleiden.« Wenn Frauen lernen, sie könnten am besten dazu beitragen, daß ihre Männer in der Familie sich »groß« fühlen, indem sie sich selbst »klein« machen (die Macht, *hinter*, doch niemals *auf* dem Thron zu sein), dann müssen sie, obwohl sie die Haupterziehungsarbeit leisten, die Ausübung von Autorität anderen überlassen – offensichtlich ihren Ehemännern. In was für eine Klemme geraten sie dann, wenn der Mann sich dem entzieht! Und übt der Mann die Autorität aus, wie muß sich dann eine Mutter fühlen, die weiß, daß sie für ihren Sohn nie genügen kann – und gleichzeitig immer in Gefahr ist, zuviel für ihn zu tun.

Bei Vätern löst die Gegenwart eines heranwachsenden, ausagierenden Sohnes in der Familie andersartige Gefühle und Reaktionen aus. Zwar wird auch der Vater das Gefühl haben, er hätte versagt, insbesondere im Hinblick auf seine Autorität, aber seine Reaktionen gegenüber dem Sohn sind eher durch Gefühle der Entfremdung und Enttäuschung gefärbt. Der Traum vom Sohn, der die Zügel der Männlichkeit bereitwillig und zuversichtlich in die Hand nimmt, ist in Gefahr, und es herrscht Verwirrung darüber, wer oder was daran schuld ist. Nach meiner Überzeugung sind Väter sich weniger über das unsicher, was zu tun ist; für sie steht außer Frage, daß mehr Autorität, Kontrolle und Disziplin erforderlich sind, und sie neigen weit weniger dazu, die Ursachen in den Interaktionen in Ehe und Familie zu suchen. Ihr Gefühl, versagt zu haben, bezieht sich weniger als das der Mutter auf das persönliche Verhältnis zu ihren Söhnen. In ihren Augen hat einfach die Führung versagt.

Eine Therapie, die solche unterschiedlichen Erfahrungen und Bedeutungen mit berücksichtigt, läßt sich schwer durchführen.

Wenn wir das Gespräch auf Probleme der zwischenmenschlichen Beziehungen und der Erziehung in der Familie bringen, wird die Mutter den Beweis für ihr Versagen »heraushören«. Wenn wir zu mehr Autorität und Kontrolle raten, wird sie dies als Vorwurf verstehen, sie habe hier etwas versäumt oder die Aufgabe an ihren Mann abgetreten, ohne sich wirklich auf ihn zu verlassen. Wenn wir das Dreieck verfolgen, in dem das Bündnis zwischen Mutter und Sohn verankert ist, bestätigen wir möglicherweise die schlimmsten Befürchtungen der Mutter: daß ihr nahes Verhältnis zu ihrem Sohn schädlich ist. Und wenn wir andeuten, daß die Probleme ihres Sohnes der Familie »einen Gefallen tun«, dann laufen wir Gefahr, die Rolle der Mutter als Fürsorgerin in der Familie zu kompromittieren. Bevor wir uns also zu irgendeiner der systemischen Interventionen und Techniken entschließen, wie sie von unserem jeweiligen Therapiemodell vorgeschrieben werden, müssen wir erst einmal dem vorherrschenden Familienmodell entgegentreten, das unter anderem durch folgende Annahmen gekennzeichnet ist: Die Mutter trägt die Hauptverantwortung für das Wohlbefinden der Familie; eine Mutter schadet ihrem Sohn, wenn sie ihm allzu zärtlich zugewandt ist, und die Väter sind die Träger der Autorität als wesentliches Kennzeichen des männlichen Rollenmodells, das ein Sohn braucht, wenn aus ihm ein erfolgreicher Mann werden soll. Für die Therapeutin wird es sich als notwendig erweisen, klinisches Material aufzufinden und hervorzuheben, das die besonderen Stärken und die Bedeutung der zärtlichen Gefühle zwischen Mutter und Sohn bekräftigt und Rollenmodelle innerhalb der Familie unterstützt, die eine Vielfalt von Verhaltensweisen beider Eltern sowohl auf der zwischenmenschlichen als auch auf der zweckrationalen Ebene anbieten.

Die Familie

Kehren wir zur ersten Sitzung mit Familie W. zurück. Adele und Hyman sind Anfang vierzig, sehen aber älter aus. In langen Jahren harter Arbeit haben sie ein mittlerweile gutgehendes Feinkostgeschäft aufgebaut. Hyman ist schwergewichtig, Adele dagegen erschreckend mager. Ihr jüngerer Sohn Noah, zwölf Jahre alt und kurz vor seiner Bar Mizwa, ist das kleine, blasse Abbild seines großen Bruders. Benji ist siebzehn; großgewachsen, finster blickend und wortreich, hat er keinerlei Hemmungen, seine Meinung zu allem und jedem zu äußern. Wenn er nicht gerade den zornigen jungen Mann spielt, ist sein Gesicht offen und sehr ausdrucksvoll. Mit seinem dunklen, hübschen Gesich ähnelt er seiner Mutter. Seine Lieblingsbeschäftigung besteht darin, seinen Eltern, besonders seinem Vater, zu sagen, daß ihm alle den Buckel runterrutschen könnten! Und sie hören ihm zu, und sie streiten mit ihm, und sie verteidigen sich. Offensichtlich sind beide Eltern zutiefst mit Benji beschäftigt. Obgleich Vater und Sohn fortwährend miteinander im Clinch liegen, »deuten« sie einander ständig. Andauernd ist einer dem anderen hinterher. Wenn der eine aufhört, fängt der andere wieder an. Nach Angaben der Mutter findet der Vater, wenn Benji sich gerade einmal nicht vordrängt und wütend ist, irgend etwas an seinem Zimmer, seiner Kleidung oder seinen schulischen Leistungen auszusetzen, und alles fängt wieder von vorn an. Die Mutter hört sich Benjis Beschwerden an und versucht, vernünftig mit ihm zu reden. Sie hört sich die Beschwerden des Vaters an und versucht, ihn zu besänftigen.

Benji neigt zu Beleidigungen und manchmal auch zu Gewalttätigkeit. Meistens ist er wütend, benutzt Ausdrücke der Gassensprache, ist streitlustig und mischt sich überall ein. Obwohl er wenig dafür tut, sind seine Leistungen in der Schule gut, aber er hat kaum Freunde. Er treibt nicht viel Sport, ausgenommen Ringkampf, eine Disziplin, in der er Beachtliches leistet. In der Schule hat er Probleme wegen relativ geringfügiger Verletzungen von Regeln und Vorschriften. Hyman ist in den Augen seiner Frau und seines Sohnes Benji ein Tyrann, der sich nicht durchsetzen kann. Adele ist in den Augen Hymans und Benjis sanft und versöhnlich. Adele glaubt, Hyman gehe zu hart mit Benji um. Hyman meint, Adele untergrabe seine Bemühungen, Benji zu disziplinieren und sich bei ihm konsequent Gehorsam zu verschaffen. Adele räumt ein, daß Benji zu ihr kommen kann – und dies auch häufig tut –, um einer Strafe zu entgehen, auf die sie sich zuvor mit Hyman geeinigt hatte (vor allem was die Kürzung des Taschen- und Imbißgeldes angeht – man kann doch einen heranwachsenden Jungen nicht einfach hungern lassen). Jedenfalls ist sie sicher, daß Benji »innerlich leidet«, daß er aufgebracht ist über die allgemeine Unzufriedenheit und Zwietracht in der Familie, besonders in ihrer Ehe. Hyman ist der Ansicht, seinem Sohn fehle es schlicht am nötigen Respekt und an Selbstbeherrschung.

Suche nach einem Kontext der Familienbeziehungen

Noch ziemlich am Anfang des ersten Gesprächs machte ich die Eltern darauf aufmerksam, daß sie es sich beide gefallen lassen, wenn Benji sie und ihre Beziehung kritisiert sowie ihre Motive und ihr Verhalten »deutet«. Ich vermutete, die Mutter ließe es zu, weil sie überzeugt war, daß sich bei Benji viel Kummer aufgestaut hatte, den er ausdrücken mußte, während der Vater sich nicht wehrte, weil er sich als unfähig empfand, Benji unter Kontrolle zu bringen. Was mir dabei am meisten zu denken gab, war der Umstand, daß sie sich gegenseitig die Schuld gaben und sich gegenseitig mißtrauten, entwerteten und aneinander herumnörgelten. Beide fühlten sich im Umgang mit Benji ohnmächtig, so daß sie ihre Frustrationen jeweils am anderen ausließen. Ich äußerte meine Besorgnis über ihr seelisches Wohlbefinden und die Tragfähigkeit ihrer Beziehung. Hatten sie vor, zusammenzubleiben? Beide Eltern bejahten diese Frage, nachdem sie sich vorsichtig miteinander verständigt hatten; diese Erklärung wirkte allerdings weder besonders vergnügt noch überzeugend und schien eher dem Mangel an einer gangbaren Alternative zu entspringen. Dennoch versicherten mir beide, sie hätten ein starkes Interesse daran, die Situation für sich und die Kinder zu verbessern. Ich äußerte die Vermutung, daß ihre gegenseitige Entfremdung sie veranlaßt habe, ihre Aufmerksamkeit Benji zuzuwenden, allerdings auf unterschiedliche Weise: Die Mutter erlebte ihre Nähe und Zusammengehörigkeit, während der Vater sich aufgerufen fühlte, stärker disziplinierend zu wirken und die Verantwortung für die ganze Familie zu übernehmen. Andererseits zeigte sich deutlich, daß ihre Beziehung bis jetzt einige wirklich schwierige Phasen überstanden hatte – geschäftliche Sorgen, Krankheiten, Benji, anhaltende Familienkrisen und dergleichen – und ihnen beiden viel bedeutete. Trotz der gravierenden Auffälligkeiten in Benjis augenblicklichem Verhalten meinte ich, die Probleme seien wahrscheinlich weniger schwerwiegend, als die Eltern glaubten, und versicherte ihnen, daß wir ihnen helfen könnten. Gleichzeitig machte ich mir Sorgen um ihr eigenes körperliches und seelisches Wohlergehen. Irgendwann in dem ganzen Hin und Her begann Adele zu weinen, und Hyman legte tröstend seinen Arm um sie.

Therapeutin: Oh, es tut richtig gut, mit anzusehen, Hyman, wie Sie Adele trösten und auf sie zugehen! Sie braucht das wirklich. Ich kann mir vorstellen, daß es Ihnen manchmal leichter fällt, auf sie zuzugehen, wenn sie so tief verzweifelt ist wie gerade jetzt – vielleicht fühlen Sie sich dann besser in der Lage, ihr etwas zu geben, und sie ist vielleicht etwas zugänglicher?
Hyman: Ganz sicher. Wenn wir uns nicht streiten ... wenn sie mich nicht kritisiert. Ich möchte gern helfen ... Ich weiß, sie braucht ...
Benji (unterbricht, mit Nachdruck): Das habe ich überhaupt noch nie, nie, nie erlebt, daß er so was macht – er tröstet sie nie!

Indem ich mich Benji zuwandte, sagte ich etwas darüber, wie aufmerksam er beobachte und wie er spüre, daß es seiner Mutter guttut, wenn er schildert, was in der Familie und zwischen ihr und ihrem Mann vorgeht. Ich versicherte ihm, daß seine Sicht der Dinge für mich interessant und wertvoll sei. Tatsächlich machte er auf mich den Eindruck eines ungewöhnlich aufmerksamen jungen Mannes. Wenn er andere jedoch in der für ihn typischen Art unterbricht, geraten ihm seine Gedanken durcheinander, und das Ergebnis sind Verwirrung und Streit statt eines Gesprächs. Und so weit wollte ich es nicht kommen lassen. So bot ich ihm an, seine Einfälle und Anmerkungen auf einen Schreibblock zu schreiben, um sie nicht zu vergessen, und sagte ihm zu, vor Beendigung der Sitzung über das zu sprechen, was er zu Papier gebracht hatte. Benji akeptierte Block und Bleistift und begann sofort, heftig zu schreiben.

Therapeutin (wendet sich wieder Benjis Eltern zu): Das ist also die eine Möglichkeit, Benji in Ihrer Familie überlebensgroß zu machen: Er betritt die Bühne, verkündet seine Ansichten, er kommentiert und kritisiert, und Sie beide hören zu! Es ist, als glaubten Sie, er hätte immer etwas Wichtiges zu sagen, etwas Neues, etwas, das Sie noch nie gehört haben, aber ich wette, das meiste haben Sie schon dutzendemal gehört.
Benji (vor sich hin murmelnd, während er wie besessen

schreibt): Ich möchte einfach nicht falsch verstanden werden – er hat das wirklich noch nie gemacht . . .

Hyman *(milde, mit leichtem Lächeln)*: Benji, ich möchte, daß du jetzt ruhig bist. Du kannst reden, wenn Frau Walters dich dazu auffordert. Ansonsten schreib es auf!

Therapeutin: Danke, Hyman. Haben Sie sich eigentlich jemals gefragt, wie Benji zu der Überzeugung gelangt ist, er sei derjenige in der Familie, der die Wahrheit gepachtet hat? Na ja, wie auch immer – ich frage mich, ob Benji eigentlich weiß, daß es Ihnen Ernst damit ist – ich meine, glauben Sie, er weiß, daß Sie es wirklich ernst meinen, wenn Sie ihn auffordern, sich zurückzuhalten? Ich frage mich das, weil . . ., na ja, es fällt mir schwer, es zu glauben, weil Sie dabei irgendwie lächeln, und Sie blicken die ganze Zeit zu Benji hinüber – Sie mustern ihn prüfend –, selbst während Sie mit mir reden. Ich denke, es könnte Ihnen vielleicht unbehaglich sein, mit Benji ein ernstes Wort zu reden . . .

Hyman: Marianne, er hört mir so oder so nicht zu. Es funktioniert nicht, ob ich es ernst nehme oder leicht. Sie könnten ebensogut an eine Wand hinreden. Aber ich bin sicher, er weiß, was man hier von ihm erwartet . . . Er weiß, daß er nicht unterbrechen soll.

Adele *(traurig, mit niedergeschlagenen Augen)*: Aber Benji hat recht, wir sprechen einander nicht viel Trost zu. Was Sie gerade gesehen haben, war nicht typisch . . .

Benji *(murmelnd)*: Sage ich doch – so was gibt's doch gar nicht – das erstemal, daß er meine Mom getröstet hat . . .

Hyman: Du sollst schreiben, Benji.

Therapeutin: Adele, wissen Sie was? Ich glaube, jetzt schützen Sie Hyman. Es ist wie ein kleines Ablenkungsmanöver, damit wir nicht sehen, was zwischen ihm und Ihrem Sohn abläuft – vielleicht hatten Sie das Gefühl, daß ich auf seiner Sache etwas zuviel herumreite, deshalb kommen Sie auf ein anderes Thema zurück, das Ihnen allen vertrauter ist. Wie haben Sie es vorhin ausgedrückt? Ach ja, Sie seien ein miserables Paar. Aber ich sage Ihnen, was mir gerade jetzt durch den Kopf geht, ist, daß Benji denkt, Sie brauchen ihn, damit er mir sagt, daß Ihr Mann Sie zu selten tröstet. Oder vielleicht, daß er sich damit auf Ihre Seite schlagen kann. Stimmt das?

Adele: Also, ich glaube, er denkt wirklich, daß er mir damit einen Gefallen tut, Marianne.

Therapeutin: Oh, ganz sicher ist es von ihm fürsorglich gemeint. Aber, Adele, wenn Benji mir erst sagen muß, was zwischen Ihnen und Hyman falsch läuft – liegt das daran, daß er nicht auf die Idee kommt, Sie könnten selbst sagen, was vorgeht? Es ist eigenartig – er schützt Sie, Sie schützen Hyman, hmmm . . .

Adele: Ja, das tut er, aber eigentlich weiß er, daß ich selbst . . . daß ich ihn wirklich nicht brauche, damit er für mich spricht. Es ist einfach so, daß . . . nun, ich meine, daß Benji etwas auf der Seele liegt, das heraus muß . . . irgend etwas macht ihm zu schaffen . . . etwas in ihm, das nicht herauskann.

Therapeutin: Sie meinen also, er hat viele Kränkungen einstekken müssen, viel Kummer? Daß er innerlich sehr leidet? Nun, das ist unser Erbe – wir sind dazu bestimmt, zu leiden, oder? Im Ernst, Adele, ich bin einfach nicht überzeugt, daß dies der Fall ist. Ich glaube eher, daß Benji ziemlich klug ist – auch das ist unser Erbe, vergessen Sie das nicht! Ich meine, er ist wirklich clever, hat viel Intuition, er hat gute Anlagen, und er weiß auch, wie er Sie nehmen muß, alle beide. Er weiß, daß er Sie damit kriegen kann, wenn er darüber redet, was zwischen Ihnen beiden geschieht oder eben nicht geschieht.

Adele: Ja, das leuchtet mir ein. Und wir sind sein Puffer zur Welt, deshalb konzentriert er sich auf alles, was wir tun. Und ich vermute, ich gebe ihm mehr – materiell und emotional –, und deshalb ist er nett zu mir; er ist besorgt um mich. Ich helfe ihm, seine Umwelt in Schach zu halten. *(Lehnt sich zu mir herüber, fast flüsternd:)* Marianne, ich glaube, er hat eine Art ödipale . . . *(ihr kommen die Tränen)* . . . Ich glaube, wir haben ein ödipales Problem in unserer Familie.

Therapeutin *(nimmt Adeles Hand und lächelt breit)*: Ach, Adele, dazu fällt mir immer wieder der schöne Spruch ein:»Ödipus, Schnödipus – Hauptsache, du hast deine Mutter lieb!«

Adele *(lacht unter Tränen)*: Ich habe es ja gleich gewußt, daß meine Psychologieseminare an der Ohio State University zu nichts gut sein würden.

Therapeutin: Solche Kurse sind häufig eher hinderlich. Aber ich will Ihnen etwas sagen, Adele, ich glaube, Sie haben einfach Angst, daß dieser junge Mann zu sehr an Ihnen hängen könnte, daß er Ihnen zu nahe ist. Sie möchten Nähe, Sie haben sie gern, aber Sie fürchten, daß es falsch ist, daß es für ihn nicht gut ist, daß Benji –

Gott behüte – ein Muttersöhnchen werden könnte! Nun, das ist nicht das Problem. Das Problem ist, daß Sie denken, seine Zuneigung zu Ihnen hätte etwas mit seinem Zorn ganz allgemein zu tun und insbesondere mit dem Konflikt, den er mit seinem Vater hat. So ist das aber nicht . . . so nicht. Dies sind zwei verschiedene Dinge, zwei verschiedene Themen. Und je früher Sie damit anfangen, sich an der Zuneigung Ihres Sohnes ohne Furcht zu erfreuen – was hat Roosevelt noch gesagt, Hyman?

Hyman: Ah . . . ah, ja: Ihr habt nichts zu fürchten als die Furcht selbst.

Therapeutin: Jawohl, genau – ein guter Satz. Adele, Ihre Nähe zu Benji – freuen Sie sich daran, hören Sie auf, sich deswegen zu ängstigen. Ich will offen zu Ihnen sein. Ihre Nähe zu Benji ist nicht der Grund für den Konflikt zwischen ihm und Ihrem Mann. Und deren Konflikt ist nicht der Grund, warum Sie und Benji sich nahestehen. Sie haben jeweils Ihre eigene Beziehung zu Ihrem Sohn, und der Konflikt kommt ganz bestimmt nicht nur davon, was zwischen Ihnen dreien vorgeht. Sicher, Sie alle leben zusammen, und deshalb hat es seine Auswirkungen auf die anderen, wie einer ist. Aber häufig ist es für Jungen einfach leichter, sich an ihre Mutter zu hängen und die Autoritätskonflikte und Machtspielchen mit dem Vater auszutragen. Und wenn Sie dann nach einiger Zeit das Gefühl haben, daß Ihre Beziehung zu Benji ganz in Ordnung ist – daß sie ihn nicht belastet –, dann werden Sie auch darauf bauen können, daß Hyman und Benji ihre Differenzen untereinander ausmachen können, auch wenn es nicht so einfach ist. Sehen Sie, je mehr Sie Ihrer Beziehung zu Benji trauen können – und glauben Sie mir, sie *bekommt* ihm –, desto weniger müssen Sie sich sorgen, daß Benji so verletzlich ist und daß er die Probleme mit seinem Vater nicht geregelt kriegt. Sie brauchen es einfach nicht für die beiden zu regeln, das schaffen die schon selbst. *(Adele sah nach diesen Worten ziemlich erleichtert aus. Zum erstenmal während der Stunde lehnte sie sich in ihrem Sessel zurück, hob den Kopf und war in der Lage, Hyman und ihre Söhne anzublicken. Es erhellte die ganze Atmosphäre im Zimmer.)*

Therapeutin *(zu Hyman)*: Sagen Sie, Hyman, haben Sie und Benji eigentlich jemals die Gelegenheit, so wie bei einer normalen Unterhaltung, einfach miteinander über das zu reden, was sich ereignet, oder darüber, wie Sie auf manches reagieren, über Neuigkeiten oder etwas, das Sie beide interessiert – oder einfach über alltägliche Geschichten?

Benji *(murmelnd):* Mit ihr kann ich reden, aber nicht mit ihm . . .

Hyman: Nein . . . wir fauchen uns schon an, bevor wir überhaupt guten Morgen sagen! Im Ernst, Marianne, ich bin nicht in der Lage . . . oder zumindest fällt es mir schwer, all den Ärger und die Auseinandersetzungen beiseite zu schieben und eine ganz gewöhnliche Unterhaltung mit Benji zu führen. Für Adele ist es leichter. Sie kann die Respektlosigkeit und die Gewalttätigkeit übergehen – die Niederträchtigkeiten, die passieren – und mit Benji reden – sie reden miteinander.

Therapeutin: Wenn Sie und Benji in der Lage wären, sich entspannt und normal zu unterhalten – worüber würden Sie dann reden?

Hyman: O Gott, . . . ich weiß nicht . . . aber es wäre . . . ein Wunder!

Therapeutin: Also um was würde es dann gehen?

Hyman: Also wir basteln beide gern am Auto herum – und dann das Essen . . . Mann, wir essen beide furchtbar gern!

Im letzten Teil der Sitzung galt mein Bemühen dem Versuch, Benji und seinen Vater zu einem Gespräch zu bringen. Es ging schließlich ums Essen – ein Thema, über das sie sich wirklich ausgiebig auslassen konnten! Das Zweckmäßige an der Wahl dieses Themas war die Gelegenheit, die es mir bot, Hymans Neigung zum Moralisieren zu beobachten, mit der er Benjis Negativismus in die Hände spielte. Ich prüfte regelmäßig Adeles »Puls«, während sie den Vorgang beobachtete, und versicherte ihr, daß die beiden ganz gut allein über die Unebenheiten wegkommen würden und daß sie ihnen nichts abzunehmen brauchte – sie könne einfach die Früchte ihrer eigenen harten Arbeit genießen! In diesem Zusammenhang konnte ich Adele ermutigen, Benjis ständiges Kommentieren ihrer Ehe während der folgenden Woche zu überwachen, und sagte ihr, daß Benjis Interesse an der Beziehung zwischen ihr und Hyman und sein Glaube, sie sei auf ihn als Verbündeten angewiesen, eine zu große Belastung für einen Jugendlichen darstelle, der alle seine Verstandeskräfte aufbieten müsse, mit seinem eigenen Leben zurechtzukommen. Adele hatte keine Schwierigkeiten, sich von der Sinnhaftigkeit dieses Vorgehens überzeugen zu lassen.

Die weitere Therapie

Die therapeutische Arbeit mit dieser Familie erstreckte sich über mehrere Monate, wobei jene Probleme und Themen weiter vertieft wurden, die schon in der ersten Sitzung deutlich geworden waren: der Wert der Zuneigung zwischen Mutter und Sohn; die Fähigkeiten bei Vater und Sohn, konstruktiv miteinander umzugehen; das Vermeiden einer direkten Konfrontation mit Benji, wenn er »ausagierte«, wobei er gleichzeitig für die Ergebnisse seiner Handlungen zur Rechenschaft gezogen wurde (sie hatten sich während der ersten Sitzung darauf geeinigt, daß die Polizei gerufen würde, falls er tätlich werden sollte, aber so weit kam es nie); eine Beleuchtung der »universellen« Aspekte der Beziehungen zwischen Mutter und Sohn und Vater und Sohn in Familien, so daß überkommene Vorstellungen von Familienrollen in Frage gestellt wurden; die Abgrenzung der Ehebeziehung gegenüber Benji – tatsächlich wurde die Beziehung der Eltern grundsätzlich nicht in seiner Anwesenheit erörtert; erleichtert wurde die Arbeit durch den Sinn für Humor, über den alle Familienmitglieder verfügten.

Nach zwei Monaten hatte das schlechte Benehmen Benjis spürbar nachgelassen. Mit ihm arbeitete ich anschließend einige Stunden allein, während ich Adele und Hyman bei ihren Eheproblemen zu helfen versuchte. In den Stunden mit Benji ging es um einige seiner Schwierigkeiten mit der Schule, mit Freunden und mit seiner weiteren Ausbildung sowie um andere persönliche Probleme. Dadurch, daß ich mit ihm allein arbeitete, sollte deutlich gemacht werden, daß er für einige seiner eigenen Verhaltensweisen durchaus selbst verantwortlich war und einige seiner eigenen Möglichkeiten nutzen konnte, um sie zu ändern. Die Sitzungen mit Adele und Hyman förderten viel Groll und und viele Anklagen zutage. Sie traten an die Stelle jener Gefühle von Traurigkeit und Resignation über ihre Ehe, die sich in der ersten Sitzung so deutlich gezeigt hatten und während unserer Arbeit mit Benji »auf Eis gelegt« worden waren. Mit der direkteren Äußerung des Grolls über ihre Enttäuschung war der Weg geebnet und die Energie freigesetzt, sich über einen Teil ihrer Konflikte, Mißverständnisse und Gefühle des Versagens in ihrer Ehe auseinanderzusetzen.

Als wir zur letzten gemeinsamen Sitzung zusammenkamen, stellte Adele, die ihre psychologischen Lehrbücher wieder ausgegraben hatte, die scherzhafte Frage, ob ihr Sohn Noah jetzt zum Symptomträger würde, nachdem Benjis Verfassung sich merklich gebessert hatte. Hyman meinte, in diesem Fall würde er sich auf die nächste tropische Insel absetzen. Statt dessen entschlossen sie sich zu einer zweiwöchigen Kreuzfahrt, obwohl Adele protestierte, sie würden es wahrscheinlich ohne die Jungen nicht aushalten, und sie werde nur mitfahren, wenn es die Möglichkeit gab, vom Schiff aus mit dem Festland zu telefonieren!

5
Paare

Peggy Papp

Fragebogen für Paartherapeutinnen

Fragen nach dem Unfragbaren

Nach einer Untersuchung von Prochaska (1977) wird die Auswahl potentieller Freunde/Freundinnen und Ehepartner unter Collegestudenten und -studentinnen nach wie vor eingeengt durch die traditionelle sexistische Vorstellung von der Vorherrschaft des Mannes. Zwei Drittel von insgesamt 150 befragten Studentinnen gaben an, sie würden am liebsten einen Mann heiraten, der älter, intelligenter, besser bezahlt, qualifizierter und körperlich größer sei als sie. 70 Prozent der befragten Studenten gaben die genau entgegengesetzten Antworten in bezug auf ihre zukünftige Ehefrau. Bearbeiten Sie folgende Fragen unter Berücksichtigung obiger Information:

1. Beschreiben Sie die Wirkung, die solche Präferenzen bei der Partnerwahl auf die alltäglichen Interaktionen des Ehepaares voraussichtlich haben werden.

2. Welche Art von Verhalten müßte von den beiden Partnern jeweils gefordert werden, damit zwischen ihnen ein homöostatisches Gleichgewicht bewahrt würde?

3. Verheiratete Männer leben länger und sind glücklicher als unverheiratete; für Frauen gilt das Umgekehrte (Bernard, 1972). Welche Gründe gibt es Ihrer Meinung nach für diesen Sachverhalt?

4. Wenn in einem Genogramm ein Eheverhältnis durch das Symbol □___○ und eine Scheidung durch □_//_○ dargestellt wird, mit welchem Symbol läßt sich dann die Ungleichheit zwischen Ehemann und Ehefrau darstellen?

5. Zeichnen Sie das Genogramm eines Paars, in dem Sie darstellen, auf welche Weise traditionelle Geschlechtsrollen die Beziehung zwischen den beiden Partnern im Lauf der Zeit beeinflußt haben.

Beschreiben Sie den Prozeß, durch den diese traditionellen Vorstellungen von Männlichkeit und Weiblichkeit von der einen Generation an die nächste weitergegeben wurden.

6. Es gibt den Ausspruch, Macht sei ein Aphrodisiakum. Glauben Sie, daß dies für Frauen ebenso gilt wie für Männer? Mit anderen Worten, ist eine mächtige Frau für Männer sexuell ebenso attraktiv wie ein mächtiger Mann für Frauen?

7. Würden Sie einer Frau raten, auf den Erwerb einer Machtposition zu verzichten, damit ihre sexuelle Attraktivität keine Einbuße erleidet?

8. TESTFALL Ein Paar sucht Sie in Ihrer Praxis auf und schildert das bekannte Verfolger-Distanzierer-Syndrom. Die Frau, nach aller Regel in der Rolle der Verfolgerin, fordert beständig von ihrem Mann, sich emotional stärker mit ihr und der Familie zu beschäftigen. Der Ehemann, nach aller Regel in der Rolle des Distanzierers, wehrt sich gegen diese Forderungen seiner Frau und erlebt sie als Beeinträchtigung seiner beruflichen Karrierewünsche und seiner Unabhängigkeit. Von welcher der folgenden Diagnosen würden Sie sich in Ihrer Behandlung leiten lassen:

a) Die Frau hat ungeklärte Bedürfnisse nach Abhängigkeit.

b) Der Ehemann hat Angst vor Nähe, weil seine eigene Mutter ihn zu sehr an sich gebunden hatte.

c) Die Beziehung der Ehefrau zu ihrem Vater ist durch Distanz gekennzeichnet.

d) Sowohl die Frau als auch der Mann stehen unter dem Diktat gesellschaftlicher Wertvorstellungen und folgen jeweils einem kulturell vorgeschriebenen Rollenmodell.

9. Welche der folgenden therapeutischen Strategien halten Sie für sinnvoll:

a) Anleitung der Frau, sich stärker mit ihrer erweiterten Familie zu beschäftigen, so daß es ihr weniger auffällt, daß sie keine Beziehung mit ihrem Ehemann hat?

b) Versuch, den Ehemann zu überzeugen, daß seine berufliche Karriere letztlich nicht so wichtig ist?

c) Vorschlag an die Ehefrau, ihrem Ehemann bei seiner Berufsarbeit zu helfen, so daß beide mehr Zeit gemeinsam verbringen können?

d) Hilfestellung für das Paar, das eigene Rollenverständnis als klischeehaft zu durchschauen und es zu ändern?

10. Therapeutinnen, die das Familiensystem im Kontext des gesellschaftlichen Systems sehen, beziehen politisch Stellung, und das führt zu einer Kontaminierung von Systembegriffen. Halten Sie diese Aussage für richtig oder falsch? Begründen Sie Ihre Antwort.

Mit diesem Fragebogen sollen einige jener Widersprüche und Absurditäten unterstrichen werden, die sich bei der therapeutischen Arbeit mit Paaren ergeben, wenn das gesellschafliche System ignoriert wird, in welches die beiden Partner eingebettet sind. Der Verzicht auf eine Erörterung des Geschlechterverhältnisses in der Therapie ist gleichbedeutend mit einer Befestigung der traditionellen Arbeitsteilung zwischen den Geschlechtern, wie sie für die meisten Menschen in unserer Gesellschaft bis heute praktiziert wird.

Eine feministisch orientierte Paartherapie bedeutet die besondere Berücksichtigung eines personalen, sozialen und politischen Systems, in dem bestimmte grundlegende Erfahrungen und Ausdrucksformen der Entäußerung immer wieder negiert werden, allerdings in unterschiedlicher Weise für Männer und Frauen. Dies erfordert, daß Therapeutinnen »normale« Verhaltensweisen und Einstellungen, die durch die Tradition geheiligt sind, in Frage stellen und ein Sensorium dafür entwickeln, in welchen alltäglichen Formen sich die Konditionierung auf die Geschlechtsrollen vollzieht.

Es ist an der Zeit, den Schwindel der »neutralen« Position aufzudecken, den klinischen Mythos, daß es den Therapeutinnen möglich sei, ihre eigenen Werthaltungen nicht in die Therapie mit einfließen zu lassen. Jede Therapeutin bringt ihre Vorurteile, Überzeugungen, Werte, Einstellungen und Urteile immer wieder neu in eine Sitzung mit. Sie färben alles, was dort geschieht: von der Art der Fragen, die wir stellen, den Hypothesen, die wir entwerfen, bis zu unseren Interventionen. Viel hängt davon ab, daß wir unsere eigenen Wertvorstellungen einer Prüfung unterziehen.

In ihrem 1972 erschienenen Buch *The Future of Marriage* weist Jessie Bernard darauf hin, daß wir bei einer Untersuchung der Institution Ehe *ihre* Ehe getrennt von *seiner* Ehe analysieren müssen, da der Ehestand von beiden Partnern unterschiedlich erlebt werde. Bernard legt eine Fülle von Forschungsergebnissen vor, aus denen sich ergibt, daß Männer körperlich, seelisch und gesellschaftlich gewinnen, wenn sie verheiratet sind; für Frauen hingegen bedeutet eine Ehe das Risiko einer psychischen Erkrankung. Verheiratete Frauen leiden weit häufiger als verheiratete Männer oder ledige Frauen unter Antriebsschwäche, Schlaflosigkeit, Alpträumen, Kopfschmerzen, Benommenheit, Herzrhythmusstörungen und verschiedenen anderen Gesundheitsstörungen. Andererseits zeigten verheiratete Männer weniger Anzeichen für seelischen Kummer als ledige Männer oder verheiratete Frauen. Trotz der Tatsache, daß Männer seit jeher die Ehe als eine »Falle« bezeichnen, läßt sich den Statistiken entnehmen, daß sie für Männer im Hinblick auf ihre Lebenserwartung doppelt so vorteilhaft ist wie für Frauen. Zu Beginn einer Ehe haben Frauen noch Entwicklungsvorteile, die im Lauf der Ehe jedoch zunichte gemacht werden.

Obgleich die traditionellen Vorstellungen von der Ehe durch einige der wichtigen sozialen Bewegungen in den vergangenen Jahrzehnten, wie die Frauenbewegung und die sexuelle Revolution der sechziger Jahre, in Bewegung geraten sind, haben sie sich im Kern doch bis heute erhalten.

Intimität und Nähe für Frauen und Männer

Es ist unmöglich, über Liebe, Ehe, Sexualität oder Intimität zu sprechen, ohne die höchst unterschiedliche Weise zu berücksichtigen, in der man Frauen und Männern beigebracht hat, intime Beziehungen zu erleben. Bereits die Art und Weise, wie wir Männlichkeit und Weiblichkeit in Begriffe fassen, wird von der Gesellschaft bestimmt, in der wir lernen, wie wir uns selbst und einander als Frauen und Männer verstandes- und gefühlsmäßig wahrnehmen. Familie und Gesellschaft arbeiten Hand in Hand an der Programmierung von Männern und Frauen von klein auf und bilden bei ihnen geschlechtstypische Einstellungen und Erwartungen aus, die unter anderem auch die intimsten Bereiche des Lebens betreffen. In diesen Einstellungen und Erwartungen sind widersprüchliche Absichten und Ziele enthalten, aus denen Konflikte erwachsen, wenn ein Mann und eine Frau eine enge Beziehung eingehen wollen. Obgleich sowohl Frauen als auch Männer sich aus tiefstem Herzen nach Intimität und Nähe mit dem anderen Geschlecht sehnen und einen Großteil ihres Lebens damit zubringen, sie zu suchen, werden sie auf eine Weise sozialisiert, die eine Verwirklichung dieser Sehnsucht sehr erschwert.

Programmierung zur Frau

Mädchen werden in der Erwartung aufgezogen, daß ihr Hauptziel im späteren Leben darin besteht, sich um andere fürsorglich zu kümmern, und deshalb wird ihr Leben um Tätigkeiten organisiert, die anderen zugute kommen und nicht ihnen selbst. Ihr Selbstgefühl ist tief verankert in der Zugehörigkeit zu anderen und in persönlichen Beziehungen, was die Entwicklung von Eigenschaften und Fähigkeiten erfordert, auf das Wohlergehen anderer zu achten, eigene Gefühle auszudrücken und sich in andere einzufühlen. Diese Persönlichkeitsmerkmale bereiten sie auf die Rolle vor, die sie als Trösterin, Schlichterin und Unterstützerin in der Familie spielen sollen, wo sie in den Konflikten anderer vermitteln und sich den Interessen der Familie anpassen.

Wie Jean Baker Miller (1976) beobachtet hat, ist ein Großteil des Selbstwertgefühls von Frauen damit verknüpft, anderen zu geben. Frauen fragen sich beständig:»Gebe ich genug?«,»Müßte ich mehr geben?«,»Wäre das auch passiert, wenn ich mehr gegeben hätte?« Es ist gar nicht auszudenken, welche Folgen es hat, anderen, die von ihnen abhängig sind, nicht genug zu geben.

Ein Dasein für die Bedürfnisse anderer kann bei Frauen zu einem Gefühl der Befriedigung und der Freude führen, während sie den Menschen in ihrer Umgebung behilflich sind, zu wachsen und zu gedeihen. Der Preis hierfür ist allerdings, daß sie im Hinblick auf ihr Gefühl der Macht, des Status und der Autorität außerhalb der Familie von anderen, insbesondere von ihren Ehemännern, abhängig sind. Sind sie von ihren Männern zudem auch finanziell abhängig, dann können sie nicht die Fertigkeiten ausbilden, die für den Umgang mit der äußeren Welt wesentlich sind. Da diese Fertigkeiten in unserer Kultur mehr zählen als die der Haushaltsführung und Kindererziehung, werden die wichtigen Fähigkeiten von Frauen, für andere zu sorgen, sich in sie einzufühlen und persönliche Beziehungen zu pflegen, entwertet und häufig ignoriert. Diese ungleiche Anerkennung der Beiträge von Frauen und Männern in der umfassenderen Gesellschaft stellt eine wesentliche Komponente der Ehebeziehung dar, und Therapeutinnen sollten ihre

Sinne dafür schärfen, auf welch vielfältige Weise dieser Unterschied in die alltäglichen Interaktionen einfließt.

Programmierung zum Mann

Im Unterschied zu den Frauen gründet sich das Selbstgefühl des Mannes eher auf Leistung als auf persönliche Beziehungen; deshalb gehört es auch nicht zu seinem Selbstbild, anderen etwas zu geben, sondern etwas zu tun. Obgleich Männer ein Interesse daran haben, Ehemänner und Väter zu sein, rührt die Definition ihrer Männlichkeit überwiegend aus den Rollen außerhalb der Familie und aus ihren Positionen als Führer. Erfolg in der Arbeitswelt erfordert häufig die Unterdrückung persönlicher Gefühle, die Beherrschung von Leidenschaften und Schwächen und das Erlernen eines kontrollierten, überlegten und abgewogenen Verhaltens. Die Beherrschung dieser Fähigkeiten führt bei Männern häufig dazu, daß sie sich weiten Bereichen ihrer eigenen Sensibilität verschließen, und beeinträchtigt ihre Offenheit für die Bedürfnisse anderer. Intime Beziehungen bedeuten Situationen, die unter Kontrolle gehalten werden müssen und häufig als Hindernisse oder Fallen erlebt werden. Doch obwohl Männer sich gegen die drohenden Gefahren verteidigen, die mit Liebe und Intimität verbunden sind, bringt dies ihr Bedürfnis nach ihnen nicht zum Erlöschen, und sie verlangen von den Frauen das, was sie selbst nur unter Ängsten geben und annehmen können.

Unsere gegenwärtige Medienversion des starken, unabhängigen Mannes wird durch Clint Eastwood in dem Film *Pale Rider* verkörpert. Eastwood stellt hier eine christusähnliche Figur mit übernatürlichen Kräften dar. Eine Witwe und deren vierzehnjährige Tochter erliegen seinem magnetischen Bann und verschreiben sich ihm mit Leib und Seele. Am Ende verläßt er beide und reitet davon in die kalte Ferne, so unberührt und unbeteiligt wie immer. Nach einer jüngeren Meinungsumfrage wird er in den Vereinigten Staaten als Mann am meisten bewundert.

Manche Frauen sind von dieser Art eines unbesiegbaren, aber unerreichbaren Helden fasziniert. Da sie vor ihrer eigenen Fähigkeit, als unabhängige Wesen zu überleben, Angst haben, fühlen sie sich von seiner Stärke, seinem Mut und seiner Unabhängigkeit angezogen. Er vermittelt ihnen das Gefühl, daß er eine starke Persönlichkeit sei, die für sie ihre Kämpfe ausficht und sie so vor Gefahren bewahrt und beschützt. Seine Unbezwinglichkeit beruht jedoch darauf, daß er sich nicht mit emotionalem Ballast beschwert, und deshalb muß er immer wieder davonreiten, sobald sich eine verbindliche Beziehung anbahnt. Beiden Geschlechtern wird also die Erfahrung vorenthalten, auf einer gleichberechtigten Ebene miteinander umzugehen.

Die Abhängigkeitsfalle

Die gegenseitige Abhängigkeit von Männern und Frauen ist der Grundbaustein der Paarbeziehungen, aber jedes der beiden Geschlechter hat anders damit zu kämpfen. Frauen bitten nur widerstrebend um das, was ihnen fehlt, da sie sich nicht für berechtigt halten, ihre eigenen Bedürfnisse zu befriedigen, und befürchten, selbstsüchtig zu erscheinen. Demgegenüber gestehen sich Männer nur sehr schwer ihre emotionalen Bedürfnisse ein, da sie Angst davor haben, gedemütigt oder zurückgewiesen zu werden (Stiver, 1984).

Was wir in unserer klinischen Praxis sehen, sind Frauen, die Schwierigkeiten haben, eigene Entscheidungen zu treffen, sich unabhängig zu machen, ihre eigenen Interessen zu vertreten und einen privaten und seelischen Raum für sich zu beanspruchen. Sie können anderen nur schwer vermitteln, was sie wollen, weil sie es häufig selbst nicht wissen.

Viele Frauen erwarten, daß ihre Bedürfnisse irgendwie als Gegenleistung für ihre Dienste befriedigt werden, aber leider geschieht das in der Regel nicht. Wenn Männer sich verpflichtet fühlen, werden sie eher gereizt und sehen sich in einer Falle. Während sie sich jedoch den aus der Abhängigkeit geborenen Forderungen ihrer Ehefrauen widersetzen, benutzen sie dieselben abhängigen Bedürfnisse häufig zugleich als ein Mittel, ihr eigenes Selbstgefühl zu steigern. Um einen Mann auf sich aufmerksam zu machen und an sich zu binden, geben sich Frauen gelegentlich hilfloser und abhängiger, als sie in Wirklichkeit sind. In diesem Fall erfüllt ihre zur Schau gestellte Abhängigkeit eine Schutzfunktion in einer Beziehung, weil sie dem Mann das Gefühl gibt, stark und tüchtig zu sein (Lerner, 1986). Die Frau zögert, diese abhängige Position zu verlassen, weil sie befürchtet, die Beziehung durcheinanderzubringen und vom Mann als zu aggressiv wahrgenommen zu werden. Da sie nicht in der Lage ist, aus einer Position der Stärke und des Selbstvertrauens zu verhandeln, entwickelt sie verdeckte und indirekte Methoden zur Mitteilung ihrer Bedürfnisse, indem sie zum Beispiel weint, sich hilflos gebärdet, abwehrt, sich zurückzieht oder, wenn alles andere fehlschlägt, ein Symptom entwickelt. Der Mann, verwirrt durch diese indirekten Mitteilungen, nimmt seine Zuflucht zu Klischees und nennt seine Frau »emotional instabil« oder »manipulierend«.

Männer haben nie gelernt, um das, was sie gern möchten, zu bitten, da sie innerhalb der traditionellen Struktur der Familie die Erfahrung gemacht haben, daß eine Frau sich ihrer leiblichen und seelischen Bedürfnisse annimmt: Sie kocht und wäscht für sie, führt ihnen den Haushalt und bietet ihnen einen Hafen, in den sie nach einem langen und arbeitsreichen Tag einlaufen können. Selbst viele »emanzipierte« Männer tun sich schwer, diese Vorstellung vollständig aufzugeben. Wird diese Fürsorge jedoch durch Ereignisse wie die Ankunft eines Kindes, die Wiederaufnahme eines Studiums oder einer Berufstätigkeit durch die Frau unterbrochen, verspüren viele Männer eine quälende Eifersucht und Verlassenheitsgefühle. Da diese Männer den Teil ihrer Person ablehnen, der abhängig ist, versuchen sie, ihn zu leugnen, und reagieren entweder mit Rückzug oder damit, daß sie auf aggressive Weise Ansprüche stellen. Die Äußerung von Gefühlen der Einsamkeit, Angst, Traurigkeit oder Hilflosigkeit könnte ihre Ansicht von sich selbst, autarke, unabhängige Männer zu sein, untergraben. Statt sich ihre Sehnsüchte in irgendeiner Form anmerken zu lassen, warten sie darauf, daß die Frauen in ihrem Leben ihnen die Wünsche von den Augen ablesen. Wenn es den Frauen nicht gelingt, die Wünsche genau zu erahnen, streiten sich diese Paare am Ende über andere Fragen.

Folgerungen für die klinische Praxis

Reziprozität im neuen Licht

Die entscheidende Frage für die Therapeutin lautet, wie sie dieses Bewußtsein von geschlechtstypischen Unterschieden des Verhaltens in wirksame klinische Praxis umsetzen kann. Systemische

Therapeutinnen erleben häufig, daß die Begriffe der Reziprozität und Komplementarität ihnen bei ihrer Kritik an der traditionellen sexistischen Rollenteilung im Wege stehen. Sie sehen ihre Alternativen nur darin, entweder ganz auf Systembegriffe zu verzichten und ihre Zuflucht zu Polemik und Strafpredigten zu nehmen oder sich auf eine neutrale und nicht-wertende Position zurückzuziehen.

Der Prediger und seine Pfarrkinder

Im folgenden gebe ich ein Beispiel dafür, wie sich Reziprozität in einer Beziehung als Ergebnis der ungleichen Verteilung von Autorität und Verantwortung auffassen und wie sie sich wieder ins Gleichgewicht bringen läßt.

Zwei Ehepartner, die sich für viele Monate getrennt hatten, mußten sich entscheiden, ob sie zueinander zurückkehren wollten oder nicht. Sie standen einander voll Mißtrauen gegenüber und klagten über einen Mangel an Austausch und über die weite Kluft, die sich zwischen ihnen gebildet hatte.

Ich forderte beide auf, sich jeweils ein Phantasiebild von ihrer Beziehung zu machen (eine Technik, die ich regelmäßig als diagnostisches Hilfsmittel gebrauche). Die Frau schilderte ihren Mann als Prediger auf der Kanzel, der ihr eine Predigt hielt. Sich selbst sah sie als kleines Mädchen, eine unfreiwillige Zuhörerin, völlig hilflos gegenüber dieser dominierenden, überwältigenden Autoritätsperson. Als sie diese Phantasie in der Stunde ausagierte, zeigte sie ihre unterschiedlichen Reaktionen auf die Moralpredigten ihres Mannes: Sie begehrte heimlich dagegen auf, wurde schläfrig, mußte husten, zog sich schließlich in ihr Zimmer zurück und verschloß die Tür. Auf die Frage, welches das größte Problem für das kleine Mädchen sei, erwiderte sie: »Er läßt nicht zu, daß ich meine Meinung sage.«

Der Ehemann phantasierte seine Frau als hawaiianische Tänzerin am Strand, der er im Schatten einer Palme beim Tanzen zusah. Er genoß es, von ihr unterhalten zu werden, aber plötzlich, aus für ihn unverständlichen Gründen, hörte sie auf zu tanzen und verschwand. Er lief den Strand auf und ab, sehnte sich nach ihr und wartete darauf, daß sie zurückkam. Er selbst würde sie nie von sich aus suchen, aus Angst, er könnte sie nicht finden oder sie könnte sich weigern, zurückzukehren. Das bedrückte ihn noch mehr, und deshalb lief er immer weiter am Strand auf und ab und hoffte auf ihre Rückkehr.

Diese metaphorischen Phantasiebilder zeigten die Ehefrau in der stereotypen Position der hilflosen Frau, die sich ohnmächtig fühlt, der es an eigener Autorität fehlt und die ihren Groll nur indirekt zum Ausdruck bringen kann. Der Ehemann befand sich in der nicht weniger stereotypen Position des pedantischen Mannes – er versuchte, sich seiner Frau durch Predigen anzunähern, verließ sich passiv darauf, daß sie ihm Freude und emotionale Verbundenheit vermittelte, und hatte Angst, sich seinen eigenen Gefühlen auszusetzen. Die pantomimische Umsetzung der Phantasien machte den Punkt deutlich, an dem die Verhaltensweisen und Vorstellungen der beiden Partner sich gegenseitig so blockierten, daß sie nicht mehr weiterkamen. Der Mann wartete vergeblich auf eine Frau, die nie zurückkommen würde, da sie sich in ihr Zimmer eingesperrt hatte, wo sie vergeblich darauf wartete, daß er mit dem Predigen aufhörte.

Auf der Grundlage der von beiden Partnern gewählten Bilder versuchte ich die Blockierung aufzubrechen, indem ich die Frau zur Pfarrerin weihte. Ich regte an, sie solle zu ihrem Mann auf die Kanzel steigen und mit ihm zusammen predigen, da ich der Meinung sei, in der Familie müsse es zwei geistige Führer geben, nicht bloß einen. Anschließend stellte ich ihr die Aufgabe, eine Predigt darüber zu schreiben, was für sie das Schöne an einem gemeinsamen Leben von Mann und Frau sei. Zur nächsten Sitzung sollte sie sie mitbringen und ihrem Mann aushändigen.

Dem Ehemann sagte ich, statt auf die Rückkehr seiner Frau zu warten, wenn sie verschwunden war, solle er nach ihr suchen und sie zurückholen. Danach müsse er einen Weg finden, mit ihr gemeinsam auf seiner paradiesischen Insel zu tanzen, so daß sie Lust haben würde zu bleiben.

Den Kern der Reziprozität in der Beziehung sah ich in der ungleichen Verteilung von Macht und Verantwortung, die durch die Intervention wieder ausbalanciert werden sollte. Die Frau wurde aus ihrer Position des hilflosen kleinen Mädchens herausgeführt und in eine Position mit derselben Autorität wie die ihres Mannes versetzt. Die Verantwortung zur Übernahme dieser Autorität wurde ihr mit der Aufgabe übertragen, selbst eine Predigt zu schreiben. Der Ehemann wurde aufgefordert, seinen Platz auf der

Kanzel mit seiner Frau zu teilen, während ihm zugleich die Hälfte der Verantwortung für die emotionale Verbundenheit und Freude in der Beziehung übertragen wurde.

Das Verfolger-Distanzierer-Syndrom

Ein weiteres reziprokes Rollenmuster, dem Therapeutinnen häufig begegnen, ist das Verfolger-Distanzierer-Syndrom, bei dem die Frau ihren Mann »verfolgt«, weil sie bei ihm emotionale Nähe und Verbundenheit sucht, und der Mann sich zurückzieht, um seine Intimsphäre und Unabhängigkeit zu schützen. Systemtherapeutinnen übersehen bei der Diagnose und ihren Interventionen leicht, daß auch diese Form der Reziprozität viel mit der unterschiedlichen Sozialisation von Männern und Frauen zu tun hat.

So besteht zum Beispiel eine besonders häufige Intervention bei diesem Syndrom (vgl. Kapitel 1) in der Aufforderung an die Partnerin, »loszulassen« und weniger emotionale Ansprüche zu stellen, weil angenommen wird, der Ehemann werde von selbst auf sie zugehen, sobald sie aufhört, ihn zu verfolgen. Das Resultat ist, daß die Frau sich wegen ihres Bedürfnisses nach Nähe schämt und ihr Gefühl der Isoliertheit sich verstärkt.

Eine andere verbreitete Methode ist die, das emotionale Schneckenhaus des Mannes frontal anzugreifen, das heißt, er wird überredet, sich zu »öffnen« und allen seinen Gefühlen freien Lauf zu lassen. Dabei wird jedoch die Schutzfunktion des Schneckenhauses übersehen, und es besteht die Gefahr, daß der Mann seinen Widerstand erhöht und sich noch weiter zurückzieht.

Eine alternative Intervention wird am Ende dieses Kapitels mit Walters' Fallbeispiel unter der Überschrift vorgeführt: »Muß Starksein bedeuten, den Mund zu halten?« Walters definiert die je unterschiedliche Bedeutung, die eine Erfahrung für die beiden Partner hat, und bezieht diese nicht nur auf deren jeweils individuelle Lebensgeschichte, sondern auch auf die unterschiedlichen Sozialisationsmuster bei Frauen und Männern. Indem sie das Problem dieses Paares in den größeren kulturellen Kontext stellt und damit generalisiert, vermindert sie das Gefühl des Versagens bei den Partnern und trägt sie dazu bei, daß die Frau sich als weniger »verrückt« und der Mann als weniger ungenügend empfindet. Aus diesem Kontext heraus erklärt Walters die gemeinsame Überzeugung des Paares, daß die starke Gefühlsbetontheit der Frau sie daran hindere, rational zu denken und zu handeln, und daß das logische Argumentieren des Mannes diesen daran hindere, behütende Fähigkeiten zu entwickeln. Walters trägt dem Ehemann auf, zu den eigenen Gefühlen zu stehen und sie zu zeigen, und statt das Bedürfnis der Frau nach Verbundenheit einzuschränken, bekräftigt sie es, indem sie ihr behilflich ist, effizienter davon Gebrauch zu machen. Sie definiert die Gefühlsbetontheit der Frau ebenso wie das Verstandesmäßige des Mannes als Aktivposten, aus denen beide ihren Nutzen und ihre Lehre ziehen können.

Es gibt verschiedene Möglichkeiten, mit diesen Problemen umzugehen, je nach der Orientierung der einzelnen Therapeutin. Man kann versuchen, sie direkt anzugehen wie Walters oder indirekt durch Umdeutung (Reframing), Metaphern, paradoxe Intervention oder durch Humor. Der spezifische Problemzugang ist weniger ausschlaggebend als die Art und Weise, wie das Problem definiert wird. Die Methode der Umdeutung erschien mir einmal besonders angebracht, als sich bei einem Ehepaar, mit dem ich arbeitete, zeigte, daß es immer nur dann zu einer Verbindung zwischen beiden kam, wenn die Frau einen Gefühlsausbruch hatte. Das geschah erst, wenn alle anderen Bemühungen, die emotionale Panzerung des Mannes zu durchbrechen, fehlgeschlagen waren. Der Mann, ein Naturwissenschaftler, der einen großen Teil des Tages in seinem Labor verbrachte, räumte ein, daß er ein Problem habe, sich mitzuteilen, und gab die Schuld daran seiner Herkunftsfamilie, die »wie die Zombies waren und niemals irgendwelche Gefühle äußerten. Jeder lebte isoliert und einsam vor sich hin.« Wie er selbst sagte, führte dies bei ihm zu der Neigung, sich »vor einem Kontakt mit anderen Menschen« zurückzuziehen. Wenn bei seiner Frau die Toleranzgrenze überschritten war, entlud sich ihre Spannung in einem Ausbruch von Wut und Tränen, was den Ehemann nötigte, auf sie zuzugehen. Er verließ sein Schneckenhaus gerade so lange, um sie »hysterisch« zu nennen und sich kurz mit ihr zu streiten, bevor er sich wieder zurückzog und der Zyklus von vorn anfing.

Ich deutete das Verhalten der Frau positiv um, indem ich ihrem Mann sagte, wenn seine Frau einen Gefühlsausbruch habe, solle er sie nicht mehr »hysterisch« nennen, sondern ihr dafür danken, daß es ihr gelungen war, ihn zum Verlassen seines Schneckenhauses zu bewegen. Sie tue ihm einen sehr großen Gefallen, weil sie ihn humaner mache und ihn aus der Isolation und der Einsamkeit erlöse, in der er sonst ebenso ein »Zombie« würde wie seine übrige Familie. Der Frau sagte ich, sie solle die Würdigung ihrer Bemühungen durch ihren Mann dankbar begrüßen, und da die Zeitspanne, in der er außerhalb seines Schneckenhauses war, nur kurz währte, solle sie das Eisen schmieden, solange es heiß sei.

Damit bekräftigte ich die Versuche der Frau, eine Verbindung zu ihrem Mann herzustellen, weil ich ihnen eine positive Bedeutung gab. Der Mann konnte seinerseits die Absichten seiner Frau in einem anderen Licht sehen, so daß beide in der nächsten Krise in der Lage sein würden, sich auf neuartige Weise miteinander zu verbinden.

Verantwortung im Haus

»Die kleine rote Henne und der Helfer«

Trotz der seit langem erhobenen Forderungen berufstätiger Frauen nach einer gerechteren Verteilung der Hausarbeit hat sich an der traditionellen Ordnung der Dinge bislang anscheinend kaum etwas geändert. Obgleich die Statistiken zeigen, daß die Mehrheit der Frauen inzwischen einer Erwerbstätigkeit nachgeht, liegen vorerst noch keine entsprechenden Zahlen darüber vor, ob die Mehrheit der Männer sich inzwischen paritätisch an der Hausarbeit und der Kindererziehung beteiligt. In den sogenannten »Doppelverdiener-Haushalten« hat sich auch die Arbeitsbelastung der betroffenen Frauen verdoppelt. Wenn es um die Mithilfe im Haushalt geht, entziehen sich immer noch viele Männer mit dem Argument, diese Arbeit sei für sie erniedrigend und halte sie von ihrem eigentlichen Lebenszweck ab.

Wenn in der Therapie häusliche Probleme zur Sprache kommen, muß die Therapeutin aufpassen, daß sich das Gespräch nicht in endlosen Diskussionen darüber erschöpft, wer gerade mit dem Abwasch dran ist. Worum es geht, sind die grundlegenden Einstellungen und Überzeugungen, die jeder Partner in die Situation mitbringt. Sowohl die Männer als auch die Frauen halten in der Mehrzahl noch immer das Haus für die Domäne der Frau. Häufig fällt es der Frau ebenso schwer wie dem Mann, diese Vorstellung aufzugeben. Wie für die kleine rote Henne im Märchen ist es für sie einfacher, alles selbst zu machen, als sich die Zeit und die Energie zu nehmen, dem Mann gegenüber darauf zu beharren, daß er ihr einen Teil dieser Belastung abnimmt. Wenn sie ihren Partner bittet, ihr zu »helfen«, dann widersetzt er sich leicht ihren Anordnungen, als die er ihre Bitte wahrnimmt, und beschwert sich möglicherweise darüber, daß es immer nach »ihrem Kopf« gehen soll. An diesem Punkt empfehlen die meisten Therapeutinnen der Ehefrau, daß sie, wenn sie die Mithilfe ihres Mannes wünsche, ihn nach »seinem Kopf« machen lassen solle.

Wonach hier gefragt werden muß, ist die Auffassung, ein Mann könne von einer Frau keine Belehrungen auf einem Gebiet entgegennehmen, auf dem sie besser Bescheid weiß als er. Die meisten Frauen lassen sich im Lauf ihrer Ehe von ihren Männern über die verschiedensten Dinge belehren, vom Radwechsel bei einer Reifenpanne bis zu den Kompliziertheiten eines fluktuierenden Finanzmarktes. Das Bescheidwissen des Ehemanns auf diesen Gebieten wird höchst selten mit der Begründung in Frage gestellt, er solle sie nach »ihrem Kopf« machen lassen. Da Frauen in der Regel die Expertinnen in der Führung eines Haushalts sind, spricht überhaupt nichts dagegen, daß sie den Männern beibringen, was sie wissen, so daß die Männer dieselbe Verantwortung im Haushalt übernehmen können.

Eine Therapie, die sich damit begnügt, nur geringfügige Anpassungen oder Verhaltensänderungen anzustreben, statt fundamentale Einstellungen und Anschauungen zu verändern, trägt bewußt oder unbewußt zur Stabilisierung bestehender Unterdrückungsverhältnisse bei.

Möglichkeiten, Wut zu verbieten

Der Widerspenstigen Zähmung einmal anders

Wenn Ehepartner einander näherkommen wollen, müssen sie in der Lage sein, abweichende Meinungen und Widerspruch zu äußern. Aber die gesellschaftlichen Verbote der unmittelbaren Äußerung von Wut vor allem bei Frauen haben eine lähmende Wirkung auf deren Fähigkeit, eine Auseinandersetzung von der Art zu führen, wie sie zur Klärung von Meinungsverschiedenheiten notwendig ist.

In ihrem Aufsatz »The Construction of Anger in Men and Women« (»Die Deutung der Wut bei Männern und Frauen«) aus dem Jahr 1983 behauptet Jean Baker Miller, das Leben in einer schwachen und untergeordneten Position erzeuge bei Frauen eine andauernde Wut. Andererseits hat man den Frauen beigebracht, die Äußerung von Wut sei zerstörerisch für sie und für die Menschen in ihrer Umgebung, die von ihnen abhängig sind. Man übermittelt ihnen die Botschaft, daß das Bild einer fürsorglichen Person sich mit dem einer wütenden Person nicht vereinbaren läßt.

Die Wut von Frauen ist auch deshalb für andere bedrohlich, weil sie, wie Harriet Goldhor Lerner (1986) bemerkt hat, ein Mittel persönlicher und gesellschaftlicher Veränderung ist und den bestehenden Zustand in Frage stellt. Solange Frauen immer sich selbst kritisieren, sich als die Schuldige sehen und deprimiert sind, besteht keine Gefahr, daß sie an den bestehenden Verhältnissen rütteln könnten. Infolgedessen ist es nichts Ungewöhnliches, wenn Frauen ihre Wut in ein Symptom umwandeln oder statt wütend zu werden in ein nutzloses Nörgeln und Klagen verfallen. Wenn eine Frau ihre Wut offen zeigt, weil sie davon ausgeht, anders kein Gehör zu finden, dann geschieht dies häufig in einem ziellosen Ausbruch, so daß man diese Frau als »irrational« oder »emotional unstabil« abstempelt. Am Ende mag sie sich selber nicht mehr, weil sie sich wie eine »Xanthippe« aufgeführt hat, und spricht sich selbst das Recht ab, wütend zu sein. Aber ihre Wut hält unvermindert an.

Eine weitere Schranke, die Frauen daran hindert, ihren Wutgefühlen freien Lauf zu lassen, ist ihre Angst, hierdurch eine Beziehung zu einem Mann zu zerstören, von dem sie wirtschaftlich abhängig sind. Die meisten Frauen werden nach wie vor von ihren Männern finanziell unterstützt oder unterhalten.

Männern in unserer Gesellschaft ist es weit eher gestattet als Frauen, ihre Wut zu äußern. Eine »rasende« oder »wilde« Wut kann bei einem Mann als Quelle der Macht oder der Potenz verstanden werden, während sie bei einer Frau als abstoßend und unakzeptabel gilt. Männer haben freilich ebenfalls Schwierigkeiten, in persönlichen Beziehungen ihre Wut auf konstruktive Weise zum Ausdruck zu bringen, wenn auch aus einem anderen Grund. Nach Miller ist es die hierarchische Eingliederung der Männer in unserer Gesellschaft, die dies verhindert. Die meisten Männer leben in einem Verhältnis der Unterordnung gegenüber anderen Männern aufgrund von Unterschieden der Rasse, der sozialen Schicht, der Religion oder der beruflichen Stellung im Betrieb. Alle berechtigte Wut, die sich an diesem Zwang zur Unterordnung entzündete, mußte bis auf den heutigen Tag unterdrückt werden. Auch den Männern in ihrer Situation als Untergeordnete wird nicht erlaubt, ihre Wut dorthin zu richten, wo sie hingehört. Statt dessen lassen sie sie oft an anderen aus, zumeist an ihren Untergebenen am Arbeitsplatz oder an ihren Frauen und Kindern daheim. In ihrer extremsten Form kann sie sich dann in der Mißhandlung von Frauen und Kindern Ausdruck verschaffen.

Männer, die die Wut einer Frau zu spüren bekommen, reagieren gewöhnlich mit Vermeidung und Rückzug. Sie verabscheuen emotionale »Szenen«, weil sie befürchten, daß sie dadurch den Kampf entweder verlieren und sich gedemütigt und geschlagen fühlen oder ihn gewinnen und dafür die Zuneigung der Frau verlieren. Ihre Vermeidung einer offenen Konfrontation steigert die Enttäuschung und Wut der Frau nur noch, die am Ende häufig auch noch stellvertretend für ihn wütend ist.

Ein Gefühlsausbruch für zwei

Viele Therapeutinnen teilen die Abneigung der meisten Menschen gegen eine »wütende Frau« und erleben deren verzweifelte Versuche, sich Gehör zu verschaffen, als »Rasen und Toben«. Der typisch männliche Stil, kontrollierter, logischer und weniger emotional als der der Frauen, wird weit seltener durch einen der oben zitierten abwertenden Begriffe gekennzeichnet. Therapeutinnen lassen sich oft dazu verführen, auf den gefühlsbetonten Stil einer Frau eher negativ zu reagieren statt das Problem zu verstehen oder zu bestätigen, das ihren Gefühlsausbruch verursacht. Diese Reaktion bestätigt nur die gemeinsame Überzeugung der Frau und des Ehemannes, daß ihre Wutausbrüche das eigentliche Problem darstellen. Dieses charakteristische Muster wird durch das folgende Fallbeispiel verdeutlicht.

Die Frau begann als erste in der Sitzung und sprach über eine Auseinandersetzung, die am Wochenende zwischen ihr und ihrem Mann stattgefunden hatte, und der Ehemann klagte darüber, daß seine Frau sich wieder einmal über eine Bagatelle aufgeregt habe. Die Frau gab zu, die Beherrschung verloren und überreagiert zu haben, ein Verhalten, das eine frühere Therapeutin als das Hauptproblem bezeichnet hatte. Indem sie die Ereignisse vor ihrem Wutausbruch rekapitulierte, sagte die Frau, sie habe das Gefühl gehabt, daß ihr Mann während des gesamten Wochenendes sich ihr gegenüber zurückgezogen und kühl gezeigt habe. Der Ehemann bestritt dies und erklärte, er habe wegen einer schlimmen Erkältung das Bett hüten müssen und sich deshalb weniger als sonst um seine Frau kümmern können. Bei näherem Befragen stellte sich allerdings heraus, daß der Mann über die mangelnde Fürsorge seiner Frau enttäuscht gewesen war. Er hatte von ihr erwartet, zu wissen, daß er wegen seiner Erkältung ein Inhalationsgerät benötigte, und hatte sich gewünscht, daß sie ihm ein solches Gerät besorgte, ohne daß er sie eigens darum bitten mußte. Wenn er sie ausdrücklich gebeten hätte, dann hätte sie sich womöglich geweigert, und er hätte sich gekränkt und wütend gefühlt. Statt eine offene Konfrontation zu riskieren, äußerte er seinen Groll durch Rückzug und abweisendes Verhalten. Statt ihn deswegen zur Rede zu stellen, brachte die Frau beider Wut und die zwischen ihnen bestehende Spannung zum Ausdruck, indem sie wegen eines belanglosen Ereignisses explodierte. Der Ehemann wurde wütend über ihren Ausbruch, und die Frau fühlte sich schuldig, aber immer noch wütend.

In diesem Fall habe ich die Verhaltensmuster der beiden Partner nicht auf eine individuelle Pathologie zurückgeführt, sondern jeweils als »lebenslange Gewohnheit« gedeutet, die sich durch bestimmte Übungen überwinden lasse.

Dem Ehemann trug ich auf, er solle, um seine Gewohnheit – das Vermeiden von Konfrontationen – abzulegen, mindestens einmal am Tag an seine Frau eine Bitte richten, von der er sicher war, daß sie ihm diese abschlagen würde. Auf diese Weise würde er besser lernen, ihre Weigerung zu akzeptieren oder ihr gegenüber seine Reaktion darauf zum Ausdruck zu bringen.

Damit die Frau der Versuchung besser widerstehen konnte, auch stellvertretend für ihren Mann emotional zu reagieren, sollte sie immer dann, wenn sie im Begriff stand, sich über eine Belanglosigkeit aufzuregen, erst ihren Mann fragen, ob er über irgend etwas verärgert sei. Auf diese Weise konnte sie sich darin üben, sich erst ein Bild von seiner Gefühlslage zu machen, bevor sie an seiner Stelle Gefühle zeigte.

Diese Übungen boten dem Paar die Möglichkeit, besser auf jene

Signale der Wut zu achten, die ein Warnzeichen dafür waren, daß wichtige emotionale Probleme unter den Teppich gekehrt wurden. Außerdem konnten beide mit Hilfe dieser Übungen lernen, mit Gefühlen der Wut weniger stereotyp umzugehen.

Gewalttätigkeit: Aus Machtverzicht wird Hilflosigkeit

Die Wut von Männern kann erschreckender und zerstörerischer sein als die von Frauen, wenn sie die Form körperlicher Gewalt annimmt. Für Männer ist es üblicher als für Frauen, im Zustand der Wut gewalttätig zu reagieren, und wenn sie dies tun, dann ist ihr Verhalten bedrohlicher, weil sie in der Regel der Frau an Körperkraft und -größe überlegen sind. Die Familientherapie hat früher häufig die Frau selbst dafür verantwortlich gemacht, wenn der Ehemann sie mißhandelte, und ihr »Masochismus« oder »heimliches Einverständnis« unterstellt. Diese Deutung wird inzwischen von den meisten TherapeutInnen zurückgewiesen, und zumindest in den Vereinigten Staaten sind die TherapeutInnen sich heute weitgehend darin einig, daß der Mann für seine Gewalttätigkeit verantwortlich gemacht werden muß. Das erfordert gelegentlich Schnellmaßnahmen und den Einsatz äußerer sozialer und juristischer Kontrollen. In weniger extremen Fällen, wenn Männer sich mit Schmähungen und Beschimpfungen begnügen, kann ihre Wut die Frau trotzdem handlungsunfähig machen, da sie ständig befürchten muß, daß diese in körperliche Gewalt umschlägt.

Ein Ehemann bekam immer dann einen Wutausbruch, wenn er enttäuscht wurde. Dann brüllte und fluchte er, warf mit Gegenständen um sich und stieß Drohungen aus, vor denen seine Frau sich ängstigte. Der Mann hatte angeblich keine Kontrolle über seine Wut und schilderte sie mit den Worten: »Es ist eine automatische Reaktion – etwas Mechanisches. Mein Leben lang hatte ich eine Neigung zu mechanischen Wutausbrüchen.« Als Rechtsanwalt war er im Reden geschult, und wie er selbst sagte, gebrauchte er seinen Mund, »um andere zu schlagen«. Er hatte inzwischen einen Punkt erreicht, an dem er befürchtete, er könnte sich zu körperlicher Gewalt gegenüber seiner Frau hinreißen lassen, und er wollte fähig werden, mit seiner Wut anders umzugehen als bisher.

Auf näheres Befragen hatte sich ergeben, daß seine Wutausbrüche seit der Ankunft ihres ersten Kindes häufiger und vehementer geworden waren. Der Mann reagierte immer dann mit einem Wutanfall, wenn er das Gefühl hatte, daß seine Frau für ihn nicht verfügbar war. »Ich brauche die beständige Versicherung, daß sie mich liebt. Wenn ich mich von ihr verlassen glaube, fühle ich mich wie vernichtet und bin völlig unfähig. Dann warte ich darauf, daß sie mir zeigt, daß sie mich liebt, und wenn sie es nicht tut, fühle ich mich total hilflos und spiele verrückt.«

Die Frau räumte ein, daß sie wegen der Versorgung des Babys nicht mehr so wie bisher für ihren Mann dasein konnte. »Früher habe ich ihn durch gutes Zureden aus seiner schlechten Stimmung geholt, aber heute habe ich dazu nicht immer die Zeit und die Kraft.«

Wie sich die Sachlage für mich darstellte, kam es zunächst und vor allem darauf an, die Vorstellung des Ehemanns, seine Wutausbrüche erfolgten »mechanisch«, ohne daß er eine Kontrolle darüber hätte, in Frage zu stellen. Als zweiter Schritt mußte ihm die Möglichkeit erschlossen werden, diese Ausbrüche tatsächlich unter Kontrolle zu bekommen. Zu diesem Zweck mußte die Ursache seiner Gefühle der Hilflosigkeit neu definiert werden. Nicht die mangelnde Verfügbarkeit seiner Frau als solche, sondern seine *Reaktion* darauf brachte ihn in einen Zustand der Hilflosigkeit.

Ich schlug den behandelnden Therapeutinnen deshalb vor, ihre Verwunderung darüber auszudrücken, wieviel Macht er seiner Frau eingeräumt hatte, so daß seine Gefühle der Hilflosigkeit sich ganz einfach daraus erklärten, daß er sich selbst in eine Position der Unterlegenheit manövriert hatte. Indem er passiv darauf wartete, daß seine Frau auf ihn zuging, wenn er Liebe und Zuneigung brauchte, hatte er sich von allem, was sie tat, völlig abhängig gemacht. Wenn sie nicht zum richtigen Zeitpunkt den richtigen Schritt tat, fühlte er sich machtlos, und das machte ihn natürlich wütend, weil Gefühle der Machtlosigkeit jeden Menschen wütend machen. Die Lösung für ihn bestand darin, daß er Macht für sich beanspruchte. Immer wenn er sich von seiner Frau verlassen fühlte, sollte er deshalb nicht mehr darauf warten, daß sie ihn ihrer Zuneigung versicherte, sondern sich selbst zum Herrn der Lage machen und eine Möglichkeit suchen, ihr zu zeigen, daß er sie liebte. Da er dazu neigte, »mit dem Mundwerk vorneweg« zu sein, wie er selbst es ausdrückte, sollte er dies ohne Worte tun. Als junge Mutter brauchte seine Frau jene Form der Beruhigung und Liebe, die ihr nur der Ehemann geben konnte.

Dadurch, daß die Wutanfälle des Ehemannes als sein eigenes Handeln und nicht als»mechanische«Reaktionen definiert wurden, mußte er auch die Verantwortung dafür übernehmen. Die Intervention zeigte ihm einen Weg, seine Hilflosigkeit in Macht umzumünzen, und ließ ihn zu einem aktiven Mitspieler auf der Familienbühne werden. Seiner Frau war es auf diese Weise möglich, ihm mehr von der Liebe und Zuneigung zu geben, nach der er sich sehnte.

Ein falscher Weg zur Gleichstellung: Reaktivität statt konstruktiven Handelns

Eine immer häufigere Krisensituation, die Ehepaare therapeutische Hilfe suchen läßt, ergibt sich daraus, daß Frauen in ihren Beziehungen zu Männern ein höheres Maß an Gleichberechtigung und Unabhängigkeit anstreben. Das geschieht vielfach dann, wenn Frauen sich entschließen, ihr Leben tiefgreifend zu verändern, indem sie zum Beispiel eine neue Berufsqualifikation erwerben, eine Stelle suchen oder für sich eine Therapie machen. Angeregt durch neue Tätigkeiten und Ideen, bedauern sie vielleicht die Jahre verpaßter Gelegenheiten oder werden wütend auf sich selbst, weil sie so lange einen Zustand hingenommen haben, den sie heute als einen der Unterwürfigkeit sehen. Anstatt nun ihren Groll in konstruktives Handeln umzusetzen und eine klare und feste Haltung einzunehmen, schlagen manche von ihnen mit allgemeinen Beschuldigungen und unpräzisen Vorwürfen um sich, mit denen sie die Menschen in ihrer nächsten Umgebung eher verwirren und vor den Kopf stoßen. Solchen Frauen gelingt es nicht, statt einer *reaktiven* eine *konkret bestimmte* Position einzunehmen.

Vor einiger Zeit suchte mich eine Frau in Begleitung ihres Mannes auf und ließ gegen diesen eine Flut von Vorwürfen und Beschwerden los, als wäre ein Damm gebrochen. Der Mann saß unbeweglich daneben und warf mir gelegentlich einen langen, leidenden Blick zu, als wollte er sagen:»Sehen Sie selbst, was ich mir alles gefallen lassen muß.«

Nachdem sie ihr abgebrochenes Studium wiederaufgenommen und eine Einzeltherapie begonnen hatte, waren der Frau über vieles die Augen aufgegangen: daß sie »eine Person« war, daß sie ihrem Ehemann erlaubt hatte, sie wie einen Fußabtreter zu behandeln, daß sie so dumm gewesen war, nicht dagegen aufzumucken, daß sie das nicht länger mitmachen werde, daß man mit ihm unmöglich zusammenleben konnte, weil er despotisch, anspruchsvoll, mürrisch, unverantwortlich, nörgelig, emotional distanziert, kalt, starrsinnig und, dies vor allem, ohne jeden Respekt für sie war, weil er im Grunde seines Herzens die Frauen haßte, und das lag daran, daß er eine schlechte Beziehung zu seiner Mutter gehabt hatte, weswegen er eine Therapie anfangen müßte, denn andernfalls wäre er unfähig, jemals irgendeiner Frau irgend etwas zu geben, denn er war außerdem auch nicht in der Lage, Gefühle zu zeigen, weil er natürlich keine hatte, und deshalb benahm er sich auch so unsensibel, aber wenn er glaubte, er könne einfach so weitermachen, dann befand er sich auf dem Holzweg, denn sie sei entschlossen, sich zu stellen und um ihre Rechte zu kämpfen.

Ich wandte mich dem Ehemann zu und fragte: »Läßt Ihre Frau Sie immer so billig davonkommen?« Ich begründete diese unerwartete Frage damit, daß die aggressive und zugleich defensive Haltung der Frau ihren Mann von jeder Verpflichtung befreite, sie ernst zu nehmen. Solange sie sich nicht konkret darüber äußerte, was er ihrer Meinung nach tun sollte, konnte er ihre Gefühlsausbrüche weiterhin als »präklimakterische Erregung« abtun. Anschließend fragte ich die Frau, ob sie wirklich daran glaube, sie habe ein Recht darauf, von ihrem Ehemann etwas anderes als das Gewohnte zu verlangen. Nachdem sie diese Frage für mich überzeugend bejaht hatte, war ich ihr behilflich, ihren Groll so zu kanalisieren, daß sie bestimmte Forderungen stellen und in der Überzeugung vortragen konnte, sie habe einen Anspruch darauf, daß sie auch erfüllt wurden. Erst dadurch war ihr Ehemann gezwungen, auf konkrete Forderungen zu reagieren, und konnte sich nicht mehr damit herausreden, daß sie einfach überreagiere.

Die sexuelle Scharade

Geschlechtliche Liebe ist nur selten ein Akt schlichten gegenseitigen Vergnügens. Im allgemeinen ist sie stark aufgeladen mit symbolischen Bedeutungen, die ihr vom weiblichen und männlichen Mythos auferlegt werden. Sexuelle Beziehungen verdeutlichen beispielhaft den Krieg der Geschlechter, denn auf diesem Gebiet manifestieren sich mehr als auf jedem anderen die gesellschaftlichen und psychologischen Übereinkommen der Geschlechter in ihrer intensivsten und greifbarsten Form. Sexualität wird häufig als Instrument in den subtilen und komplexen Verhandlungen um Macht und Kontrolle eingesetzt. Sie kann dazu benutzt werden, Nähe und Distanz zu regulieren, Vergnügen zu bereiten, Macht auszuüben, sich einzuschmeicheln, mit Zuneigung zu geizen, zu demütigen, zu beschwichtigen oder Brüche zu kitten.

Bis vor wenigen Jahren war die Bedeutung des Geschlechtsakts für die beiden Geschlechter höchst unterschiedlich, und eine Komplementarität beruhte auf festen Regeln. Die traditionelle heterosexuelle Erfahrung war mit der sexuellen Erregung des dominanten Mannes und der unterwürfigen Frau verbunden. Sexualität bedeutete für die Frau einen Akt der Auslieferung, der Sublimierung und der Preisgabe. Für Männer war sie ein Akt der Eroberung und der Macht, ein Beweis ihrer Männlichkeit und sexuellen Potenz.

Im männlichen Mythos wurden Macht und Status immer eng mit Sexualität zusammengesehen. Die Männer prahlten mit ihren Eroberungen und der Zahl der Frauen, die sie »rumgekriegt« hatten, witzelten über das gewaltige Ausmaß der eigenen Geschlechtsorgane und erzählten sich Geschichten von sexuellen Heldentaten. An Biertheken und Stammtischen errangen sie die Bewunderung ihrer Kollegen – nicht weil sie sexuelle Beziehungen zu ihren Ehefrauen unterhielten, sondern wegen der zahlreichen Frauen, denen sie nachgestellt und die sie verführt hatten.

Der 1981 erstmals in den USA veröffentlichte *Hite-Report* über männliche Sexualität gelangte zu dem Schluß, daß der Geschlechtsakt von Männern nicht nur deshalb als befriedigend empfunden wird, weil sie sich von ihrer Partnerin angezogen fühlen, »sondern auch aufgrund der tiefeingewurzelten kulturellen Bedeutung des Akts. Durch den Geschlechtsverkehr hat ein Mann teil an der kulturellen Symbolik des Patriarchats und gewinnt das Gefühl der Zugehörigkeit zur Gesellschaft mit dem Rang oder der Identität eines ›Mannes‹.«

Für viele Männer ist das sexuelle Begehren von emotionalen Bedürfnissen abgekoppelt. Tiefe Gefühle werden als Bedrohung ihrer sorgfältig ausgebauten Kontrollen empfunden. Anderen Männern dient die sexuelle Erfahrung hingegen als Weg zu Intimität und

Nähe. Das Schlafzimmer ist die einzige Umgebung, in der sie sich gestatten können, sich ihrer Partnerin nahe und verbunden zu fühlen. Aber während die Männer glauben, daß sie durch den Geschlechtsakt Liebe, Wärme und Zuneigung zum Ausdruck bringen, werden die zärtlichen Aspekte der Liebe von vielen Frauen nicht verstanden, solange sie nicht in Worten zum Ausdruck kommen. Die Verbalisierung von Gefühlen ist für Frauen ein wichtigerer Bestandteil der Intimität als für Männer, und das kann im sexuellen Bereich zu Fehlwahrnehmungen führen.

Um den Männern zu Gefallen zu sein, von denen sie emotional (und häufig auch finanziell) abhängig sind, haben sich die Frauen mehr darauf verlegt, Vergnügen zu geben als zu empfangen. Sexualität wurde ursprünglich zu einem symbolischen Akt, vollzogen im Namen der Pflichterfüllung und Verantwortung im Interesse der Ehe oder der Mutterschaft. Diese Einstellung verhinderte die volle Anerkennung und das uneingeschränkte Erleben der eigenen sexuellen Wünsche der Frauen. Frauen haben häufig darüber gegrollt, daß sie die sexuellen Bedürfnisse der Männer befriedigten, ohne daß auch ihre eigenen Bedürfnisse nach Zuwendung und Intimität erfüllt wurden, und gelegentlich reagierten sie darauf mit sexueller Verweigerung. Die Männer waren nicht in der Lage, diese Weigerung als Anzeichen dafür zu verstehen, daß etwas in ihrer Beziehung nicht stimmte, sondern erlebten sie als Zurückstrahlung ihrer sexuellen Leistungsfähigkeit, was gleichbedeutend war mit einer Zurückweisung ihrer Männlichkeit. Ihre häufigste Form der Vergeltung bestand in dem Vorwurf, ihre Frau sei »frigide«. Das war natürlich für die Frau etwas Furchtbares, weil der Vorwurf der »Frigidität« in unserer Gesellschaft ebenso schlimm ist wie der, eine Frau sei eine »schlechte Mutter«. Im allgemeinen akzeptierten die Frauen diese Zuschreibung und entwickelten Schuldgefühle, die ihr sexuelles Verlangen noch stärker verminderten.

Barbara Ehrenreich hat in ihrem jüngsten Buch *Remaking Love, The Feminiziation of Sex* (1986) überzeugende Belege dafür beigebracht, daß die treibende Kraft hinter der sexuellen Revolution der sechziger Jahre eher die sexuelle Unzufriedenheit der Frauen als die der Männer gewesen ist. Die Einstellungen und Verhaltensweisen der Männer änderten sich während dieser Zeit kaum, während Bedeutung und Praxis der Sexualität bei Frauen eine enorme Veränderung erlebten. Vor dem Aufkommen der

Frauenbewegung behielten die Frauen ihre sexuellen Enttäuschungen für sich, aus Angst, sich selbst zu bezichtigen. Die ersten Wortführerinnen der sexuellen Befreiung der Frau stellten ein Programm zur sexuellen Reform auf und forderten neben anderen Formen der Unabhängigkeit und Gleichstellung auch die Gleichheit im Bett.

Für viele Männer bedeutete diese stärker selbstbestimmte Form der Sexualität bei Frauen allerdings eine Bedrohung. Denn Frauen, die auch für sich sinnliche Lust forderten, nahmen damit Macht in Anspruch und stellten die Doppelmoral in Frage, die tief in der Psyche der Männer verankert war. Wie nationale Meinungsumfragen zeigten, hingen viele Männer noch immer der alten Vorstellung an, Frauen sollten keinen vor- oder außerehelichen Geschlechtsverkehr haben. Die Folgerungen der sexuellen Freiheit der Frauen gingen weit über das Schlafzimmer hinaus. Sie drohte, geheiligte Ideen über Liebe, Ehe, Verpflichtung und Familie über den Haufen zu werfen. Das erzeugte bei Frauen wie Männern Gefühle der Ambivalenz und Angst und führte zu verwirrenden Fragen.

Wenn Sexualität nichts mit Liebe, Ehe und Kindererziehung zu tun hatte, die ihrerseits mit der finanziellen Unterstützung durch Ehemänner gekoppelt waren, wie würde es dann Frauen in einer Welt ergehen, in der sie in finanzieller Hinsicht eklatant benachteiligt waren? Wie sollten die Frauen ihr Bedürfnis nach Zuwendung und Intimität befriedigen? War der Preis für Freiheit und Unabhängigkeit Einsamkeit, Entfremdung und Armut?

Und die Frauen waren nicht nur wirtschaftlich, sondern auch sexuell benachteiligt. In einer Gesellschaft, die den Wert der Frau weitgehend nach ihrer sexuellen Attraktivität bemißt, verliert diese mit zunehmendem Alter den Boden unter den Füßen. Das Gegenteil gilt für den Mann, dessen sexuelle Anziehungskraft häufig durch den angesammelten Wohlstand, die Autorität und den Status des höheren Alters verstärkt wird. Man braucht nur einen Blick in die Massenmedien zu werfen, in denen 90 Prozent der Liebespaare aus Männern über vierzig und Frauen knapp über zwanzig bestehen, um eine Ahnung davon zu bekommen, was in unserer Gesellschaft als ideales Paar gilt. Dieses kulturelle Vorurteil setzt der sexuellen Freiheit der Frau Grenzen. Darüber hinaus begrenzt die biologische Uhr der Frau die Zeitspanne, in der sie zur Fortpflanzung fähig ist, wohingegen ein Mann eine zweite Familie gründen kann bei zugleich erhöhter sozialer Sicherheit. Statistiken belegen, daß geschiedene Männer sich häufiger wiederverheiraten als geschiedene Frauen und daß sie mit jeder neuen Ehe immer jüngere Frauen heiraten. Eine Schlagzeile des *Wall Street Journal* aus dem Jahr 1986 verkündete:»Eine junge Ehefrau rettet Ihr Leben – das sagt jedenfalls die Wissenschaft.«

Diese demographischen Daten liefern einen ironischen Kommentar zur Gleichheit in der Ehe. Sexuelle Gleichheit läßt sich ohne die gleichzeitige Verwirklichung von wirtschaftlicher und sozialer Gleichheit nicht erreichen. Aber es erheben sich verwirrende Fragen im Hinblick darauf, ob Gleichheit sich mit einer guten sexuellen Beziehung vereinbaren läßt. Da Gleichheit die Geschlechtsrollen der Dominanz und Unterwürfigkeit, wie sie der traditionellen heterosexuellen Beziehung innewohnen, zum Gespött macht, zerstört sie dann nicht auch die Romantik und Leidenschaft? Wo bleiben bei der Vereinigung von zwei Gleichen die traditionellen Verführungsriten – das Erregende des Nachstellens, der Eroberung und der Hingabe?

Manche TherapeutInnen stellen grundsätzlich nur dann Fragen zur sexuellen Beziehung von Paaren, wenn diese von den Partnern selbst problematisiert werden. Ähnlich wie Geld wird Sexualität als Randproblem behandelt. Wenn die TherapeutInnen diese Themen meiden, dann entgehen ihnen jedoch wichtige Hinweise auf die Modalitäten, wie Macht und Kontrolle in der Beziehung ausgehandelt werden, sowie Symbole und Metaphern, in denen sich andere entscheidende Probleme ausdrücken.

Bei der Behandlung sexueller Störungen müssen wir uns unbedingt vor Augen halten, auf welche Weise sich die jeweilige sexuelle Sozialisation der Partner auf ihr gegenwärtiges Problem auswirkt. Wir müssen den Mythen nachgehen, den unterschiedlichen Maßstäben und traditionellen Regeln, die zur sexuellen Scharade des übermächtigen Mannes und der willfährigen, passiven Frau beitragen. Immer dort, wo ein Mann erklärt, das Selbstbewußtsein einer Frau beraube ihn seiner Männlichkeit und seiner sexuellen Leistungsfähigkeit, muß der männliche Mythos, der Männlichkeit über Macht und Kontrolle definiert, in Frage gestellt werden. Sexualität ohne Sexismus bedeutet geschlechtliche Beziehungen zwischen Gleichen, in denen Dominanz und Unterwerfung nicht länger geschlechtsgebunden sind.

Das bedeutet eine Entzauberung der männlichen und weiblichen Mythen, indem wir den Frauen zu der Überzeugung verhelfen, daß sie ein Recht darauf haben, zu bestimmen, was für sie selbst natürlich und normal ist, ihren Wünschen und Bedürfnissen ohne Scham nachzugehen und zu erkennen, daß es ebenso wichtig ist, sich selbst Vergnügen zu bereiten, wie dem Partner. Im Hinblick auf die Männer bedeutet es, Männlichkeit und Bestätigung als Mann nicht mehr mit der Unterwerfung der Frau zu verbinden, so daß sexuelles Vergnügen nicht mehr auf Dominanz und Besiegen beruht, sondern auf Zuneigung und Partnerschaft.

Mein Fallbeispiel »Die ›frigide‹ Ehefrau« verdeutlicht eine Möglichkeit, ein sexuelles Problem durch die Neukonstellierung der traditionellen Geschlechtsrollen zu lösen.

Geld und Macht

Über kein Thema streiten sich Ehepaare so sehr wie über Geld. Das ist nicht verwunderlich, da Geld Macht und Herrschaft bedeutet. In ihrer Untersuchung an 150 Ehepaaren fanden Blumstein und Schwartz (1983) heraus, daß das Recht, in Ehebeziehungen Entscheidungen zu treffen und durchzusetzen, vom jeweiligen Einkommen der beiden Partner abhängt. Diese ökonomische Rangordnung begünstigt in der Regel den Mann als den Haupternährer der Familie. In drei von insgesamt vier Typen von Paarbeziehungen, die von Blumstein und Schwartz untersucht wurden, fand sich ein unmittelbarer Zusammenhang zwischen Einkommen und Macht.

Bei heterosexuellen Paaren genossen jene Ehefrauen eine größere finanzielle Autonomie und hatten einen stärkeren Einfluß auf die zu treffenden Entscheidungen, die über ein relativ größeres Einkommen verfügten. Die Ausnahme bildeten Paare, die noch der Vorstellung vom Mann als dem Ernährer anhingen. In diesen Fällen lag die Macht selbst dann beim Ehemann, wenn die Ehefrau ebensoviel oder sogar noch mehr verdiente als dieser. »Wenn der Ehemann von seiner Ernährerrolle überzeugt ist, fällt seine Stimme bei wichtigen Entscheidungen stärker ins Gewicht. Wenn seine Frau diese Überzeugung teilt, fügt sie sich seinen Wünschen. Selbst wenn sie einer Vollzeitbeschäftigung nachgeht und mehr Geld verdient als er, legt sie ihr finanzielles Geschick in seine

Hände und gesteht ihm die letzte Verfügungsgewalt über ihr Geld zu« (Blumstein und Schwartz, S. 56). Es ist nicht das Geld allein, sondern Geld in Verbindung mit der Tradition der männlichen Dominanz, das über die Verteilung der Macht entscheidet.

Bei den von Blumstein und Schwartz untersuchten lesbischen Paaren war die Machtverteilung vom Einkommen der beiden Frauen unabhängig. Darin kam für die Autorinnen die Tatsache zum Ausdruck, daß Frauen weniger als Männer dazu neigen, ihren eigenen Wert oder den ihres Partners/ihrer Partnerin nach dem Einkommen zu beurteilen. Da die Frauen in der historischen Vergangenheit weniger Geld verdient haben als die Männer, waren sie nicht daran gewöhnt, ihr Vermögen dazu zu benutzen,»sich wichtig zu machen«. Im Unterschied zu lesbischen Beziehungen hat bei zusammenlebenden homosexuellen männlichen Paaren derjenige »das Sagen«, der finanziell mehr beisteuert als der Partner. Diese Muster bewegen Blumstein und Schwartz zu der Schlußfolgerung: »Es sind die Männer – die seit Generationen am Arbeitsplatz gelernt haben, daß Geld Macht bedeutet –, die diese Erfahrung in den eigenen vier Wänden neubelebt haben. Ehefrauen und unverheiratete Partnerinnen fallen dem Grundsatz ›Geld regiert die Welt‹ zum Opfer. Dennoch sind die Frauen offenbar in der Lage, der seelenlosen Macht des Geldes zu entrinnen, wenn kein Mann zugegen ist« (S. 55 f.).

Bei der vierten Kategorie der von Blumstein und Schwartz untersuchten Paare, den in »Ehen ohne Trauschein« zusammenlebenden Männern und Frauen, ließ sich ein Zusammenhang zwischen Geld und Macht am wenigsten konstatieren. In diesen Beziehungen hatte das Klischee vom Mann als dem Haupternährer keine Bedeutung, und der Umgang der Partner mit Geld glich eher dem in lesbischen Beziehungen als dem bei verheirateten Paaren und bei homosexuellen Männern. Hier waren sowohl die Frauen als auch die Männer finanziell für sich selbst verantwortlich und vermieden jene finanzielle und symbolische Herrschaft, die verheiratete Männer über ihre Frauen ausüben können.

Geld bedeutet aber nicht nur finanzielle Sicherheit, sondern symbolisiert mittlerweile auch Status, Prestige und Autorität am Arbeitsplatz wie in der Familie. Wenn ein Mann durch Krankheit oder Arbeitslosigkeit seiner Fähigkeit beraubt wird, Geld zu verdienen, fühlt er sich entmannt und reagiert auf seine Gefühle der

Hilflosigkeit und Versagung mit Gewalttätigkeit oder tiefen Depressionen. Geld wird in höchst unterschiedlicher Weise dazu benutzt, Ehekonflikte zu bewältigen. Es ist wichtig, daß Therapeutinnen beim Erstinterview auch Fragen über die Verwaltung des Familieneinkommens stellen. Auch wenn ein Paar wohlhabend ist und Geld kein existentielles Problem darstellt, färbt es jeden Aspekt seiner Beziehung und beeinflußt das Wesen seiner Konflikte. Frauen sind bei Verhandlungen um Geld benachteiligt, da sie nicht nur über geringere finanzielle Ressourcen als die Männer verfügen, sondern weil zudem ihren häuslichen Alltagsverrichtungen kein Geldwert zuerkannt wird. Infolgedessen werden sie dem Gefühl überlassen, sie hätten nicht dasselbe Mitspracherecht bei der Entscheidung über die Ausgabe des Familieneinkommens.

Bei der therapeutischen Beratung von Ehepaaren mit Geldproblemen sollten wir uns stets bewußt sein, auf welche Weise die finanzielle Ungleichheit zwischen den Geschlechtern die Natur ihrer Konflikte bestimmt, und wir sollten darauf hinarbeiten, daß die Entscheidungen in Geldfragen zwischen Mann und Frau gerechter verteilt werden. Bislang ist Geld in der Therapie überwiegend allein in seiner symbolischen Bedeutung behandelt worden. Wo das geschieht, entwertet die Therapeutin die Realität der finanziellen Abhängigkeit und der tatsächlichen Verarmung der Ehefrau. Die finanzielle Benachteiligung der Frau läßt sich aus der Statistik ablesen: In den Vereinigten Staaten verdienen Frauen nur 68 Prozent dessen, was Männer für dieselbe Arbeit bekommen. Therapeutinnen können diese finanzielle Ungeschütztheit der Frau ansprechen, indem sie Fragen stellen über Versicherungspolicen, Aufteilung von Vermögenswerten, finanzielle Verfügungsgewalt sowie über in Geld bewertete oder eben nicht bewertete Fertigkeiten.

Carters Beitrag am Ende dieses Kapitels ist ein hervorragendes Beispiel für eine therapeutische Intervention, mit der die finanzielle Ungleichheit zwischen zwei Ehepartnern angesprochen wird.

Auf dem Weg zu einer gleichberechtigten Beziehung

In den letzten Jahrzehnten haben sich immer mehr Frauen für eine Berufstätigkeit entschieden und sich finanziell unabhängig gemacht. Damit hat sich tendenziell auch ihre Situation in der Ehe im Hinblick auf ihre verfügbaren Alternativen verbessert. Parallel zu dieser Entwicklung entstand ein stärker an Gleichheitsgrundsätzen orientiertes Bild von der Ehe, bei dem Werte wie Kameradschaft, Demokratie, Gleichheit zwischen Partnern an die Stelle von Unterordnung, Autoritätsanspruch und Ehrerbietung getreten sind. Eine solche egalitäre Beziehung zustande zu bringen, ist allerdings schwierig, selbst für Ehepaare, die sie grundsätzlich befürworten. Trotz guter Absichten haben viele Männer ihre Probleme mit diesem Idealbild einer Ehe, da es ihre Machtgefühle bedroht. Veroff und Feld (1970) berichteten, daß Frauen mit ausgeprägtem Machtstreben sich in gleichberechtigten Beziehungen »uneingeschränkt, glücklich und problemfrei« fühlten. Sie schilderten weniger Eheprobleme und mehr eheliches Glück als Frauen mit geringerem Machtstreben. Dennoch hatten die machtorientierten Ehemänner dieser Frauen Schwierigkeiten mit der ehelichen Gleichberechtigung, da diese ihre Machtpositionen in Frage stellte und ihre Schwächen sichtbar zu machen drohte.

Spätere Untersuchungen, wie sie beispielsweise in Gayle Kimballs *The Fifty-Fifty Marriage* (1983) angeführt werden, zeichnen ein optimistischeres Bild: Hier schätzten die befragten Ehemänner die Freiheit, die sie erlangten, weil beide Partner zum Familieneinkommen beitrugen, und die Autonomie, die sie gegenüber ihrer Partnerin empfanden, weil diese das Gefühl hatte, ihren Fähigkeiten gemäß zu leben, und deshalb nicht auf ihn angewiesen war, um ihre Identität zu finden. Als einen wichtigen Pluspunkt bezeichneten es diese Ehemänner, daß sie eine engere Beziehung zu den Kindern gewonnen hätten.

Gleichberechtigte Paare sind nach wie vor in der Minderzahl, aber sie weisen in eine hoffnungsvolle Richtung für die Zukunft der Ehe, in der es keine Gegensätze zwischen »Ernährer« und »Abhängiger«, »dominant« und »unterwürfig«, zwischen »aggressiv« und »passiv« mehr geben wird. Beiden Partnern würde ein weites Spektrum an Aktivitäten, Verhaltensweisen und Ausdrucksmöglichkeiten offenstehen, ohne daß sie befürchten müßten, ihre Weiblichkeit oder ihre Männlichkeit zu verlieren. Eine solche flexible eheliche Partnerschaft läßt sich allerdings nur verwirklichen, wenn die grundlegenden Überzeugungen und die Gesellschaftsstruktur geändert werden, die Frauen und Männer zu Gefangenen ihres Geschlechts machen.

Klinische Ansätze

In meinem systemisch-strategischen Ansatz der Familien- und Paarberatung arbeite ich gleichzeitig auf verschiedenen Ebenen. Auf der Verhaltensebene untersuche ich die wiederholt auftretenden Muster und Zyklen der Interaktion, um die das von den Klientinnen geschilderte Symptom organisiert ist. Auf der Ebene der inneren Vorstellungen gehe ich den Haltungen, Erwartungen, Annahmen und Überzeugungen nach, die diese Muster und Zyklen aufrechterhalten. Männer und Frauen sind sich im allgemeinen ihrer tief eingewurzelten Überzeugungen und Werthaltungen gar nicht bewußt. Sie lassen sich nur indirekt erschließen, indem man auf Äußerungen achtet, in denen sie versteckt sind, oder durch die Anwendung von Metaphern und Phantasien. In meiner Arbeit strebe ich eine Veränderung bestimmter Verhaltensmuster ebenso an wie der Vorstellungen, von denen diese gespeist werden.

Eine der Techniken, die ich entwickelt habe, um gleichzeitig mehrere unterschiedliche Ebenen der Beziehung in den Blick zu bekommen, wird als »strukturierte Phantasie« bezeichnet. Diese Technik eignet sich besonders gut zu diagnostischen Zwecken bei Ehepaaren, da sie zu einer metaphorischen statt einer wörtlichen Darstellung der Beziehung anregt. Diese bildliche Darstellung weist eine ganzheitliche »Gestalt« auf, in der grundlegende Vorstellungen zum Vorschein kommen, die die Partner in bezug auf sich selbst und den anderen hegen, sie zeigt die Stelle, an der diese Grundannahmen miteinander in Konflikt geraten, sowie die von jedem Partner angestrebte Lösung, die lediglich bewirkt, daß das Problem sich verfestigt. Unter Verwendung der von den beiden Partnern gebrauchten Metaphern stelle ich ihnen bestimmte Aufgaben mit dem Ziel, sowohl ihre ineinandergreifenden Verhaltensmuster als auch die gesellschaftlich geprägten Vorstellungen und Überzeugungen zu ändern, die diesem Verhalten zugrunde liegen. Diese Technik wird neben anderen in meinem Fallbeispiel »Die ›frigide‹ Ehefrau« vorgestellt.

Fallbeispiele

Die vier folgenden Fallbeispiele führen unterschiedliche Möglichkeiten vor, Paare unter einer feministischen Perspektive zu beraten.

In Carters Beispiel geht es um das zentrale Thema Geld. Es ist einer der Punkte, um den Ehepaare sich am meisten streiten, da in den Einkommensverhältnissen der Ehepartner die abhängige Stellung der Frau am ehesten sichtbar wird und weil Geld auch real eine wesentliche Rolle spielt. In diesem Fall spiegeln sich die außerhalb der Familie bestehenden finanziellen Unterschiede innerhalb des Familienlebens, wo die Frau um das Haushaltsgeld feilschen muß. In ihrer originellen Intervention dramatisiert Carter die Art und Weise, wie traditionelle »Frauenarbeit« (auf die unsere Zivilisation sich gründet) bis heute entwertet wird. Beide Ehegatten haben am Ende ein anderes Verständnis von der Ökonomie ihrer Lebensführung und von der Art und Weise, wie diese ihre Beziehung beeinflußt.

Silversteins Fallbeispiel »Das beschützende Paar« zeigt einige der Unterschiede zwischen homosexuellen und heterosexuellen Beziehungen. In ihrer Arbeit mit einem lesbischen Paar beleuchtet sie jene Elemente in dessen Beziehung, die Nachahmungen einer heterosexuellen Beziehung darstellen. Statt diese Nachahmungen zu akzeptieren und innerhalb ihrer engen Grenzen zu arbeiten, schlägt sie eine andere Möglichkeit vor. Sie fordert die beiden Frauen auf, ihre weiblichen Eigenschaften zu nutzen, um eine neue und andersartige Beziehung zu schaffen, eine, die auf Gleichheit und Freundschaft gegründet ist.

Das von Walters vorgestellte Paar kommt mit dem alten Lied: »Wir können uns nicht verständigen« in die Therapie und präsentiert sich in den stereotypen Rollen der »bedrängenden« Ehefrau und des »verschlossenen« Ehemannes. Wie üblich in solchen Situationen fordert die Frau von ihrem Mann mehr Gefühlsnähe, während dieser sich immer stärker zurückzieht. Walters vermeidet die »klassische« therapeutische Diagnose, der zufolge der Ehemann unfähig ist, seine Gefühle auszudrücken, so daß von seiner Seite nichts zu erwarten sei, oder daß die Frau sich allzusehr den eigenen Gefühlen hingibt und deshalb aufgefordert werden muß, ihrem Mann mehr Luft zu lassen. Statt dessen unterläuft sie diese auch von den Ehepartnern geteilte Überzeugung, indem sie jedem der beiden Partner behilflich ist, das Kommunikationsverhalten des anderen zu verstehen und zu respektieren. Dabei werden sowohl dem »Gefühl« als auch dem »Verstand« seine Berechtigung zuerkannt, so daß beide sich frei äußern können.

In meinem eigenen Fallbeispiel von der »frigiden« Ehefrau geht es in den Augen des Ehemannes um ein »sexuelles Problem«. Sowohl der Ehemann als auch seine Frau akzeptieren das gängige kulturelle Vorurteil, eine Frau habe ein sexuelles Problem, wenn sie die sexuellen Bedürfnisse ihres Mannes nicht befriedigt. Keiner von beiden bringt den Mangel an sexuellem Verlangen bei der Frau mit den anderen Themen in ihrer Beziehung in Verbindung, die das Symptom verursachen. Der Ehemann reagiert auf seine Frustration in typisch männlicher Manier, indem er das einsetzt, was er für sein größtes Kapital hält – sein analytisches Denken. Er analysiert und kritisiert seine Frau und versucht, sie umzumodeln. Die Frau wiederum reagiert darauf typisch weiblich, indem sie unterstellt, daß er recht hat, und sich dann defensiv mit ihm streitet. Die Frau tut sich schwer damit, ihre eigenen Bedürfnisse konsequent anzuerkennen und zur Sprache zu bringen, da sie in ihrem Innersten ebenso wie ihr Mann davon überzeugt ist, daß seine Bedürfnisse wichtiger seien als die ihren und daß es ihr nicht zustehe, auf Gleichberechtigung zu pochen. Während der gesamten Therapie weigere ich mich, die Sichtweise des Mannes zu übernehmen und das Problem in der »Frigidität« seiner Frau zu sehen. Ich versuche vielmehr, jene gemeinsamen Überzeugungen des Paars im Hinblick auf Sexualität, Macht, Autorität und Verantwortung in Frage zu stellen, die der eigentliche Grund dafür sind, daß die beiden Ehepartner in ihren stereotypen Rollenbildern gefangen bleiben.

In jedem einzelnen der folgenden Beispiele geht es darum, eine sexistische Überzeugung oder Einstellung in bezug auf ein Schlüsselproblem in der Beziehung eines Paars zu erschüttern und zu ändern. Die Therapeutinnen weisen dabei stets darauf hin, in welch subtiler Weise sexistische Vorstellungen in das Alltagsleben der Paare eingehen, und jedes Beispiel zeigt eine andere Möglichkeit, diese Vorstellungen zu ändern. Die vorliegenden Probleme haben mit traditionellen Vorstellungen über zentrale Fragen wie Macht, Sexualität, Geld, gegenseitige Verständigung oder Verantwortung zu tun. Die Therapie verfolgt jeweils die Absicht, jene eingewurzelten Vorstellungen zu ändern, die letztlich für die von beiden Partnern als bedrückend erlebten Beziehungen ursächlich sind.

Fallbeispiel
Die »frigide« Ehefrau

Peggy Papp

Das Problem

Kurt, ein Psychoanalytiker, brachte seine Frau Jill zu uns in die
Klinik, weil er glaubte, sie habe ein sexuelles Problem. Jill, die zahlreichen Versuchen ihres Mannes widerstanden hatte, sie zu einer
Einzeltherapie zu überreden, hatte sich schließlich bereit erklärt,
mit ihm zusammen eine Paarberatung zu machen. Kurt, der in einem
dunkelblauen Anzug erschienen war, strich seinen Bart, während
er erklärte, die Hauptschwierigkeit in ihrer Ehe gehe auf die sexuellen Hemmungen seiner Frau zurück, die ihre Wurzel in frühen
Kindheitserlebnissen hätten. Er brachte seine tiefe Enttäuschung
darüber zum Ausdruck, daß Jill im Bett nicht aufregender war.
Ihre »Frigidität« ließ ihn wütend und frustriert zurück, aber sobald er versuchte, mit ihr über ihre Beziehung zu diskutieren, zog
sie sich von ihm zurück und wurde abweisend, kalt und sexuell unzugänglich.

Jill, fünfzehn Jahre jünger als er, saß steif in ihrem Stuhl und
blickte schuldbewußt und traurig, während ihr Mann sprach. Sie
räumte widerstrebend ein, daß er vermutlich recht hatte und daß
das Problem bei ihr lag, aber sie nahm es ihm übel, daß er versuchte, sie in eine Therapie zu drängen. Sie hatte sich die Ansicht
ihres Ehemannes zu eigen gemacht, ihr mangelndes sexuelles Verlangen habe etwas mit ihrer Kindheit zu tun, war sich allerdings
nicht schlüssig, auf welche Weise. Sie sagte, sie redete nicht gern
über dieses Thema mit ihm, weil er ihr an allem die Schuld gab und
sie fortwährend analysierte. »Er sieht in mir einen ›Fall‹, dem er
auf den Grund gehen muß. Seine Vorstellung von einem Gespräch
über unsere Beziehung beschränkt sich auf die Frage, warum ich
auf das, was immer er tut, so gereizt reagiere ... Er hat auf alles
eine Antwort und setzt sämtliche Regeln fest.«

Sie machte ihm zum Vorwurf, er halte sich etwas darauf zugute,
wie ein »Prinz« in einer Familie großgezogen worden zu sein, in der

er von allen Frauen verwöhnt wurde. Kurt gab zu, als einziger Sohn habe er zu Hause einen Sonderstatus gehabt. »Ich war der Intellektuelle in der Familie, und es stimmt, daß meine Arbeit für alle anderen im Mittelpunkt stand.« Während er sich einerseits etwas darauf einbildete, ein geistig anspruchsvoller Intellektueller zu sein, räumte er andererseits ein, daß ein solches Arrangement wie das in seiner Herkunftsfamilie nicht mehr zeitgemäß ist. Es sei jedoch sehr schwierig für ihn, sich an ein neues zu gewöhnen.

Jill, die sich als eine »moderne, emanzipierte« Frau einschätzte, machte einen verzweifelten Versuch, für ihre Rechte einzustehen, tat dies jedoch auf eine Weise, mit der sie sich selbst immer wieder eine Niederlage bereitete. Während der ersten Sitzung schlug sie abwechselnd defensiv um sich, ging kämpferisch zu Gegenangriffen über, suchte ihr Heil in sarkastischen Entgegnungen oder zog sich in eisernes Schweigen zurück. Kurt reagierte auf ihren Rückzug mit verstärkter Kritik und analytischer Deutung.

Strukturierte Phantasie

Um dieses monotone Hin und Her zu unterbrechen, forderte ich das Paar zu einer Übung in »strukturierter Phantasie« auf, bei der sich die Klienten und Klientinnen über eine Metapher und eine Bewegung und nicht über die Sprache ausdrücken. Ich bat die beiden, die Augen zu schließen und sich ein Phantasiebild von sich selbst und ihrem Partner im Hinblick auf das Problem, das ihnen zu schaffen machte, vorzustellen. Sie sollten für sich und für den anderen jeweils eine symbolische Gestalt finden und sich eine Bewegung ausdenken, die zwischen beiden Gestalten stattfand. Im Anschluß daran wurden sie aufgefordert, ihre jeweilige Phantasie zusammen mit dem Partner pantomimisch vorzuführen.

Kurt dachte sich seine Frau als einen »kalten Metallzylinder, dessen Innenraum leer ist«. Er selbst war ein Feuerwehrmann, der versuchte, mit einer Axt in das Innere des Zylinders zu gelangen. Nach vielen vergeblichen und entmutigenden Versuchen gab er es auf und warf den Zylinder aus dem Fenster.

Jill sah sich als eine schöne, kleine Schlange, die am Ufer eines Flusses zusammengerollt dalag. »Ich wählte eine Schlange, weil sie giftig ist und eine unruhig zuckende Zunge hat.« Ihren Mann stellte sie sich als ein Krümelmonster vor. »Er ist warmherzig, aber ein übermächtiges Monstrum – gutmütig, aber schwerfällig.« In ihrer Phantasie hatte er »Fliegenaugen« und konnte hundert Millionen Bilder gleichzeitig sehen. »Du zeigst mir gegenüber dieselbe Art von Neugier wie unser Sohn gegenüber einem Objekt«, sagte sie ihm. Zwischen beiden floß ein kleiner Fluß, und durch diesen fühlte sie sich beschützt. Wenn das Krümelmonster den Fluß überquerte, würde es auf sie treten – nicht, weil es bösartig, sondern weil es unbeholfen war.

Ich forderte das Krümelmonster auf, den Fluß zu überqueren, um zu sehen, was passieren würde, und die Schlange zog sich sogleich vor ihm zurück. Kurt sagte dazu: »Es ist genau das, was passiert, wenn ich versuche, mit ihr zu schlafen. Immer weicht sie vor mir zurück.« Jill erwiderte: »Ich habe Angst, daß er mich erdrückt. Weil er hundert Millionen Augen hat, sieht er nicht sehr gut. Er muß entweder auf eine gewisse Distanz gehen, um alle Bilder zusammenzubekommen, oder er muß buchstäblich sein körperliches Gefühl zu Hilfe nehmen.«

Die Phantasien kleideten die von beiden Ehepartnern erlebte persönliche Erfahrung ihrer Beziehung in ein Bild, in dem ihre Haltungen und Erwartungen, die Form der Bezugnahme auf den anderen und der Zugang zu einer Lösung des Problems sichtbar wurden. Kurt stellte sich seine Frau als etwas Undurchdringliches vor. Als Feuerwehrmann, ein Mensch des Handelns, sah er seine einzige Lösung in der Anwendung von körperlicher Gewalt, um den Stahlzylinder aufzubrechen. Seine Muskelkraft und seine Axt waren seine einzigen Hilfsmittel. Als sie ihn im Stich ließen, fiel ihm nichts anderes mehr ein, als den Zylinder aus dem Fenster zu werfen. Er hatte keinen Blick dafür, daß der Zylinder dazu diente, Jill vor seinen kritischen Fliegenaugen und seiner Unbeholfenheit, die sie zu erdrücken drohte, zu schützen.

Jills Bild von sich als einer schönen, züngelnden Schlange ließ erkennen, daß sie sich als ein Wesen wahrnahm, das von einer niedrigen Position aus nur subversiv tätig sein kann. Ihre einzige Waffe war ihre »unruhig zuckende Zunge«. Sie sah sich außerstande, sich durch ihre eigene Macht zu schützen, und mußte sich auf den Fluß verlassen, der zwischen ihnen floß und ihr Schutz bot. Das Krümelmonster war zwar gutmütig, aber auch schwerfällig und konnte die Menschen in seiner Nähe nicht richtig sehen. Es konnte sie nur körperlich fühlen oder zu ihnen auf große Distanz gehen.

Gebrauch der Metaphern

Im Gespräch über ihre Reaktionen auf die Phantasien drückte Kurt seine Überraschung darüber aus, daß Jill ihn als so bedrohlich empfand, fühlte sich dadurch jedoch nur in seiner Überzeugung bestätigt, daß sie eine Einzeltherapie brauchte. Jill dagegen empfand die Übung als hilfreich, denn »sie hat mir gezeigt, daß ich fähig bin, das auszudrücken, was mich bekümmert, ohne wütend und einfach laut zu werden. Es ist nicht direkt, so daß ich die Möglichkeit hatte, ruhig zu sagen, wie schwer es für mich die ganze Zeit war, es auszusprechen, weil Kurt ständig Druck auf mich ausübt.«

Das eigentliche Problem zwischen ihnen bestand nach meiner Meinung in der Komplementarität von Autorität und Schuldhaftigkeit. Kurt, als die selbsternannte Autorität, machte Jill für ihr gemeinsames Problem verantwortlich, indem er als einzige Ursache ihrer Schwierigkeiten ihr sexuelles Desinteresse und ihren Rückzug ansah. Jill stellte diese Sicht des Problems nicht nur nicht in Frage, sondern bestätigte sie auch noch unabsichtlich durch ihre defensive Haltung. Im Rahmen der von beiden geschilderten Metaphern bleibend, sah ich mein Ziel darin, Jill behilflich zu sein, über den Strom zu gelangen, ohne zerdrückt zu werden, und Kurt zu helfen, daß er eine Möglichkeit fand, ohne Gewaltanwendung in das Innere des Zylinders zu gelangen.

Außerdem beschloß ich, beide Partner für eine Sitzung einzeln zu beraten und Vorschläge zu machen, wie sie ihre Positionen in den Phantasiebildern ändern konnten. In einer Einzelsitzung mit Jill sagte ich ihr, daß sie durch ihr Zurückweichen vor den hundert Millionen Augen das Krümelmonster geradezu einlud, sie zu verfolgen und sie weiter zu analysieren. Je mehr sie sich vor ihm zurückzog, desto mehr setzte er ihr nach und drang in sie. Damit brachte sie sich in eine benachteiligte, defensive Position. Ich legte ihr nahe, die Schlange könne den Fluß überqueren und in die Offensive gehen – nicht in Form eines Angriffs, wie sie es getan hatte, sondern indem sie von ihrer Schlangenzunge einen anderen Gebrauch machte. Immer wenn Kurt anfing, sie zu analysieren, sollte sie sich nicht mehr verteidigen, sondern den Spieß umdrehen und ihrerseits analysieren, warum er ein so starkes Bedürfnis hatte, sie zu analysieren. Auf eine freundliche und interessierte Weise sollte sie ihn über alle Kindheitserlebnisse befragen, die möglicherweise zu diesem Bedürfnis beigetragen hatten, und sie sollte ihm möglichst viele Fragen über seine Beziehung zu seiner Mutter und zu seinem Vater stellen. Der Sinn dieses Vorschlags war, Jill aus ihrer Position der Hilflosigkeit herauszuführen und sie für die Situation verantwortlich zu machen, über die sie nach ihrem Empfinden keine Kontrolle hatte. Indem sie ihre Position gegenüber Kurt auf diese humorvolle Weise umkehrte, wäre sie nicht länger das Opfer seiner »Fliegenaugen«, sondern würde diese statt dessen auf ihn selbst richten. Es ist schwierig, defensiv zu bleiben, während man sich freundlich über eine Situation lustig macht.

In einer der Einzelsitzungen mit Kurt bemerkte ich, es sei unmöglich, einen Stahlzylinder mit einer Axt aufzubrechen. Er stimmte zu und sagte, gerade deshalb sei er ja so entmutigt. Aber er hielt auch nichts von der anderen Alternative, nämlich den Zylinder aus dem Fenster zu werfen (wie er es mit seinen beiden ersten Ehefrauen getan hatte; Jill war seine dritte). Ich schlug ihm vor, daß er bis zu unserer nächsten Sitzung seine hundert Millionen Augen dazu benutzte, auszuforschen, wie er ohne Axt in das Innere des Zylinders gelangen konnte – indem er vielleicht ein geheimes Schloß fand, das er aufschließen, den richtigen Knopf, den er drücken mußte, oder eine Möglichkeit entdeckte, den Stahl des Zylinders zum Schmelzen zu bringen. Ich trug ihm auf, in einem Notizbuch Jills Reaktionen auf seine verschiedenen Versuche einzutragen und die beobachteten Unterschiede zu analysieren. Seine Beobachtungen sollte er nicht Jill mitteilen, sondern zur nächsten Sitzung mitbringen. Auf diese Weise ließen sich Kurts analytische Fähigkeiten dazu verwenden, daß er sich besser auf Jills Gefühle und Wünsche einstellte. Damit er ihre Reaktionen auf eine andere Art der Annäherung analysieren konnte, mußte er sich ihr zuvor auf eine andere Art nähern.

Reaktionen auf die Aufgaben

In der folgenden Sitzung berichtete Jill: »Als Kurt eine provozierende Bemerkung machte, wollte ich von ihm wissen, was in seinem Kopf vorging, anstatt daß ich einfach darauf reagierte. Das verschaffte mir die Möglichkeit, das Komische an der Situation zu sehen und ihr nicht so hilflos gegenüberzustehen. Hilflosigkeit ist eine Reaktion, in die ich sehr leicht verfalle . . . Irgendwann dämmerte es ihm, was ich da machte, und wir mußten beide lachen.«

Kurt erzählte von seinen Aufzeichnungen und gelangte zu dem Schluß, daß Jill emotional und sexuell ihm gegenüber offener war, wenn er sich ihr weniger fordernd und dafür liebevoller näherte. Er schilderte eine schöne Erfahrung, die sie beide am Silvesterabend gemacht hatten. Sie blieben allein in der Wohnung, schalteten Tanzmusik ein, tanzten miteinander, tranken Sekt und stiegen schließlich vergnügt zusammen ins Bett. Jill sagte, es sei wunderbar gewesen, weil sie entspannt war und sie den ganzen Abend fröhlich miteinander verbracht hatten.»Es fällt mir manchmal schwer, sexuell erregt zu sein, wenn ich nicht das Gefühl einer Gemeinschaft habe, in der ich ebenbürtig bin. Man muß irgendwie zusammenkommen, bevor man sich körperlich umarmt, und ich kann nicht mit dir zusammenkommen, wenn ich das Gefühl habe, daß wir über andere Dinge nicht miteinander sprechen.« Kurt erwiderte, sie habe an diesen natürlichen, einfachen Akt so viele Anforderungen gestellt, daß er»quasi-unmöglich« geworden sei. Es war die althergebrachte Einstellung des Mannes, die sich in Kurts Äußerung spiegelte, Sex habe frei und spontan zu sein, losgelöst von anderen Aspekten der Beziehung, während es für Jill gerade die anderen Aspekte der Beziehung waren, die das sexuelle Verlangen beeinflußten.

Jill sagte des weiteren, sie sei sehr gerührt über Kurts Unterstützung für sie seit der letzten Sitzung, und Kurt bestand abermals darauf, dies liege daran, daß sie miteinander geschlafen hätten. Jill wurde darüber wütend und sagte:»Warum mußt du es allein darauf reduzieren?« Kurt konnte gar nicht verstehen, warum sie so aufgebracht war, und erinnerte sich an einen früheren Vorfall, bei dem Jill unvermittelt wütend geworden war, als er die Verbesserung in ihrer Beziehung der Tatsache zuschrieb, daß sie sexuell interessierter wurde. Jill hatte nur eine unbestimmte Ahnung, warum sie darüber wütend wurde, und konnte es nur mit Mühe erklären. Schließlich machte sie einen Rückzieher und entschuldigte sich für ihre Reaktion. Wie der folgende Protokollauszug zeigt, versuchte ich, beiden den Blick dafür zu schärfen, daß Jills Wut und ihre Enttäuschung daher rühren, daß Kurt nach wie vor die Sexualität zum Thema Nummer eins macht und damit die Urheberschaft des Problems Jill zuschiebt und andere Aspekte ihrer Beziehung ignoriert.

Therapeutin: Jill, Sie haben also Schwierigkeiten, uns zu erklären, daß Sie deshalb wütend sind, weil er Sie soeben kritisiert hat? Daß er soeben die Schuld an dem ganzen Problem Ihnen zugeschoben hat, als er sagte, alles ginge in Ordnung, wenn Sie sexuell weniger Hemmungen hätten?

Jill: Daher rührt es wahrscheinlich.

Kurt: Darauf wäre ich bisher nicht gekommen. Jetzt, wo du es sagst, sehe ich es auch so.

Jill: Auf einer untergeordneten Ebene war ich mir dessen bewußt, aber es ist mir bisher nie gelungen, ihm so etwas zu erklären.

Kurt *(der Jill nun den Vorwurf macht, sie habe es ihm nicht korrekt erklärt)*: Peggy hat es angesprochen, und sofort hat es bei mir geklickt. Es ist sicherlich leichter zu verstehen als deine diffuse Wut.

Jill: Meine Erklärungen sind von dir noch nie verstanden worden.

Kurt: Du bist einfach nicht hartnäckig genug. Wenn ich dich nicht verstehe, darfst du nicht gleich die Flinte ins Korn werfen.

Therapeutin: Sie meinen also, die Verantwortung liegt bei ihr, Kurt?

Jill: Genau, warum soll immer ich die Verantwortliche sein? Wenn du mir einfach nicht zuhören willst, warum soll ich mich dann so abrackern? Schon wieder sagst du mir:»Du hast dich nicht genug bemüht, es mir richtig zu erklären. Du solltest lernen, dich klarer auszudrücken.« Damit habe ich wieder den Schwarzen Peter. Du sagst mir, die Ursache des Problems liegt bei mir.

Kurt *(in dem Versuch, nicht die Geduld zu verlieren)*: Da es dein Problem ist, mußt du den ersten Schritt tun und ich den zweiten. Ich kann den zweiten Schritt nicht tun ohne deinen ersten.

Jill: Wer sagt das? Wo steht geschrieben, daß ich den ersten Schritt tun muß und du den zweiten? Warum fängst du nicht an?

Therapeutin *(zu Kurt)*: Was wäre denn für Sie der erste Schritt?

Kurt: Ein offeneres Ohr für mögliche Kritik. Aber wenn ich etwas sage, das dich wütend macht, dann möchte ich, daß du mir das sagst.

Jill: Warum hörst du nicht einfach auf, an mir herumzukritisieren?

Kurt blieb für einen Augenblick die Sprache weg, dann faßte er sich jedoch wieder und ging in die Offensive.

Kurt: Sehen Sie, ich kann es ganz offen sagen. Ich bin sicher, daß Jill liebevoller, herzlicher und sexuell aktiver wäre, wenn ich sie nie kritisieren oder versuchen würde, sie zu analysieren oder ihr Anleitungen zu geben – das ist doch offenbar der Kern, um den es hier geht. Aber das ist unmöglich. Und warum? Na ja, es ist nun mal eine Tatsache, daß ich der Ältere bin, daß ich mehr Erfahrung habe und mehr weiß. Es gibt so vieles, was sie einfach nicht sieht oder versteht. Ich wurde in einer Umgebung großgezogen, in der Wissen und Erfahrung sehr viel galten. *(Lacht ein wenig verwirrt.)* Sie verlangen von mir, daß ich mich in mancher wichtigen Hinsicht ändere. Ich weiß nicht, ob ich dazu in der Lage wäre. Sie verlangen von mir, ein Heiliger zu sein.

Ich erwiderte scherzhaft, ein Heiligenschein würde ihm wahrscheinlich gut stehen, den Bart eines Heiligen habe er ja bereits. Darüber schien er sich zu freuen und fuhr fort:

Kurt: Ich habe nur die Wahl zwischen zwei Entscheidungen – entweder kann ich die Ehe aufgeben, was ich nicht will, oder ich kann mich in wesentlicher Hinsicht ändern, und ich weiß nicht, ob ich das will.

Jill war erschrocken durch die Drohung und wollte schon wieder einen Rückzieher machen.

Jill: Du brauchst dich gar nicht so sehr zu ändern, es reicht, wenn du mir ein wenig Anerkennung gibst.
Therapeutin: Warum lassen Sie ihn so davonkommen?
Jill: Weil er mir Angst macht. Wenn er es nicht schafft, sich zu ändern, wird er sich scheiden lassen.
Therapeutin: Sie wollen ihn also davor beschützen, sich mit dieser Entscheidung herumzuschlagen? Er hat gesagt, daß er die Ehe nicht aufgeben will. Sie werden ihm doch jetzt nicht die Möglichkeit nehmen wollen, daß er sich ändert, oder doch?

Auf diese Weise versuchte ich, das Grundmuster in der Beziehung zwischen den beiden Partnern zu erschüttern: Jill zog sich zurück, und Kurt versuchte, den Status quo aufrechtzuerhalten. Anschließend fragte ich Jill, was sie damit gemeint hatte, als sie sagte, sie könne nicht einfach mit Kurt ins Bett gehen, wenn sie nicht auch über andere Dinge miteinander sprachen. Sie sagte, obwohl beide in einem anstrengenden Beruf arbeiteten, werde von ihr erwartet, daß sie die Dinge am Laufen hielt, während Kurt »in akademischen Sphären« weilte. So blieb zum Beispiel in den Tagen vor Weihnachten alles an ihr hängen – sie mußte ein großes Essen kochen, die Verwandten einladen, den Baum schmücken und alle Geschenke, auch die für Kurts Angehörige, einkaufen, in Geschenkpapier einpacken und verschicken. »Es ist kein Spaß, wenn man damit ganz allein ist«, sagte Jill. »So ist es in unserer Ehe. Wenn ich zu Bett gehe, bin ich zu müde, um noch an Sex zu denken, nachdem ich den ganzen Tag gearbeitet und den Haushalt gemacht habe.«

Darauf begann Kurt, einen langen Vortrag über die Bedeutung seiner Arbeit zu halten – Vorlesungen und Vorträge mußten vorbereitet werden, es gab Termine mit Patienten und ein Buch, an dem er arbeitete. Wiederum machte Jill einen Rückzieher. Ich ermutigte sie jedoch, möglichst genau zu sagen, welche Mitarbeit im Haushalt sie von Kurt erwartete. Doch auch jetzt forderte sie mehr Anerkennung statt mehr Gleichheit. Es lag auf der Hand, daß Jill im Grunde ihres Herzens überzeugt war, Kurts Arbeit sei wichtiger als ihre und verdiene deshalb ihren Verzicht und ihre Unterstützung.

Dramatisierung der Dilemmas

Eine Möglichkeit, tief eingewurzelte Überzeugungen zu erschüttern, besteht darin, die ambivalenten Gefühle, mit denen sie verbunden sind, zur Sprache zu bringen und zuzuspitzen. Da der vorliegende Fall von einer Gruppe von Ausbildungskandidatinnen beobachtet wurde, hielt ich es an diesem Punkt für zweckmäßig, daß die Gruppe im Hinblick auf die Bereitschaft des Paars, seine Überzeugungen aufzugeben, eine andere Position einnahm als ich. Die Spaltung zwischen der Gruppe und mir verfolgte den Zweck, die individuellen Dilemmas der beiden Partner zu spiegeln, ihnen Alternativen vorzuführen und sie herauszufordern, etwas anderes zu tun. Nachdem ich mich entschuldigte hatte, weil ich »Rücksprache mit meinem Team« halten wolle, kehrte ich mit der folgenden Botschaft zurück, in der unsere unterschiedlichen Auffassungen über eine Veränderung zum Ausdruck kamen.

Therapeutin: Die Gruppe ist der Meinung, Jill, daß Sie nicht imstande sein werden, irgendwelche Ansprüche an Ihren Mann zu stellen oder ihn um das zu bitten, was Sie brauchen, weil Sie in Ihrem Innern überzeugt sind, daß seine Belange wichtiger sind als Ihre.

Jill *(die aufmerksam zugehört hat)*: Die Gruppe hat zum Teil recht, aber ich möchte gern darüber hinwegkommen.

Therapeutin: Und was Sie, Kurt, angeht, so glaubt die Gruppe, daß Sie sich dafür entscheiden werden, sich nicht wesentlich zu ändern, weil das bedeuten würde, daß Sie einige Ihrer Privilegien aufgeben müßten, und die Gruppe glaubt, daß Ihnen diese Privilegien wichtiger sind als Jill.

Kurt: Die Gruppe ist sehr naiv und vereinfacht zu sehr. Sie hat meine Motive und Absichten völlig falsch verstanden.

Therapeutin: Ich bin Ihrer Meinung und denke, die Gruppe ist zu pessimistisch. Ich glaube, Jill, daß Sie durchaus in der Lage sind, Ihre Bedürfnisse und Prioritäten zu erkennen und sie Kurt klar mitzuteilen. Sie haben gesagt, Sie wollten nicht länger eine zusammengerollte Schlange auf der anderen Seite des Flusses sein, und ich glaube, daß Sie bereit sind, den Fluß zu überqueren und Kontakt mit dem Krümelmonster aufzunehmen. Und Sie, Kurt, haben Ihre analytischen Fertigkeiten dazu benutzt, viele wertvolle Erkenntnisse über sich selbst und über Ihre Beziehung mit Jill zu gewinnen, und ich vermute einmal, Sie werden sich entscheiden, daß Jill Ihnen wichtiger ist als Ihre Privilegien.

Während der nächsten Sitzung sagte Kurt, er sei nach unserem letzten Zusammentreffen auf etwas sehr Wichtiges gestoßen.

Kurt: Ich habe mich gefragt, warum es mich geärgert hat, als Jill sich beklagte, daß ich mich zuwenig an der Hausarbeit beteilige. Und wenn ich einmal ganz ehrlich bin, dann liegt es meiner Herkunft. *(Selbstironisch)* Ich sollte immer der kluge Kopf sein – ich bin der Intellektuelle. Alle anderen sollen sich in ihrem Leben gefälligst nach meiner Arbeit richten. Ich glaube, für mich ist das fast so etwas wie eine Selbstverständlichkeit, daß alle anderen ihr Leben so einrichten, daß ich diese Arbeit machen kann. So war es die ganzen Jahre bei meinen Eltern. Wie kommt Jill dazu, daran zu kratzen!

Ich erwiderte:»Die Gruppe dachte, Sie wären nicht in der Lage, das aufzugeben, weil so etwas tief in einem drinsteckt und man sehr zäh an liebgewordenen Gewohnheiten festhält.« Kurt entgegnete:»Jedenfalls lagen sie falsch damit. Ich habe über vieles nachgedacht, und ich sehe die Lage wesentlich realistischer. Ich war noch nie mit dem zufrieden, was ich hatte. Immer wieder habe ich Jill bedrängt, sie solle sinnlicher sein, einsichtiger, vernünftiger – eher so wie ich. Wenn ich immer an ihr gezerrt und mich eingemischt habe, dann lag das zum Teil daran, daß ich versucht habe, sie mir ähnlicher zu machen. Inzwischen bin ich mir darüber im klaren, daß sie niemals wie ich sein wird. Sie kann mehr geben, wenn ich weniger von ihr fordere. Aber Jill hat mir natürlich dabei geholfen. Sie hat mir deutlicher gesagt, was sie von mir wollte.«

Jill lächelte und sagte – ohne dabei in ihre frühere Rechtfertigungshaltung zurückzufallen –, sie sei bereit, die Hälfte der Verantwortung für die Änderung zu übernehmen.

Zusammenfassung

In dem geschilderten Fall sah ich in der von dem Ehemann als Problemursache angegebenen»Frigidität« der Frau einen Bestandteil jener Beziehungmuster zwischen Mann und Frau, bei denen es überwiegend um Probleme von Macht, Autorität, Kommunikation und Verantwortung ging. Statt auf die psychosexuelle Entwicklung der Frau einzugehen, um der Ursache ihres»sexuellen Problems« auf den Grund zu kommen, war ich ihr behilflich, sich über ihre Gefühle und Bedürfnisse in der gegenwärtigen Situation klarzuwerden: zunächst durch die Methode der strukturierten Phantasie und anschließend durch eine direkte Formulierung. Indem ich ihre heimliche Überzeugung in Frage stellte, daß ihre Bedürfnisse nicht so wichtig seien wie die ihres Mannes, verschaffte ich ihr die Möglichkeit, ihre Position der Hilflosigkeit zu verlassen und mehr Verantwortung für ihr Leben zu übernehmen.

In meiner Arbeit mit Kurt war ich hauptsächlich bemüht, ihm die Augen dafür zu öffnen, wie weit er selbst am emotionalen und sexuellen Rückzug seiner Frau beteiligt war, und ihm zu helfen, daß er einen Zugang zu ihr fand, ohne seine analytischen Fähigkeiten einzusetzen. Durch die Suche nach neuen Möglichkeiten, seine Frau zu erreichen, übernahm er seinen Teil der Verantwortung nicht nur für das Problem, sondern auch für die Suche nach einer Lösung. Indem er seine eingewurzelten Vorstellungen von Macht und Privilegien aufgab, war er nach und nach imstande, seine Frau als ein eigenes, von ihm unabhängiges Wesen zu sehen, und konnte eine nunmehr bereicherte Beziehung mit ihr genießen.

Fallbeispiel
Das beschützende Paar

Olga Silverstein

Das kulturelle Klischee

Ich habe diesen Fall gewählt, weil er besonders deutlich die Wirkung der gesellschaftlichen Prägung von Paarbeziehungen vor Augen führt. Die geschelechtsspezifischen Zuschreibungen und Festlegungen, durch den umfassenderen Kontext teils offen, teils verdeckt definiert, sind inzwischen gut belegt. Frauen sind den ihnen Nahestehenden emotional verbunden, sind offen für Gefühlsprobleme und können ihre Gefühle freier zum Ausdruck bringen. Männer sind stärker sachbezogen und nach außen orientiert, emotional verschlossener und so weiter. Das sind die Stereotype unserer Kultur. Es ist schwer, ein Paar anders als durch die Brille dieser Festlegungen zu sehen. Eine Therapeutin kann leicht in den Fehler verfallen, das Besondere einer lesbischen Beziehung zu übersehen, einer intimen sexuellen und sozialen Beziehung zwischen zwei Frauen. Ein bißchen vergleichbar der liberalen, weißen Therapeutin, die von sich sagt, sie sei frei von Rassenvorurteilen, sind jene Therapeutinnen, die behaupten, ein Paar sei für sie ein Paar und sonst nichts.

Eigentlich sollte man erwarten, daß zwei Frauen, die zusammenleben, zuviel des Guten miteinander teilen – zuviel Verständigung, Gemeinsamkeit, Fürsorge und so weiter. Was jedoch tatsächlich geschehen kann und auch geschieht, ist die unbewußte Nachahmung einer typischen Beziehung zwischen Mann und Frau. Darin bestand auch das Problem für Bea und Annie.

Bea, die Ältere und Erfahrenere der beiden, hatte die »männliche« Rolle übernommen, während Annie die traditionelle »kleine Frau« ausagierte.

Das Paar

Der Kontakt mit mir kam durch einen Anruf von Annie zustande, die mich als erstes fragte, ob ich auch lesbische Paare berate, was ich bejahte. Darauf sagte sie, ihre Freundin und sie müßten möglichst bald mit jemandem sprechen, da beide große Schwierigkeiten miteinander hatten und sie das Gefühl habe, sich in einer Krise zu befinden. Annie war eine schmächtige, angespannt wirkende Frau von 35 Jahren, während ihre etwas matronenhafte Freundin Bea 50 Jahre alt war. Sie lebten seit sechs Jahren zusammen – drei gute und drei schlechte Jahre. Das Problem ließ sich schwer benennen – sie sagten zunächst, sie hätten ein Kommunikationsproblem.

Annie: Wir reden nicht miteinander. Ich weiß, daß Bea verärgert und wütend auf mich ist, aber wenn ich sie nach dem Grund frage, sagt sie »es ist nichts« oder »das weißt du ganz genau«. Es macht mich verrückt, aber ich bringe sie einfach nicht dazu, daß sie mir den Grund nennt.

Therapeutin: Aber sie hat Ihnen gesagt, daß sie verärgert ist, oder?

Annie: Richtig.

Therapeutin: Können Sie zwischen »verärgert« und »wütend« unterscheiden?

Annie: Meistens.

Therapeutin: An der Kommunikation scheint es also nicht zu liegen. Bea braucht nicht einmal etwas zu sagen, Sie lesen ihr ja viel vom Gesicht ab. *(Zu Bea)* Würden Sie sagen, daß sie recht hat – manchmal, meistens oder immer?

Bea: Es spielt keine Rolle, ob sie recht hat oder nicht. Mir steht's bis oben, daß sie sich immer für mich den Kopf zerbricht. Sie »weiß« noch vor mir, daß ich verärgert bin. Ich komme zur Tür herein, und noch ehe ich den Mund aufmache, fragt sie: »Was ist los?«

Therapeutin: Und was tun Sie dann?

Bea: Manchmal sage ich es ihr. Manchmal stinkt's mir einfach, und ich sage nichts, aber sie läßt mir keine Ruhe, bis ich schreie. Gestern habe ich eine Schüssel nach ihr geworfen – zum Glück hat sie sich geduckt. Ich fürchte, eines Tages werde ich sie umbringen.

Therapeutin: Annie, ist es auch schon mal umgekehrt, so daß

Bea Ihnen die schlechte Stimmung vom Gesicht abliest und Sie fragt, was Sie haben?

Annie: Nein, ich bin nie eingeschnappt. Man hat mir beigebracht, immer gute Miene zu allem zu machen. Meine Mutter hatte einen kleinen Spruch, den sie uns immer wieder aufsagte:»Lache, und die Welt lacht mit dir – weine, und du weinst allein.«

Therapeutin: Woher weiß dann Bea, wenn Sie einmal aufgebracht oder wütend sind?

Annie: Ich werde nur aufgebracht, wenn Bea mich ärgert, und dann weiß sie es auch.

Therapeutin: Sie weiß es einfach?

Annie: Ja.

Die Vorgeschichte

Annie und Bea lernten sich vor zehn Jahren im Haus einer gemeinsamen Freundin kennen. Einige Jahre lang trafen sie sich gelegentlich, bevor sie beschlossen, zusammenzuleben. Damals vor zehn Jahren hatte Annie noch einen Freund, und Bea lebte seit fünf Jahren mit einer Frau zusammen.»Wir hatten uns sehr gern, aber nur kameradschaftlich.« Eines Abends hatte Annie einen fürchterlichen Krach mit ihrem Freund, und Bea bot ihr an, sie nach Hause zu bringen. Bea blieb über Nacht –»sie war so jung, so unglücklich, ich konnte sie einfach nicht allein lassen«. Sie verliebten sich ineinander. Für Annie war es nicht die erste lesbische Beziehung – sie hatte auf der High-School erste Erfahrungen gesammelt –, sie wollte damals jedoch»hetero« sein, wie sie sagte.»Aber als Bea bei mir blieb, da wußte ich, das war es, was ich eigentlich wollte.«

Annie stammt aus einer vorstädtischen Mittelschichtfamilie, in der der Vater der»King« war. Sie hatte zwei ältere Brüder, die beide verheiratet waren und nicht in der Nähe des Elternhauses wohnten.»Meine Mutter war eine Heilige«, sagte sie.»Sie wußte bei allen ihre Wünsche schon vorher. Wahrscheinlich auch meine, aber weniger als bei den anderen. Ich war ihr Kumpel. Sie sagte immer:›Wir wollen die Sache in Ordnung bringen, bevor die Männer heimkommen.‹ Zu dieser Zeit waren meine Brüder noch kleine Jungen. Sie nannte sie immer›die Männer‹. Mein Vater war prima. Er kümmerte sich um alles. Jeden Samstagabend setzte er sich hin und vergab Aufträge für die kommende Woche –›Stewart, du mähst den Rasen, Matthew, du gehst für deine Mutter einkaufen, und Annie macht den Abwasch.‹ Er nahm meiner Mutter alles ab. Sie sagte immer: ›Ich werde euren Vater fragen.‹«

Therapeutin: Was glauben Sie, Annie – war Ihre Mutter eine glückliche Frau?

Annie: Wenn man sie gefragt hätte, dann hätte sie gelacht und gesagt:»Lache, und die Welt lacht mit dir ...«

Therapeutin: Was glauben Sie?

Annie: Nein, und ich war wohl die einzige, die es wußte. Ich konnte es an ihrer Stimme hören, an ihrem Gesicht sehen – an der Art und Weise, wie sie ihre Finger ineinanderschlang. Aber sie würde es nie zugeben. Selbst heute – ich weiß, es bringt sie fast um, daß ich mit Bea zusammenlebe. Ich habe es ihr vor zwei Jahren gesagt, daß wir uns lieben, und sie versprach, meinem Vater nichts davon zu sagen – und ich weiß, sie hat es nicht getan –, aber sie sieht mich immer mit diesem Hundeblick an, und ich könnte sterben.

Therapeutin: Ich vermute, daß Sie dort gelernt haben, so gut in Gesichtern zu lesen.

Beas Geschichte hörte sich etwas anders an. Sie stammte aus einer vielköpfigen Familie des Südens.»Arm – Sie wissen nicht, was arm ist, solange Sie nicht die armen Weißen in den Südstaaten gesehen haben«, sagte sie.

Bea: Mein Vater trank. Wenn er nicht arbeitete, trank er. Manchmal verdrosch er uns Kinder, und einmal, nur einmal erinnere ich mich, daß er auch meine Mutter geschlagen hat. Ich griff mir einen Schürhaken und sagte zu ihm, wenn er sie noch einmal anrührte, würde ich ihn umbringen. Er wußte, daß ich es ernst meinte, und tat ihr nie wieder etwas. Jedenfalls nicht in meiner Gegenwart.

Egal, mit sechzehn war ich verheiratet, und mit zwanzig hatte ich drei Kinder. Eines Abends kam mein Mann betrunken nach Hause, und ich dachte, nein, nicht schon wieder. Ich nahm die Kinder und den Wagen und fuhr einfach davon. Ich hatte ein paar Männer, aber es war immer dasselbe. Als ich dreißig war und die Kinder größer wurden, hatte ich die erste Freundin. Sie war selbst nur ein Kind, aber ich liebte sie. Wir blieben zehn Jahre zusammen.

(Sie seufzt.) Als sie mich verließ, dachte ich, ich müßte sterben. Die Kinder waren inzwischen alle aus dem Haus. Die Mädchen sind verheiratet, Georgie, der Junge, ist bei der Marine. Ich war eine verdammt gute Mutter. Als ich Annie kennenlernte, lebte ich mit einer Frau zusammen, aber ich habe mir nicht wirklich etwas aus ihr gemacht. Es war einfach, um nicht allein zu sein, wissen Sie. Jedenfalls war Annie süß und klein, und sie brauchte jemanden. Wir hatten es am Anfang wirklich gut miteinander – ich kann ziemlich launisch sein, und Annie ist wie ein Singvogel. Und sie heiterte mich immer wieder auf, aber in der letzten Zeit kann ich nichts mehr machen, ohne daß sie um mich herumflattert und mich fragt: »Ist was nicht in Ordnung? Was habe ich getan? Sag mir, was ich tun soll, ich werde alles tun.«

Die »Ehe«

Obwohl sie ganz unterschiedlicher Herkunft waren, hatten Annie und Bea bestimmte Eigenschaften mit den meisten Frauen gemeinsam. Beide waren sie mütterlich und fürsorglich, vor allem Bea, die für ihre Kinder und die eigene Mutter eintrat und sich der jungen und bedürftigen Annie annahm. Aber nachdem aus der Beziehung eine Art »Ehe« geworden war, hatte sich auch hier eine ähnliche Rollenteilung eingestellt, wie wir sie von traditionellen Ehen kennen. So war es nicht verwunderlich, daß sie verwirrt waren und sich unfähig fühlten, miteinander ins Gespräch zu kommen.

Diese von den beiden Frauen als eigentliches Problem wahrgenommene Unfähigkeit stellte ich in Frage.

Die Therapie

Therapeutin: Ich bin wirklich erstaunt. Ich hätte geglaubt, daß zwei Frauen, die sich eine Zeitlang als Freundinnen gut verstanden haben, dies auch dann noch tun, wenn sie ein Liebespaar geworden sind. Wann haben Sie beide angefangen, Mama und Papa zu spielen?

An einer anderen Stelle bat ich beide, aufzuschreiben, welche guten und welche schlechten Seiten es in ihren Augen hatte, eine Frau zu sein.

Auf Annies Liste stand:
1. Frauen schließen leichter Freundschaft.
2. Frauen verstehen mehr von anderen Menschen.
3. Frauen kümmern sich um andere.
4. Sie sind nicht so selbstsüchtig.
5. Eine Frau zu sein bedeutet, daß man schwach oder bedürftig sein kann, ohne sich zu schämen.
6. Als Frau kann man weinen.
7. Frauen sind weniger auf Konkurrenz aus.
8. Sie wollen es immer hübsch haben.
9. Frauen sind nicht aggressiv.
10. Frauen sind liebevoller.

Auf Beas Liste stand:
(Das Positive)
1. Frauen sind nicht aggressiv.
2. Sie müssen nicht beweisen, wie groß sie sind.
3. Sie versuchen nicht, andere zu überwältigen.
4. Frauen stehen auf derselben Seite.
5. Sie wissen, wie man sich anderer Menschen annimmt.
(Das Negative)
1. Sie sind zu schnell gekränkt.
2. Sie kümmern sich nicht um sich selbst.

Bea: Ist das eine weibliche Eigenschaft?
Therapeutin: Ich glaube schon.
Bea: Na, dann ist es nichts Positives.
Annie *(lacht)*: Das geht auf mich.

Ich bat beide, von ihren früheren heterosexuellen Erfahrungen zu sprechen.

Annie: Ich hatte nur einen Mann – außer meinem Vater. Zählt er mit? Nun, es gab Billy. Billy und ich gingen zusammen auf die High-School. Er war nicht wie mein Vater. Aber in einer Hinsicht war er es wohl doch. Er sagte mir immer, was ich zu tun hatte. Wir stritten uns fürchterlich, aber danach tat es ihm wieder leid, und er wollte es wiedergutmachen – das hieß grundsätzlich Sex – einfach ins Bett gehen, und alles war wieder gut. Ich hatte dafür kein Verständnis. Noch heute nicht. Wie kann man mit jemandem ins Bett gehen, wenn man ihn verabscheut? Ich kann das nicht.

Therapeutin: Die meisten Frauen können es nicht. Frauen müssen im allgemeinen zärtliche Gefühle haben, wenn sie mit einem anderen Menschen sexuell zusammensein wollen.

Annie: Männer nicht?

Therapeutin: Nicht immer. Sexualität hat viele Bedeutungen für die Menschen, aber häufig bedeutet sie für Frauen etwas anderes als für Männer.

Annie: Frauen müssen also zärtliche Gefühle haben, wenn sie Sex wollen. Das setze ich mit auf meine Liste.

Therapeutin: Und was meinen Sie dazu?

Bea: Mein Mann war kein schlechter Mensch, aber er machte sich gern wichtig. Ich verstand das. Es machte mir nicht einmal etwas aus. Er hatte so ein bestimmtes Gehabe, wissen Sie, »ich bin ein Mordskerl«. Er war ganz nett, aber er wußte einen Dreck von mir, und es war ihm auch völlig Wurscht. Später, als die Kinder kamen und er zu trinken anfing, wurde er gemein. Ich glaube, weil er nicht wußte, wie er uns etwas geben konnte – ich weiß es nicht. Und ich haßte es, mit ihm schlafen zu müssen. Das war ein großes Problem. Heute weiß ich das, aber damals konnten wir nicht darüber reden. Wenn ich es versuchte, ging er aus dem Zimmer, schlug die Tür hinter sich zu, kam betrunken nach Hause. Es war zu sehr wie bei meinen Eltern. Er hat uns nie geschlagen oder so, aber trotzdem . . .

Später hatte ich andere Männer, aber es klappte nie so richtig. George – George war gut zu meinen Kindern, und ich mochte ihn dafür, aber er redete nicht mit mir – vielleicht, weil er nicht konnte. Ich war nicht sehr verständnisvoll, glaube ich. Ich versuchte, ihm die Würmer aus der Nase zu ziehen. Schließlich verließ ich ihn, weil ich uns nur beide unglücklich machte. Vielleicht hätte ich mehr Verständnis haben müssen. Ich glaube, er war ein guter Mensch.

Therapeutin: Würden Sie Ihre weibliche Neigung, für eine Beziehung alle Verantwortung zu übernehmen, zu den positiven oder zu den negativen Dingen auf Ihrer Liste rechnen?

Bea: Tue ich das?

Therapeutin: Es sieht so aus.

Bea: Ich weiß nicht. Muß ich das denn nicht?

Therapeutin: Na ja, Sie übergehen damit die Partnerin.

Bea: Ich weiß nicht, ob es negativ ist oder nicht.

Therapeutin: Es hängt davon ab, ob Sie die Verantwortung für Ihren Anteil oder für das Ganze übernehmen. Ist es möglich, eine gleichberechtigte Beziehung zu haben – zwei erwachsene Frauen mit liebevoller Achtung füreinander –, oder wäre das zuviel des Guten?

Geschlechtsrollenprobleme

Als sich die Probleme der Geschlechtsrollen deutlicher abzeichneten und die Tatsache, daß Bea und Annie zwei Frauen waren, die eine Beziehung hatten, in der Therapie bekräftigt und unterstützt wurde, traten konkretere Probleme als das unbestimmte »Kommunikationsproblem« zutage.

Annie erzählte mir, sie arbeite als Friseuse, seit sie Bea kennengelernt hatte. Aber einige Monate vor ihrem Anruf bei mir beschlossen zwei ihrer Kolleginnen, einen eigenen Frisiersalon zu eröffnen, und fragten sie, ob sie mitmachen wollte. Sie sagte, sie scheue sich, Bea davon zu erzählen, weil Bea seit langem davon träumte, ein kleines Restaurant aufzumachen – sie war Kellnerin von Beruf –, aber es war nie dazu gekommen. »Ich konnte ihr das nicht antun«, sagte Annie. »Ich fürchtete, es würde sie kränken.«

Ich machte sie erneut darauf aufmerksam, daß sie sich wie eine gute kleine Ehefrau verhielt – sie steckte ihre eigenen Bedürfnisse und Ziele zurück und schützte das Selbstgefühl ihrer Freundin.

Bea war darüber sehr ungehalten und sagte: »Ich will nicht, daß sie das für mich tut. Ich fände es gut, wenn sie ihre eigenen Sachen machen würde.«

Therapeutin: Wie kommt es, daß Annie das nicht weiß? Wann haben Sie aufgehört, wichtige Dinge miteinander zu besprechen?

Bea: Ich glaube, als ich anfing, mich wie »Papa Brummbär« zu benehmen.

Beide mußten lachen.

Ich versuchte, ihnen deutlich zu machen, auf welche Weise Bea in eine Ecke manövriert worden war, wo sie all das tut, was sonst Männer tun. Sie zieht sich von Annie zurück, wenn sie verärgert oder wütend ist. Sie möchte sich um sie kümmern, weil sie »süß ist

und klein und jemanden braucht«. Mit der Zeit fühlt sie sich überverantwortlich für das materielle Wohlergehen des Paars, fühlt sich
überfordert, spricht jedoch wenig darüber und brütet schweigend
vor sich hin.
»Was für ein konventionelles Muster!« sagte ich. »Es ist perfekt!«

Bea *(zu Annie)*: Denkst du wirklich daran, einen eigenen Salon
aufzumachen? Das finde ich prima, wirklich prima.
Annie *(hocherfreut)*: Und wie ist es mit dir und deinem Restaurant?
Bea: Nun, du machst den Anfang, und eines Tages kannst du mir
helfen, selbst was auf die Beine zu stellen.
Annie: Das werde ich, ganz bestimmt. Das gefällt mir.

Das einzige existierende Modell für Partner in unserer Gesellschaft
ist das des komplementären Ehepaars. Annie und Bea hatten ihr
Leben so eingerichtet, »als ob« sie ein heterosexuelles Paar wären.
Hätte ich dieses Paar wie ein konventionelles Ehepaar behandelt,
so hätte ich damit dieses »Als ob« bekräftigt und bestätigt. Die Be-
kräftigung der positiven Eigenschaften einer Frau verschaffte ihnen dagegen den Spielraum, sich als die guten Freundinnen und
fürsorglichen Frauen zu sehen, die sie beide waren.

Fallbeispiel

Wer das Geld hat, der bestimmt auch

Betty Carter

Ich habe diesen Fall ausgewählt, weil er das Thema »Geld = Macht« ebenso erhellt wie das Dilemma, das sich durch die traditionelle Erwartung an die Ehefrau ergibt, als Ausgleich für ihre finanzielle »Absicherung« sei sie verantwortlich für den Haushalt und die Kinder. Dieses angeblich für beide Teile »gerechte« Arrangement erweist seine Schwäche, sobald die Beziehung einer Belastung ausgesetzt wird, denn dann wird sonnenklar, daß es in jeder praktischen Hinsicht *sein* Geld ist und nicht ihr gemeinsames, und daß er zum mindesten die beträchtliche Macht des unbeschränkten Vetorechts ausübt.

Die »Sicherstellung«

Trotz der für die Ehefrau mit diesem Arrangement verbundenen Gefahren in einer Gesellschaft, die gekennzeichnet ist durch hohe Scheidungsraten und geringe Unterhaltszahlungen für die geschiedene Ehefrau und für die Kinder, wirkt die traditionelle Sozialisation so stark, daß es in den höheren sozialen Schichten noch immer das Muster ist, das den Töchtern als Ideal vorgehalten wird. Den Frauen in diesen Familien bringt man immer noch bei, ihren eigenen Status aus dem Wohlstand und der Stellung ihrer Ehemänner zu beziehen, und sie erfahren negative Sanktionen und den Verlust ihres Status von allen Seiten, wenn sie eine eigene berufliche Laufbahn anstreben.

Wir lesen inzwischen außerdem von manchen jüngeren erfolgreichen Karrierefrauen einer neuen Generation, die nach einer zehnjährigen Doppelbelastung durch Beruf und Haushalt beschließen, diesem Hochleistungsdasein den Rücken zu kehren und sich daheim ganz den Kindern zu widmen. Diesen Frauen ist die Luft ausgegangen, weil weder die Bedingungen in der Arbeitswelt noch die in der Ehe sich genügend geändert haben, um sie in ihrem beruflichen Weiterkommen *und* in ihren mütterlichen Pflichten zu unterstützen, und so standen sie am Ende mit zwei Vollzeitberufen da.

Häufig wird das Dilemma dieser hochqualifizierten und tüchtigen Frauen übersehen, weil ihr Wohlstand oder der ihres Mannes ihre Machtlosigkeit verdeckt.

Diese Frauen sind nicht nur dem Erwartungsdruck ihrer Ehemänner ausgesetzt, sondern leiden auch unter den Folgen ihrer Sozialisation und fühlen sich zum Teil unsicher und unfähig, sich notfalls auch allein durchzubringen. Die Vorstellung, daß man ein »Recht« auf finanzielle Sicherstellung durch den Ehemann habe, wird von einer Frau nur ungern freiwillig aufgegeben, die keine gute Ausbildung genossen und nicht das Selbstbewußtsein entwikkelt hat, daß sie für ihren Unterhalt nicht auf ihren Mann angewiesen ist.

In dieser sozialen Schicht werden die Männer auf hochkarätige Berufe mit hohem Einkommen orientiert, und aufgrund ihrer Erziehung erwarten sie, daß ihre Frauen ihnen den Rücken von allen anderen Tätigkeiten freihalten und ihren beruflichen Aufstieg aktiv unterstützen, indem sie unterhaltend sind, gesellige Veranstaltungen durchführen, bereit sind, den Wohnsitz zu wechseln, und so weiter. Je besser die Frau dieser unterstützenden Rolle gerecht wird, desto reicher, bedeutender und mächtiger wird der Mann und desto abhängiger und machtloser die Frau. Alkoholismus ist bei solchen Frauen weit verbreitet, und eine für sie bittere Scheidung kann sie innerlich zerstören und materiell mittellos machen.

Die Ehefrauen tun das ihre, um in diese Falle zu geraten, denn sie sind von dem überzeugt, was man ihnen im Elternhaus beigebracht hat: daß eine finanzielle »Sicherstellung« ihr Recht und ihre Belohnung ist, sowohl in der Ehe als auch bei einer Scheidung, und daß berufstätige Ehefrauen als solche ihren Ehemännern etwas wegnehmen, ihre Kinder vernachlässigen und sich selbst erniedrigen.

Die Risiken der Abhängigkeit

Diese Vorstellung berücksichtigt überhaupt nicht die – wirtschaftlichen und psychischen – Risiken eines Lebensplans, bei dem die Frau sich von anderen abhängig macht. Sobald es zwischen den Ehepartnern zu einem Konflikt kommt, sieht sich die Frau ohne ausreichende Machtbasis, um ihre Interessen zu vertreten, und muß ihre Zuflucht zu Bitten, Erpressung oder List nehmen, um ihre Ziele zu verfolgen. Der Geldwert ihrer Rolle wird ihr bestritten, sowohl ihr Wert an sich als auch der Wert für den Ehemann, dem sie den Rücken freihält, damit er seine beruflichen Wünsche verwirklichen kann. Es besteht kein Abkommen zwischen ihnen, daß er das Geld für ihre Partnerschaft verdient, während sie sich anderen, ebenso wichtigen Aufgaben widmet. Der Ehemann und seine Frau betrachten vielmehr in der Regel das von ihm verdiente Geld als sein Geld, das aus Pflichtgefühl oder Freundlichkeit mit der Frau und den Kindern »geteilt« wird. Diese Sicht setzt seinen guten Willen und sein Einverständnis bei Ausgabenentscheidungen voraus und verleiht ihr keinerlei finanzielle Autonomie oder Verhandlungsmacht. Sie mag davon überzeugt sein, daß sie ein »Recht« auf einen Teil seines Geldes habe, aber wenn es zu einem – persönlichen oder juristischen – Konflikt kommt, wird sie sehr bald die Unhaltbarkeit dieser Überzeugung zu spüren bekommen.

Leider ist die Macht ihrer Sozialisation so stark, daß viele Frauen aus der Mittel- und Oberschicht die fundamentale Bedrohung ihrer Autonomie und Reife nicht sehen können, die in diesem System der »Komplementarität« lauert, und so machen sie ihr eigenes persönliches Versagen oder das ihrer Ehemänner für ihre Schwierigkeiten verantwortlich.

Um meine Ansicht zu untermauern, stelle ich im folgenden Fallbeispiel lediglich die Kernfamilie und die erste Phase ihrer Therapie vor. Als das hier behandelte Problem gelöst war, fielen mir die Worte des Therapeuten ein, der am Schluß des Romans von Philip Roth, *Portnoys Beschwerden*, sagt:»So. Dann wollen wir mal anfangen«, und von dem Augenblick an sprachen wir über die anderen Probleme, die dem Paar zu schaffen machten.

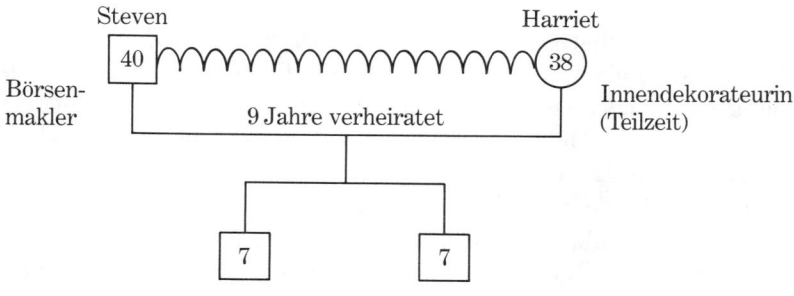

Das Symptom: »Wir reden nicht miteinander«

Harriet hatte um einen Termin gebeten, weil manches in der Ehe nicht so lief, wie sie es gern gehabt hätte. Steven war zwar nicht der Ansicht, daß sie eine Therapie bräuchten, willigte aber ein, »mitzumachen«. Wenn die beiden Ehepartner miteinander stritten, ging es meistens ums Geld: wie verschwenderisch sie war und auch sein wollte, wie knickerig und knauserig er war. So sehr ich mich auch bemühte, das Gespräch auf die Gefühlsebene zu bringen, sie kamen immer wieder auf ihr Problem mit dem Geld zurück, so daß ich mich entschloß, diese Machtfrage als Einstieg für die Arbeit mit ihnen zu benutzen. Ihre Situation ist nicht ungewöhnlich, wohl aber die Freimütigkeit, mit der sie über das Geldproblem sprachen.

Steven: Das ist nicht »unser« Geld, es ist mein Geld. Ich schufte mir den Buckel krumm und habe keine Lust, verrückte Ausgaben zu genehmigen, bei denen mein Geld verschleudert wird. Sie hat ein Hausmädchen für den ganzen Tag, einen Stall voll Babysitter für unsere Kinder; sie arbeitet nur, wenn ihr der Auftrag oder der Kunde zusagt, und sie glaubt, ich wäre so eine Art alter Knacker, der eine junge Frau aushält. Ich fühle mich ausgebeutet.

Harriet (in Tränen ausbrechend): Was glaubst du eigentlich, wieviel Arbeit es kostet, deinen Haushalt in Ordnung zu halten und deine Kinder großzuziehen? Ich arbeite beruflich nicht ganztags, weil deine Kinder mich brauchen. Und selbst wenn ich den ganzen Tag arbeiten ginge, würde ich auch nicht annähernd soviel verdienen wie du. Warum muß ich um jeden Groschen, den ich für mich, für die Jungen oder das Haus brauche, bitten und betteln oder dich austricksen?

Stevens Vater hatte in seiner Familie ein strenges Regiment geführt und zu allem und jedem, das seine Frau und die Kinder benötigten, seine Zustimmung entweder gegeben oder verweigert. Steven war der Meinung, das habe sich bestens bewährt, und er versuchte nach Kräften, es seinem Vater gleichzutun.

Harriet beschrieb sich als »Daddys Liebling« und sagte, ihr Vater habe ihr alles gegeben, was sie wollte, aber sie habe ihn nie um etwas »Unvernünftiges« gebeten. Sie weigerte sich, einen regelrechten Haushaltsplan aufzustellen, weil Steven ihn dann durchgehen und zahlreiche Ausgaben streichen würde, die ihrer Ansicht nach für das Haus, die Kinder und für sie wichtig waren. Sie hatte keine eigene Position, von der aus sie mit Steven verhandeln konnte, sondern reagierte auf seine Argumente eher defensiv und aufbegehrend.

Jeder meiner Versuche,»Geld« in ein emotionales Problem umzudeuten, schlug fehl. Auch gelang es mir nicht, Harriet oder Steven für eine Erörterung der Probleme zu interessieren, die beide mit ihren Eltern hatten.

Schließlich rief Harriet ziemlich theatralisch aus:»Wie können wir, der Herr und seine Sklavin, überhaupt etwas miteinander besprechen?« Steven erwiderte:»So weit würde ich nicht gehen, aber ich bin auf jeden Fall der Meinung, was die Verantwortung für das Geld angeht, sind wir Vater und Kind.«

Verhandeln um eine Änderung

Die von ihnen gebrauchten Wendungen klangen mir in den Ohren: »Herr und Sklavin«, »Vater und Kind«. In der Tat: Wie konnten zwei so ungleiche Partner etwas miteinander aushandeln, das nicht nach dem Belieben des Mächtigeren wieder zurückgenommen werden konnte? Wie konnte ich Steven dazu bringen, den wirklichen finanziellen Wert des Beitrags zur Familie zu sehen, den Harriet leistete? Wie konnte ich Harriet dazu bringen, nicht immer gleich an die Decke zu gehen, sondern eine eigene Position aufzubauen?

Wie hatte ich mich bisher bei ähnlichen Eheproblemen verhalten? Ganz einfach. Ich hatte die Frau zurechtgewiesen (natürlich in freundlichem Ton), weil sie unverantwortlich mit dem Geld umging, und hatte den Ehemann dazu bewogen, ihr einen bestimmten Betrag als »Haushaltsgeld« zu bewilligen und an sie die Befugnis zu »delegieren«, das Geld innerhalb eines vereinbarten Rahmens auszugeben. Diese Lösung beseitigte den lästigen Streit um das Geld, ohne daß sich an der Machtverteilung der Beziehung etwas ändern mußte. Leider hielt sie nur so lange, bis der Ehemann bei einer bestimmten Geldausgabe nicht mehr mitmachte.»Es wäre einfacher, wenn sie sich scheiden ließen«, dachte ich,»dann wären sie gezwungen, eine gerechtere finanzielle Vereinbarung auszuhandeln.« Und dann kam mir die Idee: Ich sagte, ich würde nicht mit ihnen arbeiten, solange sie sich nicht mit Hilfe eines Vermittlers über ihr Geld-problem geeinigt hätten, ganz wie sie es bei einer Scheidung auch tun müßten. Harriet stimmte sofort zu, und Steven, der sich wohl in einer unangreifbaren Position fühlte,»machte mit«.

Etwa vier Monate später vereinbarten sie einen neuen Termin mit mir. Mit beträchtlicher Unterstützung durch einen beratenden Buchhalter und einen Vermittler hatte Harriet demonstriert, daß ihr Beitrag zur Partnerschaft jährlich einen hohen Geldbetrag wert war, ganz abgesehen von dem, was sie für die Kinder tat. Dies, so Harriet, gebe ihr einen legitimen Anspruch auf einen Großteil des gemeinsamen Nettoeinkommens und der Vermögenswerte. Sie sagte, wenn es mit der Pfennigfuchserei kein Ende nehme, werde sie darauf bestehen, daß sie dieses errechnete Geld tatsächlich von ihm erhielt, und es auf ein eigenes Konto einzahlen, über das allein sie und nach Gutdünken verfügen konnte. Steven glaubte nicht, daß es so weit kommen würde, denn sie hatten sich schließlich mit Hilfe eines Vermittlers auf ein Budget geeinigt. Er sagte, diese Er-fahrung habe seine Vorstellungen vom finanziellen Wert der Rolle seiner Frau ins Wanken gebracht. Harriet sagte, nachdem ihr klar-geworden sei, daß sie ein *Anrecht* auf einen Teil des Familienein-kommens habe, sei sie imstande gewesen, statt in Tränen auszubre-chen darüber nachzudenken, wieviel Geld sie wirklich für das Per-sonal und den Haushalt brauchte. Als sie feststellte, daß in einem Budget sowohl ihre als auch Stevens Prioritäten zum Ausdruck kommen würden, bekam sie Lust, eines aufzustellen. Ihre wichtig-ste Erfahrung war die, daß sie es inzwischen als unsicher und kin-disch empfand, so sehr von dem Geld abhängig zu sein, das ein an-derer als sie verdient hatte, und sie fing an, ihrer beruflichen Tätig-keit einen ganz anderen Stellenwert einzuräumen als bisher.»Ich mußte immer daran denken: Wenn dies nun wirklich eine Scheidung gewesen wäre, und Steven wäre wütend und unfair, wo würde ich dann bleiben?«

Schlußbemerkung

In diesem Beispiel hatte ich Harriets Gefühl der Machtlosigkeit an-erkannt, indem ich sie quasi auf eine Bühne schickte, auf der ihre Ungleichheit angesprochen wurde und wo sie jene Fertigkeiten er-werben konnte, die sie brauchte, um einerseits kompetenter mit

Geld umzugehen und andererseits ihre finanzielle Unabhängigkeit wertzuschätzen. Paradoxerweise war Steven so erleichtert über ihre neue Einstellung, daß er sagte, dadurch werde der Verlust an Kontrolle, den er erlebte,»fast« wieder ausgeglichen.

Fallbeispiel
»Muß Starksein bedeuten, den Mund zu halten?«

Marianne Walters

Paare, die »Kommunikationsprobleme« haben, erleben ihre Beziehung häufig so, daß die Frau unablässig mehr Gespräch und Gedankenaustausch, mehr Verbundenheit, Unterstützung, Gefühlsintensität und stärkeren Ausdruck der Gefühle sucht, während der Mann fortwährend Einwände erhebt und sich zurückzieht, ohne sich darüber klarzuwerden, woran es in der Beziehung eigentlich fehlt – er hat nur noch das Gefühl, was immer er tut, es ist nie genug, und er ist sich nicht einmal sicher, ob er etwas Wirksames tun könnte, falls er je herausbekäme, was sie letztlich von ihm will. Und beide haben sie das Gefühl, zu versagen.

Das Erleben eines Konflikts und das Gefühl des Scheiterns in einer Paarbeziehung haben jedoch für die beiden Partner ganz unterschiedliche Bedeutungen, die nicht nur mit ihrer persönlichen Lebensgeschichte, ihren Lebensumständen und ihrer individuellen Gefühlswelt verknüpft sind, sondern auch mit umfassenderen, generalisierbaren Bedingungen, die in einer Kultur der Geschlechtertrennung verankert sind. Die gesellschaftliche Anerkennung der Frau beruht überwiegend darauf, daß sie ein gutes Ehe- und Familienleben gewährleistet; die des Mannes darauf, daß er sich in der Berufswelt und in der Öffentlichkeit erfolgreich behauptet. Bei ihr geht es mehr darum, sich auf der interpersonellen Ebene sicher bewegen zu können, während seine Stärken eher auf der Ebene der Problemlösungen liegen.

Es ist auf der anderen Seite immer wieder interessant, der Tatsache nachzugehen, daß ein solches »klassisches« Paar der emotional übermäßig fordernden Frau und des sich emotional zurückziehenden Mannes zwar an einem Konflikt leidet, aber dennoch auch gemeinsamen Überzeugungen anhängt: daß Männer im Unterschied zu Frauen von ihrer Persönlichkeit her nicht in der Lage sind, Beziehungen zu pflegen, daß Frauen in ihren Beziehungen zuviel wollen und die Männer sich zu sehr entziehen, daß ein Mann eine Frau braucht, während eine Frau eine Beziehung haben will, daß Frauen Nähe brauchen und Männer diese fürchten. Diese gemeinsam geteilten Überzeugungen haben zur Folge, daß Männer sich in Beziehungen als inkompetent sehen, und bringen Frauen schier zur Verzweiflung, weil sie fortwährend etwas haben wollen, von dem *beide* Ehepartner eigentlich annehmen, daß es in ihrer Beziehung gar nicht zu haben ist. So kommt es, daß der Mann das Gefühl hat, in der Beziehung nicht zu genügen, während die Frau eine Enttäuschung erlebt. Da er sich selbst als ungenügend wahrnimmt, erwartet er zudem von ihr, daß sie jene Familienaufgaben übernimmt, bei denen ihre besonderen Fähigkeiten gefragt sind: die Pflege der Beziehungen zu den Eltern und Geschwistern beider Partner, die Sorge für die Kinder, gesellige Veranstaltungen und so weiter; die Frau fühlt sich als die Dumme, der diese Familienaufgaben allein aufgehalst werden, ohne daß ihr Partner ihr dabei zur Seite steht. Und auf diese Weise erhält das Paar ein gesellschaftlich akzeptables System aufrecht, auch wenn es sich mit ihm in Konflikt befindet. Wenn er »nicht kann«, wird sie ihn beschützen, auch wenn sie ihn drängt, »etwas zu tun«. Ihre Emotionalität schützt ihn davor, etwas mit dem »zu tun« zu haben, was er »nicht tun kann«. Wenn sie »kann«, erscheint es ihm nur ganz vernünftig, von ihr zu erwarten, daß sie es auch tut, ob mit oder ohne seine Hilfe. So bleibt das Boot flott: Er rudert, und sie schöpft Wasser aus!

Innerhalb dieses Kontexts suche ich nach einer Orientierung in der Paartherapie, welche die Wahrnehmung der beiden dafür schärft, daß die Erfahrung des anderen nicht nur reaktiv, sondern auch geschlechtstypisch, auf andere übertragbar und zugleich individuell ist; eine Seinsweise, die tief in unserem kulturellen Boden verankert ist. Wenn ihnen durch den Konflikt der Blick auf ihre gemeinsamen Überzeugungen versperrt bleibt, so wird dies ihre Fähigkeit zu einer Beziehung beeinträchtigen, die beide brauchen, um ein wirkliches Paar zu bilden. Als Bestandteil ihrer Entwicklung als Frau und Mann und damit für viele Paare als typisch verstanden und anerkannt, kann ihr System von Wertvorstellungen und Überzeugungen dazu benutzt werden, ihre Bemühungen um eine Verbindung als etwas zu rekonstruieren, das nicht nur ihren persönlichen Eigenarten, sondern auch gesellschaftlichen Geboten und so weiter unterworfen ist. Auf diese Weise brauchen sie sich nicht mehr nur als Versager zu empfinden. Und sie können über ihr Gegenüber hinausblicken, so daß ihnen die Möglichkeit erschlossen wird, neue Verhaltensrepertoires zu erkunden, die nicht vom Verhaltensrepertoire des Partners abhängig sind.

Eine feministische Perspektive in der Beratung von Paaren muß meiner Meinung nach den Begriff des »gesellschaftlichen Individuums« ebenso einschließen wie den des »Wir«. Damit wird vor allem der Frau der Rücken gestärkt, deren Identität in der Regel durch ihre Beziehungen organisiert wird. Für den männlichen Partner besteht der Vorteil darin, daß ihm ein Kontext angeboten wird, innerhalb dessen er Verhaltensweisen spielerisch erproben kann, die nach seiner bisherigen Vorstellung nicht seine Domäne waren. In das folgende Fallbeispiel habe ich einen Ausschnitt eines meiner ersten Interviews mit Paaren aufgenommen, der deutlich macht, auf welche Weise gesellschaftliche und geschlechtsspezifische Botschaften in die eigenen Interventionen einfließen können. Es ist ein Beispiel für einen Prozeß, der der Frau behilflich ist, sich nicht mehr als die Hauptverantwortliche für eine Änderung zu sehen, und die den Mann anleitet, sich als den Urheber seiner Gefühle und Reaktionen zu sehen. Damit wird es ihr leichter fallen, sich für ihre Gefühle stärker verantwortlich zu fühlen, und er kann besser darauf vertrauen, daß er seine Gefühle in wirksame zwischenmenschliche Verhaltensweisen umsetzen kann.

Becky und Jim

Becky und Jim kamen mit gravierenden Eheproblemen zu mir. Sie hatten mich bereits einmal zwei Jahre zuvor im *Family Center* aufgesucht, weil sie mit ihrer vierzehnjährigen Tochter Sara Schwierigkeiten hatten, und wurden etwa ein Jahr lang von einer Therapeutin unter meiner Anleitung betreut. Nachdem sich Saras Verhalten gebessert hatte, beschäftigten sich die Eltern in der Beratung kurze Zeit mit ihrem dreizehnjährigen Sohn Michael, dessen schulische Leistungen deutlich zurückgegangen waren. In beiden Fällen hatten Becky und Jim trotz ihrer Differenzen einander Stärke und Unterstützung gegeben. Jetzt klagten sie über eine wachsende Entfremdung zwischen sich – genauer gesagt, Becky klagte, während Jim mit unbewegtem Gesicht und wortlos dabeisaß.

Becky ist eine sehr kluge, lebendige und temperamentvolle Jüdin, Jim ein ruhiger, unerschütterlicher, sehr intelligenter, wortkarger Nichtjude. Becky hat starke, komplizierte, emotionale Bindungen an ihre Familie. Manche würden ihre Familienangehörigen als verstrickt bezeichnen, während sie auf mich eher den Eindruck machen, als hätten sie ein starkes Interesse aneinander. Jim trifft sich selten mit seinen zahlreichen Angehörigen, doch die Beziehung zu ihnen ist herzlich und konfliktfrei. Manche würden sie als distanziert beschreiben, während sie in meinen Augen einfach kein sehr ausgeprägtes Interesse füreinander zeigen. (Meiner Meinung nach ist es hilfreich, wenn wir Wörter gebrauchen, die eine Verlaufstätigkeit bezeichnen und nicht als Etikett dienen können – aber ich schweife ab.) Wenn Becky aufgebracht ist, macht sie eine Szene, während Jim sich in einem solchen Gefühlszustand zurückzieht – in dieser Beschreibung sind beide sich einig. In früheren familientherapeutischen Sitzungen brach Becky gelegentlich in Tränen aus und stürzte aus dem Zimmer, vor allem wenn sie das Gefühl hatte, daß die Therapeutin sie »mißverstanden« hatte, das heißt, sie nicht genügend unterstützte. Jim wartete einfach, bis der Sturm sich gelegt hatte, ruhig und teilnahmsvoll, ohne sich in ihre »Ausbrüche« mit hineinziehen zu lassen.

Becky und Jim waren fünfzehn Jahre miteinander verheiratet; sie war damals siebzehn und er einundzwanzig Jahre alt. Sie hatten drei Kinder, Sara, vierzehn Jahre, Michael, dreizehn Jahre, und David, sechs Jahre alt. Jim ist Polier auf dem Bau, und Becky unterrichtet an einer Fachschule für Erzieherinnen. Sie hat zwei Schwestern, denen sie sehr nahesteht, einen Bruder, den alle anbeten, eine Mutter, mit der sie im Clinch liegt, und einen Vater, für den alle springen. Jim hat einen jüngeren Bruder, den er mithalf großzuziehen. Als sie noch jünger waren, hatten sie ein enges Verhältnis zueinander, doch später ging jeder seine eigenen Wege. Jims Mutter ist Lehrerin an einer High-School, und sein Vater lebt von einer Invalidenrente. Er war früher Manager einer Traktorenfabrik. Jim hält seinen Vater für ziemlich autoritär und seine Mutter für geduldig leidend, respektiert jedoch beide. Obgleich er in diese ruhige und geachtete Familie ein wenig Unruhe hineinbrachte, als er eine jüdische Frau heiratete, hat sich die Aufregung längst gelegt, und seine Eltern freuen sich besonders über die Enkel, wenn er mit Becky und den Kindern einen seiner seltenen Besuche macht. Beckys Eltern dagegen, die ein Sommer-Camp betrieben, »rasteten aus«, als sie einen Nichtjuden zum Mann nahm, aber inzwischen sind sie von ihm ebenso begeistert wie von den Enkelkindern. Offensichtlich genießen es Becky und Jim, ein wenig non-konformistisch zu sein, zumindest in der Wahl ihrer Ehepartner.

Paarprozeß

Becky begann die erste Paarsitzung mit der Schilderung des Bruchs in ihrer Kommunikation und ihres wachsenden Gefühls der Hoffnungslosigkeit im Hinblick auf die Dauerhaftigkeit ihrer Beziehung. Sie klagte über ein zunehmendes gegenseitiges Gefühl der Entfremdung, des Verlusts an Zuwendung und Unterstützung. Während sie vorher ein Herz und eine Seele waren, schienen sie jetzt in fast allen Fragen gegensätzlicher Meinung zu sein. Sie wollte mehr von Jim an Beziehung, Unterstützung und Gespräch. Sie hatte Angst davor, sie könnten jedes leidenschaftliche Gefühl füreinander verlieren. Und immer, wenn sie mit Jim über ihre Beziehung reden wollte, um ihre Gefühle und Sorgen zum Ausdruck zu bringen, verweigerte er sich und warf ihr vor, sie »spinne«, sei hysterisch und bringe die ganze Familie durcheinander. Auch war Jimmy der Meinung, daß sie ein »Kommunikationsproblem« hatten, glaubte jedoch, es würde durch Beckys Übertreibungen und endlose Unzufriedenheit ins Maßlose gesteigert. Sie schien nie wieder so glücklich zu sein, wie sie es früher einmal gewesen war. Becky fing an, gelegentlich die Kontrolle zu verlieren, und ihm blieb dann nur übrig, zurückzuweichen und ihr aus dem Weg zu gehen. Die ganze Zeit über machte sie sich über dieses und jenes Sorgen und wurde wütend auf ihn, wenn er ihre fortwährende Angst – im Hinblick auf ihn, die Kinder, überhaupt auf alles – nicht akzeptierte und ihr anschließend die Hilfe vorenthielt, die sie von ihm wollte. Sie macht sich Sorgen wegen ihrer Beziehung, des Hauses, seiner Arbeit, ihrer Arbeit. Nie gab sie Ruhe. Sie grämte sich selbst darüber, daß ihm das alles anscheinend wenig ausmachte, und sah darin ein Zeichen für seinen Mangel an innerer Bindung und Anteilnahme.

Becky: Ich bin diesen Eiertanz mit ihm leid. Habe ich das nötig? Ich kann meine Schwestern anrufen und mich ganz natürlich verhalten. Er gibt mir das Gefühl, das fünfte Rad am Wagen zu sein. Seit drei Jahren habe ich diese Wut auf ihn. Ich möchte, daß er begreift, daß ich *keine* unvernünftige Person bin, daß ich emotional nicht durchdrehe, und daß ich noch lange nicht verrückt bin, nur weil mir zum Heulen zumute ist wie eben jetzt . . . *(Sie beginnt zu schluchzen und zu weinen)* . . . und ich bin wütend auf dich, Jim . . . und daß ich so emotional bin, heißt ja noch nicht, daß ich übergeschnappt bin . . . und die Kinder halten mich auch nicht für übergeschnappt . . . das bist du, der ihnen das einzureden versucht . . . ich liebe dich, aber du bist so schrecklich vernünftig . . . Ich glaube, ich habe nur einmal erlebt, daß du geweint hast, ein einziges Mal . . . und ich bin nicht so wie du, Jimmy . . . du meinst, die ganze Welt müßte so sein wie du . . .

Therapeutin: Becky, Becky . . . Ich frage mich, wenn so etwas passiert und Sie sich so aufgewühlt und allein fühlen . . ., gibt es irgendeine Möglichkeit, wie Jim Ihnen helfen könnte?

Becky *(schluchzt noch lauter)*: Nein, nein, nein . . . weil er mich nicht versteht. Er versteht kein einziges meiner Gefühle . . . sie sind ihm fremd. Er weiß überhaupt nicht, wovon ich rede.

Therapeutin: *(hält ihre Hand und reicht ihr ein Taschentuch)* O Becky . . . das ist einfach nicht möglich . . . all diese Jahre . . . alles, was Sie beide miteinander erlebt haben . . . wissen Sie, wenn Sie das so sagen . . . es klingt beinahe so, als wollten Sie dies wegwischen . . .

Becky: Das will ich nicht . . .

Therapeutin: Ich glaube Ihnen . . . Aber es ist, als dächten Sie, daß ihm jedes Verständnis fehlt . . . daß er überhaupt nichts fühlt . . . Ich hoffe, das ist nicht der Fall . . . es wäre traurig . . .

Becky *(hat sich wieder etwas gefangen)*: Ja . . . traurig . . .

Therapeutin: Was meinen Sie, Jim? Gibt es eine Möglichkeit, wie Sie Becky helfen könnten, wenn sie so verzweifelt ist? Ich werde Ihnen etwas sagen . . . Setzen Sie sich hier herüber, Jim . . . Je weiter man manchmal vom »Katastrophenschauplatz« entfernt ist, desto unüberwindlicher kommt einem alles vor . . . desto ohnmächtiger fühlt man sich . . . *(Wir tauschen die Plätze, so daß Jim näher bei Becky sitzt und ich ihnen gegenüber Platz nehme.)* Und jetzt, wo Becky etwas Hilfe braucht und Sie der einzige sind, der . . .

Jim: Es ist nicht so, daß ich denke, du bist unvernünftig, Becky. Ich denke nur, daß das, was du empfindest, und die Art, wie du es ausdrückst, manchmal so stark ist, . . . also, daß andere Menschen wie ausgelöscht sind. Das ist es, was ich denke. *(Seine Finger streichen vorsichtig über ihren Handrücken.)*

Becky: Okay, Jimmy, aber . . . wie soll ich sonst . . .

Therapeutin: Einen Moment noch, Becky, es ist interessant, was Jim da gerade gesagt hat. Aber ich glaube, er hat seinen Gedanken noch nicht ganz zu Ende gebracht. Jim, wenn Becky so ist . . . dann fühlen Sie sich ausgelöscht?

Jim: Nicht gerade hier. Aber ich meine, daß sie mich manchmal, wenn sie wirklich ein Unwetter losläßt, einfach an den Rand drängt.

Therapeutin: Sie fühlen sich an den Rand gedrängt . . . oder Sie fühlen sich ausgelöscht? Wissen Sie, Sie haben da etwas sehr Interessantes gesagt . . . ein bestimmtes Gefühl, eine Reaktion, die sich in Ihnen regt, so daß Sie gegenüber Becky sehr ungehalten werden . . . wie haben Sie es ausgedrückt?

Jim: Ach . . . ja . . . Ich habe gesagt, daß sie manchmal die Dinge so stark empfindet, daß damit die Gefühle anderer Menschen ausgelöscht werden . . .

Therapeutin: Werden damit Ihre Gefühle ausgelöscht oder die anderer Menschen?

Jim: Na ja, vielleicht ist es so, wie ich es für mich und die Kinder sehe.

Therapeutin: Für Sie und die Kinder?

Jim *(vorsichtig)*: Also für mich . . . manchmal . . . oder doch sehr oft.

Therapeutin: Nun, Jim, ich glaube, damit kann Becky umgehen . . . sie muß das hören, was Sie da sagen . . . daß Sie manchmal das Gefühl haben, Sie hätten keinen Raum mehr für sich . . . aber alles, was sie mitbekommt, ist Ihre Kritik daran. Jim, es fällt Ihnen so schwer zu sagen: »Auch ich habe Gefühle!« Statt dessen kritisieren Sie Becky, weil ihre Gefühle so stark sind.

Becky *(sehr eindringlich)*: Jimmy . . . Ich möchte spüren, daß du menschlich bist . . . manchmal habe ich nicht den Eindruck, daß du menschlich bist . . . Ich habe dir das früher schon gesagt. Manchmal denke ich, du bist wie ... Ich weiß, daß du Freude zeigen kannst, daß du Liebe zeigen kannst, aber andere Gefühle kannst du anscheinend nicht zeigen . . . Ich weiß einfach nicht, ob du auch noch etwas anderes empfinden kannst . . . für dich selbst . . . für mich . . .

Jim: Weil du eben nie lange genug still bist, um zuzuhören.

Therapeutin: Jetzt kritisieren Sie wieder, Jim. Sehen Sie, was passiert? Das Eigenartige ist, daß Becky Sie in meinen Augen be-

schützen wollte, als sie sich das alles gerade von der Seele redete
... Ich glaube, sie hatte das Gefühl, daß es für Sie wohl etwas
brenzlig wurde, und deshalb schaltete sie sich ein. Vielleicht glaubt
sie, daß sie besser »Hitze vertragen« kann als Sie? Vielleicht glauben Sie das beide. Aber zurück zu dem, was Sie gesagt haben, Jim
... Fühlen Sie sich ausgelöscht, weil Becky so starke Gefühle hat
... oder weil Sie unsicher sind, wie Sie mit starken Gefühlen umgehen sollen ... vielleicht sogar mit Ihren eigenen?

Jim: Ich weiß nicht, Ich weiß nicht ... Ich habe immer gedacht,
es liegt daran, daß sie sich immer so hineinsteigert ... so total emotional wird ... Ich bin nicht sicher, was es ist ... Ich glaube, ich
habe das Gefühl, es können nicht zwei gleichzeitig auf der Bühne
sein. Und vielleicht nehme ich ihr übel, daß sie nicht auf meine subtilere Art eingeht, daß sie nicht versucht, sich auf meine Wellenlänge einzustellen ... weil deine Art, Becky, im Gegensatz zu meiner darin besteht, jeden freien Luftraum auszufüllen; welchen
Raum läßt du dann noch für andere, damit sie sich entfalten können?

Therapeutin: Für andere?

Jim: Na ja, für mich, meine ich.

Therapeutin: Sie haben also das Gefühl, nicht genug Raum für
Ihre Entfaltung zu haben?

Jim: Also, wenn Becky den Raum ausfüllt, kann man sich nur
Platz verschaffen, wenn man sie ein wenig zur Seite schubst ... und
so was mag ich nicht.

Therapeutin: Sie wissen vielleicht, Jim, daß viele Männer einer
Konfrontation mit ihren Frauen aus dem Weg gehen. Ich glaube,
Becky kann verstehen, was Sie da sagen ... In Wirklichkeit würde
eine Berührung dieser Art ihr das Gefühl geben, Ihnen nahe zu
sein.

Becky: Jimmy ... Ich möchte hören, wie du empfindest. Ich
möchte Platz machen ... ich will wissen, daß du ebenfalls Gefühle
hast. Was soll ich tun, damit ich nicht mehr den ganzen Raum ein-
nehme? Wo soll ich anfangen?

Therapeutin: Indem Sie sich keine Sorgen darüber machen, was
Sie tun sollen ... Indem Sie nicht annehmen, der nächste Schritt
müsse von Ihnen ausgehen.

Becky: Aber ...

Therapeutin: Nein, nein ... Becky, lassen Sie's sein. Jim, es mag Ihnen sehr schwerfallen, Ihre Gefühle zu äußern . . . Aber Sie haben mit Sicherheit eine ganze Menge hier drin *(Herz)* und hier drin *(Kopf)* . . . eine Menge. Und, Becky, wenn er zögert oder sogar kurz angebunden wird, dann springen Sie ein. Ich glaube, Sie sind alle beide überzeugt, daß Jim nicht weiß, wie er mit Gefühlsdingen umgehen soll . . . Deshalb zieht Jim sich zurück, und Becky . . .

Becky *(unterbricht)*: Was sollen wir also tun, um es zu ändern?

Therapeutin: Pscht . . .

Jim *(hält Beckys Hand)*: Becky, ich kann mich mitteilen . . . es ist nur anders . . . es ist nicht so, wie du es tust, es füllt nicht den ganzen Raum . . . ist nicht so ungezügelt . . .

Therapeutin: Sie kritisieren schon wieder, Jim, weil Sie das Gefühl haben, Sie müßten sich verteidigen. Es ist schwer für Sie, Ihre Gedanken und Gefühle auszudrücken, und deshalb füllt Becky den Raum aus, wie Sie gesagt haben. Aber es liegt nicht daran, daß Sie diese Fähigkeiten nicht hätten, Jim . . . Sie sind lediglich aus der Übung gekommen. Sie hatten keine Schwestern wie Becky, mit denen Sie das hätten trainieren können. Und vielleicht ist es Ihnen wie vielen jungen Männern ergangen und niemand hat jemals von Ihnen erwartet, daß Sie darüber redeten, wenn Sie Kummer oder Schwierigkeiten hatten. So etwas erwartet man bei Heranwachsenden eher von Mädchen als von Jungen.

Becky: O Jimmy . . . Das habe ich nicht gewußt . . . du hast es nie gesagt . . . Ich dachte, du . . . daß dir das alles nichts bedeutet. Du bist so stark. Weißt du, ich frage mich . . . meinst du möglicherweise, daß du schweigsam sein mußt, um so stark zu sein?

Jim: Es ist nicht so, daß ich über all das nicht nachdenke . . . vielleicht nicht soviel wie du . . . aber doch eine Menge. Es rumort alles in meinem Kopf . . . *(Sie sitzend schweigend da, während Jim mit Beckys Hand spielt und ihre Schulter streichelt. Beide starren geradeaus vor sich hin, ohne einander in die Augen sehen zu können.)*

Therapeutin: Sie sind voller Gefühle, Jim . . . und schauen überallhin, nur nicht auf Becky . . .

Jim: Ja, ich fühle mich so . . . nun, eben anders. Nicht daß es keine guten Gründe gäbe, sie manchmal zu kritisieren . . . aber warum sollte ich mich von ihr abhalten lassen?

Becky: Es ist so überwältigend . . . Ich hätte nie gedacht, daß er . . . Ich kann ihn auch nicht ansehen . . . Ich habe nie gewußt, daß er sogar starke Gefühle haben kann . . . du handelst immer so vernünftig . . . oh, Jimmy . . .

Therapeutin: Es sieht so aus, Jim, als bräuchten Sie etwas Hilfe, damit Sie besser über Ihre Sorgen und Gefühle sprechen können. Becky, jetzt, da Sie wissen, daß auch er welche hat, können Sie sich vielleicht Zeit dafür nehmen, ihn zu fragen, nachzubohren, nachzudenken . . . Wenn Sie fürchten, daß keine da sind, dann drängen Sie sich dazwischen und füllen den Leerraum aus . . . Sie haben Angst vor den unbesetzten Räumen . . . lassen Sie sie doch einfach leer.

Jim: Wahrscheinlich habe ich angenommen, daß in der Bühnenmitte für uns beide nicht genug Platz wäre . . . und daß ich mich aufblasen und mir Platz verschaffen müßte, wenn ich irgend etwas in Gang setzen wollte. Und irgendwie nahm ich an, ich müßte meinen eigenen Kram zusammenhalten, wenn ich mich an der Handlung beteiligen wollte.

Therapeutin: Sie sehen selbst, Becky, daß Jim sich gar nicht sicher ist, ob er über die Fähigkeiten verfügt, die Sie bei ihm für so selbstverständlich halten . . . er . . .

Becky (unterbricht): Fähigkeiten! Fähigkeiten! Aber Marianne, ich dachte die ganze Zeit, es seien Verrücktheiten . . . keine Fähigkeiten . . . Ich dachte nie, daß es Fähigkeiten sind . . . mein Gott!

Therapeutin: Damit lagen Sie falsch, und jetzt wissen Sie es besser!

Überlegungen

Eine solche Begegnung in der Therapie liefert einen Kontext für eine Veränderung, der auf einer Verbindung zwischen Ehekonflikten und den unterschiedlichen Erfahrungen, Erwartungen und Rollen von Frauen und Männern, Ehefrauen und Ehemännern aufbaut. Es ist zu wünschen, daß sie jedem der beiden Partner zu einer gewissen Würdigung und Achtung der Erfahrung und der Perspektive des anderen verhilft, nicht nur als des eigenen komplementären Gegenübers, sondern als einer Person, deren gesellschaftliche Erfahrungen und deren psychische Entwicklung tief in einer deutlich unsymmetrischen, nach Geschlechtern geteilten Kultur verankert sind.

Wir könnten die verschiedensten Hypothesen über dieses Paar aufstellen: daß es einen Konflikt erlebte, der bislang durch ihre

Kinder als Symptomträger umgangen wurde; daß Becky sich emotional nicht von ihrer Herkunftsfamilie abgelöst hatte; daß sie ein wechselseitiges Spiel spielten, das ihre gegenseitige Angst vor Nähe verdeckte; oder daß hier das klassische Beispiel der komplementären Verhaltensweisen einer »Verfolgerin« und eines »Distanzierers« vorliegt. Uns stehen etliche Kategorien zur Verfügung, um das Problem der beiden einzuordnen. Wenn wir uns für einen bestimmten Deutungsrahmen entscheiden, legen wir damit nicht nur die Methode fest, die nach unserer Einschätzung helfen wird, sondern auch die Botschaft, die wir vermitteln möchten.

Hätte Becky weiterhin angenommen, ihre starke Emotionalität sei eine »Überspanntheit« und keine wertvolle persönliche Fähigkeit, dann hätten selbst positive Veränderungen in jenen Verhaltensweisen, die in ihrer Beziehung gestört waren, nichts an Beckys bedrückender Einschätzung geändert, daß starke Gefühle und emotionale Reaktionen ein rationales Verhalten ausschließen. Und es wäre zuwenig gewesen, sich dieser Überzeugung gegenüber neutral zu verhalten; wenn sie in der Therapie nicht revidiert wird, ist die seelische Gesundheit einer Klientin gefährdet.

Ähnliches gilt für Jim: Hätte er weiterhin geglaubt, keine Stimme zu haben, weil Beckys Stimme so kräftig war, dann wäre er auch bei seiner Überzeugung geblieben, daß seine Fähigkeiten hinsichtlich ihrer Beziehung sich nur entfalten könnten, wenn Becky Zurückhaltung übte. Und selbst eine positive Veränderung in seinem dysfunktionalen Verhalten hätte ihn nicht von der Vorstellung abgebracht, starke Gefühle müßten vernünftige Verhaltensweisen gefährden.

Diese Aufspaltung von Vernunft und Gefühl ist häufig die Wurzel ehelicher Konflikte, aber auch viele Therapeutinnen lassen sich von der Annahme leiten, Objektivität und Vernunft beruhten auf der Zügelung von Gefühlen, wenn nicht überhaupt auf deren Abwesenheit. Wer sich daran erinnert, daß in unserer Gesellschaft »Vernunft« mit männlich und »Gefühl« mit weiblich in Verbindung gebracht wird, kann sich leicht die mittelbaren und unmittelbaren Wirkungen eines derartigen Denksystems auf Mann und Frau vorstellen. Die Überzeugungen einer Therapeutin werden sich zwangsläufig in ihrer Wortwahl, ihrem Verhalten und den von ihr bevorzugten Interventionen äußern. Tatsächlich kann es für uns nur darum gehen, eine Synthese von Vernunft und Gefühl anzustreben, die keinen der beiden Partner eines Paars gefährdet, indem wir nicht einfach jene Verhaltensweisen und Einstellungen in unserer Therapie reproduzieren, die lediglich kulturelle Vorurteile verstärken.

Schlußbemerkung

Jim und Becky arbeiteten etwa drei Monate mit mir, wobei Becky sich bemühte, ihre Emotionalität stärker unter Kontrolle zu bekommen, ohne doch zu meinen, sie müsse auch deren Intensität vermindern, und Jim nach Möglichkeiten suchte, wie er trotz seines verschlossenen Wesens seinen Gefühlen stärker Ausdruck verleihen konnte. Nachdem er sich im Hinblick auf seine kommunikativen Fähigkeiten sicherer fühlte, ging er Konfrontationen mit Becky seltener als bisher aus dem Weg, und es gab einige schöne Kraftproben während der Sitzungen! Im Verlauf der Therapie erlebten sowohl Becky als auch Jim Beckys Emotionalität zunehmend als weniger bedrohlich, so daß verständlicherweise auch Beckys Verhaltensweisen weniger launenhaft wirkten. Und je mehr sich beide von Jims emotionalen Möglichkeiten überzeugten, desto weniger kritisierte er Becky und desto mehr schwanden ihre Selbstzweifel.

Bezeichnenderweise änderten sich ihre komplementären Verhaltensweisen gar nicht so sehr, auch unternahmen sie kaum etwas, um das zwischen ihnen bestehende Verhaltensmuster zu ändern. Becky blieb der Hochspannungsdraht und Jim das Erdungselement ihrer Beziehung. Es genügte, daß sie allmählich jeweils die Eigenart des anderen anerkannten, so daß sie es damit beide nicht mehr übertreiben mußten.

Teil III
Übergangssituationen in der Familie

6
Scheidung:
Seine Scheidung – ihre Scheidung

Betty Carter

Die amerikanische Familie im Wandel

Die amerikanische Familie hat sich in den letzten zwanzig Jahren
drastisch verändert. Ungeachtet der aufgebrachten Reaktionen
von Leuten, die in diesen Veränderungen einen beklagenswerten
Verfall der traditionellen moralischen Werte sehen, müssen sich
diejenigen, die beruflich mit seelischen Problemen zu tun haben,
darüber im klaren sein, daß diese Veränderungen das Ergebnis
langfristiger sozialer, wirtschaftlicher und demographischer Entwicklungen sind, welche die Grundstruktur der amerikanischen Gesellschaft nachhaltig beeinflussen. Sie sind nicht die Folge irgendeiner gerade aktuellen gesellschaftlichen Strömung und werden sich
nicht beseitigen oder aufhalten lassen – weder durch Ermahnungen
von Politikern und Kirchenleuten, sich wieder auf die »traditionellen« Werte zu besinnen, noch durch Bemühungen von Therapeuten,
die »Familie zusammenzuhalten«. Um helfen zu können, muß sich
ein Therapeut daher mehr auf die Bedürfnisse der Familie einstellen, so wie sie heute tatsächlich ist, als auf die Familie, wie sie
manch einem noch immer als Ideal vorschwebt.

Einer unlängst veröffentlichten Erhebung des *US Census Bureau* zufolge (Glick, 1984) erreichte die Quote der ersten Eheschließungen der »Babyboom«-Kinder 1982 ihren Höhepunkt, und die
Zahl ihrer Scheidungen wird danach 1990 am höchsten sein. Kürzlich verzeichnete Abwärtsbewegungen in der Entwicklung der
Scheidungsrate sind weiter nichts als kleine Knicks in einem langfristigen Aufwärtstrend. Neunzig Prozent dieser Bevölkerungs-
gruppe werden heiraten und die Hälfte von ihnen sich später scheiden lassen. Fünfundsechzig bis siebzig Prozent der Geschiedenen
werden wieder heiraten, sechzig Prozent dieser Wiederverheirateten sich erneut scheiden lassen. Also muß ein Fünftel aller Personen, die in den achtziger Jahren dreißig bis vierzig Jahre alt sind,

darauf gefaßt sein, nicht nur eine, sondern zwei Scheidungen zu erleben.

Demnach ist das Musterbeispiel der heilen, unkomplizierten amerikanischen Mittelklassefamilie, jenes Vorbild, an dem sich die meisten Familien noch immer orientieren, in Wirklichkeit ein aus den fünfziger Jahren übriggebliebener Mythos. Eine der wichtigsten Aufgaben von Familientherapeuten ist die, den Menschen dabei zu helfen, sich von diesen überholten Schablonen für eine funktionierende Familie zu trennen und sie dabei zu unterstützen, auf emotionaler, sozialer und ökonomischer Ebene neue positive Verhaltensweisen zu entwickeln – innerhalb der verschiedenen Strukturen, die der amerikanischen Familie heute zur Verfügung stehen. Damit wir als Therapeuten diese Aufgabe erfüllen können, müssen wir zunächst unsere eigene Denkweise ändern.

Die Bedeutung der Ehe

Tatsächlich erfährt der Begriff der Ehe zur Zeit eine radikale Neubestimmung. Sie geht im wesentlichen auf drei Faktoren zurück: (1) Fortschritte in den Methoden der Empfängnisverhütung, die den Frauen erlauben, selbst zu bestimmen, ob und wann sie schwanger werden; (2) die Frauenbewegung, deren Einfluß es psychologisch möglich macht, weniger oder gar keine Kinder zu bekommen; (3) die seit der Jahrhundertwende um durchschnittlich vierundzwanzig Jahre gestiegene Lebensdauer, welche bewirkt, daß ein amerikanisches Ehepaar im Durchschnitt noch fünfzehn bis zwanzig Jahre miteinander (oder auch nicht miteinander) verbringt, nachdem die Kinder aus dem Haus sind – ein neuer und problematischer Abschnitt im familiären Lebenszyklus (McGoldrick und Carter, 1980). Weil man länger lebt, muß man heute nur noch weniger als die Hälfte seines Lebens auf die Erziehung der Kinder verwenden, und somit erhält die Qualität der Ehe ein viel größeres Gewicht. Und da Frauen nun zum erstenmal in der Geschichte über das Ob und Wann einer Schwangerschaft selbst entscheiden können, haben sie auch zum erstenmal die Möglichkeit, eine berufliche Karriere neben oder anstelle von Ehe und Familie in Erwägung zu ziehen.

Es ist noch nicht lange her, daß Frauen direkt von ihren Vätern an ihre Ehemänner übergeben wurden. Stets hat man den Frauen beigebracht, in der Ehe die Lösung für ihre Lebensprobleme zu

374

sehen, und nicht, Autonomie zu entwickeln oder andere Ziele im Leben anzustreben als Heirat. Also galt ihr einziges Interesse traditionsgemäß der Eheschließung, und noch heute müssen viele Frauen desillusioniert und deprimiert feststellen, daß sie selber in Ehe und Familie wenig Beachtung finden, hingegen von ihnen erwartet wird, sich um alles und jeden zu kümmern.

Während für Männer Karriere und familiäre Belange voneinander unabhängig, parallel und konfliktfrei verlaufen, geraten diese Bereiche bei einer Frau ernsthaft in Widerstreit. Berufstätige Mütter, vor allem Mütter mit Säuglingen und kleinen Kindern, sehen sich zwei Fulltime-Jobs gegenüber, egal wieviel Hilfe sie haben, und viele von ihnen haben unzureichende oder gar keine Hilfe. Für eine berufstätige Mittelschicht-Amerikanerin Mitte dreißig ist es schwierig, sich für die Geburt eines Kindes zu entscheiden, denn sie steht vor der Alternative, entweder jetzt ihre Karriere zu unterbrechen oder es später vielleicht zu bedauern, daß sie kinderlos geblieben ist. Sie hat im allgemeinen recht, wenn sie glaubt, daß ein Kind sich auf ihr Leben und ihre Karriere mehr auswirkt als auf Leben und Karriere ihres Mannes.

Die finanziellen Konsequenzen einer Scheidung

Auch die Scheidung wirkt sich nachhaltiger auf das Leben einer Frau aus als auf das ihres Ex-Mannes. 92 Prozent der Kinder bleiben nach der Scheidung in der Obhut ihrer Mutter, 75 Prozent der Unterhaltszahlungen für Kinder werden nicht im vollen Umfang, 50 Prozent überhaupt nicht gezahlt. Die bei der Scheidung gerichtlich festgelegten Zahlungen an die geschiedenen Frauen basieren auf der irrigen Annahme der Richter, daß sie entweder bald wieder heiraten oder einen ausreichend bezahlten Arbeitsplatz bekommen oder eine erschwingliche Betreuung für die Kinder finden. Daher wird der Frau für sich und die Kinder nur selten mehr als ein Drittel des bisherigen Familieneinkommens zuerkannt, dem Mann hingegen zwei Drittel. Im Jahr nach der Scheidung steigt das Einkommen des Mannes weiter, während das Einkommen der Frau drastisch sinkt (Weitzman, 1985). Dennoch stoßen Mütter, die von Sozialhilfe leben, arbeitende Mütter sowie Mütter, die ihre Kinder in Pflege geben, in unserer Gesellschaft auf Ablehnung, und ein großer Teil der Bevölkerung ist immer noch dafür, daß man den

Töchtern beibringt, finanziell abhängige Ehefrauen zu werden. Der Leitartikel einer kürzlich erschienenen Ausgabe der Zeitschrift *Social Work* (Hopps, 1987) befaßte sich ironisch mit der absurden Vorstellung, daß bei einem nicht mehr auf dem Schuldprinzip basierenden Scheidungsgesetz von der Gleichheit der Geschlechter ausgegangen werde: ».. . denn wenn Männer und Frauen vor und während der Ehe eindeutig ungleich sind, warum sollten sie bei deren Auflösung gleich sein?« Solche Scheidungsgesetze sind ein ausgezeichnetes Beispiel für den gutgemeinten Versuch, fair zu sein, gehen aber von einer falschen Voraussetzung aus. Hat eine Frau kein Einkommen, keine Ausbildung, um genug zu verdienen, und trägt sie auch noch die ganze oder fast die ganze Verantwortung für die Kindererziehung, dann kann eine Regelung, welche diese Umstände außer acht läßt, niemals auch nur im entferntesten fair oder gerecht, geschweige denn paritätisch sein. Wie Weitzman es ausdrückt: »Gleiche Rechte zu garantieren, wenn keine gleichen Chancen bestehen, heißt, die Starken zu stärken und die Schwachen zu schwächen« (S. 213).

Auf diese Weise sind Frauen aus allen sozialen Schichten die neuen Armen der Nation geworden. Im Jahr 2000 werden praktisch alle amerikanischen Armen Frauen mit noch nicht selbständigen Kindern sein. Wenn sich viele Männer weigern, ihre Kinder finanziell zu unterstützen, sogar diejenigen, die diese Unterstützung leicht aufbringen könnten, so muß man das als Maßnahme sehen, die Bemühungen der Frauen um größere Unabhängigkeit zu unterlaufen. Außerdem sind wir eine der wenigen westlichen Industrienationen, in denen es keine angemessenen Einrichtungen für die Kinderbetreuung und keinen bezahlten Mutterschaftsurlaub mit Garantie des Arbeitsplatzes gibt. Daher überrascht es nicht, daß Frauen mit dem geringsten Einkommen meist als erste wieder heiraten: Die Ehe ist immer noch die vorrangige »Lösung«, die unsere Gesellschaft Frauen als Ausweg aus sozialer und ökonomischer Unsicherheit bietet.

Die Zahl der Scheidungen und zweiten Scheidungen

Die gegenwärtige (1985) Scheidungsrate beträgt bei Erst-Ehen 47,5 Prozent. Am höchsten liegt sie bei Ehepaaren mit kleinen Kindern, da die Scheidung meist nach durchschnittlich siebenjähriger Ehe erfolgt. Jedoch ist die Scheidungsquote bei Ehepaaren, die über zwanzig Jahre verheiratet sind, dramatisch angestiegen. Entgegen einer weitverbreiteten Ansicht sind zweite Ehen meist nicht glücklicher. Die Scheidungsrate für Zweit-Ehen beträgt derzeit 49 Prozent und wird bei den jetzt Dreißig- bis Vierzigjährigen bis 1990 voraussichtlich auf 60 Prozent steigen (Glick, 1984). Und die zweiten Scheidungen erfolgen früher: im Durchschnitt bereits nach vier Ehejahren.

Die Scheidung als Entwicklungsstufe im Lebenszyklus der amerikanischen Familie

Lassen Sie mich nun auf den grundlegenden Bezugsrahmen eingehen, in dem nach meiner Auffassung die emotionalen Vorgänge wie Scheidung und Wiederheirat zu sehen sind. Dieser Bezugsrahmen wurde während einer sich über drei Jahre erstreckenden therapeutischen Studie über Familien von Wiederverheirateten gemeinsam von mir und Monica McGoldrick (McGoldrick und Carter, 1980) entwickelt und folgt unserer Arbeit über den familiären Lebenszyklus.

Um es kurz zu sagen: Wir sind zu der Überzeugung gelangt, daß die Scheidung als eine Unterbrechung oder Dislokation im familiären Lebenszyklus anzusehen ist, die im Familiengefüge jene Art von Instabilität hervorruft, welche immer mit Veränderungen, dem Hinzukommen oder Weggang von Familienmitgliedern verbunden ist. Daraus ergibt sich für uns, daß es für Familien, die eine Scheidung erleben, dringend notwendig ist, eine oder zwei zusätzliche Phasen des familiären Lebenszyklus zu durchlaufen, um wieder ins Gleichgewicht zu kommen und dann allmählich eine komplexere Stufe zu erreichen.

35 Prozent der geschiedenen Amerikanerinnen mit Kindern heiraten nicht wieder. Diese Familien machen eine zusätzliche Phase im familiären Lebenszyklus durch und stabilisieren sich möglicherweise auf Dauer in sogenannten Ein-Eltern-Familien. In der Übergangszeit nach der Scheidung müssen alle Familienmitglieder gefühlsmäßig damit fertigwerden, daß es keine intakte Familie mehr gibt, und aufhören, von einer Versöhnung zu träumen. Die Ehepartner müssen ihren jeweiligen Anteil am Zerbrechen der Ehe akzeptieren und sich über Sorgerecht, Besuchsregelungen und finan-

zielle Abkommen einigen, die so zweckmäßig wie möglich für alle Familienmitglieder sind. Ganz offensichtlich wird dieser Prozeß häufig unterdrückt oder umgangen, wie aus der gesamten zum Thema vorliegenden Literatur zu ersehen ist. Die unzulängliche Behandlung dieser emotionalen und finanziellen Probleme stürzt zahllose Frauen und ihre Kinder in Armut. Sie verursacht überdies häufig Zank und Streit, was für alle Familienmitglieder die zukünftigen Beziehungen erschwert.

65 Prozent der Amerikanerinnen und 70 Prozent der Amerikaner, die sich scheiden lassen, heiraten ein zweites Mal (Norton und Moorman, 1987). Diese Familien müssen eine zweite zusätzliche Entwicklungsstufe im familiären Lebenszyklus durchlaufen, in der sie den emotionalen Prozeß gründlich aufarbeiten, bevor wieder eine Stabilisierung eintritt. In dieser zusätzlichen Phase besteht der familiäre emotionale Prozeß darin, die Ängste zu zerstreuen, die jeder einzelne im Hinblick auf eine neue Familie hat; mit feindseligen und aufgebrachten Reaktionen auf die neue Ehe fertigzuwerden; und zu versuchen, eine neue Form familiären Zusammenlebens zu entdecken oder zu erfinden, die den komplexen neuen Rollen und Beziehungen gerecht wird.

Der emotionale Prozeß der Scheidung

Das Wesentliche bei der Bewältigung des emotionalen Prozesses einer Scheidung ist es, das eigene Selbst aus der Ehe zu retten, indem man die in den Ehepartner und die Ehe investierten Hoffnungen, Träume und Erwartungen endgültig begräbt und sie wieder in sich selbst investiert. Dieser Schritt der Hinwendung zum eigenen Selbst steht in krassem Widerspruch zu allem, was Frauen ihrer Erziehung nach von sich selbst denken.

Männer und Frauen haben zwangsläufig auf unterschiedliche Weise in die Ehe investiert, und entsprechend unterschiedlich sind ihre emotionalen Erfahrungen, wenn sie versuchen, sich daraus zu befreien. Will der Therapeut einer Frau bei der Bewältigung des emotionalen Prozesses der Scheidung helfen, so muß er die Tatsache im Auge behalten, daß man den Frauen beigebracht hat, ihre ganze Identität in die Ehe einzubringen; auf ihnen liegt die größere Verantwortung für den Erfolg der Ehe, und sie haben gelernt, sich nach anderen, nicht nach sich selbst zu richten, wenn es um Zielsetzungen im Leben geht. Aufgrund der Sozialisierung, die Frauen widerfährt, und angesichts der ökonomischen und physischen Gegebenheiten kann es sein, daß eine Klientin während oder nach der Scheidung extrem starke Schuldgefühle, Angst oder Unsicherheit zeigt, ganz gleich von wem die Scheidung ausging. Es ist ganz entscheidend, daß der Therapeut *nicht* die Ansicht vertritt, die beste Lösung für die Probleme einer in Scheidung lebenden Frau sei die Wiederverheiratung, sondern daß er der Frau helfen kann, sich auf ihre Stärke, Kompetenz und Fähigkeit zu verlassen und es allein zu schaffen, bis sie sich vielleicht anders entscheidet.

Man kann nicht deutlich genug betonen: Während des gesamten Zyklus von Ehe, Scheidung, Alleinerziehen und Wiederverheiratung sind es stets die Frauen – die emotionalen und physischen Sachwalter der Familie –, denen man den Großteil der Verantwortung dafür aufbürdet, daß alles bestens geregelt wird, für den Mann, die Kinder, ihre Eltern, die Eltern des Ex-Mannes, für den neuen Ehemann, für die Kinder des neuen Ehemannes und für dessen Eltern.

Wenn diese Übergänge in dem Prozeß von Ehe und Wiederverheiratung nicht reibungslos verlaufen – und das können sie nicht –, geben sich die Frauen selbst die Schuld wegen ihres angeblichen Versagens, und andere tun das häufig auch.

Wenn der Mann die Scheidung beantragt

Im allgemeinen gibt es zwei Grundkonstellationen für Ehepaare, die kurz vor der Scheidung stehen. Im ersten Fall droht der Mann mit Scheidung, und die Frau ist finanziell, emotional und beruflich völlig unvorbereitet, die Verantwortung für ihr Leben und das ihrer Kinder zu übernehmen. Ist diese Frau auch noch arm, ungebildet und ohne praktische Kenntnisse, so ist ihr Problem eher sozialer und politischer als emotionaler Natur. Hier stellt Psychotherapie allein keine Lösung dar, auch wenn der Therapeut auf manche Weise helfen kann. Doch früheren Generationen von Frauen, und nicht nur armen Frauen, war es im allgemeinen nicht gestattet, die erste Entwicklungsphase des Erwachsenseins zu erfahren, das heißt, ihre persönlichen Lebensziele zu finden, die zu wirtschaftlicher Unabhängigkeit und emotionaler Reife führen. Noch in der jüngsten Vergangenheit maß man die emotionale Reife einer Frau ausschließlich an ihrer Fähigkeit, für andere zu sorgen. Jetzt beginnen die Frauen, eine Selbstbestimmung für sich in Anspruch zu nehmen, die wirtschaftliche Unabhängigkeit mit einschließt. Dennoch wird eine Frau, auch wenn sie nicht arm ist, auch wenn sie gut ausgebildet ist und einen Beruf hat, noch immer das Gefühl bedrängen, es nicht allein zu schaffen, wobei sich der tiefgehende Einfluß des weiblichen Sozialisationsprozesses geltend macht, der sie an den Zustand des Abhängigseins gewöhnt hat.

Selbstbestimmung als Aufgabe

Der wichtigste Auftrag des Therapeuten während der Arbeit mit in Scheidung lebenden Frauen ist zunächst der, ihnen zu helfen, daß sie diese Krise als Gelegenheit sehen, sich selbst neu zu definieren. Die kreative Möglichkeit dieser Krise liegt in der Chance, nun jene Schritte in der persönlichen Entwicklung zu vollziehen, die man früher vielleicht versäumt hat. Die Therapeuten können Frauen dabei Hilfestellung geben, indem sie sie bei der emotionalen Trennungsarbeit unterstützen, das heißt, ihnen helfen, die zuvor in Ehe und Partner investierten Hoffnungen, Träume und Pläne wieder in sich selbst anzusiedeln.

Auf gar keinen Fall dürfen wir unsere Klientinnen während dieses Prozesses in der Rolle des Opfers verharren lassen, sondern müssen statt dessen in vollem Umfang ihre Fähigkeit stärken, das Leben selber in die Hand zu nehmen und eine persönliche Identität zu entwickeln, die in der Ehe eine Möglichkeit, aber keine Notwendigkeit sieht. Eine derartige therapeutische Arbeit muß nach meinem Verständnis die Arbeit sowohl mit der Herkunftsfamilie als auch mit dem Ex-Ehemann umfassen. Eine junge Frau, Kathy, liefert hierfür ein Beispiel.

Der Fall Kathy:
Ein Beispiel aus der therapeutischen Praxis

Kathy, 29 Jahre alt, war gebildet, gehörte zur oberen Mittelschicht. Ihr Mann erklärte ihr nach zehnjähriger Ehe, daß er sie verlassen werde, um eine andere Frau zu heiraten. Sie hatten keine Kinder und keine finanziellen Probleme. Trotzdem erschien sie fassungslos, niedergeschmettert und verwirrt zur Behandlung. Sie sah sich außerstande, allein fertigzuwerden.

Nachstehend einige Auszüge aus einem Brief, den sie ihrem Mann nach einem Jahr »Scheidungstherapie«, wie ich es nenne, schrieb; diese Therapie bestand darin, ihr zu helfen, daß sie die Scheidung im richtigen Licht sah, ihre Identität aus der Ehe löste und für ihr Leben persönliche Ziele entwickelte, die eine neue Ehe weder ausschlossen noch erforderten. Das Schreiben des Briefes half Kathy, in der Partnerschaft mit ihrem Mann zum erstenmal seit ihrer Heirat Verantwortung für sich selbst zu übernehmen und sich ganz entschieden aus der Rolle des Opfers zu befreien, in die sie sich gedrängt gefühlt hatte, als er sie verließ. Es erfüllte für sie den Zweck eines Trennungsrituals.

»Lieber Michael,
ich habe einen großen Teil des vergangenen Jahres damit verbracht, mir über unsere Ehe und unsere Scheidung klarzuwerden und zu versuchen, mich von dem Schock und der Niedergeschlagenheit zu erholen, die ich empfand, als Du mich verlassen hast, auch wenn ich jetzt glaube, daß ich uns als Paar in Wirklichkeit schon vor Dir aufgegeben hatte.

Ich kann jetzt zugeben, daß unsere Ehe nicht perfekt, noch nicht einmal gut war. Ich sehe ein, daß ich zu unserer schlechten Ehe beigetragen habe, aber ich war nicht, wie ich es bei Deinem Weggang noch dachte, ganz allein daran schuld.

Ich erkenne jetzt, daß das, was ich Dir vorwarf, nur wenig oder gar nichts mit Dir zu tun hatte: daß ich von der Musikschule abging; daß ich eine ungeliebte Arbeit annahm; daß ich alle finanziellen Dinge Dir überließ; daß ich glaubte, meine Zukunft hinge davon ab, was Du zu tun und wo Du zu leben gedachtest.

Wohl aber hatte es, wie ich glaube, eine Menge mit Dir zu tun, daß ausschließlich ich mich für das Kochen und fast die ganze Hausarbeit zuständig fühlte; und daß meine Tätigkeit immer viel weniger wichtig schien als Deine. Dennoch scheute ich schon vor dem Gedanken zurück, Dich zu verlassen und mich auf eigene Füße zu stellen. Wir konnten uns nie entscheiden, Kinder zu bekommen, obwohl wir ständig vorgaben, dies tun zu wollen, sobald wir unsere beruflichen Ziele erreicht hätten. Ich glaube, wir heirateten damals, weil Dein Vater gerade gestorben war und ich einen guten

Grund suchte, mein Elternhaus zu verlassen. Zu jener Zeit konnte man ja noch nicht ohne Trauschein zusammenleben. Trotz allem war es wahrscheinlich die beste Ehe, zu der ich damals fähig war. Ich bereue sie nicht und werde dies wohl niemals tun. Es gab sehr viele spezielle Dinge in unserem Zusammenleben, die sich so nie wieder mit einem anderen Menschen wiederholen lassen.

Jedenfalls möchte ich Dir schreiben, daß das vergangene Jahr zwar das schlimmste meines Lebens, aber auch eines meiner besten war. Ich fühle mich besser als je zuvor. Ich mag mich und bin stolz auf mich. Ich vertrage mich tatsächlich mit meinen Brüdern und kann offener mit meiner Mutter reden, als ich es je für möglich gehalten hätte (ich weiß, daß Du Dir das nur schwer vorstellen kannst!).

Ich konzentriere mich jetzt auf meine wirklichen Lebensprobleme. Dies sind zum Beispiel: eine bessere Musikerin werden; ausknobeln, wie ich meinen Lebensunterhalt verdienen kann, ohne die Musik ein zweites Mal aufzugeben; einen Lebensstil finden, der zwischen Arbeit und Spiel die Waage hält; die alten Probleme mit meiner Familie lösen. Ich habe beschlossen, daß ich keine Energie mehr damit verschwenden will, Dich für die Beendigung unserer unbefriedigenden Ehe verantwortlich zu machen.

Ich werde Dich immer gern haben und wünsche Dir von Herzen dieses Mal eine glückliche Ehe.

In Liebe, Kathy«

Wenn die Frau die Scheidung beantragt

Heutzutage ist es sehr viel normaler geworden, daß es die Frau ist, die die Scheidung betreibt. Dabei handelt es sich häufig um Frauen der Mittel- und Oberschicht oder um berufstätige Frauen, die glauben, sich eine Scheidung finanziell leisten zu können. Oder es sind Frauen, die spüren, daß sie umsonst versucht haben, eine unerträglich gewordene traditionelle Ehe zu verändern, und nun ohne Rücksicht auf ihre finanzielle Lage die Trennung suchen.

Einige der Frauen wollen vielleicht nicht wirklich die Scheidung, sondern benutzen die Androhung der Scheidung – wie etwa die Drohung mit Selbstmord – als Mittel, ihre Ehemänner auf das

Ausmaß ihrer Unzufriedenheit aufmerksam zu machen. Es ist wichtig, daß in der Therapie sorgfältig untersucht wird, ob eine Frau die Ehe aufgeben will oder lernen will, ihrem Ehemann die Stirn zu bieten und sich mit ihm auseinanderzusetzen. In beiden Fällen kann die Familientherapeutin diese Frauen bei dem Prozeß der Entscheidung unterstützen, sie sollte jedoch nie so weit gehen, Ratschläge oder Meinungen zu äußern, die die eigentliche Entscheidung betreffen.

Es muß in der Therapie besonders darauf geachtet werden, die Frau dahin zu bringen, daß sie sich über ihre eigene Lage klar wird, anstatt zuzulassen, daß sie einfach auf die Position ihres Mannes reagiert. Dies ist ein Schlüsselaspekt jeder therapeutischen Arbeit mit Frauen, gehe es nun um Ehe oder um Scheidung. Frauen sind oft so voll emotionaler Ausdruckskraft, so bereit und auch fähig, die emotionalen Probleme in Ehe und Familie darzustellen, daß möglicherweise niemand, sie selbst eingeschlossen, merkt, daß sie fast nie direkt sagen, was sie wollen. Argumentieren, Verteidigen, Kritisieren, Beschwichtigen, Fordern, Weinen, Andeuten oder Jammern ist etwas anderes, als mit berechtigtem Anspruch vorzubringen, was man will. Das Leben hat die Frauen gelehrt, das, was sie wollen, nie klar und deutlich zu definieren und zu äußern; es ist zu hoffen, daß die Familientherapie sie dazu ermutigt und ihnen hierin ein wenig Nachhilfe erteilt.

Probleme von in Scheidung lebenden Männern

Die emotionalen Bedrohungen, die Männer während der Zeit der Scheidung empfinden, haben ihre Auswirkungen auch auf die Frauen und erklären das dysfunktionale Verhalten, das Frauen wie Männer häufig nach der Scheidung im Umgang mit ihren Ex-Partnern beibehalten.

Für Männer, die sich scheiden lassen, besteht die ernste Gefahr, daß sie auf die eine oder andere Weise ihre Kinder verlieren. Wenn die Väter keine konkreten Schritte unternehmen, um mit ihren Kindern in Verbindung zu bleiben, stehen ihre Chancen schlecht, denn alle Kräfte, die zwischen Scheidung und Wiederheirat eine Rolle spielen, sind am Werk, um die emotionale Distanz zwischen Vater und Kindern zu vergrößern. Spätestens jetzt wird den Vätern, die sich stets eng an die herkömmliche Rollenverteilung in der

Familie gehalten haben, die Rechnung präsentiert; denn dadurch haben sie nie gelernt, das aufzubauen, was für eine eigene Beziehung zu ihren Kindern notwendig ist. Es kann eine äußerst nützliche Komponente der Scheidungstherapie mit Vätern sein, ganz konkrete Themen zu erörtern; zum Beispiel, wie man genügend Zeit aufbringt, um seine Kinder zu besuchen; wie man es anstellt, auf Kinder verschiedenen Alters einzugehen; und wie man die Beziehungen zu den Kindern ohne die übertriebene Hilfe von Großmüttern, Tanten und Freundinnen in den Griff bekommt. In Scheidung lebenden Männern muß man helfen, folgende Gegebenheiten zuerst anzuerkennen und dann damit umgehen zu lernen: den Schmerz und Kummer über den Verlust von Heim und Familie; ihr Schuldgefühl, weil sie die Kinder verlassen; den Mangel an Einsicht im Hinblick auf den eigenen Anteil am Scheitern der Ehe. Nur zu oft sind die stärksten Gefühle, die Männer bei der Scheidung empfinden und ausdrücken, Zorn, Schmach und Rachegelüste. Diese Gefühle führen zu Ausbrüchen und einem Verhalten, das ihrer Frau und den Kindern, ebenso wie dem Therapeuten, Angst macht und den Mann zunehmend in einen Machtkampf verstrickt, der ihn isoliert und ins Abseits stellt. Damit sie hier helfen kann, muß eine Familientherapeutin an die weicheren, vom Zorn überdeckten oder zugeschütteten Gefühle rühren. Die Offenlegung und Integration dieser zarteren Gefühle, die zu leugnen und zu unterdrücken man den Männern eingebleut hat, werden dem Mann ganz sicher dabei helfen, seine Scheidung mit Anstand über die Bühne zu bringen und außerdem alle seine Beziehungen in Zukunft harmonischer zu gestalten.

Auch kann die uneingestandene emotionale Abhängigkeit eines Mannes von seiner Frau bedeuten, daß er ohne persönliche Kontakte und die Unterstützung von Freunden dasteht und mit dem Scheidungsstreß allein fertigwerden muß, was unter Umständen dazu führt, daß er sich sofort auf eine neue Ehe oder eine neue intensive Beziehung einläßt. Die Tendenz, in der Scheidung eher ein rechtliches, logistisches und ökonomisches Problem zu sehen als einen emotionalen Vorgang, läßt dem Mann weder die Zeit noch den emotionalen Raum, seinen Verlust in vollem Umfang zu erfahren, zu trauern, über die Ehe nachzudenken, sich entsprechend zu ändern und neue Beziehungen auf einer fundierteren, vernünftigeren Basis einzugehen. Bevor es dazu kommt, daß ein in Scheidung lebender Mann Zuflucht und Vergessen in einer neuen intensiven Beziehung sucht, versuche ich, ihm vor Augen zu halten, wie gut es für ihn wäre, die Beziehungen zu seinen Kindern, den Eltern und anderen Familienmitgliedern zu verbessern, seine sozialen Kontakte zu vertiefen und dadurch mehr Rückhalt zu haben. Manchmal habe ich damit keinen Erfolg, aber diejenigen, die bereit sind, sich einem derartigen Resozialisierungsprozeß zu unterziehen, stellen häufig fest, daß sie nach der Scheidung engere Beziehungen zu ihren Kindern, den Verwandten und Freunden entwickeln können als während ihrer Ehe. Die Fähigkeiten, die er erwirbt, indem er ein eigenständiges Gefühlsleben anstrebt, und es auch lebt, versetzen den Mann in die Lage, wieder zu heiraten, wann und falls er will, und nicht, weil er so schnell wie möglich eine neue Frau braucht, die ihn versorgt.

Der folgende Auszug aus einem Interview mit einem geschiedenen Mann in Lillian Rubins Buch *Intimate Strangers* (1983) zeichnet ein treffendes Bild von Ehe und Scheidung in den USA:
»Ich verstehe jetzt, daß die Frauen das Gefühlsleben derMänner stellvertretend übernommen haben. Ich spreche nicht nur von anderen Männern, sondern auch von mir. Meine Ex-Frau Amy hat in vielfacher Hinsicht mein Gefühlsleben an meiner Stelle gelebt. Ich konnte mich darauf verlassen, daß sie sich um alles in unserem Leben kümmerte, was mit Gefühlen zu tun hatte, und es regelte – auch in bezug auf die Kinder. Und als sie damit aufhören wollte, weil es einfach zuviel für sie wurde, machte das unser Leben kaputt. Es war, als hätte sie mich in ihrer wichtigsten Funktion im Stich gelassen. Also stürzte ich mich in eine Affäre mit einer Frau, die mir wieder das Gefühl gab, etwas empfinden zu können. Natürlich kam Amy dahinter, und alles war aus. Aber, mein Gott, warum mußte ich, um zu begreifen, erst geschieden werden, drei Jahre allein leben und zwei Jahre lang eine Therapie machen – die noch nicht zu Ende ist? Manchmal komme ich mir vor wie ein Idiot *(kurzes, ironisches Lachen)*. Naja, genau das sagte Amy von mir, nur wußte ich damals überhaupt nicht, was sie meinte« (S. 259f.).

Die Folgen der Scheidung

Es ist unmöglich, die Tragweite bedeutsamer Entwicklungen richtig einzuschätzen, solange sie noch im Gang sind. Das gilt auch für die amerikanischen Institutionen, die für Ehe- und Familienprobleme zuständig sind und mit einer wachsenden Flut von Scheidungen konfrontiert werden. Die negativen Aspekte eines so schmerzlichen Erlebnisses, wie es eine Scheidung darstellt, werden allerdings sofort sichtbar an den Erschütterungen, die sie im Leben von Kindern und Familien hervorrufen. Und viele Jahre hindurch fühlte sich eine »anständige« Frau nicht berechtigt, derartige Erschütterungen auszulösen, vor allem, wenn ihr Ehemann nicht trank und sie nicht mißhandelte. War ihre Ehe unglücklich oder bedrückend, dann war das halt Pech oder Frauenlos oder ein Kreuz, das sie zu tragen hatte. Das Vorrecht, die Scheidung einzureichen, besaß der Mann, und oft traf er solide finanzielle Vorkehrungen für die Frau und die Kinder, die er zurückließ.

Da die Lebensansprüche der Frauen inzwischen so gestiegen sind, daß viele eine unerträgliche Ehe auf Dauer nicht mehr aufrechterhalten wollen, strengen heute mehr Frauen als Männer die Scheidung an. Als Reaktion darauf haben sich viele Männer von der finanziellen Unterstützung ihrer Kinder zurückgezogen. Letztlich ist der Umstand, daß Frauen scharenweise aus ihrer Ehe ausbrechen, sobald sie finanziell etwas unabhängiger sind, wohl weniger ein spezielles Problem dieser Frauen und Männer als eine vernichtende Aussage über die traditionelle Form der Ehe.

Deshalb hat in mancher Hinsicht dieser schmerzhafte emotionale Vorgang auch einen hoffnungsvollen Aspekt, und wir als Familientherapeutinnen können etwas dafür tun, die positiven Seiten einer Scheidung zu verstärken, indem wir beispielsweise den Frauen helfen, mehr Selbstvertrauen zu entwickeln, den Männern, mehr von Erziehung und zwischenmenschlichen Beziehungen zu begreifen. Um den auseinandergehenden Ehepartnern sofort eine brauchbare Anweisung zu geben und größeren Schaden durch die Trennung zu vermeiden, müssen wir Therapeutinnen meiner Ansicht nach so früh wie möglich mit den Frauen eingehend über ihre speziellen finanziellen Pläne sprechen und mit den Männern über die konkreten Vereinbarungen, die sie treffen müssen, um mit ihren Kindern in Verbindung zu bleiben. Es schadet unseren Klienten, wenn sie von ihrer sozialen Realität keine Notiz nehmen (der sie sich oft gar nicht bewußt sind) und so tun, als wären die emotionalen Folgen für die Familie nicht unmittelbar verknüpft mit den wirtschaftlichen und logistischen Abmachungen, die sie für sich und andere treffen, wenn sie das Familiengefüge verändern.

Therapeutische Probleme

Über therapeutische Maßnahmen während der Scheidungsphase zu reden, ist sehr viel leichter, als sie auch in die Tat umzusetzen. Das hochexplosive emotionale Klima, bevor und nachdem die Entscheidung zugunsten einer Trennung gefallen ist, macht sowohl der Therapeutin/dem Therapeuten als auch dem Paar eine methodische Planung im Interesse beider Ehepartner unmöglich.

Vorausgesetzt, eine Ehetherapie führt zu dem Entschluß des Paares, sich scheiden zu lassen: Ist die Therapie damit beendet? Und werden die Ehepartner einzeln an andere Therapeuten überwiesen? Wechseln sie als Paar in eine wie auch immer geartete »Scheidungstherapie«? Wollen sie wirklich beide bei der gleichen Therapeutin/dem gleichen Therapeuten bleiben? Und in welcher Form sollte die Therapie dann fortgesetzt werden?

Häufig kommt einer der Ehepartner zur Ehetherapie, weil »es sich so gehört«, obwohl er insgeheim schon den Entschluß zur Scheidung gefaßt hat. Oder er bringt den Partner, den er verlassen will, zu einem Therapeuten, damit dieser hilft, den zu erwartenden Schlag zu mildern. Bis vor kurzem handelte es sich bei den verlassenen Ehepartnern, die auf diese Weise bei den Therapeuten »abgeliefert wurden«, fast durchweg um Frauen. Dies stellte die TherapeutInnen vor das vertraute Problem, den Frauen dabei zu helfen, den Großteil der Verantwortung dafür zu übernehmen, daß eine für ihre Familie annehmbare Scheidung erreicht wurde, während der Mann einseitige wirtschaftliche und logistische Entscheidungen traf. Wie können TherapeutInnen der Frau in dieser Krise beistehen, ohne so extreme Positionen zu fördern wie »einseitige Abrüstung« – indem sie zulassen, daß sie von ihrem Ehemann und seinem Anwalt überfahren wird – oder »massive Vergeltung«, was bedeutet, die Kinder und die Gesetze in einem Rachefeldzug einzusetzen und damit die Gegnerschaft zu vergrößern?

Obwohl heute die Möglichkeit weitaus größer ist, daß der Ehemann verlassen wird, ist es trotzdem fast immer die Frau, die in der Therapie bleibt oder sie aufsucht; denn von Frauen wird eine Scheidung viel stärker als emotionaler Vorgang erlebt, einmal weil sie sich für die durch die Scheidung bewirkte emotionale Belastung der Kinder verantwortlich fühlen, zum anderen, weil es Frauen noch immer leichter fällt als Männern, um Hilfe zu bitten. Ganz gleich, von wem die Scheidung ausgeht, stehen die TherapeutInnen meistens vor der schwierigen Aufgabe, der Frau in ihrer Situation so zu helfen, daß die Therapie nicht ebensoviel Gewicht erhält wie ihr Problem, und vor der Frage, welche Haltung dem abwesenden Ehemann gegenüber einzunehmen ist. Soll man ihn als »Versager« gar nicht beachten, ihn als feindliche Kraft bekämpfen, oder – falls er in die Therapie einbezogen werden kann – wie läßt sich seine Mithilfe für ihn selbst und seine Familie am sinnvollsten gestalten?

Die folgenden Fälle zeigen verschiedene Wege auf, wie die heiklen Fragen in der Therapie mit zur Scheidung entschlossenen Familien zu behandeln sind, ohne daß dabei die jeweils unterschiedlichen Probleme und geschlechtsspezifischen Verletzlichkeiten während der Zeit der Scheidung außer acht gelassen werden.

Fallbeispiel
»Irgend etwas muß sich ändern«

Betty Carter

Ich habe diesen Fall ausgewählt, weil das anfängliche Festhalten des Paares an traditioneller Familienstruktur und Rollenverteilung die unvermeidlichen Probleme dieser Struktur ebenso deutlich macht wie die Sinnlosigkeit, diese Probleme nur im Zusammenhang mit der Kernfamilie oder dem erweiterten Familienkreis zu sehen. Ein derart beschränkter Blickwinkel führt nur zum Ausufern der gegenseitigen Schuldzuweisung – ein Vorgang, der in der Beziehung des Paares, um das es im folgenden Fall geht, schon für reichlich Zündstoff gesorgt hatte, bevor sie mich aufsuchten.

Außerdem habe ich diesen Fall ausgewählt, weil er zeigt, daß auch in den »nettesten« Menschen ein Potential an Niedertracht vorhanden ist, das zum Tragen kommt, wenn sie in den emotionalen Wirbelsturm einer Scheidung geraten: Sie keift, schreit, tobt in regelmäßigen Abständen, jagt ihn aus dem Haus und läßt ihn die Kinder nicht sehen; er schaltet auf stur, verweigert die Zahlungen, schüchtert sie ein, tyrannisiert sie, verlangt erst, die Kinder zu sehen, und kümmert sich dann nicht um sie, beginnt widerwillig die Therapie und bricht sie schließlich ab. Mit anderen Worten, ein typisches Scheidungsszenario.

Die Darstellung des Problems

Janice und Michael hatten ihren ersten Termin bei mir einen Tag, nachdem Janice Michael hinausgeworfen hatte, weil sie eine »derart unbefriedigende Ehe« nicht länger ertragen konnte. Janice sagte, sie wolle sich scheiden lassen, wenn nicht alles zwischen ihnen besser werde.

Sie waren seit acht Jahren verheiratet. Beide waren Anfang Dreißig, hatten einen sechsjährigen Sohn und eine vierjährige Tochter. Beide stammten aus großen, äußerst konservativen Arbeiterfamilien, römisch-katholischen Einwanderern aus Osteuropa, in der zweiten Generation hier ansässig. Janice war Einzelkind;

Michael hatte zwei jüngere Schwestern. In der Ehe seiner Eltern hatte es immer viel Streit gegeben, woran Michael seiner Mutter die Schuld gab. Nachstehend ein Diagramm ihrer Kernfamilie:

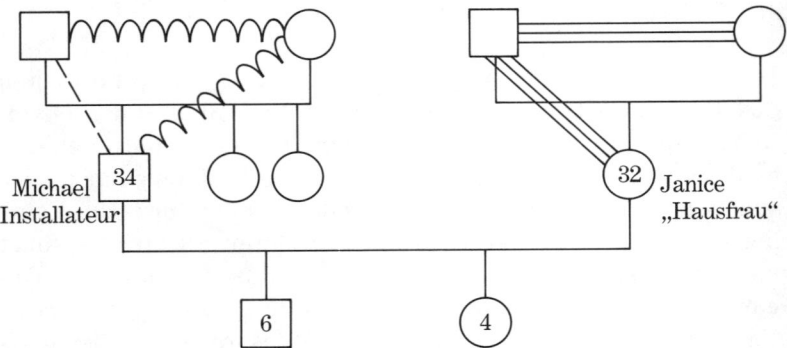

Michael
Installateur
34

32 Janice
„Hausfrau"

6

4

Janice erklärte, sie habe sich zum erstenmal nach der Geburt ihrer Tochter deprimiert gefühlt und vor zwei Jahren eine Einzeltherapie begonnen, weil die Depression anhielt. Es sei ihr »verrückt« vorgekommen, daß sie einen Psychiater brauchte, aber inzwischen habe sie begriffen, daß es eine Reaktion auf die langweilige Routinearbeit mit Haushalt und Kindern war. Michael sorge auch nicht für genügend Anregung oder geselligen Umgang, um »das Leben reizvoller zu machen«. Sie hatte das Gefühl, vom Leben mehr erwarten zu dürfen als das, was er ihr »gab«. Michael wollte nicht, daß sie arbeiten ging, und sie war damit einverstanden, zu Hause zu bleiben, solange die Kinder klein waren, aber sie hatte ihm zu verstehen gegeben, daß sich irgend etwas ändern müsse. Janices Einzeltherapie hatte ihre Unzufriedenheit mit dem Leben behandelt, das strikte Festhalten ihrer Familie an der traditionellen Rollenverteilung jedoch nicht berührt. Sie hielt noch immer ihren Ehemann für verpflichtet, etwas für ihre Lebensqualität zu tun, und ging davon aus, daß es seine Aufgabe sei, sie »glücklich zu machen«. Sie füllte *ihre* Rolle aus – warum er nicht *seine*? Falls er sich nicht entsprechend ändere, müsse sie sich von ihm scheiden lassen und sich jemand anderen suchen, der sie »glücklich machen« würde.

Janice war geradezu bestürzt, als ich sie fragte, was genau sie in ihrem Leben ändern wolle und was Michael tun solle. Sie antwortete, sie verlange von Michael, daß er überdenke, was er von der Ehe und von ihr erwarte, und dann würde sie abwarten, ob sie das glücklicher mache. Wie ich meine Frage auch formulierte, sie kam einfach nicht auf den Gedanken, daß *sie* es war, die eigene Zielsetzungen entwickeln mußte. Den größten Teil der Sitzung weinte Janice herzerweichend, und meistens sprach sie unbestimmt von ihrem Bedürfnis nach »Liebe« und »Glück«. Michaels Haltung schwankte zwischen der Verzweiflung darüber, überhaupt nicht zu verstehen, was vor sich ging, und kalter Wut über ihre »Weigerung«, mit dem »idealen Leben«, das er ihr und den Kindern »geboten« hatte, zufrieden zu sein.

Dieser Konflikt enthält sowohl die herkömmliche Erwartung der jungen, abhängigen Ehefrau, daß für sie in emotionaler und finanzieller Hinsicht gesorgt werde, als auch den verletzten Stolz des traditionellen Ehemannes, der, so wie er es gelernt hat, hart arbeitet, um materielle Dinge anzuschaffen, und den Grund für die Unzufriedenheit seiner Frau gar nicht verstehen kann.

Therapiestrategie

Da dieses Paar so sehr in seinem Konflikt gefangen und zu einer richtigen Einschätzung seiner Situation überhaupt nicht fähig war, entschloß ich mich, sie einzeln, also in getrennten Sitzungen zu sehen. Beide Familien standen in engem Kontakt zu dem jungen Paar und waren daran interessiert, daß es zusammenblieb. In den Gesprächen mit den jeweiligen Schwiegereltern erfuhr ich eine Menge über die Lebenseinstellung der Familien, einschließlich der folgenden Ansichten über die Rolle der Geschlechter und über Therapien:
– Michael hatte ein solch distanziertes Verhältnis zu seinem Vater, daß er ihn wegen seiner Eheprobleme nicht um Rat und Unterstützung bitten konnte. Er hätte lieber mit seiner Mutter darüber gesprochen, betrachtete dies aber als »unmännlich«.
– Michaels Eltern waren der Meinung, eine Therapie sei höchstens etwas für »schwache« oder »nervenkranke« Menschen und zeigten kein Interesse an weiteren Sitzungen.
– Als Janices Vater von ihren Eheproblemen erfahren hatte, war er mit Michael ein Bier trinken gegangen und hatte ihm geraten, Janice »fester an die Kandare zu nehmen«, wenn ihm an einer guten Ehe gelegen sei.

- Janices Mutter zeigte eine höchst ambivalente Einstellung zur Rolle der Frau: Erst hatte sie ihre Tochter über den Wert von Bildung und beruflichem Ehrgeiz belehrt, sie dann aber getadelt, als sie mit ihrer Rolle als Hausfrau unzufrieden war.
- Janices Eltern hielten es beide für richtig, wenn sie die Verantwortung für die Familie trug; dies sollte aber »diplomatisch« geschehen; das heißt, im Interesse der ehelichen Harmonie sollte sich Janice so gut wie möglich Michael anpassen und ihm nicht offen widersprechen.

In einer Mischung aus Einzel- und Gemeinschaftssitzungen mit Michael und Janice im Verlauf des folgenden Jahres, in denen ich beiden beibrachte, sich von den einander widersprechenden elterlichen Botschaften freizumachen, versuchte ich, den Prozeß der Entwicklung in vier Stufen voranzutreiben: (1) Ich half Janice, zum erstenmal zu überdenken, was sie sich persönlich vom Leben und von ihrer Ehe erwartete (was sehr lange dauerte). (2) Ich half Janice, Michael mitzuteilen, wofür sie sich entschieden hatte (was noch schwieriger für sie war). (3) Ich half Michael zu unterscheiden zwischen dem, was man ihm als »angemessene Rollenverteilung« beigebracht hatte, und dem, was er eigentlich wollte (ein Unterschied, den er nur mit äußerster Schwierigkeit formulieren konnte). (4) Ich half Michael, Janices Wünsche auch wirklich als ihre *Wünsche* zu verstehen und nicht als Klagen oder Drohungen gegen ihn (wozu er nicht in der Lage war).

Das Dilemma der Frau

Als Janice mit 24 Jahren heiratete, tat sie dies, wie so viele Bräute vor ihr, ganz im Bann des romantischen Ideals, von nun an »glücklich bis ans Ende aller Tage« zu leben. Da sie von Familie und Gesellschaft gelernt hatte, daß die Ehe der Schlüssel zum Glück einer Frau sei, hegte sie die unbestimmte Hoffnung, Ehe und Familie würden sie »glücklich« machen, und der Gedanke, daß sie sich vielleicht aktiv an diesem Vorgang beteiligen müßte, kam ihr überhaupt nicht.

Da sie von Michael erwartete, sie »glücklich zu machen«, war sie zutiefst enttäuscht von einer Lebensform, welche aus Aufgaben und Funktionen bestand, die sie nicht »glücklich machten«. Doch mit den offenen und unausgesprochenen Regeln im Hinterkopf, nach denen die Frau ihre Wünsche und Bedürfnisse einem Mann gegenüber nie *direkt* äußern darf, sah sie sich nur dazu imstande, Zweifel, Klagen und Unzufriedenheit auszudrücken und sich heftig gegen die von beiden geteilte Überzeugung zu wehren, irgend etwas könne mit ihr nicht in Ordnung sein, wenn sie so unglücklich war. Das folgende Therapiegespräch veranschaulicht dieses Dilemma:

Janice: Ich habe ihm immer wieder gesagt, daß ich weder seine Mutter noch seine Hausangestellte bin, aber es bleibt alles beim alten.

Therapeutin: Was soll er Ihrer Ansicht nach tun?

Janice: Na ja, vor allem mit mir reden. Jeden Abend kommt er nach Hause, holt sich ein Bier und schaltet den Fernseher ein. Er sagt, daß er den ganzen Tag hart arbeitet und abends seine Ruhe haben will. Was glaubt er eigentlich, was *ich* tagsüber mache? Auf dem Sofa liegen?

Therapeutin: Ich schätze, er hat keine Ahnung, was für eine Arbeit es ist, sich den ganzen Tag mit zwei kleinen Kindern abzumühen.

Janice: Genau! Genau! Und ich bin ja auch nicht gerade der Typ »Heimchen am Herd«, und er weiß das. Verstehen Sie das? Er weiß es und ändert trotzdem nichts.

Therapeutin: Was sollte er denn tun, wenn es nach Ihren Wünschen ginge?

Janice: Hm? *(Versteht nicht, daß sie zu diesem Thema etwas sagen soll.)*

Therapeutin: Ich meine, Sie könnten Michael doch Vorschläge machen, was Sie gerne ändern würden in Ihrer . . .

Janice: Warum soll *ich* mir das alles ausdenken? Es sind doch schließlich auch seine Kinder, oder?

Therapeutin: Sicher, es sind seine Kinder, aber es ist *Ihr* Leben. Ich glaube fast, Sie meinen, Sie haben kein Recht darauf, auch ein paar Pläne für Ihr eigenes Leben zu machen.

Janice: Ach, habe ich das? Ich habe ihn geheiratet, oder? Ich wollte ein Haus und Kinder. Ich kann es auch nicht ändern, daß ich nicht von morgens bis abends lache und tanze, wenn ich zwischen Spülstein, Herd und Vorratskammer hin- und herhetze.

Therapeutin: Glauben Sie, das wird von Ihnen erwartet? Glauben Sie, daß sich mit der Heirat bei den Frauen auch die Lust am Wäschewaschen einstellt?

Janice *(lachend)*: Na ja, aber er tut wirklich so, als wäre mit mir was nicht in Ordnung, weil ich nicht bin . . .

Therapeutin *(stimmt in das Gelächter ein)*: . . . wie die Millionen Frauen auf der ganzen Welt, die es geradezu innigst *lieben*, Wäsche zu waschen.

Nach vielen Gesprächen dieser Art und langen Unterredungen mit ihrer Mutter über deren wenig befriedigende Reaktionen auf das Problem sah Janice schließlich ein, daß es *ihre* Aufgabe war, darüber nachzudenken, wie sie ihr Leben verbringen wollte, und nicht Michaels Aufgabe, sie »glücklich zu machen«. Doch es brauchte noch viel Arbeit, ehe sie sich zutraute, offen mit Michael über einige Veränderungen zu sprechen, ohne ihm im Zorn ein Ultimatum zu stellen oder – das andere Extrem – ihn um Erlaubnis zu bitten.

Der Versuch, Veränderungen herbeizuführen

Der konkrete Anlaß, an dem die gemeinsamen Bemühungen um einen Ausgleich scheiterten, war Janices Entscheidung, aufs College zurückzukehren und danach, wenn die Tochter erst den ganzen Tag in der Schule sein würde (in zirka einem Jahr), regelmäßig arbeiten zu gehen. Michael lehnte den Gedanken kategorisch ab, daß Janice arbeiten ging, bevor die Kinder das College besuchten, »dann wäre das zusätzliche Geld vielleicht nötig«. Das Interesse seiner Frau an einem Beruf wertete er als persönliche Beleidigung.

Meine Versuche, Michael dazu zu bewegen, dieses oder andere Probleme mit seinen Eltern zu besprechen, blieben weitgehend ohne Erfolg. Ich glaube schon, daß er seine Ehe retten wollte, aber nur zu seinen eigenen Bedingungen. Er war unfähig, die traditionellen Vorstellungen seiner Erziehung zu überwinden, die ihn starr an seinem Rollenverständnis festhalten ließen, ihm den Zugang zu seinem eigenen Gefühlsleben verwehrten und ihm nicht erlaubten, Verletzlichkeit oder den Wunsch nach Hilfe einzugestehen. Nach der Krise gleich zu Beginn weigerte er sich, seine Eltern zu bitten, an weiteren Sitzungen teilzunehmen, befolgte keinen der Ratschläge, wie er die Beziehungen zu seinen Eltern mit Erfolg verändern könnte, und blieb auch bei der gedankenlosen Übernahme der Ansichten seiner Familie über die Ehe und das Leben eines Mannes. Michael tat das für ihn aufgestellte Familienprogramm als »irrelevant« ab oder erledigte die therapeutischen Aufgaben so nachlässig, daß sie scheitern mußten. Er betonte konstant, daß schließlich nicht er derjenige mit dem Problem sei.

Nachdem sie monatelang vergebens versucht hatte, mit Michael über ihre Berufswünsche zu sprechen, zog Janice einen Strich unter das Ganze. Sie erklärte ihm deutlich und in aller Ruhe, daß ihr persönlicher Entschluß, auf die Schule zurückzukehren und dann zu arbeiten, unumstößlich sei, und falls Michael dies nicht akzeptieren würde, ihre Ehe nicht weiterbestehen könne. Daraufhin verließ Michael wütend die Therapie und drohte Janice mit einer »Scheidung, die sie nie vergessen« würde. Er lehnte es ab, ihr weiterhin Geld zu geben, und kündigte an, sich einen ganz bestimmten Scheidungsanwalt zu nehmen, den man den »Hai« nannte. Ich bat Michael telefonisch, in die Therapie zurückzukehren, damit die neue Entwicklung besprochen werden konnte, aber er lehnte mit der Begründung ab, daß die Therapie ja eindeutig »nichts bringe«.

Es waren verschiedene Faktoren dafür ausschlaggebend, daß Janice dazu bereit war, ihr »Glaubenssystem« in Frage zu stellen, und Michael nicht. Zunächst einmal konnte sie objektiv am meisten von einer Veränderung erwarten und war weitaus unzufriedener mit dem Status quo. Dagegen empfand Michael, daß er am meisten zu verlieren hatte, da er nicht einsah, was es ihm nutzen sollte, wenn »zu Hause ein Chaos entstehen würde«. Er empfand auch zu stark, daß seine Selbstachtung und seine Identität an seine Funktion als »Ernährer der Familie« geknüpft waren, um andere Vorstellungen zulassen zu können. Das meines Erachtens größte Problem war dies: Er als Mann fühlte sich außerstande, in seiner emotional kargen, streng traditionellen Familie mit seinen Eltern jene persönlichen Gespräche zu führen, die vielleicht einiges Licht auf seine Erziehung und ihre in den Normen des Herkunftslandes der Eltern zu suchende Vorgeschichte geworfen hätte. Statt dessen spottete er über »psychologische« Methoden im Leben und hing blind den von ihm so bezeichneten »einfachen, altmodischen Werten« an. Michael war auf dem besten Wege, ein Patriarch reinster Prägung zu werden. Alles – seine ethnische Abstammung, sein Geschlecht und seine Position unter den Geschwistern (ältester Sohn)

– sprach gegen von ihm ausgehende Veränderungen, wie sie in seiner ehelichen Situation erforderlich gewesen wären.

Die Bewältigung der Trennung

Ich bestärkte Janice darin, einen guten Anwalt zu nehmen und so wenig wie möglich auf Michaels Drohungen zu reagieren. Sie lieh sich Geld von ihren Eltern, übernahm die Verantwortung für die Kinder und hielt den Kontakt zu deren Großeltern väterlicherseits aufrecht, obwohl sie von ihnen kalt behandelt wurde.

Als Ergebnis unserer Arbeit schrieb Janice nach sieben Monaten an Michael einen besonnenen, ohne Zorn verfaßten Brief, in dem sie an seinen persönlichen Anstand und seine Liebe zu den Kindern appellierte und ruhig und objektiv Überlegungen über ihre Ehe und deren unwiderrufliches Ende anstellte. Nach mehreren Verabredungen zum Essen gab Michael den »Hai« auf, war bereit, mit Janice zum Scheidungsberater zu gehen, gab ihr Geld für die Überbrückung und kam zusammen mit Janice und den Kindern zu zwei Gesprächen, die sich mit der Trennung der Familie befaßten. Michaels Bereitschaft, den Entschluß zur Scheidung als endgültig hinzunehmen und das Seine zu tun, damit sie für jeden ein weniger destruktives Erlebnis würde, resultierte nach meiner Meinung aus Janices Fähigkeit, bei der Position zu bleiben, die wir gemeinsam festgelegt hatten, als Michael weggegangen war: Sie sollte ihren Anwalt beauftragen, Michaels juristischen Einschüchterungsversuchen und Drohungen nachdrücklich, aber ohne Gegendrohungen Einhalt zu gebieten; und sie sollte sich kooperativ zeigen, wenn es für Michael, seine Eltern und Geschwister um Besuchsrechte und Treffen mit den Kindern ging. Aus diesem Grunde nahm sie Kontakt mit Michaels Eltern auf und hielt ihn auch aufrecht, obwohl es ihr schwerfiel, nicht auf deren kaum verhohlenes Mißfallen zu reagieren. Janice fand es nicht leicht, diesem Plan treu zu bleiben, und sagte in bezug auf Michael manchmal, sie habe große Lust, »ihm ein bißchen von dem zurückzugeben, was er austeilt«. Aber abgesehen von gelegentlichen Ausbrüchen und der Tatsache, daß sie ihrer Erbitterung häufig bei Freunden Luft machte, blieb sie bei dem Plan; denn, wie sie sagte: »Wenn es zum offenen Kampf kommt, gewinnt er.« Ich stimmte ihr zu, nur nannte ich das nicht »gewinnen«.

Als Michael an zwei Sitzungen teilnahm, die eine gemeinsame

elterliche Bemühung darstellen sollten, die Kinder zu beruhigen und sie anzuhören, versuchte ich erneut, sein Interesse an weiteren Sitzungen, allein oder mit den Kindern, zu wecken. Wieder nannte er mir viele »triftige« Gründe, warum das nicht nötig wäre. Er lehnte auch mein Angebot ab, ihn an einen männlichen Therapeuten zu überweisen, dessen Spezialgebiet Scheidungsprobleme waren, oder in eine kurzfristige Gruppentherapie für Leute, die in Scheidung leben. Danach gab ich es auf, ihn für eine weitere Therapie zu gewinnen.

Janice kam weiterhin regelmäßig zu mir während des folgenden Jahres, in dem sie geschieden wurde und Pläne machte, auf die Schule zurückzukehren und eine Halbtagsbeschäftigung anzunehmen. Sie sagte, alles sei viel schwerer, als sie erwartet hatte, aber sie bereue nichts. Sie berichtete, daß Michael die Kinder regelmäßig besuche und unterstütze und jetzt eine neue Lebensgefährtin habe. Ich notierte im Geist diese typische »Lösung«. Sie hätte gern gewußt, sagte sie, ob er seiner neuen Frau nach der Hochzeit wohl »erlauben« würde, arbeiten zu gehen. Dann verbesserte sie sich: »Ich meine, ich möchte gern wissen, ob sie ihm erlaubt, ihr vorzuschreiben, wie sie zu leben hat.«

Danach kamen wir auf unser Gespräch über ihre Zukunftspläne zurück.

Gewinne und Verluste

Eine Gewinn-und-Verlust-Rechnung aufzumachen nach einem so wichtigen Einschnitt, wie ihn eine Scheidung darstellt, verlangt eine Menge Buchführung. Man muß noch einmal »seine« oder »ihre« Ehe betrachten, um zu überblicken, was für den jeweiligen Partner auf dem Spiel stand. Janice hat mit Sicherheit ihre Naivität und ein finanziell gesichertes Leben eingebüßt. Gewonnen hat sie ein neues Selbstvertrauen, ein berufliches Ziel und ein reiferes Verhältnis zu ihren Eltern. Es fällt jetzt noch mehr als vorher von der ungeliebten Hausarbeit an, aber sie verwendet viel weniger Zeit und emotionale Kraft darauf. Sie ist häufig in Geldschwierigkeiten und oft todmüde, aber nicht mehr so deprimiert; sie ist heiter, hat aber manchmal Angst und fühlt sich einsam. Sie sagt, daß es sich gelohnt habe und sie es wieder tun würde. Ich hoffe, das ist nicht nötig.

Den Beweis dafür zu erbringen, daß die Kinder etwas gewonnen haben, ist schwieriger. Sie sind unglücklich über die Scheidung und wünschten, sie wäre nicht passiert. Sie zeigten ein Jahr lang Angstsymptome, die nachließen, als die Eltern ihren Streit beendeten, und jetzt erneut auftreten, da sie sich dagegen sträuben, mit der Freundin des Vaters zu verkehren. Ich versichere Janice, es gehe ihnen besser mit glücklichen, getrennt lebenden Eltern als mit unglücklichen Eltern, die zusammenbleiben. Ich halte das im allgemeinen für richtig und hoffe, wenn ich in die unglücklichen Gesichter der Kinder sehe, daß es auch für sie zutrifft.

Oberflächlich betrachtet, scheint Michael am meisten gewonnen zu haben – oder am wenigsten verloren. Er lebt in einer neuen Eigentumswohnung statt in einem alten Haus; sein Auto ist ein viel neueres Modell; er hat eine neue Frau gefunden, die ihn versorgt; er hat mehr Geld zur Verfügung als vorher; und er sieht regelmäßig seine Kinder. Er ist nicht unglücklich.

Er hat jedoch am wenigsten über sich selbst erfahren, sich am wenigsten weiterentwickelt und am wenigsten verändert. Die Beziehung zu seinen Eltern ist die gleiche geblieben – distanziert und ehrerbietig. Bei der neuen Frau in seinem Leben scheint er genau dieselben Verhaltensweisen an den Tag zu legen wie zuvor. Jetzt, seit er eine Beziehung hat, besucht er die Kinder seltener, bringt sie zu seiner Mutter oder unternimmt etwas mit ihnen und seiner Freundin, die verzweifelt versucht, ihre Gunst zu erringen.

Wie man die Gewinne und Verluste für jeden einzelnen und für die Familie als Ganzes bewertet, hängt davon ab, was man im Leben für wichtig erachtet. Janice stellt für sich einen großen Reingewinn fest; sie erklärt, daß sie sich in der Ehe mit Michael niemals so weit hätte entwickeln können, selbst wenn Michael bereit gewesen wäre, sich zu ändern. Michael versteht immer noch nicht, warum alles so kommen mußte, aber er hat es akzeptiert und sagt, er habe sich von dem Schlag erholt und sei wieder »in Gang gekommen«. Die Kinder zeigen nur Ablehnung. Sie wollen beide Eltern – zusammen. Punkt.

Obwohl ich das Ergebnis als »ziemlich erfolgreich« betrachte, hätte ich es lieber gesehen, wenn Michael bereit gewesen wäre, sich auf die Veränderungen einzulassen, die sich ihm erst in seiner Ehe, dann während der Scheidung darboten. Aber das mußte er entscheiden, und er hat seine Wahl getroffen.

Fallbeispiel

Wiedersehen mit dem Film
»Am Goldenen See«

Peggy Papp

Wenn eine Ehe in die Brüche geht, weil der Ehemann eine Beziehung zu einer anderen Frau hat, richtet die Ehefrau ihren Ärger und ihre Verbitterung oft gegen diese andere Frau, und sie gibt lieber ihr die Schuld, als sich mit dem Ehemann über die schmerzhaften Probleme auseinanderzusetzen. Das führt dann schließlich dazu, daß die beiden Frauen sich gegenseitig bekriegen, während der Mann sich aus dem Kreuzfeuer heraushält.

Im folgenden Fall hinderte der Haß der Ehefrau auf die andere Frau sie nicht nur daran, sich nach fünfjähriger Trennung von ihrem Ehemann scheiden zu lassen, sondern wirkte sich auch negativ auf ihre mütterlichen Fähigkeiten aus, die immer ihr Stolz und Trost gewesen waren. Schließlich veranlaßte sie das auffällige Verhalten des Sohnes, eine Therapie aufzusuchen. In deren Verlauf deutete ich die Verbitterung der Ehefrau gegenüber der anderen Frau dahingehend um, daß sie ihren Mann beschützen wollte, und machte Vorschläge, wie sie dieses Bedürfnis zu ihrem eigenen Vorteil nutzen könnte. Das befreite sie von dem letzten Rest der Zuneigung für ihren Mann und ermöglichte es ihr, um das zu bitten, was sie am dringendsten von ihm wollte – eine für beide Seiten akzeptable Übereinkunft in bezug auf ihren Sohn.

Die Darstellung des Problems

Martha, die Ehefrau, rief bei unserer Agentur an und bat uns, ihr dabei zu helfen, ihren 17 Jahre alten Sohn Tom wieder auf die richtige Bahn zu bringen. Sie berichtete, daß er ungehorsam und trotzig sei, daß er lüge, Streitigkeiten vom Zaun breche, schlichtweg nicht zu bändigen sei. Ich erfuhr, daß Martha sich vor fünf Jahren von ihrem Mann, Charles, getrennt hatte und die beiden älteren Schwestern Toms, Ellen, 23, und Beverly, 21, ausgezogen waren und für sich lebten, so daß die Mutter und Tom allein zurückblieben.

Ich bat Martha, die ganze Familie zur Beratung mitzubringen, einschließlich des Ehemannes und der beiden erwachsenen Töchter.

Die erste Sitzung

Martha begann die Sitzung damit, daß sie sich von der Seele redete, wie verzweifelt sie über ihr Versagen war, mit Tom zurechtzukommen. Eine gute Mutter zu sein, sei stets eine Quelle des Stolzes für sie gewesen, und bis zu diesem Zeitpunkt habe sie sich immer für eine ganz besonders gute Mutter gehalten. Nun mußte sie feststellen, daß sie einfach nicht mit ihm fertigwurde, und verstand nicht, was passiert war.

Beim Zusammentragen des Hintergrundmaterials erfuhr ich, daß Toms Eltern sich wegen Charles' Beziehung zu einer anderen Frau, Gloria, getrennt hatten. Diese Beziehung hatte, als es zur Trennung kam, schon mehrere Jahre bestanden und, wie Martha berichtete, sich auf die ganze Familie verheerend ausgewirkt. Charles konnte sich nicht entscheiden, ob er bleiben oder seine Familie verlassen sollte, und seine Unschlüssigkeit verursachte schwere Störungen im Familiengefüge. Schließlich verließ er auf Marthas Wunsch das Haus und bezog mit Gloria eine Wohnung.

Als sie die Beziehung zu der anderen Frau entdeckte, versank Martha, die als energisch und couragiert galt, in eine tiefe Depression. »Wir waren eine sehr harmonische Familie, und wenn Charles zweimal in der Woche verschwand, war das eine so schlimme Zurückweisung für mich. Ich hatte mich als starke, tüchtige Mutter und Ehefrau gesehen – Kochen, Putzen, den Laden in Schwung halten, ich machte einfach alles – und nun brach ich zusammen. Ich, die gesündeste, stärkste Frau der Welt, brach zusammen. Jetzt begreife ich, daß ich einen Nervenzusammenbruch hatte. Ich verlor fünfunddreißig Pfund und weinte den ganzen Tag. Ich brauchte mehrere Jahre Einzeltherapie, ehe ich meine fünf Sinne wieder beieinander hatte. Jetzt nehme ich es mir übel, daß ich zu lange an der Ehe festgehalten habe. Fünf Jahre habe ich Kränkungen und Einsamkeit ertragen, bis ich in der Lage war, auf eigenen Füßen zu stehen.«

Charles blickte zerknirscht drein und sagte kleinlaut: »Es war falsch, was ich getan habe. Ich hätte sofort gehen müssen, aber ich war total durcheinander. Ich konnte mich nicht entscheiden, und das war für alle Teile schrecklich. Ich liebte diese andere Frau, aber ich liebte auch meine Familie und wollte sie nicht verlassen.«

Vor zwei Jahren hatte er Martha gebeten, ihrer Ehe noch einmal eine Chance zu geben, und sie hatten ein halbes Jahr dafür vereinbart; beide waren zu der Überzeugung gelangt, daß für sie nichts mehr dabei herauskäme. Obwohl sich beide darin einig waren, daß eine Trennung für sie besser wäre, hatte keiner die Scheidung beantragt, weil jeder darauf wartete, daß der andere den endgültigen Schritt zur gesetzlichen Auflösung ihrer Ehe tun würde.

Obwohl Martha behauptete, sie habe ihre mit der Trennung zusammenhängenden Probleme durch die Einzeltherapie bewältigt, hegte sie noch immer einen dumpfen Groll gegen Gloria, mit der sie ständig in Streit gelegen hatte. Sie behauptete, Gloria habe sie abscheulich behandelt und deshalb habe sie den Kindern verboten, sie zu sehen. Ellen, die älteste Tochter, lehnte es ab, sich an das Verbot zu halten, und dieser Ungehorsam hatte eine Entzweiung zwischen ihr und der Mutter verursacht. Martha war durch den »Verrat« – nichts anderes war es für sie – ihrer Tochter zutiefst verletzt. Tom und Beverly, seine andere Schwester, respektierten die Wünsche der Mutter und hielten ihr geradezu fanatisch die Treue, was Spannungen zwischen ihnen und Ellen hervorrief.

In den Jahren, als die Kinder heranwuchsen, hatte Martha die Hauptverantwortung für ihre Erziehung übernommen, während Charles sich stets heraushielt und sich an den wenigen Abenden, die er zu Hause verbrachte, in die Bibliothek zurückzog. »Er wollte nie in seiner Ruhe gestört werden«, sagte Martha bedauernd. An diesem Verhaltensmuster änderte sich nichts; wann immer sie ein Problem hatten, kamen die Kinder zu Martha. Seit der Trennung waren Charles' Kontakte mit den Kindern mehr oder weniger zufällig gewesen und, nach der Devise »Catch-as-catch-can«, im allgemeinen von den Kindern ausgegangen. Als ich mich erkundigte, wie die Eltern normalerweise mit Toms Verhalten umgingen, stellte sich heraus, daß sie sich nur in Krisensituationen deswegen in Verbindung gesetzt und sich auf keine bestimmte Vorgehensweise geeinigt hatten. Obwohl Martha Charles verdächtigte, daß er ihre disziplinarischen Maßnahmen häufig unterlief, sagte sie ihm das nie direkt, da sie ihn weder zu Hause noch im Büro (wo Gloria arbeitete) anrufen wollte, aus Angst, Gloria könnte am Apparat sein. Charles gab zu, daß er sich mit größtem Eifer bemühte, Tom jeden Wunsch zu erfüllen, um so die Liebe und Achtung zurückzugewinnen, die er durch seinen Weggang eingebüßt hatte. Es wurde deutlich, daß er, indem er seinem Sohn nachgab, oft unbeabsichtigt die zuvor getroffenen Entscheidungen Marthas unterminierte. Tom nutzte die Kluft zwischen seinen Eltern aus, um einen gegen den anderen auszuspielen. Ganz offen gab er zu:»Wenn ich meine Mutter um Geld bitte und sie nein sagt, gehe ich zu meinem Vater, und der gibt es mir.«

Die Umdeutung des Symptoms

Bei den Überlegungen über die Art meiner Intervention erwog ich auch die normalerweise angewandte Strategie, Toms symptomatisches Verhalten so umzudeuten, daß er damit seine Eltern zwingen wollte, zusammenzubleiben. Ich hätte zum Beispiel sagen können, Toms Verhalten sei darauf angelegt, Vater und Mutter wieder zusammenzubringen und daß er so versuchen wolle, die Familie wieder zu vereinen. Oder daß er durch sein schlechtes Benehmen versuche, seine Mutter von ihrem Schmerz abzulenken und die Leere in ihrem Leben auszufüllen. Oder daß sein unreifes Benehmen ihn daran hindere, erwachsen zu werden und aus dem Haus zu gehen, weil er wußte, daß seine Mutter ohne ihn einsam wäre.

Alle obengenannten Gründe könnten die Basis für eine stichhaltige Hypothese liefern, um das auffällige Verhalten zu erklären, da sie Toms Benehmen mit den Vorgängen in der Familie verknüpfen und die übliche Einschätzung des Problems in Frage stellen. Ich verwarf jedoch jede dieser Hypothesen, weil sie alle Martha die Schuld an dem Problem anlasteten. Alle gehen davon aus, daß Tom keine Probleme hätte, wenn Martha nicht traurig oder einsam wäre, keinen Vater für ihren Sohn brauchte oder sich nicht noch immer an die Beziehung zu ihrem Ehemann klammerte. Ich entschloß mich statt dessen dazu, das Problem als das fortgesetzte Bedürfnis Marthas zu definieren, ihren Mann zu beschützen.

Ich sagte ihr am Ende der Sitzung, daß sie meiner Meinung nach ihren Groll gegen die falsche Person richte und ich höchst erstaunt darüber sei, wie sie es nach fünfjähriger Trennung immer noch fertigbringe, ihren Mann so zu beschützen. Indem sie den Kindern jeden Kontakt mit Gloria verbiete, gebe sie Charles überhaupt erst die Möglichkeit, sich die romantische Illusion zu erhalten, er könne mit Gloria ein Verhältnis haben, das durch die Existenz der Kinder nicht beeinträchtigt werde. Dies bewahre ihn auch davor, irgendeine Verantwortung für die Kinder tragen zu müssen, und er könne es Martha überlassen, die ganze Last auf sich zu nehmen. Martha war völlig verblüfft über diesen unerwarteten Gesichtspunkt und erklärte, es sei ganz bestimmt nicht ihre Absicht, das Verhältnis ihres Mannes mit Gloria zu unterstützen. Ich antwortete, dies sei vielleicht nicht ihre Absicht, jedenfalls aber das Resultat ihres Verhaltens.

Dann stellte ich ihr eine Reihe hypothetischer Fragen, die darauf abzielten, ihr zu zeigen, daß sie noch immer in der Beschützerrolle steckte. Ich fragte sie, was ihrer Ansicht nach passieren würde, wenn sie Tom für ein Wochenende zu Charles und Gloria schickte, während sie mit Freunden aufs Land führe. Wie würde Charles wohl damit fertig? Wie würde Gloria reagieren? Wie würde sich die Gegenwart Toms auf die Beziehung von Gloria und Charles auswirken? Wenn nun alle drei Kinder die beiden regelmäßig besuchten: würde sich Charles ihrer Meinung nach dann gestört fühlen? Welches der Kinder würde ihres Erachtens die größten Probleme verursachen?

Während sie versuchte, diese Fragen zu beantworten, wurde sich Martha immer mehr bewußt, wie sehr sie dabei mithalf, daß Charles und Gloria idyllisch im Elfenbeinturm leben konnten, ohne jemals mit der Existenz von Charles' Kindern konfrontiert zu werden. Damit beraubte sie sich ja nicht nur einer möglichen Unterstützung bei der Erziehung, sondern ließ es auch zu, daß Charles ihre mütterliche Autorität Tom gegenüber unterminierte.

Sie fragte mich, was sie meiner Meinung nach tun solle. Ich riet ihr, Charles so einzusetzen, daß sie mehr Zeit für Vergnügen und Abwechslung habe. »Wenn Sie nur damit aufhören würden, Charles zu beschützen, indem Sie Gloria anfeinden, dann könnten beide eine große Stütze für Sie sein.« Martha sagte, sie müsse über meine Worte nachdenken, und ich vereinbarte eine Sitzung allein mit ihr und Charles, in der wir die Situation weiter erörtern wollten.

Die folgenden Sitzungen

Zu Beginn der nächsten Sitzung sagte Martha: »Ich war entsetzt über das, was Sie mir gesagt haben, nämlich daß ich Charles und

403

Gloria beschütze. Ich habe viel nachgedacht und beschlossen, damit aufzuhören.« Danach wollte ich von Martha und Charles wissen, wie sie derzeit gefühlsmäßig miteinander standen; sie antworteten übereinstimmend, daß die Trennung für sie das beste sei und sie nicht das Bedürfnis hätten, ihre Beziehung fortzusetzen. Beide äußerten jedoch den Wunsch, ein gemeinsames Konzept für den Umgang mit Tom zu entwickeln. Daraufhin stellten wir einige allgemeine Grundregeln auf und berieten, wie die Eltern sie miteinander absprechen könnten. Da Martha den überwiegenden Teil der Verantwortung trug, sollte Charles sie informieren, bevor er größere Entscheidungen traf; Martha erklärte sich um Toms willen bereit, ihren Stolz herunterzuschlucken und Charles anzurufen, wann immer sie es für nötig hielte. Die Eltern setzten diese Anregungen entschlossen in die Tat um, und Tom fing an, sich an die Regeln zu halten, als er merkte, daß er den einen nicht mehr gegen den anderen ausspielen konnte.

In der nächstfolgenden Sitzung, einen Monat später, berichteten beide Eltern, daß sich Toms Haltung und Benehmen deutlich gebessert hätten. Charles sprach sich nun mit Martha über größere Entscheidungen ab, und Martha stellte fest: »Es macht mir jetzt gar nichts mehr aus, Charles anzurufen, wenn es sein muß. Schließlich ist er Toms Vater! Und ich habe allen Kindern gesagt, daß sie selbst bestimmen können, ob sie mit Gloria verkehren oder nicht. Das ist jetzt ihr Problem.« Tom, der sah, daß seine Mutter in einer viel besseren Gemütsverfassung war, bemerkte: »Wir machen gemeinsame Fortschritte.«

Als Kommentar zu den eingetretenen Veränderungen meinte Martha: »Es war ungeheuer wichtig für mich zu begreifen, daß ich gegen mein eigenes Interesse handelte. Und ironischerweise habe ich mir daraufhin selber die Aufgabe gestellt, mein Leben nun nach meinen Wünschen auszurichten.« Sie erzählte weiter, daß sie letzte Woche mit Tom zusammen im Fernsehen *Am Goldenen See* gesehen habe, den Film, in dem Henry Fonda und Katharine Hepburn ein Paar spielen, das gemeinsam alt wird; an einer Stelle habe sich Tom zu ihr herumgedreht und gefragt: »Macht dich das traurig?« Und sie habe geantwortet: »›Nein, Tom, überhaupt nicht.‹ Und zum erstenmal mußte ich nicht an Charles denken. Ich werde allein alt werden. Genau das hat Tom gemeint: ›Mom, du wirst allein alt werden.‹ Und da wußte ich, daß ich kuriert war! Ich dachte nicht an

Charles. Seit fünf Jahren waren wir getrennt, und zum erstenmal fühlte ich mich als eigenständiger Mensch. Es war ein wundervoller Abend für mich.«

In einem Telefongespräch anderthalb Jahre später – das heißt, es wurden zwei Telefongespräche mit jeweils einem Elternteil daraus – erzählten mir beide, daß Tom sich weiter gut entwickle und daß sich ihre Beziehungen zu ihm erheblich gebessert hätten. Sie hatten die Scheidung beantragt und beabsichtigten beide, wieder zu heiraten. Martha war einem »wundervollen Mann« begegnet und hatte nun nicht mehr vor, den Rest ihres Lebens allein am »Goldenen See« zu verbringen. Sie beendete das Gespräch mit den Worten: »Hoffentlich kommt Tom gut mit seinem Stiefvater aus.«

Zusammenfassung

Dieser Fall schilderte die Auflösung eines Dreiecksverhältnisses von Ehemann, Ehefrau und einer anderen Frau, das noch fünf Jahre, nachdem der Mann seine Familie verlassen hatte, weiterbestand. Dieses Dreieck war das typische Beispiel für eine Situation, in der die stärkste Feindseligkeit zwischen den beiden Frauen herrschte und nicht etwa zwischen einer der Frauen und dem beteiligten Mann. Typisch auch das Verhalten der Ehefrau, die zu ihrem eigenen Nachteil sich immer noch schützend vor ihren Mann stellte. Als sie endlich damit aufhörte, ihn aus lauter Rücksicht von der Gegenwart seiner Kinder zu befreien, und ihn um die Hilfe bitten konnte, die sie brauchte, war sie auch imstande, sich aus der Ehe zu lösen und als Einzelwesen eine Persönlichkeit zu entwickeln.

Fallbeispiel
Rettungsaktion

Olga Silverstein

In Anbetracht der fast heiligmäßigen Eigenschaften, die man der Ehe zuschreibt, überrascht es nicht, daß für viele Frauen das eigene Unglück kein ausreichender Grund ist, diese Institution zu verlassen. Wenn dann noch Kinder da sind und der Ehemann ein akzeptabler Vater ist – und erst recht, wenn er finanziell gut für die Familie sorgt –, wird die Ehefrau mit ihrem Wunsch, die Ehe zu verlassen, auf wenig Verständnis stoßen, sei es bei der Familie, bei ihren Freunden, selbst bei vielen Therapeuten, falls sie um fachmännischen Rat bittet. Es gibt nur wenige von der Gesellschaft akzeptierte Gründe, einen »guten« Mann zu verlassen und dadurch eine Familie auseinanderzureißen, und diese sind sehr genau definiert. Unglücklichsein gehört nicht dazu. Wenn der Ehemann ein guter Mensch ist und seine Frau nicht schlecht behandelt, dann besteht die einzige Chance oft darin, sich in einen anderen Mann zu verlieben. Das, nämlich einen Mann wegen eines anderen zu verlassen, ist weniger bedrohlich für ein gesellschaftliches System, welches den Frauen vorschreibt, sich durch den Mann zu definieren, mit dem sie verheiratet sind.

Der Hilferuf

Im vorliegenden Fall geht es um Cassie, seit zwölf Jahren ziemlich unglücklich verheiratet und Mutter von drei Kindern.

Ich erhielt den Anruf eines Mannes, der völlig aufgelöst schien und mir in abgerissenen Sätzen mitteilte, seine Frau sei mit dem Milchmann durchgebrannt – sie sei seit drei Tagen weg –, er sei mit den Kindern allein, und irgend jemand müsse vernünftig mit ihr reden.

Mit einiger Anstrengung gelang es mir, aus ihm herauszubekommen, daß sie täglich anrief, um sich nach den Kindern zu erkundigen, daß er sie abwechselnd aufgefordert, angefleht und bedroht hatte, nach Hause zu kommen, daß sie aber an diesem Punkt immer aufgehängt hätte. Ich machte den Vorschlag, er solle, wenn sie am folgenden Tag anrufe, mit ihr vereinbaren, ihn in meiner Praxis zu treffen; wir könnten dann gemeinsam versuchen, die Ursache ihres Problems zu finden, und überlegen, was zu tun sei. Ich gab ihm einen Termin für den nächsten Tag.

Sie trafen fast gleichzeitig zu dem vereinbarten Termin ein. Schweigend kamen sie mit dem Fahrstuhl herauf. Bill war ein kleiner, drahtiger Mann Ende dreißig, Cassie betont schlicht und etwas jünger.

Die Darstellung des Problems

Während er den Raum betrat, redete Bill unaufhörlich auf Cassie ein. Sie folgte ihm schweigend und nahm auf der Stuhlkante Platz wie ein Kind, das eine elterliche Strafpredigt erwartet.

Bill ließ einen zehn Minuten langen Wortschwall über seine Frau ergehen, ohne meine Gegenwart zur Kenntnis zu nehmen. Ganz offensichtlich benutzte er mein Büro als Treffpunkt. Der Gedanke an eine Therapie war ihm nicht gekommen.

Ich beschloß, ihn nicht zu unterbrechen (ich glaube, es wäre auch gar nicht möglich gewesen), und beobachtete Cassie, die mit gesenktem Kopf dasaß; von Zeit zu Zeit sah sie auf, suchte meinen Blick und sah wieder zu Boden.

Schließlich ging Bill der Atem aus, er wandte sich an mich und befahl: »Sagen Sie es ihr! Sie hat Verpflichtungen – sie hat drei Kinder, in Gottes Namen! Sagen Sie ihr das!«

»Ich weiß nicht, was ich ihr sagen soll«, antwortete ich, »ich habe keine Ahnung, was los ist, ich sehe nur, daß Sie sehr wütend sind. Und daß Cassie an ihren Kindern hängt, wenn sie jeden Tag anruft und sich nach ihnen erkundigt. Das ist aber auch alles. Nun erzählen Sie mal die ganze Geschichte.«

Bill: Ich kann es einfach nicht glauben, es muß ein schlechter Scherz sein. Meine Frau geht mit dem Milchmann auf und davon. Dieser Mistkerl verführt meine Frau. Es ist so erniedrigend.

Cassie: Ich halte es nicht mehr aus. Ich mache einfach alles verkehrt – es ist nicht Bills Schuld. Wäre es besser, wenn ich eine Affäre mit dem Präsidenten deiner Firma hätte?

Bill: Allerdings!

Cassie (*mit zitternder Stimme*): Es ist nicht Bills Schuld. Er arbeitet sehr hart und kann einfach alles. Alles . . .

Therapeutin: Alles?

Cassie *(lächelt ein wenig)*: Fast.

Therapeutin: Stimmt das?

Bill: Allerdings arbeite ich hart. Es kostet schon einige Mühe, diese Schlampe zu unterhalten. Sehen Sie sie an *(er wandte sich an mich)*, sie sieht aus wie so eine Type aus den Sechzigern.

Cassie trug Jeans, Turnschuhe und ein weites Männerhemd. Ihre Fingernägel waren bis zum Fleisch abgekaut. Ihre Haare waren zu einem Pferdeschwanz zusammengedreht und wurden von einem Gummiband gehalten.

Cassie *(resigniert)*: Ihm gefällt überhaupt nichts an mir.

Therapeutin: Sind Sie deshalb weggegangen?

Cassie: Nein – Jack ist wunderbar. Er hat immer erst seine Arbeit in der Straße fertig gemacht, und dann habe ich Kaffee gekocht, und er hat bei mir gesessen und sich mit mir unterhalten. Ich *(sie fängt an zu weinen)* – ich weiß nicht, warum ich weggegangen bin.

Bill: Dieser Kerl hat sie verführt – sie ist solch ein kleines Dummchen – man kann sie leicht reinlegen. Komm ja nach Hause, sage ich dir. Ich kann nicht länger bei den Kindern zu Hause bleiben. Meine Arbeit türmt sich schon meterhoch. Komm nach Hause! Laß diesen Quatsch!

Cassie *(kaum vernehmbar)*: Nein, ich kann nicht.

Ich machte mit Cassie aus, sie solle am nächsten Tag allein zu mir kommen. Sie erschien sehr viel gefaßter und teilte mir mit, daß sie ihre Mutter, die außerhalb wohnte, angerufen habe, damit sie für die Kinder sorge. »Es war nicht fair, von ihm zu erwarten, daß er sich um die Kinder kümmert«, erklärte sie. Ohne Bill wirkte sie reifer und sprach mit mehr Überzeugung. »Ob Sie es glauben oder nicht, ich habe mich immer für ganz in Ordnung gehalten.«

Cassies Geschichte

Cassie und Bill lernten sich in ihrem ersten Jahr auf dem College kennen. »Wir schliefen bei unserer ersten Verabredung miteinander, und einen Monat danach war ich schwanger. Ich wollte eine

408

Abtreibung. Bill wollte nichts davon hören. Er sagte, er würde für mich sorgen, und das tat er auch. Er war phantastisch. Er regelte alles! Er sprach mit meinem Vater. Er versprach, mich zu heiraten, und er tat es auch. Er tat es. Er vereinbarte sogar meine Arztbesuche für mich. Jedenfalls ging ich nicht mehr auf die Schule zurück. Aber das wollte ich, glaube ich, auch gar nicht. Bill arbeitete nach der Schule und an den Wochenenden, und ich hatte die Babys – drei prächtige Babys.«

Cassie wurde von Bill und ihren Eltern zur Heirat gedrängt. Ihre Versuche, sich dagegen zu wehren, waren halbherzig, da sie im Grunde selbst unsicher und unschlüssig war. Ohnehin keine besonders gute Studentin, nutzte sie die Gelegenheit, die Schule mit einer legitimen Entschuldigung zu verlassen. Sie würde heiraten. Sie würde ein Baby haben. Als eine unreife junge Frau (gerade zwanzig), die von ihren Eltern stets wie ein Kind behandelt worden war, sah sie in der Heirat eine Möglichkeit, endlich ihre Unabhängigkeit zu erlangen. Da sie nun mit einem Mann verheiratet war, der einfach alles regelte und sie abwechselnd umsorgte oder tyrannisierte, erstarrte sie in ihrer kindlichen Haltung. Noch mit Dreißig war sie eine Kindfrau, fühlte sich aber immer unglücklicher. Sie verfügte jedoch über keinerlei finanzielle Mittel – Bill verwaltete das Geld, und das Haus sowie das Auto liefen auf seinen Namen –, und so sah sie sich in der Falle. Aber, und das war entscheidend, sie erklärte, daß sie keinen legitimen Grund anführen könne, die Familie auseinanderzureißen.

Ich entschied, Cassie und Bill zunächst einzeln zu sehen, um ihr die Gewißheit zu geben, daß ich nicht mit der Seite paktierte, die sie unbedingt nach Hause holen wollte.

Bills Geschichte

Als ich mit Bill allein sprach, erzählte er mir so ziemlich die gleiche Geschichte: »Ich mußte einfach alles selbst machen – Cassie ist ein großes Kind. Verstehen Sie mich nicht falsch – sie ist eine gute Mutter – das ist aber auch alles.«

Dann waren Bill und Cassie zweimal zusammen bei mir; Bill betonte großmütig, er sei bereit, Cassie wieder zu Hause aufzunehmen, während Cassie wimmerte: »Ich kann nicht.«

Therapeutische Unterstützung Cassies
beim Erkennen ihres Problems

Ich bat Cassie, ihre Mutter mitzubringen, wofür ich mehrere Gründe hatte. Der eine, praktische, war der: Ich wußte, daß sie, wollte sie diese Trennung durchstehen, die elterliche Unterstützung brauchen würde, bis sie auf eigenen Füßen stand. Ich war mir ziemlich sicher, daß Jack bei dem Ganzen keine herausragende Rolle spielen würde. Und ich hielt es für an der Zeit, daß Cassie damit anfing, sich ihrer Mutter gegenüber wie eine erwachsene Frau zu verhalten.

Ich sah Cassie und ihre Mutter allein. Die Mutter vertrat eindeutig Bills Position.»Cassie war immer so unreif. Ich war sehr erleichtert, als Bill sie geheiratet hat (sic) – ich wußte, daß er auf sie aufpassen würde, und jetzt ist sie mit diesem Stromer, diesem Taugenichts auf und davon . . .« Sie weinte, Cassie weinte. Dann sagte Cassie:»Es hat nichts mit Jack zu tun. Ich wollte Bill nicht heiraten. Ich war noch viel zu unfertig, um überhaupt jemanden zu heiraten. Und das bin ich jetzt, glaube ich, auch noch.«

Es war nicht leicht für Cassie, offen mit ihrer Mutter zu reden. Sie war daran gewöhnt, gegenüber allen Erwachsenen in ihrer Umgebung eine fügsame, kindliche Haltung einzunehmen. Nur im Umgang mit ihren Kindern konnte man ihr Verhalten als kompetent und mündig bezeichnen.

Doch im Verlauf der vier Sitzungen, in denen sie sich mit ihrer Mutter in meiner Praxis traf, gewann sie zusehends an Format. Eines Tages sagte sie zu ihrer Mutter:»Ich erkenne jetzt, daß du dich genauso von Daddy hast tyrannisieren lassen wie ich mich von Bill. Ich glaube nicht, daß du wirklich gedacht hast, Bill wäre der richtige Mann für mich. Du wolltest nur Daddy nicht widersprechen. Aber Daddy ist jetzt tot – du bist frei. Ich will nicht warten, bis Bill stirbt, um frei zu sein.«

Zu den nächsten vier Sitzungen kam Cassie allein. Wir sprachen darüber, was sie von sich selbst, ihrer Ehe, ihren Kindern dachte, und über ihre Zukunftspläne; Jack kam darin nicht vor.

Cassie:»Ich kann nicht mehr mit Bill leben – ich kann es einfach nicht. Er verbietet mir alles – wirklich alles. Stellen Sie sich vor – ich darf nicht – darf nicht mit den Kindern zusammen im Auto fahren!«

Im Lauf des Gesprächs wurde deutlich, daß Jack Cassie als Vorwand gedient hatte, aus der Ehe auszubrechen.

Therapeutin: Seit wann haben Sie nach einem Retter Ausschau gehalten?

Cassie *(lächelnd)*: Ich glaube, mein ganzes Leben lang.

Therapeutin: Es ist mir wirklich ein bißchen rätselhaft. Warum braucht eine intelligente, tüchtige Frau – ich weiß, daß Sie das sind, denn jeder erzählt mir, was für eine phantastische Mutter Sie sind – einen Mann, um sich vor einem anderen Mann zu retten?

Cassie schwieg. »Es ist mir ein Rätsel«, fuhr ich fort. »Sie glauben also, der einzige Grund, eine so unglückliche Beziehung wie die Ihre aufzugeben, ist eine neue Beziehung? Ich verstehe, warum Jack sich so wohl fühlt – er hat Gelegenheit, den ›Ritter in der schimmernden Rüstung‹ zu spielen –, aber was hat sich für Sie geändert? Seit Jahren spielen Sie die Rolle des hilflosen kleinen Mädchens. Vielleicht könnten wir ein Duell inszenieren, und der Sieger reitet dann mit Ihnen im Sonnenuntergang davon.«

Über dieses absurde Bild mußte Cassie nun wirklich lachen, und wir konnten darangehen, konkrete Pläne für ihre Zukunft zu machen. Sie brachte es zum erstenmal fertig, offen mit Bill zu reden und ihn um die Scheidung zu bitten. Anfangs wollte er nicht glauben, daß das ihre Entscheidung war, sondern gab weiterhin Jack die Schuld. Wiederum mit etwas Hilfe meinerseits schaffte es Cassie, mit ihrem Problem zu ihrer Mutter zu gehen und sie offen um Unterstützung zu bitten. »Ja«, sagte Cassie, »ich glaube, ich werde sogar finanzielle Hilfe brauchen, bis all das mit Bill geregelt ist und ich arbeiten gehe.«

Das Ergebnis

Als es Cassie bewußt wurde, daß sie Jack als Vorwand benutzte, um ihre Ehe zu beenden, brachte sie das aus der Fassung, und sie schämte sich. Jack war auch wirklich wütend, und es war schwer für sie, damit fertigzuwerden.

Ich machte ihr klar, daß sie sich in der Absicht, Ärger zu vermeiden, eine schwierige Situation eingebrockt hatte. »Nicht nur das, ich bin auch noch nie allein gewesen. Ich weiß nicht, ob ich das schaffe«, sagte sie.

In der Tat ist es nicht leicht, alleinerziehende Mutter zu sein. So gut ich konnte, legte ich ihr die Schwierigkeiten dar. Ich gab ihr zu bedenken, daß Bill es ihr in finanzieller Hinsicht möglicherweise sehr schwermachen würde.

Es ist immer wichtig, einer Frau zu helfen, ihre Lage realistisch einzuschätzen. Noch nie hatte Cassie mit Vorbedacht und Überlegung für ihre eigenen Belange geplant. Andernfalls hätte sie weder dem Zorn des Vaters nachgegeben noch Bills Weigerung, eine Abtreibung zu akzeptieren. Passiv und gedankenlos hatte sie sich auf eine Zukunft eingelassen, die sie sich nicht selbst ausgesucht hatte. Jetzt war es wichtig für sie, daß sie ihre Möglichkeiten realistisch betrachtete.

»Na ja, ich glaube, es ist Zeit für mich, erwachsen zu werden«, sagte sie.

Als Bill begriff, daß Cassie es ernst meinte, ließ sein Widerstand nach. Er war bereit, zu einer letzten Sitzung mit Cassie zu mir zu kommen. Wir besprachen die praktischen Einzelheiten der Trennung. Beide waren einverstanden, es lieber mit einer Scheidungsberatung zu versuchen als den auf Konfrontation angelegten Gesetzesweg zu gehen.

Inzwischen, drei Jahre später, hat Bill wieder geheiratet. Cassie beendet gerade ihr Examen als Sozialarbeiterin und arbeitet an drei Vormittagen in der Woche. Den Kindern geht es gut. »Sie haben mir nicht gesagt, wie schwer es sein würde«, sagte sie am Telefon zu mir. »O doch, das habe ich.« »Ja, vielleicht, aber ich habe es zum Glück nicht geglaubt, sonst hätte ich mich wahrscheinlich nicht getraut, und Bill und ich hätten endlos so weitergemacht mit unserer unglücklichen Ehe.«

Fallbeispiel
»Dir zuliebe«

Marianne Walters

Im folgenden Fall geht es um Entscheidungen – oder die Unfähigkeit, diese zu treffen – und um einen der Wege, wie TherapeutInnen die Voraussetzungen dafür schaffen können, daß der Klient fähig ist, sich zu entscheiden, auch wenn er die Situation nicht selbst herbeigeführt hat. Meist wird der Entschluß zur Trennung einseitig von einem der beiden Partner gefaßt, und der andere hat das Gefühl, gar keine Entscheidungsmöglichkeit gehabt zu haben. Sich entscheiden zu müssen ist natürlich eine zentrale Erfahrung für jeden, der Verantwortung für sein eigenes Leben trägt. Für Frauen, die gegen ihren Willen geschieden werden, wird der Wegfall dieser Kontrolle über das eigene Leben noch durch praktische und emotionale Umstände verschlimmert. Wie Betty Carter ausgeführt hat, haben Frauen gewöhnlich mehr als Männer die Scheidungsfolgen zu fürchten: in bezug auf soziale und finanzielle Gegebenheiten, auf Kindererziehung und Arbeitsbedingungen. Daher ist es besonders bei der Arbeit mit Frauen wichtig, ihnen beizubringen, daß sie für sich selbst Entscheidungen treffen müssen, gerade weil und während sie eine Scheidung durchmachen, die sie nicht gewollt haben. Das ist manchmal ein recht schwieriger Prozeß, der nicht so sehr mit wirklichen Alternativen im Sinne von sozialen und ökonomischen Bedürfnissen zu tun hat als mit der Notwendigkeit, sich einer ungeliebten, weil ungewollten Realität zu stellen. Häufig ist es, wie im folgenden Fall, nötig, zuerst die zwischenmenschlichen Vorgänge zu untersuchen, die den Blick für die richtige Entscheidung trüben, ehe man darangehen kann, den Fall aufzuarbeiten.

Die Darstellung des Problems

Robert und Linda suchten mich auf, weil ihre Ehe zu zerbrechen drohte. Man kann sich kaum zwei Menschen vorstellen, die mehr aneinander hingen, sich mehr liebten als die beiden. Doch ihre Not war ganz offensichtlich. Vor ein paar Monaten hatte Robert Linda gestanden, daß er homosexuell sei, und zugegeben, mehrere Affären mit Männern gehabt zu haben. Linda war am Boden zerstört. Aber sie wollte die Ehe nicht beenden. Sie liebte Robert. Er war ihr bester Freund, die wichtigste Person in ihrem Leben. Robert fühlte, daß er die Ehe nicht fortsetzen konnte. Er liebte Linda und konnte ihr nicht weiter solches Leid zufügen. Er haßte sein Doppelleben. Seit Wochen hatten sie sich mit ihrer Situation herumgequält, immer wieder alles erörtert und verzweifelt nach einem Ausweg gesucht. Nun waren sie zermürbt und emotional am Ende.

Robert und Linda hatten sich auf dem College kennengelernt und ineinander verliebt. Da sie beide recht anspruchsvolle Karrieren anstrebten – Linda in der Werbebranche, Robert in der Wirtschaft –, beschlossen sie, erst nach dem Abschluß ihres Studiums zu heiraten. Nach ihrer Hochzeit – einem Riesenfest, wie es bei Italienern üblich ist – zogen sie nach Washington, wo Linda eine Stelle beim amerikanischen Kongreß annahm und Robert in einer Denkstatt für Öffentlichkeitsarbeit tätig war. In den acht Jahren ihrer Ehe waren sie fast immer sehr glücklich. Neben ihrer anstrengenden, aber befriedigenden Arbeit führten sie ein reges geselliges Leben, hatten einen engen Freundeskreis, reisten viel und teilten viele kulturelle und intellektuelle Interessen. Erst in letzter Zeit, als Linda den Wunsch äußerte, Kinder zu bekommen und eine Familie zu gründen, tauchten ernsthafte Spannungen auf. Bis dahin waren Konflikte und Meinungsverschiedenheiten zwischen ihnen in Form leidenschaftlicher Wortwechsel ausgetragen worden, die in ebenso leidenschaftlichen Versöhnungen geendet hatten. Jetzt hingegen gab es entweder Anklagen, Vorwürfe, Leugnen, oder – was Linda noch härter traf – Robert zog sich zurück, Gräben taten sich auf, alles mündete in einer Sackgasse, an deren Ende es nur Hoffnungslosigkeit gab.

Robert kommt aus einer eng miteinander verwachsenen sechsköpfigen Familie italienischer Abstammung, hat zwei Brüder und eine Schwester. Seine Eltern sind seit über vierzig Jahren verheiratet. Sie besitzen ein Lebensmittelgeschäft in »Little Italy«, das jetzt, nach jahrelangen Anstrengungen, sehr gut geht. Seine Mutter konnte sich vor fünfzehn Jahren aus dem Geschäft zurückziehen und sich ganz auf Haushalt und Familie konzentrieren. Linda entstammt einer wohlhabenden protestantischen Familie britischer Abstammung, die in einem Bostoner Vorort lebt. Ihr Vater ist Rechtsanwalt, und ihre Mutter engagiert sich stark in ehrenamtlicher Tätigkeit. Lindas einzige Schwester ist verheiratet und hat zwei Kinder. Sie ist sieben Jahre älter als Linda.

In unserer ersten Sitzung schien Linda immer noch geschockt von der Erkenntnis, daß ihr Ehemann homosexuell war, und Robert war geradezu verzweifelt daran interessiert, eine Lösung für ihrer beider Konflikt zu finden. Einerseits gingen sie behutsam miteinander um und spendeten sich Trost, dann wieder kam es zu Wut- oder Tränenausbrüchen und gegenseitigen Beschuldigungen. Sie durchliefen die ganze Skala der Gefühle, wie es unter den gegebenen Umständen zu erwarten war. Linda fühlte sich betrogen, gedemütigt, allein gelassen, beleidigt, zornig, traurig, wollte alles nicht wahrhaben und hatte Angst. Sie schwankte zwischen der Hoffnung, er könne sich »ändern«, und der Ansicht, sie könnten auch »so« miteinander leben. Ein Leben ohne Robert konnte sie sich nicht vorstellen, und es war ihr unbegreiflich, wie sie so lange mit ihm leben konnte und ihn geliebt hatte, ohne etwas zu merken. Sie war wütend auf ihn, weil er ihr nichts gesagt hatte, und sie war wütend auf ihn, weil er es ihr gesagt hatte. Sie hatte das Gefühl, daß ihr gemeinsames Leben »eine einzige Lüge« gewesen war, jedoch auch, daß dieses Leben das »einzig Wahre« für sie bedeutet hatte. Robert war traurig, aber trotz der schrecklichen Konsequenzen für sie beide absolut sicher, daß er homosexuell war und er daran nichts ändern konnte. Auf der einen Seite war er verzweifelt, auf der anderen erleichtert darüber, daß er sich offen dazu bekannt hatte. Er bereute die Jahre seines Doppellebens – aber es war ihm auch klar, daß er keine andere Wahl gehabt hatte; er hatte seine Veranlagung so lange geheimgehalten, weil er nicht wußte, wie er es Linda sagen sollte. Es tat ihm leid – für sich, für Linda, für seine Familie und um ihr ganzes Leben. Er hatte versucht, seine Homosexualität zu verdrängen, und das war ihm in den ersten Jahren ihrer Ehe auch gelungen. Dann jedoch hatte er sich wieder zu Männern hingezogen gefühlt; er hatte ein paar flüchtige Erlebnisse, aus denen manchmal eine Beziehung wurde, und die letzte dieser Beziehungen war ihm sehr wichtig geworden. Er liebte Linda zu sehr, um so weiterzuleben und sie auf diese Weise zu verletzen.

Das Dilemma des Paares

Das Anfangsstadium der Therapie war von den völlig unterschiedlichen Zielsetzungen der beiden bestimmt: Für Linda war sie die letzte, verzweifelte Bemühung, ihre Ehe zu retten; für Robert war die Therapie ein Mittel, zu einer anständigen, ehrenhaften und mit möglichst wenig Kummer verbundenen Auflösung ihrer Ehe zu gelangen. Das folgende Gespräch fand in unserer ersten Sitzung statt.

Robert: Ich kann es einfach nicht ertragen, daß Linda so leidet. Es ist nicht fair. Sie ist nicht schuld an der ganzen Sache. Aber sie gibt nicht auf, und ich finde anscheinend keinen Weg, ihr klarzumachen, woran sie ist. Liebling . . . *(Robert legt den Arm um Linda, und sie halten sich umschlungen).*

Linda: Aber Bobby, ich liebe dich. Was soll ich deiner Ansicht nach tun? Alles aufgeben, was wir einander bedeuten?

Robert: Es fällt Linda schwer zu glauben, daß die Intensität unserer Beziehung – alles, was wir gewesen sind, nun, daß das nicht ausreichen sollte, um mit der Zeit – na ja, gewisse Dinge zu ändern. Ich kenne das Gefühl. Daß man glaubt, man muß sich nur genug anstrengen, dann kann man alles ändern. Aber das ist unrealistisch, und ich möchte Linda helfen, sich von dieser Vorstellung zu befreien – und die Lage so zu akzeptieren, wie sie ist.

Therapeutin: O Robert – ich glaube, das könnte der springende Punkt des Problems sein, das Sie beide jetzt haben.

Robert: Sie meinen, daß Linda immer noch hofft, daß wir – daß sie glaubt, daß es noch eine Möglichkeit für unsere Ehe . . .

Therapeutin: Nein, Robert – ich meine, das Problem beziehungsweise der Kernpunkt für Sie beide ist, daß Sie, Robert, immer noch glauben, daß es Ihre Sache ist, einen Weg zu finden, um Linda zu überzeugen – daß *Sie* ihr dabei helfen müssen, die Hoffnung auf eine Rettung Ihrer Ehe aufzugeben – daß *Sie* so lange bei ihr bleiben müssen, bis sie Sie gehen läßt.

Robert: Ich glaube, ich verstehe Sie nicht.

Therapeutin: Robert, Ihre Sorge um Linda – Ihre Beteuerungen, daß Sie sie nicht länger so verletzen können – Sie ertränken sie geradezu in einem, ja, in einem Meer von Altruismus.

Robert: O Gott, das ist das letzte, was ich möchte.

Therapeutin: Ich weiß. Ihre Sorge um Linda ist echt – ist ernst gemeint und ehrenwert – aber in Wirklichkeit . . .

Linda: In Wirklichkeit höre ich ständig, daß er mich mir zuliebe verlassen muß. Ich glaube, daß er bleiben will – ach, Bobby, du glaubst, es sei fair, wenn du darauf bestehst, mich zu verlassen. Nein, nein – fair sein heißt, gemeinsam zu versuchen, das alles durchzustehen, das zu bewahren, was wir haben.

Robert: Linda . . . Linda, das ist unmöglich.

Therapeutin: Robert – ich glaube, Sie haben noch immer nicht verstanden. Und Linda wohl auch nicht. Das heißt, Linda begreift es vielleicht zum Teil; aber, Linda, Sie sind im Moment so durcheinander und gekränkt, daß es Ihnen so vorkommt – ja, etwa so, als würden Sie beide von einer riesigen Woge mitgerissen – und an verschiedenen Stellen im Ozean wieder auftauchen und nach Luft schnappen.

Linda: Das stimmt – und ich habe das Gefühl, ich komme nicht von der Stelle. Vielleicht kann ich auch gar nicht mehr schwimmen – und ich war immer eine gute Schwimmerin. Was haben Sie gemeint, Marianne – was begreife ich nicht?

Therapeutin: Ich meinte: daß Robert sich so bemüht, alles für Sie erträglich zu machen, und weiß Gott! in der besten Absicht versucht, Sie dazu zu bringen, ihn so zu nehmen, wie er ist; daß er seinen Wunsch, die Ehe zu verlassen, damit begründet, Sie nicht länger kränken zu wollen – nun, das verschleiert oder verbirgt nur weiterhin den wahren Sachverhalt. Nämlich, daß Robert die Ehe verlassen will, weil er mit Männern leben möchte und nicht mit einer Frau, nicht einmal mit einer Frau, die er liebt. Wenn er sagt, und es wiederholt sagt, daß er gehen muß, weil er Sie nicht länger so verletzen könne – dann greifen Sie gierig danach wie nach einem – wie nennt man noch diese Dinger, die sie einem zuwerfen, wenn man über Bord gegangen ist?

Linda: Ein Rettungsring? Ich weiß nicht, wie man sie nennt – jedenfalls ist das für mich so eine Art rettender Engel, etwas, woran man sich klammern kann. Ich will nicht, daß er glaubt, er muß mir zuliebe gehen – ich will überhaupt nicht, daß er geht; aber wenn er das sagt, dann weiß ich, wie sehr er mich liebt, ich weiß, daß er unsere Ehe im Grunde nicht beenden will – oh – oh, Marianne, jetzt verstehe ich, was Sie meinen. O Gott – wie leid ich das alles bin . . .

Robert: Sie meinen also, Marianne, ich sollte nicht versuchen,

Linda zu helfen? Das ist unmöglich – wir haben uns immer gegenseitig geholfen . . .

Therapeutin: Es geht nicht darum, ihr nicht zu helfen, Robert – das ist einfach wundervoll, man kann leicht nachfühlen, warum Linda Sie so liebt –, nein, Robert, es geht darum, ihr auf *andere Weise* zu helfen. Sehen Sie, wenn Sie sagen, Sie müssen Linda um ihretwillen verlassen, bestärkt das Linda in dem Glauben oder der Hoffnung, daß Sie nicht wirklich gehen wollen, und sie versucht weiterhin, Sie zum Bleiben zu überreden, anstatt ihre Energie auf sich selbst zu verwenden und zu akzeptieren, daß Sie die Ehe verlassen müssen, um Ihr Leben als der Mensch zu leben, der Sie nun einmal sind.

Linda *(weinend)*: Wie kann ich jemals akzeptieren, daß unser Leben eine Lüge war? Daß Robert mich betrogen hat – daß . . .

Robert *(unter Tränen)*: Glaube mir, ich verstehe, daß das so aussehen muß, ich denke, es ist auch so – aber ich habe nicht dich belogen, sondern mich. Die Lüge zwang mich zu einem ständigen Kampf – mit mir selbst, mit dir, meinen Eltern, der Arbeit, unseren Freunden.

Therapeutin: Und damit sind Sie wieder am Ausgangspunkt angelangt. Sie werden sich wieder gegenseitig all das sagen, was Sie sich bereits millionenmal gesagt haben, und nichts ändert sich. Sagen Sie sich jetzt irgend etwas Neues?

Robert: Nein, nein, nein, natürlich nicht – wir können nicht . . .

Therapeutin: Doch, Sie können, Robert, Sie können. Sie müssen stark genug sein auszusprechen, warum Sie Ihre Ehe verlassen müssen – nicht, weil sie nicht fair gegenüber Linda ist, nicht ihr zuliebe, obwohl das natürlich auch eine Rolle spielt. Nein, es geschieht um *Ihretwillen*, damit Sie als der Mensch leben können, der Sie sind. Sie müssen darauf vertrauen, daß Linda es schaffen wird, darüber hinwegzukommen – Sie müssen sich auf ihre Stärke und vor allem ihre Liebe verlassen. Und ihr zutrauen, daß sie mit einer schmerzlichen Wahrheit fertigwerden kann.

Natürlich mußten das Gespräch und die darin geäußerten unterschiedlichen Überzeugungen noch mehrmals während der Sitzung wiederholt werden, bis Robert und Linda begriffen, daß Roberts Sorge um Linda und vor allem sein Bestreben, seinen Rückzug aus der Ehe als selbstlosen Akt darzustellen, Linda im Zustand der

Hilflosigkeit verharren ließen. Es fiel Robert, einem aufrichtig liebenden Menschen, schwer einzusehen, daß er, indem er das Beste für Linda wollte, zugleich versuchte, sich von seinem Schuldgefühl zu befreien – und das ist für Frauen in der Tat eine ganz gefährliche Falle. Linda würde weiter ihre Rolle im Stück spielen, das heißt, zanken, betteln, leiden, eine Rolle, die ihn davor bewahrt, die volle Verantwortung zu übernehmen für das, was er tun muß. Und solange Linda sozusagen hinter ihm her ist, bleibt ihr keine Energie, um mit ihrem eigenen Heilungsprozeß zu beginnen.

Den Entscheidungsprozeß erleichtern

In der zweiten Sitzung waren Linda und Robert beide sehr zurückhaltend. In der dazwischenliegenden Woche hatte Robert es auf meinen Rat hin unterlassen, ihr zu sagen, daß er sie nicht länger kränken wolle oder daß er ihr zuliebe die Ehe aufgeben müsse. Jetzt, da diese Worte, durch die sich Linda getröstet und beschützt gefühlt hatte, wegfielen, wußte er wenig zu sagen, und es war eine gewisse Distanz zwischen ihnen entstanden – eine Distanz, die beide als sehr unangenehm empfanden und nicht überbrücken konnten. Ich verglich diese Distanz mit einer symbolischen Auflösung ihrer Ehe – beide mußten zumindest mit einzelnen Aspekten ihrer Situation allein fertigwerden, was auch bedeutete, auf den Trost verzichten zu müssen, daß immer einer für den anderen da war. An die Stelle von Trauer und Tränen waren Distanz und Unbehagen getreten. Linda ließ sich ihren Zorn deutlicher anmerken, versuchte aber noch immer, Robert von den möglichen Alternativen zu einer Scheidung zu überzeugen: gemeinsam den Versuch zu machen, ihn zu »ändern«, oder, falls das mißlänge, gemeinsam einen Weg zu finden, wie sie mit seiner Homosexualität leben könnten. Natürlich erklärte Robert beide Möglichkeiten für untauglich; aber immer, wenn er Linda davon zu überzeugen suchte, daß jede dieser Alternativen zu schmerzlich für sie wäre oder sie beide dem nicht gewachsen wären, forderte ich ihn auf, nur davon zu sprechen, was notwendig oder möglich für *ihn* sei. In dieser Sitzung herrschte eine völlig andere emotionale Grundstimmung als in der vorhergegangenen.

Ich dachte, daß es für den Verlauf der Therapie sinnvoll wäre, beide Partner einzeln zu beraten; und die nächsten drei Sitzungen fanden in Form von Einzelgesprächen statt, in derselben Woche, aber an unterschiedlichen Tagen. Die Arbeit mit Robert drehte sich hauptsächlich um seine Schwierigkeiten, seiner Familie die Wahrheit zu sagen, was im Zusammenhang mit der Scheidung, wie er wußte, unvermeidlich sein würde, und darum, wie er seine Veranlagung am Arbeitsplatz geheimhalten könne. Ab und zu fiel er in seine alte Rolle zurück und wollte »doch nur das Beste für Linda«, akzeptierte aber, daß ich ihn dann jedesmal unterbrach. Diese Sitzungen waren erschütternd. Trotz der offeneren, toleranteren Einstellung unserer Gesellschaft hatte Robert große Schwierigkeiten mit der für ihn schmerzhaften Realität, in einer heterosexuellen Welt als Homosexueller zu leben, die dadurch bedingten Probleme mit der Familie und am Arbeitsplatz zu meistern und zu lernen, den alltäglichen Hohn und Spott zu ertragen.

Die Sitzungen mit Linda verliefen recht wechselvoll – es war wie bei einer Berg-und-Tal-Bahn. Erst schleppte sie sich mühsam den Hang hinauf, dann sauste sie polternd bergab. Meine Absicht während dieser Sitzungen war, die Voraussetzungen zu schaffen, die es ihr möglich machen würden, Entscheidungen für ihr Leben zu fällen und es damit wieder selbst in die Hand zu nehmen. Da Robert nicht länger den Vorwand benutzte, sie »um ihretwillen« zu verlassen, sah sie sich mit einer Situation konfrontiert, die sie nicht beherrschte, und daher gab es für sie in emotionaler Hinsicht keine Alternative. Sie nahm ihm sein jahrelanges Doppelleben übel, aber mit meiner Hilfe begann sie, dies zu depersonalisieren, das heißt, zu begreifen, daß es einen ganz anderen Stellenwert hatte als die Lügen, die er ihr erzählt hatte; daß es wie eine Reise gewesen sei, auf die er sie nicht habe mitnehmen können. Das verleitete sie dazu, sich selbst zu bemitleiden: Von »Warum gerade ich?« führte der Weg über »Wie konnte ich nur so ahnungslos, so unsensibel sein?« bis hin zu »Wie kann ich je wieder meinem eigenen Urteil trauen?«. Natürlich war die eigentliche Frage die, inwieweit sie ihrem Urteil trauen könne – kannte sie überhaupt das Wesen, den Wert des Mannes, mit dem zu leben sie sich vor Jahren *entschieden* hatte? Waren die Freuden, die Entwicklung, die Erfahrungen, die mit ihm zu teilen sie sich *entschieden* hatte, nun weniger echt? Würde sie sich jetzt für einen anderen Typ Mann *entscheiden*? Wenn Robert nicht homosexuell wäre, hätte sie sich dann anders *entschieden*?

Nachdem sie einige der mit jedem Verlust verbundenen Phasen durchlebt hatte, war Linda schließlich in der Lage, mit mir über eine Möglichkeit zu sprechen, an die sie noch nicht gedacht und die sie für unmöglich gehalten hatte: sich, indem sie mit Robert befreundet blieb, viel von dem zu erhalten, für das sie sich vorrangig entschieden hatte, als sie ihn heiratete – seine Wärme, seinen Humor, seinen Verstand und seine Rechtschaffenheit.

Die Einzelsitzungen mit Linda wurden um vier Wochen verlängert, in denen wir daran arbeiteten, sie wieder zu einer objektiveren Beurteilung und Einstellung auf einem Gebiet zu bewegen, auf das sie keinen Einfluß hatte – Roberts sexuelle Veranlagung. Während dieser Zeit machte Linda Robert den Vorschlag, sie sollten Freunde bleiben, sich ein paar von den Dingen bewahren, die bisher zu ihrem Leben gehört hatten, zum Beispiel ihre gemeinsamen Freunde, und weiterhin Anteil am Leben des anderen nehmen. Sie berichtete, Robert habe ausweichend, ja, leicht verstört auf den Vorschlag reagiert.

Wir trafen uns noch einmal zu zwei gemeinsamen Sitzungen. Robert und Linda besprachen bereits die juristischen und materiellen Aspekte einer Scheidung. Das schwierigere Problem bestand für dieses Paar darin, auf welcher Basis ihre Beziehung in Zukunft verlaufen würde. Robert wollte die Frage, ob sie weiterhin freundschaftlich miteinander verkehren sollten, erst einmal aufschieben. Er konnte im Moment nichts dazu sagen. Er wollte völlig frei sein von emotionalen Belastungen, um sich ganz seinem neuen Lebensstil widmen zu können. Er hatte Angst, er könnte sich wieder zu sehr auf all das einlassen, was ihm an ihrem gemeinsamen Leben gefallen hatte. Zuerst gab Linda klein bei, aber ich riet ihr,»am Ball zu bleiben«. Sie mußte Robert davon überzeugen, daß sie nun zu einer Freundschaft bereit war mit dem Mann, den sie geliebt hatte; daß dies ihre freie Entscheidung war und sie nicht daran dachte, ihre Ehe wiederherzustellen, die, wie sie längst eingesehen hatte, für sie selbst genauso unmöglich war wie für ihn. Es war nicht leicht für Robert; er war ziemlich verwirrt darüber, wie sich die Dinge für ihn entwickelten – mit einem neuen Liebhaber, seiner Familie, Freunden. Linda begann ihre Freundschaft damit, ihm bei der Lösung einiger dieser Probleme zu helfen, wobei sie sich auf jene Gebiete beschränkte, auf denen sie ihrer Ansicht nach Erfahrung und Kompetenz besaß, und sich aus den Bereichen heraushielt, die es zwischen ihnen nicht mehr geben konnte.

Während des folgenden Jahres kamen Linda und Robert einzeln zu mir, wann immer sie meinen Rat brauchten. Vor einigen Wochen rief Linda an und fragte, ob sie mit ihrem Mann vorbeikommen und mir ihren drei Monate alten Sohn vorstellen dürfe. Robert ist der Pate.

Schlußbemerkung

Noch eine Anmerkung zu diesem Fall im Zusammenhang mit der Bedrohung durch Aids. Dieses Paar war im Jahre 1982 bei mir in Behandlung, als ich noch sehr unklare Kenntnisse über Aids als gesundheitliches Problem hatte. Robert versicherte mir, wie er auch Linda gegenüber versichert hatte, daß er immer vorsichtig gewesen sei. Unsere heutigen Erkenntnisse über die epidemischen Ausmaße und großen Gesundheitsrisiken von Aids hätten meine Arbeit mit diesem Ehepaar sicherlich erschwert, wenn nicht vollkommen anders gestaltet.

Zum Beispiel hätten wir gleich zu Beginn darüber entscheiden müssen, ob sich beide einem Test unterziehen sollten, und das Thema Vertrauen erhält ein ganz anderes Gewicht, wenn das Sexualleben des einen Partners möglicherweise lebensbedrohend ist. Ich beabsichtigte allerdings mit der Vorstellung dieses Falles, Prinzipien und Techniken einer Therapie zu erläutern, die in Scheidung lebenden Frauen Mut machen soll. Aber wir können in Zukunft nicht mehr mit homosexuellen Männern und ihren Partnern arbeiten, ohne uns des dunklen Schattens bewußt zu sein, den das Schreckgespenst Aids über ihr Leben wirft.

7

Haushalte alleinerziehender Mütter

Marianne Walters

Haushalte mit nur einem Eltern-
teil sind zu einer alltäglichen Form des familiären Lebens in den
USA unserer Tage geworden. Über sechs Millionen Familien mit
Kindern unter achtzehn Jahren sind von Frauen geführte Ein-
Eltern-Haushalte. Rund 20 Prozent aller Mütter ziehen ihre Kin-
der alleine groß, das heißt, in Haushalten ohne Vater.

Die Statistiken sind überzeugend. Auf der Grundlage von Zahlen des *US Census Bureau* für 1984 sagen die Experten voraus,
daß bis spätestens im Jahre 1990 *eine* von *drei* Familien eine Familie mit nur einem Elternteil sein wird; daß ein Viertel der zur Zeit
verheirateten Mütter und Väter irgendwann in diesem Jahrzehnt
zu Alleinerziehenden werden; und daß etwa die Hälfte der in den
achtziger Jahren geborenen Kinder einen Teil ihrer Kindheit mit
nur einem Elternteil verbringen wird. Seit 1980 hat sich die Zahl
der von Frauen geführten Haushalte um 13,2 Prozent erhöht, seit
1970 um 100 Prozent. Zwischen 1970 und 1984 hat sich die Zahl der
Ein-Eltern-Familien bei allen Rassen mehr als verdoppelt. Obwohl
die Zuwachsrate dieser Familien bei den Schwarzen unter dem nationalen Durchschnitt liegt, sind derzeit 42 Prozent aller schwarzen
Familien von Frauen geführte Haushalte.

Die Zunahme nichtehelicher Schwangerschaften und Geburten
im Teen-Alter und der Umstand, daß immer mehr junge Mütter
sich dafür entscheiden, ihr Kind zu behalten und aufzuziehen, haben auch die Zahl der Mütter erhöht, die ihre Kinder alleine großziehen. Entgegen der weitverbreiteten Ansicht ist die Rate der
Schwangerschaften von Jugendlichen seit 1960 gesunken. Aber
schwangere Jugendliche heiraten heute viel seltener als noch vor
zwanzig Jahren, so daß inzwischen die meisten von ihnen, die ein
Kind zur Welt bringen, unverheiratet sind. Wenn die derzeitigen
Trends anhalten, werden nach Schätzungen der Demographen 40
Prozent der heute vierzehnjährigen Mädchen mindestens einmal
schwanger, bevor sie zwanzig Jahre alt sind. Für 51 Prozent der

schwarzen und 19 Prozent der weißen Teenager heißt das, daß ihre Kinder unehelich geboren werden. Die wirtschaftlichen Konsequenzen für Frauen, die ihre Kinder allein aufziehen, sei es wegen einer Scheidung oder einer Geburt im jugendlichen Alter, sind allerdings gravierend. Nur die Hälfte der jungen Frauen, die ein Kind bekommen, bevor sie achtzehn sind, beenden die High-School, gegenüber 96 Prozent der Mädchen, die erst später Mutter werden. Sie verdienen im Durchschnitt nur halb soviel und sind weitaus häufiger auf Sozialhilfe angewiesen. Nach einer Scheidung verringert sich der Lebensstandard vieler, wenn nicht der meisten Frauen und ihrer Kinder drastisch. Eine Studie (Weitzman, 1985, S. XII) stellt heraus, »daß der Lebensstandard von geschiedenen Frauen und ihren minderjährigen Kindern im ersten Jahr nach der Scheidung um durchschnittlich 73 Prozent sinkt. Der Lebensstandard des früheren Ehemannes steigt dagegen um 43 Prozent.« Wenn diese Zahlen auch übertrieben scheinen, so ist es doch eine Tatsache, daß der Anteil der Armen, die in von Frauen geführten Haushalten leben, in den letzten Jahren dramatisch gestiegen ist. Mehr als die Hälfte aller in Armut lebenden Kinder wächst in einem von Frauen geführten Haushalt auf. Dieses Phänomen ist unter dem Begriff der »Feminisierung der Armut« bekannt geworden (Rix, 1980).

Trotz der ernsten sozialen und wirtschaftlichen Folgen des Alleinerziehens gibt es immer mehr Ein-Eltern-Familien auf allen Ebenen des Lebens in den USA, bei Reichen und Armen, in ländlichen Bezirken und städtischen Zentren, in Vorstädten und Stadtrandgebieten, in allen Religionsgemeinschaften und ethnischen Bevölkerungsgruppen. Die Ein-Eltern-Familie wird allgemein üblich. Sie spielt beim amerikanischen Mittelstand ebenso eine Rolle wie bei den Armen. Alleinerziehende Mütter sind Hausfrauen, Rechtsanwältinnen, Stenotypistinnen, Fabrikarbeiterinnen, Krankenschwestern, Geschäftsfrauen. Sie sind geschieden, verwitwet oder unverheiratet; sie sind lesbisch oder heterosexuell; sie leben allein, in einer großen Familie oder in Wohngemeinschaften; in Wohnungen, Eigenheimen und auf Bauernhöfen. Manche von ihnen haben nie gearbeitet, manche haben Karriere gemacht, manche sind Gelegenheitsarbeiterinnen, und manche leben von der Fürsorge. Es gibt große und kleine Familien mit Kindern aller Altersstufen. Ein-Eltern-Familien unterscheiden sich in Größe, Erscheinungsbild und Hautfarbe und geben das ganze Spektrum der sozialen und ökonomischen Veränderungen wieder, die das Familienleben im vergangenen Jahrzehnt geprägt haben. Das einzige unveränderliche Kennzeichen ist, daß in fast allen dieser Familien, trotz neuer Scheidungsgesetze und Sorgerechtsregelung, eine Frau an der Spitze steht. Die sozialen, ökonomischen und psychologischen Voraussetzungen und Bedingungen für Ein-Eltern-Familien sind daher ein besonderes Anliegen der Frauen.

Vorurteile und Stigmatisierungen

Trotz der Anzahl und der sozialen und psychologischen Vielfalt von Ein-Eltern-Familien hält man sie noch immer für eine Abweichung von der Norm, und die Gesellschaft betrachtet sie gemeinhin mit Mißfallen. Ungeachtet des wirtschaftlichen oder sozialen Status zählt ein von einer Frau geführter Haushalt einfach als nicht komplett. Selbst eine relativ stabile Familie gilt als psychisch anfällig, und die kleinsten Störungen im Familienleben werden als Produkt eines unvollständigen Systems oder einer aus dem Rahmen fallenden sozialen Einheit gewertet.

Die Begriffe, mit denen man Ein-Eltern-Familien versieht – getrennt, zerbrochen, vaterlos, auseinandergerissen –, sind im allgemeinen negativ. Die Botschaft an Mitglieder von Ein-Eltern-Haushalten ist immer die gleiche: Etwas ist nicht in Ordnung, dein Wohlergehen ist in Gefahr, eine gesunde Entwicklung ist höchst unwahrscheinlich. Häufig werden diese Botschaften nahezu unmerklich vermittelt. Kürzlich erschienen auf derselben Seite einer Washingtoner Tageszeitung zwei Berichte über ortsansässige Teenager. Der eine befaßte sich mit der Vergabe eines Stipendiums für ein Hochschulstudium an eine High-School-Absolventin (die Beste ihres Jahrgangs). Während ihre Eltern namentlich genannt wurden, blieb die Tatsache unerwähnt, daß sie geschieden waren und die Tochter seit ihrem sechsten Lebensjahr allein von ihrer Mutter aufgezogen worden war. Die andere Geschichte meldete den Einbruch zweier Schüler in ein kleines Lebensmittelgeschäft. Beide, so der Bericht, stammten aus »kaputten« Familien, was natürlich im Klartext heißen sollte, daß ihr unsoziales Verhalten zumindest teilweise diesem Tatbestand zuzuschreiben war. Es ist äußerst unwahrscheinlich, daß jemand im entferntesten daran gedacht hätte, den akademischen Erfolg der jungen Frau auch nur zum Teil dem Umstand zuzuschreiben, daß sie im Haushalt einer alleinerziehenden Mutter aufgewachsen war.

Eine mit *Momma* betitelte Anthologie von Essays, Artikeln und Gedichten Alleinerziehender enthielt auch die Klage einer jungen Mutter: »Wir bezeichnen unsere Familien als ›Alleinstehende-Mütter-Familien‹. Wir glauben, daß wir Ein-Eltern-Familien sind. Im psychologischen Grundkurs lernen wir, daß wir pathogene Familien sind. Unsere Kinder sind für uns etwas Besonderes, wie sie das für jede Mutter sind, aber sie unterscheiden sich kaum von anderen Kindern in der Nachbarschaft oder im Kindergarten. Für die Sozialwissenschaftler sind unsere Kinder ›kulturell benachteiligt‹ – sind Opfer einer kaputten Familie. Tag für Tag leiden wir und unsere Kinder unter den Folgen der wissenschaftlichen Untersuchungsergebnisse . . .« (Hope und Young, 1976, S. 43).

Die psychologischen Untersuchungen von Ein-Eltern-Familien konzentrieren sich hauptsächlich darauf, wie sich das Fehlen des Vaters vor allem bei Jungen auswirkt. Da es normalerweise üblich ist, daß die Mütter das Sorgerecht erhalten und man es für problematischer hält, wenn Kinder mit einem Elternteil des anderen Geschlechts aufwachsen als mit einem gleichgeschlechtlichen Elternteil, richtet sich das Hauptaugenmerk auf Söhne von alleinerziehenden Müttern. Bezeichnenderweise ging die psychologische Forschung von männlichen Belangen und männlichem Verhalten aus, um Methoden, Modelle und Normen aufzustellen. Entsprechend lang und düster ist die Liste von Problemen, die einen Jungen erwarten, der ohne Vater aufwächst: angefangen bei Homosexualität bis hin zu verminderter Intelligenz. Die Liste für Mädchen ist kürzer, aber auch nicht sehr verheißungsvoll. Diese Einschätzung geht davon aus, daß für die positive Entwicklung eines Kindes ein Haushalt mit beiden Elternteilen vonnöten sei und ein Elternteil allein, vor allem eine alleinerziehende Mutter, nicht dazu in der Lage sei, ein ausgeglichenes Kind aufzuziehen, besonders wenn es sich um einen Jungen handelt. Das Bedenkliche der meisten Untersuchungen über Alleinerziehende liegt darin, daß Familien mit alleinerziehenden Müttern als eine defizitäre Form familiären Lebens dargestellt werden. Die Kernfamilie wird immer noch als soziales Ideal und als das tragfähigste Familienmodell angesehen. Die Zunahme der Ein-Eltern-Familien wurde allgemein als Folge des Zusammenbruchs unseres gesellschaftlichen Moralsystems gewertet, als Bruch mit den traditionellen Wertvorstellungen im Hinblick auf die Familie und daher als Gefahr für eine angemessene Kindererziehung.

Obwohl so vieles über Schlüsselkinder, die Abwesenheit von Müttern und sich auflösende Familienbande geschrieben wird, gaben einem 1982 herausgegebenen Bericht des *US Census Bureau* zufolge 60 Prozent der arbeitenden Mütter mit Kindern unter fünf Jahren an, daß ihre Kinder von einem Familienmitglied, meist den Großeltern, versorgt würden. Nach dieser Statistik gaben nur 15 Prozent an, daß ihr Kind einen Kindergarten oder eine Kindertagesstätte besucht; 22 Prozent ließen ihr Kind von einer nicht verwandten Person außer Haus betreuen, und 2 Prozent verließen sich auf die Hilfe des Ex-Ehemannes. Natürlich läßt diese Fürsorge nach, wenn die Kinder älter werden, und es bleiben gewiß mehr Kinder sich selbst überlassen als erstrebenswert. Aber es scheint für alleinerziehende Mütter unmöglich, aus der wirtschaftlichen Zwickmühle herauszukommen. Arbeiten sie ganztags, um den Unterhalt für ihre Kinder zu gewährleisten, erhalten sie für die gleiche Arbeit 68 Prozent dessen, was ein Mann verdient; 70 Prozent von ihnen arbeiten in Leichtlohngruppen, in denen drei Viertel aller Beschäftigten Frauen sind; mehr als ein Drittel von ihnen macht Büroarbeiten; und da es ihnen aufgrund ihres späten Eintritts in die Arbeitswelt an Dienstjahren und beruflicher Erfahrung fehlt, werden sie als erste entlassen. Außerdem gibt es viel zuwenig preiswerte, von der öffentlichen Hand unterstützte Einrichtungen, in denen Kinder tagsüber betreut werden, weshalb die meisten Mütter sich an selbständige, private Institutionen wenden müssen, die sie häufig nicht bezahlen können. Wenn sie halbtags arbeiten, um mehr mit den Kindern zusammensein zu können, sind drei Viertel von ihnen in den am schlechtesten bezahlten Erwerbszweigen tätig: im Verkauf, im Büro und im Dienstleistungssektor, in denen sie so gut wie keine Sozialleistungen, wie etwa eine Krankenversicherung, erhalten und die Aufstiegschancen gleich Null sind. Ob Ganz- oder Halbtagsjob, sie sehen sich in jedem Fall einer Arbeitssituation gegenüber, in der es nicht angeht, daß Mütter zu Hause bleiben, wenn ein Kind krank oder sonst etwas passiert ist, in der die flexible Arbeitszeit zu den Ausnahmen zählt und ein Aufstieg in die höheren Etagen für sie praktisch unmöglich ist.

Wenn sie sich andererseits dafür entscheiden, zu Hause bei

ihren Kindern zu bleiben, sind sie auf die Unterhaltszahlungen für die Kinder angewiesen (nur 49 Prozent der geschiedenen Mütter erhielten diese Zahlungen in vollem Umfang, 28 Prozent dagegen bekamen überhaupt nichts), auf die Hilfe von Familie und Freunden oder auf Sozialhilfe. Wenden sie sich an die Fürsorge, um zu Hause bei ihren Kindern bleiben zu können, bezichtigt man sie der Faulheit, Unselbständigkeit und Verantwortungslosigkeit. Selbst wenn sie eine berufliche Schulung erhalten, werden sie in aller Regel in die schlechtestbezahlten Berufe zurückkehren, und der Kreislauf beginnt von neuem. In den letzten Jahren war zu beobachten, daß diese Familien das Heer der obdachlosen, erwerbstätigen Armen verstärkten. Das mittlere Einkommen von Familien mit alleinerziehenden Müttern beträgt ein Drittel von dem einer Familie mit beiden Eltern, obwohl die Ausgaben die gleichen sind. Ein Viertel der weißen und fast die Hälfte der schwarzen Ein-Eltern-Familien leben in Armut. Nach einer 1986 vom *US Census Bureau* veröffentlichten Statistik lebten erschütternde 33,5 Prozent der Ein-Eltern-Familien unter der Armutsgrenze gegenüber 8,9 Prozent der Familien mit Kindern insgesamt.

Trotz dieser negativen Einstellung der Gesellschaft und der bedrückenden wirtschaftlichen Realität bestehen Ein-Eltern-Familien fort und nehmen ständig zu. Und das ist nicht nur auf die wachsende Zahl von Scheidungen oder von Schwangerschaften und Geburten bei Teenagern zurückzuführen. Immer mehr Eltern entscheiden sich dafür, Alleinerziehende zu sein und zu bleiben. Die Zahl der Einzelpersonen, die auf Dauer einen Ein-Eltern-Haushalt finanzieren, ist erheblich gestiegen. Und es tauchen Gruppierungen auf, die mit dem Prozeß, ein Kind allein aufzuziehen, ganz neue Vorstellungen verbinden. Zum Beispiel hat die Zahl der Alleinstehenden, die Kinder adoptieren oder zu künstlichen oder natürlichen Methoden greifen, um Kinder zu bekommen, beträchtlich zugenommen. Diese Mütter und auch einige Väter haben ganz bewußt die verantwortungsvolle Entscheidung getroffen, ihre Kinder allein aufzuziehen. Einige von ihnen haben nie, andere erst vor kurzem geheiratet. Die Frauen stehen meist am Ende des gebärfähigen Alters, haben Karrieren aufgebaut und sind wirtschaftlich unabhängig.

Was auch immer die Ursache ihres Ein-Eltern-Daseins sein mag, die Alleinerziehenden sind ständig bemüht, ihren Platz in der

Gesellschaft zu finden, ihren Standort in einem sozialen Vakuum, in dem es nur wenige Normen, Traditionen oder Richtlinien gibt, an die sie sich halten können, und nur spärliche Hilfe von Schulen, kirchlichen und sozialen Institutionen oder von Regierungsseite. Da sie so auf ihren eigenen Einfallsreichtum angewiesen sind, schaffen sie sich ihre eigene Soziologie, ihre eigenen Normen und Richtlinien, ihre eigenen familiären Traditionen, ihre eigenen Selbsthilfegruppen, Gemeinschaften und Freundeskreise. Allein diese gemeinsamen Bemühungen haben eine Art Zusammengehörigkeitsgefühl sowohl *innerhalb* der einzelnen Familien als auch der Ein-Eltern-Familien untereinander geschaffen. Alleinstehende Eltern haben im ganzen Land Organisationen gegründet, sich gemeinsam für mehr Einrichtungen zur Kinderbetreuung und für bessere Arbeitsbedingungen eingesetzt und ein System aufgebaut, das im Bedarfsfall die gegenseitige Hilfe regeln soll. Und trotz der düsteren Prophezeiungen wachsen und gedeihen viele Kinder in solchen Familien ohne sichtbare Anzeichen dafür, daß ihre emotionale oder geistige Entwicklung stärker beeinträchtigt wird als die von Kindern, die mit beiden Elternteilen aufwachsen. Der allein ausschlaggebende Faktor für die unterschiedlichen Chancen von Kindern aus Familien mit einem beziehungsweise mit beiden Elternteilen ist die Armut selbst.

Mythen, Bilder, Wirklichkeiten

Alleinerziehende sind ein allgemeines Diskussionsthema geworden, Gegenstand von Darstellungen in den Medien, der Massenpresse, von Forschungsberichten, Dokumentationen, Büchern und Geschichten. Während viele in der steigenden Flut von Ein-Eltern-Familien ein Element der sozialen Veränderungen erblicken, welche die mit der Familie verknüpften traditionellen Wert- und Moralvorstellungen »hinwegschwemmen«, sehen andere darin eine legitime Neuorientierung der Familie, einen geistigen und formalen Neuaufbau, der den Veränderungen des gegenwärtigen Lebens entspricht.

Alleinerziehende Mutter zu sein, ist für viele Frauen eine unerfreuliche Realität, für immer mehr von ihnen eine sinnvolle Lebensform und für einige Frauen eine wohlüberlegte Entscheidung. Ehe es soweit war, daß Frauen in diesem Punkt frei entscheiden konnten, war die Situation einer alleinerziehenden Mutter mit vielen negativen Konsequenzen behaftet, wovon vor allem die folgenden zu nennen wären: (1) daß sie zum sozialen Paria wird; (2) daß man ihre Kinder als »unehelich« bezeichnet; (3) daß ihre Kinder als »Produkt zerbrochener Familien« dargestellt werden; (4) daß es für sie schwierig, wenn nicht unmöglich ist, einen Überziehungskredit zu erhalten; (5) daß es für sie so gut wie ausgeschlossen ist, an eine Hypothek zu gelangen; (6) daß sie nur schwer einen Arbeitsplatz findet, selbst in dem Beruf, in dem sie ausgebildet ist; (7) daß, wenn ihr Kind sich auffällig verhält, dies immer an seiner Zugehörigkeit zu einer Ein-Eltern-Familie liegt; (8) daß man ihr beibringt, sie habe versagt; (9) daß man ihr sagt, ihre Kinder seien gefährdet; (10) daß man sie bemitleidet.

Diese Konsequenzen sind natürlich noch nicht ganz beseitigt. Aber allein der Umstand, daß Alleinerziehende in der sozialen und kulturellen Landschaft Amerikas nichts Ungewöhnliches mehr sind, hat diesen Familien das Leben leichter gemacht. Die veränderte Einstellung der Gesellschaft und die von der Frauenbewegung bewirkte Abschaffung der diskriminierenden Gesetzgebungs-, Steuer- und Beschäftigungspolitik haben die Bedingungen für alleinerziehende Mütter und ihre Kinder verbessert. Und die Tatsache, daß für eine Frau diese *Entscheidung*, ein Kind allein aufzuziehen, wirklich möglich ist, hat nicht nur alle alleinerziehenden Mütter bestärkt, sondern auch die Vorstellungen darüber, was gesellschaftlich akzeptabel ist, stark ins Wanken gebracht. Schon der Gedanke, daß eine Frau ohne männlichen Partner Kinder erziehen und ein geregeltes Familienleben führen kann, ist eine Herausforderung an die elementaren Prämissen des Patriarchats (das heißt, Anspruch auf Recht und Macht durch die Männer). Als freie *Entscheidung* ist es immer noch umstritten, selbst bei denjenigen, deren Sache es ist, für solche Möglichkeiten der Frauen einzutreten, und es ist in der Tat ein riskanter Entschluß. Aber daß die Möglichkeit überhaupt besteht, ist ein wesentlicher Schritt vorwärts auf dem Weg, Haushalte mit Frauen an der Spitze als gleichberechtigt anzuerkennen.

Natürlich existierten Ein-Eltern-Familien schon lange vor der Frauenbewegung der siebziger Jahre, der sexuellen Revolution der sechziger Jahre oder der kriegsbedingten Wanderungsbewegungen der fünfziger Jahre – sie alle sind von Sozialforschern und -kritikern für den Verfall der traditionellen Familie verantwortlich gemacht worden. Farbige Frauen, Frauen, die einer ethnischen Minderheit oder einer neuen Gruppe von Einwanderern angehören, und arbeitslose Frauen sind seit Jahrzehnten Haushaltungsvorstände und tragen allein Sorge für ihre Kinder. Aber die Erfahrungen, die sie machten, wenn sie Familien gründeten und ständig mit Vorurteilen und Diskriminierung fertigwerden mußten, blieben weitgehend unbemerkt und wurden nur erwähnt, wenn es darum ging, Erklärungen für Kriminalität, Verbrechen, Armut und andere soziale Mißstände zu suchen. Erst als die Zahl dieser Familien durch Frauen verstärkt wurde, die der weißen, protestantischen Mittelschicht dieses Landes angehören, nahmen Demographen, Gesellschaftstheoretiker und Familienexperten von den Problemen Notiz. Inzwischen werden die Ein-Eltern-Familien in Fachkreisen erforscht und analysiert, und über ihre Erfahrungen wird in den Massenmedien berichtet.

Es ist interessant (aber auch irgendwie entmutigend), festzustellen, daß die Massenmedien sich in mancher Hinsicht schon eine viel positivere Meinung über die Ein-Eltern-Familie angeeignet haben, als es in unseren Fachkreisen der Fall ist. Zum Beispiel gibt es im Fernsehen die beliebte Situationskomödie über eine alleinstehende Mutter und ihre beiden Töchter (»One Day at a Time«) und zur Haupteinschaltzeit die noch radikalere Sendung über den gemeinsamen Haushalt zweier Mütter und ihrer Kinder (»Kate and Allie«).

Als *Newsweek* vor einigen Jahren zum erstenmal einen Artikel über Ein-Eltern-Familien brachte, zeigte das Titelbild das in der Mitte durchgerissene Foto einer Familie, auf dem sich die Eltern über den Kopf eines traurig dreinschauenden, blonden, blauäugigen Kindes hinweg anstarrten. Die Geschichte im Innenteil befaßte sich vor allem mit den damals aktuellen Problemen und prophezeite, daß alles noch viel schlimmer kommen würde. Auf der Titelseite der *Newsweek*-Ausgabe vom Juli 1985, die eine Geschichte über »Alleinerziehende« ankündigte, sah man das Bild einer lachenden Mutter, die ihrer jüngsten Tochter beibringt, wie man einen Baseball schlägt, während die ältere Tochter ihn aufzufangen versucht. Der Artikel im Innenteil berichtete über Probleme, Mühen und Rückschläge, wies aber auch darauf hin: »Alleinerziehende Mütter und ihre Kinder sind . . . dabei, Hebammendienste bei der

Geburt einer neuen Art von Familie zu leisten . . . und viele von ihnen entdecken, daß die neue Familie ihre eigene Existenzberechtigung hat. Die Kernfamilie hat sich aufgespalten, und dies hat zu den unterschiedlichsten Formen familiären Zusammenlebens geführt.« Die im März 1983 erschienene Ausgabe von *Working Mother* brachte einen Artikel mit der Überschrift »Der Segen [ja, der Segen!], eine alleinerziehende Mutter zu sein«. Im März 1982 brachte *Good Housekeeping* einen Artikel mit dem Titel »Wenn Frauen allein für die Familie sorgen« über die Erfolge von Alleinerziehenden, den ich gemeinsam mit meiner Freundin Nonny Majchrzyk verfaßt habe. Und wenn die Filmemacher auch unbedingt einen Mann zum Helden ihrer Ein-Eltern-Story *Kramer gegen Kramer* machen mußten, so trugen der Film und seine Charaktere zweifelsohne dazu bei, diesen Familientypus vom Hauch des Pathologischen zu befreien. (Dennoch spricht es für sich, wenn im ersten Film, in dem ein alleinerziehender Elternteil die Hauptrolle spielt, diese Rolle mit einem Mann besetzt wird; vermutlich sollte damit das Thema gerechtfertigt oder die Popularität erhöht werden.) Auf jeden Fall kommen Alleinerziehende immer häufiger in Film und Fernsehen vor, stehen im Mittelpunkt von Talk-Shows oder Dokumentarspielen. Sie tauchen in Bestsellern auf und in Artikeln über den menschlichen Alltag. Und jede einzelne dieser Darstellungen, die ein breites Publikum erreichen, trägt dazu bei, daß die Öffentlichkeit sich weiter an die Existenz von Familien alleinerziehender Mütter gewöhnt, sie gelassener zur Kenntnis nimmt und nicht mehr als bedrohlich empfindet.

Die Probleme der Alleinerziehenden in der Forschung

Die Forschungsmodelle, die sowohl unsere Theorie als auch unsere Praxis bestimmen, gründen sich, was die Funktion der Familie, ihre Struktur und die Rolle der Frau in der Gesellschaft angeht, typischerweise auf traditionellen Erwartungen und Normen. Die vorherrschende Meinung, die Ein-Eltern-Familie beraube ein Kind seiner Rollenvorbilder und jener Kindheitserfahrungen, die zum Erwerb des adäquaten, geschlechtsspezifischen Rollenverhaltens nötig sind, eine stark von der Psychoanalyse beeinflußte Theorie, ist in der familientherapeutischen Literatur nie widerlegt worden. Überdies vertritt ein großer Teil der Sozialwissenschaftler, gestützt auf dieses Modell der defizitären Ein-Eltern-Familie, die Ansicht, daß Frauen ohne eheliche Bindung nicht in der Lage seien, die anfallenden sozialen, ökonomischen und psychosozialen Aufgaben zu lösen – eine Ansicht, die auch in unserer Arbeit mit Ein-Eltern-Familien implizit, wenn nicht sogar explizit ist. In der Tat hat die Familienforschung, auf die wir uns bei der Suche nach Definitionen und Erläuterungen für die Besonderheiten und Verhaltensmuster von Ein-Eltern-Familien stützen, nur wenig dazu beigetragen, diese Familien vom Stigma des Pathologischen zu befreien.

Selbst die von der Kritik mit viel Beifall bedachte Arbeit von Wallerstein und Kelly (1980), welche die langfristigen Auswirkungen einer Scheidung auf die Psyche von Kindern untersucht und eindeutig darauf angelegt ist, eine positive Haltung der Gesellschaft gegenüber solchen Familien und bessere Maßnahmen zu deren Unterstützung zu bewirken, ist häufig so interpretiert worden, als stellte sie die negativen Folgen einer Scheidung und des Lebens in der Ein-Eltern-Familie auf die Entwicklung und Anpassungsfähigkeit eines Kindes besonders heraus. Während die Forscher den entscheidenden Punkt darin sehen, daß die Einstellung der Eltern zu sich selbst und ihrer Lebenssituation vor und nach der Scheidung, der Grad ihrer emotionalen Zufriedenheit und Ausgeglichenheit wie in allen Familien für die gesunde Entwicklung der Kinder am wichtigsten sind, scheinen sie diesen Punkt bei der weiteren Auswertung ihrer Erkenntnisse aus den Augen zu verlieren. Zum Beispiel resümieren Wallerstein und Kelly in einem Artikel der im Januar 1980 erschienenen Ausgabe von *Psychology Today* ihre Untersuchungsergebnisse. Der Artikel beginnt mit der Nachricht, daß »fünf Jahre nach der Scheidung 34 Prozent der Kinder glücklich sind und gut gedeihen, 29 Prozent sich einigermaßen wohl fühlen, aber 37 Prozent deprimiert sind« (S. 67). Während es in der Überschrift heißt: »Was am meisten zählt, ist die Einstellung beider Elternteile«, ist es doch das »aber« – die deprimierten Kinder –, was die Aufmerksamkeit des Lesers erregt.

Dennoch spiegeln derartige Statistiken ziemlich genau den Zustand der Bevölkerung insgesamt; das heißt, rund 30 Prozent der Kinder wachsen sehr zufrieden auf, rund 30 Prozent fühlen sich einigermaßen wohl, und rund 30 Prozent haben Probleme (hier als »Depressionen« bezeichnet). Wenn man einmal die Statistiken der Untersuchung kritisch überprüft und sich auf die nackten Zahlen konzentriert, erhält man ein recht positives Bild der Auswirkungen auf die Kinder nach einer Scheidung. 131 Kinder wurden von den Wissenschaftlern befragt. Das ergibt statistisch gesehen 44,7 Kinder, die sich nach der Scheidung wohl fühlen und gut gedeihen, 37,9 Kinder, die sich einigermaßen wohl fühlen, und 48,4 Kinder, die deprimiert sind. In Anbetracht der Tatsache, daß sie alle große familiäre Veränderungen hinter sich haben, stehen die Chancen nicht schlecht. Es gibt (nach der Scheidung) nur vier unglückliche Kinder mehr als glückliche, und wenn man die ersten beiden Kategorien hinzunimmt, sind 82,4 Kinder von 60 Familien okay! Dies ist gewiß ein Ergebnis, das es verdient, weiter erforscht, ausgewertet und verbreitet zu werden, da es direkt die Notwendigkeit verdeutlicht, die Ein-Eltern-Familie nicht als pathologisch abzustempeln.

Leider spielen, wie in den meisten Studien dieser Art, die geschlechtsspezifischen Normen, die Familien alleinerziehender Mütter abwerten, bei der Untersuchung der Folgen für diese Familien keine Rolle. Die Erkenntnisse werden vorwiegend im Zusammenhang mit den Bedingungen, Problemen, Beziehungen, Strukturen, Einstellungen und Interaktionen *innerhalb* der Familie gesehen.

Dadurch, daß Faktoren wie Einkommen, geringer Lebensstandard, Ortswechsel und der Mangel an Einrichtungen zur Kinderbetreuung praktisch ignoriert werden oder die kritische, negative Einstellung, der sich die Ein-Eltern-Familie gegenübersieht, völlig außer acht gelassen wird, erklärten eine psychologische Untersuchung nach der anderen diese Form der Familie als eine unzulängliche, mit Nachteilen behaftete soziale Einheit. In einigen Studien wurde versucht, den Kontext der Erforschung von Ein-Eltern-Familien zu erweitern, und seit kurzem gibt es neue, auf einer intensiven Durchsicht und Auswertung der Literatur basierende Perspektiven. Durch diese Meta-Analyse war es möglich, jene Voraussetzungen näher zu betrachten, die den Prozeß von Forschung und Theoriebildung beeinflussen. Zum Beispiel kommen Marotz-Baden und Kollegen in einer Untersuchung über das Modell der defizitären Familie, welche die Forschung über Scheidung und Ein-Eltern-Familie wesentlich bestimmt hat, zu dem Schluß:»Es gibt kein Beweismaterial dafür, daß eine Scheidung unmittelbar mit negativen Folgen für die Entwicklung der Kinder verbunden ist. Dagegen scheinen eher durch Armut bedingte Lebensumstände sowie Konflikte zwischen den Eltern in jeder Familienform zu diesen Folgen beizutragen« (Marotz-Baden, Adams, Bueche, Munro und Munro, 1979, S. 28). Im weiteren äußern sie die Ansicht, daß es sinnvoller sei, den sozial-interaktionalen Vorgängen nachzuspüren, die zu einem bestimmten Resultat geführt haben, als sich auf die Familienstruktur als entscheidende unabhängige Variable zu konzentrieren.

In einem Aufsatz, der sich vor allem damit befaßt, wie man die Stärken von Ein-Eltern-Familien während der Scheidungskrise einsetzen kann, stellen Peterson und Cleminshaw (1980) drei Hauptfaktoren heraus, die die Lösung der Scheidungssituation bestimmen: (1) die objektive Belastung durch die äußeren Bedingungen; (2) die schon vorher vorhandenen Einstellungen der betroffenen Personen und ihre Fähigkeit, mit dem Problem fertigzuwerden; und (3) *die Frage, wie die Betroffenen die in ihrer Situation gemachten Erfahrungen bewerten.* Kurz, sie sind der Ansicht, daß gesellschaftliche Normen und Einstellungen den Grad des Ansehens oder des Stigmas bestimmen, das Alleinerziehende und ihre Kinder internalisieren. Weniger negative Einstellungen zu internalisieren wird demnach zu einem großen Kräfte- und Stabilitätsreservoir für die Ein-Eltern-Familie. Werden die Auflösung der Ehe und die neue Familienform als weniger von der Norm abweichend gesehen und internalisiert, dann haben Eltern und Kinder leichter Zugang zu ihren eigenen persönlichen und emotionalen Kapazitäten. Diese Vorgaben bedeuten für den Familientherapeuten einen wichtigen Ansatzpunkt in der Arbeit mit Ein-Eltern-Familien.

Therapeutische Implikationen

Die Anwendung der allgemeinen Systemtheorie auf die Modelle der Familientherapie ließ eine größere Sensibilität für diesen Bereich erwarten, doch aufgrund der vorrangigen Beschäftigung mit den strukturellen und systemischen Merkmalen der Familie selbst haben sich solche Hoffnungen nicht erfüllt. Außerdem hat diese Konzentration auf das Familieninterne, das Familiensystem *an sich,* einen Kontext geschaffen, der so um das »Medium« herum – die systemischen Merkmale von Technik, Intervention und Strategie – organisiert ist, daß wir häufig nicht mehr empfänglich sind für die »Botschaft«, vor allem weil sie traditionelle, geschlechtsbestimmte gesellschaftliche Normen und Annahmen vermittelt.

Vielleicht verdeutlicht ein Beispiel aus der therapeutischen

Praxis, was ich meine. In einer Beratungsgruppe berichtete eine Familientherapeutin über ihre Arbeit mit einer alleinerziehenden Mutter, deren Sohn eine Reihe von schulischen Problemen hatte. Diese Mutter rief ständig ihren Ex-Mann an, um die Probleme des Sohnes zu erörtern, ihn mit einzubeziehen, seinen Rat zu suchen und mit ihm abzusprechen, was zu tun wäre. Sie war unzufrieden damit, daß sie mit den Schulproblemen des Sohnes nicht fertig wurde, und verärgert über ihren Ex-Mann, der zwar Ratschläge erteilte, aber nicht direkt mit der Sache zu tun haben wollte. Fast täglich erhielt sie Anrufe von der Schule wegen des Benehmens ihres Sohnes; dann rief sie seinen Vater an, er machte Vorschläge, sie fing an, mit ihm zu streiten, weil »er nicht wisse, was eigentlich los sei«, und es auch nicht »verstehen« könne, weil er ja »nicht da sei«. Daraufhin sagte er: »Dann mach, was du willst«, und es blieb an ihr hängen, »die Sache auszubaden«, in dem Gefühl, bei Schule, Sohn und Vater versagt zu haben.

Die Therapeutin entschied sich für das folgende Vorgehen, um die Mutter zu unterstützen: Die Mutter wurde angewiesen, ihren Ex-Mann nicht mehr um Rat zu fragen, vielmehr ihm die alleinige Verantwortung für die Auseinandersetzungen mit der Schule zu überlassen. Dann sollte sie der Schule mitteilen, sich mit Klagen oder Problemen, die ihren Sohn beträfen, in Zukunft an den Vater zu wenden. Die Therapeutin arbeitete mit der Mutter daran, daß sie ihr unmündiges Verhalten aufgab und gegenüber der Schule und ihrem Ex-Ehemann eine klare, unabhängige Position bezog. Während der Intervention benutzte die Therapeutin komplementäre Sätze wie: »Je mehr Sie ihn verfolgen, desto mehr entzieht er sich; je mehr er sich entzieht, desto mehr verfolgen Sie ihn.« Damit dieser dysfunktionale Zyklus durchbrochen würde, sollte die Mutter die Verfolgung aufgeben und klar herausstellen, auf welche Weise *sie* »da sein« wolle, womit sie es dem Vater ermöglichen würde, weniger ablehnend zu reagieren.

Ein anderer Therapeut der Gruppe schlug vor, man solle die Mutter dazu anhalten vorzugeben, sie sei zur Lösung des Schulproblems absolut nicht in der Lage, habe keine Ahnung, was sie tun solle, und könne einfach nicht mehr darüber nachdenken – mit anderen Worten, totale Unselbständigkeit vorzutäuschen. Ein drittes Mitglied der Gruppe machte einen Gegenvorschlag: Ein Therapeut könnte die Botschaft vermitteln, die Symptome des Sohnes seien darauf angelegt, daß die Eltern miteinander in Verbindung bleiben sollten, nämlich wenn er sich schlecht benähme, wäre die Mutter deprimiert und würde wieder beim Vater Rat suchen; der andere Therapeut könnte darauf beharren, daß die Mutter nicht deprimiert wäre und sie die Verbindung zum Vater lösen solle, damit dieser mehr Verantwortung übernehmen könne. Ein vierter Therapeut war der Ansicht, daß die Hierarchie in der Familie neu aufgebaut werden müsse: die Mutter solle eindeutig festlegen, was sie von ihrem Sohn im Hinblick auf seine schulischen Leistungen erwarte, Regeln aufstellen und angemessene Bestrafungen durchführen. Der Therapeut würde ihr helfen, Ziele zu setzen und die Regelung von Familienangelegenheiten besser zu organisieren. Da sich ihre Interaktionen mit dem Vater ungünstig auf den Sohn auswirken, sollten die Eltern ihren Umgang auf ein bestimmtes Maß einschränken und eine Regelung in bezug auf Telefonkontakte und dergleichen absprechen.

Sicher würden diese Interventionen »funktionieren«, und sie sind systemisch begründet. Die Aufgabe der Beratungsgruppe bestand darin, jede der Interventionen darauf zu untersuchen, ob die vermittelte Botschaft (oder Metabotschaft) implizit oder explizit sexistische kulturelle Normen oder Geschlechtsstereotype verstärke. Da die Therapeutin mit dem weiblichen Familienoberhaupt arbeitete, schien es eindeutig der heikelste Punkt zu sein, daß die Botschaft vermittelt würde, die Mutter sei das Problem.

Auf geschlechtsbezogenen Vorurteilen basierende Metabotschaften

In der ersten Intervention weist die Therapeutin die Mutter an, die Regelung der schulischen Probleme des Sohnes dem Vater zu überlassen. Die Gefahr hierbei ist, daß die Mutter aus dieser Intervention nicht die von seiten der Therapeutin beabsichtigte Unterstützung heraushört, sondern die Botschaft, daß der Vater, wenn man ihn nur gewähren ließe, »alles besser macht«. Kann sie sich gestärkt fühlen, indem sie ihrem Ex-Mann die Autorität auf einem Gebiet überläßt (oder zuweist), auf dem sie ihrer Ansicht nach versagt hat? Außerdem bezweifelte die Gruppe, indem sie das Rückkoppelungs-Konzept von »Verfolger/Distanzierer« kritisierte, ob man für einen kulturellen Kontext Verständnis aufbringen solle, in welchem die Distanzierung des Vaters eher akzeptiert wird als die Verfolgung durch die Mutter und nicht die gleichen Befürchtungen hinsichtlich eines beginnenden pathologischen Befundes weckt. Vorstellungen von abwesenden Vätern beschwören nicht automatisch das Schreckbild verfolgender Mütter herauf, so daß trotz der wechselseitigen Formulierung die Botschaft auf Frauen herabsetzender wirkt als auf Männer. (Wir leben immer noch in einer Welt, in der die Teilnahme des Vaters an einem einzigen PTA-Treffen* mit Beifall bedacht wird, während man sich darüber aufregt, wenn die Mutter auch nur eine dieser Sitzungen versäumt.)

Die zweite Intervention rät der Mutter, was man den Frauen schon von alters her geraten hat – sich zu verstellen, vorzutäuschen, daß man etwas »nicht kann«, um den Mann dazu zu bringen, es »zu tun«, oder, noch plumper, sich »dumm« zu stellen, damit er sich »schlau« vorkommen kann. Abgesehen davon, daß sie die schauspielerischen Fähigkeiten der Mutter verbessert, vermittelt diese Intervention die geschlechtsstereotype Botschaft, die »geschickte« Manipulation einer Beziehung sei das, was man von Frauen erwarte, und sich mit dem Mann über ihre eigene Rolle einig zu werden, sei von geringerer Bedeutung, als eine Methode zu finden, mit welcher sie ihn in der seinen bestärkt.

Die dritte der vorgeschlagenen Interventionen entspricht den gesellschaftlichen Vorstellungen, die das Verhalten eines Kindes direkt dem Prozeß der elterlichen Interaktion zuschreiben – in diesem Fall der Scheidung und dem fortgesetzten Autoritätskonflikt. Hier ist Vorwurf die Metabotschaft – und da die Mutter die Therapie macht, trifft der Vorwurf die Mutter. Obwohl alle drei Therapeuten einen unterschiedlichen Standpunkt vertreten, drückt die jeweils vermittelte Botschaft die Meinung aus, eine Frau könne sich nur dann wohl fühlen, wenn sie Mann und Kinder hat, und unterläßt es, auf andere Möglichkeiten eines ausgefüllten Lebens hinzuweisen.

Die vierte Intervention, die auf Strukturen, Regeln und Sanktionen abzielt, bekräftigt die vorherrschende gesellschaftliche Auffassung, nach der Hierarchie auf Macht und Kontrolle beruht, und enthält die Botschaft, daß das Bedürfnis der Mutter, zu »ver-

---

* PTA = *Parent-Teacher Association* (Klassenpflegschaft, Elternbeirat). (Anm. d. Ü.)

stehen« und »in Kontakt zu bleiben«, nicht zähle. Zudem sei es alleinerziehenden Müttern, vor allem, wenn ihre Kinder Teenager sind, praktisch unmöglich, diese Hierarchie außer durch Entschlossenheit und Härte einzuhalten.

Die Gruppe diskutierte alternative Interventionen, die das Potential der auf die Geschlechterrolle festgelegten Botschaften verringern sollten. Vor diesem Hintergrund wurde die folgende Vorgehensweise erarbeitet.

Die Therapeutin sollte diese Mutter darauf hinweisen, daß ihre sicher gutgemeinten und ehrenwerten Bemühungen, den Vater für die schulischen Probleme seines Sohnes zu interessieren, im Augenblick zu nichts führten – aus welchen Gründen auch immer. Vermutlich seien diese Gründe zu eng mit Ereignissen der Vergangenheit verknüpft, um sie zu diesem Zeitpunkt zu klären. Worauf es ankomme, sei, daß ihre ständigen Versuche, ihrem Mann mehr Verantwortung zuzuschieben, sie genau der Energie beraube, die sie brauche, um mit dem Problem fertigzuwerden. Daher schadeten sie ihr selbst und ließen sie in einer Position verharren, die entweder oppositionell sei (ihrem Ex-Mann gegenüber) oder beschützend (ihrem Kind gegenüber). Diese Haltung schränke ihre Möglichkeiten ein, von ihrem eigenen Talent und Geschick als Mutter Gebrauch zu machen; sie bewirke zudem Gefühle des Versagens und der Entfremdung von ihrem Sohn, so daß sie vergesse, was sie von ihrem Sohn weiß, vielleicht sogar das, was sie an ihm liebt. In diesem Zusammenhang sollte die Therapeutin die Aufmerksamkeit der Mutter auf die Dinge lenken, die in der Vergangenheit zwischen ihnen »geklappt« haben, darauf, was der Sohn richtig macht, was sie zusammen richtig machen – auf das, was sie *verbindet*. Die Therapeutin könnte der Mutter vorschlagen, sich eine Sache *außer* seinem Verhalten in der Schule auszudenken, die der Sohn für sie tun könne, damit es ihr besserginge, und den beiden helfen, das zu erreichen. Sie sollte mit der Mutter üben, erfolgreicher mit der Schule zu verhandeln, indem sie Rollenspiele einsetzte und strategische Verhaltensmuster erprobte unter dem Motto »Was wäre, wenn«. Und sie sollte ein mit ihr, der Therapeutin, gemeinsam geführtes Gespräch mit der Schule anbieten, falls die Mutter den Eindruck habe, dies sei erforderlich. Sie sollte der Mutter helfen, Informationen von der Schule und aus anderen Quellen (zum Beispiel Tests) darüber zu erhalten, was alles zu den schlechten Leistungen des Sohnes beitrug. Wenn sie besser darüber Bescheid wisse, welcher Art die Schwierigkeiten ihres Sohnes seien, würde dies die Mutter veranlassen, sich mehr verantwortlich zu fühlen, und sie dazu bringen, daß sie »strenger« mit ihrem Sohn umgehe, falls dies angebracht sei. Die Therapeutin sollte die Mutter dazu ermutigen, ihrem Ex-Mann zu versichern, sie »kümmere sich darum«, falls er sich nach der Schulsituation seines Sohnes erkundige. Und die Therapeutin sollte der Mutter ausdrücklich versichern, daß das Verhalten ihres Sohnes nicht ihre Schuld sei und nichts mit einer »kaputten Familie« zu tun habe; und daß Interventionen ihrerseits ihrem Sohn wirklich nützen könnten. Wenn die Therapeutin sich Themenbereiche vornimmt, die leicht zu bewältigen sind, »Hausaufgaben« aufgibt und der Mutter während der Sitzungen hilft, neue Wege für die Beziehung zu ihrem Sohn zu finden, wird dies nicht nur deren mütterliche Fähigkeiten, sondern auch ihr Selbstwertgefühl erhöhen – ein notwendiger Auftakt zu einem autonomen Verhalten.

Die Stärken von Ein-Eltern-Familien

Vor einigen Jahren führte das *Family Therapy Practice Center* mit Hilfe eines Gründungszuschusses ein Forschungsprojekt durch, um die Stärken von Ein-Eltern-Familien zu untersuchen. Betroffen von dem Mangel an Fachliteratur über die Merkmale von gut funktionierenden Ein-Eltern-Familien und die Flut der Literatur, die sich mit ihren Problemen und ihrer Pathologie befaßt, planten wir, eine positive Definition dieser Form des Familienlebens zu erarbeiten. Über Selbsthilfegruppen von Alleinerziehenden, über Kirchen, Schulen und Kollegenkreise machten wir unser Interesse bekannt, Interviews und Videofilme mit Ein-Eltern-Familien zu machen, die nach ihrer eigenen Einschätzung gut funktionierten. Die Reaktion übertraf bei weitem unsere Erwartungen, aber wegen unserer beschränkten finanziellen Mittel konnten wir nur die ersten fünfundzwanzig Familien interviewen, die geantwortet hatten. Interessanterweise waren in fünf dieser Familien Männer der Haushaltungsvorstand, was 20 Prozent unserer »Untersuchungsobjekte« entsprach, gegenüber weniger als 10 Prozent dieses Familientyps in der Gesamtbevölkerung. Nichts an unserer »Studie« war objektiv oder für eine Quantifizierung geeignet. Wir hatten keine vorgegebenen Kriterien für eine erfolgreiche Ein-Eltern-

Familie, sie waren von uns selbst festgelegt und daher subjektiv. Unsere Absicht war es, herauszufinden, ob wir zu irgendwelchen brauchbaren allgemeingültigen Ergebnissen gelangen würden, um dem Defizit-Modell entgegenzutreten, das von den Therapeuten wie auch von den Ein-Eltern-Familien, die von ihnen beraten werden, so stark internalisiert worden ist.

Die von uns befragten Eltern und Kinder halfen uns, folgende Charakteristika ihrer Familie herauszustellen, die ihrer Ansicht nach zum guten Funktionieren einer Ein-Eltern-Familie beitragen: (1) das Existieren nur *einer* Autorität, was die Entscheidungsbildung innerhalb der Familie vereinfachte und Konflikte verhinderte, wie sie aus der Spaltung der Eltern oder der Dreiecksbildung mit ihnen resultieren; (2) die Möglichkeit für einen Elternteil, Erziehung, Haushalt und Beruf miteinander zu verbinden, statt daß diese Funktionen den herkömmlichen, geschlechtsspezifischen Rollen entsprechend aufgeteilt werden; (3) die Flexibilität oder Durchlässigkeit von Generationenschranken, was die Chancen einer Kameradschaft zwischen Elternteil und Kindern vergrößert; (4) eine weniger hierarchische Struktur im Blick auf Organisation und Verwaltung des Haushalts, wodurch es zu einer Verteilung der anfallenden Arbeiten im Haushalt auf mehrere Personen und die Übernahme verschiedenster Rollen durch die einzelnen Familienmitglieder kommt; (5) erhöhte Erwartungen an die Qualität der familiären Gemeinschaft; (6) ein geschärftes Bewußtsein für die Familie als selbständige Einheit.

Als soziale Einheit reagiert die Ein-Eltern-Familie stärker auf den Einfluß außerfamiliärer Systeme. Deshalb spiegeln sich Meinungen und Bedingungen in Schule, Kirche oder am Arbeitsplatz in der Ein-Eltern-Familie mit größerer Intensität und verursachen Erschütterungen, die verstärkt versöhnen oder verletzen können. Alleinerziehende neigen dazu, Freundschaften zu entwickeln, die ebenso *nützlich* wie sozial sind, in denen die Freunde sowohl innerhalb als auch außerhalb der Familie Funktionen übernehmen. Es besteht eine größere Nähe zwischen Familie und Arbeitswelt, wobei das Berufsleben von Mutter oder Vater oft als Erweiterung des Familiensystems angesehen wird. Die Kinder wissen meist besser über die Arbeitsbedingungen des Elternteils Bescheid und haben mehr Verständnis dafür, wie sich diese Bedingungen auf das Verhalten von Mutter oder Vater innerhalb der Familie und auf ihre/

seine Verfassung insgesamt auswirken. Aufgaben in der Familie werden im Hinblick auf reale und nicht auf hypothetische Notwendigkeiten erteilt; es sind Aufgaben, die wirklich erledigt werden müssen, im Gegensatz zu solchen, die erteilt oder erfunden werden, um einem beizubringen, »wie man etwas macht«. Auf der Basis von Erfahrungen wie der Umgestaltung und Neubestimmung von Rollen, Richtlinien und Funktionen entwickelt die Ein-Eltern-Familie ein erweitertes Repertoire an Fähigkeiten, um mit neuen Entwicklungen fertigzuwerden oder auf von der Außenwelt geforderte Veränderungen zu reagieren.

Die von uns untersuchten Familien – sie bezeichneten sich selbst als glücklich – waren durchaus nicht ohne Probleme. Sie repräsentierten die ganze Bandbreite jener Schwierigkeiten mit Heranwachsenden, denen wir täglich in unserer Praxis begegnen – Randalieren, schlechte schulische Leistungen, Sich-Abkapseln, somatische Symptome, Straftaten, Streitigkeiten –, aber alle berichteten, daß sie sich nach der Überwindung dieser Schwierigkeiten noch stärker als Familie fühlten und besser für neue »Turbulenzen« gerüstet.

Die meisten gaben an, daß sie nur schlecht vorbereitet waren auf die durch Trennung, Scheidung oder Tod des Ehepartners ausgelösten Erschütterungen oder auf die Notwendigkeit, trotz der von allen Seiten auf sie einstürzenden unbekannten und unvorhergesehenen Umstände sich wieder als Familie zu etablieren. Sie machten eine Zeit durch, in der nur wenige Dinge – Einkommen, Arbeitsplatz, Lebenssituation – als gesichert gelten konnten. Die meisten der von uns befragten Alleinerziehenden betraten damit Neuland, ohne daß sie eine Landkarte hätten zu Hilfe nehmen können.

Es wurde deutlich, daß sich unsere Interviewpartner bei der Bewältigung der Veränderungen in ihrem Leben intensiv mit der Frage befaßten, was mit ihnen als *Familie* geschah. Die vorrangige Beschäftigung der Eltern mit ihren eigenen Problemen wurde ausgeglichen durch die Notwendigkeit, sich um die Wiederherstellung der Familie zu kümmern. Also mußten sie zwangsläufig auf das »Ganze« achten – und stießen dabei auf Aktivposten innerhalb und außerhalb der Familie, die bisher unbemerkt geblieben waren. Die alltäglichen Pflichten stellten einen Bereich dar, in dem die Familie beweisen konnte, daß sie selbst ihr Schicksal bestimmte. Für die meisten Familien war das Zusammenleben nicht länger eine nur zu vertraute, selbstverständliche Tatsache, sondern eine gemeinsam vollbrachte Leistung. Unsere Interviewer bekamen häufig Aussagen zu hören wie:»Wir haben die schlechten Zeiten *als Familie* überstanden, was uns wirklich überrascht hat.« Eine Tochter im Teen-Alter sagte:»Als mein Vater wegging, gab es vieles, was wir nicht voneinander wußten. Da war einmal die Belastung meiner Mutter – ihr Mann hatte sie verlassen. Und besonders schlimm war Dads Weggang für meine Brüder. Es war, als hätten wir eine Vierer-Gemeinschaft gebildet. Es kostete einige Mühe, aber auf die Dauer haben wir viel gewonnen, weil wir nach und nach gemerkt haben, wie gut wir zusammenpassen.«

Während Alleinerziehende und ihre Kinder oft den Eindruck von Partnern im Überlebenskampf erweckten, herrschte nur selten Unklarheit darüber, wer letztlich die Autorität besaß. Jetzt trug *ein* Erwachsener die direkte Verantwortung dafür, die Familie zusammenzuhalten, für sie zu sorgen und die Ordnung aufrechtzuerhalten. Die von uns befragten Familien, Eltern und Kinder gleichermaßen, sahen dies durchaus nicht als Nachteil an, sondern hielten es für einfacher und »rationeller«, daß nun eine einzige Autorität das Sagen hatte. Und der jeweilige alleinerziehende Elternteil genoß ganz offensichtlich die Freiheit, alleinige Autorität zu sein. Einer von ihnen faßte dies in den Worten zusammen:»So kann ich der Kapitän meines Schiffes sein. Wenn ich nein sage, heißt das nein. Ich versuche, fair zu sein, aber ich gebe zu, daß ich gern das Steuer in der Hand habe.«

Bei den von uns befragten Familien trafen wir sehr oft auf die Erwartung, daß alle, auch die kleineren Kinder, zu Erhaltung, Wohlbefinden und Gedeihen der ganzen Familie beitrugen. Wie ein Alleinerziehender halb bedauernd, halb stolz zu uns sagte:»In dieser Art Familie müssen die Kinder schneller erwachsen werden, neue Rollen übernehmen – so wie man lernt, daß man zu verschiedenen Anlässen verschiedene Hüte trägt. Manchmal können sie nicht ›einfach nur Kind sein‹.« Wie Robert Weiss (1979) anmerkte: »Obwohl diese Jugendlichen vielleicht bedauern, daß sie keine traditionellere Familie und keine sorglosere Jugend gehabt haben, schätzen sie es häufig höher ein, daß sie in der Lage waren, auf die ihrer Ansicht nach wahren Bedürfnisse der Familie einzugehen, und ihren speziellen Beitrag zum Familienleben geleistet haben« (S. 110).

Wie in allen Familien, werden einige Pflichten ausdrücklich zugewiesen (zum Beispiel wird von einer Jugendlichen verlangt, auf den kleinen Bruder aufzupassen an den Wochenenden, die sie und ihre Geschwister bei ihrem geschiedenen Vater verbringen); einige werden ohne direkte Zuweisung übernommen (so versteht es sich von selbst, daß jemand anderes als die Mutter vor dem Zubettgehen das Geschirr spült). Aber wie unterschiedlich dies auch in den jeweiligen Familien gehandhabt werden mag, die täglich anfallende Hausarbeit ist in vielen Ein-Eltern-Familien von besonderer Bedeutung. Die Kinder unserer Untersuchung wußten, daß nicht nur ihr Beitrag zum Familienleben gewürdigt und gebraucht, sondern auch ihre Unabhängigkeit und Selbständigkeit wirklich geschätzt wurde. In Familien, die sich weniger nach dem Muster »Versorger/ Eltern« und »Verbraucher/Kind« richten, sind die Kinder eher davon überzeugt, daß sie ihrem Vater oder ihrer Mutter noch etwas anderes zu bieten haben, als ihre Pflichten zu erfüllen, keinen Ärger zu machen und gute Noten nach Hause zu bringen. Es können sich noch mehr Situationen ergeben, in denen ein Kind Mutter oder Vater versorgen muß. Manchmal ist es einfach eine Sache der Logik; Wenn die Mutter krank ist, muß sich vielleicht ihr kleiner Sohn um sie kümmern. Andere Situationen sind subtiler und bieten die Möglichkeit zu größerer Vertrautheit zwischen Mutter (Vater) und Kind und zu gegenseitiger emotionaler Zuwendung. Obwohl diese Familien sich durchaus bewußt waren, welche Gefahr darin liegen kann, sobald Kinder in die Elternrolle schlüpfen, in die Privatsphäre von Mutter oder Vater eindringen und die Generationsgrenzen aufgehoben werden, so beschrieben sie doch in vielen Anekdoten jenes Gefühl der Zufriedenheit mit der eigenen Leistung, das sich einstellte, wenn man begriffen hatte, was der eine für den anderen tun konnte.

Die Bemühungen kleinerer Kinder, auf ihre Eltern aufzupassen, waren Anlaß für ein paar denkwürdige Szenen aus dem Familienleben. Eine Mutter erinnerte sich an die Zeit, als sie sich nach Hause zurückgezogen hatte, um an ihrer Doktorarbeit zu schreiben, weil der Abgabetermin bedrohlich näherrückte. Sie gab ihren Kindern die Anweisung:»Wenn einer ein Bein bricht, wählt den Notruf; ich kann dieses Zimmer auf keinen Fall verlassen.« Stunden später kam sie heraus und stellte fest, daß im Haus ein Rohr geplatzt war. Ihre drei Kinder, neun, sieben und vier Jahre alt, hatten eine

Eimer-Kette gebildet und waren eifrig dabei, das Wasser im Badezimmer auszuschöpfen!

Eine andere Mutter beschrieb die Evolution der erfolgreichen Ein-Eltern-Familie folgendermaßen:»Ich erinnere mich an einen Vorfall direkt nach der Scheidung: Mein ältester Sohn mußte zu seinem Konfirmandenanzug eine Fliege tragen, und ich wußte nicht, wie sie zu binden war. Ich kaufte ihm eine fertiggebundene. Daraufhin weinte ich die ganze Nacht und dachte, genauso wird es mit uns gehen – nie etwas Richtiges. Also lernte ich tatsächlich schnell, wie man eine Fliege bindet! Jetzt scheinen meine drei Söhne geradezu süchtig nach Fliegen zu sein.«

Vielleicht besteht die größte kreative Möglichkeit von funktionierenden Haushalten alleinerziehender Mütter in den Veränderungen, die diese Mütter bewirkt haben und noch immer bewirken, um die normalerweise geschlechtsdifferenzierten Elternfunktionen in einer Person zu vereinen – zu erziehen und zu managen; Sorge zu tragen und praktisches Geschick zu zeigen; Anleitung zu geben und sich um das Wohlergehen aller zu kümmern; Autonomie zu fördern, indem sie zu Selbständigkeit anregen; für den Lebensunterhalt zu sorgen, während sie die Kinder darauf vorbereiten, für sich selbst zu sorgen. Eine der grundlegenden Bedrohungen für das erfolgreiche Funktionieren von Familien mit Frauen an der Spitze ist die tiefsitzende Überzeugung, diese Funktionen seien geschlechtsbestimmt und differenziert und müßten es bleiben. Die von den Frauen in ihrer Rolle als Familienoberhaupt entwickelten Mittel, Methoden und Muster, um diese Funktionen miteinander zu verflechten, zu verknüpfen und zu kombinieren, sollten allen Familien in Zukunft als Modell dienen.

Der Entwurf eines therapeutischen Kontexts

In jedem der folgenden Fälle aus der Arbeit mit Familien von Alleinerziehenden hat die Therapeutin das solchen Familien anhängende Defizit ignoriert und die Therapie darauf abgestellt, einen Kontext zu schaffen, in dem Eltern und Kinder positivere Vorstellungen und Definitionen von ihrer Familie internalisieren können. Während die Interventionen jeder einzelnen Therapeutin – wie bereits mehrfach erwähnt – ihrem speziellen Stil und ihrer persönlichen Methodologie entsprechen, setzt die Abkehr von einer negativen Sichtweise die Therapeutin in den Stand, sich auf ein Glaubenssystem zu beziehen, das Entwicklungsfähigkeit, Wahlmöglichkeit, Normalität und kreatives Potential des Alleinerziehens umfaßt. Natürlich haben wir es alle mit dysfunktionalen Systemen und problematischem Verhalten zu tun, und niemand von uns hält das Alleinerziehen für eine optimale Lösung. Genausowenig glauben wir allerdings, daß diese Form der Familie pathogen ist. Aber Lippenbekenntnisse der Therapeuten reichen nicht aus. Der stets spürbare Einfluß der negativen Einschätzung, die Alleinerziehenden anhaftet, und die Angst, die ihre Abhängigkeit, Desorganisation und Bedürftigkeit im Therapeuten weckt, müssen ganz bewußt und konsequent bekämpft werden.

Peggy Papp behandelt in ihrer Fallbesprechung das schwierige Problem der bewußten Wahl. Auch wenn diese Möglichkeit nur von einem kleinen Prozentsatz wahrgenommen wird, ist das Element der Wahlfreiheit in bezug auf Alleinerziehende, besonders alleinerziehende Mütter, sehr wichtig und ausschlaggebend für ein nichtdefizitäres Modell der Ein-Eltern-Familie und für die Unterstützung aller weiblichen Familienoberhäupter. Alleinerziehen als eine bewußte Option, als selbstgewählte Familienstruktur, dient der Legitimierung dieser Familienform; das Fehlen der bewußten Wahl pathologisiert sie. Anhand ihrer eigenen Schwierigkeiten mit diesem Problem demonstriert Peggy, wie wichtig die Einstellung und Überzeugung des Therapeuten für den Verlauf der Therapie und selbstverständlich für die Art der therapeutischen Intervention sind. In diesem Fall befaßt sich Peggy nicht nur mit einer Herausforderung der traditionellen Werte und Vorurteile, sondern auch mit einer Therapeut-Patient-Beziehung, die beide weiterbringt, indem sie einen Kontext schafft, in welchem Erfahrung und Lebenssituation der Klientin bestätigt werden.

Olga Silversteins Fall zeigt den sinnvollen Einsatz eines geschlechtsbezogenen Kontexts, um einer geschiedenen Mutter zu helfen, ihr dysfunktionales Verhalten gegenüber den Männern in ihrem Leben neu zu sehen. Indem sie ihre Klientin dabei unterstützt,»die Dinge anders zu sehen«, ermöglicht es Olga ihr, nach Verhaltensweisen zu suchen, die zufriedenstellender und fruchtbarer für sie sind. Sie vermeidet die in der therapeutischen Praxis üblichen Klischees von der übereifrigen, aufdringlichen, übermächtigen Mutter oder jene stereotypen Interventionen, die das Negativbild von der dominierenden Mutter bestätigen, und lenkt die Aufmerksamkeit ihrer Klientin auf die gesellschaftlich bestimmten, geschlechtsorientierten Normen, an denen sie ihr Verhalten ausrichtet. Dieses »Zurückverweisen« ist ein wesentliches Element beim Schaffen eines Kontexts, in dem Bestätigung anstelle von Kritik eingesetzt wird, um die Patientin zu einem anderen Verhalten zu motivieren.

Betty Carters Fall ist ein Beispiel dafür, wie eine Therapeutin, die ihre Klientin ermutigen will, dieses therapeutische Ziel durch die geschickte Auswahl und Anwendung von Informationen erreichen kann, ohne auf bestimmte Techniken zurückgreifen zu müssen. Wenn Verhaltensweisen in einem Kontext gesehen werden, der über die individuellen oder die internen Strukturen eines Systems hinausgeht, werden auch die Möglichkeiten einer therapeutischen Intervention entsprechend größer und wirksamer und ermöglichen es uns, die Erfahrungen anderer in dem uns vertrauten sozialen und kulturellen Milieu zu verwerten.

Das gilt auch für den von mir ausgewählten Fall. Meine Interventionen streben eine Fortentwicklung während der Sitzung an, wobei ich das *Besondere* einsetze – Interaktion, Kommentar, Verhalten –, um auf Allgemeines hinzuweisen, ein Thema zu entwickeln oder eine neue Perspektive zu eröffnen. Deshalb habe ich einen scheinbar nebensächlichen, ja fast unauffälligen Abschnitt einer Sitzung ausgesucht, um zu zeigen, wie ein größerer Bezugsrahmen einen Therapeuten für die in einer bestimmten Handlung oder einem bestimmten Erlebnis enthaltenen Metabotschaften empfänglich machen kann. In diesem Fall ist das Besondere ein spontaner Kommentar, der, in einem feministischen Bezugsrahmen gesehen, das mangelnde Selbstwertgefühl vieler alleinerziehender Mütter nachdrücklich unterstreicht. Um einer alleinerziehenden Mutter zu helfen, eine positive Vorstellung von sich zu entwickeln, wird das »Besondere« zu einem Ereignis, einer Erfahrung gemacht und wird zu einer Metapher, die während der gesamten Therapie verwendet werden kann.

Fallbeispiel

Sich im Bus nach vorn setzen

Marianne Walters

Als Sara mit ihrer vierzehnjährigen Tochter Tamara in das Center*
kam, erweckte sie den Eindruck, als stünde eine Krise unmittelbar
bevor. Sara hegte die schlimmsten Befürchtungen wegen des sexuellen Verhaltens ihrer Tochter, die, wie sie es sah, ernsthaft in
Gefahr war. In dieser ersten Sitzung fiel es schwer, in Tamara die
sexuell über die Stränge schlagende Jugendliche zu erkennen, als
die ihre Mutter sie beschrieb. Sie wirkte eher wie ein schüchternes,
ängstliches Kind, sprach leise und trug brav um den Kopf gewik-
kelte Zöpfe. Sie schien fast in den Boden zu versinken, als ihre Mutter von ihren Ängsten wegen Tamaras ausschweifendem Sexualver-
halten sprach. Sara war davon überzeugt, daß sie auf dem besten
Wege war, Großmutter zu werden, und diese Aussicht erschreckte
sie. Sie war sehr erregt, hatte das Gefühl, keinen Weg mehr zu
finden, um Tamaras Verhalten unter Kontrolle zu bringen, und war
ihretwegen die meiste Zeit einfach verärgert und niedergeschlagen. Nach ihrer Meinung hatte sie »alles versucht«, und sie hielt
sich für schuldig und denkbar ungeeignet, eine Tochter im Teen-
Alter zu erziehen.

Hintergrund

Sara und Tamara hatten insgesamt nur drei Jahre zusammengelebt. Als Tamara zwei Jahre alt war, hatte Sara sie zu Pflegeeltern
gegeben, weil sie sich nicht in der Lage fühlte, angemessen für sie
zu sorgen. Sara hat seit langem Alkoholprobleme, lebte früher von
Sozialhilfe und arbeitet jetzt als Straßenverkäuferin. In den letzten
beiden Jahren war ihre Tätigkeit so erfolgreich, daß sie zum erstem-
mal in ihrem Leben ihren Unterhalt selbst bestreiten konnte. Daraufhin erhielt sie eine Wohnung und machte eine Eingabe bei Gericht, um wieder das Sorgerecht für ihre Tochter zu bekommen.

---

* *Family Therapy Practice Center*, Washington. (Anm. d. Ü.)

Tamara lebte seit ungefähr einem Jahr bei ihrer Mutter, als sie zum erstenmal in die Therapie kamen. Sara ist eine Schwarze, war nie verheiratet und hat außer einem in Alabama lebenden Onkel und seiner Frau keine Angehörigen. Ihr Vater, ein kleiner Farmer, verließ seine Frau und die einzige Tochter, als diese sechs Jahre alt war; danach lebte Sara allein mit ihrer Mutter bis zu deren Tod. Zu diesem Zeitpunkt war sie siebzehn; sie ging in den Norden, wurde bald schwanger und lebte von der Sozialhilfe. Doch man konnte deutlich sehen, daß diese energische, attraktive Frau einen leidenschaftlichen Stolz besaß. Sie »konnte und wollte« ihre Tochter nicht unter den elenden Bedingungen aufziehen, in denen sie damals lebte, und so suchte sie eine Pflegestelle für ihr Kind. Tamara war bei verschiedenen Pflegeeltern und im Heim untergebracht, bevor sie langfristig – für neun Jahre – bei Pflegeeltern unterkam, die nicht weit von ihrer Mutter entfernt wohnten. Sara hatte während der ganzen Zeit Kontakt zu ihrer Tochter, besuchte sie häufig, unternahm etwas mit ihr und hatte ein gutes Verhältnis zu den Pflegeeltern ihrer Tochter, das sie um jeden Preis aufrechterhalten wollte. Tatsächlich drehte sich ihr Leben in dieser Zeit fast ausschließlich um die Besuche bei ihrer Tochter und den Kontakt mit den Pflegeeltern.

Trotzdem blieb einiges rätselhaft und im dunkeln, als Sara versuchte, mir etwas über Tamaras Erfahrungen und Probleme mit dem Heranwachsen zu erzählen. Da gab es ein paar Andeutungen, daß Tamara schwanger gewesen sei oder daß sie gedacht habe, sie sei schwanger, was jedenfalls durch eine »natürliche Fehlgeburt« beendet worden sei. Es gab Hinweise darauf, daß Tamara mehrmals wegen einer mysteriösen Krankheit im Krankenhaus gewesen war. Obwohl Sara eindeutig eine außergewöhnlich intelligente, wenn auch wenig gebildete Frau war und sich gut ausdrücken konnte, machten ihre panische Angst um das Wohlergehen ihrer Tochter und ihr Hang, sich leicht zu erregen, ihre Schilderungen unverständlich und ließen Sara vage und irgendwie verwirrt erscheinen, wann immer sie über ihre Tochter sprach.

Dennoch hatte Sara bereits einige Regeln für Tamaras Leben aufgestellt, mit dem Ziel, »sie vor sich selbst zu schützen«. So wurde Tamara mit einem speziellen Bus zur Schule gebracht und wieder zu Hause abgeliefert. Sie durfte das Schulgebäude nicht verlassen und stand in der Schule unter strenger Aufsicht. Sara

449

hatte mit der Schule ein gegenseitiges Benachrichtigungssystem vereinbart. Aber Tamara fand immer noch Wege, diese Regelungen zu umgehen und zu tun, was ihr paßte, und blieb so in den Augen ihrer Mutter weiter gefährdet. Auf eine seltsame Art erklärte Sara ihrer Tochter alles und gar nichts. Sie sparte nicht mit Warnungen, Ermahnungen und unheilvollen Andeutungen und war erfüllt von düsteren Ahnungen, die sie ihrer Tochter rückhaltlos mitteilte. Dagegen erwartete sie von Tamara praktisch nichts, außer »in keinen Schlamassel zu geraten«. Alle ihre mütterlichen Anordnungen ließen sich fast auf den Satz reduzieren: »Paß bloß auf, daß du nicht schwanger wirst.«

Alternative Interventionen

Die unterschiedlichen Richtungen innerhalb der Familientherapie könnten beispielsweise folgende Interventionsarten für die Therapie mit dieser alleinerziehenden Mutter und ihrer Tochter vorschlagen:

1. Der Mutter erklären, daß sie überängstlich und allzu besorgt um ihre Tochter ist, und ihr dabei helfen, dieses Verhalten zu verstehen, indem man es mit folgenden Faktoren in Verbindung bringt:
   a) ihrer eigenen unsicheren Situation in ihrer Herkunftsfamilie, ihrer frühen Schwangerschaft usw.;
   b) der konkreten Angst vor den sozialen Folgen einer Schwangerschaft im Teen-Alter, die sie am eigenen Leibe erfahren hatte;
   c) ihren Schuldgefühlen, daß sie Tamara zu Pflegeeltern gegeben hatte, obgleich dies doch eine wohlüberlegte, realistische Entscheidung war;
   d) ihrem Mangel an mütterlicher Erfahrung.
2. Der Mutter noch einmal deutlich sagen, daß sie sich »zu krampfhaft« bemüht, indem man einige der oben aufgeführten Gründe heranzieht und durch eine Umdeutung ergänzt, welche die Wechselbeziehung zwischen Mutter und Tochter einbezieht, den Prozeß von Reaktion und Gegenreaktion, der das Problem vergrößert.
3. Das Problem als eine Verletzung der familiären Hierarchie definieren und dies auf den Umstand zurückführen, daß Mutter und

Tochter so lange getrennt waren. Auf die Notwendigkeit hinweisen, daß sie ihr Zusammenleben durch die Aufstellung klar umrissener Regeln und Erwartungen neu organisierten und Klarheit schafften über die Konsequenzen, falls Tamara sich weiter so verhält oder tatsächlich schwanger wird.

4. Das Problem als Folge nicht gewahrter Generationsschranken darstellen, die ihre Ursache haben in
   a) dem Alkoholproblem der Mutter,
   b) der Neigung der Mutter, sich zu sehr auf Tamara zu konzentrieren, weil sie kein eigenes Leben hat oder in beidem.
   c) Vorschlagen, daß die Mutter »sich heraushält« und beginnt, aktiver ihren eigenen Interessen nachzugehen.

5. Anregen, daß Sara ihre Tochter noch mehr als bereits jetzt kontrolliert – vielleicht sogar regelmäßige Besuche in der Schule macht, ihre Telefongespräche überwacht und ihr nicht erlaubt, ohne Begleitung das Haus zu verlassen.

6. Andeuten, daß Tamaras Verhalten dazu dient, die Mutter aus ihrer sozialen Isolation herauszuholen, da sie zum Beispiel mit der Schule, mit anderen Eltern und so weiter zu tun hat.

Der Therapeut müßte das Problem mit Sara besprechen und dabei die Empfehlung, sich weniger auf Tamara zu konzentrieren, gegen die Gefahr abwägen, daß Sara sich dann noch einsamer und deprimierter fühlt.

Diese möglichen Interventionen sind hier natürlich in verkürzter Form dargestellt. Dennoch repräsentieren sie einige der häufigsten Formulierungen, die in der Literatur zur familientherapeutischen Praxis vorkommen. In all diesen Formulierungen finden sich eindeutig systemische Elemente, und jede Darstellung der Situation liefert ein brauchbares Bild der Beziehungen innerhalb dieser Familie. Aber alle oben skizzierten Interventionsformen betonen implizit die Schwächen der Mutter; sie konzentrieren sich besonders auf den Anteil der Mutter an dem, was fehlt oder nicht klappt. Damit lassen sie zu, daß der Therapeut sich besonders am Anfang der Therapie vor der schwierigen Aufgabe »drückt«, einen Kontext – eine korrektive Erfahrung, wenn man so will – zu schaffen, der als ausdrückliche Aufgabe jene sozialen Botschaften und Lebenserfahrungen verbessern, verändern oder wiedergutmachen soll, die gewiß dazu beigetragen haben, das Selbstwertgefühl der Mutter zu untergraben.

Die Anwendung eines feministischen Bezugsrahmens

Wenn wir einen feministischen Aspekt zugrunde legen, gehen wir davon aus, daß alleinerziehende Mütter mit dem Gefühl in die Therapie gehen, nichts wert, an allem schuld und bei jedermann in Mißkredit zu sein, und daß diesem Gefühl, beziehungsweise den sozialen und zwischenmenschlichen Botschaften, die es hervorrufen, entgegengewirkt werden muß. Dazu gehört, daß diese Mütter lernen müssen, ihre Situation in einem größeren Zusammenhang als dem ihrer Familie zu sehen, wo man sie zu Unrecht als ausschließlich ihr Problem betrachtet, also die Einflüsse des Systems außer acht läßt. Natürlich kann man so argumentieren, daß, wenn die Mutter erst vernünftiger mit ihrer Tochter umginge und Tamaras Verhalten, auf welche Weise auch immer, in die richtigen Bahnen gelenkt würde, das Selbstwertgefühl der Mutter wiederhergestellt und damit eine korrektive Erfahrung erreicht worden sei. Um es klar zu sagen, ich glaube nicht, daß das unbedingt zutrifft. Ich glaube, im Kontext der Therapie können Veränderungen stattfinden – einschließlich eines Abklingens des Symptoms und des Abbaus dysfunktionaler Verhaltensweisen –, ohne daß sich der soziale und emotionale Kontext ändert, durch den persönliche Gefühle wie Unzulänglichkeit, Selbstvorwürfe, Schuld und ähnliches hervorgerufen werden. Tatsächlich kann die Therapie derartige Gefühle im Einzelfall noch verstärken, eben weil sie Veränderungen im System bewirkt.

In diesem Fall schienen drei Interventionsebenen für den Aufbau eines therapeutischen Kontexts entscheidend: (1) Die dürftigen Beziehungen zwischen Mutter und Tochter mußten verstärkt werden, indem man die bestehenden Bande und die auf beiden Seiten vorhandenen Gefühle weiterentwickelte; (2) die gesellschaftlich bedingten Befürchtungen eines Mutter-Tochter-Konflikts, vor allem im sexuellen Bereich, mußten zerstreut werden; (3) das Schuldgefühl der Mutter, das sie empfand, weil sie ihre Tochter zu Pflegeeltern gegeben hatte, und die damit verbundene gesellschaftliche Mißbilligung, die das Gefühl, eine unzulängliche Mutter zu sein, bei ihr noch verstärkt hatte, mußten angesprochen werden.

Hier war eine Frau, die ihr Kind weggegeben hatte, weil sie der Ansicht war, nicht richtig für es sorgen zu können; eine unverheiratete Mutter, die es wagte, sich ihr Kind zurückzuholen, und feststellen mußte, daß dieses Kind eine Riesenangst in ihr weckte und ihr das Gefühl gab, unfähig und unüberlegt zu sein. Ihre Panik und die wirklich vorhandene Unkenntnis darüber, was man von einem Teenager erwarten könne, bewirkten zusammen die negative Einschätzung ihrer mütterlichen Talente. Sara hatte kein Vertrauen in ihre Fähigkeit, dieses Kind richtig zu behandeln, und Tamara verstärkte diese Unsicherheit noch durch ihr Verhalten. Ich sah die Gefahr weniger in einer drohenden Schwangerschaft Tamaras als in dem Dahinschwinden jeder Chance einer guten Beziehung zwischen den beiden, wenn es nicht gelang, Sara möglichst schnell davon zu überzeugen, daß sie eine gute, verständnisvolle Mutter war.

Die Gestaltung eines therapeutischen Kontexts

Zu Beginn der Therapie verglich ich die Situation, in der Sara und Tamara sich befanden, mit der von Ausländern in einem fremden Land: Man kennt dessen Gesetze nicht, man kann die Schrift nicht lesen, man irrt sich in der Richtung, man verpaßt die Stichworte, Dinge versetzen einen in Panik, vor denen man zu Hause, wo man sich auskennt, nie Angst hätte, man hat keine gemeinsame Geschichte und ist unsicher, ob man seine bisherigen Erfahrungen gebrauchen kann und sich das, was man weiß, auch auf diese neuen Bedingungen anwenden läßt. Ich machte Sara darauf aufmerksam, daß sie und ihre Tochter einander ja wirklich in vieler Hinsicht fremd waren – jede eine Fremde im Land der anderen. Ich schlug vor, daß sie sich gegenseitig mehr voneinander erzählen sollten, damit sich die eine nicht unbehaglich und unsicher in Gegenwart der anderen vorkomme; später würden sie dann vielleicht sogar eine gemeinsame Sprache sprechen. Ohne Saras tatsächlich vorhandene Panik über Tamaras sexuelle Anfälligkeit anzuzweifeln, wies ich darauf hin, daß ich sie für übertrieben hielt und sie wohl dem Gefühl entsprang, die eigene Tochter nicht zu kennen und also auch nicht zu verstehen, so daß sie vor all dem Angst hatte, was von ihren Erwartungen abwich. Saras mangelnde Erfahrung als »hauptamtliche« Mutter vermittelte ihr den Eindruck, unfähig zu sein, so daß sie von ihrem Talent und ihrem Können gar nicht in vollem Umfang Gebrauch machte – so wie ein Amerikaner, der in Frankreich von Bord geht, zum erstenmal in seinem Leben Angst haben mag, die Straße zu überqueren. Und Tamara, die verschreckt und verwirrt war und nicht wußte, was eigentlich von ihr erwartet wurde, war nun eindeutig dabei, mal hier, mal da ihre Gefühle zu erproben. Ich stimmte mit Sara darin überein, daß dies eine recht gefährliche Situation war. Ich drückte Sara meinen Respekt aus für die Schutzmaßnahmen, die sie bereits ergriffen hatte. Ich betonte, daß sie das schon zum zweitenmal geschafft hatte – eine schwierige Situation damit zu beantworten, daß sie Schritte unternahm, um ihre Tochter zu schützen und für ein geordnetes Leben zu sorgen – so wie beim erstenmal, als sie Tamara in Pflege gegeben hatte. Und ich bat sie zu überlegen, ob sie sich in den nächsten zwei Wochen auf diese Maßnahmen verlassen könne, während wir eine andere Möglichkeit erproben wollten, wie sie und Tamara einander näherkommen könnten. Sara war einverstanden und fragte Tamara, ob es ihr recht sei. Tamara war zunächst unentschlossen, aber als Sara ihr erklärte, was wir vorhatten, stimmte auch sie zu.

Wir begannen mit einigen Sitzungen, die in erster Linie dem intensiven Austausch von Erfahrungen, Informationen und Erinnerungen zwischen Mutter und Tochter vorbehalten waren. Das sollte auch zu Hause nach einem festen Zeitplan fortgesetzt werden. Schon wenn sie die Zeit absprachen, die Mutter und Tochter gleichermaßen genehm wäre, würde dies ein Berührungspunkt zwischen ihnen sein. In der ersten Sitzung probten wir diese Art Gespräch: Ich brachte Sara bei, wie man Fragen stellt, wie man etwas aus jemandem herauslockt, wie man zuhören und wie man antworten muß und ich erklärte Tamara, wie man ausführlich antwortet, wie man entscheidet, was man fragen kann und was nicht, wie man sein Interesse ausdrückt, und so weiter. Und immer wenn Sara etwas Neues über ihre Tochter erfuhr (und war es auch etwas so Geringfügiges wie deren Beschreibung einer Schulfreundin), drängte ich sie, darauf zu achten, wie dadurch das Gefühl, ihre Tochter zu *kennen*, verstärkt wurde, das heißt, ich setzte Tamaras Erzählungen als Mittel ein, eine größere Vertrautheit zwischen ihnen herzustellen.

Sara und Tamara zeigten beide zunehmend Interesse an dem Projekt, und sie begriffen allmählich, daß dies genau das Richtige in ihrer Situation war und vielleicht dazu beitragen würde, ihr Verhältnis zueinander zu verändern. Während der nächsten drei Wochen gestaltete sich ihr Zusammenleben wesentlich positiver, da sich einer dem anderen wirklich mitteilte. Saras Panik ließ nach, aber dann bereitete Tamaras Verhalten der Mutter erneut Sorge.

Prozeßdiagnose

Zu unserer vierten Sitzung erschien Sara aufgeregt und wütend. Sie sprach davon, daß sie Tamara vielleicht wieder weggeben müsse. Sie war erneut in Panik. Tamara hatte zweimal während der Mittagszeit das Schulgelände verlassen und war, zusammen mit ein paar Jungen, in einem Schnellrestaurant gesehen worden. Nachdem sich das Verhältnis von Mutter und Tochter so gebessert hatte, war dies besonders enttäuschend.

Sara: Vielleicht ist es gar nicht wiedergutzumachen. Es ist wahrscheinlich wie mit dem anderen Unglück, das uns schon getroffen hat – Tamara vor allem. Sie ahnt nicht einmal, wie schädlich das alles für sie ist. Wenn sie bloß nicht so naiv wäre und mit jedem jungen Mann davonlaufen würde, der auf sie zugeht, seinen Arm um sie legt und sagt: »Gehen wir« – wahrscheinlich in die Büsche oder ins Treppenhaus . . . *(Tamara protestiert leise.)*
Sara: Aber genau das ist es, was mir Sorgen macht, Tamara, und zwar eine ganze Menge. *(Zu mir)* Sie ist ja eine attraktive – sie ist zwar meine Tochter, aber trotzdem eine attraktive junge Dame und . . .
Therapeutin: Meine Güte, Sara, merken Sie eigentlich, was Sie da sagen? Was für eine Denkweise, was für eine Denkweise!
Sara: Was meinen Sie, Marianne? Was habe ich denn gesagt? Tamara ist ein attraktives Mädchen. Obwohl sie meine Tochter ist, ist sie ein attraktives Mädchen.
Therapeutin: »Obwohl« sie Ihre Tochter ist – obwohl! Du lieber Himmel, Sara, haben Sie in letzter Zeit mal in den Spiegel geschaut? Tamara, weißt du, daß du deiner Mutter sehr ähnlich siehst?
Tamara: Danke.
Sara: Was hast du gesagt?
Tamara: Ich habe danke gesagt.
Therapeutin: Überrascht Sie das?
Sara: Na ja, ich – ich bin ihre Mutter – ich hätte nie gedacht, daß sie darauf achtet, wie ich aussehe, oder denken könnte, ich wäre hübsch oder so.

Tamara *(mit lebhaftem Interesse)*: Also, als wir neulich im Park waren, da saßen doch auf der Bank diese zwei Jungen, mit denen ich gesprochen habe – und der eine hat zu mir gesagt:»Tammy, deine Mutter sieht aber gut aus!«

Sara: Ich habe nie – na ja, danke.

Therapeutin: Ich glaube, Sie können sich noch auf einige Überraschungen mehr gefaßt machen, Sara. Sie haben eine derartige Angst um Ihre Tochter, daß Sie sich nicht einmal selbst eingestehen, daß sie hübsch ist, *weil* sie Ihre Tochter ist – das müssen Sie nun mal akzeptieren!

Sara: Ja, ich verstehe, worauf Sie hinauswollen – ich glaube, so habe ich das noch nie gesehen.

Therapeutin: Schauen Sie, Sara, ich habe irgendwie den Eindruck, Sie fühlen sich manchmal so deprimiert in Ihrer Funktion als Mutter – vielleicht weil Sie allein sind, vielleicht weil Sie eine andere Betreuung für Ihre Tochter brauchen oder vielleicht weil Sie zuviel trinken – jedenfalls wollen Sie noch nicht einmal die physische Ähnlichkeit, das physische Band zwischen Ihnen sehen.

Sara: Sie ist wirklich eine sehr hübsche junge Dame, Marianne. *(Mir zulächelnd)* Obwohl sie meine Tochter ist!

Therapeutin *(lachend)*: Und Sie sind die perfekte Lady! Spröde bis zum Schluß. Im Ernst, Sara, halten Sie das für Angeberei?

Sara: Vielleicht.

Therapeutin: Denken Sie, Sie hätten kein Recht, mit etwas anzugeben?

Sara: Ich glaube, ja, das denke ich manchmal. Nein, meistens. Vielleicht auch immer.

Therapeutin: Warum?

Sara: Warum, warum – vielleicht weil ich alles falsch gemacht habe mit ihr.

Tamara: Ach, Momma – du hast eine ganze Menge richtig gemacht.

Therapeutin: Tamara, Sie wissen, wie schwer es für eine alleinstehende Mutter ist, eine Tochter in Ihrem Alter zu erziehen, eine Tochter, die sie sehr liebt und von der sie so viele Jahre getrennt war. *(Zu Sara)* Sie leben in einer Welt, die Sie verurteilt. Ihre Lebensweise war und ist nicht so, wie sie eigentlich sein sollte. Sie merken, daß man Sie ablehnt, und haben zwangsläufig den Eindruck, alles falsch zu machen – und daß es gar nicht anders kommen kann, als daß Ihre Tochter in Schwierigkeiten gerät und es deswegen Auseinandersetzungen zwischen Ihnen beiden gibt.

Sara *(beugt sich zu Tamara hinüber und drückt ihre Hand)*: Ich hatte halt nur solche Angst. Ich war in Sorge, daß Tamara sich ein bißchen freier benommen hat, als es mir lieb ist.

Therapeutin: Oh, Sara – Sie drücken alles soviel besser aus; Sie bringen es genau auf den Punkt.

Sara *(lächelnd)*: Nicht wahr? Ich verstehe, was Sie meinen. Das glaube ich jedenfalls. Aber manchmal habe ich so ein komisches Gefühl, Marianne. Als wenn wir zusammen in einen Bus steigen würden, und Tamara setzt sich allein in den hinteren Teil des Busses, weit weg von mir.

Therapeutin: In den hinteren Teil des Busses! Nicht zu fassen! Wissen Sie nicht, was es damit auf sich hat? *(Tamara schaut verblüfft drein. Sara beginnt zu lachen.)*

Sara: Ich glaube, sie weiß nicht, wovon Sie reden.

Tamara: Ich verstehe nicht –

Therapeutin: Sara, Sie meinen, Tamara weiß nichts über Rosa Parks*, Montgomery –

Sara *(sieht Tamara an, die den Kopf schüttelt)*: Ich glaube nicht. Anscheinend nicht.

Therapeutin: Vielleicht könnten Sie ihr etwas darüber erzählen.

Sara: Ja, das sollte ich, es ist wichtig.

Therapeutin: Sie können sofort damit anfangen, nehmen Sie sich gleich jetzt Zeit dafür, wenn Sie wollen.

Derartige Interventionen mußte ich im Verlauf der folgenden Monate, in denen die blinde Angst um ihre Tochter merklich nachließ, noch oft wiederholen. Saras Selbstwertgefühl als Frau und Mutter

---

* Schwarze Amerikanerin, die im Dezember 1955 in Montgomery/Alabama durch ihr Verhalten die Revolte der Schwarzen in den USA auslöste. Rosa Parks, eine verwitwete Kaufhausangestellte, hatte auf dem Nachhauseweg von der Arbeit im Bus einen Sitzplatz gefunden; sie weigerte sich, ihren Platz für einen Weißen zu räumen, wurde von der Polizei verhaftet und wegen Erregung öffentlichen Ärgernisses eingesperrt. Aus Protest beschlossen die Schwarzenführer, unter ihnen Martin Luther King, einen Boykott der Busse. Der Fall Rosa Parks ging bis vor den Obersten Gerichtshof der USA und endete mit der Aufhebung der Rassentrennung in den öffentlichen Verkehrsmitteln von Montgomery. Dieses Gerichtsurteil gilt als erster Sieg der Bürgerrechtsbewegung der Schwarzen. (Anm. d. Ü.)

war so gering, daß sie ab und zu einen »Schuß« brauchte, und zwar in der Form, daß ich ihr schon die geringste herabsetzende Bemerkung über sich selbst sofort verwies, auch wenn sie noch so harmlos klang. Manchmal genügte es, sie an die Metapher »so hübsch wie ihre Mutter« zu erinnern.

Als ihre Beziehung enger wurde und Sara sich in ihrer Mutterrolle sicherer fühlte, erwartete sie allmählich mehr von Tamara in bezug auf ihr gemeinsames Leben und ein zuverlässigeres Verhalten außer Haus. Umgekehrt konfrontierte Tamara die Mutter bald mit dem Wunsch, ihr häusliches Leben zu erweitern, das heißt, sie wollte ab und zu ihre Freunde mitbringen. Mit meiner Hilfe gelang es ihr, ihrer Mutter beizubringen, daß sie sich auf keinen Fall in Gegenwart von Tamaras Freunden betrinken dürfe. Diese Sitzungen zählten zu den schwierigsten, und es ging nicht ohne Tränen, Anklagen und wechselseitige Gegenanklagen ab.

Nach vier Monaten Therapie machte Sara freiwillig eine Entziehungskur, nachdem sie sich zuvor um eine Beaufsichtigung Tamaras für die Dauer ihrer Abwesenheit gekümmert hatte. Während ihre Mutter die Entziehung machte, durfte Tamara Einzelsitzungen bei einer meiner Kolleginnen im Center besuchen und an Al-Anon-Treffen* teilnehmen. Als Sara zurück war, nahmen sie und Tamara ihre Therapie bei mir wieder auf. Diese Sitzungen drehten sich um die durch Saras Abwesenheit und ihre Rückkehr verursachten Veränderungen. Das zu Beginn verwendete Bild der »Fremden« wurde noch einmal aufgegriffen, aber jetzt standen die Wandlungen im Mittelpunkt, die beide durchgemacht hatten, und das neue Gefühl persönlicher Verantwortung, das beide während der soeben erlebten Trennung empfunden hatten. Später kam Sara noch vierzehn Monate lang zu Einzelsitzungen, immer dann, wenn sie das Bedürfnis dazu hatte.

Im Juni schickte Tamara mir ein Bild, das sie mit viereckiger Mütze und Talar auf ihrer Abschlußfeier zeigte. Neben ihr stand Sara, die stolz in der einen Hand ihr eigenes Abgangszeugnis und in der anderen Tamaras Diplom hielt.

---

* Angehörigen-Selbsthilfe der Anonymen Alkoholiker. (Anm. d. Ü.)

Fallbeispiel
»Sie brauchen eine starke männliche Hand«

Betty Carter

Dieser Fall schildert viele jener Probleme und Schwierigkeiten, wie sie in Ein-Eltern-Familien sehr häufig sind. Hierzu gehören besonders die Auswirkungen der von der Gesellschaft übermittelten zwiespältigen Botschaft, die einerseits besagt, daß eine Frau allein keine Söhne erziehen kann, auf der anderen jedoch, daß nur eine »schlechte Mutter« auf das Sorgerecht für ihre Kinder verzichtet. Diese zweischneidige Botschaft lautet: Egal, wie sie sich entscheidet, es ist auf jeden Fall falsch. Daraus erklärt sich auch, warum alleinerziehende Mütter trotz der darin enthaltenen Selbstabwertung häufig den Wunsch nach einem männlichen Therapeuten für ihre Söhne äußern. Weniger verständlich ist es dagegen, wenn Therapeuten oder Psychiater dieselbe Position vertreten.

Durch die häufig geübte Praxis, eine alleinerziehende Mutter mit Söhnen ganz bewußt an einen männlichen Therapeuten zu überweisen, werden *beide* Elternteile auf einen Streich abgewertet. Auf die alleinerziehende Mutter hat die Botschaft, daß sie ohne die Hilfe eines Mannes ihre Söhne wohl nicht so aufziehen kann, wie es sich gehört, die Wirkung einer *self-fulfilling prophecy*. Wahrschein-

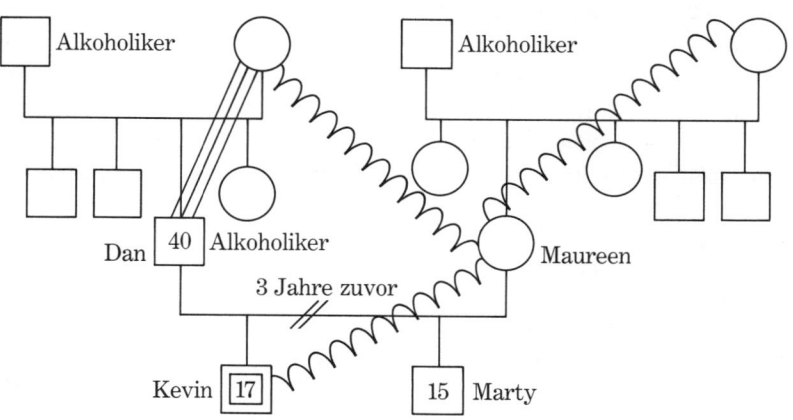

lich hat die Mutter – so wie im vorliegenden Fall – Schwierigkeiten mit ihren Söhnen, *weil* sie an den weitverbreiteten gesellschaftlichen Mythos glaubt, daß Mütter allein nicht in der Lage sind, Jungen zufriedenstellend zu erziehen. Unterstützt die Therapie, implizit oder explizit, diesen Mythos, so wird die Mutter in ihrem Umgang mit den Söhnen zusätzlich beeinträchtigt. Außerdem besteht die ernsthafte Gefahr, daß der männliche Therapeut, wenn er nicht ganz bewußt dagegen ankämpft, bei den Jungen die Stelle des Vaters einnimmt und dadurch die Beziehung zu ihrem Vater eher schwächt als stärkt.

Darstellung des Problems: Die »Zwickmühlen«-Situation*

Dan, Polizeibeamter in einem Vorort, und seine Frau Maureen, Sekretärin, wurden vor drei Jahren geschieden. Für die beiden Söhne, derzeit siebzehn und fünfzehn Jahre alt, hat Maureen das Sorgerecht. Dan sieht seine Söhne regelmäßig, wenn auch nicht nach einem festen Plan, und telefoniert häufig mit ihnen. Dan und Maureens Verhältnis zueinander ist gespannt, und deshalb sprechen sie sowenig wie möglich miteinander.

Maureen bat in einer in ihrer Nähe gelegenen Klinik um therapeutische Unterstützung für sich und ihre beiden Söhne, weil Kevin in der Schule stark nachgelassen hatte und zu Hause den »Gehorsam« verweigerte. Sie wußte, daß er an den Wochenenden trank, und fürchtete, daß er auch mit Drogen zu tun hatte.

Maureen zeigte offen ihre Enttäuschung darüber, daß man sie zu einer Therapeutin geschickt hatte, und sagte, sie sei der Ansicht, daß ihre Söhne eine starke männliche Persönlichkeit im Leben brauchten. Ihr Mann war, wie sie sagte, ein jähzorniger Mensch. Er war den Jungen gegenüber inkonsequent, trank zuviel, bestrafte sie streng in der einen Minute und überhäufte sie in der nächsten mit Geld, schimpfte ständig bei den Jungen auf sie und

---

* Im Original: die »Catch-22«-Position. Anspielung auf den 1961 erschienenen Antikriegsroman *Catch-22* von Joseph Heller (dt. *Der IKS-Haken*), in dem unter Verwendung einer grotesken Logik die Absurdität des Krieges dargestellt wird. Auf diese verdrehte Logik nimmt Betty Carter Bezug, um ihr Fallbeispiel von der Mutter zu illustrieren, deren Entscheidung für oder gegen das Alleinerziehen von der Gesellschaft auf jeden Fall als falsch gewertet werden wird. (Anm. d. Ü.)

enttäuschte sie oft, indem er Besuchspläne umwarf oder rückgängig machte. Ihr Ex-Mann lebte bei seiner Mutter, die, so Maureen, ein »alter Drachen« war.

Maureens Ex-Mann hatte die Scheidung beantragt, angeblich wegen ihrer ewigen Meckerei, aber Maureen glaubte, daß er ein Verhältnis hatte. Sie hatte keine Scheidung gewollt – nicht weil sie die Ehe für so toll gehalten hätte, das bestimmt nicht, sondern weil sie dachte, sie könne keine heranwachsenden Söhne erziehen. »Und so ist es ja auch«, sagte sie. »Am besten würde ich ihm und seiner lieben Mutter das Sorgerecht überlassen, aber wie stünde ich dann als Mutter da?«

Maureen drückt damit die »Zwickmühlen«-Situation der alleinerziehenden Mutter aus. Ihr Wunsch nach einem männlichen Therapeuten zeigt, daß ihr die Therapiearbeit mit einem Mann ein Ausweg aus diesem Dilemma zu sein scheint. Da sie sich den Söhnen gegenüber so machtlos fühlte und sich ihrer eigenen, beträchtlichen Stärken überhaupt nicht bewußt war, bestand die erste Phase der Therapie – bei der Therapeutin, die man der Familie zugeteilt hatte – darin, Maureen davon zu überzeugen, daß sie durchaus in der Lage war, Jungen im Teen-Alter zu erziehen.

Erste Therapiephase: Die Unterstützung der Mutter

Maureen lud ihre Schwiegermutter zum Essen ein und traf einige feste Abmachungen mit ihr wegen der Jungen, während sie ihr zugleich dafür dankte, daß sie eine so besorgte Großmutter war. Sie sprach mit ihrer Schwiegermutter und ihrer Mutter über deren Schwierigkeiten bei der Erziehung ihrer Söhne und sicherte sich ihre Unterstützung bei ihren eigenen Erziehungsbemühungen.

Das war ein Prozeß, der weit über das eigentliche Problem hinausging. Um sinnvolle Gespräche mit Mutter und Schwiegermutter über das Thema Erziehung führen zu können, mußte Maureen zunächst einmal ihr Verhältnis zu beiden kritisch betrachten und herausfinden, warum sie beiden so ablehnend gegenüberstand. Ihre Mutter war ihrer Ansicht nach »zu schwach« und ihre Schwiegermutter »zu hart«, und sie hatte nie richtig darüber nachgedacht, mit welch großen Problemen beide fertigwerden mußten im

Leben – mit einem Ehemann, der trank, und einer großen Kinderschar. Bevor sie mit ihnen sprach, bemühte sie sich viele Wochen lang, indem sie die Fragen der Therapeutin beantwortete, mehr über das Leben von Mutter und Schwiegermutter herauszufinden.

Maureen: Meine Schwiegermutter ist ein richtiges Miststück. Ehrlich gesagt, gebe ich ihr die Schuld daran, daß mein Ex-Mann so geworden ist.

Therapeutin: Inwiefern?

Maureen: Nun, sie war so streng – wirklich maßlos streng zu ihm, als er ein Teen war, daß es praktisch eine Aufforderung zur Rebellion war – und entsprechend hat er sich auch benommen.

Therapeutin: War er schlimmer als Ihr Sohn Kevin?

Maureen: Ich habe wirklich nicht gedacht, daß er so schlimm war; das stellte sich erst heraus, als sie den Druck auf ihn verringerte. Und das ist eben einer der Gründe, warum ich fürchte, zu hart zu Kevin zu sein.

Therapeutin: Ich frage mich, warum sie so streng zu ihm war – zu Dan, meine ich.

Maureen: Ich habe Ihnen doch gesagt – sie ist ein Miststück.

Therapeutin (lachend): Sie meinen, sie war ein geborenes Miststück?

Maureen (lächelnd): Na ja, ich glaube, sie hatte Angst, er würde sich wie seine beiden älteren Brüder entwickeln. Die tranken beide viel, wie ihr Vater, und der älteste hatte ständig Schwierigkeiten mit der Polizei.

Therapeutin: Junge, Junge, sie muß ja riesige Probleme gehabt haben. Kein leichtes Los! Wer hat ihr denn geholfen?

Maureen: Tja, eigentlich niemand. Der Alte hat Tag und Nacht getrunken – zum Schluß hat er gar nicht mehr gearbeitet. Und sie war die einzige von ihrer ganzen Familie, die herübergekommen ist. Der Rest ist in Irland geblieben.

Therapeutin: Wie einsam sie gewesen sein muß!

Maureen (mit einem Anflug von Ärger): Aber ihr Mann hat sie wenigstens nicht sitzenlassen.

Therapeutin: Vielleicht wäre sie dann besser drangewesen.

Maureen (lächelnd): Sie bekäme Zustände, wenn sie hören würde, daß Sie das sagen! Sie hat nach seinem Tod geradezu einen

Heiligen aus ihm gemacht. Aber ich verstehe, was Sie meinen. Der Vater hatte einen schrecklichen Einfluß auf die Jungen, und sie konnte nicht viel dagegen machen.

Therapeutin: Sie muß sich sehr hilflos vorgekommen sein.

Maureen: Hilflos? Sie müßten sie einmal erleben! Ich wette, Sie sind noch nie einer so lauten, herrschsüchtigen, aufdringlichen Person begegnet!

Therapeutin: Ich glaube, sie hat gemerkt, daß alles an ihr hing. Und wahrscheinlich fühlte sie sich zu schwach, um es allein zu schaffen.

Maureen: Nein – jetzt sprechen Sie von meiner Mutter, nicht von meiner Schwiegermutter. Meine Mutter fühlte sich hilflos. *(Verächtlich)* Man kann sich keinen hilfloseren Menschen vorstellen. Meine Schwester und ich mußten für unsere kleineren Geschwister sorgen. Meine Mutter schlich wie in Trance durch die Gegend und saß die meiste Zeit in der Kirche.

Therapeutin: Demnach fühlte sie sich überfordert – mit der Trunksucht Ihres Vaters und so vielen Kindern.

Maureen: Wahrscheinlich – aber ich glaube nicht, daß das ein Grund ist, seine Kinder zu vernachlässigen.

Therapeutin: Hat sie Sie wirklich vernachlässigt?

Maureen: Na ja, sie hat gekocht und geputzt und die Wäsche gemacht und so weiter – aber sie hatte nie *Zeit* für uns. Sie hat niemandem von uns auch nur einmal zugehört.

Therapeutin: Also deshalb ist es für Sie so wichtig, Ihren Kindern zuzuhören.

Maureen: Ja – ja. Aber es ist so schwer herauszufinden, wann man nachgeben und wann man streng sein soll. Verstehen Sie?

Therapeutin: Ja, das kann ich gut verstehen. Sie glauben also, daß es letztendlich die Härte Ihrer Schwiegermutter war, die Ihren Mann verdorben hat?

Maureen: Ja – obwohl, ich glaube schon, daß sie eine Menge um die Ohren hatte.

Therapeutin: Bringen Sie es zur Not fertig, sich diese robuste Person als besorgte, ängstliche Mutter vorzustellen, die für ihre Familie nur das Beste will?

Maureen: Das ist schwer. Fast unmöglich.

Therapeutin: Ja, das glaube ich. Vor allem, weil Sie sie damals noch nicht gekannt haben – erst später, als sie schon verhärtet war.

Wer ist Ihrer Meinung nach eine besorgtere, wohlmeinendere Mutter – Ihre Mutter, Ihre Schwiegermutter oder Sie selbst?
Maureen (*schockiert*): Was für eine Frage!
Therapeutin: Wissen Sie, was ich glaube? Ich wette, wenn Sie mit beiden über die Zeit sprechen, als ihre Kinder noch im Haus waren, werden Sie merken, daß sie mit ganz ähnlichen Problemen fertigwerden mußten wie jetzt Sie, eingeschlossen den Umstand, daß sie auch einen unzuverlässigen Ehemann hatten und dachten, daß es keinen Menschen gebe, mit dem sie über alles hätten reden können.
Maureen: Aber wir sind drei sehr verschiedene Frauen!
Therapeutin: Ja – mit einer Menge gleicher Probleme.
Maureen: Aber sie würden niemals verstehen . . .
Therapeutin: Genau das haben sie damals auch gedacht.
Maureen: Aber sie würden mir nie zuhören oder mich ernst nehmen.
Therapeutin: Das liegt an Ihnen.

Nach mehreren ähnlich verlaufenden Sitzungen war Maureen bereit, gewisse Ähnlichkeiten im Leben der drei Frauen anzuerkennen. Als sie zu einer verständnisvolleren, differenzierteren Sichtweise gelangt war, begann sie unter Anleitung der Therapeutin eine Reihe von Gesprächen mit Mutter und Schwiegermutter, die bewirkten, daß aus diesen kühl-distanzierten Beziehungen ein persönlicher, freundschaftlicher Kontakt wurde. Schließlich unterstützte und ermutigte ihre Mutter sie, und ihre Schwiegermutter hörte zumindest damit auf, sie zu kritisieren, und stellte Dan vor die Wahl, entweder »Ruhe zu geben oder zu verschwinden«.
Maureens letzter Widerstand gegen den Gedanken, die alleinige Verantwortung für ihre Söhne zu übernehmen, schmolz an dem Tag, als die Therapeutin ihr erzählte, daß die Mutter von General MacArthur stets von der einen Militärbasis, an der ihr Sohn stationiert war, zur nächsten umgezogen war, um in seiner Nähe zu leben. »Das überzeugt mich! Er ist der letzte, von dem man behaupten könnte, ein Muttersöhnchen zu sein.« Und sie beschloß, die Verantwortung für ihre Söhne zu übernehmen.

464

Übernahme der Verantwortung für die Familie:
Die Stärkung der Mutter-Kind-Beziehungen

Dann half die Therapeutin ihr dabei, durchsetzbare und altersgemäße Regeln für die Söhne aufzustellen und auf deren Einhaltung zu achten. Sie sollte darauf bestehen, daß ihr Ex-Mann einen festen Besuchsplan aufstellte und sich auch nach ihm richtete. Sie begann, mit ihren Söhnen über andere Dinge als nur ihre Fehler zu sprechen, und bat sie um Vorschläge, wie man die Lebensqualität in ihrer Familie verbessern könne. Und sie sagte ihnen, wann und wie sie ihr im Haushalt helfen sollten.

Es ist von größter Bedeutung zu warten, bis eine Mutter sich dem Umgang mit ihren Kindern gewachsen fühlt, ehe man ihr die Aufgabe erteilt, sie zu disziplinieren. Wenn sie sich nicht in der Lage oder dazu berechtigt fühlt, die Verantwortung zu tragen, sollte man sie nicht der Gefahr aussetzen zu versagen, oder sie in einen Machtkampf treiben, den sie sicherlich verlieren würde. Wenn sie der Verantwortung gewachsen ist, wird sie selbstverständlicher und weniger autoritär mit den Kindern umgehen.

Untersuchung der Beziehung
des Vaters zu seinen Kindern

Nachdem Maureen die alleinige Aufsicht über ihre Familie übernommen hatte und Kevins Symptome schwächer geworden waren, gab sie ihre Zustimmung, daß die Therapeutin Dan aufforderte, an ein paar Sitzungen, allein und mit den Söhnen, teilzunehmen. Man beachte, daß Maureens Ex-Mann erst dann in die Therapie mit einbezogen wurde, nachdem Maureen ihre neue Rolle als Familienoberhaupt beherrschte und die Symptome des Kindes abgeklungen waren. Dies schloß die Metabotschaft aus, der Vater sei herbeigerufen worden, um die Mutter zu »retten« oder an ihrer Stelle die Sache in die Hand zu nehmen, während es die Bedeutung unterstreicht, daß die Kinder auch zum Vater ein gutes Verhältnis haben. Und es ist weiter wichtig zu beachten, daß die zeitliche Koordination auch dann nicht anders gehandhabt worden wäre, wenn das Alkoholproblem das Verhältnis des Vaters zu seinen Söhnen nicht zusätzlich beeinträchtigt hätte.

Während dieser Sitzungen gab Dan zu, daß er oft mit den Kindern Streit anfing oder seine Ex-Frau schlechtmachte, wenn er zuviel getrunken hatte. Er bestritt jedoch, daß es ein ernsthaftes Problem sei, und weigerte sich, zu den Anonymen Alkoholikern zu gehen. Nach diesen Sitzungen konnten die Jungen besser einschätzen, welche Rolle der Alkohol bei den familiären Schwierigkeiten gespielt hatte; und später waren sie damit einverstanden, zu Al-Anon-Treffen zu gehen, um zu lernen, wie sie mit ihrem Vater umzugehen hatten, wenn er betrunken war.

Das Bejahen der Scheidung und die Weiterentwicklung

Maureen wurde angewiesen, nur dann mit ihrem Ex-Mann Kontakt aufzunehmen, wenn er aller Wahrscheinlichkeit nach nüchtern war, und sich auf keine Diskussion einzulassen, die er unter dem Einfluß von Alkohol anfangen würde. Sie wurde dazu ermuntert, sich nicht länger als »Scheidungsopfer« zu sehen und den Umstand zu akzeptieren, daß ihre Ehe nicht geklappt hatte und die Scheidung von Vorteil für sie war, auch wenn nicht sie selbst sie beantragt hatte. Sie lernte, das gespannte, konfliktreiche Verhältnis zu ihrem Mann zwar freundschaftlich, aber wesentlich distanzierter zu gestalten.

Die abschließende Phase der Behandlung befaßte sich mit Maureens Plan, wieder die Schule zu besuchen, mit ihren beruflichen Zielen und ihrem Wunsch, hin und wieder auszugehen. Da ihr diese Themen besonders am Herzen lagen, bildeten sie auch den Mittelpunkt der weiteren Gespräche mit Mitgliedern ihrer Herkunftsfamilie.

Folgerungen

In diesem Fall wurden die Erziehungsprobleme mit einem Jugendlichen aus einer Ein-Eltern-Familie als Chance genutzt, die Mutter über ihre durchaus vorhandene Kompetenz aufzuklären; die weitverbreitete Vorstellung zu korrigieren, alleinstehende Mütter könnten Jungen nicht zufriedenstellend erziehen; eine engere Bindung zwischen der Mutter und den älteren Frauen der Familie herzustellen, die an dem gleichen Mangel an Selbstwertgefühl leiden; und ihr zu helfen, die Position der »verlassenen Ehefrau« aufzugeben und eine neue Lebensspanne zu beginnen.

Die zeitliche Abfolge der Therapie war wichtig und sollte als allgemeine Richtlinie dienen: (1) die Mutter »aufbauen«, *bevor* man den Ex-Mann in die Therapie einbezieht; (2) die Mutter »aufbauen«, *bevor* man sie anweist, die Kinder, vor allem Heranwachsende, zu disziplinieren; (3) das Thema Erziehung im Vergleich zu der Eltern-Kind-Beziehung als zweitrangig betrachten, das heißt, sich mit allen Aspekten dieser Beziehung befassen und sie nicht nur als Übung in Hierarchie, Autorität und Stärke zu sehen, was auf keinen Fall dem weiblichen Stil entspricht, »Verantwortung zu tragen«; (4) besonderes Gewicht darauf legen, daß die Frau die emotionalen Probleme der Scheidung bewältigt und ein eigenes Leben entwickeln kann.

Fallbeispiel
Das Recht, Mutter zu sein

Peggy Papp

Der vorliegende Fall stellte für mich eine Erfahrung dar, die mein Bewußtsein wachrüttelte, denn er zwang mich dazu, einige meiner eigenen Vorurteile zu revidieren. In unserer Eigenschaft als Therapeuten sehen wir uns nur selten gefordert, jene Grundeinstellung näher ins Auge zu fassen, auf der unsere Arbeit aufbaut, auch wenn sie unser ganzes Tun beeinflußt, angefangen beim Zusammentragen von Informationen bis hin zur Art der Intervention. Wenn man mit einem festen Begriffssystem arbeitet, neigt man zu der trügerischen Annahme, einen strikt neutralen, vorurteilsfreien Standpunkt einzunehmen. Unsere Bewertungen und Urteile bleiben oft unbemerkt, weil viele von ihnen von den Familien, die wir behandeln, und unseren Kollegen geteilt werden. Und doch sind sie allgegenwärtig und beeinflussen jede Methode oder Technik. Erst wenn sie in irgendeiner Weise herausgefordert werden, sind wir gezwungen, uns mit ihnen auseinanderzusetzen.

Dieser Fall zeigt, wie sehr unsere Zeit im Umbruch ist, und enthält eine ethische wie auch eine therapeutische Entscheidung. Auch läßt sich an ihm ablesen, wie die von der Frauenbewegung hervorgebrachten Ideen das Denken von Klienten und Therapeuten gleichermaßen beeinflußt haben. Noch vor zehn oder fünfzehn Jahren wäre die hier getroffene Wahl gesellschaftlich nicht tragbar gewesen.

Die Darstellung des Problems: Kims Dilemma

Als Kim zum erstenmal von dem Plan sprach, ein Kind zu bekommen und es ohne Ehemann allein aufzuziehen, versuchte ich, ihr dies auszureden. Während der Monate, in denen sie zu mir kam, hatten wir viele Themen eingehend besprochen; eines davon waren ihre unbefriedigenden Beziehungen zu Männern. Vorrangig hatte sie mich wegen ihrer Schwierigkeiten mit ihrem derzeitigen Partner aufgesucht. Sie hatte soeben einen Schwangerschaftsabbruch hinter sich, weil der Mann keine feste Bindung mit ihr eingehen wollte. Dies führte zu einer Reihe von Konflikten zwischen ihnen, und ich hielt einige Sitzungen mit beiden gemeinsam ab. Es war klar zu erkennen, daß der Mann bei weitem nicht soviel wie Kim in die Beziehung investierte, und schon bald darauf trennten sie sich.

Im Verlauf des nächsten Jahres lernte Kim mehrere Männer kennen, doch jedesmal endete die Beziehung mit Enttäuschung und Frustration. Sie wußte nicht, ob es nun daran lag, daß für eine Frau von neununddreißig Jahren kein »annehmbarer« Mann zur Verfügung stand oder daß ihre Erwartungen unrealistisch waren; jedenfalls klappte es mit keiner der Partnerschaften. Jedesmal, wenn sie in Schwierigkeiten geriet, versuchte ich ihr zu helfen, anders mit der Situation umzugehen und alles das zu verändern, was sie zu den Unstimmigkeiten beitrug. Dauerte die Beziehung lange genug, kam sie auch mit dem Mann gemeinsam zu mir, doch irgendwann brach die Beziehung stets ab.

Während dieser Zeit befaßten wir uns auch mit anderen Problemen ihres Lebens, was zu vielen positiven Veränderungen führte. Sie verstand es, sich von den emotionalen Belastungen seitens ihrer großen Familie zu befreien und gewisse Grenzen zu ziehen. Sie lernte, bei der Arbeit besonders auf ihre eigenen Belange zu achten und berufliche Fortschritte zu machen. Sie verfiel nicht mehr über längere Zeit in depressive Phasen, und ganz allgemein gab es in ihrem Leben weniger Konflikte und Unordnung. Aber noch immer hatte sie es nicht geschafft, eine befriedigende Beziehung mit einem Mann zuwege zu bringen. Zu jener Zeit war ich mir noch nicht bewußt, daß dies mehr mein Ziel für sie war als ihr eigenes.

Eines Tages sagte sie zu mir: »Also, es ist so: Ich möchte gern ein Kind haben, und ich bin zu dem Schluß gekommen, daß ich das ohne Ehemann bewerkstelligen muß. Ich bin jetzt neununddreißig. Ich kann nicht solange warten, bis ich mit einem Mann eine gute Partnerschaft aufbaue. Wer weiß, wann das der Fall ist, wenn es überhaupt jemals dazu kommt. Vielleicht ist es mir aus irgendwelchen Gründen einfach nicht bestimmt. Ich kann es nicht dem Zufall überlassen. Ich möchte ein Kind. Ich glaube, daß das mein Leben ungeheuer bereichern wird.

Ich kenne alle Gründe, die dagegensprechen. Alle meine Freunde und Kollegen halten mich für verrückt. Sie sagen zum Beispiel: ›Du wirst dich viel zu sehr auf das Kind konzentrieren, und es wird schizophren.‹ ›Das Ganze wird dir über den Kopf wachsen, und du nimmst das dann dem Kind übel.‹ ›Ein Kind braucht eine Vaterfigur.‹ ›Wenn es ein Junge ist, wird er bestimmt homosexuell.‹ Oder sie geben Ihnen die Schuld. Zum Beispiel sagen sie: ›Wie lange bist du schon in Therapie bei Peggy? Was hat sie eigentlich die ganze Zeit mit dir gemacht? Vielleicht solltest du die Therapeutin wechseln.‹

Und all diese negativen Äußerungen dringen zu mir und erschüttern mein Selbstvertrauen. Vielleicht ist es krankhaft. Vielleicht ist es ein Anzeichen dafür, daß ich verrückt bin. Ein Psychiater, bei dem ich vor Jahren in Behandlung war, sagte mir, ich sollte aufgrund meiner Geschichte besser kein Kind haben. (Kim hatte ihre Mutter als abhängig und nachlässig erlebt und ihren Vater als passiv und schwach. Als sie vier Jahre alt war, kam ihre Schwester auf die Welt, und Kim wurde ihre Ersatzmutter. Sie erlebte das Gefühl, daß man sie brauchte, und diese neue Aufgabe gab ihrem Leben einen Sinn.)

Aber andererseits rät mir eine innere Stimme, auf keinen von ihnen zu hören, und daß es richtig für mich ist. Keine weiß, was für eine Mutter sie einmal sein wird. Ich meine, daß ich die gleiche Chance habe wie jede andere Frau auch. Ich mußte in meinem Leben schon mit einigen anderen Schwierigkeiten fertigwerden, und warum sollte ich das in diesem Fall nicht auch schaffen? Was denken Sie?«

Die Untersuchung einer rigorosen Entscheidung

Ja, was dachte ich? Bei unserer gemeinsamen Arbeit hatte ich sie darin unterstützt, ihrem eigenen Urteil zu trauen und ihre eigenen Entscheidungen zu treffen, aber ich war nicht darauf vorbereitet, in welche Richtung sich nun alles entwickelte. Sie hatte dieses Problem bereits früher angesprochen, doch niemals mit solcher Bestimmtheit und Eloquenz. In der Vergangenheit hatte ich trotz meines Bemühens, neutral zu bleiben, versucht, ihr davon abzuraten, indem ich jene alltäglichen Schwierigkeiten ins Feld führte, die dagegensprachen. Wo sollte das Geld für das Kind herkommen, da doch ihr derzeitiges Gehalt gerade für sie selbst reichte? Und woher wollte sie die Zeit nehmen, sich um das Kind zu kümmern? Wie würde sie das Problem mit den Babysittern und die Wohnungsfrage lösen? War sie sich bewußt, welches Maß an Verantwortung ein

Kind bedeutete? Und würde ein Kind ihre Kontakte zu anderen Leuten nicht drastisch einschränken und damit ihre Chancen, jemals eine enge Beziehung mit einem Mann zu haben, weiter verringern?

Jede dieser Fragen hatte sie auf eine Art beantwortet, die erkennen ließ, daß sie ausgiebig über den Plan nachgedacht hatte. Sie war sich bewußt, daß sie große Kompromisse würde eingehen müssen und daß es nicht leicht sein würde, fand aber, das alles würde sich am Ende auszahlen.

Abgesehen von diesen ganz konkreten Faktoren, hatte ich noch andere Bedenken, die ich mit ihr erörterte. Wiederholte sie nicht ein früheres Verhaltensmuster, insofern, daß sie sich selbst retten wollte, indem sie für ein Kind sorgte? Sie sagte, daran habe sie selbst gedacht, setzte jedoch hinzu: »Vielleicht kann ich das, was ich bei der Betreuung meiner Schwester lernen mußte, noch gut gebrauchen. Es muß nicht alles schlecht sein. Vielleicht nutzt es dem Kind. Glauben Sie wirklich, daß man im voraus sagen kann, ob jemand eine gute Mutter sein wird?«

Gegen die eigenen traditionellen Vorstellungen

Als ich mich mit dieser Frage konfrontiert sah, war ich gezwungen, meine Vorstellungen von Ehe, Mutterschaft und den Voraussetzungen für eine glückliche Familie neu zu überdenken. Dabei wurde mir bewußt, daß eine meiner Grundannahmen auf der bekannten Volksweisheit basiert hatte: »Liebe – Hochzeit – Kinderwagen: so hieß es schon in alten Tagen!«* Meine uneingestandene Absicht war, Kim bei der Bewältigung ihrer wie immer gearteten Probleme mit Männern zu helfen, damit sie im Rahmen einer finanziell abgesicherten und emotional tragfähigen Ehe ein zufriedenes Leben führen und Kinder aufziehen könnte.

Meine erste Reaktion auf die Herausforderung, vor die sie mich stellte, glich der einer guten Mutter: Ich überlegte, was ich bei meiner Therapie falsch gemacht hatte. Meine zweite Reaktion war, die Richtigkeit der konventionellen Grundeinstellung anzuzweifeln, von der ich bei meiner Arbeit ausgegangen war, nämlich daß eine

---

* »First comes love, and then comes marriage, and then comes Mary with a baby carriage.« (Anm. d. Ü.)

längerwährende, intensive Beziehung mit einem Mann ein Zeichen emotionaler Reife und einer starken Persönlichkeit sei. Warum sah man diese Möglichkeit als die einzig richtige an? Wenn die Ehe die Bedürfnisse vieler Frauen erfüllte – warum folgerte ich daraus, daß Kims Abneigung gegen die Ehe auf mein Versagen als Therapeutin zurückzuführen war, ein persönliches Problem zu lösen? Indem ich sie in dieses traditionelle Schema zu pressen versuchte, beraubte ich sie möglicherweise ihrer höchsteigenen Lösung des Problems. Auch wenn es schwierig war, ein Kind allein aufzuziehen, würde dies Kim zweifellos psychisch weniger belasten als der Versuch, dies in einer unglücklichen, konfliktreichen Beziehung zu tun.

Und was die Schwierigkeit betraf, ein Kind ohne Vater großzuziehen – waren nicht viele Kinder seit der Entstehung der Menschheit auf diese Weise aufgezogen worden? Das, was wir als das Syndrom des fehlenden Vaters bezeichnen, ist kein Phänomen neueren Datums, sondern hat eine lange Tradition, ausgelöst durch die verschiedensten Ursachen wie Krieg, Reisen, Arbeit und Scheidung. Und trotz der vielen gesellschaftlichen Veränderungen, die mittlerweile stattgefunden haben, ist es bis heute eher die Regel als die Ausnahme.

Dann dachte ich an all die äußerlich intakten Familien, denen ich täglich in meiner Praxis begegnete, und ihre schwer gestörten Kinder. Ganz gewiß war der Umstand, daß ein Kind in eine traditionelle Familie hineingeboren wurde, noch keine Garantie für das Glück und die Gesundheit dieses Kindes.

Eine unkonventionelle Entscheidung

Als Kim in der nächsten Sitzung die Frage erneut anschnitt, gab ich ihr zur Antwort: »Sie haben mich davon überzeugt, daß es richtig ist, wenn Sie Ihr Projekt verwirklichen. Lassen Sie uns gemeinsam überlegen, wie es am besten in die Tat umzusetzen ist.« Dann half ich ihr dabei, die unweigerlich auf sie zukommenden Probleme bereits jetzt zu erkennen und konkrete Pläne zu entwerfen, um sie zu bewältigen.

Ein halbes Jahr später ließ sie durch einen Rechtsanwalt die notwendigen Schritte zur Adoption eines Neugeborenen in die Wege leiten. Es war ein Junge, und sie nannte ihn Jonathan. Er war eine Frühgeburt, wog nur vier Pfund und lag eine Woche im Brutkasten.

Sie hatte die Möglichkeit, von der Adoption zurückzutreten, aber sie blieb bei ihrem Entschluß. Obwohl es zu Beginn ein paar gesundheitliche Probleme gab, entwickelte sich das Kind prächtig.

Jonathan ist jetzt fünf Jahre alt. Kim bringt ihn so oft wie möglich mit zu mir. Er ist ein reizendes, liebenswertes Kind, wenn auch sehr lebhaft und nicht leicht zu bändigen. Kim hat einige schwierige Phasen durchgemacht, in denen sie gleichzeitig mit ihrem Berufsleben zurechtkommen, Babysitter organisieren, sich um die Finanzen kümmern und ihren gesellschaftlichen Umgang auf ein Minimum beschränken mußte. Zeitweise fühlte sie sich überlastet und fand Jonathans ständige Forderungen anstrengend – genau wie es jeder anderen Frau bei ihrer ersten Mutterschaft ergehen würde. Andererseits hat ihr die Tatsache, Jonathans Mutter zu sein, auch schon viel Freude und Vergnügen bereitet, und sie erklärt, daß ihr Leben nun sehr viel ausgefüllter sei. Auch wenn einmal nicht alles reibungslos läuft, hat sie ihre Entscheidung nie bereut – noch habe ich je bereut, sie darin unterstützt zu haben.

Zusammenfassung

Heutzutage haben Therapeuten es bei ihren Beratungen nur selten mit dem Idealfall zu tun, daß ein Elternpaar harmonisch zusammenlebt und zu gleichen Teilen die Verantwortung für die Erziehung der Kinder übernimmt. Wir sind vielmehr aufgerufen, Entscheidungen zu fällen, die Abweichungen von dieser »Norm« betreffen, die möglichen Alternativen gegeneinander abzuwägen und die besten Kompromisse zu finden. Als ich in dem oben beschriebenen Fall erkannte, daß meine traditionellen Ziele und Erwartungen nicht mit denjenigen meiner Patientin übereinstimmten, traf ich die Entscheidung, sie in ihrem unkonventionellen Entschluß zu bestärken. Hätte ich weiterhin versucht, sie von diesem Entschluß abzubringen, hätte ich ihr eigenes intuitives Verständnis dessen, was das Richtige für sie war, erschüttert.

In Zukunft werden sich Therapeuten zwangsläufig mit komplexen Situationen konfrontiert sehen, die durch weitaus größere Abweichungen von der Norm gekennzeichnet sind, wie zum Beispiel die Existenz von Retortenbabys, Leihmüttern und die unübersehbaren Folgen der Gentechnologie. Wenn wir unseren Klienten helfen wollen, mit diesen extremen technologischen Veränderungen

und den daraus resultierenden ethischen Entscheidungen fertigzuwerden, müssen wir unsere Denkweise von Grund auf ändern und
unsere traditionellen Wertvorstellungen durch die erweiterten
Möglichkeiten eines neuen Zeitalters ergänzen.

Fallbeispiel

Ist es meine Schuld?

Olga Silverstein

Eine Frau, der man von klein auf beigebracht hat, die Verantwortung für die emotionalen Belange innerhalb einer Familie zu tragen, hat gelernt, die Schuld auf sich zu nehmen, wann immer etwas schiefgeht. Daher überrascht es nicht, daß sie, wenn nicht alles reibungslos verläuft, um so mehr bemüht ist, alles »richtig« zu machen. Wenn zu den speziellen Verhaltensgrundsätzen ihres Elternhauses noch die kulturellen Zwänge hinzukommen, befindet sie sich in einer doppelt schwierigen Situation. Dies war bei Marcia der Fall.

Das Problem

Marcia bat mich um Hilfe wegen ihres siebzehnjährigen Sohnes Adam. Sie machte sich Sorgen, weil er und sein Vater an den Wochenenden, die sie miteinander verbrachten, häufig tätliche Auseinandersetzungen hatten. »Ich weiß nicht mehr, was ich tun soll«, sagte sie unter Tränen am Telefon zu mir, »Adam wird langsam erwachsen, und ich habe wirklich Angst, daß sie sich gegenseitig etwas antun.«

Das erste Gespräch

Marcia war eine recht attraktive, jedoch nervös wirkende Frau von siebenunddreißig Jahren, Adam ein ziemlich blasser, schüchterner Siebzehnjähriger – etwas übergewichtig, weich und gehemmt.
Ich beobachtete, wie sie beide darauf warteten, daß der andere zuerst Platz nahm. Schließlich setzte Adam sich, und Marcia nahm den Stuhl neben ihm. Sie warf mir einen schnellen Blick zu und rückte dann etwas zur Seite. Entweder macht sie eine Therapie, dachte ich, oder jemand hat ihr gesagt, daß sie zu sehr »an ihm klebt«.

Therapeutin: Okay, sitzen Sie bequem? Gut – dann erzählen Sie mir doch ganz einfach, weshalb Sie hier sind.

Marcia: Also, wegen Adam und seinem Vater – sie haben diese furchtbaren Streitereien angefangen. Letztes Wochenende mußte ich die Polizei rufen. Es war schrecklich.

Therapeutin: Sie haben die Polizei gerufen? Wieso das? Wo waren Sie denn?

Marcia: Ich war zu Hause, aber David rief mich an:»Du kommst besser her, hier gerät was außer Kontrolle.« Das passiert jetzt fast jedesmal, wenn Adam dort ist.

Therapeutin: Wie oft ist das?

Marcia: Jedes zweite Wochenende. Aber als ich diesmal dort ankam –

Therapeutin: Einen Moment. Die beiden rufen Sie jedesmal an, und Sie gehen jedesmal hin?

Marcia: Na ja, nicht jedesmal, aber meistens, und ich bin es langsam leid. Ich kann in der Zwischenzeit ja nichts unternehmen. Ich muß in der Nähe des Telefons bleiben, falls sie anrufen. Jedenfalls, als ich diesmal dort ankam, konnte ich schon unten den Lärm hören. Sie schrien sich gegenseitig an und warfen mit Gegenständen. Ich rief die Polizei. Ich war in Panik und fühlte mich ganz entsetzlich. Die Polizei!!

Adam: Du hättest es ja nicht zu tun brauchen.

Marcia: Ich wußte doch nicht, ob ihr euch nicht gegenseitig umbringen würdet.

Therapeutin: Um wen hatten Sie am meisten Angst?

Marcia: Um beide. Um David, glaube ich – oder Adam – ich weiß nicht.

Therapeutin: Okay, schauen wir mal ein bißchen zurück. Wie lange geht das schon so?

Die Geschichte des Problems

David und Marcia ließen sich scheiden, als Adam sechs Jahre alt war. Es sei eine Ehe ohne Höhen und Tiefen gewesen, berichtete Marcia – keine romantische Liebesgeschichte, auch vor der Hochzeit nicht. »David wohnte nebenan, und wir saßen immer zusammen auf dem Dach und unterhielten uns. David war unglücklich, und ich nehme an, daß ich ihn aufgemuntert habe.« Als Adam geboren wurde, verfiel David in eine schwere Depression. Er lag ein halbes Jahr im Bett und ging über ein Jahr lang nicht zur Arbeit. Er habe sich nie wieder richtig erholt, sagte Marcia, aber schließlich »hielt ich es nicht mehr aus und bat ihn um die Scheidung«. Sie zog mit Adam zu ihrem Vater.

»Ich freute mich immer auf die Wochenenden, an denen Adam bei David war«, sagte Marcia, »weil mein Vater alt und ein wenig reizbar wurde und ich Adam nicht immer ruhighalten konnte. Er war ja noch ein kleiner Junge.«

Marcias Vater starb vor einem Jahr, und sie fing an, sich auf jedes zweite Wochenende zu freuen, an dem sie endlich einmal etwas Zeit für sich haben würde. Aber vor einem halben Jahr verlor David seinen Arbeitsplatz und wurde erneut depressiv. Von da an kam es bei den Streitigkeiten zum Einsatz physischer Gewalt – die Anrufe bei Marcia häuften sich; das Ganze gipfelte in dem Anruf bei der Polizei, und schließlich wandte Marcia sich mit der Bitte um Hilfe an das Institut.

Es ist nichts Ungewöhnliches daran, von einer Frau zu erwarten, daß sie die Beziehungen innerhalb einer Familie verbessert, besonders das Verhältnis zwischen einem Vater und seinen Kindern. Im obigen Fall ist diese Erwartung, ja, die Forderung von seiten des Ex-Mannes und des Sohnes ganz offensichtlich. Daß Frauen in dem Ausmaß auf die Forderungen eingehen, wie Marcia es tut, wird häufig als ihr pathologisches Bedürfnis gewertet, zu dienen, zu herrschen oder Mittelpunkt zu bleiben. Es sind viele – zu viele – herabsetzende Formulierungen für ein derartiges Verhalten möglich. Da Marcia gewillt ist, Verantwortung zu übernehmen, wird sie sich in der Therapie mit einem solchen Etikett nach außen hin abfinden und sich erst recht darum bemühen, das »Richtige« zu tun.

Die Familiengeschichte

Marcias Mutter starb, als Marcia drei Jahre alt war, nach einer langen, schweren Krankheit. Ihre Großmutter mütterlicherseits zog danach zu ihnen. »Mein Vater wurde nicht damit fertig«, sagte Marcia. »Mein Bruder war sechs Jahre alt. Er war nicht wie Adam. Er war wild. Jedenfalls kam mein Vater mit alldem nicht zurecht. Ich glaube nicht, daß meine Großmutter gern bei uns war, aber was sollte sie machen?«

Therapeutin: Ihre Großmutter muß sehr traurig gewesen sein. Immerhin hatte sie ihre einzige Tochter verloren.
Marcia: Wahrscheinlich. Ich weiß nicht. Sie hatte alle Hände voll zu tun. Mein Vater war sehr deprimiert, es war nicht viel mit ihm anzufangen. Er ging zur Arbeit, das war aber auch alles.
Therapeutin: Und Sie – wie sind Sie damit zurechtgekommen?
Marcia: Ich weiß nicht. Ich glaube, ich war ein sehr braves Kind. Aber das spielte sowieso keine Rolle. Mein Bruder war der einzige, der meinen Vater zum Lachen bringen konnte. Als meine Großmutter starb und mein Bruder nach Denver gezogen war, ging ich mit Adam wieder nach Hause zurück, weil Daddy mich brauchte.
Therapeutin: Damit brachten Sie ihm ja auch einen neuen Sohn. Ist es Ihnen schließlich gelungen, ihn glücklich zu machen?
Marcia: Nein, ich glaube nicht. Mein Vater war damals schon ein bißchen verschroben, und Adam war so jung; also verbrachte ich viel Zeit damit, Adam ruhigzuhalten.

In Marcias Fall wurde die geschlechtsbezogene Sozialisation noch durch ihre persönliche Familiengeschichte verstärkt. Sie war so sehr mit ihrer Rolle verwachsen, daß sie ständig in Sorge war und sich für die Beziehungen aller Familienmitglieder untereinander verantwortlich fühlte. In besonderem Maße wachte sie über die Männer in ihrer Familie und deren Verhältnis zueinander. Rollenerwartungen werden sozusagen durch Osmose gelernt, man nimmt sie meist unmerklich auf. In Marcias Fall aber bewirkten die Selbstaufopferung der Großmutter, der schwierige, unzugängliche Vater und ihr depressiver, unselbständiger Ex-Mann, daß sie ein übermäßiges Verantwortungsgefühl für jedes männliche Wesen im einzelnen und deren Verhältnis untereinander entwickelte.

Die Therapie

Ich bat Marcia und Adam, David zu fragen, ob er zur nächsten Sitzung mitkommen wolle. Normalerweise beziehe ich nicht unbedingt einen geschiedenen Vater in die Therapie mit ein, wenn eine Mutter um Hilfe für sich und/oder ihre Kinder bittet. In diesem Fall aber mußte man das Problem von einer Dreiecksposition aus sehen. Vater und Sohn haben Streit, und die Mutter übernimmt die Verantwortung, also schien Vaters Anwesenheit nur logisch.

David freute sich, an der Therapie teilnehmen zu können; er kam bereitwillig und war sehr interessiert. Seine Sorge um Adam schien echt.

Therapeutin: Sie wissen, daß ich mit Marcia und Adam gesprochen habe. Ich wüßte gern, was Sie über die Vorgänge denken.

David: Ich bin besorgt wegen Adam. Er hat keine Freunde – ewig hängt er bei seiner Mutter herum – oder jedes zweite Wochenende bei mir. Verstehen Sie mich nicht falsch. Ich freue mich, wenn er da ist. Ich weiß nicht, was ich täte, wenn er in Zukunft keine Lust mehr hätte zu kommen.

Marcia: Das wird aber demnächst der Fall sein – er muß schließlich auch einmal erwachsen werden.

David: Na ja, klar. Was ich sagen wollte, war, daß er jetzt schon nicht mehr sollte. Lust dazu haben, meine ich. Ich will, daß er kommt, aber er sollte nicht mehr wollen. Und dann seine Schularbeiten – die sind nicht gut, überhaupt nicht. Also versuche ich, ihn dazu zu bringen, daß er seine Hausaufgaben bei mir macht, dann wird er sauer, und ich werde auch sauer.

Therapeutin: So, und wie kommt Marcia nun ins Spiel?

David: Sie ist mittendrin. Ich sage zu Adam:»Ich rufe deine Mutter an und lasse mir deine Zensuren sagen«, und damit fängt der Streit an. Sie sagt mir nie seine Noten.

Marcia: Warum sollte ich? Warst du schon mal in der Schule? Ich bin diejenige, die zu jeder Besprechung geht. Ich spreche mit dem Direktor. Ich mache alles, und du . . .

Therapeutin: Wie alt bist du, Adam?

Adam *(leise)*: Siebzehn.

Therapeutin *(zu Adam)*: Wenn du mal anfängst, deine Angelegenheiten selbst zu regeln, was passiert dann mit den beiden hier? Worüber sollen sie dann reden?

Marcia: Wir haben davon gesprochen, daß Adam diesen Sommer eine Reise macht, aber Adam hat sich aufgeregt und gefragt:»Was passiert mit meinem Vater, wenn ich sechs Wochen lang weg bin?« Ich hatte vor, während Adams Abwesenheit selbst wegzufahren.

Therapeutin: Und was würde passieren?

Marcia: Ich weiß nicht. *(Wendet sich an David)* Wärst du deprimiert? *(David antwortet nicht, blickt aber traurig drein)*.

479

Marcia *(zu Adam)*: Du könntest ja statt dessen wieder ins Feriencamp fahren. Dann könnte er dich besuchen.

Therapeutin: Sie sind immer noch sehr damit beschäftigt, auf David aufzupassen. Wann war Ihre Scheidung?

Marcia: Vor elf Jahren. Ich weiß auch nicht, was ich machen soll. Wenn Adam weggeht, muß ich dann zu Hause bleiben?

Therapeutin: Ich glaube schon, wenn Sie die Lebensaufgabe übernommen haben, für David zu sorgen. Für Sie beide – Sie und Adam – stehen die Dinge nicht so schlecht. Das kriegen Sie schon hin. Aber wenn Adam erst einmal erwachsen ist, heiratet und ein eigenes Leben führt, dann wird es schwieriger. Doch das schaffen Sie schon.

Marcia: Nein, das möchte ich doch gar nicht. Warum sollte ich das wollen? *(Beginnt zu weinen)* Ich möchte nur, daß David sich um sich selbst kümmert und mir vielleicht dabei hilft, auf Adam aufzupassen. Er beschwert sich nur über ihn, sonst tut er gar nichts. Es hängt mir zum Hals heraus, alles alleine zu machen.

Therapeutin: Und was wäre, wenn Sie damit aufhörten? Glauben Sie, die beiden könnten sich nicht um sich selbst kümmern?

Marcia: Ehrlich gesagt, nein.

Therapeutin: Vielleicht haben Sie recht, aber Sie kümmern sich ja *auch* nicht sehr gut um sich selbst.

Marcia: Wie meinen Sie das? Ich kümmere mich um alles – um jeden.

Therapeutin: Das stimmt. Um jeden außer um sich selbst.

Eine feministische Sichtweise

Alle Therapeuten – Individualpsychologen, Systemtherapeuten und so weiter – würden darin übereinstimmen, daß Marcia ein übertriebenes Verantwortungsgefühl hat. Ebenso klar ist, daß ihre allzu hilfsbereite Einmischung niemandem hilft. Da ihr Verhalten nur eine leichte Übertreibung jenes Verhaltens der Frau ist, das wir am häufigsten in Familien antreffen, gibt es eine Reihe therapeutischer Strategien, um Marcia zu behandeln. Ein auf individualpsychodynamischer Grundlage arbeitender Therapeut würde vielleicht versuchen, sie von »ihrem narzißtischen Bedürfnis« zu befreien, der Mittelpunkt im Leben ihres Sohnes zu bleiben. Angesichts der allgemeinen kulturellen Erfahrungswerte ist es schwierig, ihr nicht die Schuld zu geben an der Hilflosigkeit des Ex-Ehemannes und vor allem ihres Sohnes. Auch der verständnisvollste Therapeut würde ihr wahrscheinlich raten, sich zurückzuhalten und die beiden in Ruhe zu lassen. Auf die Formulierung dieser Aufforderung kommt es dabei nicht an. Die versteckte Botschaft würde sie genau verstehen:»Es ist Ihre Schuld. Ihr Verhalten ist für ihre Schwierigkeiten verantwortlich.« Da diese Botschaft mit ihrer Überzeugung übereinstimmt, wird sie daraufhin ihre Bemühungen, alles richtig zu machen, nur noch verstärken.

Damit sie ihr Selbstwertgefühl bewahren kann, ist es wichtig, sie in den Bemühungen um ihren Sohn und ihren Ex-Mann zu bestätigen. Dann kann man ihr dabei helfen, daß sie für sich selbst ebenfalls Verantwortung übernimmt.

David bat darum, auch an der folgenden Sitzung teilnehmen zu dürfen, und Marcia und Adam waren einverstanden.

David: Ich habe zehn Jahre dazu gebraucht, aber jetzt war ich in der Schule und habe mit dem Direktor gesprochen. Es ging gut. Ich fühlte mich gut.

Therapeutin: Höre ich recht? Sind das gute Nachrichten für Marcia? Seien Sie vorsichtig, es könnte sie frei machen.

David: Frei wozu?

Therapeutin: An sich selbst zu denken.

David: Nein, nein, ich habe nicht gesagt, daß ich alles selber machen kann – nein.

Therapeutin (zu Adam): Bist du frei?

Adam: Meinen Sie damit, daß ich mein eigenes Leben leben und mich nicht mehr um meine Eltern kümmern soll?

Therapeutin: Das natürlich nicht. Du wirst dich immer um sie kümmern, aber auf jemanden aufpassen ist nicht dasselbe wie sich um jemanden kümmern.

Marcia: Er sollte sich um uns kümmern, oder?

Therapeutin: Natürlich. Aber er sollte sich auch um sich selbst kümmern. Aber ich stelle mir gerade vor, was das heißt bei einer Mutter, die daran gewöhnt ist, auf jeden anderen, nur nicht auf sich selbst aufzupassen. Sie passen mir ein bißchen zu sehr auf diese beiden auf.

Marcia: Das erwarten sie von mir.

Therapeutin (lachend): Das erklärt alles. Was würde ihnen Ihrer

Ansicht nach passieren, wenn Sie ein bißchen weniger in dieser Hinsicht täten?

Marcia: Ich weiß nicht. Sie lassen mir keine Ruhe. Adam kommt nach Hause und erzählt mir, daß David deprimiert ist, daß er einsam ist. Er hat keine Freunde. David ruft mich an und erzählt mir, daß Adam dies oder jenes getan hat. Ich weiß nicht, was ich machen soll *(beginnt erneut zu weinen)*.

Therapeutin: Es ist sehr schwer, Marcia. Es ist immer schwer für eine Frau. Man hat uns beigebracht, daß wir für andere Menschen zu sorgen haben, besonders für die Männer. Für Sie ist es doppelt schwer. Sie hatten keine Mutter, die Ihnen hätte beibringen können, auch für sich selbst zu sorgen. Ich will Ihnen etwas sagen. Gehen wir es langsam an. Sehen wir erst einmal, ob Sie anfangen können, sich um sich selbst zu kümmern, bevor Sie damit aufhören, sich um die beiden zu kümmern. Also, was würden Sie gern an den Wochenenden unternehmen, wenn Adam bei seinem Vater ist?

Marcia: Ich wollte immer gern weggehen, aber ich habe Angst –

Therapeutin: Es ist Ihnen doch klar: wenn die beiden aufeinander losgehen – was ich bezweifle –, können Sie sie nicht aufhalten. Also, wohin würden Sie gern gehen?

Im Mittelpunkt der Therapie stand Marcias Lernprozeß, sich um sich selbst zu kümmern. Deshalb war sie natürlich nicht immer zur Stelle, um für die beiden anderen zu sorgen. Jedenfalls nicht im gleichen Maß wie vorher. Da sie mit ihrem Leben zufriedener war, erwartete sie weniger von Adam. Als Adam öfter allein und mehr auf sich gestellt war, bemühte er sich, Freunde zu finden, schloß sich einem Baseball-Team an, und auch in der Schule klappte es besser. David stieg aus der Therapie aus, und da Adams Verhalten sich besserte, besserte sich auch ihr Verhältnis zueinander.

In den beiden letzten Sitzungen kam Marcia allein. Wir sprachen darüber, was sie für den Fall vorhatte, daß Adam wegging, um die weiterführende Schule zu besuchen. Sie sagte, sie würde gern jemanden kennenlernen, »aber ich fürchte, ich würde schnell wieder zum Hausmütterchen«, gestand sie. »Nun«, sagte ich zu ihr, »leicht wäre es sicher nicht. Wahrscheinlich müssen Sie einfach für irgendwen und irgendwas sorgen, aber das macht ja nichts. Es ist schließlich ein schöner Aspekt des Frau-Seins. Solange Sie sich auch um sich selbst kümmern.«

Schlußbetrachtung: Die Definition des Problems

Alle erfahrenen TherapeutInnen wissen, daß man ein Problem auf unterschiedliche Weise definieren kann. In dieser Familie könnte man es als das einer überfunktionierenden Mutter und eines unterfunktionierenden Vaters definieren. Dementsprechend müßte eine Therapie darauf abzielen, ihre Rolle einzuschränken und seine Rolle auszubauen. Man könnte die Streitigkeiten zwischen Vater und Sohn als den Versuch werten, Marcias Verbindung zu ihrem Ex-Mann nicht abreißen zu lassen. Dann müßte man logischerweise den Sohn ausklammern und versuchen, mit dem Paar gemeinsam auf eine Trennung hinzuarbeiten. Man könnte das Problem als Marcias unbewältigten Schmerz über den frühen Verlust der Mutter ansehen, der bei ihr ganz generell Trennungsprobleme verursacht hat. Oder man könnte auf eher historischer Grundlage arbeiten und ihr raten, sich mehr mit ihrer Herkunftsfamilie zu befassen.

Dies sind nur einige der gebräuchlichsten Deutungen. Doch wie vorsichtig und freundlich sie auch formuliert sein mögen, alle bestärken Marcia in ihrer Annahme, daß letztlich sie daran schuld sei, wenn etwas schiefgeht, und daß sie es wieder geradebiegen müsse. Nimmt man die Bereitschaft der Frauen, stets die Schuld auf sich zu nehmen, als gegeben hin, dann wird die Therapie an dem bestehenden Problem nichts ändern.

Es ist verständlich, daß Therapien, die in einem Gesellschaftssystem verankert sind, für das der Individualismus den höchsten Stellenwert hat, den Akzent auf Differenzierung und Selbstverantwortung legen. Die Erkenntnis, daß diese Definitionen in direktem Gegensatz zur Sozialisation von Frauen stehen, hat in der Familientherapie noch nicht Einzug gehalten.

Feministische Familientherapie bejaht, bestätigt und schätzt die kulturell gestützte Familienrolle der Frauen als Erzieherinnen, Fürsprecherinnen und Beschützerinnen. Indem sie aber die Familie dazu bringt, die spezifischen Bedürfnisse der Frau anzuerkennen und ihnen ihren eigenen, legitimen Stellenwert einzuräumen, sorgt sie für einen grundlegenden Wandel in der Struktur der Familie.

8

Familien von Wiederverheirateten: Der Entwurf eines neuen Modells

Betty Carter

Der Mythos Ehe

Das Vertrauen der Amerikaner in die traditionelle Form von Ehe und Familie als ideale Voraussetzung für ein gelungenes Leben ist anscheinend unerschütterlich; als die steigende Scheidungsrate dieses Ideal bedrohte, beantworteten sie dies mit der mittlerweile weitverbreiteten Ansicht, daß zweite Ehen im allgemeinen harmonischer verlaufen als die ersten. Diese Ansicht, die sich im übrigen auf keine Statistik stützen kann, erlaubt es, die vielen gescheiterten Ehen lediglich als eine Art Probedurchgang zu werten; vermeidet man im zweiten Anlauf die bisher gemachten Fehler, scheint dem langgehegten Traum vom glücklichen Leben »bis ans Ende aller Tage« nichts mehr im Wege zu stehen. Diese Meinung hindert uns daran, die ökonomischen, sozialen und politischen Ursachen der weitverbreiteten Instabilität der Ehe in unserem Kulturkreis zu untersuchen; statt dessen halten wir unseren Traum von Ehe- und Familienglück aufrecht, indem wir einzelne Personen für das Problem verantwortlich machen, obwohl es sinnvoller wäre, die entscheidenden Mängel des Originalmodells und des gesellschaftlichen Kontexts zu erfassen und zu ändern. Nach dieser Auffassung, die meiner Meinung nach in unserer Gesellschaft vorherrscht, brauchen Familien von Wiederverheirateten nur ein paar Korrekturen vorzunehmen, und sie gleichen den ersten Familien aufs Haar. Es ist, als ob die »kaputte Familie« einfach »gekittet« werden könnte und müßte, und das Leben in der wiederhergestellten Familie unserer Träume würde seinen geordneten Gang gehen.

In Wirklichkeit liegt nach Angaben des *US Census Bureau* die Scheidungsrate bei Zwei-Ehen höher als bei Erst-Ehen: 49 Prozent (gegenüber 47,5 Prozent), und bei Ehepaaren zwischen Dreißig und Vierzig wird sie bis 1990 vermutlich auf über 60 Prozent steigen (Glick, 1984). Auch ist die Ehe schneller beendet – nach durchschnittlich vier Jahren, gegenüber sieben Jahren bei ersten Ehen.

Dieser traurige Rekord scheint jedoch nicht viele Leute abzuschrecken, denn das *US Census Bureau* gibt auch an, daß 65 Prozent der geschiedenen Frauen und 70 Prozent der geschiedenen Männer wieder heiraten (Norton und Moorman, 1987). Es gibt Hinweise darauf, daß Männer und Frauen aus unterschiedlichen Gründen wieder heiraten, was sich aus der Tatsache schließen läßt, daß Frauen mit geringem und Männer mit hohem Einkommen als erste wieder heiraten, während Frauen mit hohem Einkommen und besserer Ausbildung am wenigsten dazu neigen (Glick, 1984). Trotzdem deckt sich dieser selten angesprochene, geschlechtsbezogene wirtschaftliche Faktor mit der Ansicht der meisten Frauen und Männer, daß die Ehe ein notwendiges Element eines erfüllten Lebens sei; daß die Scheidung auf falsche Partnerwahl oder persönliche oder familiäre emotionale Probleme zurückgehe und nicht Mängel in der Struktur der Ehe an sich aufzeige; und daß eine erneute Heirat die Gelegenheit biete, jene intakte Struktur wiederherzustellen, die unbedingt zur Erfüllung des traditionellen Traums erforderlich sei.

Das neue Familienmodell

Diese Überzeugungen hindern die meisten Menschen, auch die Therapeuten, zu erkennen, daß es ein völlig *neues* Familienmodell geben muß, das auf die komplexen Beziehungen und Rollen in Familien von Wiederverheirateten Rücksicht nimmt (McGoldrick und Carter, 1980; Ahrons, 1980). Tatsächlich führen Versuche, die »intakte« Kernfamilie von Erst-Ehen zu kopieren, zu ernstlichen Zerreißproben, in denen es meistens um Rollenkonflikte zwischen Mitgliedern der ersten und der zweiten Familie geht. Wird zum Beispiel von den Mitgliedern der neuen Familie eine strikte Abgrenzung vorgenommen, welche die leiblichen Angehörigen und Kinder, die nicht in dem neuen Haushalt leben, ausschließt, kann sich dies nicht positiv auswirken. Auch wenn es noch so schwerfällt, die Vorstellung vom »Kernfamilien-Haushalt« aufzugeben, in der neuen Struktur sind »Familie« und »Haushalt« keine synonymen Begriffe mehr.

Außerdem veranlaßt der Umstand, daß die Eltern-Kind-Beziehung ja schon länger besteht – oft viele Jahre –, den angeheirateten Partner, mit den Stiefkindern um den ersten Platz in der Gunst des Ehepartners zu konkurrieren, als ob diese Beziehungen auf der gleichen hierarchischen Ebene lägen. Die Konkurrenzsituation innerhalb der Familie von Wiederverheirateten wird durch die traditionelle, geschlechtsbezogene Rollenerwartung verstärkt, nach der die Frauen für das emotionale Wohlergehen der Familie verantwortlich sind, was bewirkt, daß Stiefmutter und Stieftochter miteinander rivalisieren und die Ex-Frau und die neue Frau vor allem in bezug auf die Kinder gegnerische Positionen einnehmen.

Das nach diesen Erkenntnissen ausgerichtete neue Modell für die Familien von Wiederverheirateten sollte ein offenes, flexibles Familiensystem fördern, in dem strenge Abgrenzungen zwischen alten und neuen Familienmitgliedern, Rollen und Beziehungen mit der Zeit gelockert und schließlich revidiert werden können. Innerhalb dieses neuen Systems sollten *durchlässige Grenzen zwischen den einzelnen Haushalten* es den Kindern erlauben, ungehindert zu kommen und zu gehen, wie es in Besuchs- und Sorgerechtsregelungen vereinbart worden ist, und eine offene Kommunikation zwischen Ex-Ehepartnern, Kindern und ihren leiblichen Eltern, Großeltern und anderen Verwandten ermöglichen. Außerdem sollte das neue Familienmodell dazu *beitragen, daß der neue Partner die elterlichen Pflichten und Gefühle gern akzeptiert*, ohne den Eindruck zu haben, diese Verantwortung übernehmen zu *müssen* oder mit dem Eltern-Kind-Verhältnis zu konkurrieren. Und vor allem sollte das neue Modell der Familien von Wiederverheirateten dazu dienen, die *traditionelle Rollenverteilung in der Familie zu revidieren*. Diese strikt angewendete Rollenverteilung gehört zu den entscheidenden Mängeln in der labilen Struktur von ersten Ehen. Wenn die alten Regeln, nach denen die Frauen die Kinder aufziehen und die Männer das Geld verdienen und verwalten mußten, schon in den ersten Ehen nicht griffen, wieviel weniger lassen sie sich erst in einem Familiensystem anwenden, in dem ein Teil der Kinder der Ehefrau fremd ist und wo die Geldmittel Einkommensquellen und Ausgaben umfassen, die zu beschaffen oder zu kontrollieren gar nicht in der Macht des Ehemannes liegt (zum Beispiel Alimente, Unterhaltszahlungen für die Kinder, der Verdienst der Ex-Frau oder seiner jetzigen Frau).

In einer funktionierenden Familie von Wiederverheirateten

muß daher die Verantwortung für die Erziehung seiner und ihrer Kinder so aufgeteilt werden, daß der Einfluß der leiblichen Eltern nicht ausgeschlossen oder geschmälert wird. Mit anderen Worten, jeder Ehepartner trägt zusammen mit seinem oder ihrem Ex-Partner vorrangig die Verantwortung für die Erziehung und Disziplinierung seiner oder ihrer leiblichen Kinder, besonders in den Anfangsjahren der Familie. Dieses Prinzip beruht auf der leider nicht immer zutreffenden Annahme, daß die meisten Ex-Partner bereit und fähig sind, sich an der Erziehung ihrer Kinder zu beteiligen, das heißt, es empfiehlt sich, in dieser Hinsicht »das Terrain zu sondieren«, bevor man das Prinzip in der Familie anwendet. Elkin (1987) führt mehrere Fälle an, in denen ein gemeinsames oder geteiltes Sorgerecht nach der Scheidung nicht angebracht ist, zum Beispiel: psychische Erkrankung oder Sucht eines Elternteils; Vorkommnisse von Gewalt und/oder Kindesmißhandlung und Vernachlässigung in der Familie; unüberbrückbare Differenzen hinsichtlich der Kindererziehung. Ambert (1986) erinnert daran, daß besondere Schwierigkeiten und Zerwürfnisse entstehen, wenn die Kinder noch klein sind, da die beiden Ex-Ehepartner bei einem gemeinsamen Sorgerecht häufig Kontakt miteinander aufnehmen und die neue Ehefrau sich übergangen fühlt. Und Chesler (1986) lehnt ein gemeinsames Sorgerecht mit der Begründung ab, es ermögliche einem rachsüchtigen Ehepartner zuviel Einfluß. Kurz, kein Modell sollte fernab von gutem fachmännischem Urteil und gesundem Menschenverstand entwickelt werden.

Seine Kinder, ihre Kinder

Ebenso muß geklärt werden, was es heißt, die leibliche Mutter oder den leiblichen Vater für die Erziehung und/oder Disziplinierung ihrer oder seiner eigenen Kinder verantwortlich zu machen. Dieser Rat geht nicht dahin, den leiblichen Elternteil dazu zu bringen, daß er seiner Aufsichtspflicht auf strenge oder autoritäre Weise nachkommt, auch wenn dies im Falle eines schwerwiegenden Fehlverhaltens von Jugendlichen vorübergehend erforderlich sein könnte. Die eigentliche Absicht ist, den leiblichen Elternteil dazu aufzufordern, wichtige Entscheidungen selbst zu fällen und allgemeine Verhaltensregeln und Vorschriften für die eigenen Kinder aufzustellen und diese heiklen Aufgaben *nicht* an Stiefmutter oder

-vater weiterzugeben, auch wenn einem dies vertraut ist oder bequem vorkommt. Einen Elternteil, dem es nicht gelingt, mit den Kindern fertigzuwerden, sollte man nie dazu ermuntern, sie mehr »an die Kandare« zu nehmen (wie der Rat, Autorität auszuüben, manchmal interpretiert wird); statt dessen sollte man darauf hinarbeiten, daß sich die Eltern-Kind-Beziehung insgesamt mehr auf einer Basis von Verständnis und Zusammenarbeit bewegt.

Nachdem der leibliche Vater oder die leibliche Mutter die Verantwortung für die tägliche Beaufsichtigung seiner oder ihrer Kinder übernommen hat, muß nun das Verhältnis von Kindern und Stiefvater beziehungsweise -mutter definiert und von ihnen im Blick auf das Alter der Kinder, die Umstände der Scheidung und die Wünsche aller Beteiligten entwickelt werden. So bringen Stiefeltern und Stiefkinder vielleicht eine Beziehung zuwege, die der zwischen Eltern (oder Paten) und Kind, Tante, Onkel oder Freunden und Kind oder irgendeiner anderen Form freundschaftlichen Umgangs miteinander ähnelt.

Diese Vorschläge weichen ziemlich stark ab von der Überzeugung der meisten Menschen – Frauen und Männer gleichermaßen –, daß die Stiefmutter, weil sie eine Frau ist, für das Haus, die Kinder und die emotionalen Belange innerhalb des familiären Systems zuständig sei. Über die Frage, wie sie mit den Kindern zurechtkommen soll, ohne mit deren leiblicher Mutter in Streit zu geraten, wird erst nachgedacht, wenn eben dieser Fall eingetreten ist, und dann wird der Konflikt entweder ihr oder der Mutter der Kinder angelastet. Reibereien zwischen Stiefmüttern und Stieftöchtern sind an der Tagesordnung, weil Töchter sich verpflichtet fühlen, ihre leibliche Mutter zu beschützen und wegen der Rollen in der Familie in Konflikt geraten. Eine kürzlich veröffentlichte Untersuchung (Bray, 1986) ergab, daß in Stieffamilien aufwachsende Mädchen mehr über Spannungen berichteten als Jungen in Stieffamilien oder als Mädchen in Kernfamilien.

Manchmal wird versucht (vom Ehemann oder einem Familientherapeuten), die Stiefmutter zu veranlassen, daß sie »sich heraushält« und die Erziehung der Stiefkinder abgibt, aber weiterhin für den Haushalt und die emotionalen Belange der Familie sorgt. Das verschlimmert die Situation. Die Kinder bringen »ihren« Haushalt in Unordnung, kommen zu »ihr« zu spät zum Essen, reden über »sie« schlecht in der Schule, und ihr fehlt die Autorität, sich dagegen zu wehren, so daß ihr nur bleibt, sich bei ihrem Mann zu beschweren. Diese Situation wird sich erst bessern, wenn der Therapeut der Familie zu der Einsicht verhilft, daß es genauso das Haus des Vaters ist, daß es auch »seine« Mahlzeiten sind und die Schule auch zu »seinen« Aufgabenbereichen gehört. Die der Stiefmutter zu vermittelnde Botschaft hat nicht zu lauten, daß ihr Versagen als Frau und Mutter in der neuen Familie ein Problem verursacht habe, das sie lösen könnte, indem sie »sich heraushält«, sondern daß sie in ein aufgrund überholter gesellschaftlicher Normen entstandenes Vakuum geraten ist. Anstatt gegen die Kinder ihres Mannes einen von vornherein verlorenen Kampf zu führen, sollte sie ihren Mann dazu bringen, daß er sich täglich mit seinen Kindern befaßt und sich an Haushalts- und Familienangelegenheiten stärker beteiligt.

Die Regelung der finanziellen Angelegenheiten

Auch im finanziellen Bereich lassen sich die komplexen, unterschiedlichen Ansprüche an das Einkommen der Familie nur durch ein gemeinsames Vorgehen lösen. Finanzielle Verpflichtungen gegenüber der ersten Familie müssen eingehalten werden, und das betrifft sowohl die kontinuierliche Zahlung des festgesetzten Unterhalts für die Kinder als auch Zahlungen auf freiwilliger Basis. Ob man die laufenden Einkünfte und Ausgaben zusammenwirft, wie es in ersten Ehen meist der Fall ist, muß von Fall zu Fall entschieden werden und hängt ab von den Quellen, der Art und der Höhe dieser Einkünfte und Ausgaben. Trotzdem entstehen oft Spannungen und Ärger, wenn eine wiederverheiratete Frau beschließt, weiterhin über ihr eigenes Geld zu bestimmen, oder der Ehemann von seiner Frau erwartet, daß sie damit einverstanden ist, wenn er allein die gemeinsamen Einkünfte verwaltet; oder wenn einer von beiden den leiblichen Kindern »zuviel« zukommen läßt und dem jetzigen Ehepartner »nicht genug«.

Wie die Probleme der Kindererziehung und der Organisation des Haushalts ist das Thema des Geldverdienens und des Geldverwaltens kein isoliertes Problem jeder einzelnen Familie, für das diese spezielle Familie ihre höchstpersönliche Lösung finden muß, sondern es wird von gesellschaftlichen Normen und Regeln außerhalb der Familie bestimmt, die seit Jahrtausenden diktiert haben, welches Geschlecht, welche Rasse und welche sozialen Schichten die Möglichkeit zum Gelderwerb haben sollen, und in welchem Maße. Vor diesem Hintergrund ist es verfrüht, von einer in den meisten Fällen praktizierten *gleichen* finanziellen Beteiligung von Mann und Frau zu sprechen; doch schon jetzt bestreiten in den meisten amerikanischen Familien beide Partner *gemeinsam* das Einkommen, und die klassische Vorstellung von Frauen der Mittel- und Oberschicht, ihr Leben lang von den Männern ihrer Familien finanziell versorgt zu werden, ist nicht nur unfair, sondern ungerechtfertigt, unklug und gefährlich. Das wird in Familien von Wiederverheirateten besonders deutlich, in denen normalerweise jeder Ehepartner finanzielle Verpflichtungen aus der Zeit vor der Ehe hat.

Da Familien nach der Scheidung den überkommenen Grundsatz vom Mann als Ernährer oft zwangsläufig über den Haufen werfen, sollten die Therapeuten bei ihrer Arbeit gewisse soziologische Faktoren immer im Auge behalten: Männer verdienen mehr als Frauen, selbst in vergleichbaren Jobs; die meisten Männer sind darauf eingestellt, ihr ganzes Leben zu arbeiten und Geld zu verdienen, die meisten Frauen bis heute nicht; Geld ist Macht, auch wenn sie sanft ausgeübt wird, und Männer verstehen es meist besser als Frauen, diesem Prinzip Nachdruck zu verleihen. Der »gesunde Menschenverstand« sollte registrieren, daß die Integration von Stiefkindern beziehungsweise Stiefeltern und die Lösung finanzieller Probleme in sehr armen wie auch sehr wohlhabenden Familien möglich ist; in Familien jedoch, in denen die Ehepartner über sehr unterschiedliche finanzielle Mittel verfügen, gelingt dies erst, wenn für den ärmeren Partner und dessen Kinder gerechte Vereinbarungen im Hinblick auf Lebensstil und Erbschaft getroffen werden.

Zusammenfassung

Zusammenfassend läßt sich sagen, daß es während der zusätzlichen Phase des familiären Lebenszyklus, die für die Entstehung einer funktionierenden Familie von Wiederverheirateten nötig ist, am meisten darauf ankommt, in emotionaler Hinsicht ein neues Modell von Ehe und Familie zu entwickeln. Dieser neue Entwurf sieht vor, die eng abgegrenzte Kernfamilie durch mehrere weniger strikt definierte Haushalte und Personen aus der erweiterten Verwandtschaft zu ersetzen, wobei zwischen ihnen soweit Kontakt bestehen sollte, daß eine ungestörte Verbindung aller Kinder zu ihren leiblichen Verwandten gewährleistet ist (McGoldrick und Carter, 1980). Dieses Modell stellt noch eindringlicher und deutlicher heraus, wie notwendig die gemeinsame Verantwortung von Frauen und Männern sowohl bei den emotionalen (die Erziehung betreffenden) als auch den instrumentalen (finanziellen, organisatorischen) Aspekten des familiären Lebens ist. Wird die traditionelle, geschlechtsbezogene Rollenverteilung in Familien von Wiederverheirateten *nicht* aufgehoben, was häufig der Fall ist, führt dies zur Kollision der verschiedenen Mütter, die sich für die gleichen Kinder emotional verantwortlich fühlen, und stößt bei den Vätern auf Empörung, die nicht *allein* für mehrere Haushalte finanziell verantwortlich sein wollen. Und die Praxen der Familientherapeuten hallen vom Echo dieser Kollisionen und Empörungen wider, wenn die Familien von Wiederverheirateten die geschlechtsbezogenen Verhaltensmuster wiederholen, die bereits für ihre ersten Ehen negative Folgen hatten, sich nun aber noch schneller und verheerender auswirken.

Das neue Rollenverständnis in der Familie: Ideal und Wirklichkeit

Über ein neues Familienmodell mit einer Umverteilung der Aufgaben beider Geschlechter zu sprechen, ist leichter, als nach den neuen Prinzipien zu leben. Auch bei gutem Willen und völliger Übereinstimmung mit der Idealvorstellung läßt sich das Erbe der Vergangenheit nur mühsam überwinden. Es fällt der Wiederverheirateten schwer, von dem neuen Ehemann nicht zu erwarten, daß er sie selbst und ihre Kinder ernährt, wenn er soviel mehr verdient als sie verdienen könnte, und die vom Ex-Ehemann zu leistenden Unterhaltszahlungen für die Kinder so unzulänglich sind. Es fällt dem Mann schwer, nicht von der neuen Frau zu erwarten, daß sie die Verantwortung für das Haus und die Kinder übernimmt, da sie doch so genaue Vorstellungen darüber und er selbst soviel Arbeit hat. Auf kurze Sicht erscheinen die alten Verhaltensweisen einfacher und vertrauter; auf die Dauer lassen sie sich jedoch nicht beibehalten. Was schlimmer ist: Das neue System funktioniert noch gar nicht. Daß das Gesellschaftssystem die neue Verteilung der

Aufgaben in der Familie nicht mitträgt, wird dann deutlich, wenn es zu Konflikten kommt. Die Gerichtsurteile über eheliches Vermögen, über Unterhaltszahlungen und sogar das Sorgerecht (Weitzman, 1985) begünstigen noch immer die Männer, und diese Tatsache müssen wir Therapeuten uns vor Augen halten, wenn wir einzelne Familien ermutigen, jenes Risiko einzugehen, das in der Kampfansage an die alten Normen liegt.

Dreiecksbildung in Stieffamilien

Die Umsetzung des vorgeschlagenen neuen Modells bringt voraussehbare Probleme mit sich. Welche dies sind und wie sie sich überwinden lassen, soll anhand zweier Beispiele aus der Lebenswirklichkeit gezeigt werden.

Das Stiefvater-Dreieck

Die häufigste Form der Stieffamilie besteht aus einer Mutter und ihren Kindern, die mit dem zweiten Ehemann der Mutter zusammenleben. Die Frage der Rollenverteilung ist bei dieser Konstellation heikel, denn jeder wird es für ganz natürlich halten, daß die Frau sich vorwiegend um das Haus und ihre eigenen Kinder kümmert. Schwierigkeiten gibt es dann, wenn entweder sie selbst oder ihr neuer Ehemann der Ansicht sind, sie sei nicht in der Lage, ihre Kinder, vor allem heranwachsende Söhne, ohne Hilfestellung von seiner Seite in den Griff zu bekommen. Schwierigkeiten können außerdem auftreten, wenn alle meinen, eine Beziehung zwischen Stiefvater und Stiefkindern herzustellen sei *ihre* Aufgabe, und die bestünde nicht nur darin, daß sie von ihren Kindern fordert, den neuen Ehemann höflich und mit Respekt zu behandeln. Ein weiteres schwieriges Problem für die Frau taucht auf, wenn ihr Ex-Mann nicht genügend oder nur unregelmäßig Unterhalt für die Kinder bezahlt (was an der Tagesordnung ist) und sie nicht genug verdienen kann, um die Ausgaben für die Kinder zu bestreiten. In diesem Fall kommt es manchmal vor, daß der Stiefvater sich weigert zu helfen – auch wenn er das Geld leicht aufbringen könnte –, als Reaktion auf das Versäumnis oder die Unfähigkeit des leiblichen Vaters, »sein eigenes Kind zu ernähren«.

In Fällen, in denen es Probleme mit Stiefvätern gibt, ist es am sinnvollsten, wenn der Therapeut die Fähigkeit der Mutter unterstützt, mit ihren Kindern – ob Mädchen oder Jungen – ohne »Rettung« durch den Stiefvater fertigzuwerden. Schränkt man den Einfluß des Stiefvaters bei der Erziehung ein und spricht die finanziellen Probleme direkt und auf angemessene Weise an, ergeben sich bessere Möglichkeiten für die Herstellung einer positiven Beziehung zwischen dem zweiten Ehemann und seinen Stiefkindern.

Das Stiefmutter-Dreieck

Das Dreieck Vater plus seine Kinder plus Stiefmutter ist nicht gerade die häufigste Konstellation, aber sie ergibt sich trotzdem immer dann, wenn die Kinder des Vaters zu Besuch kommen oder anrufen, also auch wenn sie nicht ständig in der Familie leben.

In dieser Form des Familien-Dreiecks ist es Sache des Vaters, gleich zu Anfang innerhalb der bestehenden Beziehung zu seinen Kindern einen Platz für seine neue Frau zu schaffen. Er sollte es nicht ihr überlassen, sich diesen Platz zu erkämpfen. Der Vater muß seinen Kindern erklären, daß er von ihnen erwartet, seiner neuen Frau mit Höflichkeit und Respekt zu begegnen, daß sie jedoch keinen Ersatz für ihre Mutter darstellt, auch nicht für ihn selbst. *Er* muß die angemessenen und notwendigen Regeln aufstellen und auf ihre Einhaltung achten. Der Vater sollte auf ein gewisses Maß an Ablehnung gefaßt sein, die die Kinder seiner Wiederheirat entgegenbringen; wie stark diese Ablehnung ist, hängt von dem Verhältnis der Kinder zu ihrer Mutter und dem Verhältnis der Ex-Ehepartner zueinander ab. Er sollte damit rechnen, daß sich die Beziehung zwischen seinen Kindern und seiner neuen Frau allmählich und entsprechend deren jeweiligen Vorstellungen entwickelt, und auf keinen Fall versuchen, sie zu überrumpeln, oder erwarten, daß sich zwischen seiner Frau und den Kindern sofort Zuneigung einstellt.

Die voraussehbaren Probleme dieses Dreiecks hängen fast ausschließlich mit den alten Vorstellungen von den Rollen der Geschlechter zusammen und produzieren unter Garantie »böse Stiefmütter«, wie die folgenden Beispiele zeigen:
1. Der Vater oder seine neue Frau oder beide gehen einfach davon aus, daß *sie* sich um die Kinder kümmert (»wie man es von Müttern erwartet«), und es gibt ständig Widerstand gegen diese Regelung von seiten der Kinder *und* ihrer Mutter.

2. Die Beziehung des Vaters zu seinen Kindern ist so distanziert oder konfliktreich, daß die neue Frau sich einmischt, um ihn zu beschützen oder ihm zu helfen und dadurch in den Mittelpunkt des Streits gerät.

3. Der Vater und/oder seine neue Frau haben vielleicht den Eindruck, daß seine »armen Kinder« für vergangenes Unglücklichsein viel Wiedergutmachung brauchten und nur eine Frau hierzu in der Lage sei. Seine Kinder aber suchen diese Nähe nicht und wehren sich dagegen; sie ärgert sich darüber, daß sie derart »unverschämten und undankbaren« Kindern ihre »Liebe« schenken soll, vor allem wenn ihr Ehemann ihre Bemühungen kritisiert, anstatt selbst welche zu unternehmen.

4. Der Vater ist »im Prinzip« einverstanden, die Verantwortung für seine Kinder zu übernehmen; er ist aber so beschäftigt, so häufig auf Geschäftsreisen oder hat so wenig Erfahrungen mit ihnen, daß seine neue Frau sich verpflichtet fühlt, die Sache selbst in die Hand zu nehmen.

5. Der Vater verkehrt vielleicht nur im Streit oder überhaupt nicht mit seiner Ex-Frau und fordert deshalb seine Frau direkt oder indirekt dazu auf, »den Kindern zuliebe« an seiner Stelle mit ihr zu verhandeln.

6. Die neue Frau fühlt sich zurückgesetzt und wetteifert mit den Kindern um die Aufmerksamkeit ihres Mannes.

Die Schwierigkeit, Veränderungen herbeizuführen

Um den Problemen entgegenzutreten, die aus den konventionellen Vorstellungen über die Rolle der Geschlechter herrühren, sieht das neue Modell für die Familien von Wiederverheirateten eine gleichwertige Beteiligung der Ehemänner an Familienbelangen und an der Kindererziehung vor. Daß Frauen das Einkommen mit bestreiten, ist ein von vielen Männern und Frauen längst akzeptiertes Prinzip, obwohl Frauen in bezug auf die Höhe des Verdienstes schlechtere Chancen haben und häufig unterschiedliche Ansichten darüber bestehen, inwieweit die Frauen in finanziellen Dingen selbst entscheiden dürfen, ganz gleich, wer das Geld verdient. Paradoxerweise unterlaufen manche Männer jeden Versuch ihrer Ehefrauen, arbeiten zu gehen, sei es nun aus Machtbewußtsein, dem Wunsch, Abhängigkeit zu schaffen, oder weil es in ihrer

Persönlichkeitsstruktur liegt; und falls sie es sich leisten können, unterhalten sie lieber eine nicht arbeitende Ex-Frau, als daß sie ihr Finanzgebaren gegenüber der Familie wesentlich ändern. Der Respekt vor dieser männlichen Haltung in Gelddingen ist so verbreitet, daß auch Familientherapeuten das »Recht« der Männer auf die Kontrolle der Finanzen nur selten bezweifeln.

Ebenso paradox ist es, daß die Stiefmutter, die doch offensichtlich den größten Vorteil davon hätte, wenn ihr Mann sich mehr um das Familienleben kümmern würde, sich oft seiner Mitbestimmung widersetzt, weil sie fürchtet, daß dies ihre Kompetenz in Frage stellt, den ihr »zugewiesenen« Platz im Zentrum der Familie auszufüllen. Trotzdem rät man ihr in der Familientherapie im allgemeinen, »sich herauszuhalten«. Interventionen, die ihre Fähigkeit und ihre Bereitschaft, sich um familiäre Angelegenheiten zu kümmern, nicht bestätigen, werden vermutlich *keinen* Erfolg haben. Die notwendige Veränderung kann nicht einfach darin bestehen, daß *sie* sich heraushält, sondern daß *beide* Partner die Aufgaben neu bestimmen und verteilen, damit sie sich nicht länger in der undankbaren Position befindet, *seine* Kinder den Regeln ihres Haushalts unterwerfen zu müssen. Die Familientherapie sollte deshalb die Stiefmutter nicht nur von ihrer Rolle als »Zuchtmeisterin« befreien, sondern sie und ihre Stiefkinder dabei unterstützen, daß sie eine für beide Seiten positive neue Beziehung definieren und entwickeln.

Stieffamilien, die nach einem Todesfall entstehen

Zwar entstehen die meisten Stieffamilien als Folge von Scheidungen, doch sollten die diversen Probleme nicht unerwähnt bleiben, die auftauchen, wenn solche Familien nach dem frühen Tod eines Elternteils gebildet werden. Auch hier geht es um geschlechtsbezogene Probleme: Ein Stiefvater gilt als derjenige, der nach dem Tod des Hauptverdieners die Familie vor Armut bewahrt, während die meisten Kinder ihre Mutter für ganz und gar unersetzlich halten. Sind die Kinder allerdings noch klein, ist es möglich, daß sie den Stiefvater/die Stiefmutter schließlich als »echten« Vater/»echte« Mutter anerkennen, nämlich wenn der leibliche Elternteil ihnen hilft, über ihren Verlust hinwegzukommen und dann die neue Person um ihrer selbst willen zu akzeptieren, anstatt die Kinder in ihrem Verlangen nach irgendeiner »Wiedereinsetzung« und Fortführung der alten Familienform heimlich zu bestärken.

Obwohl die nach einem Todesfall entstanden Stieffamilien gewisse Vorteile haben – es gibt keinen Ex-Partner, der sich einmischt –, ist die Macht »stummer Geister« nicht zu unterschätzen, vor allem wenn die Neigung besteht, den Frühverstorbenen mit einem Glorienschein zu versehen. Alle Dreiecksbildungen werden wie vorhersehbar eintreten, aber sie sind möglicherweise schwerer zu erkennen und in den Griff zu bekommen, wenn eine Person des Dreiecks tot ist. Über die menschlichen Fehler und Schwächen des Verstorbenen zu sprechen, an sie zu erinnern und sie zuzugeben, hilft den Geist zu bannen; aber all dies kann nur mit der aktiven Unterstützung des hinterbliebenen leiblichen Elternteils geschehen. Kinder, die in der Adoleszenz oder älter sind, widersetzen sich meist Versuchen, den toten Vater/die tote Mutter zu »ersetzen«, und der neu hinzugekommene Elternteil wird, wenn er klug ist, diese Haltung respektieren.

Das Paar

Es ist kein Zufall, daß die Beziehung des wiederverheirateten Paares hier an letzter Stelle kommt. Wie kompliziert die Dreieckskonstellation sich gestaltet, wieviel Anpassungsschwierigkeiten, Aufregung, aufsässiges Verhalten oder Aufruhr es gibt – all das hängt direkt von der Zahl der Kinder ab, die von der Wiederverheiratung betroffen sind. Auch wenn die beiden Partner sich »als Paar« trafen, umwarben und verheirateten: bald nach der Heirat werden sie mit so vielen »Familienproblemen« überschüttet, daß ihre Identität als Paar ernstlich gefährdet ist und auch tatsächlich nicht losgelöst von der Beziehung zu den Kindern existieren kann. Dahl, Cowgill und Asmundsson (1987) stellten fest, daß die Zufriedenheit der Ehepartner in Stieffamilien in direktem Zusammenhang stand mit den guten Beziehungen zwischen Stiefeltern und Stiefkindern. Booth und White (1985) wiesen darauf hin, daß sich wiederverheiratete Paare mit Kindern mehr als doppelt so oft scheiden lassen als solche ohne Kinder.

Die Bürde, die darin besteht, angesichts so vieler Veränderungen und komplexer Beziehungen eine befriedigende Ehe zu führen, liegt in viel zu hohem Maße auf den Schultern der Frau. Wie alle anderen glaubt sie selber, dafür verantwortlich zu sein, daß alles reibungslos läuft. Obwohl es bei den Problemen, die der Therapeut zu hören bekommt, fast immer auch um die Stiefkinder geht, muß er unbedingt während der gesamten Therapie darauf achten, einen großen Teil seiner Aufmerksamkeit der ehelichen Beziehung zu widmen, da sie zumindest anfangs das neueste und schwächste Band der Familie ist.

Die Herausforderung

Die sehr hohe Rate der Scheidungen und zweiten Scheidungen in den USA haben eine »andere« Familienstruktur hervorgebracht, die man in den Praxen der Familientherapeuten genauso oft oder öfter antrifft als die sogenannte intakte Familie, in der die meisten von uns groß geworden sind und die wir bei unserer Ausbildung im Auge hatten. Die Herausforderung, vor der wir nun stehen, ist die folgende: Sind wir bereit, unsere Vorstellungen von einer funktionierenden Familienstruktur zu überprüfen, um diesen Familien helfen zu können, oder wollen wir auf unseren bisherigen Erkenntnissen beharren und die Familien von Wiederverheirateten weiterhin als »kaputtes« System ansehen, das »instand gesetzt« werden muß?

Wenn wir die Möglichkeiten dieser neuen Strukturen unvoreingenommen betrachten, stellen wir fest, daß viele der Veränderungen, um die sich Frauen in ihren ersten Ehen bemüht haben, die aber meistens als »zu radikal« abgelehnt worden waren, plötzlich sehr plausibel erscheinen in einem Familiensystem, das einfach nicht funktioniert, wenn man versucht, die Rollen unter geschlechtsspezifischen Aspekten in zwei Bereiche aufzuteilen.

In Familien von Wiederverheirateten bringt möglicherweise jeder der Partner Kinder und Vermögen mit, die unabhängig von der neuen Einheit »angeschafft« wurden. Wenn sie gemeinsam eine neue Familienstruktur bilden, sind beide Partner jeweils für die eigenen Kinder und Finanzen zuständig. Wird die neue Ehe dazu beitragen, daß sich beide weiter auf eine Lebensform hin entwickeln, in der jeder sowohl an den emotionalen wie auch den praktischen Aspekten des Lebens vollen Anteil hat? Oder werden sie auf überholte Verhaltensweisen zurückgreifen?

Geht einer der Partner die neue Ehe ein, um finanziellen Problemen zu entgehen oder die Verantwortung für die Erziehung der Kinder auf den neuen Partner abzuwälzen, belastet das die neue Partnerschaft, und sie geht in die Brüche, falls die Belastung zu groß wird. Bevor es dazu kommt, kann eine »aufgeklärte« Familientherapie Mann und Frau darin unterstützen, eine Familienstruktur zu entwickeln, die allen Mitgliedern gerecht wird.

Die folgenden Fälle veranschaulichen unterschiedliche Versuche, sich mit den typischen Problemen auseinanderzusetzen, denen man in der Übergangszeit bis zur Wiederverheiratung begegnet.

Fallbeispiel
»Ich weiß nicht, welche von diesen Müttern schlimmer ist!«

Betty Carter

Dieser Fall ist ein Beispiel für einen Vorgang, der in meiner Lehrtätigkeit häufig vorkam: Eine Familientherapeutin gibt den Frauen in der neuentstandenen Familie die Schuld an den Schwierigkeiten und läßt sich auf einen aussichtslosen Kampf mit der Stiefmutter ein, um sie dazu zu bewegen, »sich herauszuhalten«. Es sind mehrere Faktoren, die zu dieser Patt-Situation beitragen. In der neuen Familie hat die Stiefmutter »natürlich« sofort damit begonnen, sich um die Kinder zu kümmern, und ist dadurch in einen Konkurrenzkampf mit der Mutter der Kinder geraten. Sie ist ärgerlich und enttäuscht, wenn sie für ihre Fürsorge nur Kritik statt Dankbarkeit erntet, und ist ganz besonders verletzt, wenn ihr Ehemann in den Chor der Kritiker einstimmt. Das Faß kommt zum Überlaufen, wenn die Therapeutin wiederholt, was der Ehemann, seine Ex-Frau und die Kinder gesagt haben: »Halt dich raus.« Nun fühlt sie sich zu Unrecht von der Therapeutin getadelt, weil sie alles falsch mache. Und sie wird sich fragen, wieso die Therapeutin denn nicht begreift, daß jemand für die Kinder sorgen muß; und wer sollte das sein, wenn sie »sich heraushält«?

Die Familientherapeutin als Frau ist mehrfach befangen. Erstens ist sie selbst dazu erzogen worden, sich Männern unterzuordnen und mit Frauen zu konkurrieren. Zweitens liegt ihr das Wohl der Kinder am Herzen, und sie hält es vorrangig für die Sache der Mutter oder »Mutterfigur«, für die Betreuung der Kinder zu sorgen. Drittens reagiert sie empfindlich auf den ungehaltenen Ton der Stiefmutter und überhört die Untertöne von Schmerz und Besorgnis in ihren Anklagen. Und schließlich weiß sie aus der Theorie, daß der »Verfolger« sich »heraushalten« muß, damit der »Distanzierer« einsteigen kann. So baut sie ein Therapiesystem auf, das dem familiären Problem genau entspricht: Eine Frau streitet mit der anderen darüber, was für die Kinder richtig sei.

Familie Brown kam in die Familientherapie, weil die kleine Tochter des Ehemanns, Karen, schlechte Leistungen in der Schule aufwies. Richard Brown sah unbehaglich hierhin und dorthin, während Phyllis, seine Frau, eine lange Liste von Beschwerden über ihre Stiefkinder, Richards sechzehnjährigen Sohn Richie und seine zehnjährige Tochter Karen, vom Stapel ließ. Richard und Phyllis hatten vor achtzehn Monaten geheiratet, sechs Monate nach Richards Scheidung von seiner früheren Frau, Mary, wobei er wegen seines Verhältnisses mit Phyllis auf die Scheidung gedrängt hatte. Phyllis war auch bereits verheiratet gewesen, war vor rund fünf Jahren geschieden worden und hatte zwei erwachsene Töchter, die schon auf eigenen Füßen standen und sich in New York City eine Wohnung teilten.

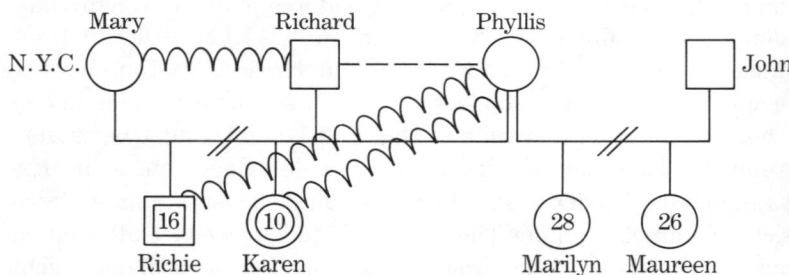

»Jetzt bin ich wieder soweit wie vorher, nur ist alles noch schlimmer«, sagte Phyllis ärgerlich. »Ich habe mich von meinem ersten Mann getrennt, weil ich es leid war, alles selber machen zu müssen und dann auch noch kritisiert zu werden; genau dasselbe passiert jetzt wieder, und diesmal sind die Nervensägen noch nicht einmal meine eigenen Kinder!« Es schloß sich eine genaue Aufzählung von Richies Missetaten an: daß er immer zu spät zum Essen kam, sein Zimmer nicht aufräumte, abends zu lange wegblieb und frech zu ihr war. Karen, die sie sarkastisch »die Prinzessin« nannte, war »verwöhnt, faul und kränklich«, aber was sie (Phyllis) auch versuche, um »diesen armen, mutterlosen Kindern« zu helfen, ihrem Mann sei es nicht recht.

Die Mutter der Kinder, Mary, die nach der Heirat von Richard und Phyllis aus der Vorstadt nach New York City gezogen war, behielt das gemeinsame Sorgerecht für die Kinder, sah sie fast jedes zweite Wochenende und während der Ferien und war der Ansicht, es sei besser für die Kinder, im Haushalt ihres Vaters in der Vorstadt zu leben, während sie versuchte, sich eine neue Karriere aufzubauen, und wieder auszugehen begann. Mary war wütend auf Richard und Phyllis; sie hatte die Scheidung nicht gewollt und sprach sowenig und so selten wie möglich mit ihnen, wobei der Kontakt niemals von ihr ausging. Richard sagte, er könne mit seiner Ex-Frau nicht umgehen; sie sei völlig »entnervt« durch die Scheidung, obwohl ihre Ehe »schrecklich« gewesen sei. Phyllis, die von Mary sagte, sie sei eine »herzlose Frau, die niemals hätte Kinder haben dürfen«, glaubte Mary von Zeit zu Zeit anrufen zu müssen, wenn Karens Gesundheit oder die Schulprobleme »außer Kontrolle gerieten«. Phyllis sagte: »Mary hat die Kinder immer vernachlässigt, und das merkt man ihnen an. Ich gebe mir Mühe, den Kindern nicht die Schuld an ihrer schlechten Erziehung zu geben, aber sie bringen mich zur Weißglut und helfen mir nicht im geringsten.«

Richard erklärte ruhig und sachlich, Mary sei durchaus keine nachlässige Mutter gewesen, jetzt aber verständlicherweise böse auf sie alle. »Sie wird darüber hinwegkommen, wenn Phyllis sie in Ruhe läßt.« Er setzte hinzu, er unterstütze voll und ganz Phyllis' Bereitschaft, seinen Kindern »eine Mutter zu sein«, habe aber den Eindruck, daß sie in bezug auf »kindliches Verhalten und Sauberkeit« viel zu strenge Maßstäbe anlege und die Spannungen größtenteils selbst erzeuge, indem sie sie alle durch ihr ewiges Nörgeln und Jammern dazu bringen wolle, sich »zu bessern«.

An dieser Stelle hielt die Ausbildungskandidatin, 34 Jahre alt, das Videoband an und sagte: »Jetzt verstehen Sie, warum ich nicht weiterkomme – ich weiß nicht, welche von diesen Müttern schlimmer ist, und die armen Kinder müssen alles ausbaden. Der Vater liebt seine Kinder sehr und tut alles, damit seine Ex-Frau in Kontakt mit ihnen bleibt und Phyllis nicht ständig hinter ihnen her ist, aber wie Sie sehen, ist das ein aussichtsloser Kampf. Sie ist herrschsüchtig und will sich einfach nicht heraushalten.« Die Kandidatin hatte in vielen Sitzungen vergebens versucht, die »Verfolgerin« (Phyllis) davon zu überzeugen, daß sie sich »heraushalten«, also aufhören müsse, Richard und seinen Kindern ständig Vorhaltungen zu machen. Die Kandidatin war ärgerlich und am Ende ihrer Weisheit.

Umbestimmung des Problems

In meiner Funktion als Supervisorin befaßte ich mich zuerst mit der Sackgasse, in die die Ausbildungskandidatin geraten war. Das geschah, indem ich zunächst ihre Ansicht bezweifelte, Mary sei eine schlechte Mutter, weil sie auf das tatsächliche Sorgerecht für ihre Kinder verzichtet hatte, ihrem Beruf nachging und ihr privates Leben führte. In der Supervisionsgruppe zählten wir sieben laufende Scheidungsfälle von Klientinnen und drei abgeschlossene Scheidungen von Ausbildungskandidatinnen, bei denen die Väter allesamt auf die Ausübung ihres Sorgerechts verzichtet hatten, ihrem Beruf und ihrem Privatleben nachgingen und trotzdem durchweg als »treusorgende Väter« betrachtet wurden.

Dann listeten wir Phyllis' Klagen auf und stellten fest, daß man sie in zwei Kategorien einteilen konnte: (1) »Sorge um die Kinder« und (2) »Versuch, aus der neuen Familie eine richtige Familie zu machen und ein schönes Zuhause zu schaffen«. Die Ausbildungskandidatin räumte ein, daß dies nicht gerade die Ziele einer schlechten Frau oder Mutter waren. Dann untersuchten wir Richards Rolle in dem Ganzen und registrierten, daß er stets ruhig und vernünftig sprach und großes Verständnis für seine Ex-Frau, Toleranz gegenüber seiner neuen Frau und Sorge um seine Kinder zeigte. Was wir jedoch auch herausfanden, war, daß er mit seiner Ex-Frau überhaupt keinen Umgang hatte und seine neue Frau häufig kritisierte; er fühlte sich nicht dafür zuständig, das Verhalten der Kinder in irgendeiner Weise zu regeln, noch rührte er einen Finger, wenn es um ihre Probleme mit der Schule, um den Arzt und ähnliches ging. Die Therapeutin hatte ihm nie Aufgaben erteilt oder ein Gespräch mit ihm darüber geführt, was er über seine Scheidung dachte und ob er mit der Art und Weise, wie er seine Ehe beendet hatte, zufrieden war.

Therapiestrategien

Als die Therapeutin begriff, daß sie Mary tatsächlich vorgeworfen hatte, sie habe ihre Kinder »im Stich gelassen«, und Phyllis vorgehalten hatte, sie »meckere an ihnen herum«, hingegen nicht versucht hatte, Richard dazu zu bewegen, daß er in der Therapie mehr als nur obenhin über seine familiären Probleme sprach, war sie

imstande, einen anderen, in der Supervision empfohlenen Weg ein-
zuschlagen.

Als erstes beendete sie ihren Streit mit Phyllis, bemühte sich,
sie in ihrer Sorge um Kinder und Familie zu bestätigen, ihre Versuche, die Familie zu integrieren, in andere Bahnen zu lenken, beispielsweise indem sie darauf verzichtete, die Familie komplett
beim Abendessen zu sehen, und statt dessen andere Rituale einführte, denen alle Familienmitglieder gern entsprechen würden.
Sie veranlaßte Phyllis, Richie und Karen, ihr gegenseitiges Verhältnis zu überdenken und neu aufzubauen und dabei zu berücksichtigen, daß sie bereits eine Mutter und einen Vater besaßen. Die
Therapeutin war außerdem bestrebt, Richard aktiv am Leben seiner Kinder zu beteiligen, nach Rücksprache mit Mary und Phyllis.
Sie versuchte zu erreichen, daß er Phyllis nicht ständig kritisierte,
wenn sie seinen Kindern helfen wollte. Und es gelang ihr, ihn dazu
zu bringen, daß er sich mit seinen Schuldgefühlen gegenüber Mary
auseinandersetzte, die Scheidung emotional bewältigte und lernte,
auf vernünftige Weise mit Mary wegen der Kinder zu verhandeln.
Die Therapeutin nahm Kontakt mit Mary auf und bot ihr an, sich
mit ihr zu treffen, falls sie den Wunsch habe, wegen der Kinder Ratschläge zu erteilen oder ihre Besorgnis auszudrücken. Und sie ging
bei ihren Maßnahmen davon aus, daß Mary eine verantwortungsbewußte, interessierte Mutter war.

Außerdem vereinbarte die Therapeutin einige Treffen, zu denen
auch Phyllis' Töchter kamen, um herauszufinden, in welcher Form
sie das Verhältnis zu der neuen Stieffamilie weiterführen wollten.
Und sie schlug vor, die Herkunftsfamilien von Richard und Phyllis
in die Therapie einzubeziehen.

Zusammenfassung

Wenn man Therapeuten schon beibringen muß, mit Slogans zu
arbeiten, möchte ich für eine wichtige Änderung plädieren. Ersetzen
wir den Satz »Den Verfolger dazu bringen, sich herauszuhalten, damit der Distanzierer einsteigen kann«, einfach durch den Satz »*Die
Belange des stärker Betroffenen bestätigen und die Distanz des weniger Betroffenen abbauen*«. Das weist den angehenden Therapeuten in die entscheidende Richtung, ohne anzudeuten, daß der stärker betroffene Partner an dem Problem schuld ist oder den weniger

betroffenen Partner blockiert; oder daß der weniger Betroffene sozusagen automatisch einspringt, wenn der stärker Betroffene »sich heraushält«.

Bei dieser Familie hatte Phyllis recht, sich zu fragen, wer sich um die Kinder kümmern würde, wenn sie sich »zurückzöge«. Die Mutter der Kinder wohnte weit entfernt, und ihr Vater war ein beruflich sehr engagierter Geschäftsmann, der von Phyllis erwartete, die Kinder zu betreuen (obwohl auch sie ganztags arbeitete). Daß sie sich »heraushielt«, war völlig sinnlos, solange es keinen genau festgelegten Plan gab, die anfallenden Aufgaben auf unkonventionelle Weise neu zu verteilen. Solange jeder, einschließlich der Therapeutin, das Problem darin sah, daß »Phyllis an ihrem Mann und den Kindern herumnörgelte«, würde sie sich natürlich gezwungen sehen, sich »herauszuhalten«. Dann wurde das Problem anders definiert: »Weshalb, um alles in der Welt, ist Phyllis eigentlich die einzige in der Familie, die versucht, neue Regeln für die Kindererziehung und neue familiäre Gewohnheiten einzuführen, um alle unter einen Hut zu bekommen?« Diese Umdeutung des Problems, mit der die Vorstellung aller in Zweifel gezogen wurde, es sei irgendwie die Angelegenheit der Frau, eine neue Familie zu schaffen, kann zu einer Umverteilung der Pflichten und zu gemeinsamen Zielen führen, was viel komplexer und vielversprechender ist, als wenn eine einzelne Person sich »heraushält«, obwohl auch das, neben notwendigen Veränderungen in der Familienstruktur, von Rollen und Beziehungen, sinnvoll sein kann.

Fallbeispiel

». . . sie wie eine eigene Tochter lieben«

Peggy Papp

Dieser Fall befaßt sich mit der irrigen, in Familien von Wiederverheirateten vorherrschenden Ansicht, eine Stiefmutter könne und solle ein Stiefkind wie ihr eigenes lieben. Diese unrealistische Erwartung gehört zu einer ganzen Reihe von Erwartungen, die sich auf die weitverbreitete Illusion gründen, daß die neue Frau auf geheimnisvolle Weise alle Scherben aufsammeln und zusammensetzen werde. Man erwartet von ihr, Schuldgefühle zu verringern, Beziehungen zu kitten, Wunden zu heilen, Depressionen zu verscheuchen und Streitigkeiten zu schlichten. Da ihr beigebracht wurde, ihrerseits dies alles von sich zu erwarten, übernimmt sie ganz von selbst die Verantwortung hierfür in der neuen Familie, muß allerdings feststellen, daß dies eine unlösbare Aufgabe ist.

Im folgenden Fall ist es genau diese Fülle unrealistischer Erwartungen, die letztlich den Ausschlag dafür gibt, daß die Ehefrau ihren Mann verlassen will. Nachdem sie sich lange bemüht hat, dem Bild einer »guten Ehefrau« zu entsprechen und ihre eigenen Gefühle und Bedürfnisse hintanzustellen, wehrt sie sich nun dagegen, daß ihr Mann seine Tochter ins Haus gebracht hat und von seiner neuen Frau erwartet, an der Tochter alles wiedergutzumachen, was sie in der Vergangenheit an Schlimmem erlebt hat. Zum Zeitpunkt dieser Konsultation sieht die Frau keinen anderen Ausweg als den, die Ehe zu beenden. In der Konsultation konzentriere ich mich auf die an die Frau gestellten unmöglichen Anforderungen und schlage ein Ritual vor, um diese zu ändern.

Darstellung des Problems

Der Therapeut begleitete das Paar in das Auditorium, in dem ich es verabredungsgemäß im Rahmen eines Workshops zu einer Live-Konsultation empfing, und stellte mir Jim vor, einen großen, kräftigen, rotgesichtigen Mann, und Flo, eine kleine, zerbrechliche, sehr zurückhaltende Frau. Der Therapeut, der um die Konsultation gebeten hatte, weil Jim es nicht fertigbrachte, die »negative, pessimistische Einstellung der Ehefrau« gegenüber der Ehe zu überwinden, schilderte den Ehemann als »sehr motiviert und verzweifelt darauf bedacht, ihre Beziehung zu retten«, aber die Frau reagiere abwehrend auf seine (des Therapeuten) Versuche, eine Versöhnung zustande zu bringen. Der Therapeut führte die Unversöhnlichkeit der Frau auf eine gewisse »Angst vor Nähe« und ihre überaus enge Beziehung zu ihrer Herkunftsfamilie zurück.

Der Therapeut gab den folgenden Überblick: Jim (50) und Flo (36) waren seit zwölf Jahren verheiratet. Für Jim war es die zweite, für Flo die erste Ehe. Sie hatten einen acht Jahre alten Sohn und eine sechsjährige Tochter, und der Mann hatte noch zwei siebzehn und neunzehn Jahre alte Töchter, die seit der Scheidung bei seiner ehemaligen Frau lebten.

Das Paar hatte die Therapie eigentlich aufgesucht, weil es sich wegen einer finanziellen Angelegenheit nicht einigen konnte, räumte aber bald ein, daß die Probleme »viel, viel tiefer« lagen und mit einem Mangel an Kommunikation zu tun hatten. Der Therapeut berichtete, daß Flo Schwierigkeiten hatte, ihre Gefühle auszudrükken; sie verschloß sie in ihrem Innern und zog sich von der Beziehung zu ihrem Mann zurück. Dies vergrößerte Jims angeborenen Hang zu Eifersucht und tyrannischer Liebe, und er bekam häufig Wutanfälle. In letzter Zeit sah Flo ihre Ehe in einem sehr düsteren Licht, und in den therapeutischen Sitzungen begann sie davon zu sprechen, daß sie sich scheiden lassen wolle. Jim bekam es mit der Angst zu tun und beschwor sie unaufhörlich, bei ihm zu bleiben.

Die Konsultationssitzung

Gleich zu Beginn fragte ich das Paar, was es sich von unserer gemeinsamen Sitzung verspreche. Flo antwortete, sie wisse nicht, ob es überhaupt Sinn habe, daß sie hier seien, denn sie sei nicht sicher, ob sie in der Ehe bleiben wolle. Anfangs tat sie sich schwer, ihre Gedanken und Gefühle in Worte zu fassen, aber mit der Zeit fielen ihre Antworten auf meine Fragen immer deutlicher aus. Sie begann über das ungebremste Bedürfnis ihres Mannes zu sprechen, alles und jeden zu kontrollieren, sei es am Arbeitsplatz oder zu Hause, und daß sie sich von dieser Kontrolle und seinen vielen Forderungen erdrückt fühle. Sie beschuldigte ihn, herrisch und besitzergreifend zu sein, und erzählte, daß er mit physischer Gewalt versucht habe, sie daran zu hindern, ihre Freunde und ihre Familie zu besuchen. Der Ehemann machte geltend, daß das alles vorbei sei und er sich gebessert habe. Er sagte, wenn es ihm nicht passe, daß sie ihre Familie so oft besuche, dann läge das daran, daß sie viel zu sehr an ihr hänge. Er habe den Eindruck, sie sei lieber mit ihren Verwandten als mit ihm zusammen und verbringe viel zuviel Zeit mit ihnen. Flo antwortete, daß sie bei ihnen Unterstützung und Verständnis finde, was sie bei ihm ja nicht bekomme.

Der Ehemann blickte erschrocken drein und beschwor Flo mit vielen Worten, zu bleiben und zu versuchen, die Probleme mit ihm gemeinsam zu lösen. Er bettelte, schmeichelte ihr, bat um Verzeihung, machte Versprechungen, schalt mit ihr und hielt ihr schließlich eine lange, in gönnerhaftem Ton vorgetragene Ansprache über die Vorzüge des Ehelebens und die Pflicht, daran festzuhalten. »Man kann nicht einfach aufgeben, nur weil der Wind einem mal ein bißchen stärker ins Gesicht bläst. Man muß Mut und Charakterstärke aufbringen und weitermachen. Man kann nicht mir nichts, dir nichts eine Familie auseinanderbringen, nur weil man unglücklich ist.« Als ich seinen Vortrag unterbrach und ihn fragte, warum Flo ihn seiner Ansicht nach so unbedingt verlassen wolle, bekam er feuchte Augen und sagte mit unsicherer Stimme, er habe in der Vergangenheit einige sehr schlimme Dinge getan, die ihm leid täten und die er wiedergutmachen wolle. Als ich ihn aufforderte, sich etwas deutlicher zu diesen »sehr schlimmen Dingen« zu äußern, antwortete er, daß er seine Frau zu Beginn ihrer Ehe vernachlässigt und ihr Probleme aufgehalst habe, die noch aus seiner ersten Ehe herrührten. Er hatte, kurz nach seiner Heirat mit Flo, eine Sorgerechtsklage angestrengt, um das Sorgerecht für seine beiden Töchter zu erhalten. Flo warf ein, er sei geradezu von dem Gedanken besessen gewesen, dieses Sorgerecht zu erhalten, und habe Tag und Nacht an nichts anderes mehr gedacht. Er wurde in eine erbitterte Auseinandersetzung vor Gericht verwickelt, in der er schließlich unterlag; daraufhin verfiel er in eine tiefe Depression. Flo versuchte, ihn aus dieser Depression zu befreien, aber er blieb untröstlich, und sie fühlte sich isoliert und einsam. Sie hatte es ihm übelgenommen, daß er nur damit befaßt war, seinen Prozeß zu gewinnen, und äußerte die Ansicht, dies habe auch mit dem Zorn auf seine frühere Frau zu tun gehabt. Das hatte Flo zur Zeit des Prozesses nie gesagt und sich auch nie beklagt, weil sie gefühlt hatte, daß er von ihr erwartete, ihn zu unterstützen. »Ich habe mir jede erdenkliche Mühe gegeben, meinem Mann alles recht zu machen. Es schien so wichtig für ihn zu sein. Ich dachte: Wenn ich mich beklage, verläßt er mich.« Ich fragte Flo, warum sie sich schließlich doch beklagt hatte. Sie sagte, was das Faß zum Überlaufen gebracht habe, sei der Umstand gewesen, daß Jims neunzehn Jahre alte Tochter Sharon zu ihnen gezogen sei. Sharon hatte ihren Vater nach einem Streit mit ihrer Mutter gefragt, ob sie bei ihnen wohnen könne. Jim sagte ja, ohne Flo zu fragen, aber Flo nahm es hin, weil sie wußte, was die Tochter Jim bedeutete. In der Folge versuchte Jim, an Sharon alles wiedergutzumachen, was er ihr durch sein angebliches »Im-Stich-Lassen« angetan hatte: Er überhäufte sie mit Geschenken und Belohnungen, gab jeder ihrer Launen nach, lehnte es ab, sie zu maßregeln, und erlaubte ihr, sich aufzuführen, wie es ihr beliebte. Von seiner Frau erwartete er das gleiche – »sie zu behandeln und zu lieben wie eine Mutter und ihr alles zu geben, was sie von ihrer eigenen Mutter nicht bekommen hatte, als sie heranwuchs«.

Sharon nutzte die Nachgiebigkeit des Vaters aus und wurde immer aufsässiger gegen Flo, der die undankbare Aufgabe zufiel, ihr Disziplin beizubringen und Vorschriften zu machen. Sharon und Flo gerieten immer häufiger in Streit; Jim griff abwechselnd beschwichtigend ein oder steckte den Kopf in den Sand. Eines Tages unterbrach Flo einen hitzigen Streit mit Sharon und stellte Sharon und Jim ein Ultimatum mit den Worten: »So läuft das in Zukunft hier, und jeder, dem das nicht paßt, kann gehen.« Sharon zog aus; Jim blieb, aber er hegte einen Groll gegen Flo und warf ihr in regelmäßigen Abständen vor, sie habe seine Tochter hinausgeworfen.

Als ich Flo fragte, bei welcher Gelegenheit sie am wenigsten Hoffnung auf einen positiven Ausgang ihrer Ehe habe, antwortete sie, dies sei immer dann der Fall, wenn Jim aus dem Haus ging, um Sharon zu besuchen. Das führte zu enormen Spannungen zwischen ihnen, weil sie spürte, daß Jim ihr insgeheim Vorwürfe machte. Jim beschuldigte Flo, es störe sie, daß er eine so enge Beziehung zu seiner Tochter habe. Flo wies das zurück und sagte, es störe sie einzig und allein, daß er ihr die Schuld an der Situation gebe.

Umdeutung des Problems

Am Ende der Sitzung entließ ich das Paar in eine Kaffeepause und hörte mir an, wie die Workshop-Teilnehmer auf die Situation reagierten. Die Sympathien der meisten lagen eindeutig beim Ehemann, dessen glühender Appell, seine Frau zum Bleiben zu bewegen, sie gerührt hatte. Schließlich zeigte er ja Reue, hatte sich entschuldigt und bemühte sich um seine Frau, die ihrerseits reserviert und kühl blieb. Die für das Problem angebotenen Lösungen enthielten fast immer Vorschläge für die Frau, was sie zu tun hatte. Einige rieten, sie solle sich wieder mit Sharon vertragen, um die Spannungen zwischen sich und Jim zu beenden; einige hielten sie für eifersüchtig auf Sharon und die Aufmerksamkeit, die Jim seiner Tochter schenkte; andere waren der Ansicht, der Therapeut solle das überaus enge Verhältnis zu ihrer Herkunftsfamilie untersuchen, das Flo daran hindere, mit Jim wirklich vertraut zu werden; wieder andere schließlich schlugen vor, sie müsse zuallererst Jim seine Sünden der Vergangenheit vergeben.

Ich hatte einen anderen Standpunkt, den ich dem Therapeuten und der Gruppe darlegte. Ich sah das größte Problem darin, daß Jim von Flo etwas Unmögliches erwartet hatte, nämlich seine Tochter zu lieben, als wäre sie ihr eigenes Kind. Nicht nur hatte er eine unrealistische Forderung an Flo gestellt, er hatte sich auch vor seiner Rolle als Vater gedrückt, indem er es Flo überließ, Sharon Disziplin beizubringen. Dann warf er ihr vor, mit Sharon nicht zurechtzukommen, wodurch sie in eine schier aussichtslose Lage geriet.

Mit dieser Bewertung des Problems als Ausgangspunkt und mit der Zustimmung des Therapeuten bekam das Paar von mir folgendes Feedback. Ich gab dem Ehemann zu verstehen, daß Flo, indem sie bei Sharon ein Machtwort gesprochen habe, sowohl Sharon als auch ihre Ehe gerettet habe. Sie habe klar erkannt, daß Sharon nie erwachsen werden könne, solange ihr Vater sie wie ein Kleinkind behandelte; also habe es Flo Sharon ermöglicht, auszuziehen und selbständig zu werden. Und Flo habe ihre Ehe gerettet, weil sie wußte, daß, mit Sharon zwischen ihnen, diese Ehe keine Chance hatte. Deshalb solle Jim vor jedem Besuch bei Sharon seiner Frau einen Abschiedskuß geben und sagen: »Danke, daß du Sharon geholfen hast, erwachsen zu werden, und unsere Ehe gerettet hast.«

Die beiden sahen einander überrascht an und mußten dann über

509

die unerwartete Umdeutung lachen. Ich schlug vor, Flo und Jim sollten gemeinsam Sharon zu sich einladen, nachdem sie sich über die Bedingungen des Besuchs einig geworden wären. Sie sollten Zeitpunkt, Dauer und Umstände des Besuches miteinander absprechen. Jim sollte Sharon über diese Bedingungen informieren und Flo sie anschließend wissen lassen, daß sie bei ihnen willkommen sei.

Meine Anregung, Jim solle Flo lieber danken als ihr Vorwürfe machen, räumte auch mit der unrealistischen Erwartung auf, die es Flo unmöglich gemacht hatte, die Ehe weiterzuführen. Daß sie sich über die Bedingungen von Sharons Besuch einigen mußten, brachte Flo zusätzliche Autorität ein und Jim zusätzliche Verantwortung für Sharons Verhalten. Sharon sollte sich in Zukunft mehr wie eine junge Erwachsene und weniger wie ein Kind aufführen, was vielleicht den Weg ebnen könnte für eine veränderte Beziehung zwischen allen dreien.

Zusammenfassung

Der oben beschriebene Fall zeigt einige der typischen Prozesse, die sich in Familien von Wiederverheirateten abspielen, wenn Ehemann und Ehefrau unrealistische Erwartungen in bezug auf die Rolle der Frau hegen. Diese Erwartungen bedeuten eine schwere Bürde für die Frau, die zu allem Überfluß noch getadelt wird, wenn sie sie nicht erfüllt. Oft ist sich die Frau gar nicht bewußt, daß sie Unmögliches versucht, da das Kitten von Beziehungen Teil ihrer geschlechtsspezifischen Erziehung gewesen ist. Die therapeutische Intervention deutete das »Versagen« der Frau, ihre Stieftochter wie ein eigenes Kind zu lieben, dahingehend um, daß sie damit sowohl die Tochter als auch die Ehe rettete. Das erhöhte die Autorität der Frau und die Verantwortung des Vaters in einer Weise, die es ermöglichte, die Tochter in das gemeinsame Leben mit einzubeziehen.

Fallbeispiel
Wiedersehen mit Aschenputtel

Olga Silverstein

Einführung

Die Rolle der Stiefmutter in Märchen und Sagen ist so im Bewußtsein verankert, daß es den Mitgliedern einer Familie oder – wie in diesem Fall – einem Therapeuten oft schwerfällt, zwischen Wirklichkeit und Unterstellung zu unterscheiden. Wenn ein Kind sehr früh seine Mutter verloren hat, kann dies für die Stiefmutter besondere Schwierigkeiten mit sich bringen, trotz all ihrer guten Absichten. In folgenden Gegebenheiten können die Ursachen für solche Schwierigkeiten liegen:

1. Es scheint nahezu unmöglich, in die dyadische Beziehung zwischen einem Kind und dem überlebenden Elternteil einzudringen.
2. Die Erwartung (von seiten des Kindes und des Vaters), daß alles wiedergutgemacht wird, was das Kind erlitten hat, ist häufig unrealistisch.
3. Eine Frau, die zu sehr darauf bedacht ist zu beweisen, daß *sie* nie eine böse Stiefmutter sein wird, schießt vielleicht übers Ziel hinaus und festigt so unbeabsichtigt das Bündnis, von dem sie ausgeschlossen ist.
4. Eine weibliche Person, sei sie nun zehn oder zwanzig Jahre alt, die einmal Herrin im Haus ihres Vaters war, trennt sich nur ungern von dieser Rolle.
5. Ein Vater, der sich der Aufgabe, eine Tochter großzuziehen, nicht gewachsen fühlt, vor allem wenn es Probleme mit ihr gibt, hat es vielleicht zu eilig, sie der Obhut der Stiefmutter zu überlassen, in der irrigen Annahme, sie brauche eine »Mutter«, die sie zurechtbiegt.
6. Die eigenen Kinder der neuen Frau, denen es schon schwerfällt, einen neuen Elternteil in ihren festgefügten kleinen Kreis zu integrieren, halten eine Stiefschwester möglicherweise für einen zusätzlichen Störenfried.

7. Ein Vater, der sich schuldig fühlt, versucht vielleicht, ein un-
   glückliches Kind dadurch zu entschädigen, daß er es maßlos verwöhnt – indem er beispielsweise übergroße Zuneigung vor-
   täuscht oder sich zum Kauf teurer Geschenke drängen läßt.
All diese Gegebenheiten und Prozesse wirkten im folgenden Fall
zusammen und vergrößerten noch jene Schwierigkeiten, die bei
einer so tiefgreifenden Veränderung wie dem Zusammenwachsen
zweier auseinandergebrochener Familien üblicherweise auftreten.

Die Familie

Gilbert, der Vater, neunundvierzig Jahre alt, war ein sehr großer
Mann mit fünfzig Pfund Übergewicht. In seinem Auftreten lag eine
gewisse Autorität. Judy, seine Frau, war attraktiv, gut angezogen
und hatte gepflegte Hände. Ich hielt sie für etwa genauso alt wie
Gilbert. Das Schlußlicht bildete die zwanzig Jahre alte Leslie. Ich
könnte mir vorstellen, daß manche Leute beim Anblick der jungen
Marilyn Monroe ähnliche Gefühle von Furcht und Mitleid verspürt
hatten wie ich. Sie war unglaublich hübsch und wirkte ungemein
rührend. In der üblichen Aufmachung ihrer Generation – zerris-
sene Jeans, ein riesiges, weites Hemd, Turnschuhe – sah sie unge-
pflegt und nachlässig aus. Als ich die Familie an der Tür begrüßte,
ergriff Gilbert stürmisch meine Hand, während Judy mir kühl die
Hand reichte, als ob sie sagen wollte: »Ich weiß gar nicht, was ich
hier soll. Es ist nicht *mein* Problem.« Leslie schließlich legte ihre
Hand kraftlos in meine und hielt dabei die Augen gesenkt.
   Gilbert begann, indem er mir das Problem nannte – Leslie. Leslie zerstöre seine Ehe. Sie sei eine Schlampe – man brauche sie nur
anzusehen. Ihr Zimmer sei ein einziges Chaos. Sie halte es nie
lange an einer Arbeitsstelle aus. Wenn er eine Pause machte, um
Luft zu holen, drängte Judy ihn: »Erzähl ihr von diesem Jungen«
oder »Erzähl ihr von der Zeit, als…« Während er sprach, hielt Leslie die Augen gesenkt, aber unaufhörlich flossen ihr Tränen die
Wangen herab. »Fall nicht auf dieses schöne Kind herein«, gab ich
mir selbst zur Warnung. Sie hob plötzlich den Kopf und sah mich
an. Als sie ihre riesigen, veilchenblauen, tränenblinden Augen auf
mich richtete, hielt ich den Atem an. »Sie haßt mich«, sagte sie mit
leiser, brüchiger Stimme.
   Gilbert reagierte wie auf ein Stichwort: »Aber sie haßt dich doch

nicht, Liebling. Niemand haßt dich.« Er sah mich hilflos an. »Ich weiß noch gar nicht, worum es geht«, sagte ich.

Die Familiengeschichte

Daraufhin erzählten sie mir die folgende Geschichte. Leslies Mutter starb bei der Geburt ihrer Tochter. Gilbert sagte, er habe nicht gewußt, daß sie ein schwaches Herz hatte; hätte er es gewußt, hätte er nie zugelassen, daß sie schwanger würde. Leslies Tränen begannen wieder zu fließen. Gilbert sagte: »Weine nicht, Liebes.«

Er engagierte für die Betreuung des Kindes nacheinander eine stattliche Anzahl von Haushälterinnen und heiratete wieder, als Leslie vier Jahre alt war. Als Gilberts Vater starb und ihm, dem einzigen Nachkommen, ein großes Familienunternehmen hinterließ, hörte er auf zu arbeiten. »Ich glaube, ich hatte Depressionen. Ja, ich hatte Depressionen. Jedenfalls hielt diese Ehe zwei Jahre, und dann waren wir wieder allein. Leslie war ein sehr braves kleines Mädchen, aber sie kam nie mit den Haushälterinnen aus. Ich glaube, ich war ein verdammt schlechter Vater. Ich habe mich viel herumgetrieben, war nie zu Hause.«

»Als ich Judy traf«, fuhr er fort, »fand ich sie sehr attraktiv, aber verliebt habe ich mich in sie, als ich sie mit ihren Kindern zusammen erlebte. Judy hat vier Kinder, das jüngste ist so alt wie Leslie. Es sind wunderbare Kinder. Sie sind jetzt alle selbständig, aber sie hängen sehr aneinander – wirklich sehr«, sagte er und sah Judy liebevoll an. »Ich dachte: ›Das ist die Mutter, die Leslie verdient.‹ Aber das hat nicht hingehauen. Leslie macht einfach nicht mit. Willst du nicht, daß ich glücklich bin, Liebling?« Er sah Leslie schelmisch an.

Sie blickte nicht auf. Judy sagte: »Ich habe zu Gil gesagt, entweder geht sie oder ich. Er verbietet ihr nichts. Er nimmt sie ständig in Schutz. Egal, was sie tut, er sagt zu mir: ›Sie hatte keine Mutter!‹ Aber ich bin nicht ihre Mutter. Wenn ich sie so behandle wie früher meine eigenen Kinder, schließt sie sich in ihr Zimmer ein und heult. Ich habe die Nase voll.«

Endlich sah Leslie auf, ihrer Stiefmutter direkt ins Gesicht. »Sie sitzt stundenlang in der Küche und unterhält sich mit ihren Töchtern. Wenn ich hereinkomme, hören sie auf zu reden, sehen mich nur an und warten, bis ich wieder draußen bin. Was glaubt ihr, wie ich mir dabei vorkomme? Ich mußte von meinem Zimmer ins Dienstbotenzimmer umziehen, weil – ich weiß nicht, warum.« Gil flüsterte:»Es lag zu dicht bei unserem Schlafzimmer, Judy fühlte sich unbehaglich. Sie verstehen?«

Und weiter ging es. Die Liste der gegenseitigen Vorwürfe schien endlos. Ich versuchte, das Thema zu wechseln, aber das war kaum zu machen. Ich erhielt eine kurze Antwort, und schon waren sie wieder bei Leslie, ihren Haaren, ihrem Benehmen, ihrer Kleidung, ihrer Arbeitslosigkeit und so weiter, und so weiter.

Das familiäre Dilemma

Gilbert war ganz offensichtlich gefangen: Je nachdem, wie sich die beiden Frauen verhielten, wechselte er die Seiten. Wenn Judy sich über Leslie beschwerte, gab er ihr nicht nur recht, sondern übertraf sie noch mit seiner Kritik. Geriet Leslie dann aus der Fassung, beschwichtigte und tröstete er sie, und häufig gab er ihr Geld oder machte ihr Geschenke.

Leslie war ebenso gefangen: Sie stand zwischen ihrem Vater und ihrer Stiefmutter. Obwohl sie die ältere Frau ganz offensichtlich bewunderte und sich nach einer Freundschaft mit ihr sehnte, konnte sie sich nicht von ihrer Rolle als »arme, kleine Waise« trennen, solange ihr Vater sie darin bestärkte und ihre Stiefmutter dagegen protestierte.

Und Judy war gefangen, weil sie die Elternrolle beibehielt, sowohl für Gil wie auch für seine Tochter Verhaltensregeln und Normen aufzustellen, über die sich beide insgeheim hinwegsetzten und sie damit in die Außenseiterposition drängten. Gerade Gilberts Entschlossenheit, Judy zum Mittelpunkt von Leslies Leben zu machen, diente paradoxerweise dazu, sie davon auszuschließen.

In der Familientherapie hat sich die Tendenz durchgesetzt, der Eltern-Beziehung vor der Eltern-Kind-Beziehung den Vorrang zu geben, vielleicht als Reaktion auf die kindbezogenen Familien der fünfziger und sechziger Jahre. Ich sagte mir, daß eine in jene Richtung gehende therapeutische Maßnahme die Entfremdung zwischen den beiden Frauen noch vergrößern würde, was für beide von Nachteil wäre. Die primäre Unterstützung der ehelichen Beziehung könnte dazu führen, daß Leslie überstürzt das Haus verließe, um ein »unabhängiges« Leben zu führen, ein Schritt, der in unserer autonomie-fixierten Gesellschaft oft viel zu positiv gesehen wird. Zunächst brauchte ich weitere Informationen.

Therapeutin *(zu Gil)*: Erzählen Sie ein bißchen von sich. Arbeiten Sie?

Gil *(leicht betreten)*: Nein. Ich weiß, ich sollte, aber irgendwie schaffe ich das anscheinend nicht. Als mein Vater starb, hatte ich, glaube ich, einen kleinen Zusammenbruch. Ich habe viel getrunken. Egal, ich mußte ja nicht arbeiten, das Geschäft lief von allein. Ich glaube, ich hatte Angst hinzugehen. Keiner legte dort Wert auf mich.

Therapeutin: Und was taten Sie?

Gil: Tja, bis ich Judy traf, hing ich viel zu Hause herum. Wenn man deprimiert ist, ist es einem ziemlich egal, wo man ist. Ich habe ferngesehen.

Therapeutin: Und jetzt?

Gil: Jetzt ist das anders. Judy und ich verbringen unsere Zeit gemeinsam. Sie ist eine wunderbare Frau. Wir gehen einkaufen. Wir spielen Karten. Gehen essen.

Therapeutin: Wie alt sind Sie, Gil?

Gil *(verlegen dreinschauend)*: Sie meinen, ich sollte arbeiten, stimmt's? Na ja, das denke ich auch, aber ich kann da nicht hingehen. Die sehen mich an, als wäre ich eine Rotznase. Jedenfalls wollen sie mich da nicht. Was soll ich machen, Schuhe verkaufen? Das wäre mir zu blöd.

Therapeutin *(zu Judy)*: Was meinen Sie?

Judy: Ach, es ist nicht einfach, wenn ein Mann den ganzen Tag zu Hause ist, aber das ist seine Sache.

Therapeutin: Gil sagt, Sie seien eine wunderbare Mutter.

Judy: Ja, ich habe meine Kinder allein aufgezogen. Sie sind ganz prima.

Therapeutin: Wie alt sind sie jetzt?

Judy: Sechsundzwanzig, vierundzwanzig, dreiundzwanzig und zwanzig. Ihr Vater starb vor zehn Jahren.

Therapeutin: Das war bestimmt nicht ganz einfach.

Judy: Da haben Sie recht.

Therapeutin: Wie haben Sie es geschafft?

Judy: Ich hatte etwas Geld, nicht viel. Aber die Kinder haben gearbeitet, ich habe gearbeitet. Wir kamen zurecht.

Therapeutin: Und jetzt?

Judy: Jetzt sitze ich hier mit Gil herum und warte, daß etwas passiert. *(Sie lacht)* Wissen Sie, er ist wie ein großes Kind. Oder besser gesagt, wie ein kleines Kind. Er möchte spielen. *(Sie schüttelt den Kopf)* Am liebsten möchte er die ganze Zeit spielen. Manchmal komme ich mir vor wie der Spieleleiter in einem Feriencamp. *(Dann erzählt sie mir, daß sie sieben Jahre älter sei als Gil und daß sie sich in einer Bar getroffen hätten, in der sie zum erstenmal gewesen sei.)* Stellen Sie sich vor – zum allererstenmal! Er war zum erstenmal dort und ich auch. Aber er langweilte sich. Und ich mich auch. Er wußte nie so recht, was er mit sich anfangen sollte. Jetzt halte ich ihn auf Trab.

Therapeutin: Wie gefällt Ihnen das?

Judy: Es ist besser, als den ganzen Tag zu arbeiten und abends allein nach Hause zu gehen. Oder?

Therapeutin: Ich weiß nicht. Sie haben meine Frage nicht beantwortet.

Judy: Es ist nicht leicht. Ich bin es nicht gewöhnt, daß ein Mann ständig um mich herum ist. Wohlgemerkt, er ist lieb und gutmütig, wenn man die Sache in Gang hält. Aber ich bin es allmählich leid. Das Theater mit seinem lieben Töchterchen geht mir langsam auf die Nerven.

Therapeutin: Wir sprachen über Sie und Gil.

Judy: Da machen Sie sich mal keine Sorgen. Wir kämen gut zurecht. Es liegt an Leslie. Sie drückt sich den ganzen Tag im Haus herum und zieht ein Gesicht. Und Gil kann kein Auge von ihr lassen. Eine einzige Träne, und er greift nach seiner Brieftasche. Mit mir ist das was anderes. Wenn ich Geld will, muß ich bitten und betteln. Leslie braucht ihn nur mit diesen träumerischen Augen anzusehen. Sie macht mich verrückt. Wenn sie mein Kind wäre –

Therapeutin: Was würden Sie tun, wenn sie Ihr Kind wäre?

Judy: Ich würde energisch durchgreifen. Ich würde dafür sorgen, daß sie in die Schule geht oder arbeitet. Stellen Sie sich das mal vor, eine zwanzig Jahre alte Müßiggängerin, die den ganzen Tag im Haus herumgammelt!

Leslie: *Sie* tut überhaupt nichts, und von mir erwartet sie Gott weiß was.

Therapeutin: Zum Beispiel?

Leslie: Arbeiten gehen. Saubermachen. Ich kann sie nicht ausstehen. Ich komme in die Küche, und sie sagt: »Was willst du?« Es ist schließlich mein Zuhause, oder? Zu ihm ist sie fast genauso gemein. Ich glaube jedenfalls, sie wäre es, aber er geht einfach weg. Oder er kauft ihr irgendwas. Ich kann sie nicht ausstehen.

Bewertung und Strategie

Zwischen den einzelnen Sitzungen notierte ich die folgenden Fakten:

1. Gil benimmt sich wie eines der Kinder – erst erwartet er von Judy Hilfe und Anleitung, dann untergräbt er gemeinsam mit seiner Tochter Judys Versuche, Ordnung in ihr Leben zu bringen.
2. Judy behandelt Gil wie ein zurückgebliebenes Kind – mit Liebe. Aber sie bevormundet ihn. Sie diskutiert mit ihm nur über Leslie, obwohl sie viele Probleme hat, die ihn direkt betreffen.
3. Gil und Judy haben beide Angst, die neue Ehe zu gefährden. Beide haben Verluste erlitten und gehen überaus vorsichtig miteinander um.
4. Leslie benimmt sich wie ein verwöhntes Kind, aber auch sie hat einen Verlust erlitten. Der frühe Verlust der Mutter wurde durch die emotionale Abwesenheit des Vaters noch verschlimmert.

Dann fragte ich mich, welche Maßnahmen ich ergreifen sollte, und in welcher Reihenfolge. Dabei ergaben sich fünf Zielsetzungen, die nachstehend in der Reihenfolge ihrer Bedeutung aufgelistet sind:

1. Einen Weg finden, die beiden Frauen für eine gemeinsame Sache zu interessieren. Zum gegenwärtigen Zeitpunkt kann dies nur Gils Wohlergehen sein.
2. Die beiden Frauen »aufbauen« und unterstützen, ohne Gil zu bevormunden oder ihn an den Rand zu drängen.
3. Gil darin unterstützen, sich seiner Tochter gegenüber mehr als Vater zu erweisen: indem er zum Beispiel auf der Einhaltung gewisser Regeln und auf einem reiferen Benehmen besteht.
4. Leslie den Weg zu einem reiferen und selbständigeren Verhalten aufzeigen: indem sie sich mit ihrer Stiefmutter von Frau zu Frau verträgt und dem Kontakt zu ihren Stiefgeschwistern einen anderen Stellenwert einräumt, das heißt, sich wie eines von fünf

jugendlichen Mitgliedern desselben Haushalts benimmt. (Das letzte Ziel erwies sich als das leichteste. Es war erreicht, nachdem alle fünf jungen Leute mehrmals ohne die Eltern bei mir waren. Sie tauschten Geschichten und Erfahrungen aus und stimmten schließlich gemeinsam ein nicht böse gemeintes Klagelied über ihre Eltern an. Als Judys Kinder ein paar negative Ansichten über ihre Mutter äußerten, konnte Leslie einige Beschwerden über ihren Vater beisteuern. Sie empfanden es alle als große Erleichterung, daß die Eltern sich nun mehr um sich selbst und weniger um die Kinder kümmern konnten.)

5. Gil dabei helfen, daß er seine Angst vor einem Verlust erkennt, und so seine Trägheit und Passivität überwindet, damit er künftig sein eigenes Leben und seine Ziele selbst bestimmen kann.

Die darauffolgenden Sitzungen

Therapeutin *(wendet sich an Judy und Leslie)*: Es ist mir klargeworden, daß Sie beide unter einer Decke stecken, um auf Gil aufzupassen. Sie, Leslie, verzichten darauf, in Ihrem eigenen Leben voranzukommen, um für Ihren Vater den Prügelknaben zu spielen. Sie wissen ganz genau, daß, wenn Sie aus dem Haus wären, Judy recht ungehalten darüber wäre, den ganzen Tag einen neunundvierzig Jahre alten Mann im Haus zu haben, der ständig Anforderungen stellt. Und Sie, Judy, vergessen alles, was Sie unter einer vernünftigen Erziehung verstehen – und jemand, der vier Kinder mit Anstand großgezogen hat, versteht eine ganze Menge davon –, und bemühen sich gemeinsam mit Leslie, Gil ja nicht merken zu lassen, was Sie an seinem Verhalten auszusetzen haben.

(Zu Gil:) Es ist für mich schwer verständlich, warum die beiden so schonend mit Ihnen umgehen. In gewisser Hinsicht ist das geradezu respektlos, als ob sie der Ansicht wären, Sie könnten nicht den geringsten Konflikt ertragen. Was meinen Sie?

In den sich anschließenden Sitzungen sprach Judy davon, daß sie unglücklich war, und Gil räumte ein, daß er Angst hatte, sie allein zu lassen – sie könnte einfach verschwinden. Leslie pflichtete ihm bei und sagte: »Das wäre eine Katastrophe!« Sie und Judy warfen sich einen verständnisinnigen Blick zu.

In der folgenden Sitzung ermunterte ich Judy, ihr Geschick im

Umgang mit Menschen bei Leslie zu erproben. Sie hätten, als es um Gil ging, so gut zusammengearbeitet, erklärte ich ihr, warum sollten sie sich nun nicht gegenseitig etwas zuliebe tun? Warum machte Leslie Judy Schwierigkeiten, die sich doch so große Mühe gab, wie eine Mutter für sie zu sein? Vielleicht könnten sie sich darauf einigen, wie entfernte Verwandte miteinander umzugehen oder wie gute Freunde oder auch nur wie Freunde.

In der abschließenden Sitzung forderte Judy Gil auf, wieder ins Geschäft zu gehen und dort seinen rechtmäßigen Platz einzunehmen, und er überlegte, wie und wann er das tun sollte. Leslie hatte sich in einer Kochschule eingeschrieben: sie beabsichtigte, Chefköchin zu werden. Judy schlug vor, sie solle zunächst einen Job in einem Restaurant annehmen. Gil protestierte: »Was? Andere Leute bedienen? Das ist ja lächerlich.« Leslie sagte ruhig: »Laß nur, Dad, ich glaube, sie hat recht.«

Zusammenfassung

Dieser Fall war schwierig und zog sich über einen Zeitraum von eineinhalb Jahren hin. Es ist unmöglich, jeden Konflikt zu vermeiden bei der Integration von zwei Familiensystemen, die beide ein eigenes Zentrum besitzen, beide, offen oder versteckt, ihre eigenen Richtlinien haben, beide entschlossen sind, ihre Integrität und Stabilität zu bewahren. Wenn eine Familie von Wiederverheirateten die Praxis eines Therapeuten aufsucht, hat es normalerweise ernstliche Probleme gegeben, meistens Probleme wegen eines Kindes. Da im allgemeinen vorausgesetzt wird, daß es Sache der Frau ist, sich um die Kinder zu kümmern (und zwar um die des Mannes und um die eigenen), ist der logische Schluß der, daß es an ihr liegen muß, wenn es auf diesem Sektor Probleme gibt – und schon steht sie als die böse Stiefmutter da. Neben den speziellen Vorgängen in den einzelnen Familien sollte ein Therapeut stets die komplexen gesellschaftlichen Faktoren und ihren großen Einfluß auf die Familie beachten, wie etwa geschlechtsbezogene Rollenvorschriften und die ausweglosen Situationen, die sie verursachen.

Fallbeispiel
Ist das, was man braucht, auch das, was man will?

Marianne Walters

Beginnen Männer und Frauen gemeinsam eine Therapie, dann stellen sie sich bezeichnenderweise auf sehr unterschiedliche Art dar. Frauen fangen ihre Aussagen mit »wir« an, Männer mit »ich«; Frauen fragen: »Was habe ich falsch gemacht?«, Männer: »Was ist schiefgegangen?« Frauen suchen Veränderungen im zwischenmenschlichen Bereich, Männer Lösungen für Probleme. Dieses Verhalten scheint bei wiederverheirateten Paaren sogar noch ausgeprägter, vielleicht weil es sich in der vorherigen Ehe eingewurzelt und verfestigt hat. Tatsächlich entstehen diese geschlechtsspezifischen Verhaltensmuster meist am Anfang einer Partnerschaft und sind dann auch fester Bestandteil des Verhaltensrepertoires der Partner, wenn sie eine neue Beziehung oder Ehe eingehen. Oft führt der bloße Versuch, in der neuen Ehe »alles anders zu machen«, nur zu einer Verschlechterung der Chancen dieser Ehe. Betty Carter hat bei ihrer Erörterung des Themas eine ganze Reihe jener kritischen Punkte und verborgenen Schlingen beschrieben, die auf die Familien von Wiederverheirateten warten und dazu beitragen, daß sich Gewohnheiten und Interaktionsmuster, wie sie jeder Partner mit in die neue Ehe bringt, polarisieren. Solange die Kindererziehung die Grundlage für ihre gesellschaftliche Anerkennung ist, werden Mütter und Stiefmütter miteinander um die Betreuung der Kinder konkurrieren. Und Väter und Stiefväter werden sich weiter von den familiären Problemen fernhalten, solange ihre Autorität mit der Überzeugung verknüpft ist, dies sei nicht ihre Domäne.

Trotz der steigenden Zahl von wiederverheirateten Paaren und dadurch neuentstandenen Familien verbleiben diese Paare und Familien in einem Zustand gesellschaftlicher Unsicherheit, was die Beziehungen sowohl innerhalb der neuen Familie als auch in den Ex-Familien betrifft. Das gilt natürlich besonders dann, wenn Kinder da sind. Das Bild von der bösen Stiefmutter und dem vertrottelten Stiefvater hat sich nicht allzusehr geändert. Und wenn beide

Partner Kinder haben, sind schon die Gründe für die Wiederheirat im Dunstkreis kultureller Mythen und gesellschaftlicher Traditionen angesiedelt. Vielleicht erinnern Sie sich an die immer wieder gezeigten, ungebrochen populären Filme *Meine Lieder – meine Träume* und *Mary Poppins*. Wie habe ich diese Filme geliebt! So sehr, daß ich fast die Botschaft nicht mitbekommen hätte, die sie uns romantischen Gemütern vermittelten: daß ein guter Mann mit Kindern Liebe in den Armen einer Frau findet, die seinen Kindern eine gute Mutter sein wird!

In meiner Therapie arbeite ich auf eine Rekonstruktion der dargestellten Vorgänge hin und gebe den Familienmitgliedern dann neue Impulse, indem ich ihre Darstellung als Ausgangspunkt für eine andere Sichtweise benutze. Der Versuch, meiner Therapie eine feministische Perspektive zu unterlegen, eröffnete neue Wege, den Klienten eine gedankliche Überarbeitung ihres Problems zu ermöglichen; Wege, die einen Teil unserer systemischen Analyse beibehalten, aber mit den unvermeidlichen Vorurteilen der übergeordneten Denkweise aufräumen, auf die diese Analyse sich gründet. So zum Beispiel, wenn, wie im unten beschriebenen Fall, eine auf dem Konzept der »Funktion des Symptoms« beruhende Umdeutung dahingehend erweitert wird, eine Beziehung herzustellen zwischen Funktion und gesellschaftlich geprägten Verhaltensweisen, geschlechtsspezifischer Entwicklung und den Erfahrungen von Frauen insgesamt. Das muß weder auf plumpe Weise geschehen, noch in Form einer Vorlesung über Gleichberechtigung oder die geteilte Macht innerhalb der Familie! Ganz im Gegenteil. Vorstellungen von geschlechtsbezogenem Verhalten, die sich in der Gesellschaft gebildet haben und die vielen vertraut sind, enthalten eine gewisse »Wahrheit«, ein kollektives Bewußtsein, das die Menschen zu einem spontanen Aha-Erlebnis befähigt – das Festhalten an solch einer Vorstellung kann durchaus heilsam und menschlich zugleich sein. Bei meiner Arbeit mit Familien von Wiederverheirateten konzentrieren sich meine anfänglichen Interventionen auf das jetzige Paar und/oder die jetzigen familiären Verhältnisse und nicht auf die jeweiligen Lebensumstände der Partner vor der Ehe (kürzlich geschieden, mehrere Ehen, Single, verwitwet, Kinder aus mehreren Ehen usw.). Wiederverheiratete Paare und ihre Kinder aus früheren Ehen konzentrieren sich häufig auf das, was vorher war, auf vorausgegangene Konflikte und Störungen oder auf ungelöste Probleme, die aus jenen früheren Beziehungen resultieren. Ich bemühe mich von Anfang an, ihre Energie darauf zu richten, die neuen Beziehungen zu stärken und neue Verhaltensweisen, Einteilungen und Gewohnheiten in der neuen Familie zu entwickeln. In Sitzungen mit der Familie bemühe ich mich, die Familie für die jetzt anstehenden Probleme im Umgang miteinander zu interessieren. Oft versetzt dies die neue Familie besser in die Lage, selbst mit so komplexen Fragenbereichen fertigzuwerden wie vorherige Ehen, mehrere Großelternpaare, mehr als eine mit der Erziehung befaßte Familie, Unterhalt, Sorgerecht und so weiter. Wird die neue Familie gestärkt, so kann eine laufende Therapie sich jedenfalls, wenn nötig, auf neue Verhaltensweisen einzelner Mitglieder oder der ganzen Familie stützen, um die verschiedenen Probleme zu bewältigen, die auftauchen, wenn man in der gleichen Generation mehrere Familien aufbaut.

Der folgende Fall basiert auf einer Konsultationssitzung, die ich – der Sinn solcher Sitzungen ist es ja, der Therapie eine andere Richtung zu geben – so ähnlich wie eine Anfangssitzung aufgebaut habe, in einer Situation, die unten näher erläutert wird.

Konsultationen

Im Rahmen eines Workshops, den ich im Süden veranstaltete, bat man mich, ein Konsultationsgespräch mit einem noch nicht lange verheirateten Paar zu führen, das große Schwierigkeiten hatte, mit seiner neuen (seit acht Monaten bestehenden) Ehe zurechtzukommen. Das Interview wurde im engsten Kreis der Workshop-Teilnehmer »live« geführt. Der Therapeut hatte bis zum Zeitpunkt ihrer Heirat bereits ein Jahr mit dem Paar gearbeitet und beriet sie nun während der ersten Monate ihrer Ehe. Die Qualität seiner Arbeit ließ sich an der Bereitwilligkeit des Paares ablesen, neuen Anweisungen zu »gehorchen«. Er hatte um die Konsultation gebeten, weil er den Eindruck hatte, daß die Therapie stagniere und nur noch dazu diene, »ein Feuer nach dem anderen zu löschen«. Das schlimmste dieser »Feuer« war vor rund sechs Wochen ausgebrochen: Pete, der Ehemann, Mitglied der Anonymen Alkoholiker und seit über einem Jahr trocken, war nach einem Streit mit seiner Frau, Sara Jean, auf Sauftour gegangen. Sara Jean, ebenfalls Mitglied bei den Anonymen Alkoholikern und seit über drei Jahren trocken, forderte ihn auf, das Haus zu verlassen. Fünf Wochen lebten sie getrennt, und Pete war erst ein paar Tage vor unserem Gespräch wieder nach Hause gekommen.

Eine Anmerkung zu Konsultationen. Wenn ich eine Konsultation durchführe, beteiligt sich der Therapeut mit der Familie daran, so daß ich wegen etwaiger Anweisungen mit ihm (oder ihr) Rücksprache nehmen und die Bestätigung oder Ablehnung meiner Beobachtungen und Erkenntnisse über Familienmitglieder oder Vorgänge in der Familie einholen kann. Die Tatsache, daß der Therapeut weiter zurückreichende und fundiertere Kenntnisse der Familie hat, wird immer betont. Wir einigen uns vor der Konsultation darauf, daß ich das Gespräch führe, ihn (oder sie) falls erforderlich um Rückendeckung bitte und er/sie sich nur im Notfall in das Gespräch einmischen soll. Hat der Therapeut einen wesentlichen Einwand, können wir uns aus der Sitzung entfernen und darüber sprechen. Es geht in der Konsultation immer darum, der Therapie eine neue Richtung zu geben. Es können darin therapeutische Techniken demonstriert werden, aber es wird nie »therapiert«. Eine Therapie durchzuführen, erfordert ständige Einsatzbereitschaft, ein kontinuierliches Verhältnis zum Klienten und, was am wichtigsten ist, Verantwortlichkeit. Bei einer Konsultation, vor allem wenn sie nicht an dem Ort durchgeführt wird, an dem man praktiziert, fehlen diese für jede Therapie unerläßlichen Parameter.

Die Familie

Sara Jean und Pete wohnen in einer Kleinstadt und mußten eine mehrstündige Fahrt hinter sich bringen, um zu der Konsultationssitzung zu kommen. Beide hatten in der Vergangenheit mit Alkohol zu tun; beide waren bereits zuvor verheiratet gewesen. Petes halbwüchsige Kinder, ein Mädchen und ein Junge, leben bei ihrer Mutter in einem anderen Staat, und er hat bedauerlicherweise kaum Kontakt zu ihnen. Sara Jean hat zwei Söhne, sechs und zehn Jahre alt, die bei dem Ehepaar leben. Beide Partner stammen aus Familien, in denen Mißhandlungen, Alkoholismus und ständige Streitereien die Norm waren. Sie lernten sich kennen und lebten dann drei Jahre zusammen, bevor sie heirateten. Sara Jean ist Beraterin in einem Geschäft für Brautmoden, und dieser Job liegt ihr wahrscheinlich sehr. Sie hat ein sanftes, freundliches Wesen, gemischt mit einer Portion Sachlichkeit und Zähigkeit. Pete ist Geschäftsführer in einem Schnellrestaurant. Er ist groß und kräftig und ein bißchen unbeholfen. Und diese beiden streiten und bekämpfen sich nun unaufhörlich. Vielleicht ist es nur ihr gemeinsamer Sinn für Ironie, der einen Ausgleich schafft.

Am Anfang ihrer Beziehung hatten sie sich wegen seines Alkoholkonsums und ihrer vorigen Ehe gestritten. Seit ihrer Heirat streiten sie sich hauptsächlich wegen der Kinder – über Vorschriften, Anforderungen und darüber, wer die Maßstäbe setzt. Pete meint, Sara Jean sei zu großzügig mit den Kindern und nehme sie zu sehr in Schutz. Er hält sie für undiszipliniert und ungezogen. Sara Jean ist der Ansicht, daß Pete bei seinen Erziehungsversuchen falsch vorgehe, daß er die Kinder nicht verstehe. Pete glaubt, daß Sara Jean seine Bemühungen um die Kinder nicht hoch genug einschätze. Ihr gemeinsames Leben ist chaotisch; beide wollen eine gewisse Ordnung, wissen aber angeblich nicht, wie sie die erreichen sollen.

Die Angelegenheit wurde noch durch Sara Jeans Ex-Mann verschlimmert, der Pete nicht ausstehen kann, sich in die Erziehung der Kinder einmischt und mit einer gerichtlichen Klage droht, um das Sorgerecht zurückzuerhalten. Zwischen ihm und Pete war es schon mehrmals beinahe zur Schlägerei gekommen. Doch der Therapeut hatte ihnen offensichtlich dabei geholfen, ihre Beziehungen zu Sara Jeans Ex-Mann zu stabilisieren, die Kinder etwas besser in den Griff zu bekommen und die Gewalttätigkeit ihrer Auseinandersetzungen zu reduzieren. Aber ihr Zusammenleben bleibt explosiv. Der Therapeut glaubt, daß sich Pete aus Kummer über den mangelnden Kontakt zu seinen eigenen Kindern Hals über Kopf in die Aufgabe gestürzt hat, bei den Kindern von Sara Jean die Vaterrolle zu übernehmen, und sie dies mit hartnäckigem Widerstand beantwortet hat. Sara Jean wurde nach eigener Darstellung immer reizbarer und streitlustiger gegenüber Pete. Beide zweifelten an ihrer Fähigkeit, jemals mit den Kindern ein harmonisches Familienleben zu führen. Unsere gemeinsame Sitzung begann, nachdem wir uns miteinander bekannt gemacht hatten, folgendermaßen:

Das Gespräch

Therapeutin: Wie ich höre, haben Sie stürmische Zeiten hinter sich. Doch ich sehe ein gut aussehendes Paar vor mir, das eine weite Anreise auf sich genommen hat, um vor laufenden Kameras, Kameraleuten, Mikrophonen und unter den Augen vieler meiner Kollegen einen völlig fremden Menschen zu treffen; daraus schließe ich, daß Sie sich gern haben und Ihre Probleme miteinander lösen wollen. Also, was ist los?

Sara Jean: Es sind ganz normale Probleme. Mit unserer Verständigung, mit den Kindern – Alltagskram, Ärger . . . ich werde nervös, fahre aus der Haut . . .

Therapeutin: Sie sind noch nicht lange verheiratet?

Pete: Wir haben schon vorher zusammengelebt . . .

Therapeutin: Ach ja. Aber Sie sind erst seit sieben Monaten verheiratet . . . gewöhnen sich erst an die neue Situation . . .

Pete: Wir haben uns noch nicht an unsere Ehe gewöhnt.

Therapeutin: Wie meinen Sie das?

Pete: Ich halte unsere Ehe für eine Katastrophe.

Therapeutin *(scherzend)*: Toll!

Pete: Aber ich würde sie nicht aufgeben, auch wenn ich die Gelegenheit dazu hätte.

Therapeutin: Also mögen Sie Katastrophen?

Pete: Nein, aber ich fühle mich in einer negativen Atmosphäre wohl, weil ich nie eine positive gekannt habe. Das ist zwar schlecht – aber ich fühle mich wohl, weil ich so jeden Tag kämpfen kann. Weil ich daran gewöhnt bin zu streiten, statt mich wohl zu fühlen. Wir stammen beide aus einem negativen Milieu und haben gelernt, Tag für Tag mit so etwas fertigzuwerden. Wir fühlen uns wohl dabei – na ja, ich jedenfalls. Ich fühle mich wohl in so einer Atmosphäre, aber ich mag die Gefühle und Gedanken nicht, die damit verbunden sind . . . und wir würden ja auch gern die angenehmen Seiten des Lebens genießen, wenn sich uns die Chance dazu bietet, aber wir wissen nicht, wie.

Therapeutin: Pete – Sie sind ein kluger Mann. Sie wissen eine ganze Menge über sich selbst und Ihre Beziehung. Woher kommt es, daß Sie so klug sind?

Pete *(errötend)*: Ich weiß nicht, ob es klug ist . . . es ist einfach so.

Therapeutin: Doch, ich glaube, es ist klug. *(Wendet sich an den*

Therapeuten): Donald, ist das Ihr Werk, daß Pete so klug ist, oder ist er . . .

Therapeut: Nein, Marianne . . . er weiß das alles von mir! Doch Scherz beiseite, ich stimme Ihnen zu, daß Pete viel Einsicht zeigt – beide übrigens –, sie haben sich ja auch schon eine ganze Weile mit diesem Problem befaßt.

Therapeutin *(zu Sara Jean)*: Es klingt so, als würden Sie Pete zuliebe diese negative Atmosphäre verbreiten . . . diese negative Energie . . . die er Ihrer Ansicht nach braucht, um sich wohl zu fühlen . . . um zu Ihnen zu gehören.

Sara Jean: So habe ich das nie gesehen . . . so nicht . . . ich . . . ich mache das bestimmt nicht mit Absicht.

Therapeutin: Nein, nicht mit Absicht, ganz sicher nicht mit Absicht. Sie kennen ihn einfach zu gut; und tun dann – ganz instinktiv – das, womit er sich Ihrer Meinung nach am wohlsten fühlt.

Sara Jean *(lächelnd)*: Man könnte es vielleicht so sehen . . . aber es ist irgendwie anders . . .

Therapeutin: Nein, wirklich, Sara Jean, ich finde es ganz reizend von Ihnen, daß Sie so »ekelhaft« und streitlustig sind, um für diesen Burschen zu Hause eine Atmosphäre zu schaffen, die für ihn vertraut und gemütlich ist.

Pete: Ja, ich fühle mich wirklich wohl so . . . mit einer anderen Situation kenne ich mich gar nicht aus. Aber es ist nicht das, was ich *möchte.*

Therapeutin: Sie fühlen sich wohl, aber Sie wollen es nicht? Das verstehe ich nicht, Pete.

Pete: Na ja, ich habe es auch nicht gern, wenn es die ganze Zeit nur Streiterei gibt – und wenn sie so sauer und grantig ist – ich will es nicht, obwohl ich mich mit einer anderen Situation gar nicht auskenne.

Therapeutin: Ach – da liegt das Problem. Das, was Sie brauchen, ist nicht das, was Sie wollen! Aber sehen Sie, Pete, Sie haben eine Frau, die Sie liebt und bereit ist, gemein oder streitsüchtig . . . oder sogar richtig widerwärtig zu sein, um dafür zu sorgen, daß der Mann ihres Lebens sich wohl fühlt. Das ist doch prima – geradezu aufopferungsvoll.

Sara Jean: Aber ich will gar nicht gemein sein, Marianne, bestimmt nicht. Ich glaube, ich werde einfach ärgerlich . . . da kommt man von der Arbeit nach Hause, die Kinder – und all das . . .

Therapeutin: Ja, all das, all das und noch mehr. Ich weiß, daß Sie nicht absichtlich gemein sind, Sara Jean. Nur hat Pete sich selbst – und Ihnen – eingeredet, daß er nicht weiß, wie man in einer positiven Atmosphäre lebt. Also spielen Sie, als gute Ehefrau, den bösen Buben! Das ist bei vielen Paaren so. Frauen lernen früh, daß man von ihnen erwartet, Möglichkeiten zu finden, damit sich ihr Mannsvolk wohl fühlt. Deshalb machen Sie intuitiv das, was er Ihrer Ansicht nach braucht.

Sara Jean: Also, ich habe nie . . . das habe ich noch nie so gesehen! *(Sie blickt zu Boden, langsam stiehlt sich ein verschmitztes Lächeln in ihr Gesicht. Als sie Pete ansieht, spiegeln sich in seinem Gesicht Ungläubigkeit und Freude. Sie lächeln einander an.)*

Pete: Na na na – jetzt . . .

Therapeutin *(zu dem Therapeuten)*: Tja, Donald, ich glaube, irgendwie muß Pete Sara Jean davon überzeugen, daß er, auch wenn er nicht weiß, ob er mit einer positiven Atmosphäre umgehen kann, jedenfalls nicht will, daß Sara Jean weiter eine negative Atmosphäre verbreitet, selbst wenn er sich dann wohl fühlt.

Therapeut: Sie haben recht, aber er hat Sara Jean eingeredet, daß er es nicht kann; deshalb bewahrt sie ihn davor zu versagen und bietet ihm das, worin er sich auskennt – jede Menge Streit!

Pete: Der Streit ist jedenfalls nicht das, was ich will.

Therapeutin: Ja, aber Pete, Sara Jean glaubt an das, was Sie ihr die ganze Zeit erzählen . . . daß Sie wissen, wie man streitet, aber nicht, wie man das Leben genießt. Also meint sie – genau wie Sie –, daß Sie Streit brauchen, um sich in Ihrer Beziehung okay zu fühlen. Ich glaube, Sie müssen sie davon überzeugen, daß sie Sie nicht vor sich selbst schützen muß – daß Sie selbst mit sich zurechtkommen – zum Beispiel lernen, wie man mit positiven und negativen Situationen umgeht. Donald kann Ihnen dabei helfen. Ich glaube, Pete, daß Sie, wie so viele Männer, zwar gelernt haben zu sagen, was Sie brauchen, aber nie begriffen haben, daß Ihre Frau dann denkt, daß Sie das auch wollen.

Pete: Hm – ich glaube, ich weiß, worauf Sie hinauswollen. Ich sage Ihnen, es ist ganz bestimmt nicht das, was ich möchte – aber ich weiß nicht genau . . .

Therapeutin: Fangen wir damit an, einen Weg zu finden, Sara Jean zu überzeugen, daß es nicht das ist, was Sie *wollen*. Ihr beizubringen, daß es nicht das ist, was Sie *brauchen*, wird weitaus schwieriger sein. Erst müssen Sie sich selbst überzeugen, daß Sie mit Dingen fertigwerden können, die Sie sich nicht zugetraut haben. Ein ganz schönes Stück Arbeit für Sie!

Umdeutung des Gesprächs

Die von diesem Paar geschilderten Vorgänge enthalten eine Reihe bekannter Themen: die Schwierigkeit für Stiefväter, sich in eine neue Familie hineinzufinden, in der es Kinder aus einer früheren Ehe gibt; die leibliche Mutter, die grobe Geschütze auffährt, um sich gegen die Eindringlinge zu wehren; der Kreislauf von Konflikt und Mißverständnissen auf beiden Seiten; die Wiederholung dysfunktionalen Verhaltens im zwischenmenschlichen Bereich; die Differenz zwischen den Absichten des Vaters, der im Umgang mit den Kindern bestimmte Regeln und Forderungen aufstellen will, und den Absichten der Mutter, die ein harmonisches Zusammenleben aller anstrebt. Manche Therapeuten gehen auf diese Themen direkt ein, indem sie zum Beispiel der Mutter nahelegen, »sich herauszuhalten«, damit der Vater sich auf positivere Weise in die Familie hineinfinden kann; mit den Eltern Zielsetzungen für die Kinder erarbeiten, mit denen beide Partner einverstanden sind; den Kreislauf der gegenseitigen Beschimpfungen und Streitereien stoppen oder die Streitigkeiten des Paares in vorgegebene Bahnen lenken.

Von einem feministischen Standpunkt aus gesehen ist die Frage die, wie man diesem Paar eine neue Sicht seiner Situation eröffnen kann, die einerseits die geschlechtsspezifischen Rollen und Erwartungen, andererseits die spezielle Form der Ehe und Familie berücksichtigt. Wertet man Sara Jeans aggressives Verhalten als Anpassung an die Bedürfnisse des Ehemannes und nicht als Streitsucht, kann man sie kaum selbst dafür verantwortlich machen. Man zeigt damit aber auch die gesellschaftlich gehegten Erwartungen an das Verhalten einer Frau in Ehe und Familie. Es ist wichtig, daß dies ganz besonders deutlich gemacht und dieser generelle Aspekt bei der Beratung dieser speziellen Familien nicht nur »so nebenbei« angemerkt wird. Wenn das Verhalten der Frau so verstanden wird, daß es nur einer Funktion im System dient, einer Funktion, die zum Problem geworden ist, richtet sich die Therapie darauf, nur bei der Frau ein verändertes Verhalten zu bewirken. Außerdem kann jede Umdeutung, auch wenn sie positiv gemeint ist, sexistisch

klingen. Bezeichnet man zum Beispiel eine Frau als »aufopferungsvoll«, kann dies leicht als Spott oder Herabsetzung verstanden werden, wenn nicht zwischen dem Therapeuten und der Klientin Einverständnis darüber besteht, daß dies zu den vielen Verhaltensweisen und
Rollen in der Familie gehört, die ihr von der Gesellschaft auferlegt werden. So kann die Umdeutung auch folgende Erkenntnis vermitteln:
Frauen lernen, ihre Ehemänner vor der Notwendigkeit, sich zu ändern, zu bewahren, selbst wenn sie sich sehnlichst eine Änderung wünschen. Pete traut sich andererseits auf emotionalem Gebiet nicht viel
zu und hat gelernt, sich eher auf das zu verlassen, »was ist«, als auf
das, »was sein könnte«. Sara Jean glaubt trotz ihres Gezänks und des
Wirbels, den sie veranstaltet, gar nicht im Ernst, daß Pete sich ändern
könnte, genausowenig wie Pete selbst. Hier handelt es sich um Verhaltensweisen, die einerseits kulturell geprägt und geschlechtsbezogen
sind, auf der anderen Seite aber auf das individuelle familiäre System
zurückgehen. Weckt man bei diesen beiden Eheleuten ein schärferes
Bewußtsein für den gesellschaftlichen Gesamtzusammenhang, in dem
auch ihr Umgang miteinander steht, dann vergrößert sich vielleicht
auch die Bereitschaft, ihre Beziehungen zu verbessern.

Besonders wenn es um die Stiefkinder ging, versuchte Pete,
Sara Jean davon zu überzeugen, daß er das Chaos und die erbitter-
ten Diskussionen, von denen die ersten Monate ihres Ehelebens geprägt waren, nicht wolle. Zum Beispiel entwickelte sich im weiteren Verlauf der Sitzung das folgende Gespräch:

Pete: Wenn die Kinder wenigstens *ein*mal während des Essens
sitzen bleiben könnten!

Sara Jean: Aber Pete – erst stachelst du sie an, drehst sie richtig
auf, und wenn sie dann über die Stränge schlagen, verlangst du,
daß sie sich brav hinsetzen und gehorchen.

Pete: Ich will ja, daß sie ihren Spaß haben, aber ich will auch,
daß sie wissen, wann Schluß ist.

Therapeutin: Pete, Sie wollen also bei diesen Kindern unverzüglich den Vater spielen – ich kann Sie verstehen – es ist ja anscheinend ein recht quirliges Gespann . . .

Pete: Nein, das will ich nicht.

Therapeutin: Ach – vielleicht ist es nur wie in dem Fall, den wir
bereits besprochen haben: Sie meinen, Sie »müßten« jetzt und auf
der Stelle ein richtiger Vater für sie sein, auch wenn es gar nicht

das ist, was Sie »wollen«. Und vielleicht suchen die Kinder, wie ihre Mutter, nach einem Weg, mit Ihnen auszukommen. Es ist bestimmt wichtig für sie, genauso wie für Sie und Sara Jean.
Pete: O ja, das ist es. Sie brauchen einen Vater.
Therapeutin: Und jetzt haben sie sogar zwei! Und nicht zu vergessen: eine ganz tolle Mutter.
Pete: Ja, nur etwas zu sanft.
Sara Jean: Ach, ich weiß nicht . . .
Therapeutin: Vielleicht ist Sara Jean ganz besonders sanft, wenn sie sieht, daß Sie so grob sind . . . sie versucht, das auszugleichen.
Sara Jean: Genauso ist es.
Therapeutin: Was meinen Sie, Sara Jean, wie könnte man erreichen, daß Pete mit den Kindern gut auskommt, bis Sie sich zu einer neuen Familie entwickelt haben? Denn, sehen Sie, ich glaube, das dauert ein bißchen, und er ist so ungeduldig – vielleicht sind Sie beide zu ungeduldig, weil Sie möglicherweise glauben, den Kindern hätte zu lange ein Vater gefehlt. Ich glaube, Sara Jean, Sie müssen sich etwas mehr auf Ihre mütterlichen Fähigkeiten verlassen, damit Pete Zeit hat, seinen Platz in seiner neuen Familie zu finden.

Hat eine Mutter vor ihrer Wiederheirat ihre Kinder eine Zeitlang allein erzogen, wie dies bei Sara Jean der Fall war, dann ist sie häufig der Ansicht, ihre Kinder hätten zu lange einen Vater entbehrt, und vielleicht zu sehr darauf bedacht, daß ihr neuer Ehemann umgehend mit der Erziehung beginnt, selbst wenn sie das Bedürfnis hat, auf ihren mütterlichen »Rechten« und ihrer Erfahrung zu bestehen. Interessanterweise hat solch ein Paar eine gemeinsame Überzeugung – nämlich die, daß den Kindern eine verläßliche Vaterfigur gefehlt habe –, auch wenn beide in Erziehungsfragen sonst völlig unterschiedlicher Ansicht sind. Diese gemeinsame Überzeugung anzuerkennen, aber auch, sie in Frage zu stellen, gehört zu dem Prozeß, Verantwortung und Autorität neu zu verteilen.

Zum Schluß sollte noch erwähnt werden, daß während der Konsultation mit dem Therapeuten auch über die Einbeziehung der Kinder in die Therapie gesprochen wurde. Ich gab die Empfehlung, sie nicht in die laufende Therapie einzubeziehen. Außer wenn kleine Kinder die Symptomträger sind, sehe ich keinen Anlaß, sie in die Therapie einzubeziehen und damit das Risiko einzugehen, Klienten aus ihnen zu machen.

Teil IV
Alleinstehende Frauen

Meiner Schwester Margaret gewidmet,
die mir gezeigt hat, daß Frauen mit Mut,
Würde und Freude allein leben können.

9
Alleinstehende Frauen:
Die frühen und mittleren Jahre

Peggy Papp

Die folgende Anzeige wurde von Susan Hesse, einer achtunddreißig Jahre alten Werbeleiterin, an zweihundert Freunde und Kollegen versandt, als sie ihr neues Haus bezogen hatte:

Alice und Carl Hesse
aus Washington, D.C.,
beehren sich anzuzeigen,
daß ihre Tochter
Susan A. Hesse
aus Piedmont, Kalifornien,
sich am Samstag, dem 23. Juni 1984,
zur Schlafenszeit
endgültig in den glücklichen Stand
der alten Jungfer begibt,
damit aufhört,
nach dem Richtigen
Ausschau zu halten,
und damit beginnt,
rauschende Partys und
Abendgesellschaften zu geben.
Als Beitrag zum Gelingen
dieses herrlichen Anlasses
sind Geschenke
aus Newport-Scroll-Sterlingsilber
von Gorham
in der Fachabteilung
von Macy's erhältlich.
Besten Dank im voraus,
Carl und Alice.

Termine werden bekanntgegeben,
sobald Susan einen Eßtisch gekauft hat.*

Diese Anzeige ist ein Beispiel dafür, wie eine Frau ihr Single-Dasein
genießt und ihre Unabhängigkeit wie einen Ritus zelebriert. Mit
dieser stolzen Ankündigung erklärt sie ihre Absicht, auch ohne
Mann ein ausgefülltes, glückliches Leben zu führen.

Das ist himmelweit entfernt von der erniedrigenden Lage unverheirateter Frauen noch 1862, die den englischen Journalisten W. R.
Gregg zu dem Vorschlag veranlaßte, man solle 750000 ledige
Frauen in Länder mit besserem Heiratsmarkt exportieren! Unverheiratete Frauen galten als gesellschaftliche Parias, und ihre Existenz wurde außerhalb ihrer Familien kaum sichtbar.

Der prozentuale Anteil unverheirateter Frauen im Alter zwischen 25 und 34 hat sich in den letzten zehn Jahren mehr als verdoppelt, da immer mehr Frauen im ganzen Land eine Heirat entweder
aufschieben oder aber beschließen, überhaupt nicht zu heiraten.
Dieser drastische Anstieg alleinlebender Frauen geht auch auf die
Frauenbewegung zurück, die den Frauen eine Reihe neuer Alternativen eröffnet hat. Rasche Veränderungen auf dem Gebiet der
sexuellen Moral und eine größere Flexibilität bei persönlichen Beziehungen haben das Spektrum möglicher Partnerschaften erweitert,
das heißt, es müssen nicht ausschließlich langfristige, heterosexuelle
Partnerschaften sein. Diese neuen Beziehungen widersprechen der
Vorstellung, in Ehe und Mutterschaft liege die eigentliche Erfüllung der Frau. Wenn eine Frau ihren eigenen, selbständigen Haushalt gründet, bestätigt das ihre Unabhängigkeit und fordert die
Anerkennung ihres Single-Status heraus.

Vor- und Nachteile des Single-Daseins

Viele Alleinstehende bevorzugen ein Leben, in dem es eine Reihe
von Beziehungen mit einer Reihe von Leuten gibt, anstatt daß sie
sich auf eine ausschließende und intensive Beziehung mit einem bestimmten Menschen einlassen. Sie nehmen lieber gelegentliche
Einsamkeit in Kauf, als ihren Single-Status zu opfern, und halten

---

* Abdruck mit freundlicher Genehmigung von Susan Hesse.

an ihrer sozialen und geographischen Mobilität fest, die es ihnen erlaubt, aus beruflichen Gründen zu reisen oder umzuziehen, sollte sich die Gelegenheit dazu ergeben.

Allein und unabhängig zu leben bedeutet, andere charakterliche Fähigkeiten zu entwickeln als die in einer Ehe erforderlichen. Die traditionelle Ehe ermuntert Frauen zu Gefügigkeit, Unselbständigkeit und Selbstlosigkeit sowie dazu, ihre eigenen emotionalen Bedürfnisse hinter denen anderer zurückzustellen. Alleinlebende Frauen dagegen haben die Freiheit, sich zuallererst um ihre eigenen Wünsche zu kümmern, unabhängig zu werden, selbständige Entscheidungen zu treffen, ihr Privatleben zu genießen und über sich selbst zu bestimmen.

Diese Eigenschaften stehen in krassem Gegensatz zu der konventionellen Vorstellung von den Attributen einer begehrenswerten Frau. Die Psychiater könnten diese Eigenschaften bei Frauen als narzißtisch, neurotisch, egozentrisch ansehen und als Indiz für die Unfähigkeit, enge emotionale Beziehungen einzugehen. Die meisten Psychologen und Therapeuten vertreten die Ansicht, es sei ein Zeichen emotionaler Reife, eine langfristige Bindung einzugehen, hingegen ein Ausdruck von Unzulänglichkeit und mangelndem Anpassungsvermögen, wenn jemand andere Lebensformen bevorzugt. Alleinlebende Frauen gelten ihnen als verklemmte, frustrierte Wesen, die ungelöste Probleme mit ihrer Sexualität haben. Diese von den Psychologen vertretenen Theorien über das, was normal sei, sind somit geeignet, die Frauen zu stigmatisieren.

Aber, wie Margaret Adams in ihrem Buch *Single Blessedness* (1976) ironisch ausführt, man sollte diesen Frauen, welche Probleme sie auch immer haben, gratulieren zu ihrer Entscheidung, Single zu bleiben; denn sie beweise, daß sie sich ihrer Probleme bewußt sind und genügend Vernunft besitzen, eine Lebensform beizubehalten, die besser zu ihnen paßt. »In dem Entschluß, unter diesen Umständen eine Ehe zu vermeiden, könnte man ein gesundes Maß an Selbsterkenntnis, Selbstbestimmung und einen Ausdruck der persönlichen Stärke sehen, die notwendig ist, um mit einer Existenz fertigzuwerden, die sich häufig als mit wirtschaftlichen Problemen, Einsamkeit, Herabsetzung ihrer Person und sozialem Stigma belastet erweist ... Die steigende Scheidungsrate könnte ein Hinweis darauf sein, daß viele derer, die sich ahnungslos auf dieses Schlachtfeld (die Ehe) wagen, in ihren Beziehungen ebenso schwerwiegende Defizite aufweisen, wie man diese den Singles unterstellt, und sie sich dieser Defizite vielleicht nur nicht bewußt sind.«

Wie Margaret Adams weiter ausführt, beweist der Anstieg von Scheidungen, unglücklichen Ehen und Berichten über die Vernachlässigung und Mißhandlung von Kindern, daß in manchen Fällen das, was die Gesellschaft für das vorrangige Bestreben der Frauen hält, eher auf gesellschaftlichen Vorschriften beruht als auf natürlichen Instinkten. Bei guten Voraussetzungen kann ein Single-Dasein einer Frau ein starkes Gefühl psychischer Unabhängigkeit und persönlicher Integrität vermitteln. Für manche Frauen sind ihr Alleinsein und ihre Unabhängigkeit wesentlicher Bestandteil ihres Glücks und ihres Wohlbefindens, und sie sind bereit, dafür gelegentliche Einsamkeit, finanzielle Einschränkungen und gesellschaftliche Ächtung in Kauf zu nehmen.

Diese Ächtung durch die Gesellschaft findet auf ökonomischer und psychologischer Basis statt. Die wirtschaftliche Unabhängigkeit der Frauen stellt eine ernsthafte Gefahr für das Sozialgefüge dar. Gemäß der traditionellen Aufteilung kümmern sich Frauen um das Wohl der Familie und überlassen es den Männern, sich beruflich zu entfalten und das Getriebe der Welt in Gang zu halten. Frauen, die allein existieren können, stehen nicht mehr parat, um die Männer zu umsorgen. So wie einst Lysistratas Frauen die kriegerischen Abenteuer ihrer Männer dadurch beendeten, daß sie sich ihnen verweigerten, könnten ökonomisch unabhängige Frauen das Patriarchat endlich in seinen Grundfesten erschüttern, welches sich schließlich auf die unbezahlte Arbeit der Frauen stützt.

Trotz dieses gesellschaftlichen Umfeldes haben sich neue experimentelle Lebensformen, die dem Bedürfnis nach Freiheit und Privatsphäre und dem Wunsch nach gesellschaftlichem Umgang gleichermaßen Rechnung tragen, in den letzten zehn Jahren mit wachsender Geschwindigkeit entwickelt. In einigen Fällen teilen sich Männer und Frauen aus rein praktischen Erwägungen eine Wohnung, ohne eine sexuelle Beziehung miteinander zu haben. Oder eine Gruppe von Frauen erwirbt eine Wohnung oder ein Haus und lebt nach bestimmten Regeln zusammen. Diese Wohngemeinschaften ersparen den einzelnen Mitgliedern der Gruppe Geld, Energie und Zeit, während ihr Bedürfnis nach Alleinsein und zugleich das nach Gemeinsamkeit erfüllt wird. Man geht soziale und finanzielle Bindungen mit einer Gruppe von Leuten und nicht mit Einzelpersonen ein, das heißt, die gegenseitige Abhängigkeit ist viel geringer.

Soziale und sexuelle Risiken

Es gibt unvermeidliche Nachteile und Gefahren, denen sich alleinstehende Frauen gegenübersehen. Da das Single-Dasein keine Tradition hat, genießt es nicht die gleiche Unterstützung wie etwa die Institution Ehe. Alleinstehende Frauen müssen ihr eigenes Leben selbst programmieren und sind auch beim Aufbau eines gesellschaftlichen Netzes auf sich gestellt. Einer der größten Nachteile ist, daß man keinen festen Partner hat, mit dem man über seine alltäglichen Probleme sprechen oder ein geregeltes Sozial- und Sexualleben führen kann. Zum Beispiel erfordert es ein hohes Maß an Disziplin und ständige Bemühungen, allein einen Bekannten- und Freundeskreis aufzubauen. In den Vereinigten Staaten ist das gesellschaftliche Leben weitgehend auf Paare zugeschnitten, und es kann recht unangenehm sein, ohne Partner dazustehen. Das trifft auf Frauen mehr zu als auf Männer, da alleinstehende Frauen als Belastung der Gesellschaft angesehen werden.

Die meisten alleinstehenden Frauen brauchen und wünschen Kontakt mit dem männlichen Geschlecht, gemeinsame Vergnügungen, Kameradschaft und gegenseitige Unterstützung. Aber es herrscht ein Mangel an Gelegenheiten für einen ungezwungenen heterosozialen Umgang außerhalb der Ehe. Die Veranstaltungen, die es gibt, kommen nicht unbedingt den Bedürfnissen von Singles entgegen. Diese Aktivitäten kommerzieller Art, wie zum Beispiel Kreuzfahrten, Singles-Wochenenden, spezielle Partys, Kontaktanzeigen, Computer-Dating und Singles-Clubs und -Bars, dienen im allgemeinen der sexuellen Ausbeutung und bringen oft Enttäuschung mit sich, wenn nicht sogar direkte Gefahr. Diese auch als »Fleischmarkt« bezeichneten Veranstaltungen haben mit ihrer Demütigung und Ausnutzung von Frauen als Sexualobjekten durchaus pornographische Züge.

Deshalb kann der Wunsch nach Kameradschaft und freundschaftlichem Umgang mit einem Mann komplexe Konsequenzen haben. In unserer sex-orientierten Gesellschaft wird sexuellen Aktivitäten ein unnatürlich hoher Stellenwert eingeräumt. Für eine ungebundene Frau ist es schwierig, mit Männern zu verkehren, ohne sich der Gefahr sexueller Belästigung oder sogar Vergewaltigung auszusetzen. Da Frauen sich bewußt sind, daß Männer mehr an ihren sexuellen als an anderen Fähigkeiten interessiert sind, verleitet sie dies oft dazu, ein sexuell orientiertes Verhältnis einzugehen, bei dem ihre wahren Bedürfnisse oder Gefühle zu kurz kommen. Das untergräbt ihre Selbstachtung und verringert ihre persönliche Integrität. Läßt sie sich entgegen ihren eigenen Neigungen auf ein solches Verhältnis ein, dann opfert sie ihr kostbares Gefühl der Unabhängigkeit; tut sie es jedoch nicht, dann steht sie oft ohne männliche Gesellschaft da. Die überbetonte Notwendigkeit von Sex ist letztlich ebenso unterdrückerisch wie die verklemmte Sittenstrenge des viktorianischen Zeitalters.

So nimmt es nicht wunder, daß ungebundene Frauen ihre Fähigkeiten auf sexuellem Gebiet als höchsten Maßstab für ihre weibliche Identität und ihren persönlichen Erfolg betrachten. Ihre eigenen Erfahrungen werden noch durch die Botschaften der Massenmedien verstärkt, die den hohen Wert der sexuellen Attraktivität einer Frau betonen, ihren intellektuellen Fähigkeiten aber nur einen begrenzten Wert beimessen. Das trifft auf Männer nicht zu, deren sexuelle Attraktivität oft allein auf ihrem hohen Einkommen beruht. Trotz der vielen Veränderungen auf sexuellem Gebiet in den letzten zehn Jahren bestimmen Frauen ihre sexuellen Beziehungen nur selten selbst, ordnen sie ihre Wünsche auf diesem Gebiet oft denen der Männer unter.

Identitätsprobleme

Da die Singles-Szene so viele Gefahren birgt, dreht sich das Leben vieler Frauen darum, den »Richtigen« zu finden. Sind sie erst einmal um die Dreißig, dann wird diese Suche immer zwanghafter. Sie können sich nicht vorstellen, daß man auch außerhalb von Ehe und Mutterschaft seine Identität und Erfüllung finden kann. Haben sie keinen männlichen Partner, denken sie von sich selbst in Begriffen wie »partnerlos« oder »halber Mensch«. Sie spielen ihren eigenen Unternehmungsgeist und ihre eigenen Ambitionen herunter, aus Angst, sie könnten ihren Sex-Appeal einbüßen, wenn sie zu erfolgreich und unabhängig werden. Für diese Frauen sind Unabhängigkeit und Freiheit gleichbedeutend mit Einsamkeit und Ausgeschlossensein. Ihre Symptome stellen sich in der Therapie in vielfältigen Formen dar, angefangen bei verlorener Selbstachtung bis hin zu Depressionen, Angst, Problemen am Arbeitsplatz und physischer Krankheit. Freundschaften mit anderen Frauen betrachten sie als zweitrangig und haben panische Angst, als lesbisch bezeichnet zu werden.

Eine andere Kategorie Frauen liegt ständig mit alten und neuen Werten in Konflikt. Einerseits bemühen sie sich darum, selbständig ihr eigenes Leben zu leben, auf der anderen Seite verlieren sie sich in Vorstellungen und Träumen der Vergangenheit. Die traditionellen Wertvorstellungen aus ihrer früheren Zeit verfolgen sie und verdrängen das, was sie in der Gegenwart erreicht haben. Sie werden heimgesucht von den tief im Bewußtsein verankerten Maximen, ihnen vermittelt besonders von ihren Müttern, aber auch von anderen Personen, die großen Einfluß auf ihre Vorstellungen von Liebe, Ehe und anzustrebendem Glück hatten.

Neue Möglichkeiten

Diese sexuellen Konflikte und Probleme sind die Ursache dafür, daß eine steigende Zahl von Frauen beschließt, Kinder zu haben und nicht zu heiraten. Wenn eine Frau in der Vergangenheit nicht heiratete, verzichtete sie damit automatisch darauf, Mutter zu werden. Das muß heute nicht mehr sein. Einige Frauen haben aus den Worten »unverheiratete Mutter« die Begriffe »Wahlmutter« oder »alleinerziehende Mutter aus freiem Entschluß« gemacht. Hier handelt es sich nicht um ungewollte Schwangerschaften wie bei vielen Teenagern, sondern sie sind bewußt und sorgfältig geplant. Die Frau sucht sich entweder einen Mann, der einverstanden ist, oder sie adoptiert ein Kind oder sie geht zur künstlichen Insemination in eine Fruchtbarkeitsklinik. Die Fruchtbarkeitskliniken, bis vor kurzem nur von Ehepaaren aufgesucht, öffnen ihre Pforten jetzt auch für alleinstehende Frauen. Roxanne Feldschuh, Ko-Direktorin der *Idant Laboratories*, sagt über die Frauen, die ihre Dienste in Anspruch nehmen: »Unsere alleinstehenden Empfängerinnen sind intelligente, begabte Superfrauen, die es ablehnen, sich mit einem Mann einzulassen, um zu heiraten und ein Kind zu haben.«

Es sind Frauen, die die Erfahrung machen möchten, ein Kind auf die Welt zu bringen. Sie sind bereit, sich auf die vielen Schwierigkeiten und Nöte einzulassen, die es mit sich bringt, allein für ein

Kind die Verantwortung zu übernehmen, zum Beispiel für den Unterhalt aufzukommen, Babysitter zu besorgen, sich um die Schule zu kümmern und das gesellschaftliche Stigma zu ertragen, das unweigerlich mit diesem unkonventionellen Schritt verbunden ist.

Diese »Wahlmütter« haben viel Kritik zu ertragen, am häufigsten den Vorwurf, sie schädigten das Kind in seiner natürlichen Entwicklung, indem sie ihm einen Vater vorenthalten. Das läßt die Tatsache außer acht, daß in traditionellen Familien die Kinder überwiegend von den Müttern erzogen werden. (Dr. Martin V. Cohen, Psychologe an der Fakultät des *New York Hospital-Cornell Medical Center*, steuert eine positive Anmerkung zu dieser neuen gesellschaftlichen Entwicklung bei: »Fünfzig Prozent aller Kinder an Grundschulen stammen aus geschiedenen Ehen, das heißt, es ist praktisch die Norm, daß die Kinder nur einen Elternteil haben . . . In gewisser Hinsicht könnten es die Kinder unverheirateter Mütter sogar leichter haben. Sie müssen nicht die Zurückweisung erleben, die es bedeutet, wenn der Vater weggeht oder wieder heiratet. Ich halte es für gar nicht schlecht.«)

Ein anderer schwerer Vorwurf gegen Wahlmütter ist der, sie taugten nicht zur Mutterschaft wegen ihres Unvermögens, eine enge Beziehung mit einem Mann einzugehen. Statistiken belegen jedoch, daß viele Mütter mißhandelter oder vernachlässigter Kinder in einer konfliktreichen und überaus abhängigen Beziehung mit einem Mann leben und gerade die extremen Probleme dieser Beziehung häufig die Ursache von Mißhandlung und Vernachlässigung sind. Das ungute Dreieck, das sich bildet, wenn ein Kind zwischen zwei sich streitenden Elternteilen steht, kann für das Kind sehr viel schädlicher sein, als wenn es nur einen Elternteil als Bezugspunkt hat.

Tatsächlich braucht die Frau, um eine Beziehung zu einem Mann in Gang zu halten, gänzlich andere Qualitäten, als wenn sie ein Kind aufziehen will. Ersteres bedeutet eine narzißtische Beschäftigung mit der eigenen physischen Anziehungskraft, mit sexuellem Genuß, bedeutet Kompromisse schließen und, in bezug auf emotionale Bedürfnisse, Abhängigkeit vom Partner. Das andere bedeutet Reife, Selbstsicherheit, bedeutet Verantwortung übernehmen, sich auf sein eigenes Urteil verlassen und selbständig Entscheidungen treffen.

Die Diskussion um ein Single-Dasein hat sich bisher fast ausschließlich mit den damit verbundenen Vorteilen für weiße Frauen der Mittelschicht befaßt. Ich bin mir der Tatsache sehr wohl bewußt, daß es diese Chancen für schwarze Frauen und andere Minderheiten, häufig nicht gibt. Psychologische Befreiung hängt von sozialer und ökonomischer Befreiung ab. Ntozake Shange verdeutlicht die Misere schwarzer Frauen in ihrem Stück *For Colored Girls Who Have Considered Suicide When the Rainbow Is Enuf* mit der klaren Aussage, daß es einfach zuviel ist, schwarz *und* eine Frau zu sein.

Therapeutische Folgerungen

Eines der häufigsten Probleme, über das alleinstehende Frauen in der Therapie berichten, betrifft ihre Beziehung zu einem Mann. Sie glauben, irgend etwas sei mit ihnen nicht in Ordnung, wenn sie keinen Mann gefunden haben oder es ihnen nicht gelungen ist, die Beziehung zu einem Mann zufriedenstellend zu gestalten. Viele Therapeuten teilen die Meinung der Frauen, daß in beiden Fällen ein neurotisches Problem zugrunde liege und sich die Liebe automatisch einstelle, wenn die Frau mit Hilfe der Therapie dieses neurotische Problem bewältigt hat.

In einem kürzlich in der *New York Times* erschienenen Artikel über alleinstehende Frauen schreibt der Journalist über eine vierundvierzig Jahre alte Therapeutin, die zu der Überzeugung kommt, daß sie wegen ihrer Persönlichkeitsprobleme allein ist, und eine Analyse beginnt. »Die Frauen sind aufgrund neurotischer Konflikte in dieser Situation«, sagte sie. »Ich sehe es an meinen Freundinnen. Ich sehe es an mir. Und ich sehe es an meinen Patientinnen.« Auf der gleichen Seite ist eine Grafik des *US Census Bureau* abgedruckt, die die steigende Differenz zwischen der Zahl lediger Frauen und der Zahl lediger Männer in New York City zeigt: 154 815 unverheiratete Frauen gegenüber 95 058 unverheirateten Männern. Um also die »Neurosen« aller alleinstehenden Frauen in New York City zu kurieren, müßte man entweder 59 757 ledige Männer importieren oder Bigamie legalisieren. Persönlichkeitsneurosen müssen für alle bestehenden sozialen, kulturellen, demographischen und politischen Probleme als Erklärung herhalten. Man findet sie überall, wenn man sich die Mühe macht, danach zu suchen.

Bei der Arbeit mit alleinstehenden Frauen ist es besonders

wichtig, ihr Alleinsein nicht als krankhaft zu werten, indem man in den Tiefen ihrer Psyche oder Vergangenheit nach den Ursachen dafür sucht. Die TherapeutInnen sollten ihnen eher dabei helfen zu untersuchen, in welcher Weise kulturelle Einstellungen ihre persönlichen Erfahrungen und Entscheidungen beeinflussen, und gesellschaftlich aufgezwungene Vorstellungen von jenen zu unterscheiden, die sinnvoll und brauchbar für sie sind, sowie überholte Erwartungen durch neue Alternativen und Ideen zu ersetzen. Man muß den Frauen klarmachen, daß ihr Verlangen nach Geborgenheit und Zuwendung nicht nur in einer sexuellen Beziehung befriedigt werden kann, sondern auch in der Familie und lebenslangen Freundschaften, die stets Beistand und Halt bieten. Ihre Konzentration und Energie sollten sie nicht mehr darauf richten, das herbeizusehnen, was sie nicht haben, sondern auf das, was sie haben – ihre eigene Begabung und ihre eigene Kreativität –, damit sie entdecken können, daß das Leben mit oder ohne Mann Bedeutung und Sinn haben kann.

Zu den nachstehenden Fällen

Sucht eine Frau die Therapie auf wegen der Beziehung, in der sie gegenwärtig lebt, ziehe ich es vor, sie und den Mann gemeinsam zu beraten. Ist der Mann jedoch verheiratet und will die Beziehung geheimhalten, was häufig vorkommt, arbeite ich mit der Frau allein. In diesen Fällen ist es gewöhnlich das Ziel der Frau, durch die Therapie einen Weg zu finden, den Mann festzuhalten, wie in meinem Fall »Die Gipfel des Lebens erstürmen« zu sehen sein wird.

In Marianne Walters' Fall »In einem Meer des Erfolgs ertrinken« zieht sie in der zweiten Sitzung den Mann hinzu, obwohl die Frau die Therapie in erster Linie für sich selbst will. Die Frau geht nach ihrer eigenen Darstellung davon aus, daß ihr psychosomatisches Symptom mit ihrer »Angst vor Erfolg« und der Rivalität zu ihrer Mutter zusammenhängt. Walters deutet das Symptom als beschützerisches Verhalten ihrem Freund gegenüber, der das Gefühl hat, gebraucht zu werden und nützlich sein zu können, wenn sie sich hilflos und unselbständig verhält. Walters verbindet diese Umdeutung mit der gesellschaftlichen Prämisse, daß Frauen instinktiv versuchen, Männer zu schützen und ihnen das Gefühl zu geben, sie seien stark und wichtig, auch wenn es zu ihrem eigenen Nachteil ist. Die Therapie konzentriert sich darauf, mit der Frau und ihrem Freund nach Möglichkeiten zu suchen, wie sich ihre Beziehung aufrechterhalten und das symptomatische Verhalten der Frau abbauen läßt.

Diese beiden Fälle zeigen unterschiedliche Wege, die Chancen für alleinstehende Frauen zu vergrößern: Im ersten Fall geht es darum, eine destruktive Beziehung zu einem Mann aufzugeben, im zweiten, sich in der Beziehung zu einem Mann von einer traditionellen Frauenrolle zu trennen. Obwohl die Situationen und therapeutischen Methoden stark voneinander abweichen, befaßt sich die Therapie in beiden Fällen damit, die Einstellung der Frauen gegenüber elementaren Problemen zu verändern und sie mit Alternativen vertraut zu machen.

Fallbeispiel
»Die Gipfel des Lebens erstürmen«

Peggy Papp

Die Geschichte ist reich an Berichten über Frauen, die ihr Leben in den Dienst eines herausragenden, schöpferischen Mannes stellen und sich damit begnügen, seine Talente und Leistungen zu ihren eigenen zu machen. Diese Frauen sind oft bereit, alle Belastungen, wie etwa Launenhaftigkeit und Temperamentsausbrüche, in Kauf zu nehmen für das Privileg, sich im Abglanz dieser charismatischen Männer zu sonnen. Es überrascht nicht, wenn Frauen dazu neigen, durch einen Mann zu Macht und Ruhm zu gelangen, da Männer hier eindeutig die besseren Chancen haben.

In ihrem Bestseller *Wenn Frauen zu sehr lieben* (1986) schreibt Robin Norwood sehr treffend über Frauen, die wegen ihrer Neigung zu kühlen, nie verfügbaren und emotional oft labilen Männern ihre eigenen Interessen vernachlässigen. Norwood sieht die Gründe für das selbstzerstörerische Verhalten dieser Frauen in neurotischen Tendenzen, die auf Ablehnung durch die Eltern und auf Kindheits-Traumata zurückgehen, berücksichtigt jedoch nicht die kulturellen Normen, die es Frauen nahelegen, sich durch den Mann zu verwirklichen. Trotz mancher Bestrebungen in die entgegengesetzte Richtung gehen unsere kulturellen Richtlinien immer noch dahin, den Frauen zu empfehlen, ihren sozialen Rang eher durch den Mann als aus eigener Kraft zu erreichen.

Der folgende Fall befaßt sich mit einer Frau, die einen Mann, da sie nicht offen mit ihm konkurrieren konnte, über jedes Maß idealisierte und geradezu von dem Gedanken besessen war, seine Liebe zu gewinnen. Ich half ihr in der Therapie, die Ursache ihrer Anbetung richtig einzuschätzen und zu erkennen, daß sie deshalb ihre eigene Leistungsfähigkeit vernachlässigte. Indem sie sich mehr darauf konzentrierte, ihre eigene Begabung zu nutzen, befreite sie sich von ihrer fixen Idee.

Hollys fixe Idee

Holly war eine intelligente junge Frau von vierundzwanzig Jahren; sie kam zu mir wegen ihrer Schwierigkeiten mit Oscar, einem verheirateten Mann, mit dem sie ein Verhältnis hatte. Sie arbeitete als Oscars Forschungsassistentin an einem bedeutenden Projekt einer angesehenen Institution mit. Holly beschrieb ihn als »genialen Menschen«, der schon viel Anerkennung für seine wissenschaftlichen Leistungen erhalten hatte und den sie mit einer verzehrenden Leidenschaft liebte. Sie existierte nur, wenn sie mit ihm zusammen war, denn er verkörperte alles, was sie bewunderte. Er war nicht nur »brillant«, sondern auch »kultiviert und künstlerisch veranlagt«, und »er weiß einfach alles«. Holly fühlte sich im Vergleich zu ihm wie ein »Mädchen vom Lande«, das »noch nicht trocken hinter den Ohren« war. Sie stammte aus einer Kleinstadt, wo sie ein Stipendium für das weiterführende Studium an einer großen Universität erhalten hatte. Aufgrund ihrer vorzüglichen Arbeit während dieses Studiums hatte man ihr die jetzige Arbeit angeboten, bei der sie rasch Fortschritte gemacht hatte.

Drei Monate vor Beginn der Therapie hatte sie ihre Verlobung mit Bill aufgelöst, weil er zwar solide und zuverlässig, im Vergleich zu Oscar aber langweilig war. Bill liebte sie, war aufmerksam und immer für sie da, hatte aber weder Ehrgeiz noch Schwung und war kein bißchen »aufregend«. Er begnügte sich damit, ein prosaisches Leben zu führen, während sie »die Gipfel des Lebens erstürmen« wollte.

Ihr Traum war es, diese Gipfel mit Oscar zu erstürmen. Er sollte den Weg weisen, und sie würde ihm in diese aufregende neue Welt von Wissenschaft, Kunst, Literatur und Philosophie folgen, mit der er sie bekanntgemacht hatte. Das Problem war, daß sie für dieses Abenteuer einen hohen Preis bezahlen mußte. Oscar war launisch und unberechenbar. Wenn nicht alles nach seinem Kopf ging, bekam er Wutanfälle. Ständig hatte er etwas an Holly auszusetzen, erkannte ihre Leistungen nicht an und setzte sie oft in Gegenwart ihrer Kollegen herab. Aber sie sah über alles hinweg wegen seines »außergewöhnlichen Verstandes« und seiner »großartigen Leistungen«. Sie empfand seine totale Hingabe an seine Arbeit als Ansporn und brachte Artikel und Zeitungsausschnitte mit, in denen etwas über seine jüngsten Ehrungen und Auszeichnungen stand.

Holly kam zu mir, weil sie einen Weg finden wollte, wie man Oscar dazu bringen könne, sie mehr zu lieben, damit er seine Frau verlassen würde. Manchmal schien er kurz davor, das zu tun, wurde dann aber wieder schwankend in seinem Entschluß. Oscars Zuneigung zu ihr wechselte zwischen heiß und kalt, und Holly kam sich vor wie beim Jo-Jo. Es gab häufig wilde Eifersuchtsszenen, in denen Holly zunehmend die Beherrschung verlor und schrie, heulte, drohte. Oscar reagierte auf ihr hysterisches Verhalten mit Verachtung und zog sich noch mehr zurück.

Bevor sie mich aufsuchte, war sie einige Male bei einem Psychiater gewesen. Sie hatte die Besuche bei ihm beendet, weil sich seine Beratung vorrangig auf ihre »masochistische Persönlichkeit« richtete. Obwohl sie seine Diagnose für zutreffend hielt, wollte sie keine »Tiefenanalyse«, weil sie sich in einer Krise befinde und nicht wisse, wie sie damit fertigwerden solle.

Die Umdeutung des Problems

Nachdem ich mir ihre Geschichte angehört hatte, erklärte ich ihr, ich hätte einen anderen Eindruck als der Psychiater, ich hielte sie nicht für masochistisch, eher für das Gegenteil. Sie sei nicht in Leiden und Selbstverleugnung verliebt, sondern in die Macht, den Ruhm und das Ansehen, die aus einer produktiven Kreativität erwüchsen. Es sei nicht so sehr Oscar selbst, der sie begeistere, als vielmehr seine Energie, sein Können, seine Begabung. Und das alles wolle sie lieber durch Osmose aufnehmen als durch eigene Bemühungen erwerben. Sie fühle sich im Vergleich zu ihm unzulänglich und inkompetent und hoffe, durch seine Kreativität und seinen herausragenden Verstand es eher zu etwas zu bringen als durch ihre eigenen Fähigkeiten.

Mancher Therapeut hätte vielleicht vorgeschlagen, sie solle ihre Verliebtheit dadurch überwinden, daß sie eine neue Liebesbeziehung mit einem passenderen Partner einging. Dies nach dem Prinzip, daß man über eine Liebesgeschichte am besten hinwegkommt, wenn man sofort eine neue beginnt. Andere Therapeuten würden ihr möglicherweise raten, Oscar zu meiden, mit der Begründung, dies würde ihn veranlassen, wieder häufiger mit ihr zusammen zu sein, statt sich, wie im Augenblick, von ihr zu entfernen. Beiden Interventionen liegt der Gedanke zugrunde, für eine Frau sei es im

Falle einer unglücklichen Beziehung zu einem Mann am besten, entweder ein neues Verhältnis anzufangen oder das bestehende auf Biegen oder Brechen zu retten. Und beide untermauern die Überzeugung, das Leben einer Frau müsse sich um einen Mann drehen.

Meiner Ansicht nach ist es die wohl sinnvollste Art und Weise, sich aus der zerstörerischen Beziehung zu einem Mann zu befreien, wenn die Frau in sich selber jene Fähigkeiten entwickelt, die sie an dem Mann so bewundert. Solange sie diese Qualitäten nicht selbst besitzt, wird sie sich immer unsicher und unzulänglich fühlen. Das heißt nicht, es sei im Interesse einer befriedigenden Beziehung nicht wünschenswert und sogar notwendig, daß die Partner einander in mancher Hinsicht ergänzen. Jeder von uns fühlt sich bis zu einem gewissen Grade von Menschen angezogen, die über bestimmte Eigenschaften verfügen, welche man selbst nicht besitzt. Doch es besteht ein großer Unterschied zwischen einer sinnvollen Ergänzung, bei der beide Partner verschiedene, aber gleichwertige Beiträge leisten, und einer Beziehung, in welcher der eine praktisch durch den anderen lebt.

Meine Therapie mit Holly konzentrierte sich auf *ihren* glänzenden Verstand und auf das, was sie damit anfangen wollte, auf die Entwicklung *ihrer* Karriere und auf ihre Möglichkeiten, die erregende Welt von Wissenschaft, Kunst und Philosophie *selbst* zu erkunden.

Im Verlauf der Therapie erfuhr ich mehr über ihre außergewöhnliche Begabung, die sich schon früh gezeigt hatte. Ihre Familie und ihre Lehrer sahen in ihr eine Art Wunderkind, weil sie ihre Mitschüler weit hinter sich ließ. Schon vor der High School übersprang sie zwei Klassen und erhielt wegen ihrer hervorragenden Leistungen in Mathematik und Chemie ein Stipendium. Von Kindheit an hatte sie den Traum gehegt, eines Tages vielleicht »einen bedeutenden Beitrag für die Gesellschaft zu leisten«.

Dieser Traum war nun verblaßt wegen der stürmischen Beziehung zu Oscar, die ihre ganze Zeit und Energie verschlang. Wenn sie Probleme miteinander hatten, konnte sie sich nur schwer auf ihre Arbeit im Labor konzentrieren, und statt daß sie ihre Freizeit dazu nutzte, in der Fachliteratur auf dem neuesten Stand zu bleiben, saß sie neben dem Telefon und wartete auf seinen Anruf. Nach einem Streit strafte er sie, indem er ihr Labor nicht aufsuchte, und sie war dann so niedergeschlagen, daß es ihr schwerfiel, ihre Arbeit korrekt zu verrichten.

Therapeutische Schritte

Um Hollys Konzentration auf Oscar zu verringern, riet ich ihr, sie sollte jeden Abend beim Nachhausekommen als erstes den Hörer von der Gabel nehmen, um sicherzustellen, daß sie nicht den gan zen Abend mit dem Warten auf seinen Anruf verbringen würde Nach dem Abendessen sollte sie die gesamte Fachliteratur lesen die sich auf ihr Forschungsgebiet bezog, und je mehr sie ihn vermis sen würde, um so länger sollte sie lesen. Ab und zu sollte sie eine Pause machen und ein wenig auf ihrer Geige üben, was sie in letzter Zeit vernachlässigt hatte. Holly war eine ausgezeichnete Musike rin, die mehrere Jahre in einem Violinquartett gespielt hatte; als sie Oscar kennengelernt hatte, war sie ausgeschieden, und das Quartett hatte sich aufgelöst. Um gegen Hollys fixe Idee anzu gehen, machte ich mir ihre Liebe zur Musik zunutze: Ich nahm Kontakt zu ihren Musikerkollegen auf und schlug vor, sie solle das Quartett wieder zusammenbringen und abends oder an den Wochen enden üben, da sie Oscar ja ohnehin nicht mehr so oft sähe.

Als Holly mir erzählte, sie habe die Gewohnheit, stundenlang dazusitzen und wie in Trance Oscars Bild anzustarren, verordnete ich ihr ein lächerliches Ritual, das dazu dienen sollte, ihre Vereh rung für ihn auf den Arm zu nehmen. Ehe sie in ihren Trance zustand verfiel, sollte sie ihren Kopf wie bei einem Kirchgang mit einem Tuch bedecken, vor dem Bild Kerzen anzünden und in hinge bungsvoller Pose davor niederknien. Während sie diese absurde Anweisung befolgte, mußte Holly plötzlich lachen, und ihre ehrer bietige Haltung war dahin.

Dann riet ich ihr, zu Weihnachten nach Hause zu fahren und mit ihren Eltern über ihre Situation zu sprechen, was sich als sehr hilf reich erwies. Sie fühlte sich durch die langen Gespräche mit ihnen getröstet und nach ihrer Rückkehr weniger einsam und verzwei felt. Aber obwohl sie alle Ratschläge brav befolgte, nährte sie ins geheim die Hoffnung, doch noch eine Beziehung zu Oscar bewerk stelligen zu können.

Eines Tages erzählte sie mir, daß ihr Forschungsteam bei einer Jahrestagung ihre gemeinsame Arbeit vorgestellt und sie ein Papier über die Ergebnisse ihrer speziellen Untersuchungsphase vorgelegt habe. Es war auf großes Interesse gestoßen, und mehrere Tagungsteilnehmer hatten sie dazu ermutigt, ihre Ergebnisse zu veröffentlichen. Als sie dies Oscar gegenüber erwähnte, wurde er wütend und sagte, daß er darüber zu entscheiden habe, welcher Aspekt des Projekts *wann* und *von wem* publiziert würde. Er schien eifersüchtig auf das Interesse, das sie erweckte, und es widerstrebte ihm, ihr für die Ergebnisse ihres Experiments auch nur die geringste Anerkennung zu zollen. Von nun an tat er die Arbeit ihres Labors als »nicht sehr vielversprechend« ab und teilte ihr schließlich eines Tages mit, er trage sich mit dem Gedanken, das Projekt auslaufen zu lassen und sie einem anderen Projekt zuzuweisen. Sie war am Boden zerstört und erschien völlig durcheinander und in Tränen aufgelöst zur Sitzung. Sie war der Ansicht, daß ihre Arbeit zu sehr interessanten und wertvollen Ergebnissen führen und es ihr das Herz brechen würde, sie aufzugeben. Andererseits war ihr klar, daß es das Ende ihrer Beziehung bedeuten würde, wenn sie sich gegen Oscars Entscheidung wehrte. Er ließ von Zeit zu Zeit noch immer durchblicken, daß er seine Frau verlassen wolle, und sie hoffte nach wie vor, er würde sie heiraten.

Ich bestärkte Holly darin, noch einmal mit Oscar über seinen Entschluß zu sprechen und ihre Gründe darzulegen, warum die Arbeit fortgeführt werden sollte. Als sie das tat, wurde er sehr zornig und warf ihr vor, undankbar und anmaßend zu sein. Es entwickelte sich ein Streit, der so eskalierte, daß er sie schlug und zu Boden warf. In der nächsten Sitzung stand sie noch unter dem Schock des Vorgefallenen und fühlte sich ungeheuer gedemütigt und wütend. Sie war verwirrt und erregt, als sie die verschiedenen Möglichkeiten aufzählte, die es ihrer Ansicht nach für sie gab: Sie könnte sich bei Oscar entschuldigen, das Projekt aufgeben und versuchen, ihre Beziehung zu kitten; sie könnte kündigen und anderswo eine Stelle annehmen; sie könnte sein Verhalten dem Leiter des Instituts melden und alles an die große Glocke hängen; oder sie könnte weiter versuchen, ihn umzustimmen. Mit keiner dieser Alternativen konnte sie sich anfreunden. Ich schlug ihr etwas anderes vor: Könnte sie nicht selbst einen Zuschuß beantragen, ihr eigenes Labor einrichten und die begonnene Arbeit fortsetzen? Dieser Gedanke war ihr noch nicht gekommen. Wir sprachen über die technischen Einzelheiten eines derartigen Schrittes und darüber, ob er moralisch einwandfrei sei. Sie sagte, sie könne den Subventionsantrag unter einem anderen Thema stellen, das es ihr auf jeden Fall erlauben würde, ihre persönlich erarbeiteten Ergebnisse für sich zu behalten.

Kurswechsel

Diesen Plan führte sie aus. Sie erhielt den Zuschuß und richtete in einem anderen Staat ihr Labor ein. Von Zeit zu Zeit bekomme ich begeisterte Briefe von ihr über die Fortschritte ihrer Arbeit. Ein Brief enthielt den Artikel einer wissenschaftlichen Zeitschrift mit einem Foto, das sie mit ihrem Labor-Team zeigte. Sie beschreibt die Stadt, in der sie lebt, als schön und friedlich, nicht so aufregend wie New York City, jedoch mit genügend kulturellen Ereignissen, falls sie überhaupt die Zeit dafür aufbringen kann. Ebenso schwierig ist es für sie, die Zeit zu finden, mit den beiden Männern in ihrem Leben auszugehen, aber sie ist fest entschlossen, kein Verhältnis mit ihrem Laborassistenten anzufangen, der sich in sie verliebt hat.

Holly war erst in der Lage, ihre destruktive Beziehung mit Oscar zu beenden, als sie den Mut fand, seine Autorität in Frage zu stellen und ihre eigene Autorität geltend zu machen. Als sie ihre eigene Kreativität und Phantasie einsetzte, hatte sie es nicht mehr nötig, stellvertretend durch seine Person zu leben.

Fallbeispiel

»In einem Meer des Erfolgs ertrinken«

Marianne Walters

Arbeite ich mit einer jüngeren Frau, die allein lebt, das heißt weder mit ihrer Ursprungsfamilie noch einer neuen Familie, noch mit einer anderen Familie von Bedeutung für sie, ist es mein Ziel, ihr dabei zu helfen, daß sie sich für ihr Leben verantwortlich und dabei wohl fühlt, und weder forsche ich nach Problemen ihres bisherigen Lebens noch konzentriere ich mich auf innere Konflikte als Ursachen ihrer gegenwärtigen Lebensumstände. In den meisten Fällen beginne ich damit, meine Klientin dazu zu bringen, daß sie ihre derzeitige Lebenssituation neu sieht und überdenkt, und wirke darauf hin, daß sie all jenes in ihrem Leben verändert, was einer erfolgreichen Gestaltung ihres Daseins entgegensteht.

Frauen sehen sich in ganz unterschiedlichen Lebenslagen vor das Problem gestellt, ihre Identität neu zu definieren. Zum Beispiel ist schon der Sprachgebrauch »alleinstehende Frauen« irreführend. Diese Frauen *sind* gewöhnlich nicht allein; sie *leben* nur allein. Aber Frauen sind im allgemeinen so familienorientiert und so geprägt durch ihre familiäre Rolle, daß sie, wenn sie nicht mit anderen zusammenleben, sich selbst als »allein« bezeichnen – wie es die Allgemeinheit ohnehin tut.

Alleinstehende Frauen suchen eine Therapie häufig aufgrund von Identitätsproblemen und mangelnder Selbstachtung auf, da ihr Selbstwertgefühl durch das gesellschaftliche Stigma, das den Status einer unverheirateten Frau umgibt, reduziert ist. Oft weisen sie auch psychosomatische Symptome auf, wie der Fall einer jungen, beruflich erfolgreichen Frau zeigt, die Heilung für ein Symptom suchte, das ihre Karriere gefährdete. Diese junge Frau hat eine Beziehung mit einem Mann; sie führt ein angenehmes Leben, ist gesund und hat ein leidlich gutes Verhältnis zu ihrer Familie. Sie war bereits bei einer Reihe von Therapeuten und hat alle möglichen Behandlungsmethoden ausprobiert. Was also ist die Ursache des Symptoms?

Als Margaret um einen Termin bat, sagte sie, sie hoffe sehr, daß ich ihr helfen könne, denn sie sei wegen ihres Problems der Verzweiflung nahe, sei schon bei mehreren Therapeuten gewesen, aber bis jetzt habe nichts geholfen. Margaret ist eine 34jährige Meeresbiologin und arbeitet für ein großes Forschungszentrum mit Sitz in Washington. Ihre berufliche Entwicklung war äußerst erfolgreich: Mit 28 promovierte sie in Philosophie mit einer Dissertation, die sofort veröffentlicht wurde; ihre Forschungsarbeit gilt als weithin anerkannt, es gibt regelmäßig neue Veröffentlichungen von ihr, sie hat ein paar bahnbrechende Entdeckungen in bezug auf die ökologische Kette einer bestimmten Spezies von Süßwasserfischen gemacht; sie verdient außergewöhnlich gut und verfügt bei ihrer täglichen Arbeit über große Selbständigkeit. Sie erzählte mir das alles sehr sachlich, aber nicht ohne Stolz. Dieses »Meer des Erfolgs« birgt ein Problem für sie: Das Institut, für welches sie arbeitet, erwartet von ihr, daß sie über ihre Arbeit berichtet, und zwar vor Kollegen, die das Institut besuchen, wie auch auf wissenschaftlichen Tagungen im ganzen Land. Das ist Voraussetzung nicht nur für ihr berufliches Fortkommen, sondern auch dafür, daß sie ihre jetzige Stelle an dem renommierten Forschungszentrum behält.

Solche öffentlichen Auftritte waren Margaret schon immer schwergefallen, denn sie riefen bei ihr Ängste, verbunden mit physischen Symptomen, hervor, die ihr bei ihren Vorträgen schwer zu schaffen machten, wenn sie sich schon einmal zu ihnen durchgerungen hatte. Sie bekam einen trockenen Mund, der ihr das Sprechen erschwerte, konnte sich kaum konzentrieren, und nervöse Zuckungen behinderten sie beim Lesen ihrer Aufzeichnungen. Aber im letzten Jahr hatte sich alles noch verschlimmert; die Angst vor den Vorträgen ist zu einer regelrechten Höllenqual geworden, und die physischen Symptome sind stärker und länger anhaltend. Sie ist wegen alldem so beunruhigt, daß es sich auf ihre tägliche Arbeit auswirkt. »Ich glaube, ich hatte in den letzten zehn Monaten keinen einzigen guten Arbeitstag; ich bin geradezu besessen von der Idee, dieses Problem zu bewältigen. So schnell es mit meiner Karriere vorwärtsging, so schnell ist sie zu Ende, wenn das so weitergeht. Das möchte ich nicht. Ich liebe meine Arbeit – jedenfalls war es bisher so. Ich will nicht, daß alles, was ich erreicht habe, zunichte wird. Ich werde alles tun . . .«

Und das hatte sie, in der Tat. Sie war bei einem Therapeuten gewesen, der ihr sehr geholfen habe und »wirklich phantastisch zu mir war«, und der mit ihr »meine Angst vor Erfolg« erforscht habe

und »daß ich, wie so viele Frauen, Angst davor hätte, in der Öffentlichkeit, an exponierter Stelle zu stehen; daß ich fürchtete, wenn
ich erfolgreich wäre, würde vielleicht mein Schutzbedürfnis nicht
erfüllt – oder so ähnlich – und sogar, daß das alles nur passieren
würde, damit ich nicht mehr mit meiner Mutter konkurrieren
müsse. Ich weiß nicht. Es klang eigentlich alles ganz vernünftig,
und ich habe eine Menge über mich selbst erfahren – aber mit diesem vermaledeiten Problem wird es immer schlimmer, es ist langsam . . . krankhaft, zwanghaft . . . je mehr ich mich aufrege, desto
schlimmer wird es.« Margaret hatte auch eine Klinik für Verhaltensänderung aufgesucht und einen Akupunkteur; sie hatte Tonbänder
zur Entspannung gehört und in ihrem engen Freundeskreis Rat
gesucht. Man sagte ihr, sie solle sich nicht so aufregen oder daß der
Preis für ihren Erfolg vielleicht zu hoch sei oder daß jeder vor
öffentlichen Auftritten Angst habe.

Therapeutin: Ich verstehe nicht, daß einige der Erklärungen Ih-
nen nicht genützt haben. Sie sind wirklich plausibel.
Margaret: Das stimmt. Und sie treffen auch zu. Wirklich. Und
das Verhaltens-Training half auch eine Zeitlang . . . bestimmt. Zu-
erst hat es mir eine gewisse Erleichterung verschafft, aber nur eine
Zeitlang.
Therapeutin: Ja, ich sehe Ihr Dilemma. Aber diese Sache mit
der Angst vor dem Erfolg trifft ja anscheinend zu. Haben Sie . . .?
Margaret: Oh, sicher . . . natürlich. Da ist etwas Wahres dran.
Anscheinend komme ich damit nicht klar.
Therapeutin: Womit?
Margaret: Mit meiner Angst, vor Leuten zu sprechen.
Therapeutin: Ach ja. Richtig. Erzählen Sie mir etwas von sich
und Ihrem Leben, abgesehen von Ihrer Angst, vor Leuten zu spre-
chen. Wohnen Sie mitten in der Stadt? . . .

Margaret hat eine große Wohnung in der Stadt, ein paar enge
Freunde, viele befreundete Kollegen, ein herzliches Familienleben
und eine seit zwei Jahren bestehende, recht solide Beziehung mit
ihrem Freund, Juniorpartner in einem mehr schlecht als recht gehenden Architektenbüro. Ihre seit fast vierzig Jahren verheirateten Eltern leben in Baltimore; ihr Vater ist Chemieprofessor, ihre
Mutter Hausfrau und Keramikerin.

Margaret und ihre Mutter haben ein enges, aber gespanntes Verhältnis zueinander. Margaret hat den Eindruck, daß sie immer die Anerkennung der Mutter sucht, sie aber nie ganz bekommt. Andererseits weiß sie, daß ihr Vater sie so akzeptiert, wie sie ist. Margaret ist das mittlere von drei Geschwistern. Ihre ältere Schwester ist Lehrerin an der High-School, seit Mitte Zwanzig verheiratet und hat Kinder. Ihr jüngerer Bruder ist verheiratet und Gewerkschaftsjurist. Die einzelnen Familienmitglieder schätzen sich gegenseitig, auch wenn Margaret und ihre Mutter häufig aneinandergeraten. Margaret glaubt, daß ihre Mutter sie als Konkurrenz betrachtet und ihren Lebensstil zugleich bewundert und kritisiert. Ihre Schwester und ihre Mutter haben ein viel ausgeglicheneres Verhältnis zueinander, und ihr Bruder ist geradezu ihr »Augapfel«. David, ihr Freund, lebt in Baltimore und sieht Margarets Familie daher manchmal häufiger als sie selbst.

Therapeutin: Was unternehmen Sie und David in Ihrer Freizeit?

Margaret: Konzerte, Musik, Ausflüge aufs Land, Abende bei Freunden.

Therapeutin: Worüber unterhalten Sie sich?

Margaret: Na ja, David ist ein sehr ruhiger Mensch, ziemlich in sich gekehrt. Nachdenklich. Wir reden nicht viel. In letzter Zeit reden wir mehr, aber meistens über mein Problem. Er kann wirklich sehr hilfsbereit sein. Er gibt sich wirklich Mühe, mich zu verstehen, alles zu erklären, mich zu trösten . . . Wir sprechen viel darüber.

Therapeutin: Glauben Sie, es gefällt David, Ihnen auf diese Weise zu helfen?

Margaret: Ja . . . ich denke schon.

Therapeutin: Wobei hilft er Ihnen sonst noch?

Margaret: Also . . . ich glaube, es gibt sonst gar nicht viel, wobei ich Hilfe brauche . . . außer vielleicht bei ein paar technischen Dingen . . . wie bei der HiFi-Anlage . . . aber sonst . . . ich bin nicht besonders hilflos, glaube ich.

Therapeutin: Sie sind nicht besonders hilflos! Da hätten Sie mich ja beinahe ganz schön reingelegt, Margaret! Glauben Sie, daß Sie David reingelegt haben?

Margaret: Wie? Ich verstehe nicht ganz, was Sie meinen.

Therapeutin: Was ich meine, ist – glauben Sie, David braucht es, daß Sie hilflos sind, damit er Gelegenheit hat, Ihnen zu helfen – damit er sich überlegen fühlt – etwas für Sie tun kann – vielleicht sogar, damit er ein Thema hat, über das er wirklich mit Ihnen reden kann? Glauben Sie, Sie müssen ihm zeigen, daß Sie nicht mit allem im Leben fertigwerden – daß es da ein Riesenproblem gibt, um das man sich kümmern muß – damit er sich in Ihrer Beziehung wichtiger vorkommt? Oder kompetenter?

Margaret lehnte sich zurück, versuchte zu sprechen und brach in Tränen aus.

Therapeutin *(reicht ihr ein Taschentuch)*: Was ist los, Margaret?

Margaret: Ach, Marianne . . . wissen Sie, ich liebe David wirklich . . . aber manchmal wirkt er so ablehnend – oder auch unzufrieden, und er wird so mürrisch – so kommt es mir jedenfalls vor. Er ist stolz auf mich und liebt mich, das schon. Aber ich weiß, daß er gern manches anders hätte. Und doch kann er so wundervoll, so hilfsbereit und beruhigend sein – er hilft mir wirklich, wenn ich wegen dieser öffentlichen Auftritte nervlich am Ende bin. Vielleicht, o Gott, ich weiß auch nicht – vielleicht bekomme ich gerade dann von ihm das Beste, was er zu geben hat – aber er muß wissen, daß ich ihn brauche.

Therapeutin: Entspricht das nicht irgendwie dem Verhalten der Frauen allgemein, daß sie nämlich, wenn etwas fehlt, instinktiv versuchen, die Lücke auszufüllen? Ganz gleich, was Frauen sonst noch alles tun, das wird jedenfalls von ihnen erwartet.

Margaret *(lächelt unter Tränen)*: Und Männer brauchen nur traurig auszusehen!

Margaret wollte ihr Problem sofort angehen und nach Wegen suchen, ihr Verhalten zu begreifen, aber ich schlug vor, erst einmal nicht weiter danach zu forschen, es zunächst dabei bewenden zu lassen. Sie sollte über unser Gespräch nachdenken, nicht mit David darüber sprechen und gar nichts tun, sondern einfach alles »sich setzen lassen«. Wir verabredeten, daß sie in dieser Woche nicht mit David über ihr Problem sprechen, ihn aber bitten solle, sich an einigen Sitzungen zu beteiligen.

Ich hielt drei Sitzungen mit Margaret und David gemeinsam ab. Als sie das erste Mal zusammen kamen, erklärte ich David, woran

Margarets Problem, vor Publikum zu sprechen, meines Erachtens lag, und fragte ihn, ob ihm irgend etwas einfiele, was Margaret zu der Überzeugung gebracht haben könnte, er brauche es, daß sie hilflos sei. Er sprach einige Aspekte seines Verhaltens an, die vielleicht diese Botschaft vermittelt hätten – verlieh aber vor allem seinem Ärger und seiner Betroffenheit darüber Ausdruck, daß Margaret so wenig von ihm halte. Ich drängte ihn dazu, ihr das zu erklären:

David: Wirklich, Marg, ich finde es einfach absurd, daß du annimmst, du müßtest mir ein Problem auftischen, damit ich dir bei seiner Lösung helfen kann – oder daß du meinst, du müßtest dich unselbständiger verhalten, damit ich den Eindruck habe, daß ich gebraucht werde. Das Ganze klingt mehr nach deiner Mutter. Ich weiß, daß du mich brauchst, Liebling, wir brauchen uns gegenseitig.
Margaret: Das hört sich gut an, David, und du hast auch recht. Aber was ist mit diesen Abenden, Liebling, wenn du dich in dich selbst zurückziehst, nichts dich erreicht und wir praktisch wie Fremde miteinander umgehen? Oder wenn du böse auf mich wirst, weil ich dich bitte, auch einmal eine Entscheidung zu treffen, etwas zu planen in bezug auf unser gesellschaftliches Leben. Denk an letzten Dienstag, David . . . ich konnte dich kaum dazu bringen, mir zu sagen, was . . .
David: Marg, Baby – du brauchst einfach nur aufzuhören, mich ständig zu drängen. Es ist alles in Ordnung – du bildest dir das alles nur ein.
Margaret: Das stimmt nicht. (Es folgte ein langes, tiefes, bedrückendes Schweigen. Schließlich, um den toten Punkt zu überwinden, mit zittriger Stimme) Hm . . . David, ich überlege gerade . . . ob es daran liegt, daß wir eine ganz unterschiedliche Art haben, miteinander zu reden oder zu kommunizieren. Ich weiß nicht genau, was passiert. Ich fange an zu glauben, daß du unglücklich bist oder dich von mir entfernst . . . aber vielleicht bist du nur abgelenkt. Ich mache mir jedenfalls Sorgen und – verstehst du, was ich sagen will?
David: Eigentlich nicht, weil ich glaube, daß du Probleme erschaffst, die es zwischen uns nicht gibt.
Therapeutin: Nun, David, ich denke, ich weiß, wie Sie es anfan-

gen, Margaret glauben zu lassen, Sie brauchen es, daß sie hilflos ist.

Margaret: Ich bin ganz durcheinander.

Therapeutin: So nämlich läuft das: Sie ziehen sich in sich zurück, David, und dann bekommt Margaret das Gefühl, daß sie Ihre Aufmerksamkeit nur erregen kann, indem sie sich kleiner macht, als sie ist, indem sie sich ein bißchen ratlos und ängstlich zeigt. Und wenn Sie das tun, Margaret, besinnt sich David, ist er für Sie da und hilft Ihnen. Aber sobald Sie über Ihre Differenzen und Probleme sprechen möchten, dann, wie gesagt, schotten Sie sich ab, David. Auf diese Weise geben Sie sich gegenseitig zu verstehen, was Sie voneinander erwarten. Und für dieses Verhalten sind Sie nur zum Teil selbst verantwortlich – es ist genau das, was Männer und Frauen in einer engen Beziehung traditionell voneinander erwarten.

In den nächsten beiden Sitzungen half ich David bei der Erfüllung der folgenden Aufgaben: Margaret davon zu überzeugen, daß sie sich wirklich nicht »klein« machen müsse, damit er sich ihrer Partnerschaft gewachsen fühlt; seine Ausweichtaktik aufzugeben und sie als das zu sehen, was sie war: eine Aufforderung an Margaret, sich weniger kompetent und unabhängig zu verhalten.

Margaret kam noch ein paar Monate lang zu mir. Mit der Zeit wurde sie mit ihrem Problem, in der Öffentlichkeit zu sprechen, allein fertig, und da es immer mehr an Bedeutung verlor, erwähnten wir es kaum noch. Unsere Sitzungen konzentrierten sich auf die Frage, wie sie ihre Beziehung zu David stabilisieren und trotzdem ihre Identität und Autonomie behalten könne. Erneut stellte ich ihr Problem als ein gesellschaftliches Problem dar, das sicherlich viele Frauen in ihrer Lage mit ihr gemeinsam hätten. Auf diese Weise empfand Margaret es nicht so sehr als ihr persönliches Problem und weniger belastend. Danach gingen wir dazu über, Margarets Lebensbedingungen zu erörtern – ihre Ziele, Möglichkeiten, Bedürfnisse – und wie sie es anstellen sollte, eine Beziehung an diese Bedingungen anzupassen, anstatt sich selbst an eine Beziehung. Dieser Fall macht den Nutzen einer funktionellen Interpretation von Margarets Symptomen deutlich: Sie erfüllte den Zweck, David zu einem intensiveren zwischenmenschlichen Austausch zu veranlassen und seine Selbstachtung dadurch zu steigern, daß ihm das

Gefühl vermittelt wurde, gebraucht zu werden. Wenn wir es hierbei belassen, haben wir eine positive Umdeutung, die zu folgenden Formulierungen führen kann: Margaret arbeitet zuviel; sie muß andere Möglichkeiten finden, David für sich zu interessieren; oder, sie sollte heiliggesprochen werden für ihre Bereitschaft, auf eigenen Erfolg zu verzichten, nur damit David das Gefühl hat, gebraucht zu werden. Oder man könnte das Symptom mit innerfamiliären Vorgängen in Zusammenhang bringen: mit Margarets Rivalität zu ihren Geschwistern oder mit ihrer Hemmung, ihre Mutter zu übertreffen. Aber keine dieser Formulierungen stellt das Auftreten ihres Symptoms in den großen gesellschaftlichen Gesamtzusammenhang, der *die eigentliche Ursache* ist. Meiner Meinung nach würde letzteres ganz wesentlich dazu beitragen, die Frauen aus der pathologischen Ecke herauszuholen und ihnen dabei zu helfen, daß sie sich auf die Erfahrungen anderer Frauen stützen. Ich halte dies für einen notwendigen ersten Schritt hin zur Ausbildung einer eigenen, weiblichen Individualität und zur Selbstbestimmung der Frauen.

10
Alleinstehende Frauen:
Die späten Jahre

Olga Silverstein

Die elementaren Bedürfnisse älterer Frauen

Das größere der beiden Hauptprobleme im Leben älterer Frauen ist selbstverständlich wirtschaftlicher Natur. Über 21 Prozent der Frauen über 55 leben allein, und mindestens ein Viertel dieser Frauen lebt von einem Einkommen, das unter der Armutsgrenze liegt. Alleinstehende ältere Frauen zählen zu der Personengruppe, die am häufigsten von Armut betroffen ist.

Die traditionellen gesellschaftlichen Erwartungen, die den weiblichen Lebenszyklus bestimmen, hindern Frauen oft daran, dafür zu sorgen, daß sie im letzten Drittel ihres Lebens wirtschaftlich unabhängig sind. Das heißt, wenn eine Frau plötzlich allein da steht, fehlen ihr wahrscheinlich die entsprechenden beruflichen Fähigkeiten und sie fühlt sich möglicherweise äußerst unwohl dabei, sich nun in eine Rolle gedrängt zu sehen, die immer den Ehemännern oder Vätern ihrer Familie überlassen war. Die Unfähigkeit, für sich selbst zu sorgen, führt nicht nur zu den erkennbaren materiellen Entbehrungen, die viele ältere Frauen hinnehmen müssen, sondern auch zu einem verstärkten Gefühl der Unzulänglichkeit. Außerdem verwehrt das Unvermögen zu arbeiten einer älteren Frau den Zugang zu einem neuen, vielfach dichten gesellschaftlichen Netz, da ein erfolgreiches Berufsleben einem Menschen das Gefühl vermitteln kann, gebraucht zu werden und nützlich zu sein. Wirtschaftliche Not ist für das Leben älterer Frauen in zweifacher Hinsicht schlimm: Sie bedroht ihr materielles und ihr emotionales Wohlergehen.

Das zweite große Problem im Leben einer Frau ist rein emotioneller Natur und fällt zweifellos eher in den Bereich der Therapie, obwohl es auch hier um Fragen der Unabhängigkeit geht. Es ist das Bedürfnis älterer Frauen, auf emotionellem und zwischenmenschlichem Gebiet in eine Gesellschaft integriert zu werden, die den speziellen Bedürfnissen alleinstehender älterer Frauen wenig Entgegenkommen zeigt.

Autonomiebestrebungen

In den vergangenen Jahrzehnten lockerten sich die traditionellen familiären Bande, die für Großmütter und »unverheiratete Tanten« eine Art sicheren Hafen garantierten. Die Zahl der Haushalte, in denen drei Generationen leben, hat sich seit dem Zweiten Weltkrieg stark verringert. Es ist schwer zu sagen, ob Therapeuten und Psychiater in zunehmendem Maße alle Familienmitglieder von der Bedeutung der Autonomie überzeugt haben, um sie an diese Veränderungen zu gewöhnen – oder ob die Betonung der Autonomie zu der Auflösung der familiären Bande beigetragen hat.

Frauen, die ihr Leben lang den eigenen Wert nur an Ehemännern, Kindern oder Eltern gemessen haben, empfinden das Dasein als Alleinlebende, das sie später häufig führen müssen, oft als tiefen Einschnitt, als Zeit großer Unsicherheit. Viele der persönlichen und gesellschaftlichen Fähigkeiten, die ihnen in der Vergangenheit zu einem Selbstwertgefühl verhalfen, stellen sich in dem neuen sozialen Kontext, in dem sich diese Frauen nun befinden, plötzlich als Fehler dar. Dieser jähe Wandel in der gesellschaftlichen und der eigenen Einschätzung wird von den Therapeuten selten direkt angesprochen. Dennoch suchen ältere Frauen weiterhin vorrangig eine Therapie auf, weil sie sich mit ihrer »ungesunden Abhängigkeit« von anderen nicht mehr wohl fühlen.

Drei Hauptgruppen älterer Frauen trifft man in den therapeutischen Praxen, und obwohl jede Gruppe ein eigenes Problemfeld anspricht, drehen sich alle Schwierigkeiten um das gleiche Thema: das Bedürfnis, Autonomie zu entwickeln.

Die unverheiratete ältere Frau

Der erste Typus der älteren Frau, die einen Therapeuten aufsucht, ist die Frau, die nie verheiratet war. In vielen Fällen hat sie in ihrem Single-Dasein gelernt, Beruf und Alltag geschickt zu handhaben und die Fähigkeit zu entwickeln, ihr Leben unabhängig zu gestalten. Nun ist vielleicht die Zeit des Ruhestands gekommen, und sie fragt sich, wie sie die kommenden Jahre ausfüllen könne. In anderen Fällen hat der Therapeut eine alleinstehende Frau vor sich, die ihr Leben in enger Beziehung zu einem Elternteil oder einem Geschwister verbracht hat und sich nun, nach dem Verlust des vertrauten Menschen, unsicher und verzweifelt fühlt.

Ungeachtet der Besonderheiten ihrer Situation kommt eine alleinstehende ältere Frau normalerweise mit der Überzeugung in die Therapie, daß dies der erste Schritt sei, nach einer Erklärung für einen festgestellten charakterlichen Mangel zu suchen. Was ihre Selbsteinschätzung bestimmt, ist das Gefühl, versagt zu haben, nicht das erreicht zu haben, was als die schönste Aufgabe einer Frau gilt: Ehe und Mutterschaft.

Wenn ältere Frauen eine Therapie aufsuchen, ist dies oft der verzweifelte Versuch, die eigene Person für eine eventuelle »reife Partnerschaft« annehmbarer zu machen. Solch eine »Selbstverbesserungskampagne« wird manchmal durch eine Reihe von Wiederherstellungsmaßnahmen ergänzt, wie zum Beispiel Gesichtsstraffung, Diät, oder durch neue Garderobe. Es ist ein wiedererwachtes Interesse an einem angemessenen weiblichen Verhalten, speziell dem Verhalten in Gegenwart von Männern, festzustellen. Der größte Fehler, den der Therapeut bei der Behandlung einer solchen Frau begehen kann, ist, sie unbewußt in ihren Selbstvorwürfen, die sie sich wegen ihres Single-Daseins macht, zu bestärken, indem er die Therapie darauf abstellt, herauszufinden, was mit ihr nicht in Ordnung ist.

Therapeuten, die sich bei ihrer Arbeit auf therapeutische Modelle stützen, welche die Bedeutung autonomen Handelns betonen, gehen bei der Beratung alleinstehender älterer Frauen oft davon aus, daß ihre Situation auf eine zu starke Bindung an ihre Herkunftsfamilie zurückzuführen ist. Ob die Frau ihr Leben allein oder mit einem Familienmitglied verbracht hat – die Therapie konzentriert sich vorrangig darauf, die Ursache dafür zu finden, daß sie nicht in der Lage war, außerhalb ihrer Herkunftsfamilie dauerhafte Beziehungen zu Männern zu entwickeln. Im Verlauf dieser Selbsterforschung wird sie dazu ermutigt, ihre Fähigkeit, Beziehungen zu unterhalten, geringzuachten, nur weil sie nicht auf konventionelle Objekte, das heißt, auf Ehemann oder Kinder, gerichtet waren. Eine Frau, die zwei Drittel ihres Lebens damit verbracht hat, für einen Elternteil, einen Bruder oder eine Schwester zu sorgen, hat nach einer solchen Therapie oft den Eindruck, daß ihre Fürsorge fehlgeleitet oder neurotisch war, weil diese sich nicht auf eine Ehe bezog. Stellt der Therapeut dagegen ihr Verhältnis zu ihren engsten Verwandten als positiv und fruchtbar heraus, so bestätigt und stärkt dies ihr Selbstbewußtsein.

Ein Beispiel aus der Praxis

Eine 72 Jahre alte Frau kam zu mir, weil sie zum erstenmal in ihrem Leben Angstzustände hatte, die sie daran hinderten, ihre Wohnung zu verlassen. Sie war mit Siebzig in Pension gegangen; vorher hatte sie als Professorin für Sozialwissenschaften an einer staatlichen Universität gelehrt. Die Emeritierung entsprach den Vorschriften und leuchtete ihr vom Verstand her auch ein. »Wir müssen den Jüngeren Platz machen«, erklärte sie mir. Sie hatte sich gefühlsmäßig auf den Ruhestand vorbereitet und wollte gleich nach Beendigung ihrer Lehrtätigkeit ein lange aufgeschobenes Buch schreiben. Zwei Jahre später war das Buch noch immer nicht geschrieben, und es gab auch keine anderen Pläne statt dessen. »Mir fällt die Decke auf den Kopf«, gestand sie, »aber ich kann nicht ausgehen, weil ich nicht weiß, wohin. Was ist denn los mit mir?«

Ihre ständigen Selbstzweifel berührten niemals ihr Bedürfnis nach zwischenmenschlichen Beziehungen. Sie war das jüngste von vier Geschwistern, die letzte Überlebende einer festverwachsenen Familie. Aufgrund ihrer Familiengeschichte verfügte sie über die Fähigkeit, einfühlsame, vertraute Beziehungen zu anderen Menschen herzustellen. Nun existierten jene beiden Bereiche, die ihr die Möglichkeit gegeben hatten, ihr großes Geschick im Umgang mit anderen zu beweisen – Arbeit und Familie –, nicht mehr für sie. Was sie brauchte, war keine Aufforderung zu selbständigerem Handeln, sondern neue Gelegenheiten, ihre Talente im zwischenmenschlichen Bereich einzusetzen.

Ich versicherte ihr, daß ihre Angst und ihr Unbehagen über die Aussicht, mit dem Älterwerden einen Teil ihrer körperlichen und geistigen Kraft einzubüßen, völlig normal seien, unterstrich aber auch die Tatsache, daß ich die Hauptursache ihrer Angst im Verlust ihrer Familie und ihres Bekanntenkreises sah. Daraufhin beschloß sie, als Studentin eines anderen Fachbereichs wieder an ihre alte Universität zu gehen. Sie bildete mit ein paar Studenten eine Arbeitsgemeinschaft, die sich einmal pro Woche in ihrer Wohnung traf. Ihre Angst legte sich, kehrte dann für eine Weile zurück, als ich sie drängte, sich schon einmal mit dem Gedanken zu befassen, in Zukunft mit anderen Menschen zusammen zu wohnen und zu leben. Nachdem sie sich ein paar der für alte Menschen bestimmten Gemeinschaftswohnungen angesehen hatte, ließ ihre Angst wieder nach. »Vielleicht, wenn ich Achtzig bin«, sagte sie zu mir. Ich stimmte ihr zu, daß dies ein guter Zeitpunkt sei.

Der therapeutische Prozeß bestand bei dieser Patientin darin, sie zu ermutigen, von den Fähigkeiten, die sie sich im Lauf des Lebens angeeignet hatte, in einem neuen sozialen Umfeld allmählich wieder Gebrauch zu machen. Wie bereits gesagt, wäre es wenig hilfreich für sie gewesen, ihr Problem als die Notwendigkeit zu deuten, unabhängiger oder selbständiger zu werden. Das Problem auf diese Weise zu behandeln, hätte ihre Stärken reduziert, sie in Selbstzweifel gestürzt und ihre Fähigkeit, weiter tätig zu sein, eingeschränkt.

Die verwitwete ältere Frau

Ein anderer Typus der älteren Frau, die eine Therapie aufsucht, ist die erst kürzlich Verwitwete, die entweder nie gearbeitet oder ihrem Beruf eine besondere Bedeutung im Leben eingeräumt hat. In den USA ist die Witwe im Durchschnitt 59 Jahre alt und hat Aussichten, noch dreißig Jahre zu leben *(Aging America*, 1982). Jäh in einen Zustand des Alleinseins versetzt, der Selbständigkeit erfordert, ist sie häufig völlig hilflos. Anfallende Reparaturen im Haus, finanzielle Angelegenheiten und Transportfragen waren vielleicht immer Domäne des Ehemannes, und die Aussicht, diese Situationen nun selbst meistern zu müssen, verursacht möglicherweise große Angst. Die Probleme dieser Frauen sind nicht in mangelnder Motivation zu suchen, noch ist ihre Angst, mit einer Situation umzugehen, die für andere alltäglich ist, Ausdruck einer Phobie. Es fehlt ihnen einfach die Erfahrung, ihre eigenen Fähigkeiten und die Hilfe ihrer Umgebung zu nutzen. Sie neigen dazu, sich auf immer in ihrer Witwenschaft zu verschanzen, und die gesellschaftliche Struktur, in der sie leben, bestärkt sie noch in diesem Verhalten.

Ältere Frauen stehen bezeichnenderweise auf der untersten Stufe der sozialen Leiter. Ihre Angst, mit Angelegenheiten fertigwerden zu müssen, von denen sie keine Ahnung haben, wird durch diese soziale Abwertung oft noch vergrößert. Eine Therapie ist für diese Frauen dann am wirkungsvollsten, wenn sie sie darin bestärkt, jene Talente, die sie bereits besitzen, kreativ zu nutzen, und ihnen nicht empfiehlt, völlig neue Fähigkeiten zu entwickeln. Ein Mangel an Dynamik und Zielstrebigkeit kann durch die Begabung zu vertrautem Umgang, Einfühlungsvermögen und Sensibilität durchaus wettgemacht werden.

Ich behandelte eine 67 Jahre alte Frau, die in den vergangenen drei Jahren eine Therapie gemacht hatte wegen einer nervösen Depression, die beim Tod ihres Mannes einsetzte. Ihr vorheriger Therapeut hatte ihr geraten, sich mehr auf sich selbst zu konzentrieren. Er verwies darauf, daß sie sich ihr Leben lang in Beziehungen »versteckt« habe, und versuchte, sie dazu zu bewegen, jetzt mehr Gewicht auf ihre eigene Entfaltung zu legen. Da sie zu dem Typ gehörte, der es immer gern allen recht macht und sich anpaßt, bemühte sie sich, seinen Anweisungen zu folgen. Sie brach mehrere Freundschaften ab und verbrachte Stunden damit, über ihre angebliche Unfähigkeit nachzugrübeln, die eigene Persönlichkeit zu entdecken. Als sie zu mir kam, berichtete sie geradezu zwanghaft über ihr Unvermögen, »etwas aus sich zu machen«. »Mein Leben lang habe ich mich um die Gefühle anderer gekümmert«, betete sie herunter. »Deswegen kenne ich meine eigenen nicht.« Ihr vorheriger Therapeut hatte ihr beigebracht, ihr Talent, mit Menschen umzugehen, als Abhängigkeit zu sehen. Mein Ansatz war der, es als elementares menschliches Bedürfnis nach Kontakt mit anderen umzudeuten. Die Umdeutung erfolgte durch nochmalige Überprüfungen von Familiengeschichte und jüngerer Vergangenheit der Frau, mit dem Ziel, ihre Fürsorge positiv zu bewerten. Danach konnte die Frau ihre Zukunft realistischer sehen und eine gewisse Kontinuität zu ihrem früheren Leben herstellen. Der therapeutische Prozeß war gewissermaßen eine Zurückgewinnung und Bestätigung ihrer ursprünglichen Identität.

Die frisch geschiedene ältere Frau

Zur dritten Kategorie älterer Frauen, die eine Therapie aufsuchen, zählen jene Frauen, die gerade eine Scheidung hinter sich haben. Hier gibt es die Gruppe der vom Ehemann verlassenen Frauen und die Gruppe der Frauen, die ihren Ehemann verlassen haben.

Die auf Betreiben ihres Mannes geschiedene Frau

Bei dieser Kategorie geschiedener Frauen handelt es sich häufig – wenn auch nicht immer – um solche, die wegen einer jüngeren Frau von ihrem Mann verlassen wurden. Immer aber kommt es zu einer Phase des Zorns, der sich gegen den Ehemann, die andere Frau oder das Schicksal allgemein richtet. Ihr schließt sich später eine Phase an, in der die Frau sich selbst die Schuld gibt. Die therapeutische Arbeit mit verlassenen Frauen hat ihre Tücken. Diese Frauen unterscheiden sich von den Witwen, die eine erfolgreiche Ehe hinter sich haben, darin, daß ihre Talente zur Partnerschaft von eben den Männern verschmäht worden sind, für die sie bestimmt waren – ihren Ehemännern.

Betty war 62, als sie entdeckte, daß ihr Mann ein Verhältnis mit seiner Sekretärin hatte. Ihre erste Reaktion waren Zorn und berechtigte Empörung. Sie verlangte von ihm, sich zu entscheiden, und er verließ sie und zog mit der anderen Frau zusammen. Es folgte eine Zeit der Selbstvorwürfe und heftiger Selbstkritik. Sie benutzte die Sitzungen ausschließlich dazu, der Reihe nach ihre Fehler aufzuzählen. Als ich sie fragte, was aus ihrer früheren Ehe sie jetzt vermisse, fiel ihr die Antwort schwer. Statt dessen richtete sich ihre Kritik nun gegen die chronischen Fehler ihres Ex-Mannes, und sie erging sich in allen Einzelheiten über seine ständige Abwesenheit, seine Launen, seine Gefühlskälte und seine dürftigen sexuellen Qualitäten. Als ich ihr klarmachte, daß sie ihn ja anscheinend nicht sehr vermisse, sprach sie von ihrer Verlegenheit und Scham, »so« vor ihren Freunden dazustehen. Schließlich gab sie zu, daß hauptsächlich ihr Stolz getroffen war. Betty vermißte ihre Rolle als Ehefrau und nicht den Mann.

Die zweite Stufe von Bettys Therapie bestand darin, diejenigen ihrer Eigenschaften wieder mehr zu betonen, die ihrer Ansicht nach der Anlaß waren, daß ihr Mann sie verlassen hatte. Dazu gehörten ihr Bedürfnis nach emotionaler und sexueller Nähe und ihre Abneigung gegen tyrannisches und liebloses Verhalten. Ganz allmählich wurden diese Charakterzüge Bettys als positive Eigenschaften im Umgang mit anderen Menschen umgedeutet, und ihre Selbstvorwürfe ließen nach.

Die auf eigenes Betreiben geschiedene Frau

Ältere Frauen, die beschließen, ihre Männer zu verlassen, haben meist eine lange, unglückliche Ehe hinter sich. Die Scheidung stellt für sie einen Akt der Befreiung dar und wird von Wunschträumen begleitet, bisher nicht genutzte Möglichkeiten zu verwirklichen. Diese Frauen kommen erst dann in die Therapie, wenn ihre Hoffnung auf Selbstverwirklichung der Qual der Einsamkeit gewichen ist. Als alleinstehende Frauen befinden sie sich plötzlich in einem für sie erschreckend neuen gesellschaftlichen Umfeld. Die Reaktionen im Familien- und Freundeskreis auf ihre späte Rebellion können durchaus entmutigend sein. Und vielleicht merken sie erst jetzt, wie sehr sie sich immer auf die Konvention der Ehe als gesellschaftliche Stütze verlassen haben.

In der Therapie sind diese geschiedenen Frauen meist hauptsächlich daran interessiert, neue Talente im zwischenmenschlichen Bereich zu entwickeln. Gegen diese Haltung ist nichts einzuwenden, man sollte aber auch dafür sorgen, daß sie ihre im Umgang mit Menschen bisher bewiesenen Fähigkeiten nicht geringachten.

Auf jeden Fall ist es für eine ältere Frau gut, einen Freundes- und Bekanntenkreis zu haben, in dem sie gebraucht und geschätzt wird. Dabei spielt es keine Rolle, ob dieses Netzwerk von Beziehungen traditioneller Art ist oder sich an neuen Lebensformen orientiert. Sie kann ihr Geschick im Umgang mit Menschen am Arbeitsplatz, in der Familie oder jeder Art von romantischem oder platonischem Verhältnis beweisen. Hauptaufgabe der Therapie ist, die Frau darin zu unterstützen, daß sie diese Fähigkeiten positiv bewertet, damit sie sie weiterentwickelt und vertieft.

Damit will ich keineswegs sagen, das Talent zu geschicktem Umgang mit Menschen sei allen Frauen gewissermaßen angeboren. Frauen, die aus irgendwelchen Gründen insofern nicht der kulturellen Norm entsprechen, als sie weder Kontakte zu anderen noch berufliche Fähigkeiten entwickelt haben, sind im Alter ernstlich gefährdet. Das gilt auch für Männer – nur bietet sich ihnen mindestens dreimal häufiger als Frauen die Gelegenheit, dieses Problem durch Heirat zu lösen.

Tatsache ist, daß die Mehrzahl aller alleinlebenden Personen Frauen sind (11 Millionen gegenüber 6,8 Millionen Männern) und daß es sich dabei meistens um verwitwete und/oder im höheren

Alter geschiedene Frauen handelt (die Männer sind jung und noch unverheiratet) (*Current Population Reports*, Oktober 1981). Es ist dringend notwendig, daß sich die sozialen Bedingungen ändern, die diesen Lebensabschnitt für Frauen so problematisch machen. Definiert sich eine Frau nur durch ihre Beziehungen zu anderen, dann muß sie, wenn diese anderen kein aktiver Bestandteil ihres Lebens mehr sind, ihre letzten Jahre zwangsläufig als leer und sinnlos empfinden. In manchen Kulturen, vor allem solchen, bei denen die Landwirtschaft überwiegt, leben Frauen länger mit ihrer Familie zusammen, und damit verlängern sich auch ihre Arbeitsjahre, nämlich durch ihre Großmutterrolle und die nie enden wollende Fürsorge für eine große Sippe. Wo das heute nicht mehr zutrifft, erschwert die nostalgische Glorifizierung einer harten und oft bitteren Vergangenheit im Leben der Frauen nur die Suche nach neuen Lösungen. Andererseits bedeutet der radikale Umschwung von Dienstleistung und Mithilfe zu absoluter Autonomie auch den Verzicht auf alle jene Eigenschaften, die verwandtschaftliche Beziehungen zu einem positiven Faktor der menschlichen Gemeinschaft machen und nichts mit Ausbeutung zu tun haben.

Es erübrigt sich, darauf hinzuweisen, daß es alleinstehenden alten Männern nicht unbedingt besser geht. Sie leiden mehr unter der Verringerung von Macht und Potenz, sowohl physisch wie gesellschaftlich. Die Chance, eine Frau zu finden (möglichst eine, die jung genug ist, um für sie zu sorgen), ist freilich für Männer jeden Alters erheblich größer als für ältere Frauen. Aber es handelt sich dabei um eine *Un*-Lösung, eine Fortsetzung des Status quo, sowohl für den Mann als auch für die Frau, die er im fortgeschrittenen Alter heiratet.

Ich maße mir nicht an, neue Lösungen für jahrhundertealte gesellschaftliche Probleme anzubieten. Aber ich möchte darauf hinweisen, daß wir Systemtherapeuten unbedingt erkennen müssen, wie entscheidend die Gesellschaft das Leben des einzelnen bestimmt und einengt. Auch wenn die Funktionen längst nicht mehr existieren, bleiben noch Spuren der alten Einstellungen zurück.

Ein traditioneller Therapeut, der eine ältere Frau behandelt, würde ihr, ob sie nun Enkelkinder hat oder nicht, vielleicht raten, sich wieder um andere Menschen zu kümmern, in der Annahme, sie brauche das Gefühl, anderen nützlich zu sein. Ein feministischer Ansatz hingegen würde sie dahingehend unterstützen, sich und ihr

Leben als wertvoll einzuschätzen, ganz gleich ob sie noch für andere »nützlich« ist oder nicht.

Zu den folgenden Fällen

Es ist bezeichnend, daß die folgenden Fälle sich mit älteren Frauen befassen, die versuchen, mit ihrer Rolle als alleinstehende Frauen zurechtzukommen.

Der Begriff »alleinstehende Frauen« bedeutet für die meisten Menschen Frauen ohne Männer, das heißt, es sind damit ein Stigma, der Eindruck des Versagens und vor allem eine Atmosphäre der Einsamkeit verknüpft. Eine »alleinstehende« Frau wird von der Gesellschaft und oft von ihr selbst immer noch als isoliert, verletzlich und schutzlos angesehen. Paradoxerweise gilt das am meisten für jene Frauen, die stets mit Umsicht und Geschick für ihre Ehemänner, Kinder und alten Eltern gesorgt haben.

Es ist wichtig, daß der Therapeut zu unterscheiden weiß zwischen der echten Beeinträchtigung durch Alter und körperliche Schwäche und der aufgezwungenen (und auch als solche erlebten) Beeinträchtigung der noch gesunden und tatkräftigen Frau an der Schwelle zum Altsein, die sich in den ihrer Altersstufe aufgedrängten kulturellen Schablonen gefangen sieht.

Fallbeispiel
Die verblühte Blume

Olga Silverstein

Eine Kultur, die Frauen zum Objekt macht, legt übertriebenen Wert auf ihr Äußeres und, demzufolge, auf ihre Jugend. Eine Frau, die es verstanden hat, ihre körperlichen Vorzüge mit Erfolg zu nutzen, gerät häufig in Nöte, wenn sie diese Waffen nicht mehr einsetzen kann. Da sie von männlicher Bewunderung und Beachtung abhängig ist, sieht sie andere Frauen als Konkurrenz. Sie hat wenig Freundinnen und hält sich selbst für eine »Frau für Männer«. Wenn ihr gutes Aussehen schwindet, versucht sie manchmal, die Rolle des »guten Kumpels« zu spielen. Oft trifft man sie in der Bar um die Ecke, wenn sie »mit den Jungs« einen trinkt. Alkoholismus bei älteren Frauen ist ein ernstes, häufig zuwenig beachtetes Problem.

Lillian war 59 Jahre alt, als ich sie das erstemal sah. Sie kam auf Anraten ihres Arztes zur Therapie, der sich wegen ihres Trinkens Sorgen machte. Sie erklärte mir, sie sei gekommen, weil der Alkohol ihr Aussehen ruiniere. »Das Zeug verdirbt mir die Figur«, sagte sie und zeigte auf einen kleinen Bauchansatz an ihrem sonst überschlanken Körper.

In ihrem engen Kleid, stark, aber gekonnt geschminkt und mit ihrem blonden, kunstvoll frisierten Haar sah sie von weitem sehr viel jünger aus, als sie war. Von nahem erkannte man, daß ihr Gesicht aufgedunsen und die Augen blutunterlaufen waren. Mit ihrem koketten Gang und ihrem gekünstelten Benehmen wollte sie einen Abglanz ihrer einstigen Schönheit bewahren.

Die Geschichte

Lillian war das jüngste von sechs Kindern und wurde sieben Jahre nach dem letzten ihrer fünf Geschwister geboren. Sie sagte, ihre Mutter habe ihre »besten Jahre hinter sich« gehabt und sei »völlig verbraucht« gewesen, als sie ihr letztes Kind, Lillian, zur Welt brachte. »Ich war für sie kein freudiges Ereignis«, sagte sie zu mir. »Mein Vater war anders. Ich war sein Liebling. Ich glaube, ich war der lebende Beweis für ihn, daß er es noch konnte. Er nahm mich überallhin mit. Er kaufte mir Kleider, während meine Schwestern sich alles selbst nähen mußten. Sie waren sehr eifersüchtig auf mich, aber das machte mir nichts aus. Ich wußte ja, daß ich hübscher war als sie.« Sie holte aus ihrer Brieftasche das Foto eines ungewöhnlich hübschen Teenagers im Schulabschlußballkleid. »Das bin ich mit Sechzehn«, sagte sie und betrachtete das Bild bewundernd. »Ich war wirklich etwas Besonderes, ein bißchen wild, aber ich hatte meinen Spaß. Ich war richtig vergnügungssüchtig.« Sie lachte.

»Mein Vater starb ein Jahr nachdem diese Aufnahme gemacht wurde.« Sie begann zu weinen, betupfte ihr Make-up, aber sehr vorsichtig. »Ein Jahr später war ich verheiratet. Alle anderen waren aus dem Haus, und ich hatte nicht vor, daheim zu bleiben und für meine Mutter zu sorgen. Sie war nicht einfach, glauben Sie mir.«

»Ich heiratete einen zehn Jahre älteren Mann. Als er 1940 in die Armee eintrat, wohnte ich in der Nähe der Stationierungsbasis, bis er nach Übersee ging. Dann trat ich in die USO* ein, und das hieß Partyzeit! Ach, ich hatte viel Spaß.« Wieder füllten sich ihre Augen mit Tränen. »Als der Krieg vorüber war und John zurückkehrte, erkannte ich ihn kaum wieder. Er arbeitete sehr hart, und ich bekam, ehe ich mich versah, zwei Kinder, zwei Kinder innerhalb von drei Jahren. Da war der Spaß vorbei. John sah mich kaum noch an. Ich hatte erheblich zugenommen, und wahrscheinlich sah ich auch nicht besonders gut aus.«

Als ihre Kinder acht und zehn Jahre alt waren, machte Lillian eine Therapie und ließ sich zwei Jahre später von ihrem Mann scheiden. Sie zog vom Stadtrand in eine kleine Wohnung im West Village von Manhattan, belegte Kurse an der New York University und begann, wie sie es nannte, »mein neues Leben«. Da sie gesellig war, schloß sie leicht Freundschaften. Im Alter zwischen Dreißig und Vierzig hatte sie viele Affären. Sie betonte »viele« – »ich weiß gar nicht mehr, wie viele.« Sie arbeitete sporadisch in diversen schlechtbezahlten Berufen und lebte ständig in »glänzender Armut« von Unterhaltszahlungen und Kindergeld und »mit Hilfe« ihrer Männerbekanntschaften.

---

* *United Service Organizations*: zur Betreuung von Angehörigen der Streitkräfte (Truppenbetreuung). (Anm. d. Ü.)

Als die Kinder das Haus verließen, war Lillian Anfang Vierzig, also eine noch junge Frau. »Ich geriet in Panik«, sagte sie. »An dem Tag, als meine Tochter heiratete, sah ich in den Spiegel und weinte. Ich begriff, daß ich etwas unternehmen mußte, solange noch Zeit war. Ich heiratete Elliot. Er trank, aber nicht soviel, daß es jemand gemerkt hätte. Wir hatten ein schönes Leben zusammen, aber er starb vor sechs Jahren an Lungenkrebs. Das muß man sich mal vorstellen. Ich hatte halt immer ein Mordspech. Na ja, nicht immer, Elliot hat mir ein bißchen Geld hinterlassen, nicht viel, aber ich brauche nicht arbeiten zu gehen.« Wieder fing sie an zu weinen. »Ich weiß auch nicht, was mit mir los ist. Ich bin nicht arm. Ich habe eine nette kleine Wohnung. Meine Kinder sind gesund. Und ich bin nicht dick.«

Die Therapie

Es war sehr schwierig, bei dieser Frau einen Ansatzpunkt zu finden. Die Individualpsychologie hätte in ihr schnell einen krankhaft narzißtischen Charakter erkannt – und vermutlich hätte man ihr erzählt, sie sei für Veränderungen schon zu alt. Oder ein Therapeut würde sich vielleicht auf das Langzeit-Projekt einer Selbsterforschung einlassen, in der Hoffnung, sie könne, wenn sie erst die Ursache ihres Fehlverhaltens entdeckt hätte, eine Veränderung herbeiführen.

Ich erkundigte mich nach ihren Kontakten zu anderen Menschen und stellte fest, daß sie äußerst dürftig waren. Ab und zu traf sie sich mit einem ehemaligen, inzwischen verheirateten Liebhaber; ansonsten hatte sie nur losen Kontakt zu einigen wenigen Frauen und natürlich »die Jungs« in der Bar, in der sie meistens ihre Abende verbrachte. Zweimal im Jahr sah sie ihre Kinder: Am Erntedankfest kamen sie zu ihr, zu Weihnachten ging sie zu ihnen. »Ich möchte niemandem zur Last fallen«, erklärte sie mir. »Meine Schwestern haben für meine Mutter gesorgt, aber sie haben es nicht gern getan. Ich weiß, daß ich es auch nicht gern getan hätte.«
»Warum sollten sie für Sie sorgen?« fragte ich sie. »Ist das die einzige Möglichkeit einer Mutter, mit ihren Kindern zu verkehren, oder umgekehrt?« »Ich weiß nicht«, antwortete sie. »Wenn es eine andere Möglichkeit gibt, kenne ich sie jedenfalls nicht.« Sie lachte. »Ich bin kein Großmuttertyp.« »Was für ein Typ ist das denn?«

fragte ich.»Na ja, diese kleine dicke Person, die immer Hühnersuppe kocht.«»Ach, genau wie Ihre Mutter.«»Ja, genau wie meine arme Mutter.« »Für Lillian gab es nur die Alternative: entweder man hing selbst von anderen Menschen ab, oder die anderen hingen von einem selbst ab.

Probleme, vor die sich nur Frauen gestellt sehen

Wir sprachen viel darüber, was es bedeutet, eine Frau zu sein, als Frau in einer Welt aufzuwachsen, in der es anscheinend nur zwei Möglichkeiten für Frauen gibt – sich für die Familie abzuplagen oder Lustobjekt und Gespielin der Männer zu sein. Angesichts dieser beiden Möglichkeiten war ihre Wahl eindeutig ausgefallen.»Sie müssen sehr genau gespürt haben, daß Ihre Mutter unglücklich war, da Sie so entschlossen waren, anders als sie zu leben.«

»O ja, das stimmt«, sagte sie,»aber ich konnte nie nett zu ihr sein, weil ich dachte, daß sie eifersüchtig auf mich war.«

»Wie könnte es auch anders sein?« fragte ich.

Wir sprachen lange über das Leben ihrer Mutter, und schließlich weinte Lillian ihretwegen.»Ich habe es wirklich vermißt, daß meine Mutter nicht wie eine Freundin für mich war. Sie und meine Schwestern steckten ewig zusammen und schwatzten.«

»Ich glaube, ich war eifersüchtig auf meine Schwestern«, gestand sie schließlich und weinte lange.

Ich schlug ihr vor, ihre Schwestern zu besuchen, die sie wegen ihrer angeblichen Eifersucht schon lange abgeschrieben hatte.»Sie werden mich nicht sehen wollen«, sagte sie bekümmert.»Vielleicht nicht. Sogar ganz bestimmt nicht, wenn Sie mit Ihrem alten Komplex an die Sache herangehen.«

Widerstrebend besuchte sie ihre älteste Schwester. Sie hatte sie seit sechs Jahren nicht gesehen. Sie wurde nicht mit offenen Armen empfangen. In dieser Familie gab es noch von früher eine ganze Reihe unbeglichener Rechnungen. Aber allmählich, mit meiner konsequenten Unterstützung und Anleitung, begannen die beiden Schwestern über ihre gemeinsame Vergangenheit zu sprechen. Schließlich fragte Lillian, ob sie ihre Schwester Anna in eine Sitzung mitbringen dürfe.

Lillians Schwester Anna war eine Frau Ende Sechzig und keine Schönheit wie ihre Schwester. Trotzdem konnte man sie als gutaussehende Frau bezeichnen. Jetzt lebte sie wie Lillian allein, war verwitwet. Sie fühlte sich einsam und sah keinen Sinn in ihrem Leben. »Mein Mann bedeutete mir alles«, vertraute sie mir an. Lillian lachte: »So unterschiedlich sind wir gar nicht, was?« Das machte ihre Schwester wütend, und sie sagte: »Ich wollte immer sein wie du. Du hast alles von Papa gekriegt. Mich hat er nicht einmal angesehen. ›Hilf deiner Mutter‹ war alles, was er überhaupt zu mir sagte. Und das habe ich mein Leben lang getan, das habe ich getan.«

»Das haben Sie beide getan«, sagte ich, »Sie haben immer nur versucht, erst ihrem Vater alles recht zu machen und später den Männern in Ihrem Leben. Aber es ist nicht so einfach, nach den eigenen Vorstellungen zu leben, selbst wenn man die Freiheit dazu hat. Ich glaube aber, daß Sie sich gegenseitig eine große Hilfe sein können. Vielleicht kann Lillian mit Ihnen ihre Fähigkeit teilen, sich ein schönes Leben zu machen, und Sie schließen sich ihr dabei an. Und Sie *(zu ihrer Schwester)* können mit Lillian Ihre Fähigkeit teilen, für andere zu sorgen, und Sie können beide auf diese Weise feststellen, daß es nicht nur das eine oder das andere gibt.«

»Erst muß sie aufhören zu trinken«, sagte Anna. »Ich will nichts mit ihr zu tun haben, solange sie trinkt. Das ist nämlich ihre Vorstellung von einem ›schönen Leben‹. Und auf diese Art von ›schönem Leben‹ lege ich nicht den geringsten Wert.«

Die ersten Veränderungen

Zwei Wochen später erzählte mir Lillian, Anna habe sie überredet, sich den Anonymen Alkoholikern anzuschließen. »Sie macht sich Sorgen«, sagte sie, »sie macht sich wirklich Sorgen.« Sechs Monate später berichtete Lillian mir in einer Kontrollsitzung, daß sie Anna überredet habe, sie auf eine Kreuzfahrt zu begleiten. »Es war nicht leicht, aber ich habe sie daran erinnert, was Sie gesagt haben.«

Man könnte einwenden, daß man Lillians Alkoholprobleme auch direkt hätte ansprechen können. Sie hätte bei den Anonymen Alkoholikern vielleicht eine Zufluchtsstätte gefunden. Viele haben das. Ihr Arzt hatte ihr erst ganz offen geraten, mit dem Trinken aufzuhören, und später, sich den Anonymen Alkoholikern anzuschließen. In beiden Fällen hatte sie ihm entrüstet geantwortet, sie sei doch keine Trinkerin. Das Trinken gehörte mit zu der Vorstellung, die sie von sich hatte, nämlich anders zu sein als die hart arbeitenden »ernsthaften« Frauen in ihrer Familie. Sie war eine »Frau für Männer«. Daß sie sich zeitlebens einsam gefühlt und in ihrer Jugend den Umgang mit den Schwestern vermißt hatte, verbarg sie vor sich selbst, indem sie das Verhalten der Schwestern mit Eifersucht erklärte, und durch die Bewunderung und Beachtung von seiten der Männer, die ihr als Ersatz für einen vertrauten Umgang mit anderen diente. Fürsorge und unselige Plackerei lagen in ihrer Vorstellung sehr eng beieinander.

Als sie allmählich akzeptierte, daß auch ich, eine moderne Frau, mich um sie sorgte, vermochte sie in dem Kind, das sie einmal war, nicht nur die hübsche kleine Puppe, sondern auch das einsame kleine Mädchen zu sehen. Da sie und ihre Schwester eifersüchtig gewesen waren, erkannten sie beide, daß sie einen hohen Preis dafür bezahlt hatten, in einer Familie aufzuwachsen, in der sich alles um den Vater drehte. »Wir wetteiferten alle darum, von ihm beachtet zu werden«, sagten beide, »Mama am meisten.«

»So habe ich das nie gesehen«, sagte Lillian. »Mir war das immer klar«, sagte Anna zu ihr. »Sie war die beste Köchin, das Haus strahlte vor Sauberkeit. Und wenn er sagte ›Das Essen war gut‹, wurde sie rot und lächelte. Ich habe mich furchtbar darüber aufgeregt. Krümel, sie gab sich immer mit Krümeln zufrieden. Aber du, du hast immer alles bekommen.« »Nein«, sagte Lillian traurig, »nein, das habe ich nicht.«

Der Alkohol war nicht Lillians Problem. Er sollte vielmehr helfen, ihr Problem zu lösen. Ihre Einsamkeit und die Leere, die sie zeitlebens verspürt hatte, ließen sich nicht durch ein paar simple therapeutische Maßnahmen beheben. Doch sie und Anna unterhielten nun eine Beziehung, der es, auch wenn sie zeitweise stürmisch verlief, nie an Vertrautheit fehlte.

Als Lillian mich ein Jahr nach Beendigung der Therapie anrief und fragte, ob sie mit ihrer Tochter vorbeikommen könne, war dies für mich eine Bestätigung.

Fallbeispiel

»Vielleicht finde ich nie mehr einen Mann«

Betty Carter

Im folgenden Fall geht es um ein Dauerthema im Leben von Frauen: das Gefühl, daß, wenn eine Frau ohne Mann lebt, dies ein schlechtes Licht auf sie wirft und irgendwie die Möglichkeit eines reichen, ausgefüllten Lebens ausschließt. Wenn Frauen älter werden, nimmt die Wahrscheinlichkeit zu, daß sie ohne Mann dastehen, sei es, weil sie nie geheiratet haben oder weil sie geschieden oder verwitwet sind. Ein älterer Mann in dieser Situation kann immer noch darauf hoffen, eine jüngere Frau zu treffen oder zu heiraten, aber ab »einem gewissen Alter« werden die meisten Frauen, die keinen Mann haben, auch ohne einen bleiben. Nur 49 Prozent der Frauen zwischen 65 und 75 sind verheiratet, gegenüber 81 Prozent der Männer. 70 Prozent der über 75 Jahre alten Männer sind verheiratet, während nur 22 Prozent der Frauen in diesem Alter noch Ehemänner haben. Da Frauen, wenn sie älter werden, darauf gefaßt sein müssen, ohne Mann auszukommen, ist es wichtig, daß die Therapeuten den Frauen jeden Alters helfen, gegen den zählebigen Mythos anzukämpfen, eine Frau ohne Mann müsse zwangsläufig ein einsames, unerfülltes Leben führen. Das erreichen sie am besten, indem sie die Bedeutung möglicher anderer Beziehungen für die Frauen hervorheben, ob es sich nun um Kontakte zur eigenen Familie, zu Freunden oder Kollegen handelt.

Saras Dilemma

Sara war eine attraktive, gutangezogene Frau von sechzig Jahren, die um etliche Jahre jünger aussah. Sie arbeitete als Psychologin in einer psychiatrischen Klinik und betrieb außerdem eine Privatpraxis in ihrer Wohnung am Stadtrand.

Saras Ehemann, ein Alkoholiker im Anfangsstadium, hatte sie vor zwanzig Jahren verlassen und seine Sekretärin geheiratet. Sie hatte drei Kinder, damals sieben, zehn und fünfzehn Jahre alt, und weder Beruf noch besondere Fachkenntnisse. Mit wenig Geld, ohne

Unterstützung von seiten ihrer Familie (die gegen die Scheidung war) und mit viel Energie schaffte sie es, in Psychologie zu promovieren und dafür zu sorgen, daß alle drei Kinder College und Studium bewältigten. Sie war stolz auf ihre Leistungen und ihr gutes Verhältnis zu den Kindern, die alle eine gute berufliche Position hatten. Sie war mit einem großen Kreis von Frauen befreundet, mit denen sie Reisen unternahm oder in Konzerte und ins Theater ging. Sie strahlte Zuversicht, Kompetenz, Wärme, Intelligenz und Humor aus.

Ich war nahe daran zu überlegen, ob nicht vielleicht *ich* bei *ihr* in Therapie gehen sollte, als sie mir schließlich sagte, warum sie gekommen war: »Es sind die Männer«, sagte sie. »Ich kann nicht mit ihnen leben, und ich kann nicht ohne sie leben.« Speziell ging es darum, daß ihre Beziehung mit Robert, einem 65 Jahre alten Rechtsanwalt, oft frustrierend und deprimierend war, sie sich aber fürchtete, die Beziehung abzubrechen: »Vielleicht finde ich keinen anderen Mann mehr.« Sie lebte nicht mit Robert zusammen, der geschieden und Vater von zwei erwachsenen Söhnen war, hatte aber seit über fünf Jahren ein festes Verhältnis mit ihm.

In den zwanzig Jahren nach ihrer Scheidung unterhielt Sara einige langfristige Beziehungen, hatte sich aber nie ernstlich mit dem Gedanken getragen, wieder zu heiraten. »Anfangs war es so, daß die Männer keine Frau mittleren Alters mit drei kleinen Kindern heiraten wollten, und dann stellte ich fest, daß ich ja nicht heiraten mußte und eigentlich auch gar nicht wollte. Aber ich liebe die Männer, ich liebe Sex, und ich war nie lange ohne feste Beziehung.« Jetzt allerdings, in ihrem Alter, hatte sie Angst, die Alternative wäre: Robert oder gar keiner.

Saras Bewußtsein, daß sie alterte, wurde noch vertieft durch den noch nicht lange zurückliegenden Tod ihrer Mutter und die Geburt ihres dritten Enkelkindes. Ihr einziger enger Verwandter war ein jüngerer Bruder, zu dem sie ein freundliches, wenn auch ziemlich distanziertes Verhältnis hatte.

Die Definition des Problems

Diese Art von Fällen versetzte mich immer in einen Zustand der Hilflosigkeit. Wer sollte zur Behandlung kommen? Woran sollten wir arbeiten? Wie sollten wir das Problem bezeichnen – »alt wer-

den«? Sollte ich sie vielleicht zu einem Individualtherapeuten überweisen?

Sara hatte über gewisse Aspekte ihrer Situation sehr klare Vorstellungen: Sie wollte keine gemeinsame Therapie mit Robert, weil
sie selbst genau wußte, daß es ihr ohne ihn bessergehen würde,
wenn sie den Mut aufbrächte, ihn zu verlassen. Er war kühl, nicht
sehr umgänglich, und er war depressiv. Sie stimmte meinen Ansichten über die enorme Bedeutung von guten familiären Beziehungen
zu und hatte zeitlebens in diesem Sinne gehandelt. Ihre Eltern
waren tot, und sie war der Meinung, daß sie ihr Verhältnis zu ihnen
auf »angemessene Weise« in Ordnung gebracht hatte, bevor sie
starben, und danach ihren Verlust genügend betrauert hatte. Sie
wollte auf keinen Fall eine Individualtherapie, weil sie genug davon
gehabt hatte, einschließlich einer umfassenden »Einsicht« in die eigene Persönlichkeit, mit der sie drei Autobiographien füllen könne.
»Meine *Persönlichkeit* ist nicht gestört«, sagte sie, »aber ich brauche
Unterstützung, damit ich ihn verlassen kann.«

Ich dachte über Sara nach und wie ich ihr am besten helfen
könnte. Ihre abschließende Bemerkung machte mich auf die Grenzen der Therapie aufmerksam, die das Problem der gesellschaftlichen Verantwortung für alternde Frauen nicht lösen kann. Die
Falle, in welche der Therapeut hier gehen könnte, lag in der Annahme, Sara sei mit Robert oder einem anderen besser dran, als
wenn sie allein bliebe. Ich nahm ihre Worte ernst, daß sie Hilfe
brauche, um ihn zu verlassen, wenn auch ihre Angst, keinen anderen Mann mehr zu finden, in ihrem Alter realistisch war.

Die therapeutische Strategie

Ich dachte an einige andere alleinstehende Frauen, die ich zur Zeit
einzeln behandelte, und an die Tatsache, daß auch sie keine »gestörte Persönlichkeit« hatten. »Sie versuchen, sich über ihre Beziehungen zu Männern klarzuwerden«, dachte ich, »und kämpfen sich
durch den ganzen Wust der gesellschaftlichen Botschaften über
Frauen und Männer, um herauszufinden, was sie wirklich wollen.«
Es hatte mich schon seit geraumer Zeit geärgert, daß ein großer
Teil der Probleme, mit denen sich Frauen in meiner Praxis auseinandersetzten, als »persönliche« Probleme gewertet wurden, obwohl sie eindeutig gesellschaftlich bedingt waren. »Männer haben

so viele Probleme in ihren Beziehungen zu Frauen«, dachte ich, »aber die meisten nehmen diese Probleme nicht persönlich, sie sind normalerweise nicht am Boden zerstört und wenden sich schon gar nicht an therapeutische Einrichtungen um Hilfe – höchstens an einen Kontakt-Service.« Schon seit einiger Zeit hatte ich das unangenehme Gefühl, durch meine Therapie mit alleinstehenden Frauen, die es als ihr »Problem« bezeichneten, einen Mann zu »brauchen« (ob man mit einem Mann Schluß machen soll, wieviel man für einen Mann aufgeben soll, usw.), zu der Vorstellung beizutragen, Schwierigkeiten mit Männern seien ein Zeichen persönlicher emotionaler Störungen und eine Therapie könne diese Schwierigkeiten beheben und den Frauen helfen, ihre Beziehungen zu Männern nicht länger zu »sabotieren«. Ich stellte fest, daß ich Sitzung für Sitzung viele dieser Gedanken wiederholt hatte, indem ich die Frauen dabei unterstützte, sich mit der Rolle auseinanderzusetzen, die ihre Sozialisation als Frau gespielt hatte, eine Sozialisation, die sie eindeutig als Versagerin hinstellte, wenn sie ohne Mann lebte – es sei denn am Ende ihres Lebens als Witwe.

Schließlich entschied ich mich, eine Experimentalgruppe aus alleinstehenden Frauen zu bilden, um herauszufinden, ob die Vielseitigkeit ihrer Erfahrungen zu einer »objektiveren« Sicht ihrer Lebensumstände und ihrer Sozialisation führen würde; ich wollte wissen, ob eine so veränderte Sichtweise es ihnen möglich machen würde zu erkennen, daß nicht ihre »Persönlichkeit gestört« ist, sondern der von der Gesellschaft bestimmte Rollenkodex.

Die therapeutische Methode

Ein Wort zu meiner Verwendung der Begriffe *Individuum* und *Gruppe*. Ich mache keine »Individualtherapie« mit einzelnen Personen und beabsichtigte in diesem Fall keine »Gruppentherapie«. Ich konzentriere mich nicht auf den intrapsychischen Prozeß der Klienten, sondern sehe sie als Teil eines Familiensystems; das heißt, ich sehe das Problem des einzelnen Klienten im Zusammenhang mit den innerfamiliären, emotionalen Vorgängen (Ehemann, Kinder, Eltern, Geschwister), beurteile, welche Rolle der Klient in dem Konflikt spielt, und helfe ihm, etwas an seinen Beziehungen und seinem Anteil an dem Problem zu ändern. Der einzelne wird demnach aus der Drei-Generationen-Perspektive gesehen und beurteilt. Und, wie bereits angedeutet, auch die Familie wird in ihrem Kontext betrachtet, das heißt, die sozialen, kulturellen (ethnischen, religiösen), politischen und ökonomischen Faktoren, die das Problem beeinflussen, werden bei der Bewertung des Problems und der Art der beabsichtigten Veränderungen berücksichtigt.

Als ich beschloß, mehrere Klientinnen in einer Gruppe zusammenzufassen, hatte ich nicht vor, den Schwerpunkt auf die Beziehungen der Frauen in der Gruppe untereinander zu verlagern, wie in der Gruppentherapie üblich, sondern ich wollte weiterhin jede Frau als Individuum in ihrem eigenen Familiensystem behandeln, und die anderen Frauen sollten diese einzelnen Gespräche genau verfolgen. Sie durften das Gespräch nicht unterbrechen, erhielten aber nach Beendigung der jeweiligen Diskussion Gelegenheit, ihre Gedanken und Reaktionen gegenüber der Frau zu äußern, die gerade »an der Reihe« war.

Die Frauengruppe

Außer Sara waren folgende Frauen in der Gruppe: Annette, 49, eine Geschäftsfrau, die »aus heiterem Himmel« von ihrem Mann verlassen und um die Scheidung gebeten worden war, weil er sich in seine Sekretärin verliebt hatte; Joan, 32, Schmuckdesignerin, die sich nicht entscheiden konnte, ob sie einen bestimmten Mann heiraten sollte oder nicht; Susan, 50, eine Anwältin, die ihren Beruf zur Zeit nicht ausübte, deren reicher Ehemann eine Affäre hatte und sich weigerte, mit seiner Frau zur Therapie zu gehen; und Marianne, 36, die keinem Beruf außer Haus nachging und wegen ihrer Eheprobleme mit ihrem Mann gemeinsam zu mir kam. (Marianne und ihr Mann waren sich darüber einig, daß Mariannes Mangel an Stehvermögen ein ebenso großes Problem für beide war wie seine Herrschsucht. Deshalb forderte ich sie auf, sich der Frauengruppe anzuschließen, gewissermaßen als zusätzliche Hilfe für ihr Problem.)

Wie ich es vermutet hatte, trat in den Gesprächen mit jeder einzelnen Frau trotz aller ethnischen, ökonomischen und altersbedingten Unterschiede deutlich die Überzeugung zutage, man könne ohne Mann nicht glücklich und ausgefüllt sein; man müsse nur »das Richtige« tun und an seinen eigenen »persönlichen Problemen« arbeiten, und schon wäre es vorbei mit den Schwierigkeiten, einen

Mann zu finden oder zu behalten. Jede der Frauen sah sich als für das Problem verantwortlich und hielt es für ihre Aufgabe, sich zu ändern, um das Problem lösen zu können. Alle hatten Angst, ohne Mann dazustehen, und waren anscheinend bereit, lieber alles in der Partnerschaft zu tolerieren, als daß sie das Risiko eingehen wollten, sie zu verlieren.

Obwohl sich jede einzelne Frau von ihrer eigenen Situation überfordert fühlte, waren sie alle imstande, die Situation der anderen objektiver zu sehen und deren Hilflosigkeit in Zweifel zu ziehen. Die Frauen zeigten viel Einfühlungsvermögen und Verständnis füreinander, und jede hatte irgendwelche Erfahrungen oder Gefühlszustände hinter sich, die denen der anderen entsprachen oder ähnelten.

Vor allem Sara unterstrich und untermauerte aufgrund ihrer größeren Lebenserfahrung die zaghaften Äußerungen der anderen Frauen. Mit ihrem Humor und ihrer Intelligenz hatte sie bald großes Ansehen innerhalb der Gruppe, was auch dem imponierenden Umstand zuzuschreiben war, daß sie fünfundzwanzig Jahre ohne Ehemann verbracht, drei Kinder allein aufgezogen und zugleich ein erfolgreiches Berufsleben geführt hatte. Diese von den Frauen am meisten gefürchtete Erfahrung, der sie aber möglicherweise gegenüberstanden, verlieh Saras Kommentaren zu den Problemen der anderen Frauen Gewicht. Sie weigerte sich, deren Hilflosigkeit zu akzeptieren; sie schloß sich dem gelegentlichen »Dreinschlagen« auf die Männer nicht an, sondern lokalisierte das Problem entschlossen in den »Mythen und Hoffnungen, mit denen wir erzogen wurden«.

Im Lauf der Monate verlagerte sich allmählich das Interesse der Frauen; sie fingen an, selbst die Verantwortung für ihr Leben zu übernehmen, Entscheidungen zu treffen, die von Vorteil für sie waren (anstatt ewig zu zaudern und die Märtyrerin zu spielen), und selber Pläne für ihr Leben zu machen, anstatt abzuwarten, was andere »ihnen erlauben« würden.

Annette kam schließlich zu der Überzeugung, daß sie ihre Scheidung überleben, ja, danach vielleicht sogar aufleben würde. Joan beschloß, ihren Freund zu heiraten, nachdem sie ihm erklärt hatte, wie sie sich die Rollenverteilung von Mann und Frau in der Ehe vorstelle. Susan nahm ihren Beruf als Anwältin wieder auf; wenn sie erst Ordnung in ihr eigenes Leben gebracht hätte, meinte sie, dann werde sie auch die Affäre ihres Mannes nicht länger tolerieren. Und Marianne nutzte die Erfahrungen, die sie in der Gruppe gemacht hatte, um ihrem Mann ganz anders als früher entgegenzutreten, was die Machtverhältnisse in ihrer Ehe drastisch veränderte.

Das Ergebnis für Sara

Sara, die zwei Jahre in dieser »Versuchsgruppe« geblieben war, brach die Beziehung zu Robert schließlich ab. Wie sie befürchtet hatte, fand sie keinen anderen Mann, aber als sie die Gruppe verließ, hatte sie noch intensiven Kontakt zu mehreren Peer Groups, pflegte die Verbindung zu den Familien ihrer Kinder und war im Begriff, einen »Reiseclub« zu organisieren. »Ich würde gern wieder einen Mann kennenlernen«, sagte sie, »aber ich würde seinetwegen keine meiner Aktivitäten aufgeben – er müßte bereit sein, sich genauso meinem Leben anzupassen wie ich mich an das seine. Und selbst wenn ich niemanden mehr treffe – es ist nicht mehr so wichtig für mich. Ich bin nicht allein – ich lebe nur allein.«

Sie sagte, sie habe schon vor ihrem Eintritt in die Gruppe gewußt, daß es ihr ohne Robert besserginge, sei aber nicht imstande gewesen, ihn aufzugeben, weil sie dann das Gefühl gehabt hätte, irgendwie »versagt« zu haben. »Was sich für mich am meisten geändert hat, ist der Umstand, daß ich mich ohne Robert oder einen anderen Mann *nicht* als Versagerin fühle. Ich war immer in der Lage, einen Mann zu verlassen oder darüber hinwegzukommen, wenn er mich verließ, weil ich wußte, ich würde einen anderen finden. Jetzt weiß ich, daß das wahrscheinlich nicht mehr der Fall sein wird, und das ist auch ganz in Ordnung so.«

Schlußbemerkung

Eine Frauengruppe zu bilden, um die Probleme und Erfahrungen alleinstehender Frauen herauszuarbeiten, hat sich als sinnvoll erwiesen. Frauen aller Altersgruppen sehen in ihren gemeinsamen Erfahrungen etwas unmittelbar Verbindendes, beweisen Einfühlungsvermögen und bestätigen einander die Erfahrungen; zugleich ermutigen sie sich gegenseitig, die Stärken und Fähigkeiten zu erkennen und zu nutzen, die unter ihren Tränen und ihren Gefühlen der Unselbständigkeit verborgen liegen. Die Erfahrungen jüngerer

Frauen in einer von Grund auf veränderten Welt können für die älteren aufschlußreich sein, und in dieser Gruppe stieß die Klugheit der älteren Frau schließlich auf große Resonanz.

Epilog

Marianne Walters

Am Ende sieht es ganz so aus, als stünden wir erst am Anfang. Der Versuch, in der Familientherapie eine feministische Perspektive zu erkennen und therapeutische Interventionen nach dieser Perspektive auszurichten, war für uns alle ein anregendes und kühnes Unterfangen. Aber es *ist* erst ein Anfang. Ein feministischer Ansatzpunkt wird weiter Gegenstand dialektischer Auseinandersetzungen innerhalb der Familientherapie und unter Familientherapeuten sein – Anlaß für Kritik und Selbstkritik, für Theorie und Gegentheorie, Punkt und Kontrapunkt. Es wird eine Phase der Unsicherheit eintreten, und viele werden in ihren Bemühungen nachlassen und sich damit begnügen, den feministischen Ansatz als eines von vielen umstrittenen Themen in unserem Fachgebiet zu sehen, das zwar zu Recht diskutiert wurde, nun aber seinen Platz in der Geschichte finden sollte. Aber es wird auch diejenigen geben, die daran festhalten, weil sie wie wir zu der Überzeugung gelangt sind, daß das Geschlecht eine entscheidende und kritische Variable in allen Formen menschlichen Zusammenlebens ist.

Der Zusammenhang zwischen feministischem Denken und Familientherapie bleibt oft unklar, da man sich vorrangig mit Fragen der therapeutischen Anwendbarkeit und Methodik befaßt. Bei unserer gemeinsamen Arbeit war dies häufig der Fall, da wir aus unterschiedlichen, man kann sogar sagen, völlig voneinander abweichenden therapeutischen Richtungen kommen. Für dieses Buch mußten wir eine Arbeitsmethode festlegen, die dem Prozeß Priorität einräumen sollte, jede Intervention, ungeachtet ihres theoretischen Hintergrunds, von Sexismus und geschlechtsbezogenen Vorurteilen zu befreien. Danach konnten wir uns damit befassen, alternative Techniken und neue Interventionsarten zu entwickeln, die ihrerseits auf sexistische Anklänge hin untersucht werden mußten. Dieser Prozeß war so etwas wie eine positive Gegenbewegung – ein bewußter Versuch, den negativen Einflüssen der Rollenklischees auf Frauen entgegenzuwirken. Es war unsere klare Absicht, diejenigen Lebenserfahrungen von Frauen herauszuarbeiten, denen man generell gesellschaftliche Ursachen zuschreiben konnte; die Frauen selbst zu Wort kommen zu lassen und in unserer Arbeit auf den Widerhall von Botschaften zu achten, durch die Frauen abgewertet oder zu Objekten degradiert werden.

»Das Frauenprojekt in der Familientherapie« begann 1977. Unsere Bemühungen wurden von einer Umgebung unterstützt, in der sich durch Feministinnen und eine starke Frauenbewegung bereits ein geschärftes Bewußtsein für Frauenfragen entwickelt hatte. Es ist zu hoffen, daß wir etwas von diesem Bewußtsein auch in unserem Fachgebiet erweckt haben, so daß diejenigen Kolleginnen, die bei ihrer Arbeit eine feministische Perspektive anstreben, auf ein Klima treffen, das ihren Bemühungen förderlich ist.

Inzwischen hat es bereits eine Reihe von ermutigenden Entwicklungen gegeben. Eine Gruppe von fünfzig auf dem Gebiet der Familientherapie tätigen Frauen kam zweimal für einige Tage in einem Gasthaus in Connecticut zusammen. Wir sprachen über unsere Vorstellungen, Erfahrungen, Forschungsprojekte, die laufende Arbeit, erzählten Anekdoten aus der Praxis. Wir knüpften lose Verbindungen und vertieften unsere Freundschaften. Wir stritten über Theorien und Strategien und waren uns einig über die Notwendigkeit, Frauenprobleme auf beruflichen Tagungen, in Fachzeitschriften, Workshops und Konferenzen in den Mittelpunkt zu rücken. Selten, wenn überhaupt, finden Tagungen unserer nationalen Berufsverbände statt, bei denen keine theoretische oder klinische Diskussion über Frauenfragen in der Familientherapie auf der Tagesordnung steht. Es gibt eine Projektgruppe, die sich speziell mit Frauenfragen befaßt. Zahlreiche Artikel in wissenschaftlichen Zeitschriften behandeln dieses Problem. Mehrere Bücher zum Thema sind in Arbeit oder kürzlich erschienen. Eine neue Zeitschrift für feministische Familientherapie ist im Entstehen begriffen.

Dennoch ist es selbstverständlich noch immer schwierig für Frauen, sich gegen sexistische Praktiken oder sexistische klinische Schilderungen zu wehren, vor allem wenn diese in öffentlichen Diskussionsveranstaltungen dargeboten werden. Und eine feministische Perspektive fehlt noch in den meisten Lehrplänen unserer beruflichen Ausbildungsprogramme, so daß wir oft nichts von den Vorurteilen, Klischees und Herabsetzungen merken, die unbewußt in eine, unserer Ansicht nach sinnvolle, Intervention einfließen. Es bleibt noch viel zu tun, bis Geschlecht und System in Einklang miteinander sind. Denn dies ist eben nur ein Anfang.

Literaturhinweise

Vorwort

Beauvoir, S. de, *Das andere Geschlecht*, Reinbek 1949.
Friedan, B., *Der Weiblichkeitswahn oder Die Mystifizierung der Frau*, Reinbek 1966.
Miller, J. B., *Toward a New Psychology of Women*, Boston 1976.

Kapitel 1

Pollak, S. und C. Gilligan, »Images of Violence in Thematic Apperception Test Stories«, *Journal of Personality and Social Psychology*, 42 (1982), 159–167.

Kapitel 2

Bateson, G., *»Double-Bind«*, in: *Auf dem Weg zu einer Ökologie des Geistes*, Frankfurt a. M. 1972.
Bruner, J. S., *The Process of Education*, New York 1960.
Caplan, P. J. und I. Hall-McCorquodale, »Mother Blaming in Major Clinical Journals«, *American Journal of Orthopsychiatry*, 55 (1985), 345–353.
Friday, N., *Wie meine Mutter*, Frankfurt 1985.
Fromm, E., *Die Kunst des Liebens*, Frankfurt 1983.
Gilligan, C., *Die andere Stimme*, München 1988.
Rich, A., *Of Woman Born*, New York 1977.
Smith-Rosenberg, C., »The Female World of Love and Ritual: Relations between Women in Nineteenth Century America«, *Signs: Journal of Women in Culture and Society*, 1 (1975), 1–29.

Kapitel 3

Appleton, W., *Fathers and Daughters*, New York 1981.
Bowen, M., *Family Therapy in Clinical Practice*, New York 1978.
Broverman, J. K., D. M. Broverman und E. F. Clarkson, »Sex Role Stereotypes and Clinical Judgments of Mental Health«, *Journal of Consulting and Clinical Psychology*, 34 (1970), 1–7.
Carter, E. und M. Orfanidis, »Family Therapy with One Person and the Family Therapist's Own Family«, in: P. J. Guerin (Hg.), *Family Therapy: Theory and Practice*, New York 1976.
Cohen, T., »The Incestuous Family«, *Social Casework*, 62 (1981), Heft 8.
–, »The Incestuous Family Revisited«, *Social Casework*, 64 (1983), Heft 3.

Conte, J. R., »Progress in Treating the Sexual Abuse of Children«, *Social Work*, 29 (1984), Heft 3.

Freud, A., *A General Introduction to Psychoanalysis*, New York 1967.

Hammer, S., *Passionate Attachments*, New York 1982.

Hennig, M. und A. Jardim, *The Managerial Woman*, New York 1978.

Herman, J., *Father-Daughter Incest*, Cambridge, Mass. 1981.

Herman, J. und L. Hirschman, »Father-Daughter Incest«, *Signs: Journal of Women in Culture and Society*, 2 (1977), Heft 4.

Janeway, E., *Cross Sections from a Decade of Change*, New York 1982.

Lozoss, M. M., »Fathers and Autonomy in Women«, in: R. B. Knudsin (Hg.), *Women and Success*, New York 1974.

McGoldrick, M., »Commencement Address«, Smith College School of Social Work, August 1984.

McIntyre, K., »Role of Mothers in Father-Daughter Incest: A Feminist Analysis«, *Social Work*, 26 (1981), Heft 6.

Social Work, 23 (1978), Heft 1.

Kapitel 4

Arcana, J., *Mother's Son*, Garden City 1983.

Chodorow, N., *Reproduction of Mothering: Psychoanalysis and the Sociology of Gender*, Berkeley 1978.

Goldner, V., »Feminism in Family Therapy«, *Family Process*, 24 (1985), Heft 1.

Hare-Mustin, R. T., »A Feminist Approach to Family Therapy«, *Harvard Educational Review*, 17 (1978), Heft 2.

–, »Focusing on Relationships in the Family«, *Harvard Educational Review*, 53 (1983), 203-209.

Klein, C., *Mothers and Sons*, Boston 1984.

Milgram, S., *Das Milgram-Experiment. Zur Gehorsamsbereitschaft gegenüber Autorität*, Reinbek 1974.

Weiss, J. S., *Raising a Son*, New York 1984.

Kapitel 5

Bernard, J., The *Future of Marriage*, New York 1972.

Blumstein, P. und P. Schwartz, *Money and Power in Marital Relationships*, New York 1983.

Ehrenreich, B., *Remaking Love*, New York 1986.

Hite, S., *Der Hite-Report*, 1981.

Kimball, G., *The Fifty-Fifty Marriage*, Boston 1983.

Lerner, H. G., *The Dance of Anger*, New York 1986.

Miller, J. B., *Toward a New Psycholog of Women*, Boston 1976.

–, »The Construction of Anger in Women and Men«, Wellesley, Mass., Stone Center for Developmental Services and Studies; 1988 noch ein laufendes Projekt.

Pollak, S. und C. Gilligan, »Images of Violence in Thematic Apperception Test Stories«, *Journal of Personality and Social Psychology*, 42 (1982), 159–167.

Prochaska, J. O., »Restriction of Range on Date and Mate Selection in College Students«, University of Rhodes Island, 1977, unveröff. Manuskr.

Slater, P., »What Hath Sock Wrought? – Freed Children, Chained Moms«, *Washington Post*, 1. März 1970.

Stiver, I., »The Meanings of ›Dependency‹ in Female-Male Relationships«, Wellesley, Mass., Stone Center for Developmental Services and Studies; 1988 noch ein laufendes Projekt.

Veroff, J. und S. Feld, *Marriage and Work in America*, New York 1970.

Kapitel 6

Carter, E. und M. McGoldrick, »Overview«. E. Carter und M. McGoldrick (Hg)., *The Family Life Cycle: A Framework for Family Therapy*, New York 1980.

Glick, Paul C., »Marriage, Divorce and Living Arrangements«. *Journal of Family Issues*, Bd. 5, Nr. 1 (März 1984).

Hopps, J., »Is No-Fault without Fault?« *Social Work*, Bd. 32, Nr. 1 (Januar/Februar 1987), 3

McGoldrick, M. und E. Carter, »Forming a Remarried Family«. E. Carter und M. McGoldrick (Hg)., *The Family Life Cycle: A Framework for Family Therapy*, New York 1980.

Norton, A. J. und J. E. Moorman, »Marriage and Divorce Patterns of U.S.Women« (Population Division, Bureau of Census). *Journal of Marriage and the Family* (Februar 1987).

Rubin, L., *Intimate Strangers*, New York 1983.

Weitzman, L., *The Divorce Revolution: The Unexpected Social and Economic Consequences for Women and Children in America*, New York 1985.

Kapitel 7

Hope, K. und N. Young, *MOMMA, The Sourcebook for Single Mothers*, New York 1976.

Marotz-Baden, B., G. R. Adams, N. Bueche, B. Munro, und G. Munro, »Family Form or Family Process? Reconsidering the Deficit Family Model Approach«. *The Family Coordinator*, 1979.

Peterson, G. und H. K. Cleminshaw, »The Strength of Single-Parent Families During the Divorce Crisis: An Integrative Review with Clinical Implications«. N. Stinnett u. a. (Hg)., *Family Strengths: Positive Models for Family Life*, Lincoln (Nebraska) 1980.

Rix, Sara E. (Hg)., »The Women's Research and Education Institute of the Congressional Caucus for Women's Issues. *The American Woman, 1987/88: A Report in Depth*, New York 1988.

Wallerstein, J. S. und J. B. Kelly, *Surviving the Breakup: How Children Actually Cope with Divorce*, New York 1980.

Weiss, R. S., »Growing Up a Little Faster: The Experience of Growing Up in a Single-Parent Household«. *Journal of Social Issues*, Bd. 35, Nr. 4 (1979).

Weitzman, L., *The Divorce Revolution: The Unexpected Social and Economic Consequences for Women and Children in America*, New York 1985.

Kapitel 8

Ahrons, C. H., »Redefining the Divorced Family: A Conceptual Framework for Postdivorce Family Systems Reorganization«. *Social Work*, Bd. 25 (1980), 437–441.

Ambert, A. M., »Being a Stepparent: Live-in and Visiting Stepchildren«. *Journal of Marriage and the Family*, Bd. 48, Nr. 4 (1986), 795–804.

Booth, A. und L. White, »The Quality and Stability of Remarriages: The Role of Stepchildren«. *American Sociological Review* (1985).

Chesler, P., *Mothers on Trial: The Battle for Children and Custody*, New York 1986.

Dahl, A. S., K. M. Cowgill und R. Admundsson, »Life in Remarriage Families«. *Social Work*, Bd. 32, Nr. 1 (1987), 40–44.

Elkin, M., »Joint Custody: Affirming That Parents and Families Are Forever«. *Social Work*, Bd. 32, Nr. 1 (1987).

Glick, P. C., »Marriage, Divorce and Living Arrangements: Prospective Changes«. *Journal of Family Issues*, Bd. 46 (1984), 563–576.

Marriage and Divorce Today, Bd. 12, Nr. 9 (1986).

McGoldrick, M. und E. Carter, »Forming a Remarried Family«. E. Carter und M. McGoldrick (Hg). *The Family Life Cycle: A Framework for Family Therapy*, New York 1980.

Norton, A. J. und J. E. Moorman, »Current Trends in Marriage and Divorce among American Women«. *Journal of Marriage and the Family*, Bd. 49, Nr. 1 (1987), 3–14.

Weitzman, L., *The Divorce Revolution: The Unexpected Social and Economic Consequences for Women and Children in America*, New York 1985.

Kapitel 9

Adams, M., *Single Blessedness*, New York 1976.

Norwood, R., *Wenn Frauen zu sehr lieben. Die heimliche Sucht, gebraucht zu werden*, Hamburg 1986.

Register*

Familientherapie
bei Klett-Cotta

Eine Auswahl

Ivan Boszormenyi-Nagy / Geraldine M. Spark:
Unsichtbare Bindungen
4. Auflage 1993, 426 Seiten, Leinen, ISBN 3-608-91297-5

Stefano Cirillo / Paola di Blasio:
Familiengewalt
Ein systemischer Ansatz
Mit einem Vorwort von Mara Selvini Palazzoli
Aus dem Italienischen von Barbara Huter
1992. 184 Seiten, Leinen, ISBN 3-608-95751-0

Kurt Ludewig:
Systemische Therapie
Grundlagen klinischer Theorie und Praxis
Vorwort von Heinz von Foerster und Helm Stierlin
3. Auflage 1995. 228 Seiten, broschiert, ISBN 3-608-91648-2

Mara Selvini Palazzoli / Stefano Cirillo /
Matteo Selvini / Anna Maria Sorrentino:
Die psychotischen Spiele in der Familie
Aus dem Italienischen von Ruth Ensslin-Frey
1992. 402 Seiten, Leinen, ISBN 3-608-95677-8

Klett-Cotta